KVS PGT

गणित

नवीनतम संस्करण
अभ्यास किट

08 टेस्ट्स

08 मॉक टेस्ट्स

वास्तविक परीक्षा प्रारूप पर आधारित टेस्ट

✓ पूर्णतः संशोधित और अद्यतन

✓ सभी बहुविकल्पीय प्रश्नो का विस्तृत विश्लेषण

शीर्षक	: **KVS PGT गणित**
लेखक का नाम	: **Mr. Rohit Manglik**
प्रकाशक	: **EduGorilla Community Pvt. Ltd.**
प्रकाशक का पता	: 12/651 प्रथम तल, अरविन्दो पार्क के सामने, निकट जामा मस्जिद, इंदिरा नगर लखनऊ, उत्तर प्रदेश, 226016, भारत।

कॉपीराइट EduGorilla

ISBN : 978-93-55565-62-4

प्रथम संस्करण

अस्वीकरण EduGorilla

रोहित मांगलिक
सीईओ, EduGorilla

प्रिय छात्रों,

एक बहुत ही प्रचलित कहावत है कि "सफलता उन्हीं को मिलती है जो उसके लिए कड़ी मेहनत करते हैं।" लेकिन मैंने लोगों को उनकी परीक्षाओं के लिए दिन-रात एक करके मेहनत करते हुए देखा है, पर फिर भी वे सफल नहीं हो पाते। तो वहीं दूसरी ओर, कुछ लोग बस आधी मेहनत करके परीक्षा में सफलता प्राप्त करते हैं। तो, क्या वे किस्मत वाले हैं? नहीं मेरा मानना है, कि ऐसा इसलिए है क्योंकि वे सिर्फ कड़ी नहीं बल्कि कुशल तरीके से अपनी तैयारी करते हैं। इसी तरह आपको भी अपनी परीक्षाओं की तैयारी के लिए अपनी योजना बनानी चाहिए, ताकि आपकी भी सफलता की संभावना बढ़ सके। तो तैयार हो जाइये EduGorilla के साथ अपनी परीक्षा में चयन होने की संभावना को 16 गुना बढ़ाने के लिए।

EduGorilla आपको न केवल कड़ी मेहनत करने में मदद करता है, बल्कि एक स्मार्ट और योजनाबद्ध तरीके से तैयारी करने में भी सहायता प्रदान करता है। EduGorilla की तैयारी पैकेज के साथ आप अपने परीक्षा में चयन होने के रास्ते को सहज और मनोरंजक बना सकते हैं। अपनी तैयारी के लिए सही रास्ता खोजना मुश्किल हो सकता है, यदि आप ये नहीं जानते कि आपको किस दिशा में जाना है। चिंता न करें हम आपके साथ खड़े हैं! EduGorilla आपकी सफलता में आपका मार्गदर्शक बनेगा। हमारे तैयारी पैकेज के साथ आप रणनीतिक रूप से तैयारी कर, अपनी परीक्षा में सिर्फ एक ही प्रयास में सफल हो सकते हैं।

EduGorilla के तैयारी पैकेज में शामिल हैं-

• टेस्ट सीरीज़ • किताबें

हमारे तैयारी पैकेज को सभी तरह के नये बदलवों, विशेषज्ञों की राय एवं छात्रों के प्रतिक्रिया के अनुसार तैयार किया गया है। जो आपको परीक्षा के प्रत्येक चरण की चयन प्रक्रिया को पार करने के योग्य बनाता है।

हमारी किताबें शिक्षकों और विशेषज्ञों द्वारा आपकी परीक्षा के लिए तैयार की गई हैं, 150+ वर्षों के अनुभव के साथ; ताकि आपको आसान, कुशल और प्रभावी शिक्षण प्रदान किया जा सके। हमारी स्मार्ट किताबें न सिर्फ आपको प्रश्नों के उत्तर देने की समझ देती हैं, अपितु आपके अभ्यास के लिए समान रूप के प्रश्न भी प्रदान करती हैं।

EduGorilla की सक्षम टेस्ट सीरीज आपको वास्तविक अनुभव और आत्मविश्वास प्रदान करती हैं, जिसके माध्यम से आप केवल एक प्रयास में अपनी ऑफलाइन अथवा ऑनलाइन परीक्षा पास कर सकते हैं। वर्तमान में हम 84,000+ मॉक टेस्ट्स और 1,440+ प्रतियोगी एवं शैक्षणिक परीक्षाओं की तैयारी कराते हैं।

अर्थात, EduGorilla आपकी तैयारी में आपकी सहायता करने का कोई भी मौका नहीं छोड़ता है और परीक्षा के सभी चरणों को कवर करता है, ताकि परीक्षा की तैयारी के लिए आपको कहीं और भटकना ना पड़े।

हम आपको डिफेन्स, बैंकिंग, टीचिंग और अन्य राष्ट्रीय एवं राज्य स्तरीय परीक्षाओं के लिए सम्पूर्ण तैयारी पैकेज प्रदान करते हैं। अतः इससे कोई फर्क नहीं पड़ता कि आप किस परीक्षा के लिए तैयारी कर रहे हैं, क्योंकि आप सफलता हासिल करेंगे।

आपको परीक्षा की शुभकामनाएं!

रोहित मांगलिक,
संस्थापक और मुख्य कार्यकारी अधिकारी, EduGorilla

प्रस्तावना

EduGorilla छात्रों को उनकी परीक्षा में सफल होने के लिए मार्गदर्शन प्रदान करता है। जिसको ध्यान में रखते हुए हमारे कुल 150+ वर्षों का अनुभव रखने वाले प्रतिष्ठित विशेषज्ञों ने कड़े प्रयासों के द्वारा "KVS PGT : गणित" को तैयार किया है। इस किताब के प्रश्नों को हाल ही में परीक्षा के पाठ्यक्रम और पैटर्न में हुए सभी बदलावों को ध्यान में रखकर बनाया गया है। वो प्रश्न जिनकी KVS PGT गणित परीक्षा में आने कि संभवना काफी प्रबल है, उनको इस किताब मे रखा गया है। आप EduGorilla की "KVS PGT : गणित" के माध्यम से अपनी सफलता की संभावना को 16 गुना बढ़ा सकते हैं।

EduGorilla ये अपनी संपूर्ण तैयारी पैकेज के माध्यम से साकार करता है। इस किट में आपको प्रश्न अच्छी तरह अवधारित एवं संरचित रूप मे मिलेंगे जिन्हे आपकी जरूरतों के अनुसार बनाया गया है। इसके माध्यम से आपको स्मार्ट तरीके से परीक्षा के लिए अभ्यास करने में मदद मिलेगी। साथ ही आपको सहायक, समाधान और स्मार्ट उत्तर पत्रिका भी प्रदान की जायेंगी। जिससे आप अपना मूल्यांकन स्वयं कर सकते हैं। आप स्वयं की समीक्षा कर, उन सभी बिन्दुओं पर खुद को बेहतर तरीके से तैयार कर सकते हैं।

EduGorilla आपको अपनी परीक्षा में सफ़लता दिलाने और आपके लक्ष्य को हासिल करने में आपकी सहायता करने का वादा करता हैं। हम अपने प्रतिभागियों पर पूरा भरोसा करते हैं और उन्हें मेरिट सूची के शीर्ष पर देखते हैं। शीर्ष स्थान की ओर आपका पहला कदम है हमारे साथ तैयारी शुरू करना। EduGorilla की "KVS PGT : गणित" की विशेषताएं कुछ इस प्रकार हैं।

➤ अच्छी तरह से शोध किया हुआ पाठ्यक्रम

➤ उच्च गुणवत्ता

➤ विस्तृत उत्तर और विश्लेषण

➤ स्मार्ट उत्तर पत्रिका

➤ परीक्षा सुसंगत प्रश्न

इस प्रकार EduGorilla आपकी तैयारी को मजबूत और आपको परीक्षा में सफल होने के योग्य बनाता है।

KVS PGT गणित
परीक्षा की योग्यता, परीक्षा पैटर्न, विषय को जानने
के लिए QR कोड को स्कैन करें।

Book ID: 1223

विषय-सूची

Q.1 यदि $6\sin^2 x - 2\cos^2 x = 4$, तो $\tan x$ का मान ज्ञात कीजिए।

A. $\sqrt{3}$ B. $\sqrt{2}$ C. $\sqrt{5}$ D. 0

Q.2 यदि $\tan\beta = \cos\theta \cdot \tan\alpha$, यदि $\tan^2\left(\frac{\theta}{2}\right)$ का मान ज्ञात कीजिए।

A. $\frac{\sin(\alpha+\beta)}{\sin(\alpha-\beta)}$ B. $\frac{\cos(\alpha-\beta)}{\cos(\alpha+\beta)}$ C. $\frac{\sin(\alpha-\beta)}{\sin(\alpha+\beta)}$ D. $\frac{\cos(\alpha+\beta)}{\cos(\alpha-\beta)}$

Q.3 मान लीजिए $\sin x \times \sin y = \cos x \times \cos y$ सभी $x, y \in$ R के लिए, $\tan\left(\frac{x}{2} + \frac{y}{2}\right)$ का मान ज्ञात कीजिए।

A. 1 B. 2 C. $\sqrt{2}$ D. $2\sqrt{2}$

Q.4 यदि $Z = 1 + i$ है, जहाँ $i = \sqrt{-1}$ है, तो $Z + \frac{2}{z}$ का मापांक (मॉड्युलस) क्या है?

[UPSC NDA, 2021]

A. 1 B. 2 C. 3 D. 4

Q.5 एक सम्मिश्र संख्या z के संदर्भ में निम्नलिखित पर विचार कीजिए:

1. $\left(\overline{z^{-1}}\right) = \left(\overline{z}\right)^{-1}$

2. $zz^{-1} = |z|^2$

उपर्युक्त में से कौन-सा/से सही है/हैं?

[UPSC NDA, 2021]

A. केवल 1   B. केवल 2

C. 1 और 2 दोनों   D. न तो 1 और न ही 2

Q.6 किसी स्वेच्छ सम्मिश्र संख्या Z के संदर्भ में निम्नलिखित कथनों पर विचार कीजिए :

1. Z और इसके संयुग्मी का अंतर एक अधिकल्पित संख्या है।

2. Z और इसके संयुग्मी का योगफल एक वास्तविक संख्या है।

उपर्युक्त कथनों में से कौन-सा/से सही है/हैं?

[UPSC NDA, 2021]

A. केवल 1   B. केवल 2

C. 1 और 2 दोनों   D. न तो 1 और न ही 2

Q.7 रैखिक असमानता को हल करें:

$$\frac{x}{4} < \frac{(5x-2)}{3} - \frac{(7x-3)}{5}$$

A. $(4, \infty)$ B. $(\infty, 4)$ C. $(8, \infty)$ D. $(5, \infty)$

Q.8 यदि $-2 < 2x - 1 < 2$ तो x का मान अंतराल _______ में स्थित है।

A. $\left(\frac{1}{2}, \frac{3}{2}\right)$ B. $\left(\frac{-1}{2}, \frac{3}{2}\right)$ C. $\left(\frac{3}{2}, \frac{1}{2}\right)$ D. $\left(\frac{3}{2}, \frac{-1}{2}\right)$

Q.9 यदि $5x - 1 < 3x + 2$ और $5x + 5 > 6 - 2x$, तो x का मान क्या होगा?

A. 0 B. 1 C. -1 D. 2

Q.10 एक बिसात (शतरंज बोर्ड) पर एक सीधे पथ की लंबाई में विकर्णों पर 6 क्रमागत वर्गों को कितने विभिन्न प्रकार से चयनित किया जा सकता है?

[UPSC Prelims, 2021]

A. 4 B. 6 C. 8 D. 12

Q.11 एक कूट में दो अलग-अलग अक्षर और उसके बाद 1 से 9 तक के अंकों का उपयोग करके दो अलग-अलग संख्याएं शामिल हैं, तो ऐसे कितने कूटों को बनाया जा सकता है?

A. 72900 B. 67600 C. 57500 D. 46800

Q.12 8 खिलाड़ियों से 5 खिलाड़ियों वाले एक टीम का चयन कितने तरीकों में किया जा सकता है जिससे कोई एक विशिष्ट खिलाड़ी को टीम में शामिल नहीं किया जाये?

[UPSC NDA, 2021]

A. 42 B. 35 C. 21 D. 20

Q.13 5 लड़कों और 4 लड़कियों में से 3 लड़कों और 3 लड़कियों की टीम को कितने तरीकों से चुना जा सकता है?

A. 32 तरीक़े   B. 36 तरीक़े   C. 40 तरीक़े   D. 42 तरीक़े

Q.14 यदि $^{2n}C_3 : {}^nP_2 = 10 : 3 \, (n \in N)$, तो n है:

A. 4 B. 7 C. 3 D. 6

Q.15 $\left(\sqrt[3]{2} + \frac{1}{\sqrt[3]{3}}\right)^n$ के द्विप प्रसार में प्रारंभ से 7 वें पद से अंत से 7 वें पद तक का अनुपात $1 : 6$ है, तब n का मान है:

A. 13 B. 16 C. 9 D. 23

Q.16 $\left(2x + \frac{1}{x}\right)^5$ के विस्तार में मध्य पद ज्ञात कीजिए।

A. 80 B. $\frac{80}{x}$

C. $80x$ और $\frac{40}{x}$ D. $80x$ और $\frac{80}{x}$

Q.17 अगर n एक धनात्मक पूर्णांक है तो $2^{3n} - 7n - 1$ ___ द्वारा विभाज्य है:

A. 7 B. 9 C. 49 D. 81

Q.18 यदि किसी AP का पहला पद 2 है, और पहले पाँच पदों का योगफल, परवर्ती पाँच पदों के योगफल की एक-चौथाई के बराबर है, तो पहले दस पदों का योगफल क्या है?

[UPSC NDA, 2021]

A. -500 B. -250 C. 500 D. 250

Q.19 निम्नलिखित कथनों पर विचार कीजिए:

1. यदि किसी गुणोत्तर श्रेणी के प्रत्येक पद को समान शून्येतर संख्या से गुणा किया जाए, तो परिणामी अनुक्रम भी गुणोत्तर श्रेणी ही होगा।

2. यदि किसी गुणोत्तर श्रेणी के प्रत्येक पद को समान शून्येतर संख्या से विभाजित किया जाए, तो परिणामी अनुक्रम भी गुणोत्तर श्रेणी ही होगा।

उपर्युक्त कथनों में से कौन-सा/से सही है/हैं?

[UPSC NDA, 2021]

A. केवल 1   B. केवल 2

C. 1 और 2 दोनों   D. न तो 1 और न ही 2

Q.20 यदि $x^2, x, -8, AP$ में है, तो निम्नलिखित में से कौन-सा सही है?

[UPSC NDA, 2021]

A. $x \in \{-2\}$ **B.** $x \in \{4\}$
C. $x \in \{-2,4\}$ **D.** $x \in \{-4,2\}$

Q.21 किसी GP का तीसरा पद 3 है। इसके पहले पाँच पदों का गुणनफल क्या है?

[UPSC NDA, 2021]

A. 81
B. 243
C. 729
D. अपर्याप्त आँकड़ों के कारण निर्धारित नहीं किया जा सकता

Q.22 N संख्याओं के एक समुच्चय के लिए केन्द्रीय प्रवृत्ति के निम्नलिखित मापों पर विचार कीजिए:
1. समांतर माध्य
2. गुणोत्तर माध्य
उपर्युक्त में से कौन-सा/से सभी आँकड़ों को प्रयोग में लाता/लाते है/हैं?

[UPSC NDA, 2021]

A. केवल 1 **B.** केवल 2
C. 1 और 2 दोनों **D.** न तो 1 और न ही 2

Q.23 एक बिंदु का बिंदुपथ, जिसका भुज और कोटि सदैव बराबर होते हैं, कहलाता है:
A. $x + y + 1 = 0$ **B.** $x - y = 0$
C. $x + y = 1$ **D.** इनमें से कोई नहीं

Q.24 ढलान $(2,3)$ के साथ बिंदु 2 से गुजरने वाली रेखा का समीकरण है।
A. $2x + y - 1 = 0$ **B.** $2x - y + 1 = 0$
C. $2x - y - 1 = 0$ **D.** $2x + y + 1 = 0$

Q.25 रेखाओं 7x - 4y = 0 और 3x - 11y + 5 = 0 के बीच न्यून कोण ज्ञात कीजिए।
A. 135° **B.** 45° **C.** 60° **D.** 30°

Q.26 बिंदु का वह स्थान जहाँ से वृत्त $x^2 + y^2 - 4 = 0$ और $x^2 + y^2 - 8x + 15 = 0$ की स्पर्शरेखा बराबर है, समीकरण द्वारा दिया जाता हैं:
A. $8x + 19 = 0$ **B.** $8x - 19 = 0$
C. $4x - 19 = 0$ **D.** $4x + 19 = 0$

Q.27 एक समबाहु त्रिभुज परवलय $y^2 = 4ax$ में अंकित है, जहाँ एक शीर्ष परवलय के शीर्ष पर है। त्रिभुज की भुजा की लंबाई ज्ञात कीजिए।
A. $9\sqrt{3}a$ **B.** $5\sqrt{3}a$ **C.** $10\sqrt{3}a$ **D.** $8\sqrt{3}a$

Q.28 यदि दीर्घवृत्त $\frac{x^2}{a^2+1} + \frac{y^2}{a^2+2} = 1$ की उत्केंद्रता $\frac{1}{\sqrt{6}}$ है, तब दीर्घ अक्ष की लम्बाई और नाभिलम्ब जीवा की लम्बाई का अनुपात है:
A. $\frac{5}{6}$ **B.** $\frac{3}{\sqrt{6}}$ **C.** $\frac{2}{3}$ **D.** $\frac{2}{\sqrt{6}}$

Q.29 एक रेखा पर किसी बिंदु के निर्देशांक $(p + 1, p - 3, \sqrt{2}p)$ हैं, जहाँ p कोई वास्तविक संख्या है। रेखा की दिशा कोसाइन (दिक्-कोसाइन) क्या हैं?

[UPSC NDA, 2019]

A. $\frac{1}{2}, \frac{1}{2}, \frac{1}{\sqrt{2}}$
B. $\frac{1}{\sqrt{2}}, \frac{1}{2}, \frac{1}{2}$
C. $\frac{1}{\sqrt{2}}, \frac{1}{2}, -\frac{1}{2}$
D. अपर्याप्त आंकड़ों के कारण इसे निर्धारित नहीं किया जा सकता

Q.30 रेखा $\frac{x-1}{1} = \frac{y-3}{2} = \frac{z+2}{7}$ पर किसी बिंदु के निर्देशांक हैं:

[UPSC NDA, 2019]

A. (3, 5, 4) **B.** (2, 5, 5)
C. (-1, -1, 5) **D.** (2, -1, 0)

Q.31 यदि रेखा $\frac{x-4}{1} = \frac{y-2}{1} = \frac{z-k}{2}$ समतल $2x - 4y + z = 7$ पर स्थित है, तो k का मान क्या है?

[UPSC NDA, 2019]

A. 2 **B.** 3 **C.** 5 **D.** 7

Q.32 मान लीजिए $f(x) = 2x^2 + \frac{1}{x}$ है, तो $f'(1)$ _____ है।
A. 1 **B.** 2 **C.** 3 **D.** 4

Q.33 $\lim\limits_{x \to 3} \frac{x^4 - 81}{x^3 - 27}$ का मान ज्ञात कीजिए।
A. 3 **B.** 4 **C.** 5 **D.** 9

Q.34 नीचे दिया गया बंटन एक कक्षा के 30 विद्यार्थियों का भार देता है। विद्यार्थियों का माध्यक भार ज्ञात कीजिए।

वजन (किलोग्राम में)	40 – 45	45 – 50	50 – 55	55 – 60	60 – 65	65 – 70	70 – 75
छात्रों की संख्या	2	3	8	6	6	3	2

A. 86.67 किलोग्राम **B.** 76.67 किलोग्राम
C. 66.67 किलोग्राम **D.** 56.67 किलोग्राम

Q.35 यदि द्विपद वितरण का माध्य $= 5$, विचरण $= \frac{10}{3}$ है तो परीक्षणों की संख्या बराबर है:
A. 5 **B.** 7 **C.** 10 **D.** 15

Q.36 दिया गया है कि 15 अवलोकनों के एक प्रतिरूप का समांतर माध्य और मानक विचलन क्रमशः 24 और 0 हैं। तो निम्नलिखित में से कौन-सा आकड़ों में सबसे छोटे पांच अवलोकनों का समांतर माध्य है?
A. 0 **B.** 8 **C.** 16 **D.** 24

Q.37 एक कक्षा के 60 विद्यार्थियों की ऊंचाई के निम्नलिखित बारंबारता बंटन पर विचार कीजिए:

ऊंचाई (सेमी में)	150 – 155	155 – 160	160 – 165	165 – 170	170 – 175	175 – 180
छात्रों की संख्या	15	13	10	8	9	5

बहुलक वर्ग की निचली सीमा और माध्यिका वर्ग की ऊपरी सीमा का योग है:
A. 310 **B.** 315 **C.** 320 **D.** 330

Q.38 संख्याओं $7, 3, 9, 7, 9, 5, 7, 9, 9, 5$ से यादृच्छिक एक संख्या का चयन किया जाता है। चयनित संख्या उनके औसत होने की प्रायिकता है:
A. $\frac{7}{10}$ **B.** $\frac{5}{10}$ **C.** $\frac{3}{10}$ **D.** $\frac{1}{10}$

Q.39 पासे को एक बार फेंकने पर, 4 से बड़ी संख्या प्राप्त होने की प्रायिकता क्या है?

A. $\frac{1}{2}$ **B.** $\frac{1}{3}$ **C.** $\frac{2}{3}$ **D.** $\frac{1}{4}$

Q.40 एक कार्ड अव्यवस्थित 52 कार्डों के एक पैकेट से निकाला जाता है। इसकी क्या प्रायिकता है कि निकाला गया कार्ड एक फेस कार्ड है?

A. $\frac{3}{13}$ **B.** $\frac{4}{13}$ **C.** $\frac{1}{4}$ **D.** $\frac{9}{52}$

Q.41 निम्नलिखित दो कथनों P और Q पर विचार कीजिए:

$$P:\cos^{-1}\left(\cos\frac{4\pi}{3}\right)=\frac{4\pi}{3}$$

$$Q:\sec^2\left(\cot^{-1}\frac{1}{2}\right)+cosec^2\left(\tan^{-1}\frac{1}{3}\right)=15$$

तब, निम्न में से कौन सा सत्य है?

A. दोनों P और Q सत्य हैं
B. P सत्य है, लेकिन Q असत्य है
C. P असत्य है, लेकिन Q सत्य है
D. दोनों P और Q असत्य है

Q.42 $2\sin^{-1}\frac{4}{5}+2\sin^{-1}\frac{5}{13}+2\sin^{-1}\frac{16}{65}$ का मान किसके बराबर है?

A. $\frac{3\pi}{2}$ **B.** $\frac{\pi}{2}$ **C.** π **D.** 2π

Q.43 $\cos^{-1}\left(\cos\frac{4\pi}{3}\right)$ का मान क्या है?

A. $\frac{\pi}{3}$ **B.** $\frac{4\pi}{3}$
C. $\frac{2\pi}{3}$ **D.** इनमें से कोई नहीं

Q.44 मान ले A वर्ग मैट्रिक्स है। फिर निम्नलिखित में से कौन सा सममित मैट्रिक्स नहीं है।

A. $A+A'$ **B.** AA' **C.** $A'A$ **D.** $A-A'$

Q.45 यदि A एक वर्ग मैट्रिक्स है तो $A-A'$ है।

A. विकर्ण मैट्रिक्स **B.** विषम सममित मैट्रिक्स
C. सममित मैट्रिक्स **D.** इनमें से कोई नहीं

Q.46 यदि $A=\begin{bmatrix}4 & -3\\1 & 0\end{bmatrix}$ है, तो $A+A^{T}$ का किसके बराबर है?

A. $\begin{bmatrix}4 & -2\\-3 & 0\end{bmatrix}$ **B.** $\begin{bmatrix}8 & -2\\-3 & 0\end{bmatrix}$
C. $\begin{bmatrix}8 & -2\\-2 & 0\end{bmatrix}$ **D.** $\begin{bmatrix}8 & -2\\-2 & 3\end{bmatrix}$

Q.47 यदि $\begin{vmatrix}x & 2\\18 & x\end{vmatrix}=\begin{vmatrix}6 & 2\\3x & 6\end{vmatrix}$, तब फिर x बराबर है:

A. 6 **B.** ± 6 **C.** -6 **D.** 0

Q.48 यदि सारणिक $\begin{vmatrix}a_1 & b_1 & c_1\\a_2 & b_2 & c_2\\a_3 & b_3 & c_3\end{vmatrix}=\Delta$, तो

$\begin{vmatrix}xa_1 & yb_1 & zc_1\\xa_2 & yb_2 & zc_2\\xa_3 & yb_3 & zc_3\end{vmatrix}$ का मान क्या है? $(x,y,z\neq 0$ या $1)$

A. $3xyz\Delta$ **B.** Δ
C. $(x+y+z)\Delta$ **D.** $xyz\Delta$

Q.49 $\begin{vmatrix}1 & 1 & 1\\a & b & c\\a^3 & b^3 & c^3\end{vmatrix}$ का मान ज्ञात करें।

A. $(a-b)(b-c)(c-a)(a+b+c)$
B. $(a-b)(b-c)(c-a)(a-b-c)$

C. $(a+b)(b-c)(c-a)(a-b+c)$
D. $(a+b)(b+c)(c+a)(a+b+c)$

Q.50 $\lim\limits_{x\to 1}\frac{\sqrt{f(x)}-1}{x-1}$ ज्ञात कीजिए, यदि $f(1)=1$ और $f'(1)=3$

A. 1 **B.** 2
C. 3 **D.** इनमें से कोई नहीं

Q.51 $\lim\limits_{x\to 0}\frac{\sqrt{1+x}-\sqrt{1-x}}{x}$ का मान ज्ञात कीजिए।

A. 0 **B.** 1
C. ∞ **D.** लिमिट मौजूद नहीं है

Q.52 यदि कोई अवकल फलन $f(x)$ $\lim\limits_{x\to -1}\frac{f(x)+1}{x^2-1}=-\frac{3}{2}$ को संतुष्ट करता है, तो $\lim\limits_{x\to -1}f(x)$ किसके बराबर है?

[UPSC NDA, 2021]

A. $-\frac{3}{2}$ **B.** -1 **C.** 0 **D.** 1

Q.53 $\lim\limits_{x\to 0}\frac{x\tan x}{1-\cos x}$ का मान ज्ञात कीजिये।

A. $\frac{1}{2}$ **B.** $\frac{-1}{2}$ **C.** -2 **D.** 2

Q.54 $\lim\limits_{x\to 0}\frac{\tan 2x}{e^{2x}-1}$ का मान ज्ञात करे।

A. 1 **B.** -1 **C.** 0 **D.** 2

Q.55 जब त्रिज्या 2 सेमी/सेकंड की दर से बढ़ रही है, तब r त्रिज्या वाले गोले के पृष्ठफल के परिवर्तन की दर समानुपाती है-

A. $\frac{1}{r}$ **B.** $\frac{1}{r^2}$ **C.** r **D.** r^2

Q.56 त्रिज्या के 6 इकाई होने पर, एक गोले के आयतन के परिवर्तन की दर इसके पृष्ठीय क्षेत्रफल के संबंध में ज्ञात करें।

A. 144π **B.** 24π **C.** 3 **D.** 2

Q.57 फलन $f(x)=2x^3-21x^2+36x-20$ का निम्निष्ठ है:

A. -128 **B.** -126
C. -120 **D.** इनमें से कोई नहीं

Q.58 $\int_0^{\frac{\pi}{2}}|\sin x-\cos x|\,dx$ _______ के बराबर है।

[UPSC NDA, 2019]

A. 0 **B.** $2(\sqrt{2}-1)$
C. $2\sqrt{2}$ **D.** $2(\sqrt{2}+1)$

Q.59 $\int\sqrt{x}e^{\sqrt{x}}dx$ का मान _______ के बराबर होगा।

A. $2\sqrt{x}-e^{\sqrt{x}}-4\sqrt{xe\sqrt{x}}+C$
B. $(2x-4\sqrt{x}+4)e^{\sqrt{x}}+C$
C. $(2x+4\sqrt{x}+4)e^{\sqrt{x}}+C$
D. $(1-4\sqrt{x})e^{\sqrt{x}}+C$

Q.60 $\int_1^4\frac{x^2+x}{\sqrt{2x+1}}dx$ किसके बराबर है?

A. $\frac{57-\sqrt{3}}{5}$ **B.** $\frac{57-\sqrt{3}}{4}$
C. $\frac{57-4\sqrt{3}}{5}$ **D.** उपरोक्त में से कोई नहीं

Q.61 मूल्यांकन कीजिए: $\int \frac{\sin x}{1-4\cos^2 x} dx$

A. $\frac{1}{4} \log \left|\frac{1+2\cos x}{1-2\cos x}\right| + C$

B. $\frac{-1}{4} \log \left|\frac{1+2\cos x}{1-2\cos x}\right| + C$

C. $\frac{1}{2} \log \left|\frac{1+\cos x}{1-\cos x}\right| + C$

D. $-\frac{1}{2} \log \left|\frac{1+\cos x}{1-\cos x}\right| + C$

Q.62 वक्र $y = \sqrt{16 - x^2}$ और x-अक्ष से घिरे क्षेत्र का क्षेत्रफल है:

A. 8π वर्ग इकाई

B. 20π वर्ग इकाई

C. 16π वर्ग इकाई

D. इनमें से कोई नहीं

Q.63 वक्र $y = x^2$ और रेखाओं $x = -1, x = 2$ और x-अक्ष के अंतर्गत क्षेत्रफल है:

A. 3 वर्ग इकाई

B. 5 वर्ग इकाई

C. 7 वर्ग इकाई

D. 9 वर्ग इकाई

Q.64 पहले चतुर्थांश में परवलय $x^2 = 4y, y = 2$ और $y = 4$ और y-अक्ष से घिरे क्षेत्र का क्षेत्रफल ज्ञात कीजिए।

A. $\frac{23-5\sqrt{2}}{3}$ वर्ग इकाई

B. $\frac{32-3\sqrt{2}}{5}$ वर्ग इकाई

C. $\frac{30-8\sqrt{2}}{3}$ वर्ग इकाई

D. $\frac{32-8\sqrt{2}}{3}$ वर्ग इकाई

Q.65 सदिश $\vec{a} = 2\hat{i} - 7\hat{j} - 3\hat{k}$ का परिमाण है:

A. $\sqrt{63}$
B. $\sqrt{61}$
C. $\sqrt{62}$
D. $\sqrt{65}$

Q.66 यदि दो सदिशों की संगत दिशा कोज्या बराबर हो तो दो सदिश _______।

A. 55° के कोण पर हैं

B. समानांतर हैं

C. लंबवत हैं

D. 45° के कोण पर हैं

Q.67 सदिश $\vec{a} = 3\hat{i} - 4\hat{j} + 12\hat{k}$ की दिशा में इकाई सदिश ज्ञात कीजिए।

A. $\frac{3}{13}\hat{i} + \frac{4}{13}\hat{j} + \frac{12}{13}\hat{k}$

B. $\frac{1}{9}\hat{i} - \frac{4}{9}\hat{j} + \frac{8}{9}\hat{k}$

C. $\frac{3}{13}\hat{i} - \frac{4}{13}\hat{j} + \frac{12}{13}\hat{k}$

D. $\frac{3}{13}\hat{i} + \frac{4}{13}\hat{j} - \frac{12}{13}\hat{k}$

Q.68 यदि $\vec{a} + \vec{b} + \vec{c} = 0$ सदिश हैं जैसे $\vec{a} + \vec{b} + \vec{c} = 0$ और $|\vec{a}| = 10$, $|\vec{b}| = 4$, $|\vec{c}| = 6$ तो $\vec{b}$ और $\vec{c}$ सदिशों के बीच का कोण कितना है?

A. 0°
B. 30°
C. 45°
D. 90°

Q.69 एक रैखिक प्रोग्रामिंग मॉडल को हल करते समय, यदि एक अनावश्यक बाधा जोड़ दी जाती है तो मौजूदा समाधान पर इसका क्या प्रभाव होगा?

A. कोई प्रभाव नहीं पड़ेगा।

B. समाधान स्थान और कृत्रिम हो जाएगा।

C. समाधान स्थान अवतल हो जाता है।

D. समस्या अब हल करने योग्य नहीं है।

Q.70 यदि एक रैखिक प्रोग्रामिंग समस्या में प्रतिबंधों को बदल दिया जाता है, तो________।

A. समस्या का पुनर्मूल्यांकन किया जाना है

B. समाधान परिभाषित नहीं है

C. वस्तुनिष्ठ फलन को संशोधित करना होगा

D. प्रतिबंधों में परिवर्तन को नजरअंदाज किया जाता है

Q.71 एलपीपी के लिए व्यवहार्य समाधान चित्र में दिखाया गया है। $Z = 3x - 4y$ को वस्तुनिष्ठ फलन है, Z का अधिकतम मान _______ पर होगा।

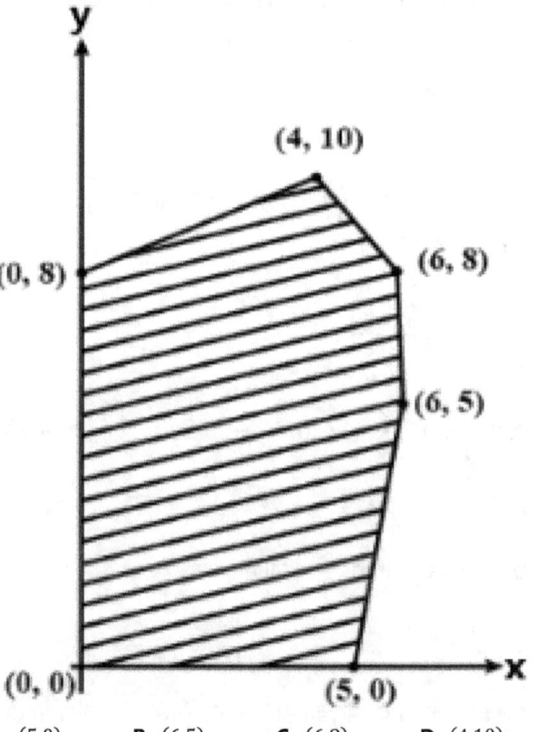

A. (5,0)
B. (6,5)
C. (6,8)
D. (4,10)

Q.72 एक एलपीपी के लिए व्यवहार्य क्षेत्र (छायांकित) चित्र अधिकतम $Z = 5x + 7y$ में दिखाया गया है। Z का अधिकतम मान ज्ञात कीजिए।

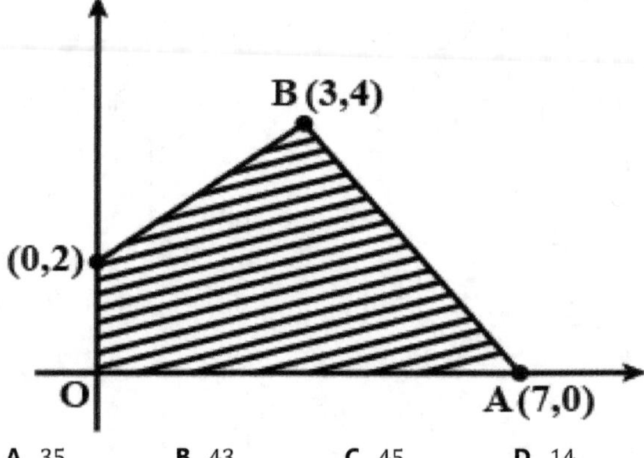

A. 35
B. 43
C. 45
D. 14

Q.73 यदि $n = 100!$ है, तो

$$\frac{1}{\log_2 n} + \frac{1}{\log_3 n} + \frac{1}{\log_4 n} + \cdots \ldots + \frac{1}{\log_{100} n}$$

का मान क्या है?

[UPSC NDA, 2021]

A. 0
B. 1
C. 2
D. 3

Q.74 निम्नलिखित कथनों पर विचार कीजिए:

1. $A = \{1,3,5\}$ और $B = \{2,4,7\}$ तुल्य समुच्चय हैं।

2. $A = \{1,5,9\}$ और $B = \{1,5,5,9,9\}$ सम समुच्चय हैं।

उपर्युक्त कथनों में से कौन-सा/से सही है/हैं?

[UPSC NDA, 2021]

A. केवल 1
B. केवल 2
C. 1 और 2 दोनों
D. न तो 1 और न ही 2

Q.75 यदि A = {2, 4, 5}, B = {5, 9, 11} और R, A से B तक इस प्रकार संबंधित है जिससे a R b ⇔ b = 2a + 1 है, तो R का प्रतिलोम संबंध क्या है?

A. {(2, 5), (4, 9)}
B. {(2, 5), (4, 9), (5, 11)}
C. {(5, 2), (9, 4), (11, 5)}
D. {(5, 2), (9, 4)}

Q.76 निम्नलिखित फलन की डोमेन और रेंज ज्ञात करें:

$$f(x) = \sqrt{25 - x^2}$$

A. [-5,5], [0,5]
B. [-3,3], [-3,3]
C. [-4,4], [4,0]
D. इनमें से कोई नहीं

Q.77 दिया गया है कि |A| = 22, |B| = 18, |C| = 6, |A∪B∪C| = 34, |A∩B∩C'| = 3, |A∩C∩B'| = 4, |B∩C∩A'| = 2 है, तो |A∩B∩C| = ?

A. 1 **B.** 4 **C.** 2 **D.** 3

Q.78 वह अंतराल क्या है जिसमें फलन $f(x) = x^3 - 6x^2 + 9x + 10$ बढ़ता हुआ है?

A. $(-\infty, 1) \cup (3, \infty)$
B. $(-\infty, 1] \cup [3, \infty)$
C. $[1,3]$
D. $(-\infty, -1] \cup [3, \infty)$

Q.79 (A - B) ∩ (B - A) का मान क्या है?

A. φ
B. A ∩ B
C. A ∪ B
D. निर्धारित नहीं किया जा सकता है

Q.80 {(-3, 4), (5, -6), (-2, 7), (5, 3), (6, -8)} जोड़ों के समुच्चय के क्रमबद्ध समूह में डोमेन और रेंज _______ बनाएंगे।

A. मान **B.** संबंध **C.** फलन **D.** फलन नहीं

Q.81 सीधी रेखा $\frac{x+1}{2} = \frac{y-2}{5} = \frac{z+3}{4}$ और $\frac{x-1}{1} = \frac{y+2}{2} = \frac{z-3}{-3}$ के बीच का कोण क्या है?

A. 45° **B.** 30° **C.** 60° **D.** 90°

Q.82 अक्ष पर एक बिंदु का निर्देशांक ज्ञात कीजिए जो बिंदु $P(1, -2, 3)$ से $\sqrt{5}$ की दूरी पर हैं?

A. (1, 2, -3) **B.** (1, 2, 3) **C.** (0, 0, -3) **D.** (0, 0, 3)

Q.83 k का वह मान ज्ञात कीजिए जिससे रेखा $\frac{2x-2}{2k} = \frac{4-y}{3} = \frac{z+2}{-1}$ और $\frac{x-5}{1} = \frac{y}{k} = \frac{z+6}{4}$ समकोण पर हैं?

A. 0 **B.** −2 **C.** 2 **D.** 1

Q.84 बिंदुओं P(3, - 1, 2) और Q(3, 3, - 2) को मिलाने वाली रेखा का मध्य-बिंदु ज्ञात करें।

A. (3, 2, 0)
B. (- 3, 1, 0)
C. (3, 1, 0)
D. (3, 1, 4)

Q.85 मूल से गुजरने वाली सभी रेखाओं का अवकल समीकरण क्या है?

A. $y = \sqrt{x}\frac{dy}{dx}$
B. $\frac{dy}{dx} = x + y$
C. $\frac{dy}{dx} = y - x$
D. इनमें से कोई नहीं

Q.86 अवकल समीकरण $\frac{dy}{dx} = \frac{\sqrt{1-y^2}}{\sqrt{1-x^2}}$ का सामान्य हल $y(x)$ क्या है?

A. $\cos^{-1}y - \sin^{-1}x = c$
B. $\cos^{-1}y - \cos^{-1}x = c$
C. $\sin^{-1}y - \sin^{-1}x = \sin^{-1}c$
D. $\sin^{-1}y + \sin^{-1}x = \sin^{-1}c$

Q.87 $(2y + x)\frac{dy}{dx} = 1$ हल कीजिए।

A. $x + y + 1 = ce^{-y}$
B. $x + 2y + 2 = ce^{y}$
C. $x + 2y + 1 = ce^{y}$
D. $x + 2y + 2 = ce^{-y}$

Q.88 अवकल समीकरण $ydx = (y - x)dy$ का सामान्य हल ज्ञात कीजिए।

A. $x = \frac{y}{2}$
B. $x = \frac{y}{2} + \frac{c}{y}$
C. $y = \frac{x}{2} + \frac{c}{x}$
D. $y = \frac{x}{2}$

Q.89 यदि $x\frac{dy}{dx} = y(\log y - \log x + 1)$ है, तो समीकरण का हल _______ है।

A. $\log\frac{x}{y} = Cy$
B. $\log\frac{y}{x} = Cy$
C. $\log\frac{x}{y} = Cx$
D. $\log\frac{y}{x} = Cx$

Q.90 समीकरण $\frac{dy}{dx} + 7x^2y = 0$ के लिए यदि $y(0) = \frac{3}{7}$, फिर $y(1)$ का मान क्या है?

A. $\frac{7}{3}e^{-\frac{7}{3}}$ **B.** $\frac{7}{3}e^{-\frac{3}{7}}$ **C.** $\frac{3}{7}e^{-\frac{7}{3}}$ **D.** $\frac{3}{7}e^{-\frac{3}{7}}$

Q.91 मान लीजिए S = {0, 1, 2, 3} है। तो S में उपसमुच्चयों की कुल संख्या है?

A. 20 **B.** 16 **C.** 64 **D.** 32

Q.92 मान लीजिए U = {1, 2, 3, 4, 5, 6, 7, 8, 9}, A = {1, 2, 3, 4}, B = {2, 4, 6, 8} है। तो (A ∪ B)' ज्ञात कीजिए।

A. {5, 6, 7, 8}
B. {5, 7, 9}
C. {1, 3, 4, 5, 8}
D. {1, 2, 3, 4, 6, 8}

Q.93 $\int_0^\pi \ln\left(\tan\frac{x}{2}\right)dx$ किसके बराबर है?

A. 0 **B.** $\frac{1}{2}$ **C.** 1 **D.** 2

Q.94 $\int e^x\{f(x) + f'(x)\}dx$ किसके बराबर है?

A. $e^x f'(x) + C$
B. $e^x f(x) + C$
C. $e^x + f(x) + C$
D. इनमें से कोई नहीं

Q.95 यदि एक फलन $f(x) = \begin{cases} 3x + 2, & x \geq 1 \\ 5, & x < 1 \end{cases}$ है, तो $x = 1$ पर फलन क्या है?

A. निरंतर और $f(1) = 5$
B. निरंतर लेकिन $f(1)$ निर्धारित नहीं किया जा सकता है
C. निरंतर नहीं
D. उपरोक्त में से कोई नहीं

Q.96 माना कि f, [1,5] पर संतत और (1,5) में अवकलनीय है, यदि सभी $x \in (1,5)$ के लिए $f(1) = -3$ और $f'(x) \geq 9$ है, तो निम्नलिखित में से कौन सा कथन सही है?

A. $f(5) \geq 33$
B. $f(5) > 3$
C. $f(5) \leq 33$
D. उपरोक्त में से कोई नहीं

Q.97 $\cot^{-1}x$ के संबंध में $\tan^{-1}x$ का अवकलज क्या है?

A. -1 **B.** 1 **C.** $\frac{1}{x^2+1}$ **D.** $\frac{x}{x^2+1}$

Q.98 (a, b) में $f(x) = Ax^2 + Bx + C$ के लिए $f(b) - f(a) = (b - a)f'(\varepsilon)$ के लैग्रेंज के माध्य मान प्रमेय में ε का मान क्या होगा?

A. $b + a$ **B.** $b - a$ **C.** $\frac{b+a}{2}$ **D.** $\frac{b-a}{2}$

Q.99 यदि $f(x) = x|x|$ और $g(x) = \sin x$ है, तो $x = 0$ पर $gof(x)$ कैसा है?

A. $gof(x)$ अवकलनीय है
B. $gof(x)$ अवकलनीय नहीं है
C. $gof(x)$ के अवकलनीय का मान 1 है
D.   उपरोक्त में से कोई नहीं

Q.100 कितने बिंदुओं पर फलन f(x) = [x] अनिरंतर है?

A. 1   **B.** 2   **C.** 3   **D.** अनंत

// स्मार्ट उत्तर पुस्तिका //

सही उत्तर — उन छात्रों का प्रतिशत जिन्होंने प्रश्नों का सही उत्तर दिया था। **छोड़ दिया** — उन छात्रों का प्रतिशत जिन्होंने प्रश्नों को छोड़ दिया था।

प्रश्न संख्या	उत्तर	सही उत्तर / छोड़ दिया	प्रश्न संख्या	उत्तर	सही उत्तर / छोड़ दिया	प्रश्न संख्या	उत्तर	सही उत्तर / छोड़ दिया	प्रश्न संख्या	उत्तर	सही उत्तर / छोड़ दिया	प्रश्न संख्या	उत्तर	सही उत्तर / छोड़ दिया	प्रश्न संख्या	उत्तर	सही उत्तर / छोड़ दिया
1	A	51.0 % 1.14 %	18	B	60.33 % 1.54 %	35	D	67.6 % 1.78 %	52	B	77.06 % 0.0 %	69	A	61.1 % 1.21 %	86	C	45.66 % 1.34 %
2	C	16.87 % 3.54 %	19	C	60.72 % 1.49 %	36	D	49.3 % 1.11 %	53	D	44.53 % 1.65 %	70	A	66.48 % 1.56 %	87	B	57.5 % 1.23 %
3	A	57.11 % 1.23 %	20	C	65.39 % 1.69 %	37	B	66.49 % 1.36 %	54	A	84.72 % 0.0 %	71	A	77.35 % 0.0 %	88	B	59.66 % 1.11 %
4	B	46.48 % 1.69 %	21	B	64.77 % 1.94 %	38	C	12.55 % 3.3 %	55	C	88.28 % 0.0 %	72	B	52.61 % 1.62 %	89	D	27.97 % 4.84 %
5	A	46.66 % 1.8 %	22	C	81.72 % 0.0 %	39	B	85.25 % 0.0 %	56	C	64.66 % 1.35 %	73	B	55.03 % 1.72 %	90	C	17.54 % 3.98 %
6	C	40.4 % 1.94 %	23	B	49.01 % 1.52 %	40	A	81.55 % 0.0 %	57	A	47.9 % 1.78 %	74	C	63.69 % 1.28 %	91	B	84.11 % 0.0 %
7	A	43.53 % 1.77 %	24	C	77.54 % 0.0 %	41	C	69.08 % 1.48 %	58	B	68.48 % 1.37 %	75	C	24.39 % 3.9 %	92	B	53.37 % 2.0 %
8	B	89.59 % 0.0 %	25	B	62.93 % 1.38 %	42	C	54.21 % 1.85 %	59	B	25.51 % 4.39 %	76	A	62.48 % 1.49 %	93	A	85.36 % 0.0 %
9	B	58.91 % 1.44 %	26	B	64.13 % 1.83 %	43	C	89.07 % 0.0 %	60	A	31.69 % 4.65 %	77	D	66.03 % 1.8 %	94	B	56.96 % 1.45 %
10	B	78.49 % 0.0 %	27	D	23.77 % 3.04 %	44	D	69.5 % 1.28 %	61	B	41.42 % 1.75 %	78	B	23.25 % 4.39 %	95	A	44.0 % 1.59 %
11	D	78.79 % 0.0 %	28	A	14.75 % 4.79 %	45	B	58.22 % 1.62 %	62	A	61.6 % 1.55 %	79	A	87.74 % 0.0 %	96	A	54.4 % 1.57 %
12	C	86.63 % 0.0 %	29	A	31.25 % 3.98 %	46	C	40.39 % 1.06 %	63	A	76.06 % 0.0 %	80	D	67.16 % 1.95 %	97	A	54.04 % 1.14 %
13	C	56.21 % 1.21 %	30	B	43.26 % 1.19 %	47	A	56.91 % 1.96 %	64	D	88.48 % 0.0 %	81	D	44.44 % 1.77 %	98	C	60.71 % 1.31 %
14	C	85.75 % 0.0 %	31	D	62.54 % 1.07 %	48	D	85.09 % 0.0 %	65	C	76.96 % 0.0 %	82	D	62.64 % 1.16 %	99	A	69.38 % 1.18 %
15	C	43.85 % 1.67 %	32	C	78.84 % 0.0 %	49	A	57.66 % 1.79 %	66	B	88.2 % 0.0 %	83	B	55.97 % 1.86 %	100	D	84.17 % 0.0 %
16	C	20.41 % 4.24 %	33	B	55.54 % 1.25 %	50	D	82.81 % 0.0 %	67	C	57.21 % 1.16 %	84	C	53.69 % 1.61 %			
17	C	40.21 % 1.6 %	34	D	66.94 % 1.78 %	51	B	76.43 % 0.0 %	68	A	14.08 % 4.49 %	85	D	51.09 % 1.82 %			

//संकेत और समाधान//

1. दिया गया है,

$$6\sin^2x - 2\cos^2x = 4$$

$$\Rightarrow 6\sin^2x - 2\cos^2x = 4 \times 1$$

जैसा कि हम जानते हैं कि,

$$\sin^2x + \cos^2x = 1$$

$$\Rightarrow 6\sin^2x - 2\cos^2x = 4(\sin^2x + \cos^2x)$$

$$\Rightarrow 6\sin^2x - 2\cos^2x = 4\sin^2x + 4\cos^2x$$

$$\Rightarrow 6\sin^2x - 4\sin^2x = 4\cos^2x + 2\cos^2x$$

$$\Rightarrow 2\sin^2x = 6\cos^2x$$

$$\Rightarrow \tan^2x = 3$$

$$\therefore \tan x = \sqrt{3}$$

अतः विकल्प (A) सही है।

2. दिया गया है,

$$\tan\beta = \cos\theta \cdot \tan\alpha$$

$$\cos\theta = \frac{\tan\beta}{\tan\alpha} \ldots \text{(i)}$$

जैसा कि हम जानते हैं कि,

$$\cos\theta = \frac{1-\tan^2\frac{\theta}{2}}{1+\tan^2\frac{\theta}{2}} \ldots \text{(ii)}$$

समीकरण (i) और (ii) से, हम प्राप्त करते हैं

$$\frac{1-\tan^2\frac{\theta}{2}}{1+\tan^2\frac{\theta}{2}} = \frac{\tan\beta}{\tan\alpha}$$

$$\tan^2\frac{\theta}{2} = \frac{\tan\alpha - \tan\beta}{\tan\alpha + \tan\beta}$$

$$= \frac{\sin\alpha\cos\beta - \cos\alpha\sin\beta}{\sin\alpha\cos\beta + \cos\alpha\sin\beta}$$

$$= \frac{\sin(\alpha-\beta)}{\sin(\alpha+\beta)}$$

अतः विकल्प (C) सही है।

3. दिया गया है,

$$\sin x \times \sin y = \cos x \times \cos y$$

$$\Rightarrow \frac{\sin x}{\cos x} = \frac{\cos y}{\sin y}$$

$$\Rightarrow \tan x = \cot y$$

$$\Rightarrow \tan x = \tan\left(\frac{\pi}{2} - y\right)$$

$$\Rightarrow x = \frac{\pi}{2} - y$$

$$\Rightarrow x + y = \frac{\pi}{2}$$

$$\Rightarrow \frac{x}{2} + \frac{y}{2} = \frac{\pi}{4}$$

दोनों पक्षों में $\tan$ लेने पर, हमें प्राप्त होता है,

$$\tan\left(\frac{x}{2} + \frac{y}{2}\right) = \tan\left(\frac{\pi}{4}\right)$$

$$= 1$$

अतः विकल्प (A) सही है।

4. दिया गया व्यंजक,

$$Z = 1 + i$$

हमें $Z + \frac{2}{Z}$ का मापांक ज्ञात करना है,

$$\Rightarrow (1 + i) + \frac{2}{1+i}$$

दूसरे पद को तर्कसंगत बनाने पर, हम प्राप्त करते हैं,

$$\Rightarrow (1 + i) + \frac{2}{1+i} \times \frac{1-i}{1-i}$$

$$\Rightarrow (1 + i) + \frac{2\times(1-i)}{1-i^2}$$

$$\Rightarrow (1 + i) + \frac{2\times(1-i)}{1-(-1)}$$

$$\Rightarrow (1 + i) + \frac{2\times(1-i)}{2}$$

$$\Rightarrow 1 + i + 1 - i$$

$$\Rightarrow 2$$

$\therefore$ इसलिए, इसका मापांक $Z + \frac{2}{Z} = 2$ है।

अतः विकल्प (B) सही है।

5. दिया है:

1. $\left(z^{-1}\right) = \left(\bar{z}\right)^{-1}$

माना, $z = a - ib$

$$\Rightarrow z^{-1} = \frac{1}{z} = \frac{1}{a-ib} = \frac{a+ib}{a^2+b^2}$$

$$\Rightarrow \overline{z^{-1}} = \frac{a-ib}{a^2+b^2} \quad \ldots\text{(i)}$$

$$\Rightarrow \bar{z} = a + ib$$

$$\Rightarrow \left(\bar{z}\right)^{-1} = \frac{1}{\bar{z}} = \frac{1}{a+ib} = \frac{a-ib}{a^2+b^2} \quad \ldots\text{(ii)}$$

$$\Rightarrow \left(\bar{z}\right)^{-1} = \frac{1}{\bar{z}} = \frac{1}{a+ib} = \frac{a-ib}{a^2+b^2}$$

समीकरण (i) और (i) से,

कथन 1 सही है।

2. $zz^{-1} = |z|^2$

माना $z = a - ib$

$$\Rightarrow z^{-1} = \frac{a+ib}{a^2+b^2}$$

$\Rightarrow z \cdot z^{-1} = (a - ib)\dfrac{a+ib}{a^2+b^2} = \dfrac{a^2+b^2}{a^2+b^2} = 1$

कथन 2 सही नहीं है।

अत: विकल्प (A) सही है।

6. 1. Z और इसके संयुग्म का अंतर एक काल्पनिक संख्या है।

माना कि $Z = a + ib$ है।   ... (i)

Z का संयुग्म $= \overline{Z} = a - ib$ ... (ii)

समीकरण (i) $-$ समीकरण (ii)

$Z - \overline{Z} = a + ib - a + ib$

$\Rightarrow 2ib$

इसलिए यह स्पष्ट है कि Z और इसके संयुग्म का अंतर एक काल्पनिक संख्या है।

2. Z और इसके संयुग्म का योग एक वास्तविक संख्या है।

समीकरण (i) + समीकरण (ii)

$Z + \overline{Z} = a + ib + a - ib$

$\Rightarrow 2a$

इसलिए यह स्पष्ट है कि Z और इसके संयुग्म का योग एक वास्तविक संख्या है।

इसलिए, 1 और 2 दोनों सही हैं।

अत: विकल्प (C) सही है।

7. दिया गया है,

$\dfrac{x}{4} < \dfrac{(5x-2)}{3} - \dfrac{(7x-3)}{5}$

$= \dfrac{x}{4} < \dfrac{5(5x-2)-3(7x-3)}{15}$

सरलीकरण करने पर हमें प्राप्त होता है,

$= \dfrac{x}{4} < \dfrac{25x-10-21x+9}{15}$

$= \dfrac{x}{4} < \dfrac{4x-1}{15}$

$= 15x < 4(4x - 1)$

$= 15x < 16x - 4$

$= 4 < x$

x की सभी वास्तविक संख्याएं जो 4 से बड़ी हैं, दी गई असमानता के समाधान हैं

इसलिए, $(4, \infty)$ दी गई असमानता का समाधान होगा।

अत: विकल्प (A) सही है।

8. दिया गया है,

$-2 < 2x - 1 < 2$

$\Rightarrow -2 + 1 < 2x < 2 + 1$

$\Rightarrow -1 < 2x < 3$

$\Rightarrow \dfrac{-1}{2} < x < \dfrac{3}{2}$

$\Rightarrow x \in \left(\dfrac{-1}{2}, \dfrac{3}{2}\right)$

अत: विकल्प (B) सही है।

9. 1 असमानता:

$\Rightarrow 5x - 1 < 3x + 2$

$\Rightarrow 2x < 3$

$\Rightarrow x < \dfrac{3}{2}$

$\therefore x < 1.5$

2 असमानता:

$\Rightarrow 5x + 5 > 6 - 2x$

$\Rightarrow 7x > 1$

$\Rightarrow x > \dfrac{1}{7}$

$\therefore x > 0.142$

$\therefore x$, 0.142 और 1.5 के बीच है।

$\therefore x = 1$

अत: विकल्प (B) सही है।

10. शतरंज की बिसात पर 8 वर्गों के साथ 2 विकर्ण होते हैं और हमें क्रमागत 6 वर्ग चुनने होते हैं।

हम क्रमागत 6 वर्गों के ब्लॉक को एक मानेंगे।

इसलिए हमारे पास शतरंज की बिसात पर 3 स्थान बचे हैं जहाँ तीन में से किसी एक स्थान का चयन करके इसे व्यवस्थित किया जा सकता है। $^{3}C_1 = 3$

इसी तरह, अन्य विकर्णों के लिए भी हमें 3 अलग-अलग तरीके मिलेंगे

इसलिए, कुल मिलाकर हमारे पास क्रमागत 6 वर्ग चुनने के 6 अलग-अलग तरीके हैं।

अत: विकल्प (B) सही है।

11. दिया गया है,

एक कूट में दो अलग-अलग अक्षर और उसके बाद 1 से 9 तक के अंकों का उपयोग करके दो अलग-अलग संख्याएं शामिल हैं।

चूँकि हम जानते हैं कि, यहाँ 26 अंग्रेजी वर्ण हैं।

इसलिए, उन तरीकों की संख्या जिसमें 2 अक्षरों को 26 अक्षरों में से चुना जा सकता है $= {}^{26}P_2 = 26 \times 25 = 650$

उसीप्रकार, उन तरीकों की संख्या जिसमें 2 अंकों को 9 अंकों से चुना जा सकता है $= {}^{9}P_2 = 9 \times 8 = 72$

$\therefore$ ऐसे कूटों की कुल संख्या जिसे बनाया जा सकता है $= 650 \times 72 = 46800$

अत: विकल्प (D) सही है।

12. किसी विशिष्ट खिलाड़ी को शामिल नहीं किया जाना चाहिए

हमें $(8 - 1) = 7$ खिलाड़ियों में से 5 खिलाड़ियों का चयन करना है

तो, आवश्यक तरीकों की संख्या

$$\Rightarrow {}^nC_r = {}^7C_5$$

$$\because {}^nC_r = \frac{n!}{r!(n-r)!}$$

$$= \frac{7!}{5!(7-5)!} = 21$$

अतः विकल्प (C) सही है।

13. यह देखते हुए कुल 5 लड़के और 4 लड़कियाँ हैं।

हम 5 लड़कों में से 3 लड़कों का चयन ${}^5C_3$ तरीक़े से कर सकते हैं।

इसी तरह, हम 54 लड़कियों के 3 लड़कों को ${}^4C_3$ तरीके से चुन सकते हैं।

$\therefore$ 3 लड़कों और 3 लड़कियों की एक टीम का चयन ${}^5C_3 \times {}^4C_3$ तरीक़े किया जा सकता है

$${}^5C_3 \times {}^4C_3 = \frac{5!}{3!2!} \times \frac{4!}{3!1!}$$

$$= \frac{5 \times 4 \times 3!}{3! \times 2} \times \frac{4 \times 3!}{3!}$$

$$= 10 \times 4$$

$$= 40$$

$\therefore$ 3 लड़कों और 3 लड़कियों की एक टीम का चयन ${}^5C_3 \times {}^4C_3 = 40$ तरीक़े से किया जा सकता है।

अत: विकल्प (C) सही है।

14. यह दिया गया है कि ${}^{2n}C_3 : {}^nP_2 = 10 : 3 (n \in N)$

अब, ${}^nC_r = \frac{n!}{r!(n-r)!}$ का उपयोग करके, ${}^{2n}C_3$ का मान ज्ञात करने पर,

$${}^{2n}C_3 = \frac{2n!}{3(2n-3)!}$$

$$= \frac{(2n)(2n-1)(2n-2)(2n-3)!}{3(2n-3)!}$$

$$= \frac{(2n)(2n-1)(2n-2)}{6}$$

अब, ${}^nP_r = \frac{n!}{(n-r)!}$ का उपयोग करके ${}^nP_2$ का मान ज्ञात करने पर,

$${}^nP_2 = \frac{n!}{(n-2)!}$$

$$= \frac{n(n-1)(n-2)!}{(n-2)!}$$

$$= n(n-1)$$

अब, ${}^{2n}C_3 : {}^nP_2 = 10 : 3$ अनुपात लेने के लिए,

उपरोक्त अनुपात में ${}^{2n}C_3$ और ${}^nP_2$ के मानों को प्रतिस्थापित करने पर, हम प्राप्त करते हैं:

$$\Rightarrow \frac{\frac{2(|m-1)(m-2)}{b}}{n(n-1)} = \frac{10}{3}$$

$$\Rightarrow \frac{2 \times 2n(2n-1)(n-1)}{6n(n-1)} = \frac{10}{3}$$

$$\Rightarrow \frac{2(2n-1)}{3} = \frac{10}{3}$$

$$\Rightarrow 2n - 1 = \frac{10}{2}$$

$$\Rightarrow 2n - 1 = 5$$

$$\Rightarrow 2n = 6$$

$$\Rightarrow n = \frac{6}{2}$$

$$\Rightarrow n = 3$$

अतः विकल्प (C) सही है।

15. प्रारंभ से 7 वां पद है :

$${}^nC_6 (2)^{\frac{n-6}{3}} \left(\frac{1}{3}\right)^{\frac{6}{3}} \dots\text{(i)}$$

अंत से 7 वां पद है :

$${}^nC_6 \left(\frac{1}{3}\right)^{\frac{n-6}{3}} (2)^{\frac{6}{3}} \dots\text{(ii)}$$

समीकरण (ii) तथा (i) से

$$\Rightarrow \frac{{}^nC_6 (2)^{\frac{n}{3}-2} \left(\frac{1}{3}\right)^2}{{}^nC_6 2^2 \left(\frac{1}{3}\right)^{\frac{n}{3}-2}} = \frac{1}{6}$$

$$\Rightarrow (2)^{\frac{n}{3}-4} \left(\frac{1}{3}\right)^{4-\frac{n}{3}} = \frac{1}{6}$$

$$\Rightarrow (2 \times 3)^{\frac{n}{3}-4} = (2 \times 3)^{-1}$$

$$\Rightarrow n = 9$$

अतः विकल्प (C) सही है।

16. जैसा कि हम जानते हैं,

(x + y)n के विस्तार में सामान्य पद,

$$T_{(r+1)} = {}^nC_r \times x^{n-r} \times y^r$$

मध्य पद $(x + y)^n$ का विस्तार है जो n के मान पर निर्भर करता है।

यदि n सम है, तो $(x + y)^n$ के विस्तार में पदों की कुल संख्या $n + 1$ है।

तो केवल एक मध्य पद होगा, अर्थात्, $\left(\frac{n}{2} + 1\right)$ वां पद।

यदि n विषम है, तो $(x + y)^n$ के विस्तार में पदों की कुल संख्या $n + 1$ है।

इसलिए दो मध्य पद होंगे, अर्थात्, $\left(\frac{n+1}{2}\right)$ वां और $\left(\frac{n+3}{2}\right)$ वां पद।

यहाँ $n = 5 (n$ विषम संख्या है)

$\therefore$ मध्य पद $= \left(\frac{n+1}{2}\right)$ वां पद और $\left(\frac{n+3}{2}\right)$ वां पद $=$ तीसरा पद और चौथा पद

$\therefore T_3 = T_{(2+1)} = {}^5C_2 \times (2x)^{(5-2)} \times \left(\frac{1}{x}\right)^2$ और $T_4 = T_{(3+1)} = {}^5C_3 \times (2x)^{(5-3)} \times \left(\frac{1}{x}\right)^3$

$\Rightarrow T_3 = {}^5C_2 \times (2^3 x)$ और $T_4 = {}^5C_3 \times 2^2 \times \frac{1}{x}$

$\Rightarrow T_3 = 80x$ और $T_4 = \frac{40}{x}$

इसलिए, $\left(2x + \frac{1}{x}\right)^5$ के विस्तार में मध्य पद $80x$ और $\frac{40}{x}$ हैं।

अतः विकल्प (C) सही है।

17. दिया गया है,

$2^{3n} - 7n - 1 = 2^{3 \times n} - 7n - 1$

$= 8^n - 7n - 1$

$= (1 + 7)^n - 7n - 1$

$= \left\{ {}^nC_0 + {}^nC_1 7 + {}^nC_2 7^2 + \cdots\cdots + {}^nC_n 7^n \right\} - 7n - 1$

$= \{ 1 + 7n + {}^nC_2 7^2 + \cdots\cdots + {}^nC_n 7^n \} - 7n - 1$

$= {}^nC_2 7^2 + \cdots\cdots + {}^nC_n 7^n$

$= 49({}^nC_2 + \cdots\cdots + {}^nC_n 7^{n-2})$

जो कि 49 से विभाज्य है।

अतः विकल्प (C) सही है।

18. जैसा कि हम जानते हैं,

n वें पद AP की अवधि $a_n = a + (n-1)d$ द्वारा दी गई है,

पहले n पदों का योग $= S_n = \left(\frac{n}{2}\right)[2a + (n-1) \times d]$

$= \left(\frac{n}{2}\right)(a + l)$

दिया गया है:

$a_0 = 2$

$S_5 = \frac{1}{4}(S_{10} - S_5)$

$\Rightarrow 4S_5 + S_5 = S_{10}$

$\Rightarrow 5S_5 = S_{10}$

$\Rightarrow 5 \times \frac{5}{2}[a_0 + a_0 + 4d] = \frac{10}{2}[a_0 + a_0 + 9d]$

$\Rightarrow 5 \times [2a_0 + 4d] = 2 \times [2a_0 + 9d]$

$\Rightarrow 10a_0 + 20d = 4a_0 + 18d$

$\Rightarrow a_0 = \frac{-d}{3}$

$\therefore d = -3a_0$

$= -3 \times 2$

$= -6$

$S_{10} = \frac{10}{2}[a_0 + a_0 + 9d] = 5[2a_0 + 9d] = 5[4 - 54]$,

$\Rightarrow S_{10} = 5 \times (-50)$

$= -250$

अतः विकल्प (B) सही है।

19. जैसा कि हम जानते है,

शून्येतर संख्या के साथ गुणा या विभाजित करने से गुणोत्तर श्रेणी का सामान्य अनुपात नहीं बदलता है।

आइए हम अनुक्रम $a_1, a_2, a_3 \ldots a_n$ को एक गुणोत्तर श्रेणी मानते है।

सार्व-अनुपात $= r = \frac{a_2}{a_1} = \frac{a_3}{a_2} = \frac{a_n}{a_{n-1}}$

यदि प्रत्येक पद को उसी शून्येतर संख्या से गुणा/भाग दिया जाता है तो r मान वही होगा। इसलिए, क्रम नहीं बदलेगा।

इसलिए, दोनों कथन सही है।

अतः विकल्प (C) सही है।

20. जैसा कि हम जानते हैं,

आइए अनुक्रम $a_1, a_2, a_3 \ldots a_n$ पर विचार करें जो एक AP है।

सार्व - अंतर $d = a_2 - a_1 = a_3 - a_2 = \cdots. = a_n - a_{n-1}$

चूँकि $x^2, x, -8$, AP में हैं हम लिख सकते है,

$x - x^2 = -8 - x$

$\Rightarrow x^2 - 2x - 8 = 0$

$\Rightarrow x^2 - 4x + 2x - 8 = 0$

$\Rightarrow x(x - 4) + 2(x - 4) = 0$

$\Rightarrow (x - 4)(x + 2) = 0$

$\Rightarrow x = -2, 4$

$\therefore x \in \{-2, 4\}$

अतः विकल्प (C) सही है।

21. माना a ज्यामितीय GP का तीसरा पद है,

इसलिए, हम पाँच पदों को इस प्रकार लिख सकते हैं,

$\frac{a}{r^2}, \frac{a}{r}, a, ar, ar^2$

तो, पांच पदों का गुणनफल $= a^5$

चूँकि $a = 3$

पहले पांच पदों का गुणनफल $= 3^5$

$= 243$

अतः विकल्प (B) सही है।

22. समान्तर माध्य (AM): N संख्याओं के एक समुच्चय का समान्तर माध्य निम्न द्वारा दिया जाता है:

A.M. $= \dfrac{\sum a_i}{N}$

गुणोत्तर माध्य (GM): N संख्याओं के एक समुच्चय का गुणोत्तर माध्य निम्न द्वारा दिया जाता है:

G. M. $= \sqrt[N]{\prod a_i}$

समान्तर और गुणोत्तर माध्य दोनों अपनी गणना के लिए सभी डेटा का उपयोग करते हैं।

अत: विकल्प (C) सही है।

23. दिया गया है:

चर बिंदु $P(x, y)$ का निर्देशांक है।

अब, इस बिंदु का भुजांक $= x$

और इसके निर्देशांक $= y$

दिया है, भुजांक $=$ निर्देशांक

$\Rightarrow x = y$

$\Rightarrow x - y = 0$

इसलिए, बिंदु का बिंदुपथ $x - y = 0$ है।

अतः विकल्प (B) सही है।

24. दिया गया है,

बिंदु $(2, 3)$ और रेखा का ढलान 2 है।

ढलान-अवरोधन सूत्र द्वारा,

$y - 3 = 2(x - 2)$

$\Rightarrow y - 3 = 2x - 4$

$\Rightarrow 2x - 4 - y + 3 = 0$

$\Rightarrow 2x - y - 1 = 0$

अतः विकल्प (C) सही है।

25. माना दी गई रेखाओं 7x - 4y = 0 और 3x - 11y + 5 = 0 के बीच का कोण θ है।

7x - 4y = 0

$\Rightarrow y = \left(\dfrac{7}{4}\right) x$

इसलिए, रेखा 7x - 4y = 0 की ढलान $m_1 = \dfrac{7}{4}$

फिर से, 3x - 11y + 5 = 0

$\Rightarrow y = \left(\dfrac{3}{11}\right) x + \left(\dfrac{5}{11}\right)$

इसलिए, रेखा 3x - 11y + 5 = 0 की ढलान $m_2 = \dfrac{3}{11}$

जैसा कि हम जानते हैं,

$\tan\theta = \left|\dfrac{m_1 - m_2}{1 + m_1 m_2}\right|$

$\therefore \tan\theta = \left|\dfrac{\frac{7}{4} - \frac{3}{11}}{1 + \frac{3}{11} \times \frac{7}{4}}\right|$

$\Rightarrow \tan\theta = \left|\dfrac{77 - 12}{44 + 21}\right|$

$\Rightarrow \tan\theta = \left|\dfrac{65}{65}\right|$

$\Rightarrow \tan\theta = 1$

$\Rightarrow \tan\theta = \tan 45°$

$\therefore \theta = 45°$

इसलिए, दी गई रेखाओं के बीच आवश्यक न्यून कोण 45° है।

अत: विकल्प (B) सही है।

26. दिए गए वृत्त के समीकरण $x^2 + y^2 - 4 = 0$ और $x^2 + y^2 - 8x + 15 = 0$

अब, आवश्यक रेखा दो वृत्तों की मूल धुरी है:

$(x^2 + y^2 - 4) - (x^2 + y^2 - 8x + 15) = 0$

$\Rightarrow x^2 + y^2 - 4 - x^2 - y^2 + 8x - 15 = 0$

$\Rightarrow 8x - 19 = 0$

अत: विकल्प (B) सही है।

27. माना OAB परवलय $y^2 = 4ax$ में अंकित समबाहु त्रिभुज है।

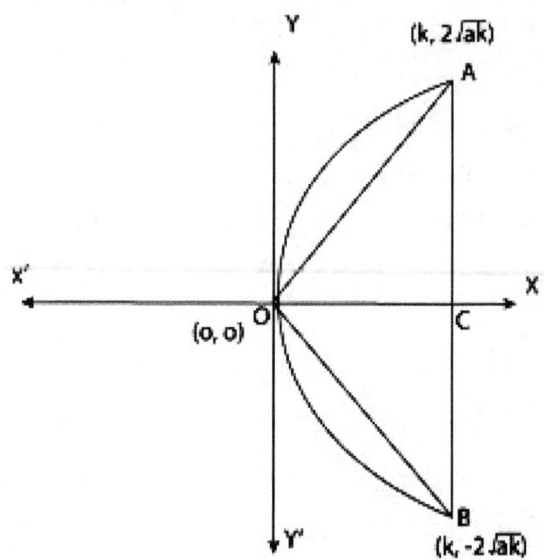

मान लीजिए AB x-अक्ष को बिंदु C पर प्रतिच्छेद करता है।

माना $OC = k$

दिए गए परवलय के समीकरण से, हमारे पास $y^2 = 4ak \Rightarrow y = \pm 2\sqrt{ak}$ है

$\therefore$ बिंदु A और B के संबंधित निर्देशांक हैं

$\left(k, 2\sqrt{ak}\right)$, और $\left(k, -2\sqrt{ak}\right)$

$AB = CA + CB = 2\sqrt{ak} + 2\sqrt{ak} = 4\sqrt{ak}$

चूँकि OAB एक समबाहु त्रिभुज है, $OA^2 = AB^2$

$\therefore k^2 + \left(2\sqrt{ak}\right)^2 = \left(4\sqrt{ak}\right)^2$

$\Rightarrow k^2 + 4ak = 16ak$

$\Rightarrow k^2 = 12ak$

$\Rightarrow k = 12a$

$\therefore AB = 4\sqrt{ak} = 4\sqrt{a \times 12a} = 4\sqrt{12a^2} = 8\sqrt{3}a$

इस प्रकार, परवलय $y^2 = 4ax$ में अंकित समबाहु त्रिभुज की भुजा $8\sqrt{3}a$ है।

अतः विकल्प (D) सही है।

28. दीर्घवृत्त का समीकरण,

$$\frac{x^2}{a^2} + \frac{y^2}{b^2} = 1$$

उत्केंद्रता $e < 1$

तब, $b > a$

$a^2 + 2 > a^2 + 1$

$1 - e^2 = \frac{b^2}{a^2}...(i)$

उपरोक्त सूत्र द्वारा,

$(a^2 + 1) = (a^2 + 2)(1 - e^2)$

$\Rightarrow a^2 = 4$

$\Rightarrow a = \pm 2$

दीर्घ अक्ष की लम्बाई $= 2a$

नाभिलम्ब जीवा की लम्बाई $= \frac{2b^2}{a}$

इसलिए, अभीष्ट अनुपात $= \frac{a^2}{b^2} = \frac{a^2+1}{a^2+2}$

$\Rightarrow \frac{5}{6}$

अतः विकल्प (A) सही है।

29. हम जानते हैं कि, यदि a, b और c रेखा के दिशा अनुपात हैं तो रेखा के दिशा कोसाइन निम्न द्वारा दिए जाते हैं:

$l = \frac{a}{\sqrt{a^2+b^2+c^2}}, m = \frac{b}{\sqrt{a^2+b^2+c^2}}$ और $n = \frac{c}{\sqrt{a^2+b^2+c^2}}$

यह दिया गया है कि, एक रेखा के एक बिंदु में निर्देशांक होते हैं

$\left(p + 1, p - 3, \sqrt{2}p\right)$

$\Rightarrow x = p + 1 \Rightarrow x - 1 = p \quad ....(1)$

$\Rightarrow y = p - 3 \Rightarrow y + 3 = p \quad ....(2)$

$\Rightarrow z = \sqrt{2} \times p \quad .....(3)$

$(1), (2)$ और (3) से हम कह सकते हैं कि

$\therefore$ दिशा अनुपात हैं: $1, 1, \sqrt{2}$

$\Rightarrow$ दिशा कोसाइन हैं: $\frac{1}{2}, \frac{1}{2}, \frac{1}{\sqrt{2}}$

अतः विकल्प (A) सही है।

30. दिया गया है,

$$\frac{x-1}{1} = \frac{y-3}{2} = \frac{z+2}{7}$$

इसलिए, रेखा पर बिंदु स्थिति को संतुष्ट करता है,

$$\frac{x-1}{1} = \frac{y-3}{2} = \frac{z+2}{7} = k$$

$\Rightarrow x = k + 1, y = 2k + 3$ और $z = 7k - 2$

$\Rightarrow$ रेखा $\frac{x-1}{1} = \frac{y-3}{2} = \frac{z+2}{7}$ पर होनेवाले बिंदु $(k + 1, 2k + 3, 7k - 2)$ रूप के होते हैं

यदि $k = 1$ तो बिंदु $(2,5,5)$ दी गई रेखा पर स्थित है।

अतः विकल्प (B) सही है।

31. यह दिया गया है कि, रेखा $\frac{x-4}{1} = \frac{y-2}{1} = \frac{z-k}{2}$ समतल $2x - 4y + z = 7$ पर स्थित है,

इसलिए, रेखा पर स्थित कोई भी बिंदु समतल पर भी स्थित होगा क्योंकि रेखा समतल पर स्थित है।

माना कि A एक बिंदु है जिसके निर्देशांक $(4, 2, k)$ हैं और यह रेखा $\frac{x-4}{1} = \frac{y-2}{1} = \frac{z-k}{2}$ पर स्थित है क्योंकि यह रेखा के दिए गए समीकरण को संतुष्ट करता है।

इसलिए, बिंदु A भी समतल पर स्थित है। इसलिए यह समतल $2x - 4y + z = 7$ के समीकरण को संतुष्ट करेगा।

$\Rightarrow 8 - 8 + k = 7$

$\Rightarrow k = 7$

अतः विकल्प (D) सही है।

32. दिया गया है,

$$f(x) = 2x^2 + \frac{1}{x} ....(i)$$

हम जानते हैं कि,

यदि $f(x) = x^n$ है, तो,

$f'(x) = nx^{n-1}$

(i) को x के संबंध में अवकलित करने पर, हम प्राप्त करते हैं,

$f'(x) = 4x - \frac{1}{x^2}$

$x = 1$ रखने पर, हम प्राप्त करते हैं:

$f'(1) = 4 \times 1 - \frac{1}{1^2}$

$\Rightarrow f'(1) = 4 - 1 = 3$

$\therefore f'(1)$ का मान 3 है।

अतः विकल्प (C) सही है।

33. दिया गया है,

$$\lim_{x \to 3} \frac{x^4 - 81}{x^3 - 27}$$

उपरोक्त समीकरण में $x = 3$ रखकर लिमिट की जाँच करने पर, हमें $\left(\frac{0}{0}\right)$ रूप मिलता है।

हम जानते हैं कि,

एल- हॉस्पिटल नियम के रूप में:

$$\lim_{x \to c} \frac{f(x)}{g(x)} = \lim_{x \to c} \frac{f'(x)}{g'(x)}$$

$\therefore$ एल-हॉस्पिटल नियम का उपयोग करने पर, हम प्राप्त करते हैं,

$$\lim_{x \to 3} \frac{x^4 - 81}{x^3 - 27}$$

$$= \lim_{x \to 3} \frac{\frac{d}{dx}(x^4 - 81)}{\frac{d}{dx}(x^3 - 27)}$$

$$= \lim_{x \to 3} \frac{4x^3}{3x^2} \quad \left(\because \frac{d}{dx}(x^n) = nx^{n-1} \text{ और अचर पद का विभेदन } 0 \text{ है}\right)$$

$$= \lim_{x \to 3} \frac{4x}{3} \ldots \ldots (i)$$

समीकरण (i) में $x \to 3$ का मान रखने पर, हमें प्राप्त होता है,

$$= \frac{4(3)}{3}$$

$$= 4$$

अतः विकल्प (B) सही है।

34. हम नीचे दिए गए अनुसार माध्यिका की गणना कर सकते हैं:

$$m = l + \left(\frac{\frac{n}{2} - cf}{f}\right) \times h$$

जहां

$l = $ माध्यिका वर्ग की निचली सीमा

$h = $ वर्ग का आकार

$f = $ माध्यिका वर्ग की बारंबारता

$cf = $ माध्यिका वर्ग के पूर्ववर्ती वर्ग की संचयी बारंबारता

उनके संबंधित वर्ग अंतराल के साथ संचयी बारंबारताएं इस प्रकार हैं:

वजन (किलोग्राम में)	विद्यार्थियों की संख्या	संचयी बारंबारता
$40 - 45$	2	2
$45 - 50$	3	$2 + 3 = 5$
$50 - 55$	8	$5 + 8 = 13$
$55 - 60$	6	$13 + 6 = 19$
$60 - 65$	6	$19 + 6 = 25$
$65 - 70$	3	$25 + 3 = 28$
$70 - 75$	2	$28 + 2 = 30$
कुल (n)	30	

इसे दी गई तालिका से देखा जा सकता है,

$$n = 30$$

$$\frac{n}{2} = 15$$

संचयी बारंबारता $\frac{n}{2}$ से अधिक होती है 19, वर्ग अंतराल $55 - 60$ के अंतर्गत आता है

माध्यिका वर्ग $= 55 - 60$

$$l = 55$$

$$f = 6$$

$$cf = 13$$

$$h = 5$$

इन मानों को माध्यिका के सूत्र में रखने पर हमें प्राप्त होता है:

$$m = l + \left(\frac{\frac{n}{2} - cf}{f}\right) \times h$$

$$m = 55 + \left(\frac{15 - 13}{6}\right) \times 5$$

$$m = 55 + \left(\frac{10}{6}\right)$$

$$m = 56.67$$

इसलिए, माध्यक भार 56.67 किलोग्राम है।

अतः विकल्प (D) सही है।

35. दिया गया है,

BD का माध्य $= np = 5$

और BD का विचरण $= npq = \frac{10}{3}$

$$\Rightarrow np(1 - p) = \frac{10}{3} (\because p + q = 1)$$

$$\Rightarrow (1 - p) \times 5 = \frac{10}{3} \Rightarrow P = 1 - \frac{2}{3}$$

$$\Rightarrow p = \frac{1}{3}$$

$$\therefore n = \frac{5}{\frac{1}{3}} = 5 \times 3 = 15$$

अतः विकल्प (D) सही है।

36. दिया है:

अवलोकनों की संख्या $(n) = 15$, माध्य $(\overline{x}) = 24$ और मानक विचलन $(\sigma) = 0$

इसलिए, $\sigma = \sqrt{\dfrac{\sum\limits_{i=1}^{n} (x_i - \overline{x})^2}{n}}$

दोनों पक्षों का वर्ग करने पर, हमें निम्न प्राप्त होता है,

$$0 = \frac{\sum_{i=1}^{n}(x_i - \overline{x})^2}{n}$$

$$\Rightarrow \sum_{i=1}^{n}(x_i - \overline{x})^2 = 0$$

$$\Rightarrow (x_1 - \overline{x})^2 + (x_2 - \overline{x})^2 + \cdots + (x_{15} - \overline{x})^2 = 0$$

इसलिए, प्रत्येक विचलन का वर्ग और जोड़ किया गया है और योग शून्य है। जिसका अर्थ है कि प्रत्येक विचलन अलग-अलग शून्य है।

$(x_i - x)^2 = 0$ के लिए $i = 1,2, \ldots, 15$

$$\Rightarrow x_i = x \text{ के लिए } i = 1,2, \ldots, 15$$

$$\Rightarrow x_i = 24 \text{ के लिए } i = 1,2, \ldots, 15$$

इसलिए, सबसे छोटे पांच अवलोकनों का माध्य $= \dfrac{24+24+24+24+24}{5}$

$= 24$

अतः विकल्प (D) सही है।

37.

ऊंचाई (सेमी में)	$150-155$	$155-160$	$160-165$	$165-170$	$170-175$	$175-180$
छात्रों की संख्या	15	13	10	8	9	5
संचयी बारंबारता	15	28	38	46	55	60

$\dfrac{N}{2} = \dfrac{60}{2} = 30$

संचयी बारंबारता 30 के निकट और अधिक से अधिक 38 है जो वर्ग अंतराल $160-165$ से मेल खाती है।

इस प्रकार, माध्यिका वर्ग $= 160 - 165$

माध्यिका वर्ग की ऊपरी सीमा $= 165$

उच्चतम बारंबारता $= 15$

इसलिए बहुलक वर्ग $= 150 - 155$

बहुलक वर्ग की निचली सीमा $= 150$

इसलिए, बहुलक वर्ग की निचली सीमा और माध्य वर्ग की ऊपरी सीमा का योग $= 150 + 165 = 315$

अतः विकल्प (B) सही है।

38. दी गई संख्याओं का औसत $=$

$\dfrac{7+3+9+7+9+5+7+9+9+5}{10} = \dfrac{70}{10} = 7$

(दी गई संख्याओं में 7,3 बार आया है)

परिणामों की संख्या $n(A) = 3$

इसलिए कुल परिणामों की संख्या $n(S) = 10$

$\therefore$ आवश्यक प्रायिकता $= \dfrac{n(A)}{n(S)}$

$\Rightarrow \dfrac{3}{10}$

अतः विकल्प (C) सही है।

39. जब एक पासा फेंका जाता है, तो हमारे पास $S = \{1,2,3,4,5,6\}$

मान लीजिए, $E = 4$ से बड़ी संख्या प्राप्त करने की घटना $= \{5,6\}$

$\therefore P(E) = \dfrac{n(E)}{n(S)} = \dfrac{2}{6} = \dfrac{1}{3}$

अतः विकल्प (B) सही है।

40. स्पष्ट रूप से, 52 कार्ड हैं, जिनमें से 12 फेस कार्ड 4 गुलाम, 4 बेगम और 4 बादशाह हैं।

$\therefore P($ को एक फेस कार्ड मिल रहा है $) = \dfrac{12}{52} = \dfrac{3}{13}$

अतः विकल्प (A) सही है।

41. हमारे पास है,

$$\cos\left(\dfrac{4\pi}{3}\right) = -\cos\dfrac{\pi}{3}$$

$$= -\dfrac{1}{2}$$

इसलिए,

$$\cos^{-1}\left(-\dfrac{1}{2}\right) = \dfrac{2\pi}{3}$$

इसलिए, P असत्य है।

अब, $\sec^2\left(\cot^{-1}\dfrac{1}{2}\right) + cosec^2\left(\tan^{-1}\dfrac{1}{3}\right)$

$= [1 + \tan^2(\tan^{-1}2)] + [1 + \cot^2(\cot^{-1}3)]$

$= 1 + 4 + 1 + 9 = 15$

इसलिए, Q सत्य है।

अतः विकल्प (C) सही है।

42. दिया गया है,

$$2\left[\sin^{-1}\dfrac{4}{5} + \sin^{-1}\dfrac{5}{13} + \sin^{-1}\dfrac{16}{65}\right]$$

जैसा कि हम जानते हैं,

$$\sin^{-1}x + \sin^{-1}y = \sin^{-1}\left(x\sqrt{1-y^2} + y\sqrt{1-x^2}\right)$$

$$= 2\sin^{-1}\left(\dfrac{4}{5}\sqrt{1 - \left(\dfrac{5}{13}\right)^2} + \dfrac{5}{13}\sqrt{1 - \left(\dfrac{4}{5}\right)^2}\right)$$

$$+2\sin^{-1}\dfrac{16}{65}$$

$$= 2\sin^{-1}\left(\dfrac{48}{65} + \dfrac{15}{65}\right) + 2\sin^{-1}\left(\dfrac{16}{65}\right)$$

$$= 2\left[\sin^{-1}\left(\dfrac{63}{65}\right) + \sin^{-1}\left(\dfrac{16}{65}\right)\right]$$

$$= 2\left[\cos^{-1}\left(\dfrac{16}{65}\right) + \sin^{-1}\left(\dfrac{16}{65}\right)\right] \quad \left(\because \sin^{-1}x = \cos^{-1}\sqrt{1-x^2}\right)$$

$$= \pi$$

अतः विकल्प (C) सही है।

43. दिया गया है,

$$\cos^{-1}\left(\cos\frac{4\pi}{3}\right)$$

$$= \cos^{-1}\cos\left(2\pi - \frac{2\pi}{3}\right)$$

$$= \cos^{-1}\cos\frac{2\pi}{3}$$

$$= \frac{2\pi}{3}$$

अतः विकल्प (C) सही है।

44. यदि A एक वर्ग मैट्रिक्स है, और A' इसके स्थानान्तरण का प्रतिनिधित्व करता है, तो $A + A$ सममित है और $A - A'$ विषम सममित है।

इसलिए, मैट्रिक्स A को इस प्रकार लिखा जा सकता है,

$$A = \left(\frac{A + A'}{2}\right) + \left(\frac{A - A'}{2}\right)$$

उपरोक्त सभी मैट्रिक्स में,

$A - A'$ सममित नहीं है।

अतः विकल्प (D) सही है।

45. विचार करें,

$$(A - A')' = A' - (A')'$$

$$= A' - A$$

$$= -(A - A')$$

$$\Rightarrow (A - A')' = -(A - A')$$

इसलिए, $A - A'$ विषम सममित मैट्रिक्स है।

अतः विकल्प (B) सही है।

46. दिया गया है:

$$A = \begin{bmatrix} 4 & -3 \\ 1 & 0 \end{bmatrix}$$

अब आव्यूह A का पक्षांतर ज्ञात करने के लिए,

$$A^{\mathsf{T}} = \begin{bmatrix} 4 & 1 \\ -3 & 0 \end{bmatrix}$$

अब,

$$A + A^{\mathsf{T}} = \begin{bmatrix} 4 & -3 \\ 1 & 0 \end{bmatrix} + \begin{bmatrix} 4 & 1 \\ -3 & 0 \end{bmatrix}$$

$$= \begin{bmatrix} 4+4 & -3+1 \\ 1+(-3) & 0+0 \end{bmatrix}$$

$$= \begin{bmatrix} 8 & -2 \\ -2 & 0 \end{bmatrix}$$

अतः विकल्प (C) सही है।

47. दिया गया है,

$$\begin{vmatrix} x & 2 \\ 18 & x \end{vmatrix} = \begin{vmatrix} 6 & 2 \\ 3x & 6 \end{vmatrix}$$

$$\Rightarrow x^2 - 36 = 36 - 6x$$

$$\Rightarrow x^2 + 6x - 72 = 0$$

$$\Rightarrow x = \frac{-6 \pm \sqrt{6^2 + 4 \times 72}}{2}$$

$$\Rightarrow x = \frac{-6 \pm \sqrt{36(1+8)}}{2}$$

$$\Rightarrow x = -3 \pm 9$$

$$\Rightarrow x = 6 \text{ या } -12$$

अतः विकल्प (A) सही है।

48. हम जानते हैं कि:

सारणिक के गुणों का प्रयोग करने पर यदि दिए गए आव्यूह के रो(पंक्ति)/कॉलम को अदिश k से गुणा किया जाता है, तो सारणिक के मान को भी k से गुणा किया जाता है।

$$\because \begin{vmatrix} a_1 & b_1 & c_1 \\ a_2 & b_2 & c_2 \\ a_3 & b_3 & c_3 \end{vmatrix} = \Delta \;\ldots\ldots\ldots(1)$$

तब, समीकरण (1) के पहले कॉलम में x, दूसरे कॉलम में y और तीसरे कॉलम में z से गुणा करने पर, हम प्राप्त करते है

$$\begin{vmatrix} xa_1 & yb_1 & zc_1 \\ xa_2 & yb_2 & zc_2 \\ xa_3 & yb_3 & zc_3 \end{vmatrix}$$

समीकरण (1) के पहले कॉलम से x, दूसरे कॉलम से y और तीसरे कॉलम से z उभयनिष्ठ लेने पर, हम प्राप्त करते है

$$= xyz \begin{vmatrix} a_1 & b_1 & c_1 \\ a_2 & b_2 & c_2 \\ a_3 & b_3 & c_3 \end{vmatrix}$$

$$= xyz\Delta$$

अतः विकल्प (D) सही है।

49. दिया गया है,

$$\begin{vmatrix} 1 & 1 & 1 \\ a & b & c \\ a^3 & b^3 & c^3 \end{vmatrix}$$

$C_2 \to C_2 - C_1, C_3 \to C_3 - C_1$ का प्रयोग करने पर, हम प्राप्त करते हैं

$$= \begin{vmatrix} 1 & 0 & 0 \\ a & b-a & c-a \\ a^3 & b^3 - a^3 & c^3 - a^3 \end{vmatrix}$$

जैसा कि हम जानते हैं,

$$a^3 - b^3 = (a-b)(a^2 + ab + b^2)$$

$$= \begin{vmatrix} 1 & 0 & 0 \\ a & b-a & c-a \\ a^3 & (b-a)(b^2+ab+a^2) & (c-a)(c^2+ca+a^2) \end{vmatrix}$$

क्रमशः C_2 और C_3 से $(b-a), (c-a)$ उभयनिष्ठ लेने पर, हम प्राप्त करते है

$$= (b-a)(c-a)\begin{vmatrix} 1 & 0 & 0 \\ a & 1 & 1 \\ a^3 & b^2+ab+a^2 & c^2+ac+a^2 \end{vmatrix}$$

$$= -(a-b)(c-a)$$
$$[1(c^2+ac+a^2-b^2-ab-a^2)-0+0]$$

$$= -(a-b)(c-a)(c^2+ac-b^2-ab)$$

$$= -(a-b)(c-a)[-(b^2-c^2)-a(b-c)]$$

$$= -(a-b)(c-a)[(b-c)(-b-c-a)]$$

$$= (a-b)(b-c)(c-a)(a+b+c)$$

अत: विकल्प (A) सही है।

50. दी गई सीमा,

$$\lim_{x \to 1} \frac{\sqrt{f(x)}-1}{x-1}$$

$$\Rightarrow \frac{\sqrt{f(1)}-1}{1-1}$$

$$\Rightarrow \frac{1-1}{1-1}$$

$$\Rightarrow \frac{0}{0}, \text{ यह एक अनिश्चित रूप है।}$$

L हॉस्पिटल के नियम से हम यह जानते हैं

$$\lim_{x \to c} \frac{f(x)}{g(x)} = \lim_{x \to c} \frac{f'(x)}{g'(x)}$$

L हॉस्पिटल के नियम का उपयोग करते हुए, हम प्राप्त करते हैं:

$$\lim_{x \to 1} \frac{\sqrt{f(x)}-1}{x-1}$$

$$\Rightarrow \lim_{x \to 1} \frac{\frac{1}{2\sqrt{f(x)}}f'(x)-0}{1-0}$$

$$\Rightarrow \frac{f'(1)}{2\sqrt{f(1)}}$$

$$\Rightarrow \frac{3}{2}$$

अत: विकल्प (D) सही है।

51. दिया गया है,

$$\lim_{x \to 0} \frac{\sqrt{1+x}-\sqrt{1-x}}{x}$$

$x = 0$ पर, मान $\frac{0}{0}$, है, इस प्रकार लिमिट का एक अनिधारित स्वरूप $\left(\frac{0}{0}, \frac{\infty}{\infty}, 0 \times \infty, 0^0, 1^\infty, \infty^0\right)$ है।

अनिधारित स्वरूप से बचने के लिए, वर्ग मूल अर्थात् अंश वाले गुणक को युक्तिसंगत बनाने पर:

$$f(x) = \frac{\sqrt{1+x}-\sqrt{1-x}}{x} = \frac{\sqrt{1+x}-\sqrt{1-x}}{x} \times \frac{\sqrt{1+x}+\sqrt{1-x}}{\sqrt{1+x}+\sqrt{1-x}}$$

$$\Rightarrow f(x) = \frac{(\sqrt{1+x})^2-(\sqrt{1-x})^2}{x(\sqrt{1+x}+\sqrt{1-x})} = \frac{(1+x)-(1-x)}{x(\sqrt{1+x}+\sqrt{1-x})} = \frac{2}{(\sqrt{1+x}+\sqrt{1-x})}$$

$$\therefore \lim_{x \to 0} \frac{\sqrt{1+x}-\sqrt{1-x}}{x} = \lim_{x \to 0} \frac{2}{(\sqrt{1+x}+\sqrt{1-x})} = \frac{2}{1+1} = 1$$

अत: विकल्प (B) सही है।

52. दिया गया है:

$$\lim_{x \to -1} \frac{f(x)+1}{x^2-1} = -\frac{3}{2}$$

लिमिट लेने पर हर शून्य हो जाता है,

$\therefore$ दी गई लिमिट का एक निश्चित मान होने के लिए अंश भी शून्य होना चाहिए,

अर्थात् $\lim_{x \to -1}[f(x)+1] = 0$

$$\lim_{x \to -1} \frac{f(x)+1}{x^2-1} = -\frac{3}{2}$$

$$\Rightarrow \frac{\lim_{x \to 1}(f(x)+1)}{\lim_{x \to -1}(x^2-1)} = \frac{3}{2}$$

$$\Rightarrow \lim_{x \to -1}(f(x)+1) = \frac{3}{2}\lim_{x \to -1}(x^2-1)$$

$$\Rightarrow \lim_{x \to -1}(f(x)+1) = \frac{3}{2}((-1)^2-1)$$

$$\Rightarrow \lim_{x \to -1}(f(x)+1) = \frac{3}{2} \times 0$$

$$\Rightarrow \lim_{x \to -1}f(x) + \lim_{x \to -1}1 = 0$$

$$\Rightarrow \lim_{x \to -1}f(x) + 1 = 0$$

$$\therefore \lim_{x \to -1}f(x) = -1$$

अत: विकल्प (B) सही है।

53. दिया है,

$$\lim_{x \to 0} \frac{x\tan x}{1-\cos x}$$

$$\Rightarrow \lim_{x \to 0} \frac{x\tan x}{2\sin^2 \frac{x}{2}}$$

$$= \frac{1}{2}\lim_{x \to 0} \frac{\tan x}{x} \times \frac{x \cdot x}{\frac{\sin^2 \frac{x}{2}}{\left(\frac{x}{2}\right)^2} \times \left(\frac{x}{2}\right)^2}$$

$$= \frac{1}{2}\lim_{x \to 0} \frac{\tan x}{x} \times \frac{4}{\frac{\sin^2 \frac{x}{2}}{\left(\frac{x}{2}\right)^2}}$$

$$= \frac{1}{2} \times 1 \times 4 = 2$$

अत: विकल्प (D) सही है।

54. दिया गया है,

$$\lim_{x \to 0} \frac{\tan 2x}{e^{2x}-1}$$

$$= \lim_{x \to 0} \frac{\frac{\tan 2x}{2x} \times 2x}{\frac{e^{2x}-1}{2x} \times 2x}$$

$$= \frac{\lim_{x \to 0} \frac{\tan 2x}{2x}}{\lim_{x \to 0} \frac{e^{2x}-1}{2x}}$$

जैसा कि हम जानते हैं,

$$\lim_{x \to 0} \frac{\tan x}{x} = 1 \text{ तथा } \lim_{x \to 0} \frac{e^x - 1}{x} = 1$$

इसलिए, $\lim_{x \to 0} \frac{\tan 2x}{2x} = 1$ तथा $\lim_{x \to 0} \frac{e^{2x}-1}{2x} = 1$

इसलिए $\lim_{x \to 0} \frac{\tan 2x}{e^{2x}-1} = \frac{1}{1} = 1$

अतः विकल्प (A) सही है।

55. मान लें कि S सतह क्षेत्र है, और r गोले की त्रिज्या और समय t है।

तो,

$$S = 4\pi r^2$$

$$\Rightarrow \frac{dS}{dt} = 8\pi r \frac{dr}{dt}$$

$$\Rightarrow \frac{dS}{dt} = 8\,\pi r \times 2 \quad \left(\frac{dr}{dt} = 2 \text{ सेमी/सेकंड}\right)$$

$$\Rightarrow \frac{dS}{dt} = 16\pi r$$

$$\Rightarrow \frac{dS}{dt} \propto r$$

$\Rightarrow$ सतह क्षेत्र के परिवर्तन की दर $\propto$ क्षेत्र की त्रिज्या।

अतः विकल्प (C) सही है।

56. माना गोले की त्रिज्या r है।

तब इसका आयतन और पृष्ठीय क्षेत्रफल क्रमशः $V = \frac{4}{3}\pi r^3$ और $S = 4\pi r^2$ है।

अब इसकी त्रिज्या के संबंध में इसे अवकलित करने पर,

$$\frac{dV}{dr} = \frac{4}{3}\pi(3r^2)$$

$$= 4\pi r^2$$

और $\frac{dS}{dr} = 4\pi(2r) = 8\pi r$

परिवर्तन की अभीष्ट दर $\frac{dV}{dS} = \frac{4\pi r^2}{8\pi r}$

$$= \frac{r}{2}$$

$$= \frac{6}{2} \quad (\because r = 6)$$

$$= 3$$

अतः विकल्प (C) सही है।

57. दिया है:

$$f(x) = 2x^3 - 21x^2 + 36x - 20$$

$$\Rightarrow f'(x) = 6x^2 - 42x + 36$$

स्थानीय उच्चिष्ठ या निम्निष्ठ के लिए

$$6x^2 - 42x + 36 = 0$$

$$x^2 - 7x + 6 = 0$$

$$\Rightarrow x = 1 \text{ या } x = 6$$

$$f''(x) = 12x - 42$$

$$\Rightarrow f''(1) = -30 < 0$$

इसके अलावा, $f''(6) = 30 > 0$

$x = 6$ पर फलन का निम्निष्ठ है

$$\Rightarrow f(6) = -128$$

अतः विकल्प (A) सही है।

58. दिया गया है:

$$\int_0^{\frac{\pi}{2}} |\sin x - \cos x|\, dx$$

$$\int_0^{\frac{\pi}{2}} |\sin x - \cos x|\, dx = \int_0^{\frac{\pi}{4}} (\cos x - \sin x)\,dx + \int_{\frac{\pi}{4}}^{\frac{\pi}{2}} (\sin x - \cos x)\,dx$$

$$\Rightarrow \int_0^{\frac{\pi}{4}} (\cos x - \sin x)\,dx = \left[\left(\sin \frac{\pi}{4} - \sin 0\right) + \left(\cos\left(\frac{\pi}{4}\right) - \cos 0\right)\right] = \frac{2}{\sqrt{2}} - 1 = \sqrt{2} - 1$$

$$\Rightarrow \int_{\frac{\pi}{4}}^{\frac{\pi}{2}} (\sin x - \cos x)\,dx = \left[-\left(\cos \frac{\pi}{2} - \cos \frac{\pi}{4}\right) - \left(\sin \frac{\pi}{2} - \sin \frac{\pi}{4}\right)\right] = \frac{2}{\sqrt{2}} - 1 = \sqrt{2} - 1$$

$$\Rightarrow \int_0^{\frac{\pi}{2}} |\sin x - \cos x|\, dx = 2(\sqrt{2} - 1)$$

अतः विकल्प (B) सही है।

59. माना $I = \int \sqrt{x}\, e^{\sqrt{x}}\, dx$

$\sqrt{x} = t$ का प्रतिस्थापन करने पर, हम प्राप्त करते हैं:

$$\frac{1}{2\sqrt{x}}\, dx = dt$$

$$dx = 2t\,dt$$

$$\therefore I = \int t \times e^t \times 2t\,dt$$

समाकलन करने पर, पहले फलन के रूप में t^2 और दूसरे फलन के रूप में e^t लेकर हमें मिलता है।

$$I = 2\left[t^2 \int e^t dt - \int\left(\frac{d}{dt} t^2 \int e^t dt\right) dt\right] + C$$

$$I = 2t^2 e^t - 4\int t e^t dt + C$$

$\int t e^t dt$ समाकलन करने पर, हमें मिलता है:

$$I = 2t^2 e^t - 4\left[t\int e^t dt - \int\left(\frac{d}{dt} t \int e^t dt\right) dt\right] + C$$

$$I = 2t^2 e^t - 4(te^t - e^t) + C$$

$$I = (2t^2 - 4t + 4)e^t + C$$

$\sqrt{x} = t$ का प्रतिस्थापन करने पर हम प्राप्त करते हैं:

$$I = \left(2x - 4\sqrt{x} + 4\right)e^{\sqrt{x}} + C$$

अतः विकल्प (B) सही है।

60. दिया गया है,

$$I = \int_1^4 \frac{x^2 + x}{\sqrt{2x+1}} dx$$

माना कि $2x + 1 = t^2$ है। ..(1)

x के संबंध में अवकलन करने पर, हमें निम्न प्राप्त होता है:

$$2dx = 2tdt$$

$$dx = tdt$$

x	1	4
t	$\sqrt{3}$	3

समीकरण (1) से, हमें निम्न प्राप्त होता है:

$$x = \frac{t^2 - 1}{2}$$

अब,

$$I = \int_{\sqrt{3}}^3 \frac{\left(\frac{t^2-1}{2}\right)^2 + \frac{t^2-1}{2}}{\sqrt{t^2}} tdt$$

$$= \int_{\sqrt{3}}^3 \left(\frac{t^4 - 2t^2 + 1}{4} + \frac{t^2 - 1}{2}\right) dt$$

$$= \int_{\sqrt{3}}^3 \left(\frac{t^4 - 2t^2 + 1 + 2t^2 - 2}{4}\right) dt$$

$$= \frac{1}{4} \int_{\sqrt{3}}^3 (t^4 - 1) dt$$

$$= \frac{1}{4} \left[\frac{t^5}{5} - t\right]_{\sqrt{3}}^3$$

$$= \frac{57 - \sqrt{3}}{5}$$

अतः विकल्प (A) सही है।

61. दिया गया है:

$$\int \frac{\sin x}{1 - 4\cos^2 x} dx$$

माना कि $\cos x = t$ है , तो $-\sin x dx = dt$ है।

$$\int \frac{\sin x}{1 - 4\cos^2 x} dx = -\int \frac{dt}{1 - 4t^2}$$

समाकल्य $\int \frac{dt}{1 - 4t^2}$ को निम्न रूप में पुनः लिखा जा सकता है:

$$\int \frac{dt}{1 - 4t^2} = \frac{1}{4} \int \frac{dt}{\left(\frac{1}{4} - t^2\right)}$$

$$= \frac{1}{4} \cdot \int \frac{dt}{\left\{\left(\frac{1}{2}\right)^2 - t^2\right\}}$$

इसलिए, $\int \frac{dt}{\left\{\left(\frac{1}{2}\right)^2 - t^2\right\}}$ की तुलना $\int \frac{dx}{a^2 - x^2}$ के साथ करने पर हमें $a = \frac{1}{2}$ प्राप्त होता है।

अब चूँकि हम जानते हैं कि, $\int \frac{dx}{a^2 - x^2} = \frac{1}{2a} \log\left|\frac{a+x}{a-x}\right| + C$ जहाँ C एक स्थिरांक है।

$$\int \frac{dt}{\left\{\left(\frac{1}{2}\right)^2 - t^2\right\}} = \frac{1}{2 \times \left(\frac{1}{2}\right)} \cdot \log\left|\frac{\frac{1}{2} + t}{\frac{1}{2} - t}\right|$$

$$-\int \frac{dx}{1 - 4t^2} = -\frac{1}{4} \log\left|\frac{1+2t}{1-2t}\right| + C$$

उपरोक्त समीकरण में $\cos x = t$ रखने पर हमें निम्न प्राप्त होता है,

$$\int \frac{\sin x}{1 - 4\cos^2 x} dx = -\frac{1}{4} \log\left|\frac{1+2\cos x}{1-2\cos x}\right| + C$$

अतः विकल्प (B) सही है।

62. $\int \sqrt{a^2 - x^2} \, dx = \frac{x}{2}\sqrt{x^2 - a^2} + \frac{a^2}{2}\sin^{-1}\frac{x}{a} + c$

फलन $y = \sqrt{f(x)}$, $f(x) \geq 0$ के लिए परिभाषित है। इसलिए y ऋणात्मक नहीं हो सकता।

दिया गया है:

$y = \sqrt{16 - x^2}$ तथा x-अक्ष

x-अक्ष पर, y शून्य होगा

$$y = \sqrt{16 - x^2}$$

$$\Rightarrow 0 = \sqrt{16 - x^2}$$

$$\Rightarrow 16 - x^2 = 0$$

$$\Rightarrow x^2 = 16$$

$$\therefore x = \pm 4$$

इसलिए, प्रतिच्छेदन बिंदु $(4,0)$ और $(-4,0)$ हैं

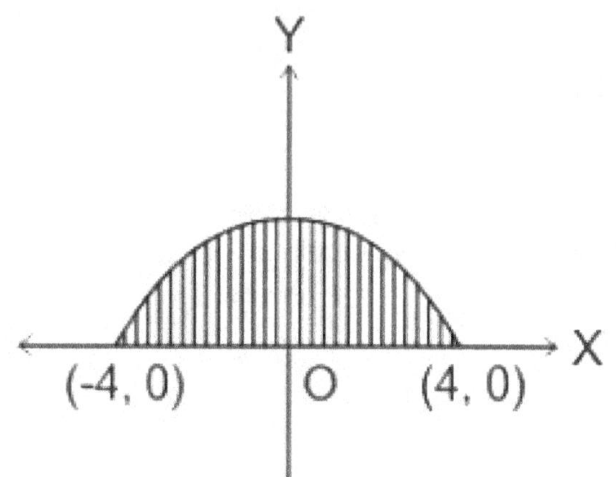

चूंकि वक्र $y = \sqrt{16 - x^2}$

इसलिए, $y \geq 0$ [हमेशा]

इसलिए, हम वृत्ताकार भाग लेंगे जो x-अक्ष के ऊपर है

वक्र का क्षेत्रफल, $A = \int_{-4}^{4} \sqrt{16 - x^2}\,dx$

हम जानते हैं कि,

$$\int \sqrt{a^2 - x^2}\,dx = \frac{x}{2}\sqrt{x^2 - a^2} + \frac{a^2}{2}\sin^{-1}\frac{x}{a} + c$$

$$= \left[\frac{x}{2}\sqrt{(4^2 - x^2)} + \frac{16}{2}\sin^{-1}\frac{x}{4}\right]_{-4}^{4}$$

$$= \left[\frac{x}{2}\sqrt{(4^2 - 4^2)} + \frac{16}{2}\sin^{-1}\frac{4}{4}\right] - \left[\frac{x}{2}\sqrt{(4^2 - (-4)^2)} + \frac{16}{2}\sin^{-1}\frac{4}{-4}\right]$$

$$= 8\sin^{-1}(1) + 8\sin^{-1}(1)$$

$$= 16\sin^{-1}(1)$$

$$= 16 \times \frac{\pi}{2}$$

$$= 8\pi \text{ वर्ग इकाई}$$

अत: विकल्प (A) सही है।

63. एकीकरण द्वारा वक्र के अंतर्गत क्षेत्रफल:

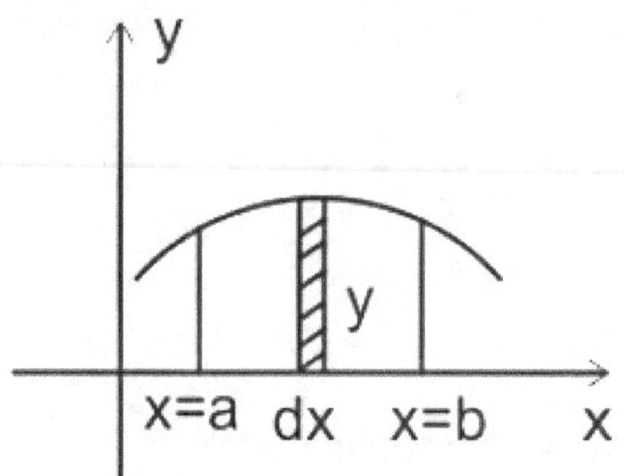

इस स्थिति में, हम पाते हैं कि क्षेत्रफल आयत की ऊँचाई $y = f(x)$ और चौड़ाई dx का योग है।

$$\therefore \text{क्षेत्रफल} = \int_a^b y\,dx = \int_a^b f(x)dx$$

यहाँ, हमें वक्रों $y = x^2$, x-अक्ष और निर्देशांक $x = -1$ और $x = 2$ से घिरे क्षेत्र का क्षेत्रफल ज्ञात करना है।

इसलिए, दिए गए वक्रों से घिरा क्षेत्रफल $\int_{-1}^{2} x^2\,dx$ द्वारा दिया गया है।

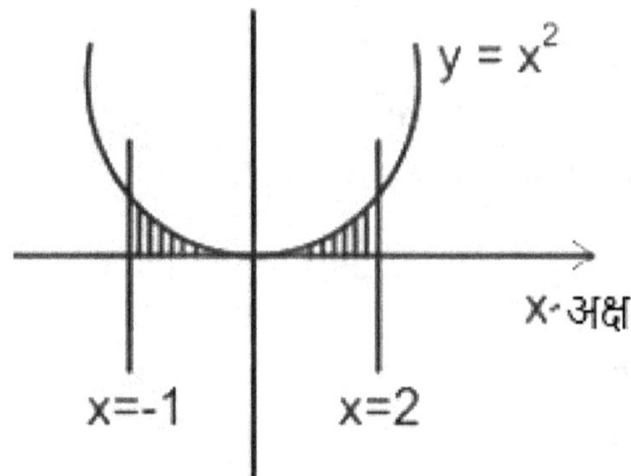

जैसा कि हम जानते हैं कि, $\int x^n dx = \frac{x^{n+1}}{n+1} + C$

क्षेत्रफल $= \int_{-1}^{2} x^2\,dx$

$$= \left[\frac{x^3}{3}\right]_{-1}^{2}$$

$$= \left[\frac{8}{3} - \frac{-1}{3}\right] = \frac{9}{3}$$

क्षेत्रफल $= 3$ वर्ग इकाई

अत: विकल्प (A) सही है।

64. दिया गया है,

क्षेत्रफल $= \int_a^b x\,dy = \int_a^b f(y)dy$

दिया गया वक्र है $x^2 = 4y$

$$\therefore x = 2\sqrt{y}$$

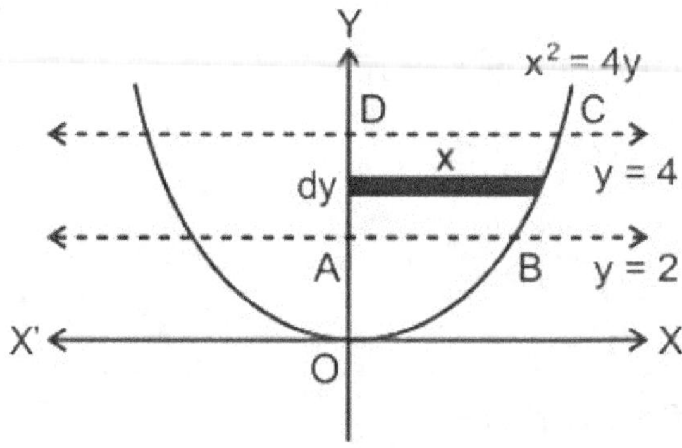

यहां परवलय $x^2 = 4y$ और क्षैतिज रेखाओं $y = 2$ और $y = 4$ से घिरे पहले चतुर्थांश में स्थित क्षेत्र के छायांकित क्षेत्रफल की आवश्यकता है।

$ABCD$ का क्षेत्रफल $= \int_2^4 x\,dy$

$$= \int_2^4 2\sqrt{y}\,dy$$

$$= 2\left[\frac{y^{\frac{3}{2}}}{\frac{3}{2}}\right]_2^4$$

$$= \frac{4}{3}\left(4^{\frac{3}{2}} - 2^{\frac{3}{2}}\right)$$

$$= \frac{32 - 8\sqrt{2}}{3} \text{ वर्ग इकाई}$$

अत: विकल्प (D) सही है।

65. दिया गया है,

$$\vec{a} = 2\hat{i} - 7\hat{j} - 3\hat{k}$$

फिर $|\vec{a}| = \sqrt{2^2 + (-7)^2 + (-3)^2}$

$$= \sqrt{4 + 49 + 9} = \sqrt{62}$$

अत: विकल्प (C) सही है।

66. यदि दो सदिशों की दिशा कोज्या समान हों, तो सदिश समांतर कहलाते हैं।

सदिश का अर्थ है एक मात्रा जिसमें दिशा और परिमाण दोनों होते हैं। यदि दिशा समान हो तो उनके बीच का कोण $0°$ होता है।

अत: विकल्प (B) सही है।

67. जैसा कि हम जानते हैं,

सदिश $\vec{z}$ की दिशा में इकाई सदिश को $\hat{z} = \frac{\vec{z}}{|z|}$ द्वारा ज्ञात किया गया है। दिया गया है:

$$\vec{a} = 3\hat{i} - 4\hat{j} + 12\hat{k}$$

चूँकि हम जानते हैं कि सदिश $\vec{a}$ की दिशा में इकाई सदिश को $\hat{a} = \frac{\vec{a}}{|a|}$ द्वारा ज्ञात किया गया है।

$$\Rightarrow \vec{a} = \frac{3\hat{i} - 4\hat{j} + 12\hat{k}}{\sqrt{3^2 + 4^2 + 12^2}}$$

$$\Rightarrow \vec{a} = \frac{3}{13}\hat{i} - \frac{4}{13}\hat{j} + \frac{12}{13}\hat{k}$$

अत: विकल्प (C) सही है।

68. यहाँ, $\vec{a} + \vec{b} + \vec{c} = 0$

$$\Rightarrow \vec{b} + \vec{c} = -\vec{a}$$

दोनों पक्षों का परिमाण लेने और वर्ग करनें पर,

$$\Rightarrow \left|\vec{b} + \vec{c}\right|^2 = \left|-\vec{a}\right|^2$$

$$\Rightarrow \left|\vec{b}\right|^2 + \left|\vec{c}\right|^2 + 2\vec{b}.\vec{c} = 100$$

$$\Rightarrow 2\left|\vec{b}\right|.\left|\vec{c}\right|\cos\theta = 100 - (16 + 36)$$

$$\Rightarrow \cos\theta = \frac{48}{2 \times 4 \times 6}$$

$$\Rightarrow \theta = \cos^{-1}(1)$$

$$\theta = 0°$$

अत: विकल्प (A) सही है।

69. औद्योगिक इंजीनियरिंग में रैखिक प्रोग्रामिंग (एलपी) का उपयोग हमारे सीमित संसाधनों के अनुकूलन के लिए किया जाता है जब समस्या के लिए कई वैकल्पिक समाधान संभव होते हैं। वास्तविक जीवन की समस्याओं को उनके चरों के बीच संबंध को निर्दिष्ट करके एक रैखिक समीकरण के रूप में लिखा जा सकता है। सामान्य एलपी समस्या "वस्तुनिष्ठ फलन" नामक चर के लिए एक

रैखिक फ़ंक्शन को अनुकूलित करने के लिए कॉल करती है जो रैखिक समीकरणों और असमानताओं के एक सेट के अधीन होती है जिसे बाधाओं या प्रतिबंध कहा जाता है। एक अनावश्यक बाधा एक बाधा है जिसे व्यवहार्य क्षेत्र को बदले बिना रैखिक बाधाओं की प्रणाली से हटाया जा सकता है। एक रैखिक प्रोग्रामिंग मॉडल को हल करते समय, यदि एक अनावश्यक बाधा जोड़ दी जाती है, तो मौजूदा समाधान पर कोई प्रभाव नहीं पड़ेगा।

अत: विकल्प (A) सही है।

70. यदि रैखिक प्रोग्रामिंग समस्या में प्रतिबंधों को बदल दिया जाता है तो समस्या का पुनर्मूल्यांकन किया जाना है। एक रैखिक प्रोग्रामिंग समस्या के चरों पर रैखिक असमानताओं या समीकरणों या प्रतिबंधों को प्रतिबंध कहा जाता है। स्थितियाँ $x \geq 0$, $y \geq 0$ गैर-ऋणात्मक प्रतिबंध कहलाती हैं।

अत: विकल्प (A) सही है।

71. दिया गया है,

वस्तुनिष्ठ फलन है,

$$Z = 3x - 4y$$

$(0,0)$ पर,

$$Z = 3 \times 0 - 4 \times 0 = 0$$

$(5,0)$ पर,

$$Z = 3 \times 5 - 4 \times 0 = 15$$

$(6,5)$ पर,

$$Z = 3 \times 6 - 4 \times 5 = -2$$

$(6,8)$ पर,

$$Z = 3 \times 6 - 4 \times 8 = -14$$

$(4,10)$ पर,

$$Z = 3 \times 4 - 4 \times 10 = -28$$

$(0,8)$ पर,

$$Z = 3 \times 0 - 4 \times 8 = -32$$

अधिकतम मान Z, $(5,0)$ पर होता है।

अत: विकल्प (A) सही है।

72. दिया गया है,

वस्तुनिष्ठ फलन है,

$$Z = 5x + 7y$$

छायांकित क्षेत्र घिरा हुआ है और कोणीय बिंदुओं का निर्देशांक $(0,0)$, $(7,0)$, $(3,4)$ और $(0,2)$ के रूप में है।

$(0,0)$ पर,

$$Z = 5 \times 0 + 7 \times 0 = 0$$

$(7,0)$ पर,

$$Z = 5 \times 7 + 7 \times 0 = 35$$

$(3,4)$ पर,

$$Z = 5 \times 3 + 7 \times 4 = 43$$

$(0,2)$ पर,

$$Z = 5 \times 0 + 7 \times 2 = 14$$

इसलिए Z का अधिकतम मान 43 $(3,4)$ पर है।

अतः विकल्प (B) सही है।

73. दिया गया है:

$$\frac{1}{\log_2 n} + \frac{1}{\log_3 n} + \frac{1}{\log_4 n} + \cdots.. + \frac{1}{\log_{100} n}$$

$$= \log_n 2 + \log_n 3 + \log_n 4 + \cdots.. + \log_n 100$$

$$= \log_n[2 \times 3 \times 4 \times ... \times 100]$$

$$= \log_n 100!$$

$$= \log_{100!} 100!$$

$$= 1$$

अत: विकल्प (B) सही है।

74. जैसा कि हम जानते हैं,

समतुल्य समुच्चय: दो समुच्चय जिनमें अवयवों की संख्या एक समान हों, उन्हें तुल्य समुच्चय कहते है। जैसे- $A = \{a, b, c\}, B = \{3,4,5\}$ अर्थात A और B तुल्य समुच्चय है।

अर्थात् $n(A) = n(B)$।

समान समुच्चय: दो समुच्चय जिनके प्रत्येक अवयव एक-दूसरे में विद्यमान हों, उन्हें समान समुच्चय कहते है। जैसे- $A = \{x : x,$ एक धनात्मक संख्या है तथा $3 < x < 6\}, B = \{4,5\}$ अर्थात $A = B$

$$A = B$$

$$A \subset B \text{ और } B \subset A = A = B$$

समतुल्य और समान समुच्चय की परिभाषा से हम यह देख सकते हैं;

कथन 1 सत्य है क्योंकि A में तत्वों की संख्या $= B$ में तत्वों की संख्या $= 3$

कथन 2 सत्य है क्योंकि $\{1,5,9\} \in A$ और $\{1,5,9\} \in B$

अत: विकल्प (C) सही है।

75. दिया गया है:

A = {2, 4, 5}, B = {5, 9, 11} और R, A से B तक इस प्रकार संबंधित है जिससे a R b ⇔ b = 2a + 1 है।

इसलिए, जब a = 2 ⇒ b = 2a + 1 = 5 ∈ B ⇒ (2, 5) ∈ R

जब a = 4 है, तो b = 2a + 1 = 9 ∈ B ⇒ (4, 9) ∈ R

जब a = 5 है, तो b = 2a + 1 = 11 ∈ B ⇒ (5, 11) ∈ R

⇒ R = {(2, 5), (4, 9), (5, 11)}

चूँकि हम जानते हैं कि यदि R, A से B तक संबंधित है। तो प्रतिलोम संबंध को समुच्चय B से A तक R-1 द्वारा दर्शाया जाता है, जिसे R-1 = {(b, a) : (a, b) ∈ R} के रूप में परिभाषित किया गया है।

⇒ R-1 = {(5, 2), (9, 4), (11, 5)}

अत: विकल्प (C) सही है।

76. $f(x) = \sqrt{25 - x^2}$

फलन को परिभाषित करने के लिए, रूट के अंदर के समीकरण को 0 के बराबर या अधिक होना चाहिए।

$$25 - x^2 \geq 0$$

$$x^2 \leq 25$$

$$|x| \leq 5$$

$$-5 \leq x \leq 5$$

$$f(x) \text{ का डोमेन } = [-5,5]$$

जब $x = \pm 5, f(x) = 0$

जब $x = 0, f(x) = 5,$ यह अधिकतम मान है।

रेंज है $R = [0,5]$

अतः विकल्प (A) सही है।

77. दिया गया है,

|A∪B∪C| = |A| + |B| + |C| - |A∩B∩C'| - |B∩C∩A'| - |A∩C∩B'| + |A∩B∩C|

⇒ 34 = 22 + 18 + 6 - 3 - 2 - 4 + |A∩B∩C|

⇒ |A∩B∩C|

= 34 - 22 - 18 - 6 + 3 + 2 + 4

= 43 - 46

= -3

तो |A∩B∩C| = 3

अतः विकल्प (D) सही है।

78. हम जानते हैं कि, अंतराल । में प्रत्येक बिंदु पर यदि $f'(x) > 0$ है तो फलन को अंतराल । पर बढ़ता हुआ फलन कहा जाता है। अंतराल । में प्रत्येक बिंदु पर यदि $f'(x) < 0$ है तो फलन को अंतराल । पर घटता हुआ फलन कहा जाता है।

दिया हुआ है, $f(x) = x^3 - 6x^2 + 9x + 10$

अवकलन करने पर, हमें प्राप्त होता है

$$f'(x) = 3x^2 - 12x + 9$$

$f(x)$ बढ़ता हुआ फलन है

$$\Rightarrow f'(x) \geq 0$$

$$\Rightarrow 3x^2 - 12x + 9 \geq 0$$

$$\Rightarrow x^2 - 4x + 3 \geq 0$$

$$\Rightarrow (x - 3)(x - 1) \geq 0$$

इसलिए, $x \in (-\infty, 1] \cup [3, \infty)$

वह अंतराल $(-\infty, 1] \cup [3, \infty)$ है, जिसमें फलन $f(x) = x^3 - 6x^2 + 9x + 10$ बढ़ता हुआ है।

अत: विकल्प (B) सही है।

79. दो समुच्चयों के बीच अंतर:

माना कि A और B दो समुच्चय है। A और B के बीच अंतर को (A - B) के रूप में दर्शाया गया है।

यह A के उन सभी तत्वों का समुच्चय है जो B में मौजूद नहीं है अर्थात् {x: x ∈ A और x ∉ B}

दो समुच्चयों के बीच अंतर के वेन आरेख को नीचे दर्शाया गया है।

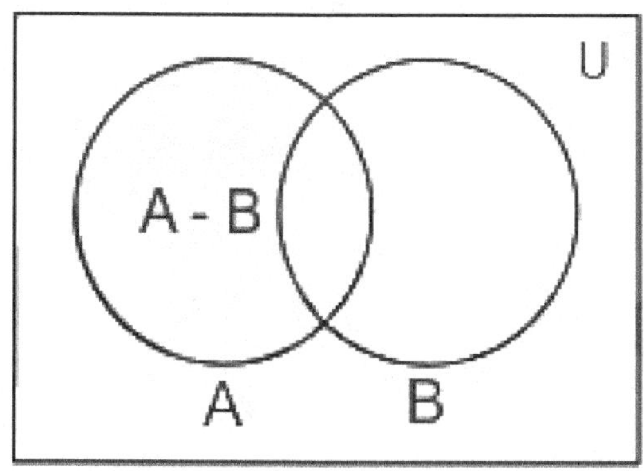

A - B = यह समुच्चय B में मौजूद तत्वों को छोड़कर समुच्चय A के सभी तत्वों का समुच्चय होता है।

B - A = यह समुच्चय A में मौजूद तत्वों को छोड़कर समुच्चय B के सभी तत्वों का समुच्चय होता है।

∴ (A - B) ∩ (B - A) एक रिक्त समुच्चय (φ) है।

अत: विकल्प (A) सही है।

80. डोमेन {-3, -2, 5, 6} और रेंज = {-8, -6, 3, 4, 7} हैं।

यहाँ हम देख सकते हैं, x = 5 के लिए, y के दो सम्बंधित मान -6 और 3 हैं। इसलिए, यह संबंध फलन नहीं है।

साथ ही, डोमेन में चार पद और रेंज में पांच पद हैं। यह डोमेन में एक मान से जुड़े दो मानों के रेंज को दर्शाता है।

इसलिए, दिए गए डोमेन और रेंज एक फलन का निर्माण नहीं करेंगे।

अतः विकल्प (D) सही है।

81. दिया गया है:

$$\frac{x+1}{2} = \frac{y-2}{5} = \frac{z+3}{4} \text{ और } \frac{x-1}{1} = \frac{y+2}{2} = \frac{z-3}{-3}$$

रेखाओं के दिशा अनुपात $a_1 = 2, b_1 = 5, c_1 = 4$ और $a_2 = 1, b_2 = 2, c_2 = -3$ हैं।

जैसा कि हम जानते हैं,

रेखाओं के बीच का कोण निम्न द्वारा ज्ञात किया गया है $cos\theta =$

$$\frac{a_1a_2+b_1b_2+c_1c_2}{\left(\sqrt{a_1^2+b_1^2+c_1^2}\right)\cdot\left(\sqrt{a_2^2+b_2^2+c_2^2}\right)}$$

$$\Rightarrow cos\theta = \frac{2\times1+5\times2+4\times-3}{\left(\sqrt{2^2+5^2+4^2}\right)\cdot\left(\sqrt{1^2+2^2+(-3)^2}\right)} = 0$$

$$\therefore \theta = 90°$$

अतः विकल्प (D) सही है।

82. माना $A(x_1, y_1, z_1)$ और $B(x_2, y_2, z_2)$ हैं।

A और B के बीच की दूरी $=$
$$\sqrt{(x_2 - x_1)^2 + (y_2 - y_1)^2 + (z_2 - z_1)^2}$$

यदि एक बिंदु x - अक्ष पर है, तो केवल x - निर्देशांक में गैर-शून्य स्थिरांक मान होगा और अन्य निर्देशांक शून्य होगा।

माना कि z - अक्ष पर एक बिंदु का निर्देशांक $Q(0,0,k)$ है जहाँ k गैर-शून्य स्थिरांक होगा।

दिया गया बिंदु $P(1, -2, 3)$ है।

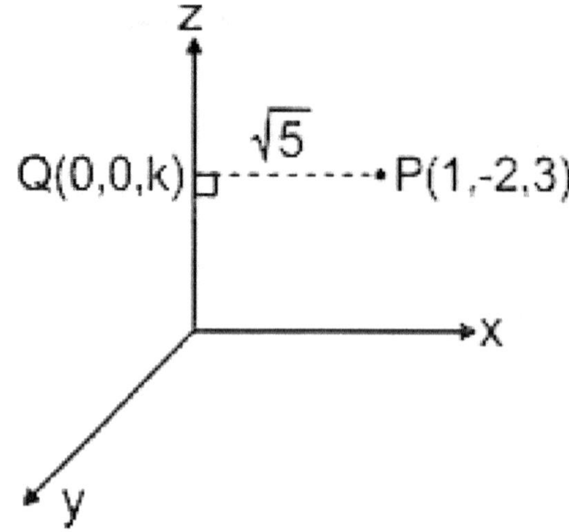

PQ के बीच की दूरी $= \sqrt{5}$

$$\Rightarrow \sqrt{(0 - 1)^2 + (0 + 2)^2 + (k - 3)^2} = \sqrt{5}$$

दोनों पक्षों का वर्ग करने पर, हमें निम्न प्राप्त होता है,

$$\Rightarrow 1 + 4 + (k - 3)^2 = 5$$

$$\Rightarrow 5 + (k - 3)^2 = 5$$

$$\Rightarrow (k - 3)^2 = 0$$

$$\therefore k = 3$$

इसलिए, निर्देशांक $= (0,0,3)$

अतः विकल्प (D) सही है।

83. दी गयी रेखाएं $\frac{2x-2}{2k} = \frac{4-y}{3} = \frac{z+2}{-1}$ और $\frac{x-5}{1} = \frac{y}{k} = \frac{z+6}{4}$ हैं।

रेखाओं के मानक रूप में एक रेखा का उपरोक्त समीकरण लिखिए।

$$\Rightarrow \frac{2(x-1)}{2k} = \frac{-(y-4)}{3} = \frac{z+2}{-1} \Leftrightarrow \frac{(x-1)}{k} = \frac{y-4}{-3} = \frac{z+2}{-1}$$

इसलिए, पहली रेखा का दिशा अनुपात $(k, -3, -1)$ है।

$$\frac{x-5}{1} = \frac{y}{k} = \frac{z+6}{4}$$

इसलिए, दूसरी रेखा का दिशा अनुपात $(1, k, 4)$ है।

रेखाएं एक-दूसरे के लंबवत हैं,

$$\therefore (k \times 1) + (-3 \times k) + (-1 \times 4) = 0$$

$$\Rightarrow k - 3k - 4 = 0$$

$$\Rightarrow -2k - 4 = 0$$

$$\therefore k = -2$$

अतः विकल्प (B) सही है।

84. दिया गया है,

$P(3, -1, 2)$ और $Q(3, 3, -2)$ एक $3D$ समतल पर दो बिंदु हैं।

जैसा कि हम जानते हैं,

$A(x_1, y_1, z_1)$ और $B(x_2, y_2, z_2)$ को मिलाने वाली रेखा के मध्य-बिंदु को निम्न द्वारा दिया जाता है $\because \left(\frac{x_1+x_2}{2}, \frac{y_1+y_2}{2}, \frac{z_1+z_2}{2}\right)$

माना बिंदु $P(3, -1, 2)$ और $Q(3, 3, -2)$ को मिलाने वाली रेखा का मध्य बिंदु R होगा।

$$\Rightarrow R = \left(\frac{3+3}{2}, \frac{-1+3}{2}, \frac{2-2}{2}\right)$$

$$= (3, 1, 0)$$

अतः विकल्प (C) सही है।

85. अवकल समीकरण: एक अवकल समीकरण वह समीकरण है जो एक या एक से अधिक फलन और उनके अवकलजों को जोड़ता है।

जैसे: $\frac{dy}{dx} + x = 2y + 3$, आदि।

$$\frac{d}{dx} x^n = nx^{n-1}$$

मूल से गुजरने वाली सभी रेखाओं का सामान्य समीकरण $y = mx$ है, जहाँ m एक स्थिरांक है। x के संबंध में इस समीकरण को अवकलित करते हुए हमें यह मिलता है:

$$\frac{d}{dx}(y) = \frac{d}{dx}(mx)$$

$$\Rightarrow \frac{dy}{dx} = m = \frac{y}{x}$$

$\therefore$ इसका उत्तर इनमें से कोई नहीं है।

अतः विकल्प (D) सही है।

86. दिया गया अवकल समीकरण $\frac{dy}{dx} = \frac{\sqrt{1-y^2}}{\sqrt{1-x^2}}$ है।

$$\frac{dy}{\sqrt{1-y^2}} = \frac{dx}{\sqrt{1-x^2}}$$

दोनों पक्षों का समाकलन करने पर, हमें निम्न प्राप्त होता है,

$$\int \frac{dy}{\sqrt{1-y^2}} = \int \frac{dx}{\sqrt{1-x^2}}$$

$$\Rightarrow \sin^{-1}y = \sin^{-1}x + c$$

$$\Rightarrow \sin^{-1}y = \sin^{-1}x + \sin^{-1}c$$

$$\Rightarrow \sin^{-1}y - \sin^{-1}x = \sin^{-1}c$$

अतः विकल्प (C) सही है।

87. जैसा कि हम जानते हैं,

प्रथम-कोटि वाले रैखिक अवकल समीकरण में;

$\frac{dy}{dx} + Py = Q$, जहाँ P और Q, x के फलन है।

समाकलन कारक $(IF) = e^{\int P dx}$

सामान्य हल: $y \times (IF) = \int Q(IF)dx$

दिया गया समीकरण निम्न है,

$$(2y + x)\frac{dy}{dx} = 1$$

$$\Rightarrow (2y + x) = \frac{dx}{dy}$$

$$\Rightarrow \frac{dx}{dy} - x = 2y$$

$\therefore$ यह प्रथम कोटि वाला रैखिक अवकल समीकरण है।

$$IF = e^{l-1dy}$$

$$\Rightarrow IF = e^{-y}$$

अब, $x \times (IF) = \int Q(IF)dy$

$$\Rightarrow x \times e^{-y} = \int 2y \times e^{-y}dy$$

$$\Rightarrow xe^{-y} = 2\left[y\int e^{-y}dy - \int \left\{\frac{dy}{dy} \times \int e^{-y}dy\right\}dy\right]$$

$$\Rightarrow xe^{-y} = 2[-ye^{-y} + \int e^{-y}dy] + c$$

$$\Rightarrow xe^{-y} = 2[-ye^{-y} - e^{-y}] + c$$

$$\Rightarrow x + 2y + 2 = ce^y$$

अतः विकल्प (B) सही है।

88. जैसा कि हम जानते हैं,

पहली कोटि के एक रैखिक समीकरण के मानक रूप को $\frac{dy}{dx} + Py = Q$ द्वारा ज्ञात किया गया है, जहाँ P, Q, x का स्वेच्छ फलन है।

रैखिक समीकरण के समाकलन कारक को निम्न द्वारा ज्ञात किया गया है: I.F. $= e^{\int pdx}$

रैखिक समीकरण के हल को निम्न द्वारा ज्ञात किया गया है: $y(I.F.) = \int Q(I.F.)dx + c$

$$ydx = (y - x)dy$$

$$y\frac{dx}{dy} = y - x$$

$$\frac{dx}{dy} + \frac{x}{y} = 1$$

यह $\frac{dx}{dy} + Px = Q$ का रूप है।

$$I.F. = e^{\int pdy}$$

$$I.F. = e^{lny} = y$$

रैखिक समीकरण के हल को निम्न द्वारा ज्ञात किया गया है,

$x(I.F) =. \int Q(I.F)dy + c$

$x(y) = \int 1(y)dy + c$

$xy = \dfrac{y^2}{2} + c$

$x = \dfrac{y}{2} + \dfrac{c}{y}$

अतः विकल्प (B) सही है।

89. दिया गया है,

$x\dfrac{dy}{dx} = y(\log y - \log x + 1)$

$\Rightarrow \dfrac{dy}{dx} = \dfrac{y}{x}\left(\log\dfrac{y}{x} + 1\right) \quad ...(i)$

माना $y = v.x \Rightarrow \dfrac{dy}{dx} = v + x\dfrac{dv}{dx}$

(i) में y और $\dfrac{dy}{dx}$ का मान रखने पर

$\Rightarrow v + x\dfrac{dv}{dx} = v(\log v + 1)$

$\Rightarrow x\dfrac{dv}{dx} = v\log v$

$\Rightarrow \dfrac{dv}{v\log v} = \dfrac{dx}{x}$

दोनों पक्षों को समाकलित करने पर,

$\Rightarrow \int \dfrac{dv}{v\log v} = \int \dfrac{dx}{x}$

यदि $\log v = t \Rightarrow \dfrac{dv}{v} = dt$

$\Rightarrow \int \dfrac{dt}{t} = \log x + c$

$\Rightarrow \log t = \log x + c$

$\Rightarrow \log\dfrac{t}{x} = c$

$\Rightarrow \dfrac{t}{x} = e^c$

$\Rightarrow \dfrac{t}{x} = C$

$\Rightarrow t = Cx$

$\Rightarrow \log v = Cx$

$\Rightarrow \log\dfrac{y}{x} = Cx$

अतः विकल्प (D) सही है।

90. जैसा कि हम जानते हैं,

प्रथम कोटि, प्रथम-डिग्री अवकल समीकरण को हल करने के लिए हमेशा चर वियोज्य विधि के साथ निरीक्षण करें।

दिया हुआ अवकल समीकरण है,

$\dfrac{dy}{dx} + 7x^2y = 0 \Rightarrow \dfrac{dy}{dx} = -7x^2y$, वियोजक चर,

$\dfrac{dy}{y} = -7x^2 dx$, दोनों पक्षों को समाकलित करके;

$\int \dfrac{dy}{y} = -7\int x^2 dx; \ln y = -7\dfrac{x^3}{3} + \ln A$

जहां A स्थिरांक है।

$\ln y - \ln A = -\dfrac{7x^3}{3}$

$\Rightarrow \ln\left(\dfrac{y}{A}\right) = -\dfrac{7x^3}{3} \dfrac{y}{A} = e^{-\frac{7}{3}x^3}$

$\Rightarrow y = Ae^{-\frac{7}{3}x^3} \quad ...(1)$

1) में स्थिति $y(0) = \dfrac{3}{7}$ का प्रयोग करें,

$\Rightarrow \dfrac{3}{7} = A$ का (1) में उपयोग

$\Rightarrow y = \dfrac{3}{7}e^{-\frac{7x^3}{3}}$

अतः विकल्प (C) सही है।

91. जैसा कि हम जानते हैं,

तत्वों की n संख्या वाले समुच्चय के उपसमुच्चयों की कुल संख्या $= 2^n$

यहाँ, $S = \{0,1,2,3\}$

$n(S) = 4$

उपसमुच्चयों की कुल संख्या $= 2^4 = 16$

अतः विकल्प (B) सही है।

92. जैसा कि हम जानते हैं,

(A ∪ B) या तो समुच्चय A या B में मौजूद तत्व है।

(A ∪ B)' = U - (A ∪ B)

यहाँ, U = {1, 2, 3, 4, 5, 6, 7, 8, 9}, A = {1, 2, 3, 4}, B = {2, 4, 6, 8}

(A ∪ B) = {1, 2, 3, 4, 6, 8}

$\Rightarrow$(A ∪ B)' = U - (A ∪ B)

= {5, 7, 9}

अतः विकल्प (B) सही है।

93. जैसा कि हम जानते हैं,

$\int_0^a f(x)dx = \int_0^a f(a-x)dx$

$\tan(\pi - \theta) = -\tan\theta$

माना, $I = \int_0^\pi \ln\left(\tan\dfrac{x}{2}\right)dx \quad ...(1)$

प्रयुक्त सूत्र के अनुसार,

$I = \int_0^\pi \ln\left(\tan\left(\pi - \dfrac{x}{2}\right)\right)dx$

$\Rightarrow I = -\int_0^\pi \ln\left(\tan\dfrac{x}{2}\right)dx$

समीकरण (1) से,

$\Rightarrow I = -I$

$\Rightarrow 2I = 0$

$\Rightarrow I = 0$

$\therefore$ समाकल $\int_0^\pi \ln\left(\tan\frac{x}{2}\right)dx$ का मान 0 है।

अतः विकल्प (A) सही है।

94. माना, $I = \int e^x\{f(x) + f'(x)\}dx$

$= \int e^x f(x)dx + \int e^x f'(x)dx + C$

खंडशः समाकलन से हल करने पर, हमें निम्न प्राप्त होता है

$= \{e^x f(x) - \int f'(x)e^x dx\} + \int e^x f'(x)dx + C$

$= f(x) \cdot e^x + C$ या $e^x f(x) + C$

जहाँ C स्थिरांक है,

अतः विकल्प (B) सही है।

95. जैसा कि हम जानते हैं,

फलन किसी बिंदु x पर तब निरंतर होता है जब,

बायां पक्ष $=$ दायां पक्ष $= f(x)$

जहाँ बायां पक्ष $= \lim_{\alpha \to 0} f(x - \alpha)$ और बायां पक्ष $= \lim_{\alpha \to 0} f(x + \alpha)$

दिया गया है $f(x) = \begin{cases} 3x + 2, & x \geq 1 \\ 5, & x < 1 \end{cases}$

बायां पक्ष $= \lim_{\alpha \to 0} f(1 - \alpha)$

बायां पक्ष $= 5$

$f(1) = 3(1) + 2$

$f(1) = 5$

दायां पक्ष $= \lim_{\alpha \to 0} f(1 + \alpha)$

दायां पक्ष $= \lim_{\alpha \to 0}[3(1 + \alpha) + 2]$

दायां पक्ष $= \lim_{\alpha \to 0}[5 + 3a]$

दायां पक्ष $= 5$

$\because$ बायां पक्ष $=$ दायां पक्ष $= f(x)$

$\therefore f(x)$ निरंतर है और $f(1) = 5$ है।

अतः विकल्प (A) सही है।

96. लैग्रेंज माध्य मान प्रमेय से, चूंकि f अंतराल $[1,5]$ में संतत है और $(1,5)$ में अवकलनीय(diff) है, इसलिए $(1,5)$ के बीच में कम से कम एक बिंदु मौजूद है जिसके लिए,

$f'(c) = \frac{f(5)-f(1)}{(5-1)}$ ...(1)

जहाँ, $1 < c < 5$

दिया गया है: $x \in (1,5) \Rightarrow f'(x) \geq 9$ के लिए,

माना $x = c \in (1,5)$

$\Rightarrow f'(c) \geq 9$

$\Rightarrow f'(c) = \frac{f(5)-f(1)}{(5-1)} \geq 9$

$\Rightarrow \frac{f(5)-f(1)}{4} \geq 9$

$\Rightarrow f(5) \geq 33$

अतः विकल्प (A) सही है।

97. माना कि $u = \tan^{-1}x$ और $v = \cot^{-1}x$

x के संबंध में अवकलन करके हमें मिलता है,

$\frac{du}{dx} = \frac{d(\tan^{-1}x)}{dx} = \frac{1}{1+x^2}$

$\frac{dv}{dx} = \frac{d(\cot^{-1}x)}{dx} = \frac{-1}{1+x^2}$

अब,

$\frac{d\tan^{-1}x}{d\cot^{-1}x} = \frac{du}{dv}$

$= \frac{\frac{du}{dx}}{\frac{dv}{dx}}$

$= \frac{\frac{1}{1+x^2}}{\frac{-1}{1+x^2}} = -1$

अतः विकल्प (A) सही है।

98. जैसा कि हम जानते हैं,

लैग्रेंज माध्य मान प्रमेय से, चूँकि f अंतराल $[a,b]$ में संतत है और (a,b) में अवकलनीय (diff) है, इसलिए (a,b) के बीच कम से कम एक बिंदु ε मौजूद है जिसके लिए,

$f'(\varepsilon) = \frac{f(b)-f(a)}{(b-a)}$ ...(1)

जहाँ $a < \varepsilon < b$

दिया गया है: (a,b) में $f(b) - f(a) = (b - a)f'(\varepsilon)$ के लिए $f(x) = Ax^2 + Bx + C$

$f(x) = Ax^2 + Bx + C$

$\Rightarrow f'(x) = 2Ax + B$

$\Rightarrow f'(\varepsilon) = 2A\varepsilon + B$

लेकिन दिया गया है कि $f(b) - f(a) = (b - a)f'(\varepsilon)$

समीकरण 1 का उपयोग करके,

$\Rightarrow 2A\varepsilon + B = \frac{(Ab^2+Bb+C)-(Aa^2+Ba+C)}{b-a}$

$\Rightarrow \varepsilon = \frac{b+a}{2} \in (a,b)$

अतः विकल्प (C) सही है।

99. दिया गया है,

$f(x) = x|x|$ और $g(x) = \sin x$

$\Rightarrow g(f(x)) = gof(x) = \sin x|x| = F(x)$ (माना)

$$F(x) = \begin{cases} \sin x^2 & x \geq 0 \\ \sin(-x^2) = -\sin x^2 & x < 0 \end{cases}$$

$x = 0$ पर

दायां पक्ष $= \lim_{h \to 0} \dfrac{\sin(0+h)^2 - 0}{h}$

दायां पक्ष $= \lim_{h \to 0} \dfrac{\sin(h)^2}{h \times h} = 0$

$x = 0$ पर

बायां पक्ष $= \lim_{h \to 0} \dfrac{-\sin(0-h)^2 - 0}{-h}$

बायां पक्ष $= \lim_{h \to 0} \dfrac{-h\sin(-h)^2}{-h \times h} = 0$

तो $f(x), x = 0$ पर अवकलनीय है क्योंकि बायां पक्ष $=$ दायां पक्ष है।

अतः विकल्प (A) सही है।

100. फलन f(x) = [x] के अनिरंतरता के बिंदु को ज्ञात करने के लिए फलन f(x) = [x] का आलेख बनाइये।

सबसे बड़ा पूर्णांक फलन: (फ्लोर फलन)

फलन f(x) = [x] को सबसे बड़ा पूर्णांक फलन कहा जाता है और जिसका अर्थ है कि पूर्णांक फलन x के कम या उसके बराबर है अर्थात् [x] ≤ x है।

[x] का डोमेन R है और सीमा I है, जहाँ R वास्तविक संख्याओं का समूह है और I पूर्णांकों का समूह है।

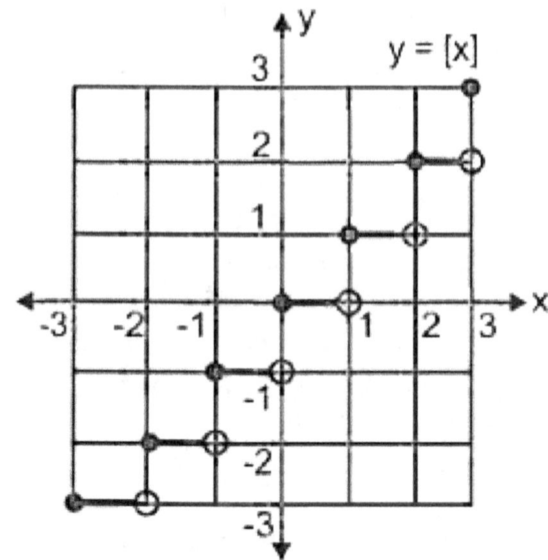

आलेख से हम कह सकते हैं कि फलन प्रत्येक पूर्णांक पर अनिरंतर है।

इसलिए फलन f(x) = [x] अनंत बिंदुओं पर अनिरंतर है।

अतः विकल्प (D) सही है।

Q.1 $\sqrt{2+\sqrt{2+2\cos 4\theta}}$ का मान ज्ञात कीजिए।

A. $2\sin\theta$　　B. $2\cos\theta$　　C. $\sin\theta$　　D. $\cos\theta$

Q.2 x का मान क्या होगा यदि $\sin^{-1}x - \cos^{-1}x = \dfrac{\pi}{6}$?

A. $\dfrac{1}{2}$　　B. $\dfrac{\sqrt{3}}{2}$　　C. $-\dfrac{1}{2}$　　D. $-\dfrac{\sqrt{3}}{2}$

Q.3 एक त्रिभुज ABC में, $\sin A - \cos B - \cos C = 0$ है। कोण B किसके बराबर है?

[UPSC NDA, 2022]

A. $\dfrac{\pi}{6}$　　B. $\dfrac{\pi}{4}$　　C. $\dfrac{\pi}{3}$　　D. $\dfrac{\pi}{2}$

Q.4 $x + iy = \sqrt{\dfrac{a+ib}{c+id}}$ है, तो $x^2 + y^2$ का मान होगा:

[UPSESSB TGT Mathematics, 2013]

A. $\sqrt{\dfrac{a^2+b^2}{c^2+d^2}}$　　B. $\dfrac{a^2+b^2}{c^2+d^2}$　　C. $ad - bc$　　D. $\sqrt{\dfrac{a-ib}{a+ib}}$

Q.5 यदि $x = \cos\theta + i\sin\theta$, तो $x^n + \dfrac{1}{x^n}$ का मान है:

[UPSESSB TGT Mathematics, 2013]

A. $2\cos\theta$　　B. $\cos n\theta$　　C. $2\cos n\theta$　　D. $2\sin n\theta$

Q.6 यदि ω इकाई का घनमूल है, तो $(1 - \omega + \omega^2)(1 + \omega - \omega^2)$ का मान है:

[UPSESSB TGT Mathematics, 2013]

A. 1　　B. -1　　C. 4　　D. -4

Q.7 अगर $x^2 - 6x - 27 > 0$, तो निम्नलिखित में से कौन सा सही है?

[Indian Military Academy (IMA), 2018]

A. $-3 < x < 9$　　B. $x < 9$ या $x > -3$
C. $x > 9$ या $x < -3$　　D. केवल $x < -3$

Q.8 असमानता को हल करें: $-15 < \dfrac{3(x-2)}{5} \leq 0$

A. $-23 > x \leq 2$　　B. $27 > x \leq 2$
C. $-23 > x \leq -2$　　D. $-27 > x \leq 2$

Q.9 'a' के किस मान के लिए $9a - a^2 \leq 17a + 15$ असमानता रखती है।

A. -2　　B. -5
C. -4　　D. उपरोक्त सभी

Q.10 दो पंक्तियों (1 पंक्ति में 5) में 10 लोग बैठे हैं और दो प्रकार के खाद्य पदार्थ हैं। प्रत्येक पंक्ति को दो खाद्य पदार्थों में से कोई भी परोसा जा सकता है लेकिन यह दूसरी पंक्ति से अलग होना चाहिए। भोजन को कितने प्रकार से परोसा जा सकता है?

A. 6453300　　B. 2441200　　C. 7257600　　D. 6265800

Q.11 यदि $^nP_r = 720$ तथा $^nC_r = 120$, तो r का मान है:

[UPSESSB TGT Mathematics, 2013]

A. 1　　B. 2　　C. 3　　D. 4

Q.12 एक पंक्ति में 6 व्यक्ति हैं। एक अन्य व्यक्ति को उनमें से 3 व्यक्तियों से इस प्रकार हाथ मिलाना है कि वह दो क्रमागत व्यक्तियों से हाथ नहीं मिलाएगा। ऐसे कितने भित्र संभाव्य संयोजनों में हाथ मिलाए जा सकते हैं?

[UPSC Prelims, 2021]

A. 3　　B. 4　　C. 5　　D. 6

Q.13 उन तरीकों की संख्या क्या है जिसमें 5 लड़के और 4 लड़कियों को एक मेज के चारों ओर इस प्रकार बैठना है जिससे सभी लड़के एकसाथ बैठें?

A. 9!　　　　　　　　　　B. 5! 5!
C. 4! 5!　　　　　　　　D. इनमें से कोई नहीं

Q.14 यदि दोहराव की अनुमति नहीं है, तो $1,2,3,4$ और 5 अंकों के साथ 1000 और $10,000$ के बीच कितने संख्याओं का निर्माण किया जा सकता है?

A. 120　　B. 60　　C. 720　　D. 360

Q.15 प्रसारण $\left(5 + \dfrac{x}{7}\right)^n$ में n का मान ज्ञात कीजिये, जहाँ x^{10} और x^{11} बराबर हैं।

A. 75　　B. 110　　C. 395　　D. 225

Q.16 $\left(\sqrt{x} + \dfrac{1}{3x^2}\right)^{10}$ के विस्तार में (x से स्वतंत्र) स्थिर पद का मान क्या है?

A. 5　　B. 8　　C. 45　　D. 90

Q.17 $\left(x^3 - \dfrac{1}{x^4}\right)^{13}$ के विस्तार में x^{11} का गुणांक ज्ञात कीजिए।

A. -143　　B. -572　　C. 143　　D. 715

Q.18 एक समान्तर श्रेणी के 7वें और 21वें पद क्रमशः 6 और -22 हैं। इस श्रेणी का 26 वाँ पद बराबर है:

[HTET TGT Mathematics, 2019]

A. -32　　B. -34　　C. -30　　D. -36

Q.19 तीन से विभाजित दो-अंकीय संख्याएँ कितनी हैं?

[HTET TGT Mathematics, 2019]

A. 30　　B. 29　　C. 85　　D. 99

Q.20 'K' के किस मान के लिए $K + 2, 4K - 6, 3K - 2$ समांतर श्रेणी के तीन क्रमागत पद हैं?

[HTET TGT Mathematics, 2019]

A. 1　　B. -1　　C. 3　　D. -3

Q.21 अनुक्रम $a_n = (-1)^n(n - 7)$ का तृतीय पद है:

[HTET TGT Mathematics, 2019]

A. 8　　B. -8　　C. 4　　D. -4

Q.22 यदि दो संख्याओं 'a' तथा 'b' के बीच समान्तर माध्य, गुणात्मक माध्य और हरात्मक माध्य क्रमशः A, G एवं H हो, तो A, G, H होंगे:

[HTET TGT Mathematics, 2019]

A. हरात्मक श्रेणी में

B. समान्तर श्रेणी में
C. गुणात्मक श्रेणी में
D. हरात्मक और गुणात्मक श्रेणी दोनों में

Q.23 प्रसार में, दो सीधी रेखाएं कहलाती हैं-
A. प्रतिच्छेदी रेखाएं
B. लम्ब रेखाएं
C. विषम रेखाएं
D. सबसे छोटी रेखाएं

Q.24 यदि (3, y) और (2, 7) से जुड़ने वाली एक रेखा, बिंदु (- 1, 4) और (0, 6) को जोड़ने वाली रेखा के समानांतर है, तो y का मान ज्ञात कीजिये।
A. 8
B. 13
C. 9
D. 6

Q.25 k का वह मान ज्ञात कीजिए जिससे रेखा $\frac{2x-2}{2k} = \frac{4-y}{3} = \frac{z+2}{-1}$ और $\frac{x-5}{1} = \frac{y}{k} = \frac{z+6}{4}$ समकोण पर हैं?
A. 0
B. -2
C. 2
D. 1

Q.26 बिन्दु $(1,1)$ से गुजरने वाला वक्र, जिसकी प्रवणता $\frac{2y}{x}$ है, वो क्या है?
A. वृत्त
B. परवलय
C. दीर्घवृत्त
D. अतिपरवलय

Q.27 दीर्घवृत्त $\frac{(x+y-2)^2}{9} + \frac{(x-y)^2}{16} = 1$ का केंद्र होगा:
A. (0,0)
B. (1,0)
C. (0,1)
D. (1,1)

Q.28 समीकरण $\frac{1}{r} = \frac{1}{3} + \frac{2}{3}\cos\theta$ क्या दर्शाता है:
A. आयताकार अतिपरवलय
B. अतिपरवलय
C. परवलय
D. वृत्त

Q.29 रेखा $\frac{x+1}{2} = \frac{y}{3} = \frac{z-3}{6}$ और समतल $10x + 2y - 11z - 3 = 0$ के बीच का कोण ज्ञात कीजिए ?
A. $\sin^{-1}\left(\frac{8}{21}\right)$
B. $\sin^{-1}\left(\frac{2}{21}\right)$
C. $\sin^{-1}\left(\frac{5}{21}\right)$
D. इनमें से कोई नहीं

Q.30 यदि तल $2x + 4y - 4z = 6$ और $\lambda x + 3y + 9 = 0$, $\cos^{-1}\left(\frac{1}{\sqrt{2}}\right)$ का एक कोण बनाते हैं, तो λ का मान ज्ञात कीजिए।
A. $1,\frac{4}{7}$
B. $2,\frac{2}{7}$
C. $3,\frac{3}{7}$
D. $2,\frac{3}{7}$

Q.31 बिंदु $(-1,2,1)$ से होकर गुजरने वाली और रेखा $\frac{x-1}{2} = \frac{y-2}{4} = \frac{z-7}{3}$ के समानांतर रेखा का कार्टेशियन समीकरण ज्ञात करें।
A. $\frac{x-1}{2} = \frac{y-2}{4} = \frac{z-1}{3}$
B. $\frac{x+1}{2} = \frac{y-2}{4} = \frac{z-1}{3}$
C. $\frac{x+1}{1} = \frac{y-2}{2} = \frac{z-1}{7}$
D. $\frac{x-1}{1} = \frac{y-2}{2} = \frac{z-1}{7}$

Q.32 यदि $f(x) = x^3 + 3x^2 + 3x - 7$ है, तो $x = 2$ पर $\frac{df(x)}{dx}$ का मान ज्ञात कीजिए।
A. 23
B. 24
C. 27
D. 30

Q.33 $3^{x\log x}$, $x > 0$ को x के संदर्भ में विभेदित करें।
A. $3^{x\log x}[\log3(1 + \log x)]$
B. $\log3(1 + \log x)$
C. $3^{x\log x} \cdot (1 + \log x)$
D. $3^{x\log x}(1 - \log x)$

Q.34 डेटा $2, 4, 8, 16, 32$ का ज्यामितीय माध्य क्या है?
A. 32
B. 64
C. 8
D. 16

Q.35 अवलोकनों की कुल संख्या 36 और 64 तथा क्रमशः माध्य 4 और 3 के साथ वितरण X और Y को संयोजित किया जाता है। तो परिणामी वितरण X + Y का माध्य क्या है?
A. 3.26
B. 3.32
C. 3.36
D. 3.42

Q.36 आकड़े 2, 9, 9, 3, 6, 9, 4 का माध्य विचलन क्या है?
A. 2.23
B. 2.57
C. 3.23
D. 3.57

Q.37 यदि कुछ अवलोकनों के मानक विचलन और माध्य क्रमशः 6.5 और 12.5 हैं तो समान अवलोकनों के लिए भिन्नता का गुणांक ज्ञात कीजिए।
A. 52%
B. 23%
C. 35%
D. इनमें से कोई नहीं

Q.38 एक गैर-लीप वर्ष में 53 सोमवार होने की प्रायिकता _____ है।
A. $\frac{1}{7}$
B. $\frac{2}{7}$
C. $\frac{1}{4}$
D. $\frac{1}{5}$

Q.39 3 से 20 तक के कार्डों को एक बैग में रखा जाता है और अच्छी तरह मिलाया जाता है। बैग से यादृच्छिक रूप से एक कार्ड निकाला जाता है। इसकी क्या प्रायिकता है कि निकाले गए कार्डों की संख्या एक सम संख्या है?
A. $\frac{1}{2}$
B. $\frac{1}{4}$
C. $\frac{1}{3}$
D. $\frac{5}{2}$

Q.40 एक पासे को फेंके जाने पर एक सम संख्या प्राप्त करने की प्रायिकता क्या है?

[IBPS Clerk, 2021]

A. $\frac{1}{6}$
B. $\frac{2}{3}$
C. $\frac{1}{2}$
D. $\frac{5}{6}$

Q.41 $\tan^{-1}\left(\frac{x}{y}\right) - \tan^{-1}\frac{x-y}{x+y}$ का मान ज्ञात कीजिए।
A. $\frac{\pi}{2}$
B. $\frac{\pi}{3}$
C. $\frac{\pi}{4}$
D. $\frac{-3\pi}{4}$

Q.42 $\tan\frac{1}{2}\left[\sin^{-1}\frac{2x}{1+x^2} + \cos^{-1}\frac{1-y^2}{1+y^2}\right]$ का मान ज्ञात कीजिए।
A. $\frac{xy}{1-xy}$
B. $\frac{x+y}{1-xy}$
C. $\frac{x+y}{1+xy}$
D. $\frac{x-y}{1-xy}$

Q.43 यदि $\cos^{-1}\left(\frac{p}{a}\right) + \cos^{-1}\left(\frac{q}{b}\right) = \alpha$, फिर $\frac{p^2}{a^2} + k\cos\alpha + \frac{q^2}{b^2} = \sin^2\alpha$, k का मान ज्ञात कीजिए।
A. $-\frac{2pq}{ab}$
B. $\frac{2pq}{ab}$
C. $-\frac{pq}{ab}$
D. $\frac{pq}{ab}$

Q.44 यदि आव्यूह $\begin{bmatrix} \cos\theta & \sin\theta & 0 \\ \sin\theta & \cos\theta & 0 \\ 0 & 0 & 1 \end{bmatrix}$ एकल है, तो θ का मान ज्ञात कीजिए।
A. $\frac{\pi}{4}$
B. $\frac{\pi}{2}$
C. π
D. 0

Q.45 यदि $A = \begin{bmatrix} 1 & -5 & 7 \\ 0 & 7 & 9 \\ 11 & 8 & 9 \end{bmatrix}$ फिर आव्यूह A का ट्रेस क्या है?
A. 17
B. 25
C. 3
D. 12

Q.46 $\begin{bmatrix} x & y & z \end{bmatrix}\begin{bmatrix} a & h & g \\ h & b & f \\ g & f & c \end{bmatrix}$ किसके बराबर है?

A. $\begin{bmatrix} ax & hy & gz \\ h & b & f \\ g & f & c \end{bmatrix}$

B. $\begin{bmatrix} a & h & g \\ hx & by & fz \\ g & f & c \end{bmatrix}$

C. $\begin{bmatrix} ax & hy & gz \\ hx & by & fz \\ gx & fy & cz \end{bmatrix}$

D. $[ax + hy + gz \quad hx + by + fz \quad gx + fy + cz]$

Q.47 त्रिभुज का क्षेत्रफल जिसके शीर्ष $(-3,0), (3,0)$ और $(0,k)$ है, 9 वर्ग इकाई है, तब k का मान होगा:

A. 9   **B.** 3   **C.** -9 **D.** 6

Q.48 $\begin{vmatrix} a & b & c \\ b+c & c+a & a+b \\ a^2 & b^2 & c^2 \end{vmatrix}$ का मान है:

A. 0

B. $-(a-b)(b-c)(c-a)(a+b+c)$

C. $(a-b)(b-c)(c-a)(a+b+c)$

D. 1

Q.49 सभी 2×2 ट्रेस 24 के साथ सारणिक का अधिकतम मान ______ है।

A. 144   **B.** 140   **C.** 123   **D.** 220

Q.50 $\lim\limits_{y \to 0} \dfrac{\sqrt{2+y^2} - \sqrt{2}}{y^2}$ का मान ज्ञात करें।

A. $\dfrac{1}{2\sqrt{2}}$ **B.** $\dfrac{1}{\sqrt{2}}$

C. $\dfrac{1}{2}$ **D.** इनमें से कोई भी नहीं

Q.51 यदि $f(x) = \dfrac{\sin(e^{x-2}-1)}{\log(x-1)}, x \neq 2$ तथा $f(x) = k$ के लिये $x = 2$, फिर मूल्य k जिसके लिए f निरंतर है:

A. -2   **B.** -1   **C.** 0   **D.** 1

Q.52 $\lim\limits_{x \to \infty} \left(\dfrac{x^2+5x+3}{x^2+x+3}\right)^x$ को हल करने के बाद व्यंजक का मान क्या होगा:

A. e^4 **B.** e^2 **C.** e^3 **D.** 1

Q.53 उन बिंदुओं का समूह जहाँ फ़ंक्शन $f(x) = x|x|$ भिन्न है, वह है:

A. $(-\infty, \infty)$ **B.** $(-\infty, 0) \cup (0, \infty)$

C. $(0, \infty)$ **D.** $(0, \infty)$

Q.54 k का मान क्या है जो $x = 0$ पर $f(x) = \begin{cases} \sin x, x \neq 0 \\ k, x = 0 \end{cases}$ को निरंतर बनाता है?

A. 2   **B.** 1   **C.** -1 **D.** 0

Q.55 फलन $f(x) = x^3 - 6x^2 + 12x - 18$ के संबंध में निम्नलिखित में से कोन-सा कथन सत्य है?

A. $f(x), R$ पर एक बढ़ता हुआ फलन है।

B. $f(x), R$ पर एक घटता हुआ फलन है।

C. $f(x), R$ पर ना तो बढ़ता हुआ और ना ही R पर घटता हुआ फलन है।

D. इनमें से कोई नहीं

Q.56 एक शांकु के आधार की त्रिज्या $3 \, cm/\min$ की दर से बढ़ती है और ऊंचाई $4 \, cm/\min$ की दर से कम होती है। जब त्रिज्या $= 7cm$ और ऊंचाई $= 24 \, cm$ है, तो पार्श्व सतह के परिवर्तन की दर क्या है?

A. $54\pi \, cm^2/min$ **B.** $7\pi \, cm^2/min$

C. $27\pi \, cm^2/min$ **D.** इनमें से कोई नहीं

Q.57 एक शांकु के आधार की त्रिज्या $3 \, cm/\min$ की दर से बढ़ती है और ऊंचाई $4 \, cm/\min$ की दर से कम होती है। जब त्रिज्या $= 7$ और ऊंचाई $= 24 \, cm$ है, तो पार्श्व सतह के परिवर्तन की दर क्या है?

A. $54\pi cm^2/min$ **B.** $7\pi cm^2/min$

C. $27\pi cm^2/min$ **D.** इनमें से कोई नहीं

Q.58 फलन $\dfrac{2x}{1+x^2}$ का समाकलन कीजिए :

A. $\log(1 + x^2) + C$ **B.** $\log(3 + x^2) + C$

C. $\log(1 + y^2) + C$ **D.** $\log(3 + y^2) + C$

Q.59 फलन $\dfrac{(\log x)^2}{x}$ का समाकलन कीजिए :

A. $\dfrac{1}{3}(\log|x|)^3 + C$ **B.** $\dfrac{2}{3}(\log|x|)^3 + C$

C. $\dfrac{1}{3}(\log|y|)^3 + C$ **D.** $\dfrac{2}{3}(\log|y|)^3 + C$

Q.60 फलन $\dfrac{1}{x + x\log x}$ का समाकलन कीजिए

A. $\log|1 + \log y| + C$ **B.** $\log|2 + \log y| + C$

C. $\log|1 + \log x| + C$ **D.** $\log|2 + \log x| + C$

Q.61 फलन $x\sqrt{x+2}$ का समाकलन कीजिए

A. $\dfrac{2}{5}(x+2)^{\frac{5}{2}} - \dfrac{3}{2}(x+2)^{\frac{3}{2}} + C$

B. $\dfrac{4}{5}(x+2)^{\frac{5}{2}} - \dfrac{1}{3}(x+2)^{\frac{3}{2}} + C$

C. $\dfrac{3}{5}(x+2)^{\frac{5}{2}} - \dfrac{2}{3}(x+2)^{\frac{3}{2}} + C$

D. $\dfrac{2}{5}(x+2)^{\frac{5}{2}} - \dfrac{4}{3}(x+2)^{\frac{3}{2}} + C$

Q.62 वक्रों $y = x^2$ और $y = 2x + 3$ से घिरे क्षेत्र का क्षेत्रफल बराबर है:

A. $\dfrac{9}{2}$ वर्ग इकाई   **B.** $\dfrac{32}{3}$ वर्ग इकाई

C. $\dfrac{13}{2}$ वर्ग इकाई   **D.** $\dfrac{16}{3}$ वर्ग इकाई

Q.63 वक्र $y = x^2$ और $y = x$ के बीच का क्षेत्रफल ज्ञात कीजिए।

A. $\dfrac{5}{6}$ वर्ग इकाई   **B.** $\dfrac{1}{3}$ वर्ग इकाई

C. $\dfrac{1}{2}$ वर्ग इकाई   **D.** $\dfrac{1}{6}$ वर्ग इकाई

Q.64 परवलय $y = x^2$ और रेखा $y = 2x + 3$ से घिरा क्षेत्रफल ज्ञात कीजिए।

A. $\dfrac{17}{6}$ वर्ग इकाई   **B.** $\dfrac{8}{3}$ वर्ग इकाई

C. $\dfrac{32}{3}$ वर्ग इकाई   **D.** $\dfrac{35}{3}$ वर्ग इकाई

Q.65 प्रारंभिक बिंदु $(2,1)$ और टर्मिनल बिंदु $(-5,7)$ के साथ वेक्टर के अदिश और सदिश घटक ज्ञात कीजिए :

A. -7 और $6, 7\hat{i}$ और $-6\hat{j}$

B. -7 और $-6, -7\hat{i}$ और $-6\hat{j}$

C. -7 और $6, -7\hat{i}$ और $6\hat{j}$

D. 7 और $6, 7\hat{i}$ और $6\hat{j}$

Q.66 $\hat{i} + 2\hat{j} + 3\hat{k}$ पर स्थित एक अंतरिक्ष यान रॉकेट दागकर $\lambda\hat{k}$ के बल के अधीन किया जाता है। अंतरिक्ष यान परिमाण के एक आघूर्ण ___ के अधीन है।

A. λ

B. $\sqrt{3}\lambda$

C. $\sqrt{5}\lambda$

D. इनमें से कोई भी नहीं

Q.67 $\sin\theta$ को ज्ञात करें अगर θ सदिशों $\vec{a} = 3\hat{j} + 4\hat{k}$ और $\vec{b} = 6\hat{i} + 8\hat{k}$ के बीच कोण है।

A. $\frac{1}{2}$

B. $\frac{1}{12}$

C. $\frac{3\sqrt{41}}{25}$

D. $\frac{3\sqrt{31}}{25}$

Q.68 एक कण उस बिंदु, जिसका स्थिति सदिश $\hat{i} + 3\hat{j}$ है, से उस बिंदु, जिसका स्थिति सदिश $5\hat{i} + 9\hat{j}$ है, तक बल $\vec{F} = 2\vec{i} + 3\vec{j}$ की क्रिया के तहत विस्थापित होता है। बल $\vec{F}$ द्वारा किया गया कार्य ज्ञात करें।

A. 26 इकाई

B. 36 इकाई

C. 49 इकाई

D. इनमें से कोई नहीं

Q.69 एक रैखिक प्रोग्रामिंग समस्या में, प्रतिबंध या सीमाएं जिसके तहत वस्तुनिष्ठ फलन को अनुकूलित किया जाना है, _____ को कहा जाता है।

A. प्रतिबंधों

B. वस्तुनिष्ठ फलन

C. निर्णय चर

D. उपरोक्त में से कोई नहीं

Q.70 एक रैखिक प्रोग्रामिंग समस्या का वस्तुनिष्ठ फलन _________ है।

A. एक प्रतिबंध

B. इष्टतम मान प्राप्त करने के लिए फलन

C. चर के बीच संबंध

D. इनमें से कोई नहीं

Q.71 वस्तुनिष्ठ फलन का इष्टतम मान _______ बिंदुओं पर प्राप्त होता है।

A. केवल अक्षों के साथ असमानताओं के प्रतिच्छेदन द्वारा दिया गया

B. केवल x-अक्ष के साथ असमानताओं के प्रतिच्छेदन द्वारा दिया गया है

C. संभव क्षेत्र के कोने के बिंदुओं द्वारा दिया गया

D. इनमें से कोई नहीं

Q.72 एक कारखाने का मालिक अपने कारखाने के लिए दो प्रकार की मशीनें, A और B खरीदता है। मशीनों के लिए आवश्यकताएं और सीमाएं इस प्रकार हैं:

मशीन	क्षेत्र पर कब्जा	श्रम बल	दैनिक उत्पादन (इकाइयों में)
A	1000 m^2	12 men	60
B	1200 m^2	8 men	40

उसके पास अधिकतम क्षेत्रफल $9000\ m^2$ उपलब्ध है, और 72 कुशल मजदूर हैं जो दोनों मशीनों को संचालित कर सकते हैं। दैनिक उत्पादन को अधिकतम करने के लिए उसे प्रत्येक प्रकार की कितनी मशीनें खरीदनी चाहिए?

A. 6

B. 7

C. 9

D. 10

Q.73 यदि $A = \{x \in R : x^2 = 2\}$ और $B = \{y \in R : y^2 - 5y + 6 = 0\}$ है, तो $n(A \times B)$ का मान क्या होगा ?

A. 2

B. 4

C. 6

D. 8

Q.74 $f\left(x + \frac{1}{x}\right) = x^2 + \frac{1}{x^2}$ फिर $f(x)$ हो सकता है

A. $x^2 + 1$

B. $2 - x^2$

C. $x^2 - 2$

D. $4x^2 - 2$

Q.75 70 व्यक्तियों के एक समूह में 37 व्यक्ति कॉफ़ी पसंद करते हैं, 52 व्यक्ति चाय पसंद करते हैं और प्रत्येक व्यक्ति दो पेय पदार्थों में से कम से कम एक पेय पदार्थ पसंद करते हैं। तो कितने व्यक्ति कॉफ़ी पसंद करते हैं लेकिन चाय पसंद नहीं करते?

A. 18

B. 17

C. 13

D. 16

Q.76 मान लीजिए कि समुच्चय N में, $R = \{(a,b) : a = b - 2, b > 6\}$ द्वारा प्रदत्त संबंध R है। निम्नलिखित में से सही उत्तर चुनिए:

A. $(2,4) \in R$

B. $(3,8) \in R$

C. $(6,8) \in R$

D. $(8,7) \in R$

Q.77 मान लीजिए R एक संबंध है जो xRy के रूप में तब परिभाषित है यदि और केवल यदि $2x + 3y = 20$ है, जहाँ $x, y \in N$ हैं। R में (x, y) रूप के कितने अवयव हैं?

[UPSC NDA, 2021]

A. 2

B. 3

C. 4

D. 6

Q.78 फलन $f(x) = 3^x$ का डोमेन क्या है?

[UPSC NDA, 2021]

A. $(-\infty, \infty)$

B. $(0, \infty)$

C. $[0, \infty)$

D. $(-\infty, \infty) - \{0\}$

Q.79 निम्नलिखित कथनों पर विचार कीजिए :

1. एक फलन $f : Z \to Z$, जो $f(x) = x + 1$ द्वारा परिभाषित है, एकैकी होने के साथ-साथ आच्छादक भी है।

2. एक फलन $f : N \to N$, जो $f(x) = x + 1$ द्वारा परिभाषित है, एकैकी है किन्तु आच्छादक नहीं है।

उपर्युक्त कथनों में से कौन-सा/से सही है/हैं?

[UPSC NDA, 2021]

A. केवल 1

B. केवल 2

C. 1 और 2 दोनों

D. न तो 1 और न ही 2

Q.80 यदि $f(x + 1) = x^2 - 3x + 2$ है, तो $f(x)$ किसके बराबर है?

[UPSC NDA, 2021]

A. $x^2 - 5x + 4$

B. $x^2 - 5x + 6$

C. $x^2 + 3x + 3$

D. $x^2 - 3x + 1$

Q.81 दिए गए अवकल समीकरण का सामान्य हल ज्ञात कीजिए।

$$\frac{xdy}{dx} + 3y = 4x^3$$

A. $x^3 \cdot y = \frac{2}{3} \cdot x^5 + c$

B. $x^3 \cdot y = 3x^6 + c$

C. $x^3 \cdot y = \frac{2}{3} \cdot x^6 + c$

D. इनमें से कोई नहीं

Q.82 अवकलन समीकरण की घात:

$$\frac{d^2y}{dx^2} + 3\left(\frac{dy}{dx}\right)^2 = x^2 \log\left(\frac{d^2y}{dx^2}\right)$$

A. 1

B. 2

C. 3

D. परिभाषित नहीं

Q.83 अवकलन समीकरण का सामान्य हल ज्ञात कीजिए:

$$\frac{y^2}{x^2} = \frac{dy}{dx}$$

A. $\frac{1}{y} = \frac{1}{x} + C'$

B. $y = x + C'$

C. $\frac{y^2}{2} = \frac{x^2}{2} + C'$

D. $y^2 = x^2 + C'$

Q.84 अवकल समीकरण $\frac{dy}{dx} + y = 1, (y \neq 1)$ का सामान्य हल है:

A. $\log\left|\frac{1}{1-y}\right| = x + C$

B. $\log|1 - y| = x + C$

C. $\log|1 + y| = x + C$

D. $\log\left|\frac{1}{1-y}\right| = -x + C$

Q.85 अवकलन समीकरण का हल $\frac{dy}{dx} = 2^{x-1}$ है:

A. $y = \frac{1}{\log 2} 2^x + c$

B. $y^2 = \frac{1}{\log 2} 2^x + c$

C. $2y = \frac{1}{\log 2} 2^x + c$

D. $2y^2 = \frac{1}{\log 2} 2^x + c$

Q.86 सभी परवलयों का अवकलन समीकरण जिसका अक्ष y-अक्ष है:

A. $x\frac{d^2y}{dx^2} - \frac{dy}{dx} = 0$

B. $x\frac{d^2y}{dx^2} + \frac{dy}{dx} = 0$

C. $\frac{d^2y}{dx^2} - y = 0$

D. $\frac{d^2y}{dx^2} - \frac{dy}{dx} = 0$

Q.87 यदि किसी रेखा की दिशा कोसाइन $\left(\frac{1}{k}, \frac{2}{k}, \frac{-2}{k}\right)$ हैं तो k क्या है?

A. $\pm\left(\frac{1}{\sqrt{3}}\right)$
B. $\frac{1}{3}$
C. $\pm\sqrt{3}$
D. 3

Q.88 समानांतर तल $3x + y + 3z = 8$ और $9x + 3y + 9z = 15$ के बीच की दूरी क्या है?

A. $\frac{5}{\sqrt{19}}$
B. $\frac{7}{\sqrt{19}}$
C. $\frac{3}{\sqrt{19}}$
D. $\frac{9}{\sqrt{19}}$

Q.89 चलो L_1 और L_2 समीकरणों के साथ दो समानांतर रेखाएं हैं $\vec{r} = \vec{a_1} + \lambda\vec{b}$ और $\vec{r} = \vec{a_2} + \mu\vec{b}$ क्रमशः। उनके बीच सबसे छोटी दूरी है:

A. $d = \left|\frac{\vec{b} \times (\vec{a_2} - \vec{a_1})}{|\vec{b}|}\right|$

B. $d = \left|\frac{\vec{b} \cdot (\vec{a_2} - \vec{a_1})}{|\vec{b}|}\right|$

C. $d = \left|\frac{\vec{a_1} \times (\vec{a_2} - \vec{a_1})}{|\vec{b}|}\right|$

D. $d = \left|\frac{\vec{a_2} \times (\vec{a_2} - \vec{a_1})}{|\vec{b}|}\right|$

Q.90 उस समतल का समीकरण ज्ञात कीजिए जो दिशा अनुपात $(1, 2, -1)$ और बिंदु $A(1,3,2)$ से गुजरने वाली रेखा के लंबवत है।

A. $x + 2y - z = 5$

B. $x + 2y - z = 9$

C. $x + 2y + z = 5$

D. $x + 2y + z = 9$

Q.91 यदि $\sin^{-1}x + \sin^{-1}y = \frac{5\pi}{6}$, तो $\cos^{-1}x + \cos^{-1}y$ का मान क्या है?

A. $\frac{\pi}{2}$
B. $\frac{\pi}{4}$
C. $\frac{\pi}{6}$
D. $\frac{\pi}{8}$

Q.92 दिया हुआ है $\tan\beta = \cos\theta \cdot \tan\alpha$, $\tan^2\left(\frac{\theta}{2}\right)$ का मान क्या होगा?

A. $\frac{\sin(\alpha+\beta)}{\sin(\alpha-\beta)}$
B. $\frac{\cos(\alpha-\beta)}{\cos(\alpha+\beta)}$
C. $\frac{\sin(\alpha-\beta)}{\sin(\alpha+\beta)}$
D. $\frac{\cos(\alpha+\beta)}{\cos(\alpha-\beta)}$

Q.93 यदि, $\sin x \times \sin y = \cos x \times \cos y$ सभी $x, y \in R$ के लिए, $\tan\left(\frac{x}{2} + \frac{y}{2}\right)$ किसके बराबर है?

A. 1
B. 2
C. $\sqrt{2}$
D. $2\sqrt{2}$

Q.94 $\frac{z_1}{z_2}$ ज्ञात कीजिए,, जब $z_1 = 6 + 2i$ और $z_2 = 2 - i$:

A. $(1 + i)$
B. $2(1 + i)$
C. $2 + i$
D. $(1 - i)$

Q.95 $\frac{(2-i)(1+2i)}{(3+i)(2-3i)}$ का संयुग्मी है:

A. $\frac{15}{32} + i\frac{55}{32}$

B. $\frac{55}{32} + i\frac{15}{32}$

C. $\frac{55}{32} - i\frac{15}{32}$

D. इनमें से कोई नहीं

Q.96 दिया हुआ $5x - 1 < 3x + 2$ और $5x + 5 > 6 - 2x$; तो x क्या मान ले सकता है?

A. 0
B. 1
C. -1
D. 2

Q.97 यदि x एक ऋणात्मक वास्तविक संख्या है, तो निम्न में से कौन सही नहीं है?

1. यहाँ कोई प्राकृतिक संख्या k इस प्रकार होगी कि $kx > 0$

2. हमेशा $x^2 + x > 0$

3. $2x < x < -x$

4. x^2 हमेश एक परिमेय संख्या है।

नीचे दिए गए कूट के प्रयोग से सही उत्तर का चयन कीजिये:

A. 1, 2 और 3

B. 1, 2 और 4

C. 1, 3 और 4

D. 2, 3 और 4

Q.98 यदि A.P. में चार संख्याएं ऐसी हैं कि जिनका योग 50 है और सबसे बड़ी संख्या, सबसे छोटी संख्या का 4 गुना है, तो संख्याएं हैं:

A. 5,10,15,20

B. 4,10,16,22

C. 3,7,11,15

D. इनमें से कोई नहीं

Q.99 यदि एक A.P. $3, 5, 7, 9$ है … … A.P. का 12वाँ पद ज्ञात कीजिए।

A. 12
B. 21
C. 22
D. 25

Q.100 यदि किसी समांतर श्रेणी का तीसरा पद 6 है और उस समांतर श्रेणी का 5वाँ पद 12 है। तो उस समांतर श्रेणी का 21वाँ पद ज्ञात कीजिए।

A. 40
B. 42
C. 60
D. 63

// स्मार्ट उत्तर पुस्तिका //

सही उत्तर — उन छात्रों का प्रतिशत जिन्होंने प्रश्नों का सही उत्तर दिया था।

छोड़ दिया — उन छात्रों का प्रतिशत जिन्होंने प्रश्नों को छोड़ दिया था।

प्रश्न संख्या	उत्तर	सही उत्तर / छोड़ दिया	प्रश्न संख्या	उत्तर	सही उत्तर / छोड़ दिया	प्रश्न संख्या	उत्तर	सही उत्तर / छोड़ दिया	प्रश्न संख्या	उत्तर	सही उत्तर / छोड़ दिया	प्रश्न संख्या	उत्तर	सही उत्तर / छोड़ दिया	प्रश्न संख्या	उत्तर	सही उत्तर / छोड़ दिया
1	B	83.92% / 0.0%	18	A	45.87% / 1.46%	35	C	54.68% / 1.49%	52	A	68.64% / 1.31%	69	A	83.71% / 0.0%	86	A	65.12% / 1.54%
2	B	40.89% / 1.77%	19	A	66.75% / 1.23%	36	B	28.24% / 3.05%	53	A	46.83% / 1.07%	70	B	77.12% / 0.0%	87	D	86.51% / 0.0%
3	D	62.7% / 1.37%	20	C	58.89% / 1.42%	37	A	81.81% / 0.0%	54	D	84.81% / 0.0%	71	C	57.83% / 1.4%	88	C	61.09% / 1.38%
4	A	67.27% / 1.38%	21	C	88.2% / 0.0%	38	A	53.01% / 1.35%	55	A	26.42% / 3.52%	72	A	23.4% / 3.58%	89	A	69.39% / 1.39%
5	C	59.35% / 1.41%	22	C	41.34% / 1.75%	39	A	53.63% / 1.7%	56	A	23.01% / 4.06%	73	B	47.84% / 1.3%	90	A	63.05% / 1.59%
6	C	52.02% / 1.98%	23	C	53.39% / 1.65%	40	C	51.5% / 1.31%	57	A	15.49% / 3.7%	74	C	53.5% / 1.12%	91	C	57.71% / 1.03%
7	C	10.57% / 4.82%	24	C	89.76% / 0.0%	41	C	64.14% / 1.07%	58	A	51.68% / 1.18%	75	A	67.87% / 1.19%	92	C	29.2% / 3.33%
8	A	19.01% / 3.54%	25	B	21.72% / 3.73%	42	B	42.06% / 1.92%	59	A	55.22% / 1.16%	76	C	84.17% / 0.0%	93	B	54.47% / 1.78%
9	D	23.44% / 4.23%	26	B	86.62% / 0.0%	43	A	29.04% / 3.73%	60	C	61.25% / 1.62%	77	B	83.02% / 0.0%	94	B	63.72% / 1.62%
10	C	19.55% / 3.6%	27	D	78.72% / 0.0%	44	A	18.25% / 3.38%	61	D	25.45% / 3.28%	78	A	76.97% / 0.0%	95	D	56.46% / 1.77%
11	C	82.89% / 0.0%	28	B	57.21% / 1.24%	45	A	64.15% / 1.95%	62	B	69.91% / 1.2%	79	C	31.27% / 3.94%	96	B	18.83% / 3.44%
12	B	89.09% / 0.0%	29	A	27.14% / 3.9%	46	D	57.55% / 1.29%	63	D	47.06% / 1.08%	80	B	43.76% / 1.03%	97	B	69.64% / 1.79%
13	C	54.06% / 1.74%	30	C	47.73% / 1.97%	47	B	58.23% / 1.79%	64	C	58.72% / 1.02%	81	C	13.26% / 4.8%	98	A	64.62% / 1.42%
14	A	68.84% / 1.62%	31	B	62.45% / 1.44%	48	B	12.43% / 4.69%	65	C	47.93% / 1.25%	82	D	68.84% / 1.78%	99	D	66.77% / 1.95%
15	C	52.99% / 1.94%	32	C	45.87% / 1.6%	49	A	50.12% / 1.81%	66	C	68.94% / 1.61%	83	A	59.53% / 1.34%	100	C	51.09% / 1.49%
16	A	20.3% / 4.7%	33	A	13.3% / 4.79%	50	A	76.51% / 0.0%	67	C	30.55% / 3.95%	84	A	68.94% / 1.75%			
17	D	41.7% / 1.54%	34	C	87.98% / 0.0%	51	D	40.07% / 1.54%	68	A	12.3% / 3.27%	85	C	60.81% / 1.86%			

//संकेत और समाधान//

1. दिया गया है,

$$y = \sqrt{2 + \sqrt{2 + 2\cos4\theta}}$$

$$y = \sqrt{2 + \sqrt{2(1 + \cos4\theta)}}$$

$$\because 1 + \cos2\theta = 2\cos^2\theta$$

$$\Rightarrow y = \sqrt{2 + \sqrt{2(2\cos^2 2\theta)}}$$

$$\Rightarrow y = \sqrt{2(1 + \cos2\theta)}$$

$$\Rightarrow y = \sqrt{2.2\cos^2\theta}$$

$$\Rightarrow y = 2\cos\theta$$

अतः विकल्प (B) सही है।

2. दिया गया है,

$$\sin^{-1}x - \cos^{-1}x = \frac{\pi}{6}$$

जैसा कि हम जानते हैं,

$$\sin^{-1}x + \cos^{-1}x = \frac{\pi}{2}$$

$$\cos^{-1}x = \sin^{-1}x - \frac{\pi}{2}$$

फिर,

$$\sin^{-1}x - \frac{\pi}{2} + \sin^{-1}x = \frac{\pi}{6}$$

$$2\sin^{-1}x = \frac{2\pi}{3}$$

$$\sin^{-1}x = \frac{\pi}{3}$$

$$x = \sin\frac{\pi}{3} = \frac{\sqrt{3}}{2}$$

अतः विकल्प (B) सही है।

3. जैसा की हम जानते है कि,

$$\sin2\theta = 2\sin\theta\cos\theta$$

$$\cos C + \cos D = 2\cos\left(\frac{C+D}{2}\right)\cos\left(\frac{C-D}{2}\right)$$

अब,

$$\sin A - \cos B - \cos C = 0$$

$$\Rightarrow \sin A = \cos B + \cos C$$

उपरोक्त दिए गए सूत्र का प्रयोग करने पर,

$$2\sin\left(\frac{A}{2}\right)\cos\left(\frac{A}{2}\right) = 2\cos\left(\frac{B+C}{2}\right)\cos\left(\frac{B-C}{2}\right)$$

हम जानते हैं कि, $\triangle ABC$ के लिए, $\angle A + \angle B + \angle C = \pi$

$$\sin\left(\frac{A}{2}\right)\cos\left(\frac{A}{2}\right) = \cos\left(\frac{\pi-A}{2}\right)\cos\left(\frac{B-C}{2}\right)$$

चूँकि, $\cos\left(\frac{\pi}{2} - \theta\right) = \sin\theta$

$$\sin\left(\frac{A}{2}\right)\cos\left(\frac{A}{2}\right) = \sin\left(\frac{A}{2}\right)\cos\left(\frac{B-C}{2}\right)$$

$$\Rightarrow \cos\left(\frac{A}{2}\right) = \cos\left(\frac{B-C}{2}\right)$$

$$\Rightarrow \frac{A}{2} = \left(\frac{B-C}{2}\right)$$

$$\Rightarrow A = B - C$$

$$\Rightarrow B = A + C$$

लेकिन, $\angle A + \angle B + \angle C = \pi$

$$B = \pi - B$$

$$\Rightarrow 2B = \pi$$

$$\Rightarrow B = \frac{\pi}{2}$$

$\therefore$ कोण B, $\frac{\pi}{2}$ के बराबर है।

अत: विकल्प (D) सही है।

4. दिया है: $x + iy = \sqrt{\dfrac{a+ib}{c+id}}$ ...(1)

$x + iy$ गणना करने पर,

i के स्थान $-i$ पर रखने पर,

$$x + iy = \sqrt{\frac{a+ib}{c+id}} \qquad ....(2)$$

समीकरण (1) और (2) को गुणा करने पर,

$$(x - iy)(x + iy) = \sqrt{\frac{a-ib}{c+id}} \times \sqrt{\frac{a-ib}{c-id}}$$

$$(x - iy)(x + iy)$$

$(a - b)(a + b) = a^2 - b^2$ का उपयोग करने पर,

$$= (x)^2 - (iy)^2$$

$$= x^2 - (i)^2 y^2$$

$$= x^2 - (-1)y^2 \qquad (\text{जैसे } i^2 = -1)$$

$$= x^2 + y^2$$

$$x^2 + y^2 = \sqrt{\frac{a+ib}{c+id} \times \frac{a-ib}{c-id}}$$

$$= \sqrt{\frac{(a+ib)(a-ib)}{(c+id)(c-id)}}$$

$$= \sqrt{\frac{(a)^2-(ib)^2}{(c)^2-(id)^2}}$$

$$= \sqrt{\frac{a^2-i^2b^2}{c^2-i^2d^2}}$$

$i^2 = -1$ रखने पर,

$$= \sqrt{\frac{a^2 - (-1)b^2}{c^2 - (-1)d^2}}$$

$$= \sqrt{\frac{a^2 + b^2}{c + d^2}}$$

इस प्रकार, $x^2 + y^2 = \sqrt{\frac{a^2 + b^2}{c^2 + d^2}}$

अत: विकल्प (A) सही है।

5. दिया है: $x = \cos\theta + i\sin\theta$

फिर $x^n = (\cos\theta + i\sin\theta)^n$

$\Rightarrow x^n = (\cos n\theta + i\sin n\theta)$ ...(a)

$\Rightarrow \frac{1}{x^n} = \frac{1}{(\cos n\theta + i\sin n\theta)^1} = (\cos n\theta + i\sin n\theta)^{-1} = \cos n\theta - i\sin n\theta$ ...   (b)

समीकरण (a) और (b) जोड़ने पर, हमें प्राप्त होता है,

$\Rightarrow x^n + \frac{1}{x^n} = \cos n\theta + i\sin n\theta + \cos n\theta - i\sin n\theta$
$= 2\cos n\theta$

अत: सही विकल्प (C) है।

6. इकाई का घनमूल $= 1, \omega, \omega^2$

इकाई के घनमूल के गुण:

(i) $1, \omega, \omega^2$ गुणोत्तर श्रेढ़ी में हैं।   ... (1)

(ii) $1 + \omega + \omega^2 = 0$ ... (2)

(iii) $\omega^3 = 1$ ... (3)

दिया है: ω इकाई का घनमूल है।

और, $(1 - \omega + \omega^2)(1 + \omega - \omega^2)$

$\Rightarrow (1 + \omega^2 - \omega)(1 + \omega - \omega^2)$ .... (A)

समीकरण (2) से,

$1 + \omega^2 = -\omega$ और $1 + \omega = -\omega^2$

समीकरण (A) में रखने पर,

$= (-\omega - \omega)(-\omega^2 - \omega^2)$

$= (-2\omega)(-2\omega^2)$

$= 4\omega^3$

समीकरण (3) का उपयोग करने पर,

$\Rightarrow 4 \times 1 = 4$

अत: सही विकल्प (C) है।

7. $\Rightarrow x^2 - 6x - 27 > 0$

$\Rightarrow x^2 - 9x + 3x - 27 > 0$

$\Rightarrow x(x - 9) + 3(x - 9) > 0$

$\Rightarrow (x - 9)(x + 3) > 0$

जैसा कि हम जानते हैं, जब $ab > 0$, तब दो स्थितियाँ होती हैं:

$\Rightarrow$ या तो $a > 0$ तथा $b > 0$

$\Rightarrow$ या $a < 0$ तथा $b < 0$

पहली स्थिति को देखते हुए,

$\Rightarrow (x - 9) > 0$ तथा $(x + 3) > 0$

$\Rightarrow x > 9$ तथा $x > -3$

$\Rightarrow x > 9$

दूसरी स्थिति को देखते हुए,

$\Rightarrow (x - 9) < 0$ तथा $(x + 3) < 0$

$\Rightarrow x < 9$ तथा $x < -3$

$\Rightarrow x < -3$

$\therefore x < -3$ या $x > 9$

अत: विकल्प (C) सही है।

8. दी गई असमानता :

$$-15 < \frac{3(x-2)}{5} \leq 0$$

सभी पक्षों 5 को गुणा करना (5 को हटाकर)

$$-15 \times 5 < 5 \times \frac{3(x-2)}{5} \leq 5 \times 0$$

$$-75 < 3(x - 2) \leq 0$$

सभी पक्षों से 3 को विभाजित करना (3 को हटाना)

$$\frac{-75}{3} < \frac{3(x-2)}{3} \leq \frac{0}{3}$$

सभी पक्षों में 2 जोड़ना (2 को हटाना)

$$-25 + 2 < x - 2 + 2 \leq 0 + 2$$

$$-23 < x \leq 2$$

इस प्रकार, x एक वास्तविक संख्या है जो 2 से कम या उसके बराबर और -23 से बड़ी है।

अत: विकल्प (A) सही है।

9. $9a - a^2 \leq 17a + 15$

पुनर्व्यवस्थित करने पर

$-a^2 + 9a \leq 17a + 15$

साइन शिफ्ट करने पर

$a^2 - 9a \geq -17a - 15$

$a^2 - 9a + 17a + 15 \geq 0$

$a^2 + 8a + 15 \geq 0$

$a^2 + 5a + 3a + 15 \geq 0$

$a(a + 5) + 3(a + 5) \geq 0$

$(a + 3)(a + 5) \geq 0$

तो, -3 और -5 समीकरण के मूल हैं।

अब नीचे दिए गए आरेख को देखें,

हम देखते हैं कि -5 से छोटी सभी संख्याएं और -3 से बड़ी सभी संख्याएं हमें सकारात्मक परिणाम देंगी। जबकि -5 और -3 के बीच की संख्या हमें नकारात्मक परिणाम देगी।

इसलिए, उपरोक्त सभी मान उपरोक्त समीकरण के लिए मान्य हैं।

अतः विकल्प (D) सही है।

10. 10 लोगों को एक पंक्ति में बैठने के तरीकों की संख्या = ${}^{10}C_5$ = 252

एक पंक्ति में 5 लोगों के बैठने के तरीकों की संख्या = 5!

दूसरी पंक्ति में 5 लोगों के बैठने के तरीकों की संख्या = 5!

पंक्तियों के लोगों को व्यवस्थित करने के तरीकों की संख्या = 5! × 5!

2 पंक्तियों में 2 खाद्य पदार्थों को व्यवस्थित करने के तरीकों की संख्या = 2!

= 2

इन लोगों को कितने प्रकार से भोजन परोसा जा सकता है = 252 × 5! × 5! × 2

= 7257600

∴ भोजन को 7257600 प्रकार से परोसा जा सकता है।

अतः विकल्प (C) सही है।

11. क्रमचय: क्रमचय को r चीजों की एक व्यवस्था के रूप में परिभाषित किया जाता है जिसे कुल n चीजों में से किया जा सकता है। यह ${}^nP_r$ द्वारा दर्शाया गया है।

$${}^nP_r = \frac{n!}{(n-r)!}$$

$$720 = \frac{n!}{(n-r)!}$$

$$(n - r)! = \frac{n!}{720}$$

संचय: दिए गए n वस्तुओं में से r वस्तुओं के चयन की संख्या को ${}^nC_r$ से दर्शाया जाता है।

$${}^nC_r = \frac{n!}{r!(n-r)!}$$

$$120 = \frac{n!}{r!(n-r)!}$$

$(n - r)!$ का मान रखने पर हमें प्राप्त होता है,

$$120 = \frac{n!}{r! \frac{n!}{720}}$$

$$r! = \frac{720}{120} = 6$$

$r! = 3 \times 2 \times 1$

$r = 3!$

अतः विकल्प (C) सही है।

12. बाएं से दाएं शुरू करते हुए, हाथ मिलाने वाले व्यक्ति के बगल में खड़े व्यक्ति को छोड़ दिया जाएगा।

जैसे व्यक्ति 3 से हाथ मिलाता है, इसलिए बाएं से शुरू करके और पहले व्यक्ति से हाथ मिलाते हुए हम अगले को छोड़ देंगे। तीसरे व्यक्ति से हाथ मिलाने पर चौथा व्यक्ति छूट जाएगा।

इसलिए हमारे पास 2 को छोड़ने के बाद 4 व्यक्ति बचे हैं और अलग-अलग संभावित संयोजन खोजने के लिए हम उनमें से कोई 3 हाथ मिलाने के लिए करेंगे।

विशिष्ट संभावित हाथ मिलाने की संख्या $= \binom{4}{3}$

$$= \frac{4!}{3! \times 1!} = 4$$

अतः विकल्प (B) सही है।

13. संकल्पना:

n अलग-अलग वस्तुओं की व्यवस्थाएं एक वृत्त के चारों ओर हैं, तो व्यवस्थाओं की संख्या $(n - 1)!$ है।

गणना:

दिया गया है: सभी लड़कों को एकसाथ बैठना है।

इसलिए, सभी लड़कों को एक समूह के रूप में माना जा सकता है।

∴ छात्रों की कुल संख्या $= 4$ लड़कियां $+1$ समूह $= 5$

एक गोलाकार मेज में 5 छात्रों को बैठाने के तरीकों की संख्या $(5 - 1)! = 4!$ है।

अब, 5 लड़कों को बैठाने के तरीकों की संख्या 5! है।

अतः तरीकों की कुल संख्या = 4! 5!

अतः विकल्प (C) सही है।

14. 1000 और 10,000 के बीच आने वाली प्रत्येक संख्या 4 — अंकों की संख्या है। इसलिए, हमें एक समय में 5 — अंकों 1,2,3,4 और 5 का क्रमचय ज्ञात जिनमें से हमें चार को ही प्रयोग करना है।

इसलिए, अंको की संख्या:

$${}^5P_4 = \frac{5!}{(5-4)!}$$

$$= \frac{5!}{1!}$$

$$= 5 \times 4 \times 3 \times 2$$

$$= 120$$

अतः विकल्प (A) सही है।

15. द्विपदीय प्रसारण के अनुसार $(x + a)^n = \sum_{r=0}^{n} x^{n-r} a^r$

$T_{r+1} = {}^nC_r . x^{n-r} . a^r$

$(5 + x/7)^n$ के लिए,

$T_{r+1}\ {}^nC_r.5^{n-r}.\left(\dfrac{x}{7}\right)^r = {}^nC_r5^{n-r}.x^r.7^{-r}$

जहाँ $a = \dfrac{x}{7}$ और $x = 5$

$r = 10$ रखने पर, हमें प्राप्त हुआ

$T_{10+1} = T_{11} = {}^nC_{10}.5^{(n-10)}.x^{10}.7^{-10}$

$r = 11$ रखने पर, हमें प्राप्त हुआ

$T_{11+1} = T_{12} = {}^nC_{11}.5^{(n-11)}.x^{11}.7^{-11}$

दी गई शर्त है x^{10} और x^{11} बराबर हैं, तो

${}^nC_{10}.5^{(n-10)}.7^{-10} = {}^nC_{11}.5^{(n-11)}.7^{-11}$

$\dfrac{.5^{(n-11)}.7^{-11}}{.5^{(n-10)}.7^{-10}} = 1$

$\dfrac{(n-10)}{11}\cdot\dfrac{1}{5}\cdot\dfrac{1}{7} = 1$

$\dfrac{(n-10)}{11\times5\times7} = 1$

$n-10 = 385$

$n = 385+10 = 395$

n का मान n = 395 है।

अतः विकल्प (C) सही है।

16. दिया गया विस्तार है: $\left(\sqrt{x} + \dfrac{1}{3x^2}\right)^{10}$

माना r वां पद x से स्वतंत्र है।

$T_r = {}^nC_r x^r y^{n-r}$

$= {}^{10}C_r \left(\sqrt{x}\right)^r \left(\dfrac{1}{3x^2}\right)^{10-r}$

$= {}^{10}C_r \left(\dfrac{1}{3}\right)^{10-r} \left(\sqrt{x}\right)^r \left(\dfrac{1}{x^2}\right)^{10-r}$

x के गुणांक को शून्य के बराबर करने पर

$x^{\frac{r}{2}} x^{-2(10-r)} = x^0$

$\dfrac{r}{2} - 20 + 2r = 0$

$\dfrac{5}{2}r = 20$

$r = 8$

गुणांक $= {}^{10}C_r \left(\dfrac{1}{3}\right)^{10-r}$

$= {}^{10}C_8 \left(\dfrac{1}{3}\right)^{10-8}$

$= \dfrac{10\times9}{2} \times \dfrac{1}{9}$

$= 5$

अतः विकल्प (A) सही है।

17. $\left(x^3 - \dfrac{1}{x^4}\right)^{13}$

$T_{r+1} = (-1)^r \times {}^{13}C_r \times (x^3)^{13-r} \times \left(\dfrac{1}{x^4}\right)^r$

$= (-1)^r \times {}^{13}C_r \times (x)^{39-3r} \times x^{-4r}$

$= (-1)^r \times {}^{13}C_r \times (x)^{39-7r}$ ....(1)

हमें x^{11} के गुणांक की जरूरत है

तो, 11 के साथ (1) में x की घात को बराबर करने पर, हम प्राप्त करते हैं,

$11 = 39 - 7r$

$\Rightarrow 7r = 28$

$\Rightarrow r = 4$

$\Rightarrow r + 1 = 5$

अब, $T_5 = T_{(4+1)} = (-1)^4 \times {}^{13}C_4 \times x^{39-28}$

$= {}^{13}C_4 \times x^{11}$

$\therefore x^{11}$ का गुणांक $= {}^{13}C_4$

$= \dfrac{13\times12\times11\times10}{4\times3\times2\times1}$

$= 715$

अतः विकल्प (D) सही है।

18. समांतर श्रेणी (AP) संख्याओं का एक क्रम है जिसमें किन्हीं दो क्रमागत संख्याओं का अंतर एक स्थिर मान होता है।

जैसा कि हम जानते है,

किसी समांतर श्रेणी का n-वाँ पद ज्ञात करने का सूत्र है:

$a_n = a + (n-1) \times d$

जहाँ, $a =$ प्रथम पद, $d =$ सार्व अंतर, $n =$ पदों की संख्या, और $a_n = n$वाँ पद

मान लीजिए a प्रथम पद है और d सार्व अंतर है।

7 वाँ पद $= a + 6d$

$\Rightarrow a + 6d = 6$.....(1)

और, 21 वाँ पद $= a + 20d$

$\Rightarrow a + 20d = -22$......(2)

समीकरण (1) को (2) से घटाने पर हमें प्राप्त होता है,

$\Rightarrow -14d = 28$

$\Rightarrow d = -2$

d का मान (1) में रखने पर, हमें प्राप्त होता है

$\Rightarrow a - 12 = 6$

$\Rightarrow a = 18$

अब, 26 वाँ पद $= a + (26-1)d$

$= 18 + 25 \times (-2)$

$= 18 - 50$

$= -32$

∴ समांतर श्रेणी का 26 वाँ पद -32 है।

अत: विकल्प (A) सही है।

19. जैसा कि हम जानते है,

किसी AP का n-वाँ पद ज्ञात करने का सूत्र है:

$$a_n = a + (n-1) \times d$$

जहाँ, a = प्रथम पद, d = सार्व अंतर, n = पदों की संख्या, और $a_n = n$वाँ पद

3 से विभाज्य दो अंकों की संख्याएँ हैं

$12, 15, 18, 21, 24, 27 \ldots\ldots\ldots 99$

यहाँ, संख्याएँ समान्तर श्रेणी में हैं, जहाँ प्रथम पद 12 है, सार्व अंतर 3 है और अंतिम पद 99 है।

माना दो अंकों की 'n' संख्याएँ हैं जो 3 से विभाज्य हैं।

$$\Rightarrow 99 = 12 + (n-1) \times 3$$

$$\Rightarrow 87 = (n-1) \times 3$$

$$\Rightarrow n - 1 = 29$$

$$\Rightarrow n = 30$$

∴ 3 से विभाजित दो-अंकीय संख्याएँ 30 हैं।

अत: विकल्प (A) सही है।

20. जैसा कि हम जानते है,

समान्तर श्रेणी (AP) संख्याओं का एक क्रम है जिसमें किन्हीं दो क्रमागत संख्याओं का अंतर एक स्थिर मान होता है।

श्रृंखला $K+2, 4K-6, 3K-2$ A.P के तीन क्रमागत पद हैं।

तब सार्व अंतर हमेशा बराबर होता है।

$$\Rightarrow (4K-6) - (K+2) = (3K-2) - (4K-6)$$

$$\Rightarrow 3K - 8 = -K + 4$$

$$\Rightarrow 4K = 12$$

$$\Rightarrow K = \frac{12}{4}$$

$$= 3$$

∴ K का मान 3 है।

अत: विकल्प (C) सही है।

21. दिया गया है:

$$a_n = (-1)^n (n-7)$$

तृतीय पद के लिए, $n = 3$

$$a_3 = (-1)^3 (3-7)$$

$$\Rightarrow a_3 = 4$$

∴ अनुक्रम का तृतीय पद 4 है।

अत: विकल्प (C) सही है।

22. यदि A a और b के बीच का समान्तर माध्य है,

$$\Rightarrow A = \frac{a+b}{2}$$

यदि G a और b के बीच का गुणोत्तर माध्य है,

$$\Rightarrow G = \sqrt{ab}$$

यदि H a और b के बीच हरात्मक माध्य है,

$$\Rightarrow H = \frac{2ab}{a+b}$$

अब, $AH = \frac{a+b}{2} \times \frac{2ab}{a+b}$

$$\Rightarrow AH = ab$$

$$\Rightarrow AH = G^2$$

यह एक गुणोत्तर माध्य का एक रूप है।

इसलिए, यदि दो संख्याओं 'a' और 'b' के बीच समान्तर माध्य, गुणोत्तर माध्य और हरात्मक माध्य क्रमशः A, G और H हैं, तो A, G, H गुणोत्तर श्रेणी में होगी।

अत: विकल्प (C) सही है।

23. प्रसार में दो सीधी रेखाएं विषम रेखाएं कहलाती हैं। ये न तो समांतर होती हैं और न ही प्रतिच्छेदी होती हैं। दो विषम रेखाओं के बीच का कोण, किसी भी बिंदु (स्रोत से प्राथिमकता) से खींची गयी, प्रत्येक विषम रेखा के समांतर, दो प्रतिच्छेदी रेखाओं के बीच का कोण होता है।

दो विषम रेखाओं के बीच की सबसे कम दूरी, दोनों रेखाओं के लाम्बिक रेखाखंड की लम्बाई है।

विषम रेखाओं के बीच कि दूरी ज्ञात करने का सूत्र है

$$D = \frac{|ax_0 + by_0 + cz_0 + d|}{\sqrt{a^2 + b^2 + c^2}}$$

अतः विकल्प (C) सही है।

24. दिया गया है:

पहली रेखा पर दिए गए बिंदु हैं:

$A(3, y)$ और $B(2, 7)$

हम जानते हैं:

$$m = \frac{(y_2 - y_1)}{(x_2 - x_1)}$$

$$m_1 = \frac{(7-y)}{(2-3)} = \frac{(7-y)}{(-1)} = y - 7$$

दूसरी रेखा पर दिए गए बिंदु है:

$(-1, 4)$ और $(0, 6)$

$$m_2 = \frac{(6-4)}{(0+1)} = \frac{2}{1}$$

चूँकि दोनों रेखाएं समानांतर हैं,

$\therefore m_1 = m_2$

$y - 7 = 2$

$y = 7 + 2$

$y = 9$

अत: विकल्प (C) सही है।

25. दी गयी रेखाएं $\frac{2x-2}{2k} = \frac{4-y}{3} = \frac{z+2}{-1}$ और $\frac{x-5}{1} = \frac{y}{k} = \frac{z+6}{4}$ है।

रेखाओं के मानक रूप में एक रेखा का उपरोक्त समीकरण लिखिए।

$\Rightarrow \frac{2(x-1)}{2k} = \frac{-(y-4)}{3} = \frac{z+2}{-1}$

$\Rightarrow \frac{(x-1)}{k} = \frac{y-4}{-3} = \frac{z+2}{-1}$

इसलिए, पहली रेखा का दिशा अनुपात (k, -3, -1) है।

$\frac{x-5}{1} = \frac{y}{k} = \frac{z+6}{4}$

इसलिए, दूसरी रेखा का दिशा अनुपात (1, k, 4) है।

रेखाएं एक-दूसरे के लंबवत हैं,

$\therefore (k \times 1) + (-3 \times k) + (-1 \times 4) = 0$

$\Rightarrow k - 3k - 4 = 0$

$\Rightarrow -2k - 4 = 0$

$k = -2$

अत: विकल्प (B) सही है।

26. वक्र $y = f(x)$ होने दें।

$\therefore$ वक्र पर किसी भी बिंदु पर खींची गई स्पर्शरेखा का ढाल $\frac{df(x)}{dx} = f'(x)$ है।

यह देखते हुए कि वक्र पर किसी भी बिंदु पर ढाल $\frac{2y}{x}$ है

$\Rightarrow \frac{dy}{dx} = \frac{2y}{x}$

$\Rightarrow \int \frac{1}{y} dy = \int \frac{2}{x} dx$

$\Rightarrow \ln y = 2\ln x + c$

c जहाँ एकीकरण नियतांक है

यह देखते हुए कि वक्र $(1,1)$ बिंदु से गुजरता है

$\Rightarrow c = 0$

$\therefore y = x^2$ वक्र का समीकरण है जो परवलय है।

अत: विकल्प (B) सही है।

27. दीर्घवृत्त का केंद्र प्रतिच्छेदन बिंदु है,

$x + y - 2 = 0 \ldots (1)$

$x - y = 0 \ldots (2)$

समीकरण (2) से समीकरण (1) में x का मान रखने पर,

$2y = 2$

$y = 1$

$y = 1$ (2) में रखने पर,

$x = 1$

$\therefore (1,1)$ केंद्र है।

अत: विकल्प (D) सही है।

28. क्रमांकगैर-पतित शंकाकार अनुभाग का सामान्य समीकरण ax² + 2hxy + by² + 2gx + 2fy + c = 0 है जहाँ a, h और b सभी शून्य नहीं हैं।

उपरोक्त-दिया गया समीकरण गैर-पतित शंकाकार अनुभाग को दर्शाता है जिसकी प्रकृति नीचे दी गयी तालिका में दी गयी है:

क्रमांक	शर्त	शांकव की प्रकृति
1	h = 0 और a = b	वृत्त
2	h = 0 और या तो a = 0 या b = 0	परवलय
3	h = 0, a ≠ b औरab > 0	दीर्घवृत्त
4	h = 0, a ≠ b तथा और b का चिन्ह एक-दूसरे के विपरीत है।	अतिपरवलय

Calculation:

$\frac{1}{r} = \frac{1}{3} + \frac{2}{3}\cos\theta$

$\Rightarrow 3 = r + 2r\cos\theta$

$\Rightarrow 3 = r + 2x \quad [\because r\cos\theta = x]$

$\Rightarrow 3 - 2x = r$

दोनों पक्षों का वर्ग करने पर, हमें निम्न प्राप्त होता है

$\Rightarrow (3 - 2x)^2 = r^2$

$\Rightarrow 9 + 4x^2 - 12x = x^2 + y^2 \quad [\because r^2 = x^2 + y^2]$

$\Rightarrow 3x^2 - y^2 - 12x + 9 = 0$

दिए गए समीकरण की तुलना ax² + 2hxy + by² + 2gx + 2fy + c = 0 के साथ करने पर, हमें निम्न प्राप्त होता है

$\Rightarrow$ a = 3, h = 0, b = -1

यहाँ, हम देख सकते हैं कि, h = 0, a ≠ b तथा और b के चिन्ह एक-दूसरे के विपरीत हैं।

अत: समीकरण एक अतिपरवलय दर्शाता है।

अत: विकल्प (B) सही है।

29. दिया गया,

रेखा का समीकरण $\frac{x+1}{2} = \frac{y}{3} = \frac{z-3}{6}$ है

समतल का समीकरण $10x + 2y - 11z - 3 = 0$ है

जैसा कि हम जानते हैं,

रेखा $\frac{x-x_1}{a_1} = \frac{y-y_1}{b_1} = \frac{z-z_1}{c_1}$ और समतल $a_2x + b_2y + c_2z + d = 0$ के बीच का कोण इसके द्वारा दिया जाता है:

$$\sin\theta = \frac{|a_1a_2 + b_1b_2 + c_1c_2|}{\left(\sqrt{a_1^2 + b_1^2 + c_1^2}\right)\left(\sqrt{a_2^2 + b_2^2 + c_2^2}\right)}$$

यहाँ,

$a_1 = 2, b_1 = 3, c_1 = 6, a_2 = 10, b_2 = 2$ and $c_2 = -11$

इसीलिए,

$$\sin\theta = \left| \frac{|2\times10+3\times2+6\times-11|}{(\sqrt{2^2+3^2+6^2})(\sqrt{10^2+2^2+(-11)^2})} \right|$$

$$\Rightarrow \sin\theta = \left| \frac{|20+6-66|}{(\sqrt{4+9+36})(\sqrt{100+4+121})} \right|$$

$$\Rightarrow \sin\theta = \left| \frac{|26-66|}{(\sqrt{49})(\sqrt{225})} \right|$$

$$\Rightarrow \sin\theta = \left| \frac{|-40|}{(7)(15)} \right|$$

$$\Rightarrow \sin\theta = \frac{40}{7\times15}$$

$$\Rightarrow \sin\theta = \frac{8}{21}$$

$$\Rightarrow \theta = \sin^{-1}\left(\frac{8}{21}\right)$$

अतः विकल्प (A) सही है।

30. दिए गए तल,

$$2x + 4y - 4z = 6 \text{ और } \lambda x + 3y + 9 = 0$$

अब,

हम जानते हैं कि,

माना कि $A_1x + B_1y + C_1z + D_1 = 0$ और $A_2x + B_2y + C_2z + D_2 = 0$ एक कोण θ पर सरेखीय दो तलों के समीकरण हैं जहाँ A_1, B_1, C_1 और A_2, B_2, C_2 तल के लंब के दिशा अनुपात हैं, तो दो तलों के बीच के कोण का कोसाइन निम्न द्वारा ज्ञात किया गया है,

$$\cos\theta = \left| \frac{A_1A_2+B_1B_2+C_1C_2}{\sqrt{A_1^2+B_1^2+C_1^2}\sqrt{A_2^2+B_2^2+C_2^2}} \right|$$

इसलिए,

समीकरणों में मान रखने पर,

$$\frac{1}{\sqrt{2}} = \left| \frac{2\times\lambda+4\times3-4\times(0)}{\sqrt{2^2+(4)^2+(-4)^2}\sqrt{\lambda^2+3^2}} \right|$$

$$\Rightarrow \frac{1}{\sqrt{2}} = \left| \frac{2\times\lambda+12}{6\times\sqrt{\lambda^2+3^2}} \right|$$

इस द्विघाती समीकरण को हल करने पर,

$$\therefore 7\lambda^2 - 24\lambda + 9 = 0$$

$$7\lambda^2 - (21 + 3)\lambda + 9 = 0$$

$$7\lambda(\lambda - 3) - 3(\lambda - 3) = 0$$

$$(7\lambda - 3)(\lambda - 3) = 0$$

हमें, $\lambda = 3, \frac{3}{7}$ प्राप्त होता है।

अतः विकल्प (C) सही है।

31. दिया गया,

आवश्यक रेखा बिंदु $(-1,2,1)$ से होकर गुजरती है और रेखा $\frac{x-1}{2} = \frac{y-2}{4} = \frac{z-7}{3}$ के समानांतर है

∵ आवश्यक रेखा $\frac{x-1}{2} = \frac{y-2}{4} = \frac{z-7}{3}$ के समानांतर है।

तो, दोनों रेखाओं में एक ही दिशा अनुपात होंगे।

$$a = 2, \; b = 4, c = 3$$

∵ आवश्यक रेखा बिंदु $(-1,2,1)$ से गुजरती है

$$x_1 = -1, y_1 = 2, z_1 = 1$$

∴ आवश्यक रेखा का कार्टेशियन समीकरण है:

$$\frac{x-(-1)}{2} = \frac{y-2}{4} = \frac{z-1}{3}$$

$$\Rightarrow \frac{x+1}{2} = \frac{y-2}{4} = \frac{z-1}{3}$$

अतः विकल्प (B) सही है।

32. दिया गया,

$$f(x) = x^3 + 3x^2 + 3x - 7$$

हम जानते हैं कि,

$$\frac{d}{dx}(x^n) = nx^{n-1}$$

एक स्थिरांक का व्युत्पन्न, अर्थात,

$$\frac{d(\text{constant})}{dx} = 0$$

इसलिए,

$$\frac{df(x)}{dx} = 3x^2 + 6x + 3$$

ऊपर में $x = 2$ रखने पर,

हमें मिलता है,

$$\frac{df(x)}{dx} = 3(2)^2 + 6(2) + 3$$

$$\Rightarrow \frac{df(x)}{dx} = 3(4) + 12 + 3$$

$$\Rightarrow \frac{df(x)}{dx} = 12 + 12 + 3$$

$$\Rightarrow \frac{df(x)}{dx} = 27$$

$x = 2$ पर $\frac{df(x)}{dx}$ का मान 27 है।

अतः विकल्प (C) सही है।

33. हम जानते हैं कि,

$$\frac{d(\log x)}{dx} = \frac{1}{x}$$

यहाँ, हमें $3^{x\log x}, x > 0$ का अवकलज x के संबंध में ज्ञात करना है।

माना, $y = 3^{x\log x}$

$$y = 3^{\log x^x}$$

दोनों तरफ से लॉग लेकर,

हमें मिला,

$logy = log3^{logx^x}$

$\Rightarrow logy = logx^x log3$

$\Rightarrow logy = xlogxlog3$

उपरोक्त दोनों पक्षों को x के संबंध में विभेदित करने पर, हम प्राप्त करते हैं:

$\frac{1}{y}\frac{dy}{dx} = log3\left[x\frac{d}{dx}(logx) + logx\frac{d}{dx}(x)\right]$

$\Rightarrow \frac{1}{y}\frac{dy}{dx} = log3\left[x \cdot \frac{1}{x} + logx \cdot 1\right]$

$\Rightarrow \frac{1}{y}\frac{dy}{dx} = log3(1 + logx)$

$\Rightarrow \frac{dy}{dx} = y[log3(1 + logx)]$

$\Rightarrow \frac{dy}{dx} = 3^{xlogx}[log3(1 + logx)] \quad (\because y = 3^{xlogx})$

अतः विकल्प (A) सही है।

34. दिया हुआ डेटाः 2, 4, 8, 16, 32?

ज्यामितीय माध्य $= (2 \times 4 \times 8 \times 16 \times 32)^{\frac{1}{5}}$

$= (2^1 \times 2^2 \times 2^3 \times 2^4 \times 2^5)^{\frac{1}{5}}$

$= (2^{15})^{\frac{1}{5}}$

$= 2^3$

$= 8$

अतः विकल्प (C) सही है।

35. दिया है,

अवलोकनों की कुल संख्या 36 और 64 तथा क्रमशः माध्य 4 और 3 के साथ वितरण X और Y को संयोजित किया जाता है।

$4 = \frac{X}{36}$ और $3 = \frac{Y}{64}$

$\Rightarrow$ X = 144 और Y = 192

$\Rightarrow$ X + Y = 144 + 192

$\Rightarrow$ X + Y = 336

अवलोकनों की कुल संख्या = 36 + 64 = 100

माध्य = अवलोकन का योग/ अवलोकन की कुल संख्या

$\Rightarrow$ माध्य $= \frac{336}{100}$

$\Rightarrow$ माध्य = 3.36

अतः विकल्प (C) सही है।

36. दिए गए आकड़े 2, 9, 9, 3, 6, 9, 4 हैं।

$\Rightarrow$ n = 7

माध्य $x = \frac{2+9+9+3+6+9+4}{7}$

$\Rightarrow \overline{x} = 6$

माध्य विचलन $= \frac{1}{n}\sum|x - \overline{x}|$

$\Rightarrow$ माध्य
विचलन
$= \frac{1}{7}(|2 - 6| + |9 - 6| + |9 - 6| + |3 - 6| + \| 6 - 6|$
$+ |9 - 6| + |4 - 6|)$

$\Rightarrow$ माध्य विचलन = 2.57

इसलिए आकड़े 2, 9, 9, 3, 6, 9, 4 का माध्य विचलन 2.57 है।

अतः विकल्प (B) सही है।

37. दिया है:

कुछ अवलोकनों के लिए हमारा माध्य 12.5 है और मानक विचलन 6.5 है

यहाँ, हमें उन्हीं अवलोकनों के लिए भिन्नता का गुणांक ज्ञात करना है।

जैसा कि हम जानते हैं,

विचलन का सह - गुणांक = (मानक विचलन/माध्य) × 100

$= \frac{6.5}{12.5} \times 100 = 52\%$

अतः विकल्प (A) सही है।

38. गैर-लीप वर्ष में दिनों की संख्या $= 365$

पूरे सप्ताहों की संख्या $= 52(52 \times 7 = 364)$

शेष दिनों की संख्या $= 1$

$\therefore$(इस दिन के सोमवार होने की प्रायिकता) $P =$ एक संभावित सोमवार /सप्ताह में कुल 7 दिन

53 सोमवारों की प्रायिकता $= \frac{1}{7}$

अतः विकल्प (A) सही है।

39. कार्डों की कुल संख्या $= 18$

 3 से 20 तक की सम संख्याएं 4,6,8,10,12,14,16,18,20 $= 9$ संख्याएं हैं

संभावना है कि निकाले गए कार्ड पर संख्या एक सम संख्या है

$=$अनुकूल परिणामों की संख्या /परिणामों की कुल संख्या

$= \frac{9}{18} = \frac{1}{2}$

अतः विकल्प (A) सही है।

40. दिया है:

जब एक पासे को फेंका जाता है, तो एक सम संख्या प्राप्त करना।

सूत्रः

प्रायिकता = घटनाओं की संख्या/कुल संभव परिणाम

गणनाः

एक पासे को फेंकने पर सभी संभव परिणाम,

1, 2, 3, 4, 5, 6

सभी संभव परिणामों की कुल संख्या = 6

सम संख्या प्राप्त करना,

सम संख्या 2, 4 और 6 हैं।

घटनाओं की संख्या = 3

प्रायिकता = घटनाओं की संख्या/कुल संभव परिणाम

$= \dfrac{3}{6}$

$= \dfrac{1}{2}$

∴ एक पासे को फेंके जाने पर एक सम संख्या प्राप्त करने की प्रायिकता $\dfrac{1}{2}$ है।

अतः विकल्प (C) सही है।

41. दिया गया है,

$$\tan^{-1}\left(\dfrac{x}{y}\right) - \tan^{-1}\dfrac{x-y}{x+y}$$

जैसा कि हम जानते हैं,

$$\tan^{-1}x - \tan^{-1}y = \tan^{-1}\left(\dfrac{x-y}{1+xy}\right)$$

x को $\dfrac{x}{y}$ से और y को $\dfrac{x-y}{x+y}$ से बदलने पर, हम प्राप्त करते हैं

$$\tan^{-1}\dfrac{x}{y} - \tan^{-1}\left(\dfrac{x-y}{x+y}\right) = \tan^{-1}\left[\dfrac{\frac{x}{y}-\frac{x-y}{x+y}}{1+\left(\frac{x}{y}\right)\left(\frac{x-y}{x+y}\right)}\right]$$

$$= \tan^{-1}\left(\dfrac{\frac{x(x+y)-y(x-y)}{y(x+y)}}{\frac{y(x+y)+x(x-y)}{y(x+y)}}\right)$$

$$= \tan^{-1}\left(\dfrac{x(x+y)-y(x-y)}{y(x+y)} \times \dfrac{y(x+y)}{y(x+y)+x(x-y)}\right)$$

$$= \tan^1\left(\dfrac{x(x+y)-y(x-y)}{y(x+y)+x(x+y)} \times \dfrac{y(x+y)}{y(x+y)}\right)$$

$$= \tan^{-1}\left(\dfrac{x(x+y)-y(x-y)}{y(x+y)+x(x+y)}\right)$$

$$= \tan^{-1}\left(\dfrac{x^2+xy-yx+y^2}{yx+y^2+x^2-xy}\right)$$

$$= \tan^{-1}\left(\dfrac{x^2+y^2+yx-yx}{y^2+x^2+yx-xy}\right)$$

$$= \tan^{-1}\left(\dfrac{x^2+y^2}{y^2+x^2}\right)$$

$$= \tan^{-1}(1)$$

$$= \tan^{-1}\left(\tan\dfrac{\pi}{4}\right)$$

$$= \dfrac{\pi}{4}$$

अतः विकल्प (C) सही है।

42. दिया गया है,

$$\tan\dfrac{1}{2}\left[\sin^{-1}\dfrac{2x}{1+x^2} + \cos^{-1}\dfrac{1-y^2}{1+y^2}\right]\dots(1)$$

हम $\sin^{-1}\dfrac{2x}{1+x^2}$ और $\cos^{-1}\left(\dfrac{1-y^2}{1+y^2}\right)$ को अलग-अलग हल करेंगे।

$\sin^{-1}\dfrac{2x}{1+x^2}$ को हल करने पर,

$x = \tan\theta$ रखने पर,

$$= \sin^{-1}\left(\dfrac{2\tan\theta}{1+\tan^2\theta}\right)$$

जैसा कि हम जानते हैं,

$$1 + \tan^2x = \sec^2x$$

$$= \sin^{-1}\left(\dfrac{2\tan\theta}{\sec^2\theta}\right)$$

$$= \sin^{-1}\left(\dfrac{2\frac{\sin\theta}{\cos\theta}}{\frac{1}{\cos^2\theta}}\right)$$

$$= \sin^{-1}\left(2\dfrac{\sin\theta}{\cos\theta} \times \dfrac{\cos^2\theta}{1}\right)$$

$$= \sin^{-1}(2\sin\theta\cos\theta)$$

$$= \sin^{-1}(\sin2\theta)$$

$$\therefore \sin^{-1}\dfrac{2x}{1+x^2} = 2\theta \dots(2)$$

$\cos^{-1}\left(\dfrac{1-y^2}{1+y^2}\right)$ को हल करने पर,

$y = \tan\alpha$ रखने पर,

$$= \cos^{-1}\left(\dfrac{1-\tan^2\alpha}{1+\tan^2\alpha}\right)$$

$$= \cos^1\left(\dfrac{1-\tan^2\alpha}{\sec^2\alpha}\right)$$

$$= \cos^{-1}\left(\dfrac{1-\frac{\sin^2\alpha}{\cos^2\alpha}}{\frac{1}{\cos^2\alpha}}\right)$$

$$= \cos^{-1}\left(\dfrac{\frac{\cos^2\alpha-\sin^2\alpha}{\cos^2\alpha}}{\frac{1}{\cos^2\alpha}}\right)$$

$$= \cos^{-1}\left(\dfrac{\cos^2\alpha-\sin^2\alpha}{\cos^2\alpha} \times \dfrac{\cos^2\alpha}{1}\right)$$

$$= \cos^{-1}(\cos^2\alpha - \sin^2\alpha)$$

जैसा कि हम जानते हैं,

$$\cos2x = \cos^2x - \sin^2x$$

$$= \cos^{-1}(\cos2\alpha)$$

$$\therefore \cos^{-1}\left(\dfrac{1-y^2}{1+y^2}\right) = 2\alpha \dots(3)$$

समीकरण (2) और (3) से समीकरण (1) में मानों को रखने पर, हम प्राप्त करते हैं

$$= \tan\dfrac{1}{2}[2\theta + 2\alpha]$$

$$= \tan(\theta + \alpha)$$

$$= \dfrac{\tan\theta + \tan\alpha}{1-\tan\theta\tan\alpha}$$

$x = \tan\theta$ और $y = \tan\alpha$ रखने पर, हमें प्राप्त होता है

$= \dfrac{x+y}{1-xy}$

अत: विकल्प (B) सही है।

43. दिया गया है,

$\dfrac{p^2}{a^2} + k\cos\alpha + \dfrac{q^2}{b^2} = \sin^2\alpha$ .....(i)

$\cos^{-1}\left(\dfrac{p}{a}\right) + \cos^{-1}\left(\dfrac{q}{b}\right) = \alpha$

जैसा कि हम जानते हैं,

$\cos^{-1}x + \cos^{-1}y = \cos^{-1}\left(xy - \sqrt{1-x^2} \cdot \sqrt{1-y^2}\right)$

फिर,

$\cos^{-1}\left(\dfrac{pq}{ab} - \sqrt{1-\dfrac{p^2}{a^2}}\sqrt{1-\dfrac{q^2}{b^2}}\right) = \alpha$

$\cos\alpha = \left(\dfrac{pq}{ab} - \sqrt{1-\dfrac{p^2}{a^2}}\sqrt{1-\dfrac{q^2}{b^2}}\right)$

$\dfrac{pq}{ab} - \cos\alpha = \sqrt{1-\dfrac{p^2}{a^2}}\sqrt{1-\dfrac{q^2}{b^2}}$

दोनों पक्षों का वर्ग करने पर, हम प्राप्त करते हैं

$\left(\dfrac{pq}{ab} - \cos\alpha\right)^2 = \left(\sqrt{1-\dfrac{p^2}{a^2}}\sqrt{1-\dfrac{q^2}{b^2}}\right)^2$

$\dfrac{(pq)^2}{(ab)^2} + \cos^2\alpha - 2\dfrac{pq}{ab}\cos\alpha = \left(1-\dfrac{p^2}{a^2}\right)\left(1-\dfrac{q^2}{b^2}\right)$

$\dfrac{(pq)^2}{(ab)^2} + \cos^2\alpha - 2\dfrac{pq}{ab}\cos\alpha = 1 - \dfrac{p^2}{a^2} - \dfrac{q^2}{b^2} + \dfrac{(pq)^2}{(ab)^2}$

$\sin^2\alpha = \dfrac{p^2}{a^2} + \dfrac{q^2}{b^2} - 2\dfrac{pq}{ab}\cos\alpha$ .....(ii)

समीकरण (i) और (ii) की तुलना करने पर, हम प्राप्त करते हैं

$k = -\dfrac{2pq}{ab}$

अत: विकल्प (A) सही है।

44. एक आव्यूह को एकल कहा जाता है यदि इसका सारणिक शून्य होता है।

अर्थात् आव्यूह A के एकल होने के लिए, $|A| = 0$

एक एकल आव्यूह के लिए, व्युत्क्रम मौजूद नहीं होता है।

दिया गया है कि, आव्यूह $\begin{bmatrix} \cos\theta & \sin\theta & 0 \\ \sin\theta & \cos\theta & 0 \\ 0 & 0 & 1 \end{bmatrix}$ एकल है,

तो, $\begin{vmatrix} \cos\theta & \sin\theta & 0 \\ \sin\theta & \cos\theta & 0 \\ 0 & 0 & 1 \end{vmatrix} = 0$

$\Rightarrow \begin{vmatrix} \cos\theta & \sin\theta \\ \sin\theta & \cos\theta \end{vmatrix} = 0$

$\Rightarrow \cos2\theta - \sin2\theta = 0$

$\Rightarrow \cos2\theta = \cos\dfrac{\pi}{2}$

$\therefore \theta = \dfrac{\pi}{4}$

अत: विकल्प (A) सही है।

45. एक आव्यूह का ट्रेस:

आव्यूह का ट्रेस मुख्य विकर्ण पर तत्वों का योग है।

ट्रेस केवल $(n \times n)$ एक वर्ग आव्यूह के लिए परिभाषित किया गया है।

माना कि $A \, n \times n$ आव्यूह है।

$tr(A) = \sum_{n=1}^{n} A_n$

दिया गया है,

$A = \begin{bmatrix} 1 & -5 & 7 \\ 0 & 7 & 9 \\ 11 & 8 & 9 \end{bmatrix}$

आव्यूह का ट्रेस = मुख्य विकर्ण पर तत्वों का योग

$= 1 + 7 + 9$

$= 17$

अतः विकल्प (A) सही है।

46. प्रश्न के अनुसार,

हमें $\begin{bmatrix} x & y & z \end{bmatrix}\begin{bmatrix} a & h & g \\ h & b & f \\ g & f & c \end{bmatrix}$ का मान ज्ञात करना होगा।

जैसा कि हम जानते हैं, मैट्रिक्स $\begin{bmatrix} x & y & z \end{bmatrix}$ में 1 पंक्ति और 3 कॉलम हैं, इसलिए मैट्रिक्स का क्रम 1×3 है।

इसके अलावा, चूंकि मैट्रिक्स $\begin{bmatrix} a & h & g \\ h & b & f \\ g & f & c \end{bmatrix}$ में 3 पंक्तियाँ और 3 स्तंभ हैं, इसलिए मैट्रिक्स का क्रम 3×3 है।

हम जानते हैं कि, यदि A क्रम $m \times n$ के साथ एक मैट्रिक्स है और B क्रम के साथ एक मैट्रिक्स है $n \times p$, फिर मैट्रिक्स AB का क्रम $m \times p$ है।

अब हमें $\begin{bmatrix} x & y & z \end{bmatrix}\begin{bmatrix} a & h & g \\ h & b & f \\ g & f & c \end{bmatrix}$ के क्रम की गणना करनी होगी,

इसलिए परिणाम प्राप्त करने के लिए मैट्रिक्स के क्रमों का गुणनफल:

$(1 \times 3)(3 \times 3)$

$= (1 \times 3)$

इसलिए,

$$[x \quad y \quad z] \begin{bmatrix} a & h & g \\ h & b & f \\ g & f & c \end{bmatrix}$$

$$= [ax + hy + gz \quad hx + by + fz \quad gx + fy + cz]$$

अत: विकल्प (D) सही है।

47. दिया गया है,

त्रिभुज का क्षेत्रफल जिसके शीर्ष $(-3,0), (3,0)$ और $(0,k)$ है, 9 वर्ग इकाई है।

हम जानते हैं कि,

त्रिभुज का क्षेत्रफल जिसके शीर्ष $(x_1, y_1), (x_2, y_2)$ और (x_3, y_3) है, इस प्रकार दिया जाता है,

$$\Delta = \frac{1}{2} \begin{vmatrix} x_1 & y_1 & 1 \\ x_2 & y_2 & 1 \\ x_3 & y_3 & 1 \end{vmatrix}$$

$$\therefore \Delta = \frac{1}{2} \begin{vmatrix} -3 & 0 & 1 \\ 3 & 0 & 1 \\ 0 & k & 1 \end{vmatrix}$$

$$9 = \frac{1}{2}[-3(-k) - 0 + 1(3k)]$$

$$\Rightarrow 18 = 3k + 3k = 6k$$

$$\therefore k = \frac{18}{6} = 3$$

अत: विकल्प (B) सही है।

48. दिया गया है,

$$A = \begin{vmatrix} a & b & c \\ b+c & c+a & a+b \\ a^2 & b^2 & c^2 \end{vmatrix}$$

कॉलम ऑपरेशन का प्रयोग करने पर,

$$C_1 \to C_1 - C_2 \text{ और } C_2 \to C_2 - C_3$$

$$A = \begin{vmatrix} a-b & b-c & c \\ b-a & c-b & a+b \\ a^2-b^2 & b^2-c^2 & c^2 \end{vmatrix}$$

क्रमशः पहले और दूसरे कॉलम से उभयनिष्ठ (a-b) और (b-c) लेने पर,

$$\Rightarrow (a-b)(b-c) \begin{vmatrix} 1 & 1 & c \\ -1 & -1 & a+b \\ a+b & b+c & c^2 \end{vmatrix}$$

कॉलम ऑपरेशन $C_1 \to C_1 - C_2$ का प्रयोग करने पर,

$$\Rightarrow (a-b)(b-c) \begin{vmatrix} 0 & 1 & c \\ 0 & -1 & a+b \\ a-c & b+c & c^2 \end{vmatrix}$$

अब सारणिक को हल करने पर, हम प्राप्त करते हैं

$$A = (a-b)(b-c)[(a-c) \times \{(a+b) - (-c)\}]$$

$$A = -(a-b)(b-c)(c-a)(a+b+c)$$

अत: विकल्प (B) सही है।

49. मान लीजिए सममित मैट्रिक्स

$$X = \begin{bmatrix} b & a \\ a & c \end{bmatrix}$$

$$\therefore |X| = bc - a^2$$

चूँकि दिया गया आव्यूह वास्तविक है, a का अधिकतम सारणिक मान प्राप्त करने के लिए 0 के बराबर होना चाहिए।

$$b + c = 24$$

$$c = 24 - b$$

$$\therefore |X| = b \times (24 - b)$$

$$|X| = 24b - b^2$$

b के संबंध में अंतर करना

$$|X|' = 24 - 2b = 0$$

$$\therefore b = 12$$

$$|X|'' = -2 < 0$$

$b = 12$ पर इसका अधिकतम मान होगा

$$c = 24 - 12$$

$$= 12$$

अधिकतम मान $= 12 \times 12 - 0 = 144$

अत: विकल्प (A) सही है।

50. दिया हुआ,

$$\lim_{y \to 0} \frac{\sqrt{2+y^2} - \sqrt{2}}{y^2}$$

अंश का परिमेयीकरण करें, हम प्राप्त करते हैं

$$= \lim_{y \to 0} \frac{\sqrt{2+y^2} - \sqrt{2}}{y^2} \times \frac{\sqrt{2+y^2} + \sqrt{2}}{\sqrt{2+y^2} + \sqrt{2}}$$

$$= \lim_{y \to 0} \frac{2+y^2-2}{y^2(\sqrt{2+y^2} + \sqrt{2})} = \lim_{y \to 0} \frac{y^2}{y^2(\sqrt{2+y^2} + \sqrt{2})}$$

$$= \lim_{y \to 0} \frac{1}{(\sqrt{2+y^2} + \sqrt{2})}$$

$$= \frac{1}{(\sqrt{2+0} + \sqrt{2})}$$

$$= \frac{1}{2\sqrt{2}}$$

इसलिए, $\lim_{y \to 0} \dfrac{\sqrt{2+y^2} - \sqrt{2}}{y^2} = \dfrac{1}{2\sqrt{2}}$

अत: विकल्प (A) सही है।

51. $\lim_{x \to 2} \dfrac{\sin(e^{x-2}-1)}{\log(x-1)}$

$$= \lim_{h \to 0} \frac{\sin(e^h - 1)}{\log(1+h)}$$

$h = x - 2$ प्रतिस्थापित करने पर,

$$= \lim_{h \to 0} \frac{\sin(e^h - 1)}{e^h - 1} \cdot \frac{e^h - 1}{h} \cdot \frac{h}{\log(1 + h)}$$

$$= 1 \cdot 1 \cdot 1$$

$$= 1$$

अतः विकल्प (D) सही है।

52. $\lim_{x \to \infty} \left(\frac{x^2 + 5x + 3}{x^2 + x + 2}\right)^x = \lim_{x \to \infty} \left(1 + \frac{4x + 1}{x^2 + x + 2}\right)^x$

$$= \lim_{x \to \infty} \left[\left(1 + \frac{4x + 1}{x^2 + x + 2}\right)^{\frac{x^2 + x + 2}{4x + 1}}\right]^{\frac{(4x+1)x}{x^2 + x + 2}}$$

$$= e^{\lim_{x \to \infty} \frac{4x^2 + x}{x^2 + x + 2}} \left[\because \lim_{x \to \infty} (1 + \lambda x)^{\frac{1}{x}} = e^\lambda\right]$$

$$= e^{\lim_{x \to \infty} \frac{4 + \frac{1}{x}}{1 + \frac{1}{x} + \frac{2}{x^2}} = e^4}$$

अतः विकल्प (A) सही है।

53. हमारे पास, $f(x) = \begin{cases} x^2, & x \geq 0 \\ -x^2 & x < 0 \end{cases}$ है।

स्पष्ट रूप से, $f(x)$ सभी $x > 0$ के लिए और सभी $x < 0$ के लिए भिन्न है। इसलिए, हम $x = 0$ पर भिन्नता की जांच करते हैं।

अब, $(RHD$ at $x = a)$

$$= \left(\frac{d}{dx}(x^2)\right)_{x=0} = (2x)_{x=0} = 0$$

$$\therefore (LHD \text{ at } x = 0) = \left(\frac{d}{dx}(-x^2)\right)_{x=0} = (-2x)_{x=0} = 0$$

$(LHD$ at $x = 0) = (RHD$ at $x = 0)$

तो, $f(x)$ सभी x के लिए भिन्न है, अर्थात, सभी बिंदुओं का सेट जहां $f(x)$ भिन्न है, $(-\infty, \infty)$ है, अर्थात R

अतः विकल्प (A) सही है।

54. $f(x)x = 0$ पर निरंतर है

$$\Rightarrow \lim_{x \to 0^+} f(x) = \lim_{x \to 0^-} f(x) = f(0)$$

$$\Rightarrow \lim_{x \to 0^+} \sin x = \lim_{x \to 0^-} \sin x = k$$

$$\Rightarrow \lim_{h \to 0} \sin(0 + h) = \lim_{h \to 0} \sin(0 - h) = k$$

$$\Rightarrow k = 0$$

$$k = 0$$

अतः विकल्प (D) सही है।

55. दिया गया है: $f(x) = x^3 - 6x^2 + 12x - 18$

$f'(x)$ ज्ञात करने पर

$$\Rightarrow f'(x) = 3x^2 - 12x + 12 = 3 \cdot (x^2 - 4x + 4)$$

$$\Rightarrow f'(x) = 3 \cdot (x - 2)^2$$

अब चूंकि हम जानते हैं कि किसी $x \in R$ के लिए हमारे पास $(x - 2)^2 \geq 0$ है।

$$\Rightarrow f'(x) \geq 0$$

चूंकि हम जानते हैं कि एक बढ़ते हुए फलन अर्थात् $f(x)$ के लिए हमारे पास $f(x) \geq 0$ है।

इसलिए दिया गया फलन $f(x)$, R पर एक बढ़ता हुआ फलन है।

अतः विकल्प (A) सही है।

56. माना कि $C = $ शंकु का पार्श्व पृष्ठीय क्षेत्रफल $= \pi \times r \times l$

जब $r = 7, h = 24$ है, तो $l = 25$ है। $(\because r^2 + h^2 = l^2)$

$\frac{dr}{dt} = 3$ और $\frac{dh}{dt} = -4($ दिया गया है$)$

$C^2 = \pi^2 \times r^2 \times l^2$

$C^2 = \pi^2 \times r^2 \times (r^2 + h^2)$

$C^2 = \pi^2 \times r^4 + \pi^2 \times r^2 \times h^2$

t के संबंध में दोनों पक्षों का अवकलन करने पर, हमें प्राप्त होता है,

$$2 \times C \times \frac{dC}{dt} = 2\pi^2 rh \left(\frac{2r^2}{h}\frac{dr}{dt} + r\frac{dh}{dt} + h\frac{dr}{dt}\right)$$

$$2 \times \pi rl \times \frac{dC}{dt} = 2\pi^2 rh \left(\frac{2r^2}{h}\frac{dr}{dt} + r\frac{dh}{dt} + h\frac{dr}{dt}\right)$$

उपरोक्त समीकरण में $r, h, l, \frac{dr}{dt}$ और $\frac{dh}{dt}$ का मान रखने पर हमें निम्न प्राप्त होता है,

$$\frac{dC}{dt} = 54\pi cm^2/\min$$

अतः विकल्प (A) सही है

57. माना कि $C = $ शंकु का पार्श्व पृष्ठीय क्षेत्रफल $= \pi \times r \times l$

जब $r = 7, h = 24$ है, तो $l = 25$ है।

$\frac{dr}{dt} = 3$ और $\frac{dh}{dt} = -4$ (दिया गया है)

$C^2 = \pi^2 \times r^2 \times l^2$

$C^2 = \pi^2 \times r^2 \times (r^2 + h^2)$

$C^2 = \pi^2 \times r^4 + \pi^2 \times r^2 \times h^2$

t के संबंध में दोनों पक्षों का अवकलन करने पर, हमें प्राप्त होता है

$$2 \times C \times \frac{dC}{dt} = 2\pi^2 rh \left(\frac{2r^2}{h}\frac{dr}{dt} + r\frac{dh}{dt} + h\frac{dr}{dt}\right)$$

$$2 \times \pi rl \times \frac{dC}{dt} = 2\pi^2 rh \left(\frac{2r^2}{h}\frac{dr}{dt} + r\frac{dh}{dt} + h\frac{dr}{dt}\right)$$

उपरोक्त समीकरण में $r, h, I, \frac{dr}{dt}$ और $\frac{dh}{dt}$ का मान रखने पर हमें निम्न प्राप्त होता है,

$$\frac{dC}{dt} = 54\pi cm^2/\min$$

अतः विकल्प (A) सही है।

58. दिया है,

हमें ज्ञात करना है $\int \frac{2x}{1 + x^2} dx$

माना, $1 + x^2 = t$

x के सापेक्ष अवकलन करने पर

$$2x = \frac{dt}{dx}$$

$dx = \frac{dt}{2x}$

$\because \frac{d}{dx}[C] = 0$

$\& \frac{d}{dx}x^n = nx^{n-1}$

इस प्रकार, हमारा समीकरण बन जाता है

$\int \frac{2x}{1+x^2}dx = \int \frac{2x}{t} \cdot \frac{dt}{2x}$

$= \int \frac{dt}{t}$

$= \log|t| + C$

$\left[\because \left(\int \frac{1}{x}dx = \log|x| + C\right)\right]$

$t = 1 + x^2$ रखने पर

$= \log|1 + x^2| + C$

$= \log(1 + x^2) + C$

चूंकि $(1 + x^2)$ हमेशा धनात्मक होता है।

अतः विकल्प (A) सही है।

59. माना $\log x = t$

x के सापेक्ष अवकलन करने पर

$\frac{dt}{dx} = \frac{1}{x}$

$\frac{d}{dx}\log(x) = \frac{1}{x}$

$dt \cdot x = dx$

$dx = dt.x$

$\int \frac{(\log x)^2}{x}dx$

$(\log x) = t, \frac{dt}{dx} = \frac{1}{x}$ रखने पर

$= \int \frac{t^2}{dx}dt \cdot dx$

$= \int t^2 dt$

फलन का समाकलन करने पर

$= \frac{t^{2+1}}{2+1} + C$

$= \frac{t^3}{3} + C$

$\int x^n dx = \frac{x^{n+1}}{n+1} + C$

$t = \log|x|$ रखने पर

$= \frac{1}{3}(\log|x|)^3 + C$

अतः विकल्प (A) सही है।

60. दिया है,

$\frac{1}{x+x\log x} = \frac{1}{x(1+\log x)}$

माना $1 + \log x = t$

दोनों पक्षों का x के सापेक्ष अवकलन करने पर

$0 + \frac{1}{x} = \frac{dt}{dx}$

$\frac{1}{x} = \frac{dt}{dx}$

$dx = xdt$

फलन का समाकलन करने पर

$\int \frac{1}{x+x\log x} \cdot dx$

$= \int \frac{1}{x(1+\log x)} \cdot dx$

$1 + \log x = t$ and $dx = xdt$, रखने पर

$= \int \frac{1}{x(t)}dt \cdot x$

$= \int \frac{1}{t}dt$

$\left[\because \int \frac{1}{x}dx = \log|x| + C\right]$

$= \log|t| + C$

$t = 1 + \log x$ रखने पर

$= \log|1 + \log x| + C$

अतः विकल्प (C) सही है।

61. दिया है ,

$x\sqrt{x + 2}$

Let $(x + 2) = t$

दोनों पक्षों का x के सापेक्ष अवकलन करने पर

$1 + 0 = \frac{dt}{dx}$

$1 = \frac{dt}{dx}$

$dx = dt$

फलन का समाकलन करने पर

$\int x\sqrt{x + 2} \cdot dx$

$(x + 2) = t$ और $dx = dt$ रखने पर

$= \int x\sqrt{t} \cdot dx$

$= \int x\sqrt{t} \cdot dt$

$= \int (t - 2)\sqrt{t} \cdot dt$

$[\because x + 2 = t, x = t - 2]$

$$= \int (t - 2)t^{\frac{1}{2}} \cdot dt$$

$$= \int \left(t \cdot t^{\frac{1}{2}} - 2 \cdot t^{\frac{1}{2}}\right) \cdot dt$$

$$= \int \left(t^{\frac{3}{2}} - 2 \cdot t^{\frac{1}{2}}\right) \cdot dt$$

$$= \int t^{\frac{3}{2}} \cdot dt - 2\int t^{\frac{1}{2}} \cdot dt$$

$$= \frac{t^{\frac{3}{2}+1}}{\frac{3}{2}+1} - 2 \cdot \frac{t^{\frac{1}{2}+1}}{\frac{1}{2}+1} + C$$

$$\left[\because \int x^n \cdot dx = \frac{x^{n+1}}{n+1} + C\right]$$

$$= \frac{t^{\frac{5}{2}}}{\frac{5}{2}} - 2 \cdot \frac{t^{\frac{3}{2}}}{\frac{3}{2}} + C$$

$$= \frac{2}{5}t^{\frac{5}{2}} - 2 \times \frac{2}{3}t^{\frac{3}{2}} + C$$

$$= \frac{2}{5}t^{\frac{5}{2}} - \frac{4}{3}t^{\frac{3}{2}} + C$$

$t = x + 2,$ रखने पर

$$= \frac{2}{5}(x + 2)^{\frac{5}{2}} - \frac{4}{3}(x + 2)^{\frac{3}{2}} + C$$

अतः विकल्प (D) सही है।

62. हम जानते हैं कि,

$$\int x^n dx = \frac{x^{n+1}}{n+1} + C$$

वक्र का समीकरण $\Rightarrow y = x^2$

रेखा का समीकरण $\Rightarrow y = 2x + 3$

रेखा वक्र को काटती है

$$\therefore x^2 = 2x + 3$$

$$\Rightarrow x^2 - 2x - 3 = 0$$

$$\Rightarrow x^2 - 3x + x - 3 = 0$$

$$\Rightarrow x(x - 3) + 1(x - 3) = 0$$

$$\Rightarrow (x - 3)(x + 1) = 0$$

$$\Rightarrow x = 3, -1$$

इसलिए रेखा वक्र को $x = 3$ और $x = -1$ पर काटती है

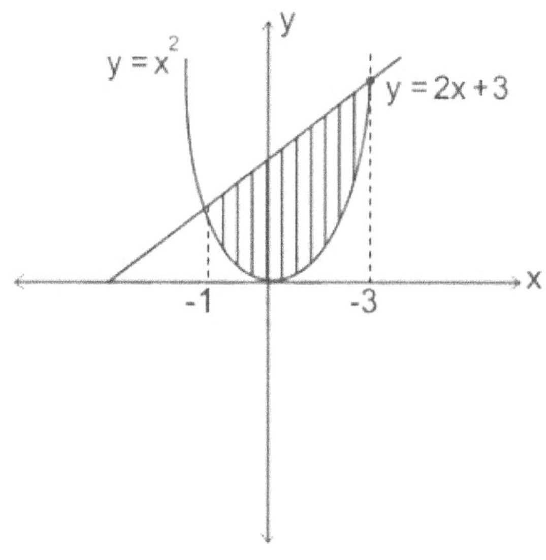

अब वक्र से घिरे क्षेत्र का क्षेत्रफल = रेखा के नीचे का क्षेत्रफल — वक्र के नीचे का क्षेत्रफल

$$\therefore क्षेत्रफल = \int_{-1}^{3}(2x + 3 - x^2)$$

$$= \left[\frac{2x^2}{2} + 3x - \frac{x^3}{3}\right]_{-1}^{3}$$

$$= \left[3^2 + 3(3) - \frac{3^3}{3} - \left((-1)^2 - 3 - \left(\frac{-1}{3}\right)\right)\right]$$

$$= \left[9 + 9 - 9 - 1 + 3 - \frac{1}{3}\right]$$

$$= \left[8 + \frac{8}{3}\right]$$

$$= \frac{32}{3} वर्ग इकाई$$

अत: विकल्प (B) सही है।

63. दिया गया,

वक्र $1: y = x^2 = f(x)$

वक्र $2: y - x = 0$

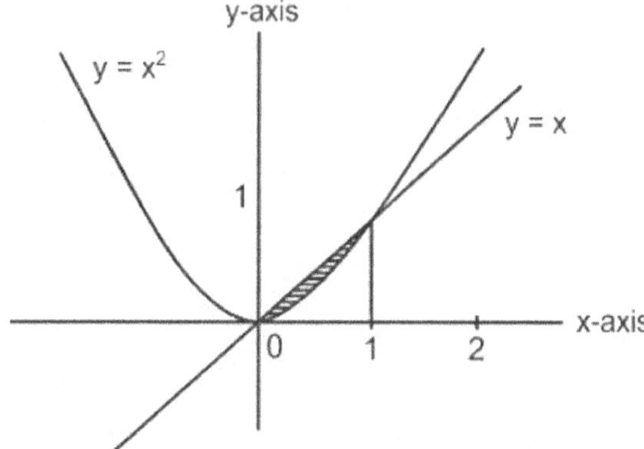

प्रतिच्छेदन (या क्षेत्र की सीमा) को ज्ञात करने के लिए वक्र 1 से y का मान रखने पर

$$\Rightarrow x^2 - x = 0$$

$\Rightarrow x(x-1) = 0$

$\Rightarrow x = 0, x = 1$

अब अभीष्ट क्षेत्रफल (A) है

$$A = \left| \int_{x_1}^{x_2} [f(x) - g(x)] dx \right|$$

$$\Rightarrow A = \left| \int_0^1 [x - x^2] dx \right|$$

$$\Rightarrow A = \left| \left[\frac{x^2}{2} - \frac{x^3}{3} \right]_0^1 \right|$$

$$\Rightarrow A = \left| \frac{1}{2} - \frac{1}{3} - (0) \right|$$

$$\Rightarrow A = \frac{1}{6} \text{ वर्ग इकाई}$$

अत: विकल्प (D) सही है।

64. परवलय का समीकरण $y = x^2$ है और रेखा का समीकरण $y = 2x + 3$ है

परवलय समीकरण में y के मान को रखने पर हमें प्राप्त होता है

$$\Rightarrow 2x + 3 = x^2$$

$$\Rightarrow x^2 - 2x - 3 = 0$$

$$\Rightarrow x^2 - 3x + x - 3 = 0$$

$$\Rightarrow x(x - 3) + 1(x - 3) = 0$$

$$\Rightarrow (x + 1)(x - 3) = 0$$

$$\therefore x = -1, 3$$

x का मान $y = x^2$ में रखने पर

x	-1	3
y	1	9

दिए गए वक्रों के प्रतिच्छेदन बिंदु $(-1, 1)$ और $(3, 9)$ हैं

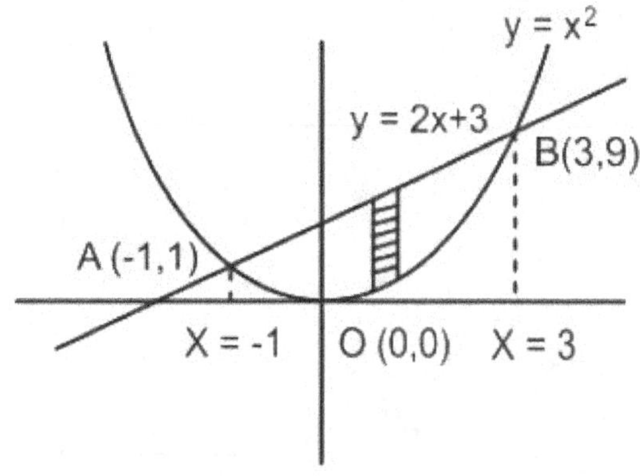

अब,

वक्र से घिरा क्षेत्रफल $= \int_{-1}^3 [\text{ शीर्ष } - \text{ तल }] dx$

$$= \int_{-1}^3 [(2x + 3) - x^2] dx$$

$$= \left[\frac{2x^2}{2} + 3x \right]_{-1}^3 - \left[\frac{x^3}{3} \right]_{-1}^3$$

$$= [(9 + 9) - (1 - 3)] - \left(9 - \frac{-1}{3} \right)$$

$$= 20 - \frac{28}{3}$$

$$= \frac{32}{3} \text{ वर्ग इकाई}$$

अत: विकल्प (C) सही है।

65. प्रारंभिक बिंदु $P(2,1)$ और टर्मिनल बिंदु $Q(-5,7)$ के साथ सदिश दिया जा सकता है,

$$\vec{PQ} = (-5 - 2)\hat{\imath} + (7 - 1)\hat{\jmath}$$

$$\Rightarrow \vec{PQ} = -7\hat{\imath} + 6\hat{\jmath}$$

इसलिए, आवश्यक अदिश घटक -7 और 6 हैं जबकि सदिश घटक $-7\hat{\imath}$ और $6\hat{\jmath}$ हैं।

अत: विकल्प (C) सही है।

66. दिया हुआ:

$$\vec{r} = \hat{\imath} + 2\hat{\jmath} + 3\hat{k} \text{ और } \vec{F} = \lambda\hat{k}$$

हमें आघूर्ण का परिमाण खोजना होगा,

हम जानते हैं कि, $\vec{M} = \vec{r} \times \vec{F}$

$$\therefore \vec{M} = \begin{vmatrix} \vec{i} & \vec{j} & \vec{k} \\ 1 & 2 & 3 \\ 0 & 0 & \lambda \end{vmatrix}$$

$$\Rightarrow \vec{M} = \vec{i}(2\lambda - 0) - \vec{j}(\lambda - 0) + \vec{k}(0 - 0) = 2\lambda\vec{i} - \lambda\vec{j}$$

अब,

आघूर्ण का परिमाण $= \left| \vec{M} \right| = \sqrt{(2\lambda)^2 + (-\lambda)^2} = \sqrt{5}\lambda$

अत: विकल्प (C) सही है।

67. दिया हुआ:

$$\vec{a} = 3\hat{\jmath} + 4\hat{k} \text{ और } \vec{b} = 6\hat{\imath} + 8\hat{k}$$

$$\Rightarrow \vec{a} \times \vec{b} = \begin{vmatrix} \hat{\imath} & \hat{\jmath} & \hat{k} \\ 0 & 3 & 4 \\ 6 & 0 & 8 \end{vmatrix}$$

$$\Rightarrow \vec{a} \times \vec{b} = \hat{\imath}(24 - 0) - \hat{\jmath}(0 - 24) + \hat{k}(0 - 18) = 24\hat{\imath} + 24\hat{\jmath} - 18\hat{k}$$

$$\Rightarrow \left| \vec{a} \times \vec{b} \right| = \sqrt{24^2 + 24^2 + 18^2} = \sqrt{1476} = 6\sqrt{41}$$

$$\Rightarrow \left| \vec{a} \right| = 5 \text{ और } \left| \vec{b} \right| = 10$$

जैसा कि हम जानते हैं कि, $\left|\vec{a} \times \vec{b}\right| = \left|\vec{a}\right| \cdot \left|\vec{b}\right| \cdot \sin\theta$

$$\Rightarrow \sin\theta = \frac{\left|\vec{a} \times \vec{b}\right|}{\left|\vec{a}\right| \cdot \left|\vec{b}\right|} = \frac{6\sqrt{41}}{50} = \frac{3\sqrt{41}}{25}$$

अत: विकल्प (C) सही है।

68. माना कि, $\vec{P} = \hat{i} + 3\hat{j}$ और $\vec{Q} = 5\hat{i} + 9\hat{j}$

∵ कण $\vec{P}$ से $\vec{Q}$ तक विस्थापित होता है, तो $\vec{PQ} = \vec{Q} - \vec{P}$

$$\Rightarrow \vec{PQ} = (5\hat{i} + 9\hat{j}) - (\hat{i} + 3\hat{j})$$

$$\Rightarrow \vec{PQ} = 4\hat{i} + 6\hat{j}$$

बल, $\vec{F} = 2\hat{i} + 3\hat{j}$ (दिया हुआ)

$$\Rightarrow W = Force \cdot Displacement = \left(2\hat{i} + 3\hat{j}\right) \cdot \left(4\hat{i} + 6\hat{j}\right)$$

$$\Rightarrow W = 8 + 18 = 26 \text{ इकाई}$$

अत: विकल्प (A) सही है।

69. एक रैखिक प्रोग्रामिंग समस्या में, प्रतिबंध या सीमाएं जिसके तहत वस्तुनिष्ठ फलन को अनुकूलित किया जाना है, प्रतिबंधों को कहा जाता है। दो या दो से अधिक चरों का एक रैखिक फलन जिसे दिए गए प्रतिबंधों के तहत अधिकतम या न्यूनतम करना होता है, एक वस्तुनिष्ठ फलन कहलाता है। वस्तुनिष्ठ फलन का अंतिम समाधान इन प्रतिबंधों को पूरा करना चाहिए।

अत: विकल्प (A) सही है।

70. एक रैखिक प्रोग्रामिंग समस्या का वस्तुनिष्ठ फलन इष्टतम मान प्राप्त करने के लिए फलन है। इसका या तो अधिकतम या न्यूनतम मान है या इसका कोई हल नहीं है। रैखिक प्रोग्रामिंग समस्याओं में वस्तुनिष्ठ फलन वास्तविक-मूल्यवान फलन है जिसका मूल्य या तो न्यूनतम या अधिकतम किया जाना है, जो कि व्यवहार्य समाधानों के सेट पर दिए गए एलपीपी पर परिभाषित प्रतिबंध के अधीन है। LPP का वस्तुनिष्ठ फलन z = ax + by के रूप का एक रैखिक फलन है।

अत: विकल्प (B) सही है।

71. वस्तुनिष्ठ फलन का इष्टतम मान सुसंगत क्षेत्र के कोने बिंदुओं द्वारा दिए गए बिंदुओं पर प्राप्त होता है। सुसंगत क्षेत्र का कोई भी बिंदु जो वस्तुनिष्ठ फलन का इष्टतम मान (अधिकतम या न्यूनतम) देता है, इष्टतम समाधान कहलाता है। वस्तुनिष्ठ फलन का इष्टतम मान $Z = ax + by$ मौजूद हो भी सकता है और नहीं भी अगर एलपीपी के लिए सुसंगत क्षेत्र असीमित है।

अत: विकल्प (C) सही है।

72. मान लीजिए कि x और y क्रमशः मशीनों A और B की संख्या है जिसे फैक्ट्री मालिक को खरीदना चाहिए।

अब, दी गई जानकारी के अनुसार, रैखिक प्रोग्रामिंग समस्या है:

अधिकतम करें $Z = 60x + 40y$

प्रतिबंधों के अधीन:

$$1000x + 1200y \leq 9000$$

$$\Rightarrow 5x + 6y \leq 45 \dots (1)$$

$$12x + 8y \leq 72$$

$$\Rightarrow 3x + 2y \leq 18 \dots (2)$$

$$x \geq 0, y \geq 0 \dots (3)$$

असमानताओं (1), (2), (3) को इस प्रकार रेखांकन किया जा सकता है:

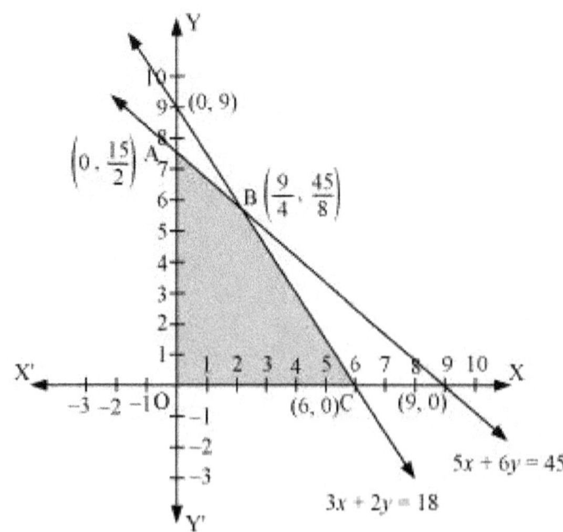

छायांकित भाग OABC व्यवहार्य क्षेत्र है।

कोने के बिंदुओं पर Z का मान निम्न तालिका में दिया गया है।

कोनीय बिंदु	$Z = 60x + 40y$	
O(0,0)	0	
A$\left(0, \dfrac{15}{2}\right)$	300	
B$\left(\dfrac{9}{4}, \dfrac{45}{8}\right)$	360 →	अधिकतम
C (6, 0)	360 →	

Z का अधिकतम मान 360 इकाई है, जो Z का अधिकतम मान 360 इकाई है, जो $B\left(\dfrac{9}{4}, \dfrac{45}{8}\right)$ और $C(6,0)$ पर प्राप्त होता है।

अब, मशीनों की संख्या भिन्न में नहीं हो सकती।

इस प्रकार, दैनिक उत्पादन को अधिकतम करने के लिए, A प्रकार की 6 मशीनें और B प्रकार की कोई मशीन खरीदने की आवश्यकता नहीं है।

अतः विकल्प (A) सही है।

73. दिया गया है:

$$A = \{x \in R : x^2 = 2\}$$

और, $B = \{y \in R : y^2 - 5y + 6 = 0\}$

$x^2 - 2 = 0$ (दिया गया है)

$$\Rightarrow x = \pm\sqrt{2}$$

$$\Rightarrow A = \{\sqrt{2}, -\sqrt{2}\}$$

$$\therefore n(A) = 2$$

$y^2 - 5y + 6 = 0$ (दिया गया है)

$$\Rightarrow y^2 - 3y - 2y + 6 = 0$$

$$\Rightarrow (y - 3)(y - 2) = 0$$

$\Rightarrow y = 2,3$

$\Rightarrow B = \{2,3\}$

$\therefore n(B) = 2$

हम जानते हैं,

यदि $n(A) = p, n(B) = q$, तब:

$n(A \times B) = n(A) \times n(B) = p \times q$

$\Rightarrow n(A \times B) = n(A) \times n(B)$

$= 2 \times 2$

$= 4$

अत: विकल्प (B) सही है।

74. दिया गया,

$$f\left(x + \frac{1}{x}\right) = x^2 + \frac{1}{x^2}$$

$$\Rightarrow f\left(x + \frac{1}{x}\right) = x^2 + \frac{1}{x^2} + 2 - 2$$

$$\Rightarrow f\left(x + \frac{1}{x}\right) = \left(x + \frac{1}{x^2}\right) - 2$$

$x + \frac{1}{x}$ के स्थान पर x रखने पर हमें प्राप्त होता है

$\therefore f(x) = x^2 - 2$

अत: सही विकल्प (C) है।

75. माना कि A कॉफ़ी पसंद करने वाले व्यक्तियों का समुच्चय है और B चाय पसंद करने वाले व्यक्तियों का समुच्चय है।

दिया गया है:

n(A) = 37, n(B) = 52 और n(A ∪ B) = 70

चूँकि, प्रत्येक व्यक्ति कम से कम एक पेय पदार्थ (A और B के बाहर 0 तत्व) पसंद करते हैं,

हम जानते हैं:

n(A ∪ B) = n(A) + n(B) - n(A ∩ B)

⇒ 70 = 37 + 52 - n(A ∩ B)

⇒ n(A ∩ B) = 89 - 70 = 19

कॉफ़ी पसंद करने वाले और चाय पसंद नहीं करने वाले व्यक्ति:

n(A - B) = n(A) - n(A ∩ B)

= 37 - 19

= 18

अत: विकल्प (A) सही है।

76. $R = \{(a,b): a = b - 2, b > 6\}$

यहाँ, क्योंकि $b > 6, (2,4) \notin R$.

$\therefore 3 \neq 8 - 2,$

$\therefore (3,8) \notin R$ और, जैसे $8 \neq 7 - 2,$

$\therefore (8,7) \notin R$

अब $(6,8)$ के लिए,

अब $8 > 6$ के लिए, $6 = 8 - 2,$

$\therefore (6,8) \in R$

अतः विकल्प (C) सही है।

77. दिया है:

$2x + 3y = 20$

$y = \frac{20 - 2x}{3}$

मान लीजिए x का मान 1 है।

$y = \frac{20 - 2 \times (1)}{3}$

$y = \frac{20 - 2}{3}$

$y = \frac{18}{3}$

$y = 6$

$(x, y) = (1,6)$

मान लीजिए x का मान 2 है।

$y = \frac{20 - 2 \times (2)}{3}$

$y = \frac{20 - 4}{3}$

$y = \frac{16}{3}$

मान लीजिए x का मान 3 है।

$y = \frac{20 - 2 \times (3)}{3}$

$y = \frac{20 - 6}{3}$

$y = \frac{14}{3}$

मान लीजिए x का मान 4 है।

$y = \frac{20 - 2 \times (4)}{3}$

$y = \frac{20 - 8}{3}$

$y = \frac{12}{3}$

$y = 4$

$(x, y) = (4,4)$

मान लीजिए x का मान 5 है।

$y = \frac{20 - 2 \times (5)}{3}$

$y = \frac{20 - 10}{3}$

$y = \frac{10}{3}$

मान लीजिए x का मान 6 है।

$y = \frac{20 - 2 \times (6)}{3}$

$y = \frac{20 - 12}{3}$

$y = \frac{8}{3}$

मान लीजिए x का मान 7 है।

$y = \frac{20 - 2 \times (7)}{3}$

$y = \frac{20 - 14}{3}$

$y = \frac{6}{3}$

$y = 2$

$(x, y) = (7, 2)$

$R = \{(1,6), (4,4), (7,2)\}$

R में (x, y) के रूप में 3 तत्व मौजूद हैं।

अतः विकल्प (B) सही है।

78. जैसा कि हम जानते हैं,

डोमेन x के सभी संभावित मान का समुच्चय है, जिसका परिमित मान $f(x)$ है।

दिया गया है कि फलन $f(x) = 3^x$

फलन का सभी $x \in (-\infty, \infty)$ के लिए एक सीमित मान होगा

अतः विकल्प (A) सही है।

79. 1. $f(x) = x + 1$ द्वारा परिभाषित एक फलन $f: Z \to Z$ एकैक व आच्छादक फलन है।

$f(x) = x + 1$,

$f(x_1)$ की गणना करने पर:

$f(x_1) = x_1 + 1$

$f(x_2)$ की गणना करने पर:

$f(x_2) = x_2 + 1$

अब, $f(x_1) = f(x_2)$

$\Rightarrow x_1 + 1 = x_2 + 1$

$\Rightarrow x_1 = x_2$

इसलिए, f एकैक फलन है।

माना कि $f(x) = y$ है।

$y = x + 1$

$x = y - 1$

$f(y - 1) = y - 1 + 1 = y$

f आच्छादक है।

2. $f(x) = x + 1$ द्वारा परिभाषित एक फलन $f: N \to N$ एकैक है लेकिन आच्छादक नहीं है।

$f(x) = x + 1$,

$f(x_1)$ की गणना करने पर:

$f(x_1) = x_1 + 1$

$f(x_2)$ की गणना करने पर:

$f(x_2) = x_2 + 1$

अब, $f(x_1) = f(x_2)$

$\Rightarrow x_1 + 1 = x_2 + 1$

$\Rightarrow x_1 = x_2$

इसलिए, f एकैक फलन है।

स्पष्ट रूप से, सभी $x \in N$ के लिए $f(x) = x + 1 \geq 2$

इसलिए, $f(x)$ मान 1 नहीं लेता है।

f आच्छादक फलन नहीं है।

इसलिए, 1 और 2 दोनों सही हैं।

अतः विकल्प (C) सही है।

80. दिया गया है,

$f(x + 1) = x^2 - 3x + 2$

यह फलन x के सभी वास्तविक मानों के लिए मान्य है।

इसलिए, x के स्थान पर $x - 1$ रखने पर, हमें प्राप्त होता है,

$f(x) = f(x - 1 + 1)$

$\Rightarrow f(x) = (x - 1)^2 - 3(x - 1) + 2$

$\Rightarrow f(x) = x^2 - 2x + 1 - 3x + 3 + 2$

$f(x) = x^2 - 5x + 6$

अतः विकल्प (B) सही है।

81. दिया गया,

$\frac{x dy}{dx} + 3y = 4x^3$

अब,

$\frac{dy}{dx} + \frac{3y}{x} = 4x^2$

$\frac{dy}{dx} + Py = Q$ के साथ तुलना करके

हमें मिलता है,

$P = \frac{3}{x}$ और $Q = 4x^2$

$\Rightarrow$ I.F. $= e^{\int P dx} = e^{\int \frac{3}{x} dx}$

$\Rightarrow$ I.F. $= e^{3\ln x}$

$\Rightarrow$ I.F. $= e^{\ln x^3}$

$\Rightarrow$ I.F. $= x^3 \left(\because e^{\ln x} = x\right)$

अब सामान्य समाधान होगा,

$$y \cdot (I \cdot F \cdot) = \int \left(Q \cdot (I \cdot F \cdot)\right) dx + c$$

$$\Rightarrow y \cdot (x^3) = \int \left(4x^2 \cdot (x^3)\right) dx + c$$

$$\Rightarrow x^3 \cdot y = \int 4x^5 \, dx + c$$

$$\Rightarrow x^3 \cdot y = 4\frac{x^6}{6} + c$$

$$\Rightarrow x^3 \cdot y = \frac{2}{3} \cdot x^6 + c$$

अतः विकल्प (C) सही है।

82. दिया गया,

$$\frac{d^2 y}{dx^2} + 3\left(\frac{dy}{dx}\right)^2 = x^2 \log\left(\frac{d^2 y}{dx^2}\right)$$

दिए गए अवकलन समीकरण के लिए उच्चतम कोटि अवकलज 2 है।

दिया गया अवकलन समीकरण एक बहुपद समीकरण नहीं है क्योंकि इसमें इसके व्युत्पन्नों में एक लघुगणक पद शामिल है, इसलिए इसकी घात परिभाषित नहीं है।

अतः विकल्प (D) सही है।

83. दिया गया,

$$\frac{y^2}{x^2} = \frac{dy}{dx}$$

समाकलन समीकरण करके,

$$\frac{dx}{x^2} = \frac{dy}{y^2}$$

दोनों पक्षों को एकीकृत करने पर,

हमें प्राप्त हुआ,

$$\int \frac{dx}{x^2} = \int \frac{dy}{y^2} \quad \left(\because \int \frac{1}{x^2} dx = \frac{-1}{x}\right)$$

$$\Rightarrow -\frac{1}{x} + C' = -\frac{1}{y}$$

$$\Rightarrow -\frac{1}{x} = -\frac{1}{y} - C'$$

$$\Rightarrow \frac{1}{y} = \frac{1}{x} + C'$$

अतः विकल्प (A) सही है।

84. दिया गया,

$$\frac{dy}{dx} + y = 1$$

चरों को अलग करने पर,

हमें प्राप्त करते है,

$$\frac{dy}{1-y} = dx$$

समाकलन करने पर,

हम पाते हैं,

$$\int \frac{dy}{1-y} = \int dx$$

$$\Rightarrow -\log(1 - y) = x + C$$

$$\Rightarrow \log(1 - y)^{-1} = x + C \quad [m\log n = \log n^m]$$

$$\Rightarrow \log \left|\frac{1}{1-y}\right| = x + C$$

अतः विकल्प (A) सही है।

85. दिया गया,

$$\frac{dy}{dx} = 2^{x-1}$$

$$\Rightarrow \frac{dy}{dx} = \frac{2^x}{2}$$

$$\Rightarrow 2dy = 2^x dx$$

अब, चर अलग हो गए हैं,

दोनों पक्षों का समाकलन करके,

हम पाते हैं,

$$2\int dy = \int 2^x dx \quad \left(\because \int a^x dx = \frac{a^x}{\log a}\right)$$

$$\Rightarrow 2y = \frac{1}{\log 2} 2^x + c$$

अतः विकल्प (C) सही है।

86. हम जानते हैं कि,

y —अक्ष परवलय का मानक सूत्र है:

$$x^2 = 4ay$$

माना कि,

परवलय का शीर्ष $(0, k)$ हो

फिर,

$$(x - 0)^2 = 4a(y - k)$$

$$\Rightarrow x^2 = 4ay - 4ak$$

दोनों तरफ अवकलज लेना,

हम पाते हैं,

$$\frac{d}{dx}(x^2) = \frac{d}{dx}(4ay - 4ak)$$

$$\Rightarrow 2x = 4a\frac{dy}{dx}$$

$$\Rightarrow \frac{1}{x}\frac{dy}{dx} = \frac{1}{2a}$$

फिर से दोनों तरफ अवकलज लेकर,

हम पाते हैं,

$$\frac{d}{dx}\left(\frac{1}{x}\frac{dy}{dx}\right) = \frac{d}{dx}\left(\frac{1}{2z}\right)$$

$$\Rightarrow \frac{1}{x}\frac{d^2y}{dx^2} + \frac{dy}{dx}\left(\frac{-1}{x^2}\right) = 0$$

$$\Rightarrow x \times \frac{d^2y}{dx^2} - \frac{dy}{dx} = 0$$

अतः विकल्प (A) सही है।

87. दिया हुआ:

किसी रेखा की दिशा कोसाइन $\left(\frac{1}{k}, \frac{2}{k}, \frac{-2}{k}\right)$ हैं

इसलिए, $l = \frac{1}{k}, m = \frac{2}{k}$ और $n = \frac{-2}{k}$

हम जानते हैं कि,

एक रेखा के दिशा कोसाइन के वर्गों का योग एकता के बराबर है,

इसलिए,

$$l^2 + m^2 + n^2 = 1$$

$$\Rightarrow \frac{1}{k^2} + \frac{4}{k^2} + \frac{4}{k^2} = 1$$

$$\Rightarrow \frac{9}{k^2} = 1$$

$$\Rightarrow k^2 = 9$$

$$\therefore k = \pm 3$$

अतः विकल्प (D) सही है।

88. दिया गया,

$$3x + y + 3z = 8 \text{ और } 9x + 3y + 9z = 15$$

अब,

$9x + 3y + 9z = 15$ को 3 से विभाजित करने पर

हमें प्राप्त होता है,

$$3x + y + 3z = 5$$

अब,

हम जानते है कि,

दो समानांतर समतलों के बीच की दूरी $ax + by + cz + d_1 = 0$ और $ax + by + cz + d_2 = 0$ is $\left|\frac{d_1 - d_2}{\sqrt{a^2+b^2+c^2}}\right|$

तो,

$3x + y + 3z = 8$ और $3x + y + 3z = 5$ के बीच की दूरी

$$= \left|\frac{8-5}{\sqrt{3^2+1^2+3^2}}\right|$$

$$= \frac{3}{\sqrt{19}}$$

अतः विकल्प (C) सही है।

89. यदि दो रेखाएँ समानांतर हैं, तो उनके बीच की दूरी निश्चित है।

दो समानांतर रेखाओं के बीच की दूरी $\vec{r} = \vec{a_1} + \lambda\vec{b}$ और $r = \vec{a_2} + \mu\vec{b}$ सूत्र द्वारा दिया गया है:

$$d = \left|\frac{\vec{b} \times (\vec{a_2} - \vec{a_1})}{|\vec{b}|}\right|$$

अतः विकल्प (A) सही है।

90. दिया गया,

वांछित विमान दिशा अनुपात के साथ रेखा के लंबवत है

$(1, 2, -1)$ और बिंदु $A(1,3,2)$ से होकर गुजरता है।

जैसा कि हम जानते हैं कि, दिशा अनुपात वाली एक रेखा के लंबवत समतल का समीकरण और बिंदु से गुजरने वाला (x_1, y_1, z_1) द्वारा दिया गया है:

$$a(x - x_1) + b(y - y_1) + c(z - z_1) = 0$$

यहाँ,

$a = 1, b = 2, c = -1, x_1 = 1, y_1 = 3$ और $z_1 = 2$

$$\Rightarrow 1(x - 1) + 2(y - 3) - 1(z - 2) = 0$$

$$\Rightarrow x - 1 + 2y - 6 - z + 2 = 0$$

$$\Rightarrow x + 2y - z = 5$$

अतः विकल्प (A) सही है।

91. संकल्पना:

$$\sin^{-1}x + \cos^{-1}x = \frac{\pi}{2}$$

$$\tan^{-1}x + \cot^{-1}x = \frac{\pi}{2}$$

दिया हुआ:

$$\sin^{-1}x + \sin^{-1}y = \frac{5\pi}{6} \quad \text{.....(i)}$$

माना, $\cos^{-1}x + \cos^{-1}y = a \quad \text{.....(ii)}$

हमें प्राप्त होने वाले दो समीकरणों को जोड़ना,

$$(\sin^{-1}x + \cos^{-1}x) + (\sin^{-1}y + \cos^{-1}y) = \frac{5\pi}{6} + a$$

$$\Rightarrow \frac{\pi}{2} + \frac{\pi}{2} = \frac{5\pi}{6} + a$$

$$\Rightarrow \pi - \frac{5\pi}{6} = a$$

$$\Rightarrow a = \frac{\pi}{6}$$

इसलिए, $\cos^{-1}x + \cos^{-1}y = \frac{\pi}{6}$

अतः विकल्प (C) सही है।

92. दिया हुआ है,

$$\tan\beta = \cos\theta \cdot \tan\alpha$$

$$\cos\theta = \frac{\tan\beta}{\tan\alpha} \text{....(i)}$$

जैसा कि हम जानते हैं कि,

$$\cos\theta = \frac{1 - \tan^2\frac{\theta}{2}}{1 + \tan^2\frac{\theta}{2}} \text{....(ii)}$$

(i) और (ii) समीकरण से,

$$\frac{1-\tan^2\frac{\theta}{2}}{1+\tan^2\frac{\theta}{2}} = \frac{\tan\beta}{\tan\alpha}$$

$$\tan\frac{2}{2} = \frac{\tan\alpha - \tan\beta}{\tan\alpha + \tan\beta}$$

$$= \frac{\sin\alpha\cos\beta - \cos\alpha\sin\beta}{\sin\alpha\cos\beta + \cos\alpha\sin\beta}$$

$$= \frac{\sin(\alpha-\beta)}{\sin(\alpha+\beta)}$$

अतः विकल्प (C) सही है।

93. दिया गया है,

$$\sin x \times \sin y = \cos x \times \cos y$$

$$\Rightarrow \frac{\sin x}{\cos x} = \frac{\cos y}{\sin y}$$

$$\Rightarrow \tan x = \cot y$$

$$\Rightarrow \tan x = \tan\left(\frac{\pi}{2} - y\right)$$

$$\Rightarrow x = \frac{\pi}{2} - y$$

$$\Rightarrow x + y = \frac{\pi}{2}$$

$$\Rightarrow \frac{x}{2} + \frac{y}{2} = \frac{\pi}{4}$$

दोनों तरफ $\tan$ लेने पर, हमें मिलता है

$$\tan\left(\frac{x}{2} + \frac{y}{2}\right) = \tan\left(\frac{\pi}{4}\right)$$

$$= 1$$

अतः विकल्प (B) सही है।

94. दिया गया,

$$z_1 = 6 + 2i \quad \text{...(1)}$$

$$z_2 = 2 - i \quad \text{...(2)}$$

समीकरण (1) और (2) को विभाजित करने पर, हम प्राप्त करते हैं

$$\frac{z_1}{z_2} = \frac{6+2i}{2-i}$$

अंश और हर में $(2+i)$ से गुणा करने पर, हम पाते हैं

$$\frac{z_1}{z_2} = \frac{6+2i}{2-i} \times \frac{2+i}{2+i}$$

$$\Rightarrow \frac{z_1}{z_2} = \frac{12+6i+4i+2i^2}{2^2-i^2}$$

$$\Rightarrow \frac{z_1}{z_2} = \frac{12+10i+2\times(-1)}{4-(-1)} \quad [\because i^2 = -1]$$

$$\Rightarrow \frac{z_1}{z_2} = \frac{12+10i-2}{4+1}$$

$$\Rightarrow \frac{z_1}{z_2} = \frac{10+10i}{5}$$

$$\Rightarrow \frac{z_1}{z_2} = \frac{10(1+i)}{5}$$

$$\Rightarrow \frac{z_1}{z_2} = 2(1 + i)$$

अतः विकल्प (B) सही है।

95. माना,

$$z = \frac{(2-i)(1+2i)}{(3+i)(2-3i)}$$

$$\Rightarrow z = \frac{2+4i-i-2i^2}{6-9i+2i-3i^2}$$

$$\Rightarrow z = \frac{2+4i-i+2}{6-9i+2i+3} \quad [\because i^2 = -1]$$

$$\Rightarrow z = \frac{4+3i}{9-7i}$$

अंश और हर में $(9 + 7i)$ से गुणा करने पर, हम पाते हैं

$$z = \frac{4+3i}{9-7i} \times \frac{9+7i}{9+7i}$$

$$\Rightarrow z = \frac{36+28i+27i+21i^2}{81-49i^2}$$

$$\Rightarrow z = \frac{36+28i+27i-21}{81+49} \quad [\because i^2 = -1]$$

$$\Rightarrow z = \frac{15+55i}{130}$$

$$\Rightarrow z = \frac{15}{130} + i\frac{55}{130}$$

जैसा कि हम जानते हैं,

$$z \text{ का संयुग्मी} = \bar{z} = x - iy$$

$$\therefore \bar{z} = \frac{15}{130} - i\frac{55}{130}$$

अतः विकल्प (D) सही है।

96. 1st असमानता:

$$\Rightarrow 5x - 1 < 3x + 2$$

$$\Rightarrow 2x < 3$$

$$\Rightarrow x < \frac{3}{2}$$

$$\therefore x < 1.5$$

2nd असमानता:

$$\Rightarrow 5x + 5 > 6 - 2x$$

$$\Rightarrow 7x > 1$$

$$\Rightarrow x > \frac{1}{7}$$

$$\therefore x > 0.142$$

$$\therefore x, \ 0.142 \text{ और } 1.5 \text{ के बीच है}$$

$$\therefore x = 1$$

अतः विकल्प (B) सही है।

97. दिया गया है:

शर्त है कि x एक ऋणात्मक वास्तविक संख्या है।

गणना:

स्थिति 1.

यदि हम एक प्राकृतिक संख्या में ऋणात्मक वास्तविक संख्या से गुणा करते हैं, तो हमें हमेशा एक ऋणात्मक संख्या प्राप्त होगी।

उदाहरण के लिए, 1 × -2 = -2

इसलिए, स्थिति 1 गलत है।

स्थिति 2.

यदि हम x = − 1 लेते हैं,

$(-1)^2 + (-1)$

$\Rightarrow 1 - 1 = 0$ जो ≥ 0 नहीं है।

इसलिए, स्थिति 2 गलत है।

स्थिति 3.

यदि हम $x = -1$ लेते हैं,

$2 \times (-1) < (-1) < -(-1)$

$-2 < -1 < 1$

इसलिए, स्थिति 3 सही है।

स्थिति 4.

यदि हम वास्तविक संख्या $x = -3^{1/4}$ लेते हैं, तो हमें प्राप्त होता है, $x^2 = 3^{1/2}$ जो एक परिमेय संख्या नहीं है।

इसलिए, स्थिति 4 भी गलत है।

अतः विकल्प (B) सही है।

98. 4 संख्याएं A.P. में हैं।

माना संख्याए

$a - 3d, a - d, a + d, a + 3d$

जहाँ a पहला पद है और $2d$ सार्व अंतर है

अब उनका योग $= 50$

$a - 3d + a - d + a + d + a + 3d = 50$

$\Rightarrow a = \frac{25}{2}$

और सबसे बड़ी संख्या सबसे छोटी संख्या का 4 गुना है

$a + 3d = 4(a - 3d)$

$a + 3d = 4a - 12d$

$4a - a = 3d + 12d$

$\Rightarrow 3a = 15d$

$\Rightarrow a = \frac{15d}{3} = 5d$

$\Rightarrow \frac{25}{2} = 5d$

$\Rightarrow d = \frac{25}{2 \times 5}$

$\Rightarrow d = \frac{5}{2}$

$\therefore$ संख्याएं हैं

$\frac{25}{2} - 3 \times \frac{5}{2}, \frac{25}{2} - \frac{5}{2}, \frac{25}{2} + \frac{5}{2}, \frac{25}{2} + 3 \times \frac{5}{2}$

$\Rightarrow \frac{10}{2}, \frac{20}{2}, \frac{30}{2}, \frac{40}{2}$

$\Rightarrow 5, 10, 15, 20$

अतः विकल्प (A) सही है।

99. दिए गए A.P. से, $a = 3$ और $d = 5 - 3 = 2$.

हम जानते हैं, $T_n = a + (n-1)d$

$\Rightarrow a_{12} = a + 11d$

$= 3 + (11 \times 2) = 3 + 22$

$= 25$

अतः विकल्प (D) सही है।

100. दिया है,

$a_3 = 6$ और $a_5 = 12$

$T_n = a + (n-1)d$

$a = $ प्रथम पद

$n = $ पदों की संख्या

$d = $ सार्वान्तर

$\Rightarrow a + (3-1)d = 6$

$\Rightarrow a + 2d = 6 \ ..(1)$

और

$\Rightarrow a + (5-1)d = 12$

$\Rightarrow a + 4d = 12 \ ...(2)$

$(2) - (1)$

$\Rightarrow 2d = 6$

$\Rightarrow d = 3$

$\Rightarrow a + 2 \times 3 = 6$ d के मान को समीकरण (1) में रखने पर,

$\Rightarrow a = 0$

इसलिए, $a_{21} = a + (21 - 1)d$

$= a + 20d$

$= 0 + 20 \times 3 = 60$

अतः विकल्प (C) सही है।

Q.1 यदि $\sin\theta = \frac{2}{\sqrt{5}}$, $\sec^2\theta + \cot^2\theta$ का मान ज्ञात करें?

A. $\frac{21}{4}$ B. $\frac{5}{2}$ C. $\frac{10}{7}$ D. 1

Q.2 यदि $3\sin\alpha = 5\sin\beta$ तो $\dfrac{\tan\frac{\alpha+\beta}{2}}{\tan\frac{\alpha-\beta}{2}}$ का मान ज्ञात कीजिए।

A. 1   B. 2   C. 3   D. 4

Q.3 यदि $5(\tan^2 x - \cos^2 x) = 2\cos 2x + 9$, तो $\cos 4x$ का मान है :

[JEE Main Advanced, 2017]

A. $\frac{1}{3}$ B. $\frac{2}{9}$ C. $-\frac{7}{9}$ D. $-\frac{3}{5}$

Q.4 यदि α, β समीकरण $x^2 + 6x + 4 = 0$ के मूल हैं तो $\dfrac{\alpha^4+\beta^4}{\alpha^{-4}+\beta^{-4}}$ किसके बराबर है?

A. 1024   B. 256   C. 64   D. 16

Q.5 यदि α और β समीकरण $x^2 + 5|x| - 6 = 0$ के मूल हैं, तो $|\tan^{-1}\alpha - \tan^{-1}\beta|$ का मान क्या है?

A. $\frac{\pi}{2}$ B. 0   C. π D. $\frac{\pi}{4}$

Q.6 द्विघाती समीकरण $f(x) = x^2 + 3|x| + 2 = 0$ में कितने वास्तविक मूल हैं?

A. एक   B. दो
C. चार   D. कोई वास्तविक मूल नहीं

Q.7 अगर $\left(\dfrac{\sqrt{22}+\sqrt{10}}{\sqrt{22}-\sqrt{10}}\right)^3 + \left(\dfrac{\sqrt{22}-\sqrt{10}}{\sqrt{22}+\sqrt{10}}\right)^3 = \dfrac{229a}{27}$, a का मान क्या है?

A. 16   B. 18   C. 20   D. 24

Q.8 दी गई असमानता को हल करें: $\dfrac{(2x-1)}{3} \geq \dfrac{(3x-2)}{4} - \dfrac{(2-x)}{5}$

A. $(-\infty, +\infty]$ B. $(-\infty, 3]$
C. $(-\infty, 2]$ D. उपरोक्त में से कोई नहीं

Q.9 एक आदमी 91 सेमी लंबाई के बोर्ड के एक टुकड़े से तीन लंबाई काटना चाहता है। दूसरी लंबाई सबसे छोटी लंबाई से 3 सेमी लंबी होनी चाहिए और तीसरी लंबाई सबसे छोटी लंबाई से दोगुनी लंबी होनी चाहिए। यदि तीसरा टुकड़ा दूसरे से कम से कम 5 सेमी लंबा होना है तो सबसे छोटे बोर्ड की संभावित लंबाई क्या है?

A. $8 \leq x \leq 16$ B. $4 \leq x \leq 12$
C. $8 \leq x \leq 22$ D. $18 \leq x \leq 32$

Q.10 यदि $5 \times {}^n P_3 = 4 \times {}^{(n+1)} P_3$, तो n ज्ञात करें?

A. 10   B. 11   C. 12   D. 14

Q.11 4 अंगुलियों में 6 अंगूठियां कितने प्रकार से पहनी जा सकती हैं कि कोई भी अंगुलियां बिना अंगूठी के न रहे?

A. 84   B. 360   C. 120   D. 240

Q.12 यदि कक्षा VI के सभी छात्र एक दूसरे के साथ हाथ मिलाते हैं और हैंडशेक की कुल संख्या 780 है। कक्षा VI में छात्रों की संख्या ज्ञात कीजिए।

A. 12   B. 40   C. 24   D. 45

Q.13 '*CORPORATION*' शब्द के अक्षरों को कितने अलग-अलग तरीकों से व्यवस्थित किया जाये ताकि स्वर हमेशा एक साथ आएं?

A. 810   B. 1440   C. 2880   D. 50400

Q.14 यदि ${}^n P_2 = 30$ है, तो n का मान क्या है?

A. 3   B. 4   C. 5   D. 6

Q.15 $(1 + x)^n$ के विस्तार में सभी गुणांकों का योग क्या है?

A. 2^n B. $2^n - 1$
C. 2^{n-1} D. $2(n - 1)$

Q.16 $\sum_{r=0}^{50} \binom{50}{C_r}(x - 2)^r 3^{50-r}$ में x^{48} का गुणांक है:

A. ${}^{50}C_2$ B. ${}^{48}C_2$ C. 3^{48} D. 2^{48}

Q.17 $\left(y^2 + \dfrac{c}{y}\right)^5$ के विस्तार में y का गुणांक है:

A. $10c^3$ B. $20c^2$ C. $10c$ D. $20c$

Q.18 निम्नलिखित AP में पदों की संख्या ज्ञात कीजिए:
$7, 13, 19, \ldots, 205$

A. 34   B. 36   C. 38   D. 40

Q.19 उस समांतर श्रेणी के पहले 151 पदों का योगफल ज्ञात कीजिए जिसका पहला पद और तीसरा पद क्रमशः 175 और 185 हैं।

[UP Police Sub Inspector, 2021]

A. 84050   B. 81050   C. 82050   D. 83050

Q.20 एक समान्तर श्रेणी में तीन संख्याओं का योग 45 है और इनमें से सबसे छोटी और सबसे बड़ी संख्याओं के वर्गों का योग 468 है। इन संख्याओं मे से सबसे बड़ी संख्या ज्ञात कीजिए।

[Allahabad High Court Clerk (Group C & D), 2019]

A. 15   B. 16   C. 18   D. 21

Q.21 $a_{25} - a_{12} = -52$ के साथ समांतर श्रेणी का सर्वान्तर ______ होगा।

[Allahabad High Court Clerk (Group C & D), 2019]

A. -14 B. -4 C. -3 D. -5

Q.22 समांतर श्रेणी में तीन संख्या हैं। यदि इन संख्याओं का योग 27 है और गुणनफल 648 है, तो संख्याएँ ज्ञात कीजिए।

[Allahabad High Court Clerk (Group C & D), 2019]

A. 6,9,12   B. 3,6,12   C. 3,9,12   D. 3,15,12

Q.23 एक रेखा (1, 1) से होकर गुजरती है और रेखा $3x + y = 7$ के लंबवत है। इसका x- अंतःखंड ज्ञात कीजिए।

A. -2   B. 2   C. $\frac{2}{3}$ D. $\frac{-2}{3}$

Q.24 रेखाओं $6x + 9y + 15 = 0$ और $12x + 18y + 30 = 0$ के बीच न्यून कोण ज्ञात कीजिए।

A. $0°$ B. $90°$
C. $45°$ D. इनमें से कोई नहीं

Q.25 सीधी रेखा $6x + 8y + 15 = 0$ और $3x + 4y + 9 = 0$ के बीच की लंबवत दूरी क्या है?

A. $\frac{3}{2}$ इकाई

B. $\frac{3}{10}$ इकाई

C. $\frac{3}{4}$ इकाई

D. $\frac{2}{7}$ इकाई

Q.26 उस अतिपरवलय का समीकरण ज्ञात कीजिए जिसके शीर्ष (±3, 0) है और फोकस (±4, 0) है।

A. $\frac{x^2}{3} - \frac{y^2}{7} = 1$

B. $\frac{x^2}{16} - \frac{y^2}{9} = 1$

C. $\frac{x^2}{7} - \frac{y^2}{3} = 1$

D. $\frac{x^2}{9} - \frac{y^2}{7} = 1$

Q.27 समीकरण $9y^2 + 16x + 36y - 10 = 0$ किसको दर्शाता है:

A. परवलय

B. दीर्घवृत्त

C. अतिपरवलय

D. वृत्त

Q.28 समीकरण $4x^2 + 9y^2 - 8x - 36y + 4 = 0$ किसको दर्शाता है:

A. वृत्त

B. दीर्घवृत्त

C. परवलय

D. अतिपरवलय

Q.29 एक 6 इकाई त्रिज्या वाले और केंद्र (-3, 4, 4) पर बने गोले का समीकरण क्या होगा?

A. $x^2+y^2+z^2+6x+8y+8z = 36$

B. $x^2+y^2+z^2-6x+8y-8z = -6$

C. $x^2+y^2+z^2-6x-8y-8z = 16$

D. $x^2+y^2+z^2+6x-8y-8z = -5$

Q.30 a का वह मान ज्ञात कीजिए जिसके लिए रेखाएं $\frac{x-a}{1} = \frac{y-7}{-3} = \frac{z+7}{2}$ और $\frac{x+1}{-3} = \frac{y-3}{2} = \frac{z+2}{1}$ समतलीय हैं?

A. 7

B. 0

C. 3

D. इनमें से कोई नहीं

Q.31 रेखाओं $\frac{x+1}{7} = \frac{y+1}{-6} = \frac{z+1}{1}$ और $\frac{x-3}{1} = \frac{y-5}{-2} = \frac{z-7}{1}$ के बीच की न्यूनतम दूरी ज्ञात कीजिए।

A. $-3\sqrt{29}$

B. $3\sqrt{29}$

C. $2\sqrt{29}$

D. $\sqrt{29}$

Q.32 यदि $s = 0.4t^{10} + \frac{9}{t^3} - 6t$, तो $\frac{ds}{dt}$ का मान ज्ञात कीजिए।

A. $0.4t^9 - 27t^{-4} - 6$

B. $4t^9 - 27t^4 - 6$

C. $0.4t^9 - 27t^{-2} - 6$

D. $4t^9 - 27t^{-4} - 6$

Q.33 $\lim\limits_{x \to 0} \frac{\tan^2 3x}{x^2}$ का मान है:

A. 3

B. 6

C. 9

D. 12

Q.34 13 संख्याओं का माध्य 24 है। यदि प्रत्येक संख्या में 3 जोड़ा जाता है, तो नया माध्य क्या होगा?

A. 24

B. 21

C. 27

D. 25

Q.35 $1,3,4,5,7,4$ का माध्य m है। संख्या $3,2,2,4,3,3,p$ का माध्य $m - 1$ और माध्यक q है तो $p + q$ होगा:

[UPSESSB TGT Mathematics, 2016]

A. 4

B. 5

C. 6

D. 7

Q.36 निम्नलिखित समूह के लिए मानक विचलन की गणना कीजिए:
A = { 2, 4, 6, 8, 10}

A. $\sqrt{6}$

B. 6

C. 3

D. $2\sqrt{2}$

Q.37 2n + 1 अवलोकन a, a + d, a + 2d, …, a + 2nd के माध्य से मानक विचलन क्या है?

A. $\frac{n(n+1)|d|}{2n+1}$

B. $\frac{n(n+1)d^2}{2}$

C. $a + \frac{n(n+1)d^2}{2}$

D. $\frac{n(n+1)d^2}{3}$

Q.38 एक पासे को तीन बार उछाला जाता है और सबसे ऊपर वाले फलक पर दिखाई देने वाली तीन संख्याओं का योग 15 है। क्या संभावना है कि पहला रोल चार था?

A. $\frac{1}{216}$

B. $\frac{2}{69}$

C. $\frac{1}{5}$

D. $\frac{3}{71}$

Q.39 अच्छी तरह से फेंटे गए ताश के पत्तों की एक गड्डी में से, एक साथ दो पत्ते बेतरतीब ढंग से निकाले जाते हैं। दोनों पत्तों के इक्के होने की प्रायिकता क्या है?

A. $\frac{1}{221}$

B. $\frac{2}{221}$

C. $\frac{2}{121}$

D. $\frac{1}{121}$

Q.40 सोमवार को होने वाली एक घटना 'A' की संभावना 40% है और सोमवार को होने वाली घटना 'B' की संभावना 35% है, क्या संभावना है कि या तो घटना A या घटना B सोमवार को हो रही है?

A. 0.25

B. 0.50

C. 1

D. 0.14

Q.41 यदि x एक गैर-धनात्मक अनुमेय मान लेता है, तो $\sin^{-1}x$ ________ होगा।

A. $\cos^{-1}\sqrt{1 - x^2}$

B. $-\cos^{-1}\sqrt{1 - x^2}$

C. $\cos^{-1}\sqrt{x^2 - 1}$

D. $\pi - \cos^{-1}\sqrt{1 - x^2}$

Q.42 यदि $3\sin^{-1}x + \cos^{-1}x = \pi$, तो x का मान ज्ञात करें।

A. 0

B. $\frac{1}{\sqrt{2}}$

C. -1

D. $\frac{1}{2}$

Q.43 $cosec(\sin^{-1}\cos\sin^{-1}x + \cos^{-1}\sin\cos^{-1}x)$ का मान ज्ञात करें।

A. $\sqrt{2}$

B. $\frac{2}{\sqrt{3}}$

C. 1

D. 2

Q.44 यदि, $A = \begin{bmatrix} 1 & 1 \\ 0 & 1 \end{bmatrix}$ है, तो A^n का मान ज्ञात कीजिए।

A. $\begin{bmatrix} 1 & n \\ 0 & 1 \end{bmatrix}$

B. $\begin{bmatrix} n & n \\ 0 & n \end{bmatrix}$

C. $\begin{bmatrix} n & 1 \\ 0 & n \end{bmatrix}$

D. $\begin{bmatrix} 1 & 1 \\ 0 & n \end{bmatrix}$

Q.45 यदि $A = \begin{bmatrix} 2 & -3 \\ 0 & 1 \end{bmatrix}$ और $B = \begin{bmatrix} 1 & 2 \\ 3 & 0 \end{bmatrix}$ है, तो $(B^{-1}A^{-1})^{-1}$ किसके बराबर है?

A. $\begin{bmatrix} 7 & 4 \\ 3 & 0 \end{bmatrix}$

B. $\begin{bmatrix} -7 & 4 \\ 3 & 0 \end{bmatrix}$

C. $\begin{bmatrix} -7 & 4 \\ 0 & 5 \end{bmatrix}$

D. $\begin{bmatrix} 4 & -7 \\ 3 & 0 \end{bmatrix}$

Q.46 मैट्रिक्स के दो आइगेनवैल्यूज़ $\begin{bmatrix} 2 & 1 \\ 1 & p \end{bmatrix}$ के लिए $3 : 1$ का अनुपात $p = 2$ है p का एक और मूल्य क्या है जिसके लिए आइगेनवैल्यूज़ का समान अनुपात $3 : 1$ है?

A. -2

B. 1

C. $\frac{7}{3}$

D. $\frac{14}{3}$

Q.47 निम्नलिखित मैट्रिक्स के लिए $\det(3A)$ का मान ज्ञात कीजिए।

$$A = \begin{bmatrix} 4 & 7 & 1 \\ -1 & 3 & 2 \\ -2 & 0 & 5 \end{bmatrix}$$

A. 1458

B. 81

C. 27

D. 1971

Q.48 सारणिक $\begin{vmatrix} 1 & a & b+c \\ 1 & b & c+a \\ 1 & c & a+b \end{vmatrix}$ का मान ज्ञात कीजिए।

A. 0
B. 1
C. $a+b+c$
D. 3

Q.49 यदि ω इकाई का घनमूल है तो निम्न समीकरण का मूल क्या है?

$$\begin{vmatrix} x+1 & \omega & \omega^2 \\ \omega & x+\omega^2 & 1 \\ \omega^2 & 1 & x+\omega \end{vmatrix} = 0$$

A. $x=\omega$
B. $x=0$
C. $x=1$
D. $x=\omega^2$

Q.50 $\lim\limits_{x \to -1} \dfrac{x^3+x^2}{x^2+3x+2}$ किसके बराबर है?

[UPSC NDA, 2021]

A. 0
B. 1
C. 2
D. 3

Q.51 $\lim\limits_{x \to 1} \dfrac{1-\sqrt{x}}{\cos^{-1}x}$ बराबर है:

[UPSESSB TGT Mathematics, 2019]

A. 0
B. $\frac{1}{2}$
C. $\frac{1}{4}$
D. 1

Q.52 $\lim\limits_{x \to 2} \dfrac{\sqrt{3-x}-1}{2-x}$ का मूल्यांकन करें।

A. 0
B. ∞
C. $\frac{1}{2}$
D. $\frac{-1}{2}$

Q.53 यदि फलन $f(x) = \begin{cases} a+bx, & x<1 \\ 5, & x=1 \\ b-ax, & x>1 \end{cases}$ संतत है, तो

$(a+b)$ का मान क्या है?

[UPSC NDA, 2021]

A. 5
B. 10
C. 15
D. 20

Q.54 हल कीजिए: $\lim\limits_{x \to 0} \tan x =$

A. 0
B. 1
C. -1
D. इनमें से कोई नहीं

Q.55 x के मानों का सेट ज्ञात कीजिए जिसके लिए $f(x) = \cos x - x$ निम्न में घटता हुआ है।

A. $(0,\infty)$
B. $(-\infty,0)$
C. $(-\infty,\infty)$
D. इनमें से कोई भी नहीं

Q.56 वक्र $3x^2 - y^2 = 8$ के लिए लम्ब रेखाओं के समीकरण का पता लगाएं जो रेखा $x + 3y = 4$ के समानांतर हैं।

A. $x + 2y + 8 = 0$
B. $x + 3y + 8 = 0$
C. $x + 4y + 8 = 0$
D. $y + 3x + 8 = 0$

Q.57 $y = x(x-3)^2$, x के मान के लिए घटती है, यह दिया जाता है:

A. $1 < x < 3$
B. $x < 0$
C. $x > 0$
D. $0 < x < \frac{3}{2}$

Q.58 $\int_0^{\frac{\pi}{2}} \dfrac{\sin x}{\sin x + \cos x} dx$ _______ के बराबर है।

A. $\frac{\pi}{2}$
B. 1
C. $\frac{\pi}{4}$
D. 0

Q.59 $\int \dfrac{dx}{x(x^7-1)}$ किसके बराबर है?

A. $\frac{1}{7}\log\left|\frac{x^7}{x^7-1}\right| + C$
B. $\frac{1}{7}\log\left|\frac{x^7-1}{x^7}\right| + C$
C. $\frac{1}{7}\log\left|\frac{x^7+1}{x^7}\right| + C$
D. $\tan^{-1}\left(\frac{x^7-1}{1}\right) + C$

Q.60 $\int e^x \cos x\, dx$ का मान क्या है?

A. $\frac{e^x\cos x - e^x\sin x}{2}$
B. $\frac{-e^x\cos x - e^x\sin x}{2}$
C. $\frac{-e^x\cos x + e^x\sin x}{2}$
D. $\frac{e^x\cos x + e^x\sin x}{2}$

Q.61 मूल्यांकन करें: $\int \dfrac{\cot x}{\log(\sin x)} dx$

A. $\log|\log(\cos x)| + C$
B. $\log|\log(\sin x)| + C$
C. $\log|\log(\cot x)| + C$
D. इनमें से कोई नहीं

Q.62 वक्र $y = x^2$ और रेखा $y = 16$ से घिरे क्षेत्र का क्षेत्रफल है:

A. $\frac{32}{3}$ वर्ग इकाई
B. $\frac{256}{3}$ वर्ग इकाई
C. $\frac{64}{3}$ वर्ग इकाई
D. $\frac{128}{3}$ वर्ग इकाई

Q.63 दीर्घवृत्त $\dfrac{x^2}{9} + \dfrac{y^2}{4} = 1$ और रेखा $\dfrac{x}{3} + \dfrac{y}{2} = 1$ से घिरे छोटे क्षेत्र का क्षेत्रफल ज्ञात कीजिए।

A. $\frac{3}{2}(3\pi - 2)$ इकाई
B. $\frac{3}{2}(\pi - 2)$ इकाई
C. $\frac{4}{2}(5\pi - 2)$ इकाई
D. $\frac{7}{2}(9\pi - 2)$ इकाई

Q.64 $\{(x,y): y^2 \le 4x, 4x^2 + 4y^2 \le 9\}$ का क्षेत्र का क्षेत्रफल ज्ञात कीजिए।

A. $\frac{9\pi}{8} - \frac{9}{4}\sin^{-1}\left(\frac{1}{3}\right) - \frac{1}{3\sqrt{2}}$ इकाई
B. $\frac{9\pi}{7} - \frac{9}{5}\sin^{-1}\left(\frac{1}{3}\right) - \frac{1}{23\sqrt{2}}$ इकाई
C. $\frac{9\pi}{7} + \frac{9}{5}\sin^{-1}\left(\frac{1}{3}\right) + \frac{1}{2\sqrt{2}}$ इकाई
D. इनमें से कोई भी नहीं

Q.65 सदिश $\vec{a} = \dfrac{1}{\sqrt{3}}\hat{i} + \dfrac{1}{\sqrt{3}}\hat{j} + \dfrac{1}{\sqrt{3}}\hat{k}$ का परिमाण है:

A. $\sqrt{3}$
B. 1
C. 0.5
D. 1.5

Q.66 सदिश $\vec{a} = \hat{i} + \hat{j} + \hat{k}$ का परिमाण है:

A. $1 + \sqrt{3}$
B. $\sqrt{2}$
C. $1 - \sqrt{3}$
D. $\sqrt{3}$

Q.67 सदिशों $\vec{a} = \hat{i} - 2\hat{j} + \hat{k}, \vec{b} = -2\hat{i} + 4\hat{j} + 5\hat{k}$ और $\vec{c} = \hat{i} - 6\hat{j} - 7\hat{k}$ का योग ज्ञात कीजिए।

A. $4\hat{j} - \hat{k}$
B. $-2\hat{i} - 4\hat{j} - \hat{k}$
C. $-4\hat{j} - \hat{k}$
D. $-4\hat{j} + \hat{k}$

Q.68 यदि $\vec{a}$ एक गैर शून्य सदिश है और m गैर शून्य अदिश है, तो $m\vec{a}$ निम्न में से क्या होने पर एक इकाई सदिश है?

A. $m = \pm 1$
B. $|a| = |m|$
C. $|a| = 1$
D. $|a| = \frac{1}{|m|}$

Q.69 हंगेरियन एल्गोरिथम _______ को हल करने के लिए उपयोग किया जाता है।

A. परिवहन की समस्या
B. नियतन समस्या
C. अप्रतिबंधित गैर-रेखीय प्रोग्रामिंग समस्या

D. कृत्रिम गैर-रेखीय प्रोग्रामिंग समस्या

Q.70 एक एलपीपी के लिए व्यवहार्य क्षेत्र के कोने बिंदु $(0,2), (3,0), (6,0)$ और $(0,5)$ हैं। मान लीजिए $F = 4x + 6y$ उद्देश्य फलन है। F के अधिकतम मान - F के न्यूनतम मान का मान ज्ञात कीजिए।

A. 60   **B.** 48   **C.** 42   **D.** 18

Q.71 $Z = 3x + 4y$ का अधिकतम मान निर्धारित करें यदि एलपीपी के लिए व्यवहार्य क्षेत्र (छायांकित) चित्र में दिखाया गया है।

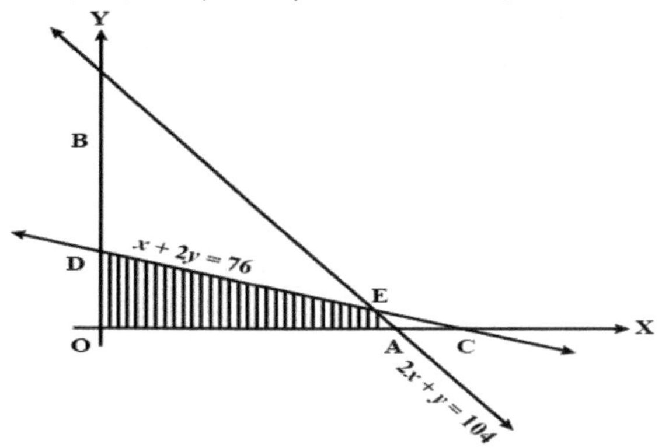

A. (0,38)   **B.** (0,0)   **C.** (52,0)   **D.** (44,16)

Q.72 एक सम-लाभ रेखा ______ का प्रतिनिधित्व करती है।

A. समाधान की एक अनंत संख्या, जिनमें से सभी समान लाभ उत्पन्न करते हैं

B. समाधान की एक अनंत संख्या जिसमें सभी समान लागत उत्पन्न करते हैं

C. इष्टतम समाधानों की अनंत संख्या

D. व्यवहार्य क्षेत्र की एक सीमा

Q.73 यदि $A = \{2,4,5\}, B = \{5,9,11\}$ और R, A से B तक इस प्रकार संबंधित है जिससे $aRb = b = 2a + 1$ है, तो R का प्रतिलोम संबंध क्या है?

A. $\{(2,5), (4,9)\}$

B. $\{(2,5), (4,9), (5,11)\}$

C. $\{(5,2), (9,4), (11,5)\}$

D. $\{(5,2), (9,4)\}$

Q.74 माना कि $A = \{x, y, z\}$ और $B = \{p, q, r, s\}$। B से A तक के अलग-अलग संबंधों की संख्या कितनी है?

[JEE Main Advanced, 2017]

A. 4096   **B.** 4094   **C.** 128   **D.** 126

Q.75 यदि $f(x) = 2x - x^2$, तो $f(x + 2) + f(x - 2)$ का मान क्या होगा जब $x = 0$?

[UPSC NDA, 2020]

A. -8   **B.** -4   **C.** 8   **D.** 4

Q.76 फलन $f(x) = \sin x$ का आवर्त क्या है?

A. $\frac{\pi}{4}$ **B.** $\frac{\pi}{2}$ **C.** π **D.** 2π

Q.77 समुच्चय $A = \{a, b, c\}$ पर निम्न दो द्विआधारी संबंधों पर विचार कीजिए:

$R_1 = \{(c,a),(b,b),(a,c),(c,c),(b,c),(a,a)\}$ और
$R_2 = \{(a,b),(b,a),(c,c),(c,a),(a,a),(b,b),(a,c)\}$. तो

A. R_1 तथा R_2 दोनों सममित नहीं हैं।

B. R_1 सममित नहीं है परन्तु संक्रमणीय है।

C. R_2 सममित है परन्तु संक्रमणीयक नहीं है।

D. R_1 तथा R_2 दोनों संक्रमणीय है।

Q.78 फलन $f(x) = x^2 + 4x + 4$ है:

A. विषम   **B.** सम

C. न सम और न विषम   **D.** आवधिक

Q.79 यदि $f: R \to R, f(x) = (3 - x^3)^{\frac{1}{3}}$, द्वारा प्रदत्त फलन है, तो $fof(x)$ बराबर है:

A. $\frac{1}{x^3}$ **B.** x^3

C. x **D.** $(3 - x^3)$

Q.80 मान लीजिए कि $f: R \to R, f(x) = x^4$ द्वारा परिभाषित है। सही उत्तर का चयन कीजिए।

A. f एकैकी आच्छादक है

B. f बहुएक आच्छादक है

C. f एकैकी है परंतु आच्छादक नहीं है

D. f न तो एकैकी है और न आच्छादक है

Q.81 अवकल समीकरण $\left(\frac{d^4y}{dx^4}\right)^{\frac{1}{2}} = \left[1 + \left(\frac{d^2y}{dx^2}\right)^2\right]^{\frac{1}{3}}$ की कोटि और डिग्री क्रमशः ______ हैं।

A. 4,6   **B.** 4,3   **C.** 3,6   **D.** 2,6

Q.82 अवकल समीकरण $x^2 dy + y^2 dx = 0$ का सामान्य हल क्या है? जहाँ c समाकलन का स्थिरांक है।

A. $x + y = c$ **B.** $xy = c$

C. $c(x + y) = xy$ **D.** उपरोक्त में से कोई नहीं

Q.83 प्रारंभिक मान समस्या, $dy = e^{x+2y} dx, y(0) = 0$ को हल करें।

A. $y = \frac{1}{2}\left(\frac{1}{3+2e^x}\right)$ **B.** $y = \left(\frac{1}{3-2e^x}\right)$

C. $y = \frac{1}{2}\ln\left(\frac{1}{3-2e^x}\right)$ **D.** $y = 3 - 2e^x$

Q.84 अवकल समीकरण $k\frac{dy}{dx} = \int \left[1 + \left(\frac{dy}{dx}\right)^2\right]^{\frac{2}{3}} dx$ का क्रम और डिग्री क्रमशः हैं:

A. 1 और 1   **B.** 2 और 3   **C.** 2 और 4   **D.** 1 और 4

Q.85 समतलों x = 3z + 4 और y = 2z - 3 के प्रतिच्छेदन की रेखा के दिशा अनुपात क्या हैं?

A. $\langle 1,2,3 \rangle$ **B.** $\langle 2,1,3 \rangle$ **C.** $\langle 3,2,1 \rangle$ **D.** $\langle 1,3,2 \rangle$

Q.86 एक बिंदु P(x, y, z) का बिंदुपथ (लोकस) इस प्रकार स्थान परिवर्तित करता है कि z = 7 है, तो बिंदुपथ (लोकस) क्या है?

A. x-अक्ष के समांतर एक रेखा

B. y-अक्ष के समांतर एक रेखा

C. z-अक्ष के समांतर एक रेखा

D. xy-तल के समांतर एक समतल

Q.87 बिंदुओं $(1, 2, -1)$ और $(3, -1, 2)$ से गुजरने वाली रेखा yz-समतल से निम्नलिखित में से किस बिंदु पर मिलती है?

A. $\left(0, -\frac{7}{2}, \frac{5}{2}\right)$ **B.** $\left(0, \frac{7}{2}, \frac{1}{2}\right)$

C. $\left(0, -\frac{7}{2}, -\frac{5}{2}\right)$ **D.** $\left(0, \frac{7}{2}, -\frac{5}{2}\right)$

Q.88 रेखाओं L_1 और L_2 के बीच की दूरी ज्ञात करें जिनके सदिश समीकरण $\vec{r} = \hat{i} + \hat{j} + \hat{k} + \lambda \times (3\hat{i} - \hat{j})$ और $\vec{r} = 4\hat{i} - \hat{k} + \mu \times (3\hat{i} - \hat{j})$ हैं।

A. 6   **B.** 5   **C.** 4   **D.** 2

Q.89 XY- समतल बिन्दुओं A (2, 3, -5) और B (-1, -2, -3) को जोड़ने वाली रेखा को ____________ अनुपात में विभाजित करता है।

A. आंतरिक रूप से 2 : 1   **B.** बाहरी रूप से 3 : 2
C. आंतरिक रूप से 5 : 3   **D.** बाहरी रूप से 5 : 3

Q.90 k का मान इस प्रकार है कि रेखा $\frac{x-4}{1} = \frac{y-2}{1} = \frac{z-k}{2}$ तल $2x - 4y + z = 7$ पर स्थित है?

A. 1   **B.** 7   **C.** -7   **D.** 2

Q.91 यदि 2 कार्ड 52 कार्ड के एक अच्छी तरह से पिसे हुए पैक से खींचे जाते हैं तो क्या प्रायिकता है कि वे एक ही रंग के हैं?

A. $\frac{1}{2}$ **B.** $\frac{26}{51}$ **C.** $\frac{25}{51}$ **D.** $\frac{25}{102}$

Q.92 वक्र $x = \sqrt{9 - y^2}$ और y-अक्ष से घिरे क्षेत्र का क्षेत्रफल क्या है?

A. 8π वर्ग इकाई   **B.** 12π वर्ग इकाई
C. 56π वर्ग इकाई   **D.** इनमें से कोई नहीं

Q.93 अगर $\sin A + \sin 2A = x$ और $\cos A + \cos 2A = y$, तो $(x^2 + y^2)(x^2 + y^2 - 3) = ?$

A. $2y$ **B.** y
C. $3y$ **D.** इनमें से कोई नहीं

Q.94 x का मान ज्ञात कीजिए, यदि $3\sin\frac{\pi}{6}\sec\frac{\pi}{3} - 4\sin\frac{5\pi}{6}\cot\frac{\pi}{4} = x$

A. 1   **B.** -1
C. 0   **D.** इनमें से कोई नहीं

Q.95 $\frac{m-n}{m+n} + \frac{1}{3}\left(\frac{m-n}{m+n}\right)^3 + \frac{1}{5}\left(\frac{m-n}{m+n}\right)^5 + \cdots + \infty$ का मान ज्ञात कीजिये:

A. $\log_e\left(\frac{m}{n}\right)$ **B.** $\log_e\left(\frac{n}{m}\right)$
C. $\log_e\left(\frac{m-n}{m+n}\right)$ **D.** $\frac{1}{2}\log_e\left(\frac{m}{n}\right)$

Q.96 G.P का छठा पद 32 है और इसका 8वाँ पद 128 है, तो G.P. का सार्व अनुपात कितना है?

A. -1 **B.** 2   **C.** 4   **D.** -4

Q.97 यदि दो धनात्मक संख्याओं a और b के बीच समांतर माध्य, गुणोत्तर माध्य और हरात्मक माध्य बराबर हैं, तो

A. $a = b$ **B.** $ab = 1$ **C.** $a > b$ **D.** $a < b$

Q.98 यदि $f(x) = \frac{x+3}{x^2+5x+6}$ है, तो $f'(5)$ ज्ञात कीजिए।

A. $\ln 7$ **B.** $\frac{1}{7}$ **C.** $-\ln 7$ **D.** $\frac{-1}{49}$

Q.99 दिया गया है $y = x^4(x^3 + 2x^2 + 5)$, y' ज्ञात कीजिए।

A. $x^3(7x^3 + 12x^2 + 20)$
B. $x^3(7x^3 + 12x^2 + 20x)$
C. $x^3(7x^3 + 12x^3 + 20)$
D. $x^3(7x^4 + 12x^2 + 20)$

Q.100 यदि $x = \frac{\sqrt{2}}{\theta^2} + \frac{1}{\theta} - \frac{1}{\sqrt{\theta}}$ है, तो $\frac{dx}{d\theta}$ का मान ज्ञात कीजिए।

A. $-2\sqrt{2}\theta^{-\sqrt{3}} - \theta^{-2} + \frac{1}{2}\theta^{-\frac{3}{2}}$

B. $-2\sqrt{2}\theta^{-3} - \theta^{-2} + \frac{1}{2}\theta^{-\frac{3}{2}}$

C. $-2\sqrt{2}\theta^{\sqrt{3}} - \theta^{-2} + \frac{1}{2}\theta^{-\frac{3}{2}}$

D. $-2\sqrt{2}\theta^{-3} - \theta^{-2} + \frac{1}{2}\theta^{\frac{3}{2}}$

// स्मार्ट उत्तर पुस्तिका //

सही उत्तर — उन छात्रों का प्रतिशत जिन्होंने प्रश्नों का सही उत्तर दिया था। **छोड़ दिया** — उन छात्रों का प्रतिशत जिन्होंने प्रश्नों को छोड़ दिया था।

प्रश्न संख्या	उत्तर	सही उत्तर / छोड़ दिया	प्रश्न संख्या	उत्तर	सही उत्तर / छोड़ दिया	प्रश्न संख्या	उत्तर	सही उत्तर / छोड़ दिया	प्रश्न संख्या	उत्तर	सही उत्तर / छोड़ दिया	प्रश्न संख्या	उत्तर	सही उत्तर / छोड़ दिया	प्रश्न संख्या	उत्तर	सही उत्तर / छोड़ दिया	प्रश्न संख्या	उत्तर	सही उत्तर / छोड़ दिया
1	A	12.24 % / 3.07 %	18	A	80.75 % / 0.0 %	35	D	60.82 % / 1.75 %	52	C	52.57 % / 1.65 %	69	B	89.73 % / 0.0 %	86	D	79.81 % / 0.0 %			
2	D	25.35 % / 3.99 %	19	D	55.45 % / 1.6 %	36	D	46.17 % / 1.81 %	53	A	82.73 % / 0.0 %	70	D	85.48 % / 0.0 %	87	D	44.12 % / 1.85 %			
3	C	40.67 % / 1.11 %	20	C	22.01 % / 3.91 %	37	A	24.23 % / 4.67 %	54	A	51.38 % / 1.64 %	71	D	60.95 % / 1.95 %	88	D	14.68 % / 3.88 %			
4	B	84.51 % / 0.0 %	21	B	64.22 % / 1.15 %	38	C	59.34 % / 1.98 %	55	C	16.48 % / 3.5 %	72	A	77.6 % / 0.0 %	89	D	62.53 % / 1.6 %			
5	A	21.98 % / 4.73 %	22	A	67.81 % / 1.07 %	39	A	83.57 % / 0.0 %	56	B	12.59 % / 4.16 %	73	C	78.33 % / 0.0 %	90	B	44.11 % / 1.35 %			
6	D	30.79 % / 3.03 %	23	A	41.49 % / 1.61 %	40	D	87.95 % / 0.0 %	57	A	13.07 % / 4.32 %	74	A	67.1 % / 1.05 %	91	C	43.68 % / 1.33 %			
7	A	12.37 % / 3.36 %	24	A	80.65 % / 0.0 %	41	B	22.65 % / 4.74 %	58	C	68.36 % / 1.45 %	75	A	45.54 % / 1.16 %	92	D	49.75 % / 1.66 %			
8	C	44.51 % / 1.17 %	25	B	44.82 % / 1.36 %	42	B	55.24 % / 1.67 %	59	B	45.62 % / 1.81 %	76	D	44.55 % / 1.79 %	93	A	62.58 % / 1.35 %			
9	C	16.42 % / 4.29 %	26	D	51.81 % / 1.02 %	43	C	56.57 % / 1.32 %	60	D	48.04 % / 1.64 %	77	C	87.82 % / 0.0 %	94	A	44.46 % / 1.7 %			
10	D	83.11 % / 0.0 %	27	A	57.59 % / 1.06 %	44	A	76.74 % / 0.0 %	61	B	69.22 % / 1.4 %	78	D	42.23 % / 1.62 %	95	D	60.66 % / 1.53 %			
11	B	89.97 % / 0.0 %	28	B	64.02 % / 1.51 %	45	B	89.7 % / 0.0 %	62	B	54.56 % / 1.47 %	79	C	78.09 % / 0.0 %	96	B	80.85 % / 0.0 %			
12	B	49.64 % / 1.79 %	29	D	55.78 % / 1.68 %	46	D	76.59 % / 0.0 %	63	B	23.99 % / 4.84 %	80	D	56.43 % / 1.95 %	97	A	53.04 % / 1.33 %			
13	D	58.09 % / 1.63 %	30	B	31.63 % / 3.58 %	47	A	52.29 % / 1.33 %	64	A	15.1 % / 4.15 %	81	B	48.74 % / 1.26 %	98	D	78.21 % / 0.0 %			
14	D	66.4 % / 1.48 %	31	C	22.26 % / 4.29 %	48	A	48.49 % / 1.33 %	65	B	44.08 % / 1.32 %	82	C	40.82 % / 1.14 %	99	A	52.63 % / 1.84 %			
15	A	58.5 % / 1.59 %	32	D	82.55 % / 0.0 %	49	B	66.49 % / 1.42 %	66	D	86.6 % / 0.0 %	83	C	86.15 % / 0.0 %	100	B	49.74 % / 1.05 %			
16	A	67.86 % / 1.99 %	33	C	51.9 % / 1.34 %	50	B	77.06 % / 0.0 %	67	C	81.64 % / 0.0 %	84	B	60.56 % / 1.51 %						
17	A	82.48 % / 0.0 %	34	C	43.17 % / 1.85 %	51	A	67.9 % / 1.58 %	68	D	80.48 % / 0.0 %	85	C	62.55 % / 1.55 %						

//संकेत और समाधान//

1. दिया गया है:

$$\sin\theta = \frac{2}{\sqrt{5}}$$

अब,

$$\sin\theta = (लम्ब)/(कर्ण)$$

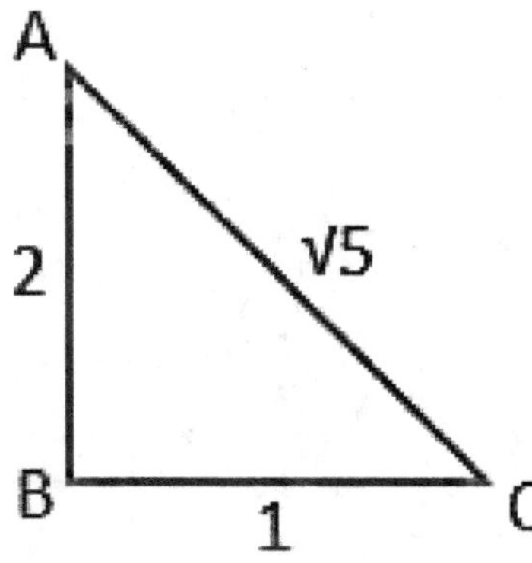

$\triangle\ ABC$ में;

$$(AC)^2 = (AB)^2 + (BC)^2$$

$$\Rightarrow \left(\sqrt{5}\right)^2 = (2)^2 + (BC)^2$$

$$\Rightarrow 5 = 4 + (BC)^2$$

$$\Rightarrow (BC)^2 = 5 - 4$$

$$\Rightarrow (BC)^2 = 1$$

$$\Rightarrow BC = 1$$

$$\sec\theta = (कर्ण)/(आधार)$$

$$\Rightarrow \sec\theta = \frac{\sqrt{5}}{1}$$

$$\Rightarrow \sec\theta = \sqrt{5}$$

$$\cot\theta = (आधार)/(लम्ब)$$

$$\Rightarrow \cot\theta = \frac{1}{2}$$

$$(\sec\theta)^2 + (\cot\theta)^2 = \left(\sqrt{5}\right)^2 + \left(\frac{1}{2}\right)^2$$

$$= 5 + \frac{1}{4}$$

$$= \frac{21}{4}$$

$\therefore \sec^2\theta + \cot^2\theta$ का मान $\frac{21}{4}$ है।

अतः विकल्प (A) सही है।

2. दिया गया है,

$$3\sin\alpha = 5\sin\beta$$

$$\Rightarrow \frac{\sin\alpha}{\sin\beta} = \frac{5}{3}$$

जैसा कि हम जानते हैं कि घटक और लाभांश नियम इस प्रकार दिया गया है,

यदि $\frac{a}{b} = \frac{c}{d}$

फिर $\frac{a+b}{a-b} = \frac{c+d}{c-d}$

तब इस नियम को लागू करने पर हमें प्राप्त होता है

$$\Rightarrow \frac{\sin\alpha+\sin\beta}{\sin\alpha-\sin\beta} = \frac{5+3}{5-3} = 4$$

जैसा कि हम जानते हैं,

$$\sin C + \sin D = 2\sin\left(\frac{C+D}{2}\right)\cos\left(\frac{C-D}{2}\right)$$

$$\sin C - \sin D = 2\sin\left(\frac{C-D}{2}\right)\cos\left(\frac{C+D}{2}\right)$$

$$\Rightarrow \frac{2\sin\frac{\alpha+\beta}{2}\cos\frac{\alpha-\beta}{2}}{2\cos\frac{\alpha+\beta}{2}\sin\frac{\alpha-\beta}{2}} = 4$$

$$\Rightarrow \frac{\tan\frac{\alpha+\beta}{2}}{\tan\frac{\alpha-\beta}{2}} = 4$$

अतः विकल्प (D) सही है।

3. दिया हैं,

$$5(\tan^2 x - \cos^2 x) = 2\cos 2x + 9$$

$$= 5\left(\sec^2 x - 1 - \cos^2 x\right) = 2\left(2\cos^2 x - 1\right) + 9$$
$$(\because \cos 2x = 2\cos^2 x - 1)$$

$$= 5\left(\frac{1}{\cos^2 x} - 1 - \cos^2 x\right) = 4\cos^2 x - 2 + 9$$
$$\left(\because \sec x = \frac{1}{\cos x}\right)$$

$$= 5(1 - \cos^2 x - \cos^4 x) = 4\cos^4 x + 7\cos^2 x$$
$$(\cos^2 x \text{ द्वारा दोनों पक्षों को गुणा करने पर })$$

$$= -5\cos^4 x - 5\cos^2 x + 5 = 4\cos^4 x + 7\cos^2 x$$

$$= 9\cos^4 x + 12\cos^2 x - 5 = 0(\text{ ट्रांसपोज़िंग द्वारा })$$

जो एक द्विघात समीकरण $\cos^2 x$ है

$$= 9\cos^4 x + 15\cos^2 x - 3\cos^2 x - 5$$

$$= 3\cos^2 x(3\cos^2 x + 5) - 1(3\cos^2 x + 5) = 0$$

$$= (3\cos^2 x + 5)(3\cos^2 x - 1) = 0$$

$$= 3\cos^2 x + 5 = 0 \text{ or } 3\cos^2 x - 1 = 0$$

$$= \cos^2 x = \frac{-5}{3} \text{ or } \cos^2 x = \frac{1}{3}$$

$$= \cos^2 x = \frac{1}{3} = (\because \cos^2 x \geq 0)$$

$$= \cos^2 x \neq \left(\frac{-5}{3}\right)$$

अब $\cos^2 x = 2\cos^2 x - 1$

$= \frac{2}{3} - 1 = \frac{-1}{3}$

$\therefore \cos4x = 2\cos^2(2x) - 1 (\because \cos2\theta = 2\cos2\theta - 1)$

$= 2\left(\frac{-1}{3}\right)^2 - 1$

$= \frac{2}{9} - 1$

$= \frac{2-9}{9} = \frac{-7}{9}$

अतः विकल्प (C) सही है।

4. एक द्विघात समीकरण पर विचार करें: $ax^2 + bx + c = 0.$

माना कि α और β मूल हैं, फिर

मूलों का योग $= \alpha + \beta = \frac{-b}{a}$

मूलों का गुणनफल $= \alpha \times \beta = \frac{c}{a}$

दिया गया द्विघात समीकरण: $x^2 + 6x + 4 = 0$

माना कि α और β मूल हैं, फिर

$\alpha + \beta = -6, \alpha\beta = 4$

अब, $\frac{\alpha^4 + \beta^4}{\alpha^{-4} + \beta^{-4}} = \frac{\alpha^4 + \beta^4}{\frac{1}{\alpha^4} + \frac{1}{\beta^4}}$

$= \frac{\alpha^4 + \beta^4}{\frac{(\alpha^4 + \beta^4)}{\alpha^4 \beta^4}}$

$= (\alpha\beta)^4$

$= (4)^4$

$= 256$

अतः विकल्प (B) सही है।

5. मापांक मान ऋणात्मक नहीं होता है।

$\tan^{-1}(-x) = -\tan^{-1}(x)$

दिया है, समीकरण $x^2 + 5|x| - 6 = 0$ है।

$\Rightarrow |x^2| + 5|x| - 6 = 0$

$\Rightarrow |x^2| + 6|x| - |x| - 6 = 0$

$\Rightarrow |x|(|x| + 6) - 1(|x| + 6) = 0$

$\Rightarrow (|x| + 6)(|x| - 1) = 0$

$\Rightarrow (|x| + 6) = 0$ और $(|x| - 1) = 0$

$\Rightarrow |x| = -6$ और $|x| = 1$

लेकिन $|x| = -6$ है, जो संभव नहीं है क्योंकि मापांक का मान ऋणात्मक नहीं होता है।

$\Rightarrow |x| = 1$

$\Rightarrow x = 1$ और $x = -1$

दिया है, α और β समीकरण $x^2 + 5|x| - 6 = 0$ के मूल हैं।

इसलिए, $\alpha = 1$ और $\beta = -1.$

अब, माना कि $|\tan^{-1}\alpha - \tan^{-1}\beta| = |\tan^{-1}(1) - \tan^{-1}(-1)|$

$= |\tan^{-1}(1) + \tan^{-1}(1)|$

$= |2\tan^{-1}(1)|$

$= 2.\frac{\pi}{4}$

$= \frac{\pi}{2}$

अतः विकल्प (A) सही है।

6. माना कि $ax^2 + bx + c = 0$ कोई द्विघाती समीकरण है। इसका हल $x = \frac{-b \pm \sqrt{b^2 - 4ac}}{2a}$ दिया गया है।

दिया गया समीकरण $f(x) = x^2 + 3|x| + 2 = 0$ है।

चूँकि हम जानते हैं $f(x) = |x| = \begin{cases} -x, & x < 0 \\ x, & x \geq 0 \end{cases}$

इसलिए दिया गया समीकरण निम्न हो जाता है,

$f(x) = x^2 + 3x + 2 = 0$ यदि $x \geq 0$

$f(x) = x^2 - 3x + 2 = 0$ यदि $x < 0$

स्थिति 1: $x \geq 0$

$\Rightarrow f(x) = x^2 + 3x + 2 = 0$

$\Rightarrow x = \frac{-3 \pm \sqrt{3^2 - 4(1)(2)}}{2(1)}$

$\Rightarrow x = \frac{-3 \pm 1}{2}$

$\Rightarrow x = \frac{-3+1}{2}$ या $x = \frac{-3-1}{2}$

$\Rightarrow x = -1$ या $x = -2$

यहाँ $x \geq 0$ है, इसलिए कोई वास्तविक मूल संभव नहीं हैं।

स्थिति 2: $x < 0$

$f(x) = x^2 - 3x + 2 = 0$

$x = \frac{3 \pm \sqrt{(-3)^2 - 4(1)(2)}}{2(1)}$

$\Rightarrow x = \frac{3 \pm 1}{2}$

$x = \frac{3+1}{2}$ या $x = \frac{3-1}{2}$

$\Rightarrow x = 2$ या $x = 1$

यहाँ $x < 0$ है, इसलिए कोई वास्तविक मूल संभव नहीं हैं।

अतः विकल्प (D) सही है।

7. मान लीजिये $x = \dfrac{\sqrt{22}+\sqrt{10}}{\sqrt{22}-\sqrt{10}}; y = \dfrac{\sqrt{22}-\sqrt{10}}{\sqrt{22}+\sqrt{10}}$

हम जानते हैं कि, $x^3 + y^3 = (x + y)(x^2 - xy + y^2)$

$\Rightarrow (x + y) = \dfrac{\left[(\sqrt{22}+\sqrt{10})^2 + (\sqrt{22}-\sqrt{10})^2\right]}{22-10}$

$\Rightarrow (x + y) = \dfrac{(22+10+22+10)}{12}$

$\Rightarrow (x + y) = \dfrac{64}{12}$

$\Rightarrow (x + y) = \dfrac{16}{3}$ और $xy = 1$

$\Rightarrow x^2 + y^2 + 2xy = \left(\dfrac{16}{3}\right)^2$

$\Rightarrow x^2 + y^2 + 2(1) = \dfrac{256}{9}$

$\Rightarrow x^2 + y^2 = \dfrac{256}{9} - 2$

$\Rightarrow x^2 + y^2 = \dfrac{238}{9}$

$x^3 + y^3 = (x + y)(x^2 - xy + y^2)$

$\Rightarrow x^3 + y^3 = \left(\dfrac{16}{3}\right) \times \left(\dfrac{238}{9} - 1\right)$

$\Rightarrow x^3 + y^3 = \left(\dfrac{16}{3}\right) \times \left(\dfrac{229}{9}\right)$

$\Rightarrow \left(\dfrac{\sqrt{22}+\sqrt{10}}{\sqrt{22}-\sqrt{10}}\right)^3 + \left(\dfrac{\sqrt{22}-\sqrt{10}}{\sqrt{22}+\sqrt{10}}\right)^3 = \left(\dfrac{229}{27}\right) \times 16$

$\Rightarrow \left(\dfrac{229}{27}\right) \times 16 = \dfrac{229a}{27}$

$\therefore a = 16$

अतः विकल्प (A) सही है।

8. $\dfrac{(2x-1)}{3} \geq \dfrac{(3x-2)}{4} - \dfrac{(2-x)}{5}$

$= \dfrac{(2x-1)}{3} \geq \dfrac{5(3x-2)-4(2-x)}{20}$

पुनर्व्यवस्थित करने पर हमें प्राप्त होता है

$= \dfrac{(2x-1)}{3} \geq \dfrac{15x-10-8+4x}{20}$

$= \dfrac{(2x-1)}{3} \geq \dfrac{19x-18}{20}$

$= 20(2x - 1) \geq 3(19x - 18)$

$= 40x - 20 \geq 57x - 54$

$= -20 + 54 \geq 57x - 40x$

$= 34 \geq 17x$

$= 2 \geq x$

$\therefore$ x की वे सभी वास्तविक संख्याएं जो 2 से कम या उसके बराबर हैं, दी गई असमानता का हल हैं।

इसलिए, $(-\infty, 2]$ दी गई असमानता का हल होगा।

अतः विकल्प (C) सही है।

9. मान लेते हैं कि सबसे छोटे टुकड़े की लंबाई x सेमी है।

इसलिए प्रश्न के अनुसार, दूसरे टुकड़े की लंबाई $= (x + 3)$ सेमी है।

और, तीसरे टुकड़े की लंबाई $= 2x$ सेमी होगी।

चूंकि 91 सेमी की लंबाई वाले बोर्ड के एक टुकड़े से तीनों लंबाई को काटा जाना है।

$\therefore x + (x + 3) + 2x \leq 91$ सेमी

$= 4x + 3 \leq 91$

$= 4x \leq 88$

$= \dfrac{4x}{4} \leq \dfrac{88}{4}$

$= x \leq 22 \dots$ (i)

साथ ही, प्रश्न में यह दिया गया है कि, तीसरा टुकड़ा दूसरे टुकड़े से कम से कम 5 सेमी लंबा है।

$\therefore 2x \geq (x + 3) + 5$

$2x \geq x + 8$

$x \geq 8 \dots$ (ii)

इस प्रकार, समीकरण (i) और (ii) से हमें प्राप्त होता है:

$8 \leq x \leq 22$

इसलिए, यह स्पष्ट है कि सबसे छोटे बोर्ड की लंबाई 8 सेमी से अधिक या उसके बराबर है और 22 सेमी से कम या बराबर है।

अतः विकल्प (C) सही है।

10. $^nP_3 = n \times (n - 1) \times (n - 2)$

$^{(n+1)}P_3 = (n + 1) \times n \times (n - 1)$

प्रयुक्त सूत्र,

$^nP_r = \dfrac{n!}{(n-r)!}$

अब,

$5 \times n \times (n - 1) \times (n - 2) = 4 \times (n + 1) \times n \times (n - 1)$

या, $5(n - 2) = 4(n + 1)$

या, $5n - 10 = 4n + 4$

या, $5n - 4n = 4 + 10$

तो, $n = 14$

अतः विकल्प (D) सही है।

11. चूंकि 6 अंगूठियां और 4 उंगलियां हैं

फिर पहली उंगली में कोई भी 6 अंगूठियां हो सकती हैं, इसलिए 6 तरीके

दूसरी उंगली में शेष 5 अंगूठियां हो सकती हैं, इसलिए 5 तरीके

तीसरी उंगली में शेष 4 अंगूठियां हो सकती हैं, इसलिए 4 तरीके

चौथी उंगली में शेष 3 अंगूठियां हो सकती हैं, इसलिए 3 तरीके

तो, तरीकों की कुल संख्या = 6 × 5 × 4 × 3

= 360

अतः विकल्प (B) सही है।

12. दिया गया है,

हैंडशेक की संख्या $= 780$

माना कि छात्रों की कुल संख्या y है,

$\Rightarrow {}^{y}C_2 = 780$

$\Rightarrow \dfrac{y!}{2!(y-2)!} = 780$

$\Rightarrow \dfrac{y(y-1)}{2} = 780$

$\Rightarrow y(y-1) = 1560$

$\Rightarrow y^2 - y - 1560 = 0$

विविक्तकर विधि का प्रयोग करने पर:

$D = b^2 - 4ac$

$= (-1)^2 - 4(1)(-1560)$

$= 1 + 6240$

$= 6241$

मान लीजिए X विद्यार्थियों की संख्या है

$X = \dfrac{(-b+\sqrt{D})}{2a}$

$= \left\{ \dfrac{-(-1)+\sqrt{6241}}{2} \right\}$

$= \dfrac{(1+79)}{2}$

$= \dfrac{80}{2}$

$= 40$

$\therefore$ छात्रों की संख्या 40 है।

अतः विकल्प (B) सही है।

13. '$CORPORATION$' शब्द में हम स्वरों $OOAIO$ को एक अक्षर मानते हैं।

इस प्रकार, हमारे पास $CRPRTN$ $(OOAIO)$ है।

इसमें 7 अक्षर हैं जिनमें से R अक्षर की पुनरावृत्ति 2 बार होती है और शेष अक्षर अलग-अलग हैं।

इन अक्षरों को व्यवस्थित करने के तरीकों की संख्या $= \dfrac{7!}{2!}$

$= \dfrac{(7 \times 6 \times 5 \times 4 \times 3 \times 2 \times 1)}{2 \times 1}$

$= \dfrac{5040}{2}$

$= 2520$

अब, 5 स्वर जिनमें O, 3 बार आता है और शेष भिन्न हैं, को $\dfrac{5!}{3!} = \dfrac{(5 \times 4 \times 3 \times 2 \times 1)}{(3 \times 2 \times 1)}$ में व्यवस्थित किया जा सकता है

$= \dfrac{120}{6}$

$= 20$

$\therefore$ तरीकों की आवश्यक संख्या $= (2520 \times 20)$

$= 50400$

अतः विकल्प (D) सही है।

14. जैसा कि हम जानते हैं,

परिभाषा से,

$${}^{n}P_r = \dfrac{n!}{(n-r)!}$$

$n!$ को निम्न रूप में परिभाषित किया गया है:

$n! = 1 \times 2 \times 3 \times \ldots \times n$

$0! = 1$

हमारे पास ${}^{n}P_2 = 30$ है।

$\Rightarrow \dfrac{n!}{(n-2)!} = 30$

$\Rightarrow \dfrac{n(n-1)(n-2)!}{(n-2)!} = 30$

$\Rightarrow n(n-1) = 30$

$\Rightarrow n^2 - n - 30 = 0$

$\Rightarrow n^2 - 6n + 5n - 30 = 0$

$\Rightarrow n(n-6) + 5(n-6) = 0$

$\Rightarrow (n+5)(n-6) = 0$

$\Rightarrow n+5 = 0$ या $n-6 = 0$

$\Rightarrow n = -5$ या $n = 6$

चूँकि n को धनात्मक पूर्ण संख्या होना चाहिए, इसलिए $n = 6$ सही उत्तर है।

अतः विकल्प (D) सही है।

15. हम जानते हैं कि $(1+x)^n = {}^{n}C_0 + {}^{n}C_1 x + {}^{n}C_2 x^2 + \cdots + {}^{n}C_n x^n$

$x = 1$ रखने पर, $(1+x)^n$ के विस्तार में सभी गुणांकों का योग ज्ञात करने के लिए

$\Rightarrow (1+1)^n = {}^{n}C_0 + {}^{n}C_1 1 + {}^{n}C_2 1^2 + \cdots + {}^{n}C_n 1^n$

$\Rightarrow (2)^n = {}^{n}C_0 + {}^{n}C_1 + {}^{n}C_2 + \cdots + {}^{n}C_n$

$\Rightarrow {}^{n}C_0 + {}^{n}C_1 + {}^{n}C_2 + \cdots + {}^{n}C_n = 2^n$

$(1 + x)^n$ के विस्तार में सभी गुणांकों का योग $= 2^n$

अतः विकल्प (A) सही है।

16. दिया गया है,

$$\sum_{r=0}^{50} (^{50}C_r)(3^{50-r})(x-2)^r$$

$$\Rightarrow (3 + (x-2))^{50}$$

$$\Rightarrow (x+1)^{50}$$

$(1 + x)^{50}$ में x^{48} का गुणांक निम्नलिखित है:

$$^{50}C_{48} = {}^{50}C_2$$

अतः विकल्प (A) सही है।

17. दिया गया है:

$$\left(y^2 + \frac{c}{y}\right)^5$$

$$\left(y^2 + \frac{c}{y}\right)^5 = {}^5C_0 \left(\frac{c}{y}\right)^0 (y^2)^{5-0} + {}^5C_1 \left(\frac{c}{y}\right)^1 (y^2)^{5-1} +$$

$$\dots + {}^5C_5 \left(\frac{c}{y}\right)^5 (y^2)^{5-5}$$

$$= \sum_{r=0}^{5} {}^5C_r \left(\frac{c}{y}\right)^r (y^2)^{5-r} \quad \dots(i)$$

हमें $y \Rightarrow 2(5-r) - r = 1$ के गुणांक की जरूरत है

$$\Rightarrow 10 - 3r = 1$$

$$\Rightarrow r = 3$$

(i) में $r = 3$ रखे,

$$= {}^5C_3 \left(\frac{c}{y}\right)^3 (y^2)^2$$

$$= {}^5C_3 c^3 y$$

तो, y का गुणांक $= {}^5C_3 \cdot c^3$

$$= 10c^3$$

अतः विकल्प (A) सही है।

18. दिया गया है:

$7, 13, 19, \dots, 205$ A.P में है

इसलिए,

पहला पद, $a_1 = 7$

सामान्य अंतर, $d = a_2 - a_1 = 13 - 7 = 6$

मान लीजिए कि इस AP में n पद हैं।

$$a_n = 205$$

जैसा कि हम जानते हैं, एक AP के लिए,

$$a_n = a_1 + (n-1)d$$

$$\Rightarrow 205 = 7 + (n-1)6$$

$$\Rightarrow 198 = (n-1)6$$

$$\Rightarrow 33 = (n-1)$$

$$n = 34$$

इसलिए, इस श्रृंखला में 34 पद हैं।

अत: विकल्प (A) सही है।

19. माना,

दूसरा पद $= a_2$

दिया गया है,

पहला पद $(a_1) = 175$

तीसरा पद $(a_3) = 185$

यदि a_1, a_2, a_3 समान्तर श्रेणी में हैं तो-

$$a_2 - a_1 = a_3 - a_2$$

$$2a_2 = 185 + 175$$

$$a_2 = \frac{360}{2}$$

$$a_2 = 180$$

$$d = a_2 - a_1$$

$$= 180 - 175$$

$$= 5$$

जैसा कि हम जानते हैं,

$$S_n = \frac{n}{2}[2a + (n-1)d]$$

$$S_{151} = \frac{151}{2}[2 \times 175 + (151-1) \times 5]$$

$$S_{151} = \frac{151}{2}[350 + 750]$$

$$= \frac{151 \times 1100}{2}$$

$$S_{151} = 83050$$

अत: विकल्प (D) सही है।

20. दिया गया है:

एक श्रृंखला में तीन संख्याओं का योग 45 है।

श्रृंखला की सबसे छोटी और सबसे बड़ी संख्या के वर्गों का योग 468 है।

मान लीजिए कि एक समान्तर श्रेणी की श्रृंखला के तीन पद $(a - d), a,$ और $(a + d)$ हैं, जहाँ "a" और "d" एक समान्तर श्रेणी का प्रथम पद और सार्वअंतर हैं।

प्रश्न के अनुसार,

श्रृंखला में तीन संख्याओं का योग $= 45$

$$(a - d) + a + (a + d) = 45$$

$$3a = 45$$

$\Rightarrow a = 15$....(i)

इसके अतिरिक्त, यह दिया गया है कि सबसे छोटी और सबसे बड़ी संख्याओं का योग 468 है।

$(a - d)^2 + (a + d)^2 = 468$

$\Rightarrow a^2 + d^2 - 2ad + a^2 + d^2 + 2ad = 468$

$\Rightarrow 2a^2 + 2d^2 = 468$....(ii)

समीकरण (i) से " a" का मान समीकरण (ii) में रखने पर,

$\Rightarrow 2(15)^2 + 2d^2 = 468$

$\Rightarrow 2 \times 225 + 2d^2 = 468$

$\Rightarrow 450 + 2d^2 = 468$

$\Rightarrow 2d^2 = 468 - 450 = 18$

$\Rightarrow d = 3$

$\Rightarrow a - d = 15 - 3 = 12$

$\Rightarrow a + d = 15 + 3 = 18$

समान्तर श्रेणी के तीन पद " $a - d$"," a" और " $a + d$" क्रमशः $12, 15,$ और 18 हैं।

$\therefore$ इन संख्याओं के बीच सबसे बड़ी संख्या 18 है।

अत: विकल्प (C) सही है।

21. दिया गया है:

$a_{25} - a_{12} = -52$

जैसा कि हम जानते है,

समांतर श्रेणी का nवाँ पद $= a + (n - 1)d$

$a = $ पहला पद

$d = $ सर्वन्तर

$n = $ पदों की संख्या

मान लीजिए कि पहला पद a है और सार्वअंतर d है।

$\Rightarrow a_{25} = a + (25 - 1)d$

$\Rightarrow a_{25} = a + 24\,d$

इसी प्रकार,

$\Rightarrow a_{12} = a + (12 - 1)d$

$\Rightarrow a_{12} = a + 11\,d$

प्रश्न के अनुसार,

$\Rightarrow (a + 24d) - (a + 11d) = -52$

$\Rightarrow 13d = -52$

$\Rightarrow d = -4$

$\therefore$ समांतर श्रेणी का सार्व अंतर -4 होगा।

अत: विकल्प (B) सही है।

22. दिया गया है:

समांतर श्रेणी में तीन संख्याएँ

संख्याओं का योग $= 27$

संख्याओं का गुणनफल $= 648$

जैसा कि हम जानते है,

जब हमें समांतर श्रेणी में संख्याओं को मानना होता है तो हम इस स्वरूप का पालन करते हैं $\dots, (a - 2d), (a - d), a, (a + d), (a + 2d), \dots$

जहाँ, d सर्वांतर है

माना समांतर श्रेणी में तीन संख्याएँ $(a - d), a, (a + d)$ हैं।

प्रश्न के अनुसार,

$\Rightarrow (a - d) + a + (a + d) = 27$

$\Rightarrow 3a = 27$

$\Rightarrow a = 9$

और

$\Rightarrow (a - d)(a + d)(a) = 648$

$a = 9$ का मान रखें

$\Rightarrow (9^2 - d^2) \times 9 = 648$

$\Rightarrow d^2 = 81 - 72 = 9$

$\Rightarrow d = 3$

इसलिए, संख्याएँ होंगी,

$\Rightarrow a - d = 9 - 3 = 6$

$\Rightarrow a = 9$

और $a + d = 9 + 3 = 12$

$\therefore$ समांतर श्रेणी की संख्याएँ $6, 9, 12$ हैं।

अत: विकल्प (A) सही है।

23. दिया गया है,

3x + y = 7

$\Rightarrow$ y = -3x + 7

रेखा की ढलान = m = -3

तो इसके लिए लंबवत रेखा की ढलान $= \dfrac{-1}{m} = \dfrac{1}{3}$

ढलान $\dfrac{1}{3}$ के साथ (1, 1) से गुजरने वाली रेखा का समीकरण है:

y − 1 = ($\dfrac{1}{3}$) (x − 1)

$\Rightarrow$ 3y − 3 = x − 1

$\Rightarrow$ 3y = x + 2

$\Rightarrow$ 3y - x = 2

x- अंतःखंड के लिए, y = 0

∴ x = -2

इसलिए, रेखा का x - अंतःखंड -2 है।

अत: विकल्प (A) सही है।

24. दी गई रेखाएँ निम्न हैं

$6x + 9y + 15 = 0$ ....(1)

$12x + 18y + 30 = 0$ ....(2)

$a_1x + b_1y + c_1 = 0$ की तुलना समीकरण (1) से और $a_2x + b_2y + c_2 = 0$ की तुलना समीकरण (2) से करें।

$a_1 = 6, b_1 = 9, c_1 = 15$ और $a_2 = 12, b_2 = 18, c_2 = 30$

$\frac{a_1}{a_2} = \frac{1}{2}, \frac{b_1}{b_2} = \frac{1}{2}, \frac{c_1}{c_2} = \frac{1}{2}$

$\frac{a_1}{a_2} = \frac{b_1}{b_2} = \frac{c_1}{c_2}$

रेखाएँ समानांतर हैं।

इसलिए, रेखाओं के बीच का कोण शून्य होता है।

अतः विकल्प (A) सही है।

25. दी गयी रेखाएं $6x + 8y + 15 = 0$ और $3x + 4y + 9 = 0$ है।

$\Rightarrow 6x + 8y + 15 = 0$

उपरोक्त समीकरण से 2 उभयनिष्ठ लेने पर,

$\Rightarrow 3x + 4y + \frac{15}{2} = 0$.....(i)

और $3x + 4y + 9 = 0$.....(ii)

समीकरण (i) और (ii) एक-दूसरे के समानांतर हैं।

रेखाओं के बीच की दूरी $= \frac{\left|\frac{15}{2} - 9\right|}{\sqrt{3^2 + 4^2}} = \frac{\left(\frac{3}{2}\right)}{5} = \frac{3}{10}$

अत: विकल्प (B) सही है।

26. जैसा कि हम जानते हैं,

अतिपरवलय का समीकरण: $\frac{x^2}{a^2} - \frac{y^2}{b^2} = 1$

उत्केंद्रता $(e) = \sqrt{1 + \frac{b^2}{a^2}}$

शीर्ष $= (\pm a, 0)$

फोकस $= (\pm ae, 0)$

दिए गए अतिपरवलय का शीर्ष $(\pm 3, 0)$ है जो $(\pm a, 0)$ के रूप में हैं।

$\therefore a = 3$

साथ ही, फोकस $(\pm 4, 0)$ है, जो $(\pm ae, 0)$ के रूप में है।

$\therefore ae = 4$

$\Rightarrow e = \frac{4}{3}$ $(\because a = 3)$

अब,

$e = \sqrt{1 + \frac{b^2}{a^2}}$

$\Rightarrow \frac{4}{3} = \sqrt{1 + \frac{b^2}{3^2}}$

दोनों पक्षों का वर्ग करने पर, हम प्राप्त करते हैं

$\frac{16}{9} = \frac{9 + b^2}{9}$

$\Rightarrow 16 = 9 + b^2$

$\Rightarrow b^2 = 7$

$\therefore$ अतिपरवलय का समीकरण $= \frac{x^2}{9} - \frac{y^2}{7} = 1$

अत: विकल्प (D) सही है।

27. अवधारणा:

एक गैर-पतित शांकव अनुभाग का सामान्य समीकरण है: Ax² + Bxy + Cy² + Dx + Ey + F = 0 जहाँ A, B और C सभी शून्य नहीं हैं

ऊपर दिया गया समीकरण एक गैर-पतित शांकव का प्रतिनिधित्व करता है जिसकी प्रकृति तालिका में नीचे दी गई है:

अनुक्रमांक	स्थिति	शांकव की प्रकृति
1	B = 0 और A = C	वृत्त
2	B = 0 और या तो A = 0 या C = 0	परवलय
3	B = 0, A ≠ C और AC > 0	दीर्घवृत्त
4	B = 0, A ≠ C और A और C के चिह्न विपरित हैं	अतिपरवलय

गणना:

दिया हुआ: $9y^2 + 16x + 36y - 10 = 0$

दिए गए समीकरण की तुलना Ax² + Bxy + Cy² + Dx + Ey + F = 0 से करते हैं, हम प्राप्त करते हैं

$\Rightarrow$ A = 0, B = 0, C = 9, D = 16, E = 36 और F = - 10

यहाँ, हम देख सकते हैं कि B = 0 और A = 0

जैसा कि हम जानते हैं कि, यदि B = 0 और या तो A = 0 या C = 0 तो गैर-पतित समीकरण एक परवलय का प्रतिनिधित्व करता है।

अत: विकल्प (A) सही है।

28. अवधारणा:

एक गैर-पतित शंकु अनुभाग का सामान्य समीकरण है: Ax² + Bxy + Cy² + Dx + Ey + F = 0 जहाँ A, B और C सभी शून्य नहीं हैं

ऊपर दिया गया समीकरण एक गैर-पतित शंकु का प्रतिनिधित्व करता है जिसकी प्रकृति तालिका में नीचे दी गई है:

अनुक्रमांक	स्थिति	शंकु की प्रकृति
1	B = 0 और A = C	वृत्त
2	B = 0 और या तो A = 0 या C = 0	परवलय
3	B = 0, A ≠ C और AC > 0	दीर्घवृत्त
4	B = 0, A ≠ C और A और C के चिह्न विपरित हैं	अतिपरवलय

गणना:

दिया हुआ: 4x² + 9y² – 8x – 36y + 4 = 0

दिए गए समीकरण की तुलना Ax² + Bxy + Cy² + Dx + Ey + F = 0 से करते हैं, हम प्राप्त करते हैं

$\Rightarrow$ A = 4, B = 0, C = 9, D = - 8, E = - 36 और F = 4

यहाँ, हम देख सकते हैं कि B = 0, A ≠ C और AC = 36 > 0

जैसा कि हम जानते हैं कि यदि B = 0, A ≠ C और AC > 0 तो गैर-पतित समीकरण एक दीर्घवृत्त का प्रतिनिधित्व करता है

अतः विकल्प (B) सही है।

29. गोले का समीकरण है:

$(x-g)^2+(y-f)^2+(z-h)^2 = r^2$

चूँकि दिया गया है केंद्र $(-3, 4, 4)$ पर है, तो $g = -3$, $f = 4$ और $h = 4$, त्रिज्या $r = 6$

मानों को रखने पर, हमें प्राप्त हुआ

$(x+3)^2 + (y-4)^2 + (z-4)^2 = 6^2$

$x^2+6x+9+y^2-8y+16+z^2-8z+16 = 36$

$x^2+y^2+z^2+6x-8y-8z = 36-9-16-16 = -5$

गोले का अपेक्षित समीकरण है

$x^2+y^2+z^2+6x-8y-8z = -5$

अतः विकल्प (D) सही है।

30. दिया गया है. रेखाएं $\dfrac{x-a}{1} = \dfrac{y-7}{-3} = \dfrac{z+7}{2}$ and $\dfrac{x+1}{-3} = \dfrac{y-3}{2} = \dfrac{z+2}{1}$ समतलीय हैं।

यहाँ, हमें a का मान ज्ञात करना है।

चूँकि हम जानते हैं कि, यदि दो रेखाएं $\dfrac{x-x_1}{a_1} = \dfrac{y-y_1}{b_1} = \dfrac{z-z_1}{c_1}$ and $\dfrac{x-x_2}{a_2} = \dfrac{y-y_2}{b_2} = \dfrac{z-z_2}{c_2}$ समतलीय हैं, तो

$$\begin{vmatrix} x_2-x_1 & y_2-y_1 & z_2-z_1 \\ a_1 & b_1 & c_1 \\ a_2 & b_2 & c_2 \end{vmatrix} = 0 \text{ है।}$$

यहाँ, $x_1 = a, y_1 = 7, z_1 = -7, a_1 = 1, b_1 = -3, c_1 = 2$

उसी प्रकार, $x_2 = -1, y_2 = 3, z_2 = -2, a_2 = -3, b_2 = 2$ और $c_2 = 1$

$$\Rightarrow \begin{vmatrix} -1-a & -4 & 5 \\ 1 & -3 & 2 \\ -3 & 2 & 1 \end{vmatrix} = 0$$

$\Rightarrow (-1-a) \times (-3-4) + 4 \times (1+6) + 5 \times (2-9) = 0$

$\Rightarrow 7 + 7a + 28 - 35 = 0$

$\Rightarrow a = 0$

अतः विकल्प (B) सही है।

31. दी गई रेखाओं के समीकरण: $\dfrac{x+1}{7} = \dfrac{y+1}{-6} = \dfrac{z+1}{1}$ और $\dfrac{x-3}{1} = \dfrac{y-5}{-2} = \dfrac{z-7}{1}$

हम जानते हैं कि रेखाओं $\dfrac{x+x_1}{a_1} = \dfrac{y+y_1}{b_1} = \dfrac{z+z_1}{c_1}$ और $\dfrac{x-x_2}{a_2} = \dfrac{y-y_2}{b_2} = \dfrac{z-z_2}{c_2}$ के बीच की न्यूनतम दूरी निम्न द्वारा दी जाती है,

$$d = \left| \frac{\begin{vmatrix} x_2-x_1 & y_2-y_1 & z_2-z_1 \\ a_1 & b_1 & c_1 \\ a_2 & b_2 & c_2 \end{vmatrix}}{\sqrt{(a_1b_2-a_2b_1)^2+(b_1c_2-b_2c_1)^2+(c_1a_2-c_2a_1)^2}} \right|$$

$$\Rightarrow d = \left| \frac{\begin{vmatrix} 3-(-1) & 5-(-1) & 7-(-1) \\ 7 & -6 & 1 \\ 1 & -2 & 1 \end{vmatrix}}{\sqrt{(7(-2)-1(-6))^2+(-6(1)-(-2)1)^2+(1(1)-1(7))^2}} \right|$$

$$\Rightarrow d = \left| \frac{\begin{vmatrix} 4 & 6 & 8 \\ 7 & -6 & 1 \\ 1 & -2 & 1 \end{vmatrix}}{\sqrt{(-14+6)^2+(-6+2)^2+(1-7)^2}} \right|$$

$$\Rightarrow d = \left| \frac{\begin{vmatrix} 4 & 6 & 8 \\ 7 & -6 & 1 \\ 1 & -2 & 1 \end{vmatrix}}{\sqrt{(8)^2+(-4)^2+(-6)^2}} \right|$$

$$\Rightarrow d = \left| \frac{\begin{vmatrix} 4 & 6 & 8 \\ 7 & -6 & 1 \\ 1 & -2 & 1 \end{vmatrix}}{\sqrt{116}} \right|$$

$$\Rightarrow d = \left| \frac{4(-6(1)-(-2)1)-6(7(1)-1(1))+8(7(-2)-1(-6))}{\sqrt{116}} \right|$$

$$\Rightarrow d = \left| \frac{4(-6+2)-6(7-1)+8(-14+6)}{\sqrt{116}} \right|$$

$$\Rightarrow d = \left| \frac{-16-36-64}{\sqrt{116}} \right|$$

$$\Rightarrow d = \left| \frac{-116}{\sqrt{116}} \right|$$

$$\Rightarrow d = \left| -\sqrt{116} \right|$$

$$\Rightarrow d = \sqrt{116}$$

$$\Rightarrow d = \sqrt{4 \times 29}$$

$$\Rightarrow d = 2\sqrt{29}$$

हम जानते हैं कि दूरी ऋणात्मक नहीं होती है, इसलिए रेखाओं के बीच की दूरी $2\sqrt{29}$ इकाई है।

अतः विकल्प (C) सही है।

32. दिया गया,

$$s = 0.4t^{10} + 9t^{-3} - 6t$$

जैसा कि हम जानते हैं कि:

अगर $s = at^n$

फिर,

$$\frac{ds}{dt} = a \times nt^{n-1}$$

इसलिए,

$$\frac{ds}{dt} = 0.4(10t^9) + 9(-3t^{-4}) - 6$$

$$= 4t^9 - 27t^{-4} - 6$$

अतः विकल्प (D) सही है।

33. दिया गया,

$$\lim_{x \to 0} \frac{\tan^2 3x}{x^2}$$

अंश और हर दोनों में 9 से भाग देने पर, हम प्राप्त करते हैं:

$$= \lim_{x \to 0} \frac{\tan^2 3x}{x^2} \times \frac{9}{9}$$

$$= \lim_{x \to 0} \frac{9\tan^2 3x}{(3x)^2}$$

$$= 9 \times \lim_{x \to 0} \frac{\tan 3x}{3x} \times \lim_{x \to 0} \frac{\tan 3x}{3x}$$

हम जानते हैं कि,

$$\lim_{x \to 0} \frac{\tan x}{x} = 1$$

इसलिए,

$$= 9 \times 1 \times 1$$

$$= 9$$

इसलिए, $\lim_{x \to 0} \frac{\tan^2 3x}{x^2}$ का मान 9 है।

अतः विकल्प (C) सही है।

34. दिया है:

13 संख्याओं का माध्य 24 है।

अब प्रत्येक संख्या में 3 जोड़ा जाता है।

माध्य = कुल प्रेक्षण/प्रेक्षणों की संख्या

⇒ 24 = कुल प्रेक्षण/13

⇒ कुल प्रेक्षण = 13 × 24

⇒ कुल प्रेक्षण = 312

अब 3 को सभी 13 संख्याओं में जोड़ा गया है।

⇒ नया योग = 312 + 13(3)

⇒ नया योग = 312 + 39

⇒ नया योग = 351

नया माध्य $= \frac{351}{13}$

⇒ नया माध्य = 27

∴ नया माध्य 27 होगा।

अतः विकल्प (C) सही है।

35. दिया है:

संख्या का माध्य 1,3,5,4,7,4 is m

संख्या 3,2,2,4,3,3, p का माध्य $m - 1$ है।

सूत्र का उपयोग करने पर:

माध्य = सभी संख्याओं का योग /कुल संख्या

विषम संख्या का माध्य $= \left(\frac{(n+1)}{2}\right)$वाँ पद

माध्य $= \frac{(1+3+4+5+7+4)}{6}$

$$\Rightarrow \frac{24}{6} = m$$

$$\Rightarrow m = 4 \ldots\ldots(1)$$

और, माध्य $= \frac{(3+2+2+4+3+3+p)}{7}$

$$\Rightarrow \frac{(17+p)}{7} = m - 1$$

$$\Rightarrow 17 + p = 3 \times 7 \ldots\ldots \text{(समीकरण (1) से)}$$

$$\Rightarrow p = 4$$

दिए गए आँकड़ों को आरोही क्रम में व्यवस्थित करने पर,

2,2,3,3,3,4,4

यहाँ, पदों की संख्या, $(n) = 7$

माध्य $= \left\{\frac{(7+1)}{2}\right\}$वाँ पद $= 4$वाँ पद

उपरोक्त आँकड़े में 4वाँ पद 3 है।

माध्य $= 3 = q$

अब, $p + q = 4 + 3 = 7$

अत: विकल्प (D) सही है।

36. सर्वप्रथम हमें माध्य की गणना निम्न रूप में करनी होगी:

$$\bar{X} = \frac{\Sigma x}{n}$$

$$= \frac{30}{5} = 6$$

सारणीबद्ध रूप में दिए गए आँकड़ा को निम्न रूप में व्यक्ति कीजिए:

अवयव X_i	$(X - \bar{X})$	$\left(X_i - \bar{X}\right)^2$
2	-4	16
4	-2	4
6	0	0
8	2	4
10	4	16
		$\Sigma \left(X_i - \bar{X}\right)^2 = 40$

इसलिए, मानक विचलन निम्न द्वारा दिया गया है:

$$s = \sqrt{\frac{40}{5}} = \sqrt{8} = 2\sqrt{2}$$

अतः विकल्प (D) सही है।

37. दी गयी श्रृंखला $a, a + d, a + 2d, \ldots, a + 2nd$ पहले पद a, अंतिम पद $a + 2nd$, सार्व अंतर d और पदों की कुल संख्या $2n + 1$ वाली एक समांतर श्रेणी है।

इसका माध्य [पहला पद + अंतिम पद]/2 $= \frac{[a+(a+2nd)]}{2}$ = a + nd साथ ही पदों के विचलन का वह परिमाण जो माध्य से अधिक होगा, वह उन मानों के समान होगा जो माध्य से कम होते हैं (एक समांतर श्रेणी के पद माध्य से समान दूरी पर होते हैं)।

$$\therefore MD = \frac{|x_1 - \bar{x}| + |x_2 - \bar{x}| + \cdots + |x_n - \bar{x}|}{n}$$

$$= \frac{|(a)-(a+nd)| + |(a+d)-(a+nd)| + \ldots + |(a+nd)-(a+nd)| + \ldots + |(a+2nd)-(a+nd)|}{2n+1}$$

$$= \frac{|-nd| + |-(n-1)d| + \cdots + |-d| + |0| + |d| + \cdots + |(n-1)d| + |nd|}{2n+1}$$

$$= \frac{n|d| + (n-1)|d| + \cdots + |d| + 0 + |d| + \cdots + (n-1)|d| + n|d|}{2n+1}$$

$$= \frac{2 \times (|d| + 2|d| + 3|d| + \cdots + n|d|)}{2n+1} = \frac{2 \times |d|(1+2+3+\cdots+n)}{2n+1}$$

$$= \frac{2|d|\frac{n(n+1)}{2}}{2n+1} = \frac{n(n+1)|d|}{2n+1}$$

अतः विकल्प (A) सही है।

38. प्रश्न में दी गई शर्त के अनुसार:

ऊपर वाले फलक पर 15 का योग प्राप्त करने के परिणामों के सभी संयोजन हैं:

$$\Rightarrow (4,5,6), (5,4,6), (6,5,4), (5,6,4), (4,6,5), (0,4,5), (5,5,5), (6,6,3), (6,3,6), (3,6,6)$$

$$\Rightarrow n(S) = 10$$

अब, जिन परिणामों पर पहला रोल चार था $= n(E) = (4,5,6), (4,6,5)$

इसलिए अपेक्षित प्रायिकता $P(E)$:

$$P(E) = \frac{n(E)}{n(S)}$$

$$= \frac{2}{10}$$

$$= \frac{1}{5}$$

इसलिए, अभीष्ट प्रायिकता $\frac{1}{5}$ है।

अतः विकल्प (C) सही है।

39. हम जानते हैं कि,

प्रायिकता = अनुकूल परिणामों की संख्या / कुल परिणाम

एक बार में लिए गए r चीजों के सभी n संयोजनों की संख्या $^nC_r = \frac{n!}{(r)!(n-r)!}$ द्वारा दी जाती है।

प्रश्नानुसार,

कुल परिणाम $= {}^{52}C_2$

$$= \frac{52!}{(2)!(50)!}$$

$$= \frac{52 \times 51}{2} = 1326$$

अनुकूल परिणामों की संख्या $= {}^4C_2 = \frac{4!}{(2)!(2)!}$

$$= \frac{4 \times 3 \times 2 \times 1}{2 \times 1 \times 2 \times 1} = 6$$

$$\therefore \text{प्रायिकता} = \frac{6}{1326} = \frac{1}{221}$$

अतः विकल्प (A) सही है।

40. दिया गया है:

P (N) = 40%

P (S) = 35%

प्रयुक्त सूत्र:

P (E) = P (A) $\times$ P (B)

या तो घटना A हो रही है या घटना B

$\Rightarrow$ P (E) = 0.4 $\times$ 0.35

$\Rightarrow$ P (E) = 0.14

$\therefore$ घटना होने की संभावना 0.14 है।

अतः विकल्प (D) सही है।

41. दिया गया है:

$$\sin^{-1}x$$

माना $\sin^{-1}x = y$ तब $x = \sin y$

चूँकि, $-1 \leq x \leq 0$

इसलिए $\frac{-\pi}{2} \leq \sin^{-1}x \leq 0$ और इसलिए $\frac{-\pi}{2} \leq y \leq 0$

हमें प्राप्त है,

$$\cos y = \sqrt{1 - \sin^2 y}$$

$$\Rightarrow \cos y = \sqrt{1 - x^2}, 0 \leq y \leq \pi \ldots\ldots (i) \text{ के लिए}$$

अब, $-\frac{\pi}{2} \leq y \leq 0 \Rightarrow \frac{\pi}{2} \geq -y \geq 0$ [(i) से]

$$\Rightarrow \cos(-y) = \sqrt{1 - x^2}$$

$$\Rightarrow -y = \cos^{-1}\sqrt{1 - x^2}$$

$$\Rightarrow y = -\cos^{-1}\sqrt{1 - x^2}$$

अतः विकल्प (B) सही है।

42. दिया गया है:

$$3\sin^{-1}x + \cos^{-1}x = \pi$$

$$\Rightarrow 3\sin^{-1}x + \cos^{-1}x = 2\sin^{-1}x + [\sin^{-1}x + \cos^{-1}x] = \pi$$

जैसा कि हम जानते हैं,

$$\sin^{-1}x + \cos^{-1}x = \frac{\pi}{2}, x \in [-1,1]$$

अब,

$$2\sin^{-1}x + \left[\frac{\pi}{2}\right] = \pi$$

$$\Rightarrow 2\sin^{-1}x = \pi - \frac{\pi}{2}$$

$$\Rightarrow 2\sin^{-1}x = \frac{\pi}{2}$$

$$\Rightarrow \sin^{-1}x = \frac{\pi}{4}$$

$$\Rightarrow x = \sin\frac{\pi}{4}$$

$$\Rightarrow x = \frac{1}{\sqrt{2}}$$

अतः विकल्प (B) सही है।

43. दिया गया है,

$$cosec(\sin^{-1}cossin^{-1}x + \cos^{-1}sincos^{-1}x)$$

मान लीजिए $y = \cos(\sin^{-1}x)$

साथ ही, हम यह लिख सकते हैं

$$\Rightarrow y = \sin(\cos^{-1}x)$$

$$= cosec(\sin^{-1}y + \cos^{-1}y)$$

जैसा कि हम जानते हैं,

$$\sin^{-1}y + \cos^{-1}y = \frac{\pi}{2}$$

$$= cosec\frac{\pi}{2} = 1$$

अतः विकल्प (C) सही है।

44. दिया गया है,

$$A = \begin{bmatrix} 1 & 1 \\ 0 & 1 \end{bmatrix}$$

$$A^2 = A.A = \begin{bmatrix} 1 & 1 \\ 0 & 1 \end{bmatrix}\begin{bmatrix} 1 & 1 \\ 0 & 1 \end{bmatrix}$$

$$= \begin{bmatrix} 1+0 & 1+1 \\ 0 & 1 \end{bmatrix} = \begin{bmatrix} 1 & 2 \\ 0 & 1 \end{bmatrix}$$

$$A^3 = A^2.A = \begin{bmatrix} 1 & 2 \\ 0 & 1 \end{bmatrix}\begin{bmatrix} 1 & 1 \\ 0 & 1 \end{bmatrix}$$

$$= \begin{bmatrix} 1 & 2+1 \\ 0 & 1 \end{bmatrix} = \begin{bmatrix} 1 & 3 \\ 0 & 1 \end{bmatrix}$$

यहाँ पैटर्न को देखकर,

$$A^n = \begin{bmatrix} 1 & n \\ 0 & 1 \end{bmatrix}$$

अतः विकल्प (A) सही है।

45. दिया गया है,

$$A = \begin{bmatrix} 2 & -3 \\ 0 & 1 \end{bmatrix} \text{ और } B = \begin{bmatrix} 1 & 2 \\ 3 & 0 \end{bmatrix}$$

$$\Rightarrow (B^{-1}A^{-1})^{-1} = (A^{-1})^{-1}(B^{-1})^{-1}$$
$$(\because (AB)^{-1} = B^{-1}A^{-1})$$

$$= AB \;(\because (A^{-1})^{-1} = A)$$

$$= \begin{bmatrix} 2 & -3 \\ 0 & 1 \end{bmatrix} \times \begin{bmatrix} 1 & 2 \\ 3 & 0 \end{bmatrix}$$

$$= \begin{bmatrix} (2\times1)+(-3\times3) & (2\times2)+(-3\times0) \\ (0\times1)+(1\times3) & (0\times2)+(1\times0) \end{bmatrix}$$

$$= \begin{bmatrix} -7 & 4 \\ 3 & 0 \end{bmatrix}$$

अतः विकल्प (B) सही है।

46. दिया गया है:

$$\begin{bmatrix} 2 & 1 \\ 1 & p \end{bmatrix}$$

$$|A - |\lambda| = 0$$

$$\begin{bmatrix} 2-\lambda & 1 \\ 1 & p-\lambda \end{bmatrix} = 0$$

$$(2-\lambda)(p-\lambda) - 1 = 0$$

$$\lambda^2 - (p+Z)\lambda + (2p-1) = 0$$

विकल्पों में से p का मान रखने पर

उपरोक्त समीकरणों में विकल्प (D) $\frac{14}{3}$ रखने पर मान 5, $\frac{5}{3}$ मिलता है

अतः दो आइगेन मानों का अनुपात $= 3:1$

अतः विकल्प (D) सही है।

47. जैसा कि हम जानते हैं,

यदि A एक 3×3 मैट्रिक्स हो:

$$A = \begin{bmatrix} a & b & c \\ f & e & d \\ g & h & i \end{bmatrix}$$

तब $|A|$ का मान $\det(A)$ के रूप में भी लिखा जाता है

$$\det(A) = a(ei-dh) - b(fi-dg) + c(fh-eg)$$

$$A = \begin{bmatrix} 4 & 7 & 1 \\ -1 & 3 & 2 \\ -2 & 0 & 5 \end{bmatrix}$$

$$\therefore \det(A) = 4(15-0) - 7(-5+4) + 1(0+6)$$

$$= 4(15) - 7(-1) + 1(6)$$

$$= 60 + 7 + 6$$

$$= 73$$

अब,

यदि A $n \times n$ क्रम का एक मैट्रिक्स और $\det(A) = k$ हो। फिर एक स्केलर c के लिए, निम्नलिखित गुण धारण करता है:

$$\det(cA) = c^n\det(A)$$

$$\therefore \det(3A) = 3^3\det(A)$$

$$= 27 \times 73$$

$$= 1971$$

अतः विकल्प (D) सही है।

48. दिया गया है,

$$\begin{vmatrix} 1 & a & b+c \\ 1 & b & c+a \\ 1 & c & a+b \end{vmatrix}$$

$C_2 \to C_2 + C_3$ का उपयोग करने पर,

$$= \begin{vmatrix} 1 & a+b+c & b+c \\ 1 & a+b+c & c+a \\ 1 & a+b+c & a+b \end{vmatrix}$$

C_2 से $(a+b+c)$ उभयनिष्ठ लेने पर, हम प्राप्त करते हैं

$$= (a+b+c) \begin{vmatrix} 1 & 1 & b+c \\ 1 & 1 & c+a \\ 1 & 1 & a+b \end{vmatrix}$$

जैसा कि हम देख सकते हैं कि दिए गए मैट्रिक्स का पहला और दूसरा कॉलम बराबर हैं।

हम जानते हैं कि यदि मैट्रिक्स की कोई दो पंक्तियाँ (स्तंभ) समान हों तो सारणिक का मान शून्य होता है।

$$\therefore \begin{vmatrix} 1 & a & b+c \\ 1 & b & c+a \\ 1 & c & a+b \end{vmatrix} = 0$$

अत: विकल्प (A) सही है।

49. अवधारणा:

यदि ω इकाई का घनमूल है अर्थात, $\omega^3 = 1$

तो $1 + \omega + \omega^2 = 0$

$\omega^4 = \omega^3 \omega = \omega [\because \omega^3 = 1]$

दिया गया है,

$$\begin{vmatrix} x+1 & \omega & \omega^2 \\ \omega & x+\omega^2 & 1 \\ \omega^2 & 1 & x+\infty \end{vmatrix} = 0$$

$C_1' = C_1 + C_2 + C_3$

$$\begin{vmatrix} x+1+\omega+\omega^2 & \omega & \omega^2 \\ x+1+\omega+\omega^2 & x+\omega^2 & 1 \\ x+1+\omega+\omega^2 & 1 & x+\omega \end{vmatrix} = 0$$

$$\begin{vmatrix} x & \omega & \omega^2 \\ x & x+\omega^2 & 1 \\ x & 1 & x+\omega \end{vmatrix} = 0 \quad (\because 1+\omega+\omega^2 = 0)$$

$R_2' = R_2 - R_1$

$R_3' = R_3 - R_1$

$$\begin{vmatrix} x & \omega & \omega^2 \\ 0 & x+\omega^2-\omega & 1-\omega^2 \\ 0 & 1-\omega & x+\omega-\omega^2 \end{vmatrix} = 0$$

पहले कॉलम का विस्तार करने पर,

$$x[(x+\omega^2-\omega)(x+\omega-\omega^2) - (1-\omega)(1-\omega^2)]$$

$$\begin{aligned} x \big[& x^2 + \omega x - \omega^2 x + \omega^2 x + \omega^3 - \omega^4 - \omega x - \omega^2 + \omega^3 - \\ & 1 + \omega^2 + \omega - \omega^3 \big] \end{aligned}$$

$x^3 = 0 \; (\because \omega^3 = 1$ और $\omega^4 = \omega^3 \omega = \omega)$

$\therefore x = 0$

अत: विकल्प (B) सही है।

50. दिया गया है,

$$\lim_{x \to 2} \frac{x^3 + x^2}{x^2 + 3x + 2}$$

$$= \lim_{x \to 2} \frac{x^2(x+1)}{(x+1)(x+2)}$$

$$= \lim_{x \to 2} \frac{x^2}{x+2}$$

$$= \frac{2^2}{2+2}$$

$$= \frac{4}{4}$$

$$= 1$$

अत: विकल्प (B) सही है।

51. जैसा कि हम जानते हैं,

$$\lim_{x \to a} \frac{f(x)}{g(x)} = \lim_{x \to a} \frac{f'(x)}{g'(x)}$$

दिया हुआ,

$$\lim_{x \to 1} \frac{1-\sqrt{x}}{\cos^{-1} x}$$

L - हॉस्पिटल नियम को लागू करने पर,

$$= \lim_{x \to 1} \frac{0 - \frac{1}{2\sqrt{x}}}{-\frac{1}{\sqrt{1-x^2}}}$$

$$= \lim_{x \to 1} \frac{\sqrt{1-x^2}}{2\sqrt{x}} = 0$$

अत: विकल्प (A) सही है।

52. दिया गया है:

$$\lim_{x \to 2} \frac{\sqrt{3-x}-1}{2-x}$$

$x = 2$ पर, मान $\frac{0}{0}$ है, इसलिए सीमा अनिश्चित रूप $\left(\frac{0}{0}, \frac{\infty}{\infty}, 0 \times \infty, 0 0, 1 \infty, \infty^0 \right)$ है।

अनिश्चित रूप को टालने के लिए, अंश को युक्तिसंगत करने पर,

$$= \frac{\sqrt{3-x}-1}{2-x}$$

$$= \frac{\sqrt{3-x}-1}{2-x} \times \frac{\sqrt{3-x}+1}{\sqrt{3-x}+1}$$

$$= \frac{\left(\sqrt{3-x}\right)^2 - 1}{(2-x)\left(\sqrt{3-x}+1\right)}$$

$$= \frac{3-x-1}{(2-x)\left(\sqrt{3-x}+1\right)}$$

$$= \frac{1}{\sqrt{3-x}+1}$$

$$\therefore \lim_{x \to 2} \frac{\sqrt{3-x}-1}{2-x} = \lim_{x \to 2} \frac{1}{\sqrt{3-x}+1} = \frac{1}{1+1} = \frac{1}{2}$$

अत: विकल्प (C) सही है।

53. यदि $\int(x)$ निरंतर $x = c$ पर है

तब $\lim\limits_{x \to c^+} f(x) = \lim\limits_{x \to c^-} f(x) = f(c)$

यहाँ, निरंतरता $x = 1$ पर

$limit_{x \to 1^+} f(x) = \lim\limits_{x \to 1^+} f - ax = b - a \text{...(i)}$

$\lim\limits_{x \to 1^-} f(x) = \lim\limits_{x \to 1^-} a + bx = a + b \text{...(ii)}$

$\Rightarrow a + b = b - a$

$\Rightarrow 2a = 0$

$\Rightarrow a = 0$

दिया जाता है कि,

$\Rightarrow f(1) = 5$

निरंतरता की स्थिति से, यह होना चाहिए,

$\lim\limits_{x \to 5} + f(x) = \lim\limits_{x \to 1} - f(x) = f(1)$

$\Rightarrow f - a$

$\Rightarrow a + b = 5$

$\Rightarrow f = 5$

अत: विकल्प (A) सही है।

54. $\lim\limits_{x \to 0} \tan x = \lim\limits_{x \to 0} \left(\dfrac{\sin x}{\cos x}\right)$

$\Rightarrow \lim\limits_{x \to 0} \tan x = \dfrac{\lim\limits_{x \to 0} \sin x}{\lim\limits_{x \to 0} \cos x}$

$\Rightarrow \lim\limits_{x \to 0} \tan x = \dfrac{0}{1}$

$\Rightarrow \lim\limits_{x \to 0} \tan x = 0$

अत: विकल्प (A) सही है।

55. हम जानते हैं:

यदि $f'(x) > 0$ तो कहा जाता है कि फलन बढ़ता हुआ है।

यदि $f'(x) < 0$ तो कहा जाता है कि फलन घटता हुआ है।

दिया गया है:

$f(x) = \cos x - x$

x के संबंध में अवकलन करने पर, हमें प्राप्त होता है:

$\Rightarrow f'(x) = -\sin x - 1$

जैसा कि हम जानते हैं कि,

$-1 \leq \sin x \leq 1, x \in R$ के लिए

$\Rightarrow -1 \leq -\sin x \leq 1, x \in R$ के लिए

$\Rightarrow -1 - 1 \leq -\sin x - 1 \leq 1 - 1, x \in R$ के लिए

$\Rightarrow -2 \leq f'(x) \leq 0, x \in R$ के लिए

$\therefore f(x) \leq 0, x \in R$ के लिए

इसलिए $f(x), x \in R$ या $x \in (-\infty, \infty)$ में घटता हुआ है।

अत: विकल्प (C) सही है।

56. समीकरण पर विचार करें $3x^2 - y^2 = 8$ ......(1)

x के सापेक्ष अवकलन करने पर

$\Rightarrow 6x - 2y\dfrac{dy}{dx} = 0$

$\Rightarrow \dfrac{dy}{dx} = \dfrac{3x}{y}$

यह वक्र की स्पर्शरेखा का ढलान है

इसलिए, लम्ब $= \dfrac{-y}{3x}$ का ढलान

दी गई लाइन $x + 3y = 4$ है

इस रेखा का ढलान $= \dfrac{-1}{3}$

चूंकि लम्ब दी गई रेखा के समानांतर है,

$\Rightarrow \dfrac{-y}{3x} = \dfrac{-1}{3}$

$\Rightarrow y = x$

समीकरण (i) में रखने पर

$\Rightarrow 3x^2 - x^2 = 8$

$\Rightarrow 2x^2 = 8$

$\Rightarrow x^2 = 4$

$\Rightarrow x = y = \pm 4$

इसलिए प्रतिच्छेदन के बिंदु $(\pm 2, \pm 2)$ हैं

लम्ब का समीकरण समीकरण जब $(x, y) = (2, 2)$

$\Rightarrow y - y_1 = \dfrac{-1}{m}(x - x_1)$

$\Rightarrow y - 2 = \dfrac{-1}{3}(x - 2)$

हल करने पर, हम प्राप्त करते हैं,

$x + 3y - 8 = 0$

लम्ब का समीकरण समीकरण जब $(x, y) = (-2, -2)$

$\Rightarrow y - y_1 = \dfrac{-1}{m}(x - x_1)$

$\Rightarrow y + 2 = \dfrac{-1}{3}(x + 2)$

हल करने पर, हम प्राप्त करते हैं,

$x + 3y + 8 = 0$

तो, सामान्य के समीकरण हैं:

$\Rightarrow x + 3y \pm 8 = 0$

अत: विकल्प (B) सही है।

57. हमारे पास है,

$y = x(x - 3)^2$

$\therefore \dfrac{dy}{dx} = x^2(x - 3) \times 1 + (x - 3)^2 \times 1$

$= 2x^2 - 6x + x^2 + 9 - 6x = 3x^2 - 12x + 9$

$= 3(x^2 - 3x - x + 3) = 3(x - 3)(x - 1)$

इसलिए, $y = x(x - 3)^2$ $(1, 3)$ के लिए घटती है

क्योंकि, $X x \epsilon (1, 3)$, में सभी के लिए $y < 0$

[इसलिए, y $(1,3)$ पर घटती है]

अतः सही विकल्प (A) है।

58. $I = \int_0^{\frac{\pi}{2}} \frac{\sin x}{\sin x + \cos x} dx$ ....(i)

सर्वसमिका, $\int_a^b f(x)dx = \int_a^b f(a+b-x)dx$ का उपयोग करने पर

$I = \int_0^{\frac{\pi}{2}} \frac{\sin\left(\frac{\pi}{2}-x\right)}{\sin\left(\frac{\pi}{2}-x\right)+\cos\left(\frac{\pi}{2}-x\right)} dx$

$\Rightarrow I = \int_0^{\frac{\pi}{2}} \frac{\cos x}{\cos x + \sin x} dx$ ....(ii)

(i) और (ii) को जोड़ने पर, हमें मिलता है

$2I = \int_0^{\frac{\pi}{2}} \frac{\sin x + \cos x}{\sin x + \cos x} dx$

$\Rightarrow 2I = \int_0^{\frac{\pi}{2}} dx$

$\Rightarrow 2I = \frac{\pi}{2}$

$\Rightarrow I = \frac{\pi}{4}$

अतः विकल्प (C) सही है।

59. $I = \int \frac{dx}{x(x^7-1)}$

माना, $x^7 - 1 = t$

x के संबंध में अवकलन करने पर

$\Rightarrow 7x^6 dx = dt$

$\Rightarrow dx = \frac{dt}{7x^6}$

दिए गए समाकलन में ऊपर मानों को रखने पर

$I = \frac{1}{7} \int \frac{dt}{x^7 t}$

$I = \frac{1}{7} \int \frac{dt}{t(t+1)}$ $[\because x^7 = t+1]$

$I = \frac{1}{7} \int \frac{dt}{t^2+t}$

वर्ग विधि से पूरा करना,

$I = \frac{1}{7} \int \frac{dt}{t^2+t+\frac{1}{4}-\frac{1}{4}}$

$I = \frac{1}{7} \int \frac{dt}{\left(t+\frac{1}{2}\right)^2-\left(\frac{1}{2}\right)^2}$

$I = \frac{1}{7} \log\left|\frac{t}{t+1}\right| + C$

समीकरण (i) से

$I = \frac{1}{7} \log\left|\frac{x^7-1}{x^7}\right| + C$

अतः विकल्प (B) सही है।

60. दिया गया है:

$I = \int e^x \cos x \, dx$

ILATE विधि द्वारा समाकलन करने पर,

$I = \cos x \int e^x dx - \int \left(-\sin x \int e^x dx\right) dx$

$\Rightarrow I = e^x \cos x + \int e^x \sin x \, dx$

$\Rightarrow I = e^x \cos x + \sin x \int e^x dx - \int \left(\cos x \int e^x dx\right) dx$

$\Rightarrow I = e^x \cos x + e^x \sin x - \int e^x \cos x \, dx$

$\Rightarrow I = e^x \cos x + e^x \sin x - I$

$\Rightarrow 2I = e^x \cos x + e^x \sin x$

$\Rightarrow I = \frac{e^x \cos x + e^x \sin x}{2}$

अतः विकल्प (D) सही है।

61. दिया है: $\int \frac{\cot x}{\log(\sin x)} dx$

माना $\log(\sin x) = t$

अब उपरोक्त समीकरण को अवकलित करके हमें मिलता है

$\Rightarrow \frac{d(\log(\sin x))}{dx} = \frac{dt}{dx}$

$\Rightarrow \frac{1}{\sin x} \cdot \cos x = \frac{dt}{dx}$

$\Rightarrow \cot x \, dx = dt$

$\Rightarrow \int \frac{\cot x}{\log(\sin x)} dx = \int \frac{dt}{t}$

जैसा कि हम जानते हैं कि, $\int \frac{dx}{x} = \log|x| + C$

$\Rightarrow \int \frac{dt}{t} = \log|t| + C$

अब उपर्युक्त समीकरण में log (sin x) = t को प्रतिस्थापित करके, हम प्राप्त करते हैं

$\Rightarrow \int \frac{\cot x}{\log(\sin x)} dx = \log|\log(\sin x)| + C$

अतः विकल्प (B) सही है।

62. वक्रों के दिए गए समीकरण हैं

$y = x^2$ $\cdots (1)$

$y = 16$ $\cdots (2)$

समीकरण (1) और (2) दोनों को हल करने पर,

$x^2 = 16$

$x = 4, -4$

$\therefore$ प्रतिच्छेदन बिंदु $(4,16)$ और $(-4,16)$ हैं।

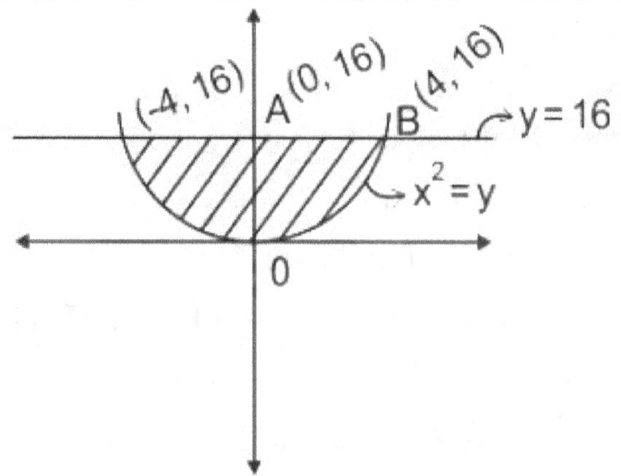

हमारे पास मौजूद आकृति से,

आवश्यक क्षेत्रफल $= \int_{-4}^{4} (16 - x^2)\, dx$

इंटीग्रल प्रॉपर्टी का उपयोग करने पर,

$A = 2 \int_{0}^{4} (16 - x^2)\, dx$

$= 2 \left[16x - \dfrac{x^3}{3} \right]_{0}^{4}$

$= 2 \left[64 - \dfrac{64}{3} \right]$

$= 2 \times 64 \times \dfrac{2}{3}$

$A = \dfrac{256}{3}$ वर्ग इकाई

अत: विकल्प (B) सही है।

63.

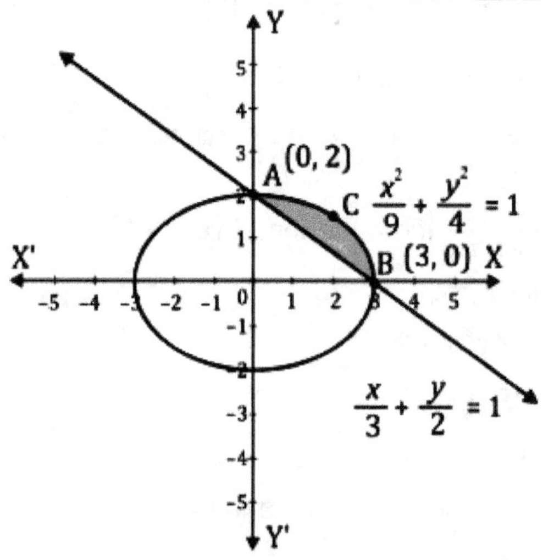

दीर्घवृत्त से घिरे छोटे क्षेत्र का क्षेत्रफल, $\dfrac{x^2}{9} + \dfrac{y^2}{4} = 1$ और रेखा $\dfrac{x}{3} + \dfrac{y}{2} = 1$ छायांकित क्षेत्र $BCAB$ द्वारा दर्शाया गया है।

क्षेत्रफल $BCAB$ = क्षेत्रफल $(OBCAO)$ - क्षेत्रफल $(OBAO)$

$= \int_{0}^{3} 2 \sqrt{1 - \dfrac{x^2}{9}}\, dx - \int_{0}^{3} 2 \left(1 - \dfrac{x}{3}\right) dx$

$= \dfrac{2}{3} \int_{0}^{3} \sqrt{9 - x^2}\, dx - \dfrac{2}{3} \int_{0}^{3} (3 - x)\, dx$

$= \dfrac{2}{3} \left[\dfrac{x}{2} \sqrt{9 - x^2} + \dfrac{9}{2} \sin^{-1} \dfrac{x}{3} \right]_{0}^{3} - \dfrac{2}{3} \left[3x - \dfrac{x^2}{2} \right]_{0}^{3}$

$= \dfrac{2}{3} \left[\dfrac{9}{2} \left(\dfrac{\pi}{2}\right) \right] - \dfrac{2}{3} \left[9 - \dfrac{9}{2} \right] = \dfrac{2}{3} \left[\dfrac{9\pi}{4} - \dfrac{9}{2} \right]$

$= \dfrac{2}{3} \times \dfrac{9}{4} (\pi - 2) = \dfrac{3}{2} (\pi - 2)$ इकाई

अतः विकल्प (B) सही है।

64.

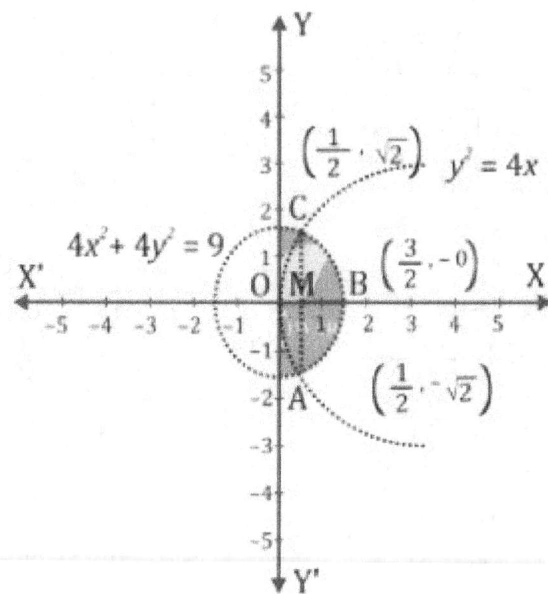

वक्रों से घिरा क्षेत्र, $\{(x, y) : y^2 \leq 4x, 4x^2 + 4y^2 \leq 9\}$ चित्र में दर्शाया गया है। दोनों वक्रों के प्रतिच्छेदन बिंदु हैं $\left(\dfrac{1}{2}, \sqrt{2}\right)$ और $\left(\dfrac{1}{2}, -\sqrt{2}\right)$

क्षेत्र $OABCO$ द्वारा दिया गया है।

यह देखा जा सकता है कि क्षेत्रफल $OABCO$ x-अक्ष के परितः सममित है।

क्षेत्रफल $OABCO = 2 \times$ क्षेत्रफल OBC

क्षेत्रफल $OBCO$ = क्षेत्रफल OMC + क्षेत्रफल MBC

$= \int_{0}^{\frac{1}{2}} 2 \sqrt{x} + \int_{\frac{1}{2}}^{\frac{3}{2}} \sqrt{9 - 4x^2}\, dx$

$= \int_{0}^{\frac{1}{2}} 2 \sqrt{x} + \int_{\frac{1}{2}}^{\frac{3}{2}} \sqrt{(3)^2 - (2x)^2}\, dx$

$= 2 \left[\dfrac{x^{\frac{3}{2}}}{\frac{3}{2}} \right]_{0}^{\frac{1}{2}} + \dfrac{1}{2} \left[x \sqrt{(3)^2 - (2x)^2} + \dfrac{3^2}{2} \sin^{-1} \dfrac{2x}{3} \right]_{\frac{1}{2}}^{\frac{3}{2}}$

$$= \frac{4}{3}\left[\left(\frac{1}{2}\right)^{\frac{3}{2}} - \left(\frac{1}{2}\right)^0\right] + \frac{1}{2}$$

$$\left[\left\{\frac{3}{2}\sqrt{9-9} + \frac{9}{2}\sin^{-1}1\right\} - \left\{\frac{1}{2}\sqrt{9-1} + \frac{9}{2}\sin^{-1}\frac{1}{3}\right\}\right]$$

$$= \frac{4}{3}\left[\frac{1}{2\sqrt{2}}\right] + \frac{1}{2}\left[\frac{9}{2}\cdot\frac{\pi}{2} - \sqrt{2} - \frac{9}{2}\sin^{-1}\frac{1}{3}\right]$$

$$= \frac{\sqrt{2}}{3} + \frac{9}{8}\pi - \frac{\sqrt{2}}{2} - \frac{9}{4}\sin^{-1}\frac{1}{3}$$

$$= \frac{9\pi}{8} - \frac{9}{4}\sin^{-1}\left(\frac{1}{3}\right) + \sqrt{2}\left(\frac{1}{3} - \frac{1}{2}\right)$$

$$= \frac{9\pi}{8} - \frac{9}{4}\sin^{-1}\left(\frac{1}{3}\right) + \sqrt{2}\left(-\frac{1}{6}\right)$$

$$= \frac{9\pi}{8} - \frac{9}{4}\sin^{-1}\left(\frac{1}{3}\right) - \frac{1}{3\sqrt{2}} \text{ इकाई}$$

अतः विकल्प (A) सही है।

65. दिया हुआ,

$$\vec{a} = \frac{1}{\sqrt{3}}\hat{\imath} + \frac{1}{\sqrt{3}}\hat{\jmath} + \frac{1}{\sqrt{3}}\hat{k}$$

फिर,

$$|\vec{a}| = \sqrt{\left(\frac{1}{\sqrt{3}}\right)^2 + \left(\frac{1}{\sqrt{3}}\right)^2 + \left(\frac{1}{\sqrt{3}}\right)^2}$$

$$= \sqrt{\frac{1}{3} + \frac{1}{3} + \frac{1}{3}}$$

$$= \sqrt{\frac{3}{3}} = 1$$

अतः विकल्प (B) सही है।

66. $\vec{a} = \hat{\imath} + \hat{\jmath} + \hat{k}$

फिर, $|\vec{a}| = \sqrt{1^2 + 1^2 + 1^2} = \sqrt{3}$

अतः विकल्प (D) सही है।

67. दिया हुआ: $\vec{a} = \hat{\imath} - 2\hat{\jmath} + \hat{k}, \vec{b} = -2\hat{\imath} + 4\hat{\jmath} + 5\hat{k}$ और $\vec{c} = \hat{\imath} - 6\hat{\jmath} - 7\hat{k}$

यहां, हमें $\vec{a} + \vec{b} + \vec{c}$ का मान ज्ञात करना है

$$\Rightarrow \vec{a} + \vec{b} + \vec{c} = (1 - 2 + 1)\hat{\imath} + (-2 + 4 - 6)\hat{\jmath} + (1 + 5 - 7)\hat{k}$$

$$\Rightarrow \vec{a} + \vec{b} + \vec{c} = -4\hat{\jmath} - \hat{k}$$

अतः विकल्प (C) सही है।

68. यदि $\vec{a}$ होता है, तो कोई भी सदिश $|\vec{a}| = 1$ इकाई सदिश कहलाता है।

यदि $m\vec{a}$ इकाई सदिश है।

$$\Rightarrow |m\vec{a}| = 1$$

$$\Rightarrow |m\vec{a}| = |m| \cdot |\vec{a}| = 1$$

$$\Rightarrow |a| = \frac{1}{|m|}$$

अतः विकल्प (D) सही है।

69. हंगेरियन एल्गोरिथम नियतन समस्या को हल करने के लिए उपयोग किया जाता है। नियतन समस्या परिवहन समस्या का एक विशेष मामला है जहां मैट्रिक्स एक वर्ग मैट्रिक्स होना चाहिए और प्रत्येक पंक्ति (रो) और प्रत्येक कॉलम में केवल एक आवंटन संभव है। मैट्रिक्स वर्ग मैट्रिक्स होना चाहिए। हंगेरियन विधि एक संयोजन अनुकूलन एल्गोरिथम है जो बहुपद समय में नियतन समस्या को हल करता है और जो बाद में प्रारंभिक-दोहरी विधियों का अनुमान लगाता है।

अतः विकल्प (B) सही है।

70. दिया गया है,

वस्तुनिष्ठ फलन है,

$$F = 4x + 6y$$

$(0,2)$ पर,

$$F = 4 \times 0 + 6 \times 2 = 12$$

$(3,0)$ पर,

$$F = 4 \times 3 + 6 \times 0 = 12$$

$(6,0)$ पर,

$$F = 4 \times 6 + 6 \times 0 = 24$$

$(0,5)$ पर,

$$F = 4 \times 0 + 6 \times 5 = 30$$

इस प्रकार, F का अधिकतम मान $= 30$

F का न्यूनतम मान $= 12$

F का अधिकतम मान - F का न्यूनतम मान $= 30 - 12$

$$= 18$$

अतः विकल्प (D) सही है।

71. दिया गया है,

वस्तुनिष्ठ फलन है,

$$Z = 3x + 4y$$

$(0,0)$ O पर,

$$Z = 3 \times 0 + 4 \times 0 = 0$$

$(52,0)$ A पर,

$$Z = 3 \times 52 + 4 \times 0 = 156$$

$$x + 2y = 76 \quad \text{......(i)}$$

$$2x + y = 104 \quad \text{......(ii)}$$

समीकरण (i) को 2 से गुणा करने पर हमें प्राप्त होता है

$$2x + 4y = 152$$

$$2x + y = 104$$

$$3y = 48$$

$$y = 16$$

y का मान समीकरण (i) में रखने पर, हम प्राप्त करते हैं

$x + 2 \times 16 = 76$

$x = 76 - 32$

$x = 44$

$(44,16)$ E पर,

$Z = 3 \times 44 + 4 \times 16 = 196$

$(0,38)$ D पर,

$Z = 3 \times 0 + 4 \times 38 = 152$

तो, Z अधिकतम $(44,16)$ पर है और इसका अधिकतम मान 196 है।

अतः विकल्प (D) सही है।

72. प्रॉफिट फंक्शन के ग्राफ को आइसो प्रॉफिट लाइन कहा जाता है। इसे इसलिए कहा जाता है क्योंकि आइसो का मतलब समान या बराबर होता है और लाइन पर कहीं भी लाभ समान होता है।

तो, एक आइसो-प्रॉफिट लाइन अनंत संख्या में समाधानों का प्रतिनिधित्व करती है, जिनमें से सभी समान लाभ उत्पन्न करते हैं।

अतः विकल्प (A) सही है।

73. माना कि R, A से B तक संबंधित है। तो प्रतितोम संबंध को समुच्चय B से A तक R^{-1} द्वारा दर्शाया जाता है, जिसे $R^{-1} = \{(b, a): (a, b) \in R\}$ के रूप में परिभाषित किया गया है।

दिया गया है: $A = \{2,4,5\}, B = \{5,9,11\}$ और R, A से B तक इस प्रकार संबंधित है जिससे $aRb = b = 2a + 1$ है।

इसलिए, जब $a = 2 = b = 2a + 1 = 5 \in B = (2,5) \in R$

जब $a = 4$ है, तो $b = 2a + 1 = 9 \in B \Rightarrow (4,9) \in R$

जब $a = 5$ है, तो $b = 2a + 1 = 11 \in B = (5,11) \in R$

$\Rightarrow R = \{(2,5), (4,9), (5,11)\}$

चूँकि हम जानते हैं कि यदि R, A से B तक संबंधित है। तो प्रतिलोम संबंध को समुच्चय B से A तक R^{-1} द्वारा दर्शाया जाता है, जिसे $R^{-1} = \{(b, a): (a, b) \in R\}$ के रूप में परिभाषित किया गया है।

$R^{-1} = \{(5,2), (9,4), (11,5)\}$

अतः विकल्प (C) सही है।

74. माना कि $A = \{x, y, z\}$ और $B = \{p, q, r, s\}$

सेट A में तत्वों की संख्या $= n(A) = 3$

सेट B में तत्वों की संख्या $= n(B) = 4$

$\therefore B$ से A तक के अलग-अलग संबंधों की संख्या $= 2^{n(B) \times n(A)}$

$= 2^{4 \times 3}$

$= 2^{12}$

$= 4096$

अतः विकल्प (A) सही है।

75. दिया गया है,

$f(x) = 2x - x^2$

$f(x + 2) + f(x - 2)$ का मान ज्ञात करने क लिए जब, $x = 0$

अब,

$f(x + 2) = 2(x + 2) - (x + 2)^2$ ...(1)

$f(x - 2) = 2(x - 2) - (x - 2)^2$ ...(2)

समीकरण (1) और (2) को जोड़ने पर,

$f(x + 2) + f(x - 2) = 2(x + 2) - (x + 2)^2 + 2(x - 2) - (x - 2)^2$

$x = 0$ लगाने पर,

$f(2) + f(-2) = 2(0 + 2) - (0 + 2)^2 + 2(0 - 2) - (0 - 2)^2$

$= 4 - 4 - 4 - 4$

$= -8$

अतः विकल्प (A) सही है।

76. यदि कोई फलन नियत आवर्त में बार-बार दोहराता है तो हम कहते हैं कि वह आवर्ती फलन है।

इसे $f(x) = f(x + T), T$ की तरह दर्शाया जाता है जो वास्तविक संख्या है और यह फलन का आवर्त है।

हमें फलन का आवर्त ज्ञात करना है

$f(x) = \sin x$

अब,

$f(x + 2\pi) = \sin(x + 2\pi)$

$= \sin x$

$\Rightarrow f(x + 2\pi)$

$\Rightarrow f(x + 2\pi) = f(x)$

$\therefore \sin x$ का आवर्त 2π है।

अतः विकल्प (D) सही है।

77. हमारे पास है

$A = \{a, b, c\}$

$R_1 = \{(c, a), (b, b), (a, c), (c, c), (b, c), (a, a)\}$

$R_2 = \{(a, b), (b, a), (c, c), (c, a), (a, a), (b, b), (a, c)\}$

एक सेट पर एक संबंध R को सममित कहा जाता है यदि $(a, b) \in R \Rightarrow (b, a) \in R \forall a, b \in A$

$\therefore R_2$ किसी भी $(a_1, a_2) \in R_2$ के लिए सममित है, हमारे पास $(a_2, a_1) \in R_2$ है

लेकिन R_1 सममित नहीं है क्योंकि $(b, c) \in R_1$ लेकिन $(c, b) \in$ आर$_1$

एक समुच्चय A पर एक संबंध R को सकर्मक कहा जाता है यदि $(a, b) \in R$ और $(b, c) \in R$

$\Rightarrow a, c \in R \forall a, b, c \in A$

हम R_2 के लिए देखते हैं कि $(b, a) \in R_2$ और $(Mathrma, c) \in R_2$ लेकिन $(b, c) \notin R_2$।

और साथ ही, R_1 के लिए कि $(b, c) \in R_1$ और $(c, a) \in R_1$ लेकिन $(b, a) \notin R_1$

$\therefore$ न तो R_1 और न ही R_2 संक्रमणीय हैं।

अतः विकल्प (C) सही है।

78. यदि $f(x)$ सम फलन है तो $f(-x) = f(x)$

यदि $f(x)$ विषम फलन है तो $f(-x) = -f(x)$:

दिया गया:

$$f(x) = x^2 + 4x + 4$$

x को $-x$ से बदलें,

$$\Rightarrow (-x) = (-x)^2 + 4(-x) + 4$$

$$= x^2 - 4x + 4 \quad (\because (-x)^2 = x^2)$$

$$\Rightarrow f(-x) = \pm f(x)$$

अतः विकल्प (D) सही है।

79. If $f: R \to R$ द्वारा दिया है $f(x) = (3 - x^3)^{\frac{1}{3}}$,

$$f(x) = (3 - x^3)^{\frac{1}{3}}$$

$$\therefore fof(x) = f(f(x)) = f\left((3 - x^3)^{\frac{1}{3}}\right) =$$

$$\left[3 - \left((3 - x^3)^{\frac{1}{3}}\right)^3\right]^{\frac{1}{3}}$$

$$= [3 - (3 - x^3)]^{\frac{1}{3}} = (x^3)^{\frac{1}{3}} = x$$

$$fof(x) = x$$

अतः विकल्प (C) सही है।

80. $f: R \to R$ द्वारा परिभाषित फलन $f(x) = x^4$ है।

माना $x, y \in R$ के लिए $f(x) = f(y)$,

$$\Rightarrow x^4 = y^4$$

$$\Rightarrow x = \pm y$$

$\therefore f(x) = f(y)$ से हमें $x = y$ प्राप्त नहीं होता है।

उदाहरण के लिए $f(1) = f(-1) = 1$

$\therefore f$ एकैकी फलन नहीं है।

माना, सहप्रांत R में 2 कोई अवयव है। R में x का ऐसा कोई मान नहीं है के $f(x) = 2$

$\therefore f$ आच्छादक नहीं है।

तो फलन f न तो एकैकी है और न आच्छादक है।

अतः विकल्प (D) सही है।

81. दिया गया है:

$$\left(\frac{d^4y}{dx^4}\right)^{\frac{1}{2}} = \left[1 + \left(\frac{d^2y}{dx^2}\right)^2\right]^{\frac{1}{3}}$$

दिए गए अवकल समीकरण में उच्चतम अवकलज 4 है।

इसलिए कोटि 4 है।

डिग्रियों को खोजने के लिए हमें अवकल समीकरण को उस रूप में बदलने की जरूरत है, जो रेडिकल से मुक्त हो।

$$\left[\left(\frac{d^4y}{dx^4}\right)^{\frac{1}{2}}\right]^6 = \left[\left[1 + \left(\frac{d^2y}{dx^2}\right)^2\right]^{\frac{1}{3}}\right]^6$$

$$\Rightarrow \left(\frac{d^4y}{dx^4}\right)^3 = \left[1 + \left(\frac{d^2y}{dx^2}\right)^2\right]^2$$

अब अवकल समीकरण रेडिकल से मुक्त है,

उच्चतम अवकलज की डिग्री $= 3$

$\therefore$ दिए गए अवकल समीकरण की कोटि और डिग्री = क्रमशः 4 और 3 है।

अतः विकल्प (B) सही है।

82. हम जानते हैं कि

$$\int \frac{1}{x^2} dx = \frac{-1}{x} + c$$

दिया गया है:

$$x^2 dy + y^2 dx = 0$$

$$\Rightarrow x^2 dy = -y^2 dx$$

$$\Rightarrow \frac{dy}{y^2} = -\frac{dx}{x^2}$$

दोनों पक्षों का समाकलन करने पर, हमें निम्न प्राप्त होता है

$$\int \frac{dy}{y^2} = -\int \frac{dx}{x^2}$$

$$\frac{-1}{y} = -\frac{-1}{x} + c$$

$$\frac{-1}{y} = \frac{1}{x} + c$$

$$\frac{1}{x} + \frac{1}{y} = -c$$

$$x + y = -cxy$$

यहाँ c अवकलन स्थिरांक है, $-c = \frac{1}{c}$ लेने पर (क्योंकि $\frac{1}{c}$ भी एक स्थिरांक है)

$$\Rightarrow c(x + y) = xy$$

अतः विकल्प (C) सही है।

83. हमारे पास है,

$$dy = e^{x+2y} dx$$

$$\Rightarrow dy = e^x \cdot e^{2y} dx$$

$$\Rightarrow e^{-2y} dy = e^x dx$$

दोनों पक्षों का समाकलन करने पर, हम प्राप्त करते हैं

$$-\frac{1}{2}e^{-2y} = e^x + C \quad ...(1)$$

यह दिया जाता है कि y (0) = 0, अर्थात x = 0, y = 0, पर इसे (i) में रखने पर,

$$-\frac{1}{2} = 1 + C$$

$$\Rightarrow C = -\frac{3}{2}$$

$C = -\frac{3}{2}$ को (i) में रखने पर, हम प्राप्त करते हैं

$$-\frac{1}{2}e^{-2y} = e^x - \frac{3}{2}$$

$$\Rightarrow e^{-2y} = -2e^x + 3$$

$$\Rightarrow e^{2y} = \frac{1}{3-2e^x}$$

$$\Rightarrow 2y = \ln\left(\frac{1}{3-2e^x}\right)$$

$$\Rightarrow y = \frac{1}{2}\ln\left(\frac{1}{3-2e^x}\right)$$

अतः विकल्प (C) सही है।

84. दिया गया है:

$$k\frac{dy}{dx} = \int\left[1+\left(\frac{dy}{dx}\right)^2\right]^{\frac{2}{3}} dx$$

x के संबंध में अवकलन, हम पाते हैं,

$$\Rightarrow k\frac{d^2y}{dx^2} = \left[1+\left(\frac{dy}{dx}\right)^2\right]^{\frac{2}{3}}$$

घन को दोनों ओर से लेने पर, हम पाते हैं,

$$\Rightarrow k^3\left(\frac{d^2y}{dx^2}\right)^3 = \left[1+\left(\frac{dy}{dx}\right)^2\right]^2$$

इसलिए क्रम = 2 और डिग्री = 3

अतः विकल्प (B) सही है।

85. दिया हुआ:

$$x = 3z + 4 \text{ और } y = 2z - 3$$

$$\Rightarrow x - 4 = 3z \text{ और } y + 3 = 2z$$

$$\Rightarrow \frac{x-4}{3} = z \text{ और } \frac{y+3}{2} = z$$

$$\Rightarrow \frac{x-4}{3} = \frac{y+3}{2} = \frac{z}{1}$$

यदि दो समतल एक-दूसरे को प्रतिच्छेदित करते हैं तो प्रतिच्छेदन हमेशा एक रेखा होगा।

अब, रेखा के दिशा अनुपात $\langle 3,2,1\rangle$ है।

अतः विकल्प (C) सही है।

86. दिया गया है कि,

z = 7

हम जानते हैं कि

z = 0 XY-समतल का प्रतिनिधित्व करता है।

∴ z = 7 XY-समतल के समांतर एक समतल को निरूपित करता है।

अतः विकल्प (D) सही है।

87. हम जानते हैं कि,

दो बिंदुओं $P(x_1, y_1, z_1)$ and $Q(x_2, y_2, z_2)$ से गुजरने वाली रेखा का समीकरण निम्नसूत्र द्वारा दिया जाता है: $\frac{x-x_1}{x_2-x_1} = \frac{y-y_1}{y_2-y_1} = \frac{z-z_1}{z_2-z_1}$

बिंदुओं $(1,2,-1)$ और $(3,-1,2)$ से गुजरने वाली रेखा है,

$$\frac{x-1}{3-1} = \frac{y-2}{-1-2} = \frac{z+1}{2+1}$$

$$\Rightarrow \frac{x-1}{2} = \frac{y-2}{-3} = \frac{z+1}{3} = \lambda$$

$$\Rightarrow x = 2\lambda + 1, y = -3\lambda + 2 \text{ and } z = 3\lambda - 1$$

रेखा yz-समतल से मिलती है,

$$\therefore x = 0$$

$$\Rightarrow 2\lambda + 1 = 0$$

इसलिए, $\lambda = -\frac{1}{2}$

अब, $y = -3\lambda + 2 = \frac{7}{2}$ और $z = 3\lambda - 1 = -\frac{5}{2}$

$\therefore$ बिंदु $(x,y,z), \left(0, \frac{7}{2}, -\frac{5}{2}\right)$ है।

अतः विकल्प (D) सही है।

88. दिया है कि:

रेखाओं L_1 और L_2 के समीकरण निम्न हैं $\vec{r} = \hat{\imath} + \hat{\jmath} + \hat{k} + \lambda \times (3\hat{\imath} - \hat{\jmath})$ और $\vec{r} = 4\hat{\imath} - \hat{k} + \mu \times (3\hat{\imath} - \hat{\jmath})$

जैसा कि हम देख सकते हैं कि, रेखाओं के दिए गए समीकरण समानांतर हैं।

अतः, रेखाओं के दिए गए समीकरण की तुलना $\vec{r} = \vec{a_1} + \lambda \times \vec{b}$ और $\vec{r} = \vec{a_2} + \mu \times \vec{b}$ के साथ करके

यहाँ, हमारे पास है $\vec{b} = 3\hat{\imath} - \hat{\jmath}, \vec{a_1} = \hat{\imath} + \hat{\jmath} + \hat{k}$ और $\vec{a_2} = 4\hat{\imath} - \hat{k}$

जैसा कि हम जानते हैं कि, दो समानांतर रेखाओं के बीच की दूरी जैसे कि $\vec{r} = \vec{a_1} + \lambda \times \vec{b}$ और $\vec{r} = \vec{a_2} + \mu \times \vec{b}$ इसके द्वारा दी जाती है: $d = \frac{\left|\vec{b} \times (\vec{a_2} - \vec{a_1})\right|}{\left|\vec{b}\right|}$

$$\Rightarrow \vec{a_2} - \vec{a_1} = 3\hat{\imath} - \hat{\jmath} - 2\hat{k} \text{ और}$$

$$\left|\vec{b}\right| = \sqrt{3^2 + (-1)^2}$$

$$\left|\vec{b}\right| = \sqrt{10}$$

$$\vec{b} \times \left(\vec{a_2} - \vec{a_1}\right) = \begin{bmatrix} i & j & k \\ 3 & -1 & 0 \\ 3 & -1 & -2 \end{bmatrix}$$

$$\Rightarrow \vec{b} \times \left(\vec{a_2} - \vec{a_1}\right) = 2\hat{\imath} + 6\hat{\jmath}$$

$$\vec{b} \times \left(\vec{a_2} - \vec{a_1}\right) = \frac{2i + 6j}{\sqrt{10}}$$

$$\vec{b} \times \left(\vec{a_2} - \vec{a_1}\right) = \frac{\sqrt{2^2 + 6^2}}{\sqrt{10}}$$

$$\vec{b} \times \left(\vec{a_2} - \vec{a_1}\right) = \frac{2\sqrt{10}}{\sqrt{10}}$$

$$\Rightarrow d = 2 \text{ इकाई}$$

अतः विकल्प (D) सही है।

89. माना कि XY समतल बिन्दुओं A (2, 3, -5) और B (-1, -2, -3) को मिलाने वाली रेखा को k : 1 अनुपात में विभाजित करता है

खंड सूत्र का उपयोग करके प्रतिच्छेदन के बिंदु का निर्देशांक इसके द्वारा दिया जाता है

जैसा कि हम जानते हैं, XY समतल पर z- निर्देशांक शून्य है।

इसलिए, $\frac{-3k-5}{k+1} = 0$

$$\Rightarrow -3k - 5 = 0$$

$$\Rightarrow -3k = 5$$

$$\Rightarrow \frac{k}{1} = \frac{-5}{3}$$

इसलिए, अनुपात बाहरी रूप से 5 : 3 है

अतः विकल्प (D) सही है।

90. बिंदु (4, 2, k) से गुजरने वाली दिशा अनुपात (1, 1, 2) वाली रेखा का समीकरण सूत्र द्वारा दिया जाता है

$$\frac{x-4}{1} = \frac{y-2}{1} = \frac{z-k}{2}$$

3-D में तल का समीकरण: 2 x - 4y + z = 7,

चूंकि दी गई रेखा दिए गए तल पर स्थित है, इसलिए जिस बिंदु से होकर रेखा गुजर रही है, वह भी दिए गए तल पर स्थित होगी।

दिया गया:

यहाँ, तल 2 x - 4y + z = 7 का समीकरण,

सीधी रेखा $\frac{x-4}{1} = \frac{y-2}{1} = \frac{z-k}{2}$ का समीकरण

बिंदु (4 , 2 , k) दिए गए तल पर स्थित है क्योंकि यह भी इसी तल पर स्थित होगा।

$$\Rightarrow 2 \times 4 - 4 \times 2 + k = 7$$

$$\Rightarrow k = 7$$

अतः विकल्प (B) सही है।

91. हम जानते हैं कि,

$n = p + q + r + \cdots$ वस्तुओं के संग्रह से ' p प्रकार की k वस्तुएँ' खींचने की प्रायिकता $P = \frac{{}^{p}C_k}{{}^{n}C_k}$ द्वारा दी जाती है।

एक यौगिक घटना [(A और B) या (B और C)] की प्रायिकता की गणना निम्नप्रकार की जाती है:

$$P[(A \text{ और } B) \text{ या } (B \text{ और } C)] = [P(A) \times P(B)] + [P(C) \times P(D)]$$

'और' का अर्थ 'x' है और 'या' का अर्थ '+' है)

52 कार्ड के एक पैकेट में 26 लाल और 26 काले कार्ड हैं।

∴ एक ही रंग के 2 कार्ड खींचने की प्रायिकता को निम्न प्रकार से लिखा जा सकता है:

= P (दोनों कार्ड लाल हैं) या P (दोनों कार्ड काले हैं)

$$= \frac{{}^{26}C_2}{{}^{52}C_2} + \frac{{}^{26}C_2}{{}^{52}C_2}$$

$$= \frac{\frac{26 \times 25}{2}}{\frac{52 \times 51}{2}} \times 2$$

$$= \frac{26 \times 25}{52 \times 51} \times 2 = \frac{25}{51}$$

अतः विकल्प (C) सही है।

92. हम जानते हैं कि,

$$\int \sqrt{a^2 - x^2} = \frac{x}{2}\sqrt{a^2 - x^2} + \frac{a^2}{2}\sin^{-1}\frac{x}{a}$$

दिया गया है, वक्र निम्न है $x = \sqrt{9 - y^2}$

अब, Y-अक्ष का समीकरण \(x = 0),

$$\Rightarrow y^2 = 9$$

$$\Rightarrow y = -3, 3$$

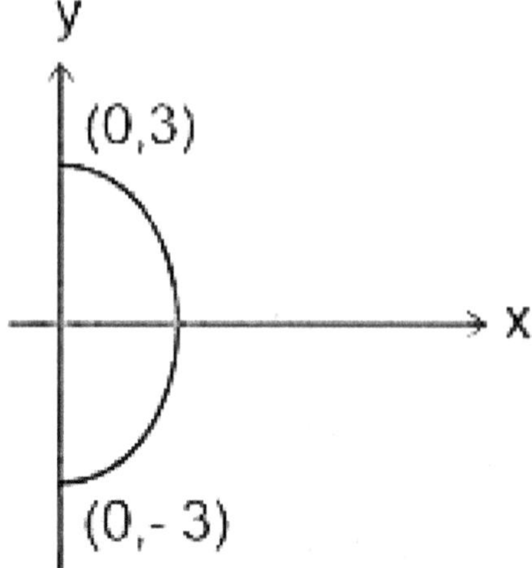

वक्र $y = \sqrt{9 - x^2}$ और y-अक्ष द्वारा घिरा क्षेत्र

$$= 2 \int_0^3 y\,dx$$

$$= 2 \int_0^3 \sqrt{9 - x^2}\,dx$$

$$= 2 \left[\frac{x}{2}\sqrt{9 - x^2} + \frac{9}{2}\sin^{-1}\frac{x}{3}\right]_0^3$$

$$= 2\left[\frac{x}{2}\sqrt{9-x^2} + \frac{9}{2}\sin^{-1}\frac{x}{3}\right]_0^3$$

$$= 2\left[\frac{9\pi}{4} - 0\right]$$

$$= 4.5\pi \text{ वर्ग इकाई}$$

अतः विकल्प (D) सही है।

93. दिया गया:

$$\sin A + \sin 2A = x \text{ और } \cos A + \cos 2A = y$$

$$\Rightarrow x^2 + y^2 = (\sin A + \sin 2A)^2 + (\cos A + \cos 2A)^2$$

$$\Rightarrow x^2 + y^2 = \sin^2 A + \sin^2(2A) + 2\sin A \sin 2A + \cos^2 A + \cos^2(2A) + 2\cos A \cos 2A$$

$$\Rightarrow x^2 + y^2 = (\sin^2 A + \cos^2 A) + (\sin^2(2A) + \cos^2(2A)) + 2[\cos 2A \cos A + \sin 2A \sin A]$$

$$\Rightarrow x^2 + y^2 = 1 + 1 + 2\cos(2A - A)$$

$$\Rightarrow x^2 + y^2 = 2(1 + \cos A)$$

इस मान को $(x^2 + y^2)(x^2 + y^2 - 3)$ में रखने पर,

$$\Rightarrow (x^2 + y^2)(x^2 + y^2 - 3) = [2(1+\cos A)][2(1+\cos A) - 3]$$

$$\Rightarrow (x^2 + y^2)(x^2 + y^2 - 3) = 4(1 + \cos A)^2 - 6(1 + \cos A)$$

$$\Rightarrow (x^2 + y^2)(x^2 + y^2 - 3) = 4(1 + \cos^2 A + 2\cos A) - 6 - 6\cos A$$

$$\Rightarrow (x^2 + y^2)(x^2 + y^2 - 3) = 4\cos^2 A + 2\cos A - 2$$

$$\Rightarrow (x^2 + y^2)(x^2 + y^2 - 3) = 2(2\cos^2 A - 1) + 2\cos A$$

$$\Rightarrow (x^2 + y^2)(x^2 + y^2 - 3) = 2(\cos A + \cos 2A) = 2y$$

अतः विकल्प (A) सही है।

94. दिया गया:

$$3\sin\frac{\pi}{6}\sec\frac{\pi}{3} - 4\sin\frac{5\pi}{6}\cot\frac{\pi}{4} = x$$

जैसा कि हम जानते हैं कि,

$$3\sin\frac{\pi}{6}\sec\frac{\pi}{3} - 4\sin\frac{5\pi}{6}\cot\frac{\pi}{4} = x$$

$$\Rightarrow 3\sin\frac{\pi}{6}\sec\frac{\pi}{3} - 4\sin\frac{5\pi}{6}\cot\frac{\pi}{4} = 3\sin\frac{\pi}{6}\sec\frac{\pi}{3} - 4\sin\frac{\pi}{6}\cot\frac{\pi}{4}$$

$$\Rightarrow 3\sin\frac{\pi}{6}\sec\frac{\pi}{3} - 4\sin\frac{\pi}{6}\cot\frac{\pi}{4} = \left(3 \times \frac{1}{2} \times 2\right) - \left(4 \times \frac{1}{2} \times 1\right) = 1$$

$$\Rightarrow 3\sin\frac{\pi}{6}\sec\frac{\pi}{3} - 4\sin\frac{5\pi}{6}\cot\frac{\pi}{4} = 1$$

अब उपरोक्त समीकरण की $3\sin\frac{\pi}{6}\sec\frac{\pi}{3} - 4\sin\frac{5\pi}{6}\cot$ से तुलना करके $\frac{\pi}{4} = x$ हमें $x = 1$ मिलता है

अतः विकल्प (A) सही है।

95. हम जानते हैं,

$$\log_e\left(\frac{1-x}{1+x}\right) = \log_e(1-x) - \log_e(1+x)$$

$$= \left(-x - \frac{x^2}{2} - \frac{x^3}{3} - \frac{x^4}{4}\cdots\infty\right) - \left(x - \frac{x^2}{2} + \frac{x^3}{3} - \frac{x^4}{4}\cdots\right)$$

$$= -2x - 2\frac{x^3}{3} - 2\frac{x^5}{5}\cdots$$

$$\log_e\left(\frac{1-x}{1+x}\right) = -2\left[x + \frac{x^3}{3} + \frac{x^5}{5} + \cdots\right]$$

$$-\frac{1}{2}\log_e\left(\frac{1-x}{1+x}\right) = x + \frac{x^3}{3} + \frac{x^5}{5} + \cdots$$

इसलिए,

$$\frac{m-n}{m+n} + \frac{1}{3}\left(\frac{m-n}{m+n}\right)^3 + \frac{1}{5}\left(\frac{m-n}{m+n}\right)^5 + \cdots\infty$$

$$= \frac{-1}{2}\log_e\frac{1-\left(\frac{m-n}{m+n}\right)}{1+\left(\frac{m-n}{m+n}\right)}$$

$$= \frac{-1}{2}\log_e\left(\frac{m+n-(m-n)}{m+n+m-n}\right)$$

$$= \frac{-1}{2}\log_e\left(\frac{2n}{2m}\right) = \frac{-1}{2}\log_e\left(\frac{m}{n}\right)$$

अतः विकल्प (D) सही है।

96. हम जानते हैं कि,

G.P. का nवाँ पद $a.r^{n-1}$ द्वारा दिया जाता है, जहाँ a पहला पद है और r सार्व अनुपात है।

अब,

G.P. का छठा पद 32 है और इसका 8 वाँ पद 128 है,

$$\Rightarrow ar^{6-1} = ar^5 = 32 \quad \dots(1)$$

और $ar^{8-1} = ar^7 = 128 \quad \dots(2)$

समीकरण (2) को (1) से भाग देने पर

$$r^2 = 4$$

$$\Rightarrow r = 2$$

अतः विकल्प (B) सही है।

97. हम जानते हैं कि,

a और b के बीच समांतर माध्य $= \frac{a+b}{2}$

a और b के बीच गुणोत्तर माध्य $= \sqrt{ab}$

a और b के बीच हरात्मक माध्य $= \frac{2ab}{a+b}$

अब,

समांतर माध्य = गुणोत्तर माध्य $\Rightarrow \frac{a+b}{2} = \sqrt{ab}$

$\Rightarrow (a+b)^2 = 4ab$

$\Rightarrow a^2 + b^2 + 2ab - 4ab = 0$

$\Rightarrow (a-b)^2 = 0$

$\Rightarrow a = b$

अतः विकल्प (A) सही है।

98. हम जानते हैं कि,

श्रृंखला नियमः यदि y, u का फलन है और u, x का एक फलन है।

$\frac{dy}{dx} = \frac{dy}{du} \times \frac{du}{dx}$

अब,

$f(x) = \frac{x+3}{x^2+5x+6}$

$f(x) = \frac{x+3}{(x+3)(x+2)}$

$f(x) = \frac{1}{x+2}$

x के संबंध में अवकलन करने पर

$f'(x) = \frac{d}{dx}\left(\frac{1}{x+2}\right)$

$f'(x) = \frac{d}{dx}(x+2)^{-1}$

$f'(x) = -1(x+2)^{-2}$

$f'(x) = -\frac{1}{(x+2)^2}$

अतः $f'(5) = -\frac{1}{(5+2)^2}$

$f'(5) = -\frac{1}{49}$

अतः विकल्प (D) सही है।

99. दिया हुआ:

$y = x^4(x^3 + 2x^2 + 5)$

यहां, हमें y' खोजना है

$y = x^4(x^3 + 2x^2 + 5) = x^7 + 2x^6 + 5x^4$

जैसा कि हम जानते हैं कि यदि $f(x) = x^n$ then $\frac{d(x^n)}{dx} = n \cdot x^{n-1}$

$y' = 7x^6 + 12x^5 + 20x^3 = x^3(7x^3 + 12x^2 + 20)$

अतः विकल्प (A) सही है।

100. n के किसी मान के लिए s = atn का अवकलन करने के लिए, जहाँ a एक अचर है।

मौजूदा घात को कम कीजिये और इसका उपयोग गुणन में कीजिए।

पुराने घात को एक कम कर दीजिए और इसका उपयोग नये घात के रूप में कीजिए।

$\frac{ds}{dt} = a \times nt^{n-1}$

$s = f(t) \pm g(t) \pm h(t) \Rightarrow \frac{ds}{dt} = \frac{a_j}{dt} \pm \frac{ag}{dt} \pm \frac{dh}{dt}$

$s = \frac{a}{t^n}$ का अवकलन करने के लिए, $s = at^{-n}$ के रूप में पुनः लिखते हैं, जहाँ a अचर है,

$x = \frac{\sqrt{2}}{\theta^2} + \frac{1}{\theta} - \frac{1}{\sqrt{\theta}} = \sqrt{2}\theta^{-2} + \theta^{-1} - \theta^{-\frac{1}{2}}$

$\frac{dx}{d\theta} = \sqrt{2}(-2\theta^{-3}) + (-1\theta^{-2}) - \left(-\frac{1}{2}\theta^{-\frac{3}{2}}\right)$

$\frac{dx}{d\theta} = -2\sqrt{2}\theta^{-3} - \theta^{-2} + \frac{1}{2}\theta^{-\frac{3}{2}}$

अतः विकल्प (B) सही है।

Q.1 यदि $\tan\theta = -\frac{5}{12}$ है, तो $\sin\theta$ का मान क्या हो सकता है?

[UPSC NDA, 2022]

A. $\frac{5}{13}$ किन्तु $-\frac{5}{13}$ नहीं हो सकता

B. $-\frac{5}{13}$ किन्तु $\frac{5}{13}$ नहीं हो सकता

C. $\frac{5}{13}$ अथवा $-\frac{5}{13}$

D. उपरोक्त में से कोई नहीं

Q.2 यदि $sin\theta = \frac{24}{25}$ और θ दूसरे चतुर्थांश में स्थित है, तो $sec\theta + tan\theta$ का मान ज्ञात करें।

A. -3 B. -5 C. -7 D. -9

Q.3 यदि $\sin\left(\tan^{-1}\frac{1}{10} + \cot^{-1}x\right) = 1$ तो, x का मान ज्ञात कीजिए।

A. $\frac{1}{5}$ B. $\frac{1}{10}$ C. 10 D. $\frac{1}{9}$

Q.4 निम्नलिखित असमानता को हल करें:

$$|x - 6| > |x^2 - 5x + 9|$$

A. $x \in (1,3)$ B. $x \in (1,0)$

C. $x \in (1,1)$ D. $x \in (1,2)$

Q.5 $y = 2 + \cos x$ के ग्राफ के भुजमान (कोटि) का मान किस अंतराल में स्थित है?

[UPSC NDA, 2020]

A. $[0,1]$ B. $[0,3]$ C. $[-1,1]$ D. $[1,3]$

Q.6 यदि समीकरण $14x + 8y + 5 = 0$ और $21x - ky - 7 = 0$ का कोई हल नहीं है, तो k का मान है:

A. 12   B. -12   C. 8   D. -16

Q.7 5 लड़कों और 4 लड़कियों में से 4 सदस्यों की एक समिति को कितने तरीकों से बनाया जा सकता है, जिसमें कम से कम 2 लड़कियां हों?

A. 31   B. 41   C. 81   D. 51

Q.8 7 व्यंजक और 4 स्वरों में से ऐसे कितने शब्दों का निर्माण किया जा सकता है जिससे इसमें 3 व्यंजक और 2 स्वर शामिल हों?

A. 36000   B. 55000   C. 25200   D. 75000

Q.9 यदि $^nP_5 = 20.\,^nP_3$ है तो n का मान ज्ञात करें।

A. 4   B. 8   C. 6   D. 7

Q.10 सात लड़कों और तीन लड़कियों की एक कक्षा में चार बच्चों का चयन किया जाना है। उन्हें कुल कितने तरीकों से चुना जा सकता है, ऐसे में कम से कम एक लड़का होना चाहिए?

A. 159   B. 194   C. 205   D. 210

Q.11 अंग्रेजी वर्णमाला के पहले 6 अक्षरों का उपयोग करके कितने 5 अक्षर कूट बनाए जा सकते हैं यदि कोई अक्षर दोहराया नहीं जा सकता है?

A. 720   B. 650   C. 625   D. 700

Q.12 $\left(x^2 + \frac{a}{x}\right)^5$ के विस्तार में x का गुणांक ..... है।

A. $9a^2$ B. $10a^3$ C. $10a^2$ D. $10a$

Q.13 विस्तार $\left(x - \frac{1}{x}\right)^{11}$ में मध्य पद क्या है?

A. $462x$

B. $66x$ और $-66x^2$

C. $36x$ और $-46x^2$

D. $\frac{462}{x}$ और $-462x$

Q.14 $(1 + 4x + 4x^2)^5$ के प्रसार में मध्य पद का गुणांक क्या है?

[UPSC NDA, 2021]

A. 8064   B. 4032   C. 2016   D. 1008

Q.15 यदि $(3,4)$ और $(x,5)$ से गुजरने वाली रेखा x - अक्ष की धनात्मक दिशा के साथ $135°$ का कोण बनाती है, तो $x =?$

A. -2 B. 2 C. -1 D. 1

Q.16 x का मान ज्ञात कीजिए ताकि $(x, -3)$ और $(2,5)$ को मिलाने वाली रेखा का झुकाव $135°$ हो?

A. -5   B. 5   C. 10   D. -10

Q.17 समांतर रेखाओं y - 8 = 0 एवं y + 1 = 0 के बीच की दूरी _____ है।

A. 8   B. 7   C. 1   D. 9

Q.18 यदि बिंदु $(au^2, 2au)$ और $(av^2, 2av)$ परवलय $y^2 = 4ax$ की फोकल जीवा के छोर हैं, तो $-uv$ का मान ज्ञात करें।

A. 1   B. 4   C. 5   D. 0

Q.19 समीकरण $x^2 - 6x - 3y + 21 = 0$ किसको दर्शाता है :

A. वृत्त   B. दीर्घवृत्त

C. अतिपरवलय   D. परवलय

Q.20 समीकरण $ax^2 + by^2 + hx + hy = 0$, जहाँ $h \neq 0$, सीधी रेखाओं के एक युग्म को निरूपित करता है, यदि :

A. $a + b = 0$ B. $a + h = 0$

C. $b + h = 0$ D. इनमें से कोई नहीं

Q.21 $\lim\limits_{x \to 0} \frac{\tan 6x + 4x}{4x + \tan x}$ का मान ज्ञात कीजिए।

A. 0   B. 1   C. 2   D. 3

Q.22 $\lim\limits_{x \to \infty} x\sin\left(\frac{\pi}{x}\right)$ का मान ज्ञात कीजिए

A. $\frac{1}{\pi}$ B. 0   C. π D. 1

Q.23 यदि $\sin^{-1}x + \cos^{-1}y = \frac{2\pi}{5}$ तो $\cos^{-1}x + \sin^{-1}y$ के बराबर क्या है?

A. $\frac{2\pi}{5}$ B. $\frac{3\pi}{5}$ C. $\frac{4\pi}{5}$ D. $\frac{3\pi}{10}$

Q.24 यदि $\sin^{-1}(1 - x) - 2\sin^{-1}x = \frac{\pi}{2}$, तो x किसके बराबर है?

A. $0, -\frac{1}{2}$ B. $0, \frac{1}{2}$ C. 0 D. $3,4$

Q.25 यदि $\sin\left(\sin^{-1}\frac{1}{2} + \cos^{-1}x\right) = 1$, तो x का मान क्या है?

A. -1 B. $\frac{2}{5}$ C. $\frac{1}{3}$ D. $\frac{1}{2}$

Q.26 यदि $A = \begin{bmatrix} 1 & 1 \\ 1 & 1 \end{bmatrix}$ तो A^{100} का मान क्या होगा?

A. $2^{100}\,A$

B. $2^{99}\,A$

C. $2^{101}\,A$

D. इनमे से कोई नही

Q.27 $\begin{bmatrix} 1 \\ -1 \\ 2 \end{bmatrix} \begin{bmatrix} 2 & 1 & -1 \end{bmatrix}$ का मान है-

A. $[-1]$

B. $\begin{bmatrix} 2 \\ -1 \\ -2 \end{bmatrix}$

C. $\begin{bmatrix} 2 & 1 & -1 \\ -2 & -1 & 1 \\ 4 & 2 & -2 \end{bmatrix}$

D. इनमे से कोई भी नहीं

Q.28 यदि $A = \begin{bmatrix} -1 & 4 \\ 5 & 8 \end{bmatrix}$ है तो आव्यूह A का ट्रेस ज्ञात कीजिए।

A. 6   B. 7   C. 8   D. 9

Q.29 x के किस मान के लिए मैट्रिक्स A एकल है:

$$A = \begin{bmatrix} 3-x & 2 & 2 \\ 2 & 4-x & 1 \\ -2 & -4 & -1-x \end{bmatrix}$$

A. $x = 0,2$ B. $x = 1,2$ C. $x = 2,3$ D. $x = 0,3$

Q.30 यदि बिंदु $(-2,-5)$, $(2,-2)$ और $(8,a)$ संरेखीय हैं, तो a का मान ज्ञात कीजिए।

A. $-\frac{5}{2}$ B. $\frac{5}{2}$ C. $\frac{3}{2}$ D. $\frac{1}{2}$

Q.31 यदि मैट्रिक्स $\begin{bmatrix} 1 & 3 & \lambda+2 \\ 2 & 4 & 8 \\ 3 & 5 & 10 \end{bmatrix}$ एकल है तो λ बराबर है:

A. -2 B. 2   C. 4   D. -4

Q.32 $\lim\limits_{x\to0}\left(\dfrac{\sin 5x}{\tan 3x}\right)$ का मूल्यांकन कीजिए।

A. $\frac{3}{5}$ B. $\frac{5}{3}$ C. $\frac{2}{5}$ D. $\frac{5}{2}$

Q.33 $\lim\limits_{x\to5}\dfrac{x^2-25}{x^2-2x-10}$ का मान ज्ञात कीजिए।

A. ∞ B. -1 C. 0   D. 1

Q.34 $\lim\limits_{x\to3}\dfrac{x^4-81}{x^3-27} =?$

A. 3   B. 4   C. 5   D. 9

Q.35 $\lim\limits_{x\to\infty}\dfrac{x^4+3x^2+5}{x^4+x^2-6}$ का मान क्या है?

A. 1   B. -1 C. 0   D. 0.5

Q.36 $\lim\limits_{x\to\infty}\dfrac{x^3+3x^2+6x+5}{x^3+2x+6}$ का मान क्या है?

A. 1   B. -1 C. 0   D. 2

Q.37 फलन $f(x) = (5x-1)^2 + 4$ का न्यूनतम मान ज्ञात करें।

A. 4

B. 2

C. 3

D. इनमें से कोई नहीं

Q.38 $x = 3$ और $x = 4$ बीच फलन $[y = 16 - x^2]$ के परिवर्तन की औसत दर क्या होगी?

A. 7   B. -7 C. 9   D. -9

Q.39 यदि $f(x) = x^2 e^{-x}$ है, तो वह अन्तराल ज्ञात करें, जहाँ फलन बढ़ रहा है।

A. $-2 \le x \le 0$ B. $x \le 0$

C. $0 \le x \le 2$ D. इनमें से कोई नहीं

Q.40 फलन $(4x+2)\sqrt{x^2+x+1}$ का समाकलन कीजिए

A. $\frac{4}{3}\cdot(x^2+x+1)^{\frac{3}{2}} + C$

B. $\frac{3}{2}\cdot(x^2+x+2)^{\frac{3}{2}} + C$

C. $\frac{5}{3}\cdot(x^2+x+5)^{\frac{3}{2}} + C$

D. $\frac{1}{3}\cdot(x^2+x+1)^{\frac{3}{2}} + C$

Q.41 फलन $\dfrac{1}{x-\sqrt{x}}$ का समाकलन कीजिए

A. $1\log|\sqrt{x}-1| + C$

B. $2\log|\sqrt{y}-2| + C$

C. $1\log|\sqrt{y}-2| + C$

D. $2\log|\sqrt{x}-1| + C$

Q.42 फलन $\dfrac{x^2}{(2+3x^3)^3}$ का समाकलन कीजिए

A. $\frac{-1}{18(2+3x^3)^2} + C$

B. $\frac{-2}{19(3+4x^3)^2} + C$

C. $\frac{-3}{20(4+5x^3)^2} + C$

D. $\frac{-4}{21(5+6x^3)^2} + C$

Q.43 फलन $\dfrac{x}{9-4x^2}$ का समाकलन कीजिए:

A. $-\frac{2}{8}\log|5-4x^2| + C$

B. $-\frac{1}{8}\log|9-4x^2| + C$

C. $-\frac{1}{2}\log|9-4x^2| + C$

D. $-\frac{3}{8}\log|9-4x^2| + C$

Q.44 परवलय $4y = 3x^2$ और रेखा $2y = 3x + 12$ से घिरे क्षेत्र का पता लगाएं।

A. 27 इकाई   B. 24 इकाई   C. 20 इकाई   D. 21 इकाई

Q.45 एकीकरण की विधि का उपयोग करके रेखा के : $2x + y = 4$, $3x - 2y = 6$ और $x - 3y + 5 = 0$ क्षेत्र का क्षेत्रफल ज्ञात कीजिये।

A. $\frac{9}{2}$ इकाई   B. $\frac{3}{2}$ इकाई   C. $\frac{5}{12}$ इकाई   D. $\frac{7}{2}$ इकाई

Q.46 परवलय $y^2 = 4ax$ और रेखा $y = mx$ के बीच संलग्न क्षेत्र का पता लगाएं।

A. $\frac{1a^2}{3m^3}$ इकाई

B. $\frac{8a^2}{3m^3}$ इकाई

C. $\frac{2a^2}{9m^3}$ इकाई

D. $\frac{4a^2}{3m^3}$ इकाई

Q.47 यदि $\vec{u} = a\hat{\imath} + 2\hat{\jmath} - \hat{k}$ और $\vec{v} = 3\hat{\jmath} + 4\hat{k}$ दो सदिश हैं जैसे कि $\left|\vec{u}+\vec{v}\right| \le 10$ तो $a =?$

A. $\pm 2\sqrt{3}$ B. $\pm\sqrt{3}$ C. $\pm 2\sqrt{5}$ D. $\pm\sqrt{5}$

Q.48 यदि सदिश $\vec{a}, \vec{b}$ संरेखीय हैं तथा $\vec{a} = 2\hat{\imath} + 6\hat{\jmath} - 3\hat{k}$ और $|\vec{b}| = 14$ है, तो $\vec{b}$ किसके बराबर है?

A. $4\hat{\imath} - 12\hat{\jmath} + 6\hat{k}$

B. $4\hat{\imath} + 12\hat{\jmath} - 6\hat{k}$

C. $6\hat{\imath} + 18\hat{\jmath} - 9\hat{k}$

D. उपरोक्त में से कोई नहीं

Q.49 यदि $\left|\vec{a} \times \vec{b}\right| = \left|\vec{a} \cdot \vec{b}\right|$ है तो $\vec{a}$ और $\vec{b}$ के बीच का कोण कितना है?

A. 90°   **B.** 60°   **C.** 30°   **D.** 45°

Q.50 सदिश $\vec{a} = \hat{\imath} - 2\hat{\jmath} + 3\hat{k}$ और $\vec{b} = 3\hat{\imath} - 2\hat{\jmath} + \hat{k}$ के बीच का कोण θ ज्ञात करें।

A. $\cos^{-1}\left(\frac{4}{7}\right)$

B. $\cos^{-1}\left(\frac{5}{7}\right)$

C. $\cos^{-1}\left(\frac{5}{9}\right)$

D. इनमें से कोई नहीं

Q.51 एक कंपनी दो प्रकार के सामान A और B का उत्पादन करती है जिसके लिए सोने और चांदी की आवश्यकता होती है। टाइप A की प्रत्येक इकाई के लिए 3 ग्राम चांदी और 1 ग्राम सोने की आवश्यकता होती है जबकि टाइप B के लिए 1 ग्राम चांदी और 2 ग्राम सोने की आवश्यकता होती है। कंपनी 9 ग्राम चांदी और 8 ग्राम सोने का उत्पादन कर सकती है। यदि A प्रकार की प्रत्येक इकाई 40 रुपये और B प्रकार की 50 रुपये का लाभ लाती है। अधिकतम लाभ क्या है?

A. 230   **B.** 200   **C.** 240   **D.** 330

Q.52 एक रैखिक प्रोग्रामिंग समस्या की बाधाओं के सेट का समाधान एक उत्तल (खुला या बंद) है जिसे _________ क्षेत्र कहा जाता है।

A. व्यवहार्य

B. सक्रिय

C. रैखिक

D. इनमें से कोई नहीं

Q.53 एक प्रकार के केक के लिए 200 ग्राम आटा और 25 ग्राम वसा की आवश्यकता होती है, और दूसरे प्रकार के केक के लिए 100 ग्राम आटा और 50 ग्राम वसा की आवश्यकता होती है। 5 ग्राम आटे और 1 ग्राम वसा से अधिकतम कितने केक बनाए जा सकते हैं, यह मानते हुए कि केक बनाने में उपयोग की जाने वाली अन्य सामग्री की कोई कमी नहीं है।

A. केक की अधिकतम संख्या = 30, एक प्रकार के 20 और दूसरे प्रकार के 10 केक

B. केक की अधिकतम संख्या = 32, एक प्रकार के 20 और दूसरे प्रकार के 12 केक

C. केक की अधिकतम संख्या = 34, एक प्रकार के 27 और दूसरे प्रकार के 7 केक

D. केक की अधिकतम संख्या = 33, एक प्रकार के 22 और दूसरे प्रकार के 11 केक

Q.54 रैखिक प्रोग्रामिंग में, समाधान सेट के लिए बिंदु की कमी को कहा जाता है:

A. कोई व्यवहार्य समाधान नहीं है

B. एक व्यवहार्य समाधान है

C. एकल बिंदु विधि है

D. अनंत बिंदु विधि है

Q.55 दिया हुआ है कि N = {1, 2, 3, …, 100}, तो N का वह उप-समुच्चय B लिखिए, जिसके अवयव x + 2 द्वारा निरूपित होते हैं, जहाँ x ∈ N है।

A. {3, 4, 5, 6, … , 100}

B. {1, 2, 3, 4, 5, 6, … , 100}

C. {2, 3, 4, 5, 6, … , 100}

D. {0, 3, 4, 5, 6, … , 100}

Q.56 किसी भी दो समुच्चय A और B के लिए, $[(A - B) \cup B]^C$ का मान बराबर है:

A. $A^C \cap B^C$

B. $A \cup B$

C. $A - B$

D. $B - A$

Q.57 एक फलन $f: R \to R, f(x) = [x - 1]\cos\left(\frac{2x-1}{2}\right)\pi$ द्वारा परिभाषित है, जबकि [.] महत्तम पूर्णांक फलन है, तो f:

[JEE Main Advanced, 2021]

A. केवल $x = 1$ पर असतत है

B. x के सभी पूर्णांक मानों, $x = 1$ के अतिरिक्त, पर असतत है

C. केवल $x = 1$ पर सतत है

D. प्रत्येक वास्तविक x के लिए सतत है

Q.58 माना $f: R \to R, f(x) = 2x - 1$ द्वारा तथा $g: R - \{1\} \to R, g(x) = \frac{x - \frac{1}{2}}{x - 1}$ द्वारा परिभाषित हैं। तो संयुक्त फलन $f\big(g(x)\big)$:

[JEE Main Advanced, 2021]

A. एकैकी है परन्तु आच्छादक नहीं है

B. आच्छादक है परन्तु एकैकी नहीं है

C. न एकैकी है और न आच्छादक है

D. एकैकी तथा आच्छादक दोनों है

Q.59 फ़ंक्शन के व्युत्पन्न का डोमेन

$$f(x) = \left\{ \begin{array}{l} \tan^{-1}x, \quad \left| x \right| \leq 1 \\ \frac{1}{2}\left(\left| x \right| - 1\right), \quad \left| x \right| > 1 \end{array} \right.$$

A. $R - 0$

B. $R - 1$

C. $R - -1$

D. $R - \{-1,1\}$

Q.60 फलन के लिए डोमेन खोजें

$$f(x) = [\sin x]\cos\left(\frac{\pi}{[x - 1]}\right)$$

A. $[1,2]$

B. $(-\infty, 1) \cup [2, \infty)$

C. $x \in R$

D. इनमें से कोई नहीं

Q.61 यदि फलन $f(x) = x^3 + e^{\frac{x}{2}}$ और $g(x) = f^{-1}(x)$ है, तो $g'(1)$ का मान है:

A. 2   **B.** -2 **C.** 1   **D.** 0

Q.62 यदि समुच्चय पर एक संबंध {1, 2, 3} को R={(1, 2)}, द्वारा परिभाषित किया जाता है, तो R है:

A. स्वतुल्य

B. संक्रमणीय

C. सममित

D. इनमें से कोई नहीं

Q.63 $\sqrt{3} + i$, का मापांक-आयाम रूप है, जहाँ $i = \sqrt{-1}$ है:

A. $2\left(\cos\frac{\pi}{3} + i\sin\frac{\pi}{3}\right)$

B. $2\left(\cos\frac{\pi}{6} + i\sin\frac{\pi}{6}\right)$

C. $4\left(\cos\frac{\pi}{3} + i\sin\frac{\pi}{3}\right)$

D. $4\left(\cos\frac{\pi}{6} + i\sin\frac{\pi}{6}\right)$

Q.64 $i^{1000} + i^{1001} + i^{1002} + i^{1003}$ किसके बराबर है: (जहाँ $i = \sqrt{-1}$)

A. 0   **B.** i **C.** $-i$ **D.** 1

Q.65 यदि α, β विभिन्न जटिल संख्याएँ हैं जहां $|\beta| = 1$, फिर $\left|\frac{\beta - \alpha}{1 - \alpha\beta}\right|$ ज्ञात करे:

A. 3   B. 2   C. 1   D. 0

Q.66 समीकरण $|1 - 2i|^x = 5^x$ के अशून्य अभिन्न हलों की संख्या है:

A. 0   B. 1   C. 2   D. 3

Q.67 $(-1 - i)$ का मुख्य तर्क क्या है, (जहां $i = \sqrt{-1}$)?

A. $\frac{5\pi}{4}$ B. $-\frac{\pi}{4}$ C. $-\frac{3\pi}{4}$ D. $\frac{3\pi}{4}$

Q.68 उस श्रृंखला का योग ज्ञात कीजिए जिसका nवां शब्द n (n + 2) है।

A. $\frac{n \cdot (n-1) \cdot (2n-5)}{6}$ B. $\frac{n \cdot (n-1) \cdot (2n-7)}{6}$

C. $\frac{n \cdot (n+1) \cdot (2n+7)}{6}$ D. $\frac{n \cdot (n+1) \cdot (2n+5)}{6}$

Q.69 श्रेणी 2 + 6 + 18 + 54 +....+ 4374 का योग ज्ञात कीजिए।

A. 6561   B. 6560

C. 6559   D. उपरोक्त में से कोई नहीं

Q.70 श्रेणी 3 + 9 + 27 + 81 + ... + 6561 का योग ज्ञात कीजिए।

A. $3^8 - 1$ B. $\frac{3(3^8-1)}{2}$

C. $\frac{(3^8-1)}{2}$ D. उपरोक्त में से कोई नहीं

Q.71 यदि किसी श्रेणी का nवाँ पद $T_n = 3n + 2$, द्वारा दिया जाता है, जहाँ n एक प्राकृत संख्या है, तो $S_n = \sum_{k=1}^{n} T_k = ?$ का मान ज्ञात कीजिए।

A. $\frac{n(n+1)+4}{2}$ B. $\frac{n(n+1)+2}{2}$

C. $\frac{n(3n+7)}{2}$ D. $\frac{3n(n+1)+4}{2}$

Q.72 ऐसी कितनी तीन अंकीय संख्याएँ हैं जो 9 से विभाज्य हैं।

A. 98   B. 99   C. 100   D. 101

Q.73 श्रृंखला $\sqrt{5} + \sqrt{20} + \sqrt{45} + \sqrt{80} + \cdots$ के पहले 20 पदों का योग क्या है?

A. $300\sqrt{5}$ B. $200\sqrt{5}$ C. $210\sqrt{5}$ D. $420\sqrt{5}$

Q.74 यदि दो समांतर श्रेणियों के nवें पद 3n + 8 और 7n + 15 हैं तब इनके 12वें पदों का अनुपात क्या होगा?

A. 4 : 9   B. 7 : 16   C. 3 : 7   D. 8 : 15

Q.75 किसी विवर्णित समूह का माध्य 22 है। यदि विवर्णित समूह के बहुलक और माध्यिका का अनुपात 1: 3 है, तो माध्य, माध्यिका और बहुलक के बीच सही संबंध ज्ञात करें।

A. माध्य > माध्यिका > बहुलक

B. बहुलक > माध्यिका > माध्य

C. माध्यिका = बहुलक > माध्य

D. माध्य = बहुलक < माध्यिका

Q.76 यदि कुछ अवलोकनों का मानक विचलन और भिन्नता का गुणांक क्रमशः 1.2 और 25.6 हैं तो समान अवलोकनों के लिए माध्य मान ज्ञात करें।

A. 6.49   B. 4.69

C. 3.52   D. इनमें से कोई नहीं

Q.77 यदि मात्रा 30 और 20 के दो नमूनों का माध्य क्रमशः 55 और 60 है और प्रसरण 16 और 25 है, तो मात्रा 50 के संयुक्त नमूने का S. D. क्या होगा?

[UPSESSB TGT Mathematics, 2016]

A. 5.00   B. 5.06

C. 5.23   D. इनमें से कोई नहीं

Q.78 यदि $f(x + y, x - y) = xy$, तो $f(x, y)$ और $f(y, x)$ का समांतर माध्य है:

[UPSESSB TGT Mathematics, 2013]

A. x B. y C. 0   D. xy

Q.79 छह संख्याओं का माध्य 47 है। यदि एक संख्या को हटा दिया जाता है, तो उनका माध्य 41 हो जाता है। तो निकाली गयी संख्या क्या है?

A. 77   B. 78   C. 60   D. 45

Q.80 एक थैले में 5 लाल गेंदें और कुछ नीली गेंदें हैं। यदि एक नीली गेंद निकालने की प्रायिकता लाल गेंद से दुगुनी है, तो थैले में नीली गेंदों की संख्या ज्ञात कीजिए।

A. 8   B. 12   C. 11   D. 10

Q.81 ताश के सामान्य पैक से एक के बाद एक यादृच्छिक रूप से तीन कार्ड निकाले जाते हैं। प्रायिकता ज्ञात कीजिए कि उनमें एक राजा, एक रानी और एक इक्का होगा।

A. $\frac{16}{5525}$ B. $\frac{15}{5525}$ C. $\frac{16}{5335}$ D. $\frac{16}{6525}$

Q.82 एक सिक्के को 3 बार उछाला जाता है। तो वह प्रायिकता क्या है कि वे दो चित और एक पट दर्शाएंगे?

A. $\frac{1}{3}$ B. $\frac{1}{2}$ C. $\frac{1}{4}$ D. $\frac{3}{8}$

Q.83 एक निश्चित परीक्षण प्रश्न के सही उत्तर का अनुमान लगाने की प्रायिकता $\frac{x}{12}$ है। यदि इस प्रश्न के सही उत्तर का अनुमान न लगाने की प्रायिकता $\frac{2}{3}$ है, तो $x = ?$

A. 3   B. 3   C. 4   D. 6

Q.84 अगर $-2 < 2x - 1 < 2$ तो x का मान अंतराल में है:

A. $\left(\frac{1}{2}, \frac{3}{2}\right)$ B. $\left(\frac{-1}{2}, \frac{3}{2}\right)$ C. $\left(\frac{3}{2}, \frac{1}{2}\right)$ D. $\left(\frac{3}{2}, \frac{-1}{2}\right)$

Q.85 उस दीर्घवृत्त का समीकरण क्या है जिसके शीर्ष $(\pm 5, 0)$ हैं और नाभियां $(\pm 4, 0)$ पर हैं?

A. $\frac{x^2}{25} + \frac{y^2}{9} = 1$ B. $\frac{x^2}{16} + \frac{y^2}{9} = 1$

C. $\frac{x^2}{25} + \frac{y^2}{16} = 1$ D. $\frac{x^2}{9} + \frac{y^2}{25} = 1$

Q.86 बिन्दुओं $(-2, 6, -6)$, $(-3, 10, -9)$ और $(-5, 0, -6)$ से होकर गुजरने वाले समतल का समीकरण क्या है?

A. 2x - y - 2z = 2   B. 2x + y + 3z = 3

C. x + y + z = 6   D. x - y - z = 3

Q.87 मूल बिंदु से होकर गुजरने वाला नियत (अचर) त्रिज्या r का एक गोला निर्देशांक अक्षों को A, B और C पर काटता है। त्रिभुज ABC के केंद्र का बिन्दुपथ क्या है?

A. $x^2 + y^2 + z^2 = r^2$

B. $x^2 + y^2 + z^2 = 4r^2$

C. $9(x^2 + y^2 + z^2) = 4r^2$

D. $3(x^2 + y^2 + z^2) = 2r^2$

Q.88 yz तल बिंदुओं $(3, 1, 5)$ और $(-2, -1, 4)$ को मिलाने वाली रेखा को $\frac{p}{q}$ के अनुपात में विभाजित करता है तो $p + q$ क्या होगा?

A. 0   B. 1   C. 5   D. 9

Q.89 $\cos\left(\frac{dx}{dy}\right) - a = 0$ का हल क्या है? (जहां a एक स्वेच्छ स्थिरांक है।)

A. $y = x\cos^{-1}a + c$

B. $x = \cos^{-1}a + c$

C. $x = y\cos^{-1}a + c$

D. $\cos(x + y) + c = 0$

Q.90 अवकल समीकरण $(1 - x^2)\frac{dy}{dx} - xy = 1$ का समाकल कारक क्या है?

A. $-x$

B. $\frac{-x}{1-x^2}$

C. $\sqrt{1 - x^2}$

D. $\frac{1}{2}\log(1 - x^2)$

Q.91 समीकरण $\log\left(\frac{dy}{dx}\right) = ax + by$ का हल _______ है।

A. $\frac{e^{by}}{b} = \frac{e^{ax}}{a} + C$

B. $\frac{e^{-by}}{-b} = \frac{e^{ax}}{a} + C$

C. $\frac{e^{-by}}{a} = \frac{e^{ax}}{b} + C$

D. इनमें से कोई नहीं

Q.92 यदि $\frac{dy}{dx} = \frac{y}{1+x^2}$ है, और यदि $y(0) = 1$ है, तो $y(1)$ का मान ज्ञात कीजिए।

A. $\frac{\pi}{2}$

B. e

C. $e^{\frac{\pi}{4}}$

D. $\frac{\pi}{4}$

Q.93 सभी परवलयों का अवकल समीकरण, जिनकी सममिति का अक्ष x के अक्ष के साथ मेल खाता है, _____ है।

A. $y\frac{d^2y}{dx^2} + \left(\frac{dy}{dx}\right)^2 = 0$

B. $x\frac{d^2x}{dy^2} + \left(\frac{dx}{dy}\right)^2 = 0$

C. $y\frac{d^2y}{dx^2} + \frac{dy}{dx} = 0$

D. इनमें से कोई नहीं

Q.94 अवकल समीकरण $\frac{xdy+ydx}{y} = 0$ का हल ज्ञात कीजिए।

A. $xy - c = 0$

B. $y - cx = 0$

C. $y - cx^2 = 0$

D. $x - cy^2 = 0$

Q.95 $\sec^{-1}\left[\frac{x^2+1}{x^2-1}\right] = ?$

A. $2\tan^{-1}x$

B. $2x^2$

C. $2\cot^{-1}x$

D. x^2

Q.96 $\sin^{-1}\sin\left(\frac{33\pi}{5}\right)$ का मान ज्ञात कीजिए।

A. $\frac{33\pi}{5}$

B. $\frac{2\pi}{5}$

C. $\frac{\pi}{5}$

D. इनमे से कोई भी नहीं

Q.97 $x = \frac{\pi}{4}$ पर x के संबंध में समाकल $I = \int_{\sin x}^{\cos x} \log t^2 dt$ का अवकलन क्या होगा?

A. $\sqrt{2}\log2$

B. $-\sqrt{2}\log\sqrt{2}$

C. $-2\log\sqrt{2}$

D. इनमें से कोई नहीं

Q.98 यदि $f(x)$ और $g(x)$, $f(x) = f(a - x)$ और $g(x) + g(a - x) = 2$ को संतुष्ट करने वाले निरंतर फलन हैं, तो $\int_0^a f(x)g(x)dx$ किसके बराबर है?

A. $\int_0^a g(x)dx$

B. $\int_0^a f(x)dx$

C. $2\int_0^a f(x)dx$

D. 0

Q.99 यदि $y = x^4(x^3 + 2x^2 + 5)$, तो y' का मान ज्ञात कीजिए।

A. $x^3(7x^3 + 12x^2 + 20)$

B. $x^3(7x^3 + 12x^2 + 20x)$

C. $x^3(7x^3 + 12x^3 + 20)$

D. $x^3(7x^4 + 12x^2 + 20)$

Q.100 यदि $f(x) = \sqrt[4]{-3x^4 - 2}$, तो $f'(x) =$ का मान ज्ञात कीजिए।

A. $\frac{3x^3}{(-3x^4-2)^{\frac{3}{4}}}$

B. $-\frac{3x^3}{(-4x^4-2)^{\frac{3}{4}}}$

C. $\frac{3x^3}{(-4x^4-2)^{\frac{3}{4}}}$

D. $-\frac{3x^3}{(-3x^4-2)^{\frac{3}{4}}}$

// स्मार्ट उत्तर पुस्तिका //

सही उत्तर — उन छात्रों का प्रतिशत जिन्होंने प्रश्नों का सही उत्तर दिया था।
छोड़ दिया — उन छात्रों का प्रतिशत जिन्होंने प्रश्नों को छोड़ दिया था।

प्रश्न संख्या	उत्तर	सही उत्तर (%)	छोड़ दिया (%)
1	C	46.7 %	1.74 %
2	C	50.09 %	1.53 %
3	B	57.68 %	1.19 %
4	A	62.06 %	1.22 %
5	D	48.45 %	1.71 %
6	B	46.36 %	1.82 %
7	C	56.72 %	1.21 %
8	C	78.9 %	0.0 %
9	B	51.74 %	1.67 %
10	D	60.49 %	1.1 %
11	A	56.07 %	1.04 %
12	B	40.72 %	1.38 %
13	D	45.43 %	1.39 %
14	A	41.36 %	1.39 %
15	B	48.12 %	1.76 %
16	C	56.05 %	1.9 %
17	D	45.69 %	1.88 %

प्रश्न संख्या	उत्तर	सही उत्तर (%)	छोड़ दिया (%)
18	A	64.84 %	1.26 %
19	D	42.8 %	1.53 %
20	A	62.82 %	1.33 %
21	C	65.66 %	1.62 %
22	C	87.22 %	0.0 %
23	B	14.67 %	3.19 %
24	C	67.85 %	1.25 %
25	D	82.33 %	0.0 %
26	B	64.38 %	1.14 %
27	C	78.95 %	0.0 %
28	B	77.0 %	0.0 %
29	D	85.49 %	0.0 %
30	B	67.16 %	1.12 %
31	C	51.58 %	1.16 %
32	B	54.93 %	1.39 %
33	C	83.24 %	0.0 %
34	B	61.09 %	1.28 %

प्रश्न संख्या	उत्तर	सही उत्तर (%)	छोड़ दिया (%)
35	A	69.85 %	1.02 %
36	A	50.2 %	1.15 %
37	A	55.1 %	1.96 %
38	B	42.14 %	1.13 %
39	C	52.39 %	1.47 %
40	A	29.76 %	3.52 %
41	D	85.75 %	0.0 %
42	A	51.1 %	1.21 %
43	B	88.43 %	0.0 %
44	A	62.56 %	1.63 %
45	D	26.64 %	3.8 %
46	B	30.96 %	3.45 %
47	C	20.11 %	4.91 %
48	B	26.24 %	3.05 %
49	D	69.4 %	1.77 %
50	B	11.1 %	4.37 %
51	A	30.61 %	4.46 %

प्रश्न संख्या	उत्तर	सही उत्तर (%)	छोड़ दिया (%)
52	A	88.99 %	0.0 %
53	A	57.9 %	1.02 %
54	A	76.11 %	0.0 %
55	A	58.42 %	1.7 %
56	A	67.63 %	1.29 %
57	C	44.58 %	1.58 %
58	C	48.94 %	1.17 %
59	D	81.19 %	0.0 %
60	B	48.64 %	1.68 %
61	A	45.56 %	1.11 %
62	B	59.88 %	1.15 %
63	B	57.14 %	1.15 %
64	A	47.91 %	1.78 %
65	C	45.0 %	1.5 %
66	A	50.87 %	1.48 %
67	C	49.35 %	1.35 %
68	C	58.49 %	1.82 %

प्रश्न संख्या	उत्तर	सही उत्तर (%)	छोड़ दिया (%)
69	B	46.52 %	1.81 %
70	C	62.36 %	1.82 %
71	C	56.72 %	1.5 %
72	C	85.43 %	0.0 %
73	C	60.84 %	1.21 %
74	A	50.27 %	1.16 %
75	A	68.25 %	1.94 %
76	B	48.65 %	1.78 %
77	D	53.05 %	1.6 %
78	C	60.83 %	1.31 %
79	A	59.96 %	1.63 %
80	D	63.71 %	1.92 %
81	A	18.71 %	3.86 %
82	D	32.61 %	4.05 %
83	C	69.69 %	1.15 %
84	B	41.78 %	1.59 %
85	A	49.99 %	1.5 %

प्रश्न संख्या	उत्तर	सही उत्तर (%)	छोड़ दिया (%)
86	A	64.28 %	1.75 %
87	C	41.05 %	1.48 %
88	C	58.0 %	1.19 %
89	C	68.44 %	1.07 %
90	C	60.45 %	1.34 %
91	B	53.91 %	1.54 %
92	C	83.36 %	0.0 %
93	A	83.28 %	0.0 %
94	A	87.18 %	0.0 %
95	C	65.31 %	1.32 %
96	B	65.03 %	1.64 %
97	A	67.51 %	1.31 %
98	B	43.33 %	1.08 %
99	A	61.64 %	1.48 %
100	D	86.97 %	0.0 %

//संकेत और समाधान//

1. दिया है,

$$\tan\theta = -\frac{5}{12} = \text{लम्ब /आधार}$$

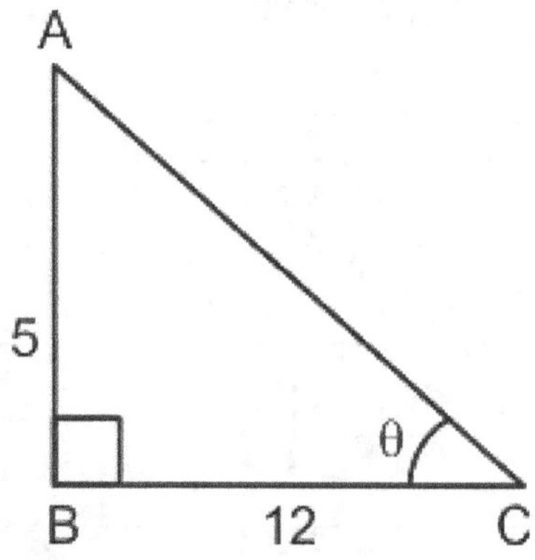

त्रिभुज ABC में, पाइथागोरस प्रमेय का प्रयोग करने पर

$$AC^2 = AB^2 + BC^2$$

$$\Rightarrow AC^2 = 5^2 + 12^2 = 13^2$$

$$\Rightarrow AC = 13$$

इसलिए,

$$\sin\theta = \text{लम्ब /कर्ण}$$

$$\Rightarrow \sin\theta = \frac{5}{13}$$

चूँकि $\tan\theta$ दूसरे और चौथे चतुर्थांश में ऋणात्मक है।

$$\therefore \text{दूसरे चतुर्थांश में } \sin\theta = \frac{5}{13}$$

$$\therefore \text{चौथे चतुर्थांश में } \sin\theta = \frac{-5}{13}$$

$$\therefore \frac{5}{13} \text{ और } \frac{-5}{13} \text{ दोनों संभव हैं।}$$

अतः विकल्प (C) सही है।

2. $\sin\theta = \text{लम्ब/कर्ण} = \frac{p}{h} = \frac{24}{25}$

जहाँ $p = $ लंब, $h = $ कर्ण और $b = $ आधार

पाइथागोरस प्रमेय का उपयोग करने पर

आधार $b = \sqrt{h^2 - p^2} = \sqrt{25^2 - 24^2} = 7$

दूसरे चतुर्थांश में, दोनों $\sec\theta$ और $\tan\theta$ नकारात्मक हैं।

$$\sec\theta = \frac{h}{b}$$

$$= \frac{-25}{7}$$

$$\tan\theta = \frac{p}{b}$$

$$= \frac{-24}{7}$$

$$\sec\theta + \tan\theta = \frac{-25}{7} + \frac{-24}{7}$$

$$= -7$$

अतः विकल्प (C) सही है।

3. जैसा कि हम जानते हैं,

यदि $\sin x = y$, तब $x = \sin^{-1} y$

$$\tan^{-1} x + \cot^{-1} x = \frac{\pi}{2}$$

दिया गया है: $\sin\left(\tan^{-1}\frac{1}{10} + \cot^{-1} x\right) = 1$

$$\Rightarrow \tan^{-1}\frac{1}{10} + \cot^{-1} x = \sin^{-1}(1) \quad \left(\because \sin^{-1}(1) = \sin^{-1}\left(\sin\left(\frac{\pi}{2}\right)\right) = \frac{\pi}{2}\right)$$

$$\Rightarrow \tan^{-1}\frac{1}{10} + \cot^{-1} x = \frac{\pi}{2}$$

यहाँ, $\tan^{-1} x + \cot^{-1} x = \frac{\pi}{2}$

तब $x = \frac{1}{10}$

अतः विकल्प (B) सही है।

4. $x^2 - 5x + 9$ का काल्पनिक वर्ग हैं

$\Rightarrow$ यह हमेशा के लिए धनात्मक है $x \geq 6$

$$\Rightarrow x - 6 > x^2 - 5x + 9$$

$$x^2 - 6x + 15 < 0 \Rightarrow x \in \{\}$$

$\because$ इसका काल्पनिक वर्ग हैं

$x < 6$ के लिये

$$\Rightarrow 6 - x > x^2 - 5x + 9$$

$$x^2 - 4x + 3 < 0$$

$$\Rightarrow x \in (1,3)$$

अतः विकल्प (A) सही है।

5. हम जानते हैं कि $\cos x$ का प्रतिबंध $[-1,1]$ है

तो,

$$y = 2 + \cos x$$

तो y की सीमा हैं $[-1 + 2, 1 + 2] = [1,3]$

अतः विकल्प (D) सही है।

6. दिया गया है,

समीकरण 1 $= 14x + 8y + 5 = 0$

समीकरण 2 $= 21x - ky - 7 = 0$

समीकरणों का कोई हल नहीं होता जब उनके ढलान समान होते हैं।

$\Rightarrow$ समीकरण 1 का ढलान $= -\frac{14}{8}$

$= -\frac{7}{4}$

$\Rightarrow$ समीकरण 2 का ढलान $= \frac{21}{k}$

$\Rightarrow$ तो, $\frac{21}{k} = -\frac{7}{4}$

$\therefore$ k का मान -12 है।

अत: विकल्प (B) सही है।

7. दिया गया है,

लड़कों की संख्या $= 5$

लड़कियों की संख्या $= 4$

चूंकि 4 सदस्यों की समिति से कम से कम 2 लड़कियां हैं। इसलिए एक समिति में 2,3 और 4 लड़कियां हो सकती हैं।

इसलिए,

$^5B_0 \times {}^4G_4 + {}^5B_1 \times {}^4G_3 + {}^5B_2 \times {}^4G_2$

$= 1 + \left(\frac{5\times4!}{1!\times4!}\right) \times \left(\frac{4\times3!}{3!\times1!}\right) + \left(\frac{5\times4\times3!}{2\times1\times3!}\right) \times \frac{(4\times3\times2\times1)}{(2\times1\times2\times1)}$

$= 1 + 20 + 60$

$= 81$

अत: विकल्प (C) सही है।

8. दिया गया है,

7 व्यंजक और 4 स्वर हैं।

यहाँ, हमें यह ज्ञात करना है कि ऐसे कितने शब्दों का निर्माण किया जा सकता है जिससे इसमें 3 व्यंजक और 2 स्वर हैं।

4 स्वरों में से 2 स्वरों का चयन करने के तरीकों की संख्या $= {}^4C_2$

7 व्यंजकों में से 3 व्यंजकों का चयन करने के तरीकों की संख्या $= {}^7C_3$

$\therefore$ उन शब्दों की संख्या जिसे बनाया जा सकता है जिसमें 3 व्यंजक और 2 स्वर शामिल $= {}^4C_2 \times {}^7C_3$

चूँकि हम जानते हैं कि,

$^nC_r = \frac{n!}{r!\times(n-r)!}$

$\Rightarrow {}^4C_2 \times {}^7C_3 = 6 \times 35 = 210$

3 व्यंजक और 2 स्वरों वाले शब्दों को व्यवस्थित करने के तरीकों की संख्या $= 210 \times 5! = 25200$

अत: विकल्प (C) सही है।

9. $^nP_5 = 20 \cdot {}^nP_3$

$\Rightarrow \frac{n!}{(n-5)!} = \frac{20n!}{(n-3)!}$

$\Rightarrow \frac{n!}{(n-5)!} = \frac{20n!}{(n-3)(n-4)(n-5)!}$

$\Rightarrow 1 = \frac{20}{(n-3)(n-4)}$

$\Rightarrow (n-3)(n-4) = 20$

$\Rightarrow n^2 - 7n + 12 = 20$

$\Rightarrow n^2 - 7n + 12 - 20 = 0$

$\Rightarrow n^2 - 7n - 8 = 0$

$\Rightarrow n^2 + n - 8n - 8 = 0$

$\Rightarrow n(n+1) - 8(n+1) = 0$

$\Rightarrow (n-8)(n+1) = 0$

$\Rightarrow n = 8, -1$

चूंकि, n नकारात्मक $n \neq -1$ नहीं हो सकता है

इसलिए, $n = 8$

अतः विकल्प (B) सही है।

10. दिया गया है:

कक्षा में लड़कों की संख्या $= 7$

कक्षा में लड़कियों की संख्या $= 3$

संभावित स्थितियों की कुल संख्या:

स्थिति 1:

जब 1 लड़के और 3 लड़कियों का चयन किया जाता है।

कुल संयोजन $= {}^7C_1 \times {}^3C_3$

$= \frac{7!}{1!(7-1)!} \times \frac{3!}{3!(3-3)!}$

$= \frac{7\times6!}{6!} \times \frac{3!}{3!}$

$= 7 \times 1$

$= 7$

स्थिति 2:

जब 2 लड़के और 2 लड़कियों का चयन किया जाता है।

कुल संयोजन $= {}^7C_2 \times {}^3C_2$

$= \frac{7!}{2!(7-2)!} \times \frac{3!}{2!(3-2)!}$

$= \frac{7\times6\times5!}{2\times5!} \times \frac{3\times2!}{2!}$

$= 21 \times 3$

$= 63$

स्थिति 3:

जब 3 लड़के और 1 लड़की का चयन किया जाता है।

कुल संयोजन $= {}^7C_3 \times {}^3C_1$

$= \frac{7!}{3!(7-3)!} \times \frac{3!}{1!(3-1)!}$

$$= \frac{7 \times 6 \times 5 \times 4!}{3 \times 2 \times 1 \times 4!} \times \frac{3 \times 2!}{2!}$$

$$= 35 \times 3$$

$$= 105$$

स्थिति 4:

जब सभी 4 लड़कों का चयन किया जाता है $= {}^7C_4$

$$= \frac{7!}{4!(7-4)!}$$

$$= \frac{7 \times 6 \times 5 \times 4!}{4! \times 3 \times 2 \times 1}$$

$$= 35$$

$\therefore$ कुल संयोजन $= 7 + 63 + 105 + 35 = 210$

अतः विकल्प (D) सही है।

11. गुणन का मूल सिद्धांत:

मान लीजिए कि A और B दो कार्य हैं जैसे कि कार्य A को अलग-अलग तरीकों से किया जा सकता है, जिसके बाद दूसरे कार्य B को अलग-अलग तरीकों से किया जा सकता है।

फिर क्रमशः A और B के कार्य को अनुक्रमण में पूरा करने के तरीकों की संख्या: m $\times$ n तरीकों द्वारा दी जाती है।

यहां, हमें अंग्रेजी वर्णमाला के पहले 6 अक्षरों का उपयोग करके एक 5 अक्षर कूट बनाना होगा, जैसे कि कोई अक्षर दोहराया नहीं जाता है।

कोड के लिए पहला अक्षर चुनने के तरीकों की संख्या $= 6$

कोड के लिए दूसरा अक्षर चुनने के तरीकों की संख्या $= 5$

कोड के लिए तीसरा अक्षर चुनने के तरीकों की संख्या $= 4$

कोड के लिए चौथा अक्षर चुनने के तरीकों की संख्या $= 3$

कोड के लिए पांचवा अक्षर चुनने के तरीकों की संख्या $= 2$

अंग्रेजी वर्णमाला के पहले 6 अक्षरों का उपयोग करके 5 अक्षर कूट बनाने के तरीकों की संख्या $= 6 \times 5 \times 4 \times 3 \times 2 = 720$

अत: विकल्प (A) सही है।

12. $\left(x^2 + \frac{a}{x}\right)^5$ के विस्तार में सामान्य शर्तें

$$T_{r+1} = {}^5C_r (x^2)^{5-r} \left(\frac{a}{x}\right)^r$$

$$= {}^5C_r \, a^r x^{10-3r}$$

यहाँ, x का घातांक $10 - 3r = 1$

$$\Rightarrow r = 3$$

$$\therefore T_{3+1} = {}^5C_3 \, a^3 x$$

$$= 10a^3 x$$

इसलिए x का गुणांक $10a^3$ है।

अत: विकल्प (B) सही है।

13. $\left(x - \frac{1}{x}\right)^{11}$ के विस्तार में सामान्य पद निम्न द्वारा दिया गया है,

$$T_{r+1} = (-1)^r \times {}^{11}C_r \times x^{11-r} \times \left(\frac{1}{x}\right)^r$$

$$= (-1)^r \times {}^{11}C_r \times x^{11-r} \times x^{-r}$$

$$= (-1)^r \times {}^{11}C_r \times x^{11-2r}$$

यहाँ, $n = 11$ है (यानी, विषम), इसलिए दो मध्य पद होंगे

$\frac{1}{2}(n+1)$ वाँ पद $= 6$ वाँ पद और $\frac{1}{2}(n+3)$ वाँ पद $= 7$ वाँ पद

$$\therefore T_6 = T_{5+1} = (-1)^5 \times {}^{11}C_5 \times x^{11-10}$$

$$= -\frac{11 \times 10 \times 9 \times 8 \times 7}{5 \times 4 \times 3 \times 2 \times 1} \times x$$

$$= -462x$$

और, $T_7 = T_{6+1} = (-1)^6 \times {}^{11}C_6 \times x^{11-12}$

$$= \frac{11 \times 10 \times 9 \times 8 \times 7}{5 \times 4 \times 3 \times 2 \times 1} \times x^{-1}$$

$$= \frac{462}{x}$$

अतः विकल्प (D) सही है।

14. दिया है:

$$(1 + 4x + 4x^2)^5$$

जैसा कि हम जानते हैं,

$$(a + b)^2 = (a^2 + b^2 + 2ab)$$

$$(1 + 4x + 4x^2) = [(1 + 2x)^2]^5$$

$$= (1 + 2x)^{2 \times 5}$$

$$= (1 + 2x)^{10}$$

मध्य पद के लिए: $r = \frac{10}{2} = 5$

जैसा कि हम जानते हैं,

$${}^nC_r (p)^n (q)^{n-r}$$

मान डालने पर,

$$p = 1, q = 2x, r = 5$$

मध्य पद $= {}^{10}C_5 (1)^{10} (2x)^5$

जैसा कि हम जानते हैं, ${}^nC_r = \frac{n!}{r!(n-r)!}$

$$= \frac{10!}{5!5!} \times 32x^5$$

$$= \frac{10 \times 9 \times 8 \times 7 \times 6 \times 5!}{5! \times 5!} \times 32x^5$$

$$= \frac{10 \times 9 \times 8 \times 7 \times 6}{5 \times 4 \times 3 \times 2!}$$

$$= 36 \times 7 \times 32x^5$$

$$= 252 \times 32x^5$$

$= 8064x^5$

$\therefore$ $(1 + 4x + 4x^2)^5$ के विस्तार में मध्य पद का गुणांक 8064 है।

अत: विकल्प (A) सही है।

15. चूँकि रेखा $(3,4)$ और $(x,5)$ से होकर गुजरती है, तो x-axis के साथ $135°$ का कोण बनता है।

हम उस प्रवणता को जानते हैं $= \tan\theta$

इसलिए, इसका प्रवणता है $\tan135° = -1$

लेकिन, रेखा का प्रवणता भी बराबर है

सूत्र का उपयोग करना:

$m = \frac{y_2 - y_1}{x_2 - x_1}$

$m = \frac{5-4}{x-3}$

$\therefore -1 = \frac{5-4}{x-3}$

$\Rightarrow -x + 3 = 1$

$\Rightarrow x = 2$

अत: विकल्प (B) सही है।

16. दिया गया,

बिंदुओं $(x, -3)$ और $(2,5)$ को मिलाने वाली रेखा का झुकाव $135°$ है।

यहाँ, हमें x का मान ज्ञात करना है।

जैसा कि हम जानते हैं कि, एक रेखा का ढलान $\tan\alpha$ द्वारा दिया जाता है और इसे m द्वारा दर्शाया जाता है जहां $\alpha \neq \frac{\pi}{2}$ और यह उस कोण का प्रतिनिधित्व करता है जो एक दी गई रेखा सकारात्मक दिशा में X-अक्ष के संबंध में बनाती है।

$m = \tan(135°) = \tan(180° - 135°)$

$= -\tan45°$

$= -1$

जैसा कि हम जानते हैं कि, बिंदुओं को मिलाने वाली रेखा का ढलान (x_1, y_1) और (x_2, y_2) है तो

$m = \frac{y_2 - y_1}{x_2 - x_1}$

यहां, $x_1 = x, y_1 = -3, x_2 = 2, y_2 = 5$ और $m = -1$।

$-1 = \frac{5-(-3)}{2-x}$

$\Rightarrow -2 + x = 8$

$\Rightarrow x = 10$

अत: विकल्प (C) सही है।

17. दिया गया है:

समांतर रेखाएं $y - 8 = 0$ और $y + 1 = 0$ हैं।

प्रयुक्त सूत्र:

रेखा 1: $ax + by = c_1$

रेखा 2: $ax + by = c_2$

जहां रेखा 1 और रेखा 2 एक दूसरे के समानांतर हैं।

$d = \frac{|c_1 - c_2|}{\sqrt{a^2 + b^2}}$

d, दो समानांतर रेखाओं के बीच की दूरी है।

गणना:

रेखा 1: $0x + y = 8$

रेखा 2: $0x + y = -1$

अब, रेखाओं के समीकरण की उसके मानक रूप से तुलना करने पर, हम प्राप्त करते हैं,

a=0, b=1, c_{1}=8, c_{2}=-1

जहां रेखा 1 और रेखा 2 एक दूसरे के समानांतर हैं।

इसलिए,

$\Rightarrow d = \frac{|8-(-1)|}{\sqrt{0^2 + 1^2}}$

$\Rightarrow d = \frac{9}{\sqrt{1}}$

$\Rightarrow d = 9$

$\therefore$ दो समानांतर रेखाओं के बीच की दूरी 9 है।

अत: विकल्प (D) सही है।

18. परवलय के लिए फोकल जीवा का समीकरण $y^2 = 4ax$, बिंदु $(au^2, 2au)$ और $(av^2, 2av)$ से होकर गुजरता है।

$\Rightarrow y - 2au = \frac{2av - 2au}{av^2 - au^2}(x - au^2)$

$\Rightarrow y - 2au = \frac{2a(v-u)}{a(v-u)(v+u)}(x - au^2)$

$\Rightarrow y - 2au = \frac{2}{(v+u)}(x - au^2)$

यदि यह फोकल कॉर्ड है, तो यह फोकस $(a, 0)$ से होकर गुजरेगा।

$\Rightarrow 0 - 2au = \frac{2}{v+u}(a - au^2)$

$\Rightarrow -uv - u^2 = 1 - u^2$

$\therefore uv + 1 = 0$

अत: विकल्प (A) सही है।

19. अवधारणा:

एक शंकु खंड अनुभाग का सामान्य समीकरण है: Ax2 + Bxy + Cy2 + Dx + Ey + F = 0 जहाँ A, B और C सभी एक ही समय में शून्य नहीं हैं।

ऊपर दिया गया समीकरण एक शंकु खंड का प्रतिनिधित्व करता है जिसकी प्रकृति तालिका में नीचे दी गई है:

अनुक्रमांक	स्थिति	शांकव की प्रकृति
1	B = 0 और A = C	वृत्त
2	B = 0 और या तो A = 0 या C = 0	परवलय

| 3 | B = 0, A ≠ C और AC > 0 | दीर्घवृत्त |
| 4 | B = 0, A ≠ C और A और C के चिह्न विपरित हैं | अतिपरवलय |

गणना:

दिया हुआ: x2 - 6x - 3y + 21 = 0

दिए गए समीकरण की तुलना Ax2 + Bxy + Cy2 + Dx + Ey + F = 0 से करते हैं, हम प्राप्त करते हैं

⇒ A = 1, B = 0, C = 0, D = - 6, E = - 3 और F = 21

यहाँ, हम देख सकते हैं कि B = 0 और C = 0

जैसा कि हम जानते हैं कि यदि B = 0 और या तो A = 0 या C = 0 तो शंकु खंड समीकरण एक परवलय का प्रतिनिधित्व करता है।

अतः विकल्प (D) सही है।

20. वृत्त: $a = b$ और $h = 0$

पंक्तियों की जोड़ी: $ABC + 2FGH - AF^2 - BG^2 - CH^2 = 0$

गणना:

मान लें कि,

$$ax^2 + by^2 + hx + hy = 0 \text{ और } h \neq 0$$

इसकी तुलना ऊपर वर्णित सामान्य समीकरण से करने पर

$$A = a, B = b, H = 0, G = \frac{h}{2}, F = \frac{h}{2} \& C = 0$$

हम जानते हैं कि सीधी रेखा के युग्म के लिए,

$$ABC + 2FGH - AF^2 - BG^2 - CH^2 = 0$$

$$\Rightarrow 0 + 0 - a\left(\frac{h}{2}\right)^2 - b\left(\frac{h}{2}\right)^2 - 0 = 0$$

$$\Rightarrow (a + b)\frac{h^2}{4} = 0$$

$$\Rightarrow a + b = 0$$

अतः विकल्प (A) सही है।

21. दिया गया,

$$\lim_{x \to 0} \frac{\tan 6x + 4x}{4x + \tan x}$$

हम जानते हैं कि,

$$\lim_{x \to a}\left[\frac{f(x)}{g(x)}\right] = \frac{\lim_{x \to a} f(x)}{\lim_{x \to a} g(x)}, \ \lim_{x \to a} g(x) \neq 0 \text{ देगा}$$

अब,

अंश और हर में $6x$ से भाग देने पर,

हमें मिलता है,

$$= \lim_{x \to 0} \frac{\frac{\tan 6x}{6x} + \frac{4x}{6x}}{\frac{4x}{6x} + \left(\frac{1}{6}\right)\frac{\tan x}{x}}$$
$$\left[\because \lim_{x \to 0} \frac{\tan x}{x} = 1, \lim_{x \to 0} \frac{\tan 6x}{6x} = 1\right]$$

$$= \lim_{x \to 0} \frac{1 + \frac{4}{6}}{\frac{4}{6} + \frac{1}{6}}$$

$$= \frac{1 + \frac{4}{6}}{\frac{4}{6} + \frac{1}{6}}$$

$$= \frac{\frac{6+4}{6}}{\frac{4+1}{6}}$$

$$= \frac{10}{5}$$

$$= 2$$

अतः विकल्प (C) सही है।

22. दिया गया,

$$\lim_{x \to \infty} x \sin\left(\frac{\pi}{x}\right)$$

उपरोक्त में $\frac{1}{x}$ से भाग देने और गुणा करने पर, हम प्राप्त करते हैं,

$$= \lim_{x \to \infty} \frac{\sin\left(\frac{\pi}{x}\right)}{(x)}$$

उपरोक्त में π से भाग देने और गुणा करने पर, हम प्राप्त करते हैं,

$$= \lim_{x \to \infty} \frac{\sin\left(\frac{\pi}{x}\right)}{\left(\frac{\pi}{x}\right)} \times \pi$$

यदि $x \to \infty$, then $t \to \frac{\pi}{x}$

$$= \lim_{t \to 0} \frac{\sin t}{t} \times \pi$$

हम जानते हैं कि,

$$\lim_{x \to 0} \frac{\sin x}{x} = 1$$

इसलिए यह होगा,

$$= 1 \times \pi$$

$$= \pi$$

अतः विकल्प (C) सही है।

23. दिया गया है,

$$\sin^{-1} x + \cos^{-1} y = \frac{2\pi}{5}$$

हम जानते हैं कि , $\sin^{-1} x + \cos^{-1} x = \frac{\pi}{2}$

$$\sin^{-1} x = \frac{\pi}{2} - \cos^{-1} x$$

उसी प्रकार, $\sin^{-1} y + \cos^{-1} y = \frac{\pi}{2}$

$$\cos^{-1} y = \frac{\pi}{2} - \sin^{-1} y$$

दिया गया है,

$$\sin^{-1} x + \cos^{-1} y = \frac{2\pi}{5}$$

$$\Rightarrow \frac{\pi}{2} - \cos^{-1} x + \frac{\pi}{2} - \sin^{-1} y = \frac{2\pi}{5}$$

$\Rightarrow \pi - \cos^{-1}x - \sin^{-1}y = \frac{2\pi}{5}$

इसलिए, $\cos^{-1}x + \sin^{-1}y = \frac{3\pi}{5}$

अतः विकल्प (B) सही है।

24. दिया गया है,

$\sin^{-1}(1 - x) - 2\sin^{-1}x = \frac{\pi}{2}$

$-2\sin^{-1}x = \frac{\pi}{2} - \sin^{-1}(1 - x)$

जैसा कि हम जानते हैं,

$\sin^{-1}x + \cos^{-1}x = \frac{\pi}{2}$

तब हम लिख सकते हैं,

$-2\sin^{-1}x = \cos^{-1}(1 - x)$

मान लीजिए $\sin^{-1}x = a \ldots (1)$

तब,

$-2a = \cos^{-1}(1 - x)$

$\cos(-2a) = 1 - x$

जैसा कि हम जानते हैं,

$\cos(-x) = \cos x$

$\cos(2a) = (1 - x)$

जैसा कि हम जानते हैं,

$\cos 2x = 1 - 2\sin^2 x$

$1 - 2\sin^2 a = 1 - x$

अब समीकरण (1) से, हम प्राप्त करते हैं

$1 - 2[\sin(\sin^{-1}x)]^2 = 1 - x$

जैसा कि हम जानते हैं,

$\sin(\sin^{-1}(x)) = x$

$1 - 2x^2 = 1 - x$

$1 - 2x^2 - 1 + x = 0$

$1 - 1 - 2x^2 + x = 0$

$-2x^2 + x = 0$

$0 = 2x^2 - x$

$2x^2 - x = 0$

$x(2x - 1) = 0$

$x = 0$ और $x = \frac{1}{2}$

लेकिन $x = \frac{1}{2}$ दिए गए समीकरण को संतुष्ट नहीं करता है।

अतः विकल्प (C) सही है।

25. दिया गया है,

$\sin\left(\sin^{-1}\frac{1}{2} + \cos^{-1}x\right) = 1$

जैसा कि हम जानते हैं,

$\sin\frac{\pi}{2} = 1$

$\Rightarrow \sin\left(\sin^{-1}\frac{1}{2} + \cos^{-1}x\right) = \sin\frac{\pi}{2}$

$\Rightarrow \sin^{-1}\frac{1}{2} + \cos^{-1}x = \frac{\pi}{2}$

$\Rightarrow \frac{\pi}{6} + \cos^{-1}x = \frac{\pi}{2}$

$\Rightarrow \cos^{-1}x = \frac{\pi}{3}$

$\therefore x = \cos\frac{\pi}{3} = \frac{1}{2}$

अतः विकल्प (D) सही है।

26. दिया है, $A = \begin{bmatrix} 1 & 1 \\ 1 & 1 \end{bmatrix}$

$A^2 = \begin{bmatrix} 1 & 1 \\ 1 & 1 \end{bmatrix}\begin{bmatrix} 1 & 1 \\ 1 & 1 \end{bmatrix} = 2\begin{bmatrix} 1 & 1 \\ 1 & 1 \end{bmatrix} = 2A$

$A^3 = 2^2\begin{bmatrix} 1 & 1 \\ 1 & 1 \end{bmatrix}, A^4 = 2^3\begin{bmatrix} 1 & 1 \\ 1 & 1 \end{bmatrix}$

$\therefore A^n = 2^{n-1}\begin{bmatrix} 1 & 1 \\ 1 & 1 \end{bmatrix}$

$\Rightarrow A^{100} = 2^{100-1}A$

$\therefore A^{100} = 2^{99}A$

अतः विकल्प (B) सही है।

27. $\begin{bmatrix} 1 \\ -1 \\ 2 \end{bmatrix}\begin{bmatrix} 2 & 1 & -1 \end{bmatrix}$

$= \begin{bmatrix} 1 \times 2 & 1 \times 1 & 1 \times (-1) \\ -1(2) & -1(1) & -1(-1) \\ 2(2) & 2(1) & 2(-1) \end{bmatrix}$

$= \begin{bmatrix} 2 & 1 & -1 \\ -2 & -1 & 1 \\ 4 & 2 & -2 \end{bmatrix}$

अतः विकल्प (C) सही है।

28. दिया गया है,

$A = \begin{bmatrix} -1 & 4 \\ 5 & 8 \end{bmatrix}$

आव्यूह का ट्रेस = मुख्य विकर्ण पर तत्वों का योग

$= -1 + 8$

$= 7$

अतः विकल्प (B) सही है।

29. दिया है:

$$A = \begin{bmatrix} 3-x & 2 & 2 \\ 2 & 4-x & 1 \\ -2 & -4 & -1-x \end{bmatrix}$$

यदि मैट्रिक्स एकल है, तो इसका डिटर्मिनेन्ट शून्य होना चाहिए।

$\Rightarrow (3-x)[(4-x)(-1-x)+4] - 2[2(-1-x)+2] + 2[-8+2(4-x)] = 0$

$\Rightarrow (3-x)[-4-4x+x+x^2+4] - 2[-2-2x+2] + 2[-8+8-2x] = 0$

$\Rightarrow (3-x)[x^2-3x] + 4x - 4x = 0$

$\Rightarrow (3-x)x(x-3) = 0$

$\Rightarrow x = 0, 3$

अतः विकल्प (D) सही है।

30. जैसा कि हम जानते हैं,

यदि तीन बिंदु $(x_1, y_1), (x_2, y_2)$ और (x_3, y_3) संरेखीय हैं, तो तीन बिंदुओं द्वारा निर्धारित त्रिभुज का क्षेत्रफल शून्य होगा।

$$\begin{vmatrix} x_1 & y_1 & 1 \\ x_2 & y_2 & 1 \\ x_3 & y_3 & 1 \end{vmatrix} = 0$$

दिया गया है,

बिंदु $(-2, -5), (2, -2)$ और $(8, a)$ संरेखीय हैं।

$$\begin{vmatrix} -2 & -5 & 1 \\ 2 & -2 & 1 \\ 8 & a & 1 \end{vmatrix} = 0$$

$\Rightarrow -2(-2-a) - (-5)(2-8) + 1(2a+16) = 0$

$\Rightarrow 4 + 2a - 30 + 2a + 16 = 0$

$\Rightarrow 4a - 10 = 0$

$\Rightarrow 4a = 10$

$\therefore a = \dfrac{5}{2}$

अतः विकल्प (B) सही है।

31. दिया गया है,

मैट्रिक्स एकल है

$$\begin{vmatrix} 1 & 3 & \lambda+2 \\ 2 & 4 & 8 \\ 3 & 5 & 10 \end{vmatrix} = 0$$

$1(40-40) - 3(20-24) + (\lambda+2)(10-12) = 0$

$-3(-4) + (\lambda+2)(-2) = 0$

$12 - 2\lambda - 4 = 0$

$8 = 2\lambda$

$\therefore \lambda = 4$

अतः विकल्प (C) सही है।

32. दिया हुआ,

$$\lim_{x \to 0} \left(\frac{\sin 5x}{\tan 3x} \right)$$

माना कि $f(x) = \dfrac{\sin 5x}{\tan 3x}$ है, अब हम $f(x)$ को लिख सकते हैं

$\Rightarrow f(x) = \dfrac{5}{3} \cdot \dfrac{\left(\frac{\sin 5x}{5x}\right)}{\left(\frac{\tan 3x}{3x}\right)}$

$\Rightarrow \lim_{x \to 0} f(x) = \dfrac{5}{3} \cdot \lim_{x \to 0} \dfrac{\left(\frac{\sin 5x}{5x}\right)}{\left(\frac{\tan 3x}{3x}\right)}$

चूँकि हम जानते हैं कि, $\lim_{x \to a} \left[\dfrac{f(x)}{g(x)}\right] = \dfrac{\lim_{x \to a} f(x)}{\lim_{x \to a} g(x)}$, प्रदान की

$\lim_{x \to a} g(x) \neq 0$ और जब $x \to 0$ है, तो $5x \to 0$ व $3x \to 0$ भी है।

$\Rightarrow \lim_{x \to 0} f(x) = \dfrac{5}{3} \cdot \dfrac{\lim_{5x \to 0} \left(\frac{\sin 5x}{5x}\right)}{\lim_{3x \to 0} \left(\frac{\tan 3x}{3x}\right)}$

चूँकि हम जानते हैं कि $\lim_{x \to 0} \left[\dfrac{\sin x}{x}\right] = 1$ और $\lim_{x \to 0} \left[\dfrac{\tan x}{x}\right] = 1$

$\Rightarrow \lim_{x \to 0} f(x) = \dfrac{5}{3}$

अतः विकल्प (B) सही है।

33. दिया गया है,

$$\lim_{x \to 5} \frac{x^2 - 25}{x^2 - 2x - 10}$$

$x \to 5$ मान रखकर हम प्राप्त करते हैं

$$\lim_{x \to 5} \frac{5^2 - 25}{5^2 - 2 \times 5 - 10}$$

$= \dfrac{0}{5}$

$= 0$

अतः विकल्प (C) सही है।

34. दिया गया है,

$$\lim_{x \to 3} \frac{x^4 - 81}{x^3 - 27}$$

$x = 3$ रखकर सीमा की जाँच करने पर, हमें $\left(\dfrac{0}{0}\right)$ रूप मिलता है

$\therefore L$-हॉस्पिटल नियम का उपयोग करके हम प्राप्त करते हैं

$$\lim_{x \to 3} \frac{x^4 - 81}{x^3 - 27}$$

$= \lim_{x \to 3} \dfrac{4x^3}{3x^2}$

$= \lim_{x \to 3} \dfrac{4x}{3}$

$= \dfrac{4(3)}{3}$

$= 4$

अतः विकल्प (B) सही है।

35. दिया गया है,

$$\lim_{x \to \infty} \frac{x^4 + 3x^2 + 5}{x^4 + x^2 - 6}$$

Limits को रखने पर हमें निम्न प्राप्त होता है

$$\lim_{x \to \infty} \frac{x^4 + 3x^2 + 5}{x^4 + x^2 - 6} = \frac{\infty}{\infty}$$

L हॉस्पिटल नियम को लागू करने पर

$$L \,(\text{अर्थात}) = \lim_{x \to \infty} \frac{4x^3 + 6x}{4x^3 + 2x}$$

$$= \lim_{x \to \infty} \frac{4x^2 + 6}{4x^2 + 2}$$

$$= \frac{\infty}{\infty}$$

फिर से L हॉस्पिटल नियम को लागू करने पर

$$L = \lim_{x \to \infty} \frac{8x}{8x}$$

$$\lim_{x \to \infty} 1$$

$$\therefore L = 1$$

अत: विकल्प (A) सही है।

36. दिया गया है,

$$\lim_{x \to \infty} \frac{x^3 + 3x^2 + 6x + 5}{x^3 + 2x + 6}$$

माना कि $L = \lim_{x \to \infty} \dfrac{x^3 + 3x^2 + 6x + 5}{x^3 + 2x + 6}$ है।

$x = \infty$ रखने पर, हमें $L = \dfrac{\pm\infty}{\pm\infty}$ प्राप्त होता है

अंश और हर का अवकलन करने पर

$$L = \lim_{X \to \infty} \frac{3x^2 + 6x + 6}{3x^2 + 2}$$

फिर से $x = \infty$ रखने पर, हमें $L = \dfrac{\pm\infty}{\pm\infty}$ प्राप्त होता है

अंश और हर का अवकलन करने पर

$$L = \lim_{X \to \infty} \frac{6x + 6}{6x}$$

फिर से $x = \infty$ रखने पर, हमें $L = \dfrac{\pm\infty}{\pm\infty}$ प्राप्त होता है

अंश और हर का अवकलन करने पर

$$L = \lim_{x \to \infty} \frac{6}{6} = \lim_{x \to \infty} 1$$

$$\therefore L = 1$$

अत: विकल्प (A) सही है।

37. दिया गया है:

$$f(x) = (5x - 1)^2 + 4$$

पहले हमें $f'(x)$ ज्ञात करना है:

$$\Rightarrow f'(x) = 2 \times (5x - 1) \times \frac{d(5x-1)}{dx} + 0$$

$$\Rightarrow f'(x) = 10 \times (5x - 1) = 50x - 10$$

अब समीकरण $f'(x) = 0$ के मूल ज्ञात करें,

$$\Rightarrow 50x - 10 = 0$$

$$\Rightarrow x = \frac{1}{5}$$

अब $f''(x)$ अर्थात $\dfrac{d^2(f(x))}{dx^2}$ को ज्ञात करना होगा:

$$\Rightarrow f''(x) = 50$$

अब $x = \dfrac{1}{5}$ पर $f''(x)$ का मान ज्ञात करें

$$\Rightarrow f''\left(\frac{1}{5}\right) = 50 > 0$$

जैसा कि हम जानते हैं कि दूसरे अवकलज परीक्षण के अनुसार यदि $f''(c) > 0$ है तो c स्थानीय निम्निष्ठ का एक बिंदु है।

इसलिए $x = \dfrac{1}{5}$ स्थानीय निम्निष्ठ का एक बिंदु है।

$\therefore$ दिए गए $f(x)$ का न्यूनतम मान $x = \dfrac{1}{5}$ पर है।

$$\Rightarrow f\left(\frac{1}{5}\right) = \left(5 \times \frac{1}{5} - 1\right)^2 + 4 = 4$$

इसलिए, दिए गए फलन का न्यूनतम मान 4 है।

अत: विकल्प (A) सही है।

38. माना, $y = f(x)$

$$= 16 - x^2$$

अगर x 3 से 4 में बदलता है, तो, $\delta x = 4 - 3 = 1$

पुनः $f(4) = 16 - 4^2 = 0$

और $f(3) = 16 - 3^2 = 7$

इसलिए, $\delta y = f(4) - f(3) = 0 - 7 = -7$

इसलिए, $x = 3$ और $x = 4$ के बीच फलन के परिवर्तन की औसत दर है:

$$\frac{\delta y}{\delta x} = \frac{-7}{1}$$

$$= -7$$

अत: विकल्प (B) सही है।

39. दिया गया,

$$f(x) = x^2 e^{-x}$$

x के सम्बन्ध में विभाजित करना हैं,

$$f'(x) = 2x e^{-x} - x^2 e^{x}$$

$$f'(x) = x e^{-x}(2 - x)$$

बढ़ती घर्षण के लिए। $f'(x) \geq 0$

$$x e^{-x}(2 - x) \geq 0$$

$$x(2 - x) \geq 0$$

$[\because e^{-x}\ ]$ हमेशा सकारात्मक रहता है

तो, $x(x-2) \leq 0$[असमानता को बदल देगा]

उस समय $x \geq 0$ और $(x-2) \leq 0$

$0 \leq x \leq 2$

अतः विकल्प (C) सही है।

40. माना, $x^2 + x + 1 = t$

दोनों पक्षों का x के सापेक्ष अवकलन करने पर

$2x + 1 + 0 = \dfrac{dt}{dx}$

$2x + 1 = \dfrac{dt}{dx}$

$dx = \dfrac{dt}{2x+1}$

फलन का समाकलन करने पर

$\int (4x+2)\sqrt{x^2+x+1} \cdot dx$

$= \int 2(2x+1)\sqrt{x^2+x+1} \cdot dx$

$x^2 + x + 1 = t$ और $dx = \dfrac{dt}{2x+1}$ रखने पर

$= \int 2(2x+1)\sqrt{t} \cdot \dfrac{dt}{2x+1}$

$= \int 2\sqrt{t} \cdot dt$

$= 2\int \sqrt{t} \cdot dt$

$= 2\int t^{\frac{1}{2}} \cdot dt$

$= 2 \cdot \dfrac{t^{\frac{1}{2}+1}}{\frac{1}{2}+1} + C$

$\left[\because \int x^n \cdot dx = \dfrac{x^{n+1}}{n+1} + C \right]$

$= 2 \cdot \dfrac{t^{\frac{3}{2}}}{\frac{3}{2}} + C$

$= \dfrac{2 \cdot 2}{3} \cdot t^{\frac{3}{2}} + C$

$= \dfrac{4}{3} \cdot t^{\frac{3}{2}} + C$

$= \dfrac{4}{3} \cdot (x^2 + x + 1)^{\frac{3}{2}} + C$

$[\because x^2 + x + 1 = t]$

अतः विकल्प (A) सही है।

41. दिया है,

दिए गए फलन को सरल करने पर

$\dfrac{1}{x-\sqrt{x}}$

$= \dfrac{1}{\sqrt{x}(\sqrt{x}-1)}$

$\sqrt{x} - 1 = t$

दोनों पक्षों का x सापेक्ष अवकलन करने पर

$\dfrac{1}{2} \cdot x^{\frac{1}{2}-1} - 0 = \dfrac{dt}{dx}$

$[\because (x^n)' = nx^{n-1}]$

$\dfrac{1}{2} \cdot x^{-\frac{1}{2}} = \dfrac{dt}{dx}$

$dx = \dfrac{2dt}{x^{-\frac{1}{2}}}$

$dx = 2\sqrt{x}dt$

फलन का समाकलन करने पर

$\int \dfrac{1}{x-\sqrt{x}} \cdot dx$

$= \int \dfrac{1}{\sqrt{x}(\sqrt{x}-1)} \cdot dx$

$t = \sqrt{x} - 1$ और $dx = 2\sqrt{x}dt$ रखने पर

$= \int \dfrac{1}{\sqrt{x}(t)} \cdot 2\sqrt{x} \cdot dx$

$= \int \dfrac{2}{t} \cdot dt$

$= 2\int \dfrac{1}{t} \cdot dt$

$= 2\log|t| + C$

$\left[\because \int \dfrac{1}{x} \cdot dx - \log|x| \right]$

$= 2\log\left|\sqrt{x} - 1\right| + C$

$[\because t = \sqrt{x} - 1]$

अतः विकल्प (D) सही है।

42. माना, $2 + 3x^3 = t$

दोनों पक्षों का x के सापेक्ष अवकलन करने पर

$0 + 3.3x^{3-1} = \dfrac{dt}{dx}$

$9x^2 = \dfrac{dt}{dx}$

$dx = \dfrac{dt}{9x^2}$

फलन का समाकलन करने पर

$\int \dfrac{x^2}{(2+3x^3)^3} \cdot dx$

$2 + 3x^3 = t$ और $dx = \dfrac{dt}{9x^2}$ रखने पर

$= \int \dfrac{x^2}{(t)^3} \cdot dx$

$$= \int \frac{x^2}{(t)^3} \cdot \frac{dt}{9x^2}$$

$$= \frac{1}{9} \int \frac{dt}{t^3}$$

$$= \frac{1}{9} \int t^{-3} \cdot dt$$

$$= \frac{1}{9} \frac{t^{-3+1}}{(-3+1)} + C$$

$$\left[\because \int x^n \cdot dx = \frac{x^{n+1}}{n+1} + C\right]$$

$$= \frac{1}{9} \frac{t^{-2}}{(-2)} + C$$

$$= -\frac{1}{18} t^{-2} + C$$

$$= -\frac{1}{18t^2} + C$$

$$\left[\because t = 2 + 3x^3\right]$$

$$= \frac{-1}{18(2+3x^3)^2} + C$$

अतः विकल्प (A) सही है।

43. माना, $9 - 4x^2 = t$

दोनों पक्षों को x के सापेक्ष अवकलन करने पर

$$0 - 4.2x^{2-1} = \frac{dt}{dx}$$

$$-8x \cdot dx = dt$$

$$dx = \frac{dt}{-8x}$$

फलन का समाकलन करने पर

$$\int \frac{x}{9-4x^2} \cdot dx$$

$9 - 4x^2 = t$ और $dx = \frac{dt}{-8x}$ रखने पर

$$= \int \frac{x}{t} \cdot \frac{dt}{-8x}$$

$$= -\frac{1}{8} \int \frac{1}{t} \cdot dt$$

$$= -\frac{1}{8} \log|t| + C$$

$$= -\frac{1}{8} \log|9 - 4x^2| + C$$

$$\therefore \int \frac{1}{x} dx = \log|x| + C$$

$$\left[\because t = 9 - 4x^2\right]$$

अतः विकल्प (B) सही है।

44.

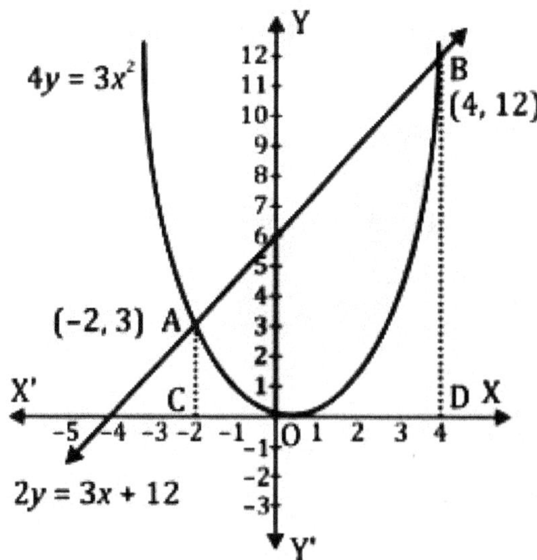

परवलय के बीच घिरा क्षेत्र, $4y = 3x^2$ और रेखा, $2y = 3x + 12$, is छायांकित क्षेत्र $OBAO$ द्वारा निरूपित की जाती है।

दिए गए वक्रों के प्रतिच्छेदन बिंदु $A(-2,3)$ और $(4,12)$ हैं।

हम AC और BD को x-अक्ष पर लंबवत खींचते हैं।

क्षेत्रफल $OBAO$ = क्षेत्रफल $CDBA$ - क्षेत्रफल $ODBO$ + क्षेत्रफल $OACO$

$$= \frac{1}{2} \int_{-2}^{1} (3x + 12) \, dx - \int_{-2}^{4} \frac{3x^2}{4} \, dx$$

$$= \frac{1}{2} \left[\frac{3x^2}{2} + 12x\right]_{-2}^{4} - \frac{3}{4} \left[\frac{x^3}{3}\right]_{-2}^{4}$$

$$= \frac{1}{2} [24 + 48 - 6 + 24] - \frac{1}{4} [68 + 8]$$

$$= \frac{1}{2} [90] - \frac{1}{4} [72] = 45 - 18 = 27 \text{ इकाई}$$

अतः विकल्प (A) सही है।

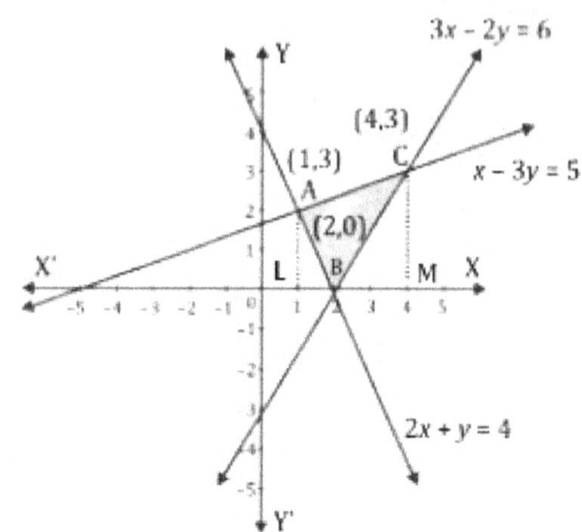

45.

रेखाओं से घिरा क्षेत्र $\triangle ABC$ है।

आरेख AL और CM, x-अक्ष पर लम्ब हैं।

क्षेत्रफल $(\triangle ABC)$ = क्षेत्रफल $(ALMCA)$ - क्षेत्रफल (ALB) - क्षेत्रफल (CMB)

$$= \int_1^4 \left(\frac{x+5}{3}\right)dx - \int_1^2 (4-2x)\,dx - \int_2^4 \left(\frac{3x-6}{2}\right)dx$$

$$= \frac{1}{3}\left[\frac{x^2}{2}+5x\right]_1^4 - [4x-x^2]_1^2 - \frac{1}{2}\left[\frac{3x^2}{2}-6x\right]_2^4$$

$$= \frac{1}{3}\left[8+20-\frac{1}{2}-5\right]-[8-4-4+1]-\frac{1}{2}[24-24-6+12]$$

$$= \left(\frac{1}{3}\times\frac{45}{2}\right)-(1)-\frac{1}{2}(6)$$

$$= \frac{15}{2}-4 = \frac{15-8}{2} = \frac{7}{2} \text{ इकाई}$$

अतः विकल्प (D) सही है।

46.

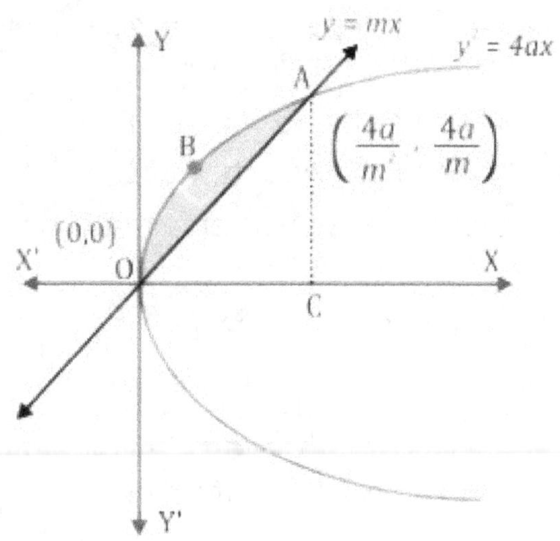

परवलय $y^2 = 4ax$ और रेखा $y = mx$ के बीच संलग्न क्षेत्र छायांकित क्षेत्र $OABO$ द्वारा निरूपित की जाती है।

दोनों वक्रों के प्रतिच्छेदन बिंदु $(0,0)$ तथा $\left(\frac{4a}{m^2},\frac{4a}{m}\right)$ हैं।

हम AC को x-अक्ष पर लंबवत खींचते हैं।

क्षेत्रफल $OABO$ = क्षेत्रफल $OCABO$ - क्षेत्रफल $(\triangle OCA)$

$$= \int_0^{\frac{4a}{m^2}} 2\sqrt{ax}\,dx - \int_0^{\frac{4a}{m^2}} m\,x\,dx$$

$$= 2\sqrt{a}\left[\frac{x^{\frac{3}{2}}}{\frac{3}{2}}\right]_0^{\frac{4a}{m^2}} - \left[\frac{x^2}{2}\right]_6^{\frac{4a}{m^2}}$$

$$= \frac{4}{3}\sqrt{a}\left(\frac{4a}{m^2}\right)^{\frac{3}{2}} - \frac{m}{2}\left[\left(\frac{4a}{m^2}\right)^2\right]$$

$$= \frac{32a^2}{3m^3} - \frac{m}{2}\left(\frac{8a^2}{m^4}\right)$$

$$= \frac{32a^2}{3m^3} - \frac{8a^2}{m^3}$$

$$= \frac{8a^2}{3m^3} \text{ इकाई}$$

अतः विकल्प (B) सही है।

47. दिया हुआ: $\vec{u} = a\hat{i} + 2\hat{j} - \hat{k}$ और $\vec{v} = 3\hat{j} + 4\hat{k}$ दो सदिश हैं जैसे कि $|\vec{u}+\vec{v}| \leq 10$

जैसा कि हम जानते हैं कि यदि $\vec{u}$ और $\vec{v}$ दो सदिश हैं तो $|\vec{u}+\vec{v}| \leq |\vec{u}|+|\vec{v}|$

तो, $|\vec{u}|+|\vec{v}| = 10$

जैसा कि हम जानते हैं कि यदि $\vec{a} = a_1\hat{i}+a_2\hat{j}+a_3\hat{k}$ सदिश $\vec{a}$ का परिमाण इसके द्वारा दिया जाता है:

$$|\vec{a}| = \sqrt{a_1^2+a_2^2+a_3^2}$$

$$\Rightarrow |\vec{u}| = \sqrt{a^2+2^2+(-1)^2} = \sqrt{a^2+5} \quad\text{........(1)}$$

$$\Rightarrow |\vec{v}| = \sqrt{0^2+3^2+4^2} = 5 \quad\text{......... (2)}$$

(1) और (2) से हम प्राप्त करते हैं,

$$\Rightarrow \sqrt{a^2+5}+5 = 10$$

$$\Rightarrow \sqrt{a^2+5} = 5$$

दोनों पक्षों का वर्ग करके हम प्राप्त करते हैं,

$$\Rightarrow a^2+5 = 25$$

$$\Rightarrow a^2 = 20$$

$$\Rightarrow a = \pm 2\sqrt{5}$$

अतः विकल्प (C) सही है।

48. दिया गया है.

सदिश $\vec{a}, \vec{b}$ संरेखीय हैं.

इसलिए, $\vec{b} = \lambda\vec{a}$

$$\Rightarrow \vec{b} = \lambda(2\hat{i}+6\hat{j}-3\hat{k})$$

दिया गया है: b का परिमाण = $|b| = 14$

$$\Rightarrow |\lambda(2\hat{i}+6\hat{j}-3\hat{k})| = 14$$

$$\Rightarrow \lambda|(2\hat{i}+6\hat{j}-3\hat{k})| = 14$$

$$\Rightarrow \lambda \times \sqrt{2^2+6^2+(-3)^2} = 14$$

$$\Rightarrow 7\lambda = 14$$

$$\therefore \lambda = 2$$

अब, $\vec{b} = \lambda\vec{a} = \lambda(2\hat{i}+6\hat{j}-3\hat{k}) = 2(2\hat{i}+6\hat{j}-3\hat{k})$

इसलिए $\vec{b} = (4\hat{i}+12\hat{j}-6\hat{k})$

अतः विकल्प (B) सही है।

49. माना कि $\vec{a}$ और $\vec{b}$ दो सदिश है,

दो सदिश का बिंदु गुणनफल निम्न द्वारा ज्ञात किया गया है: $\vec{a}\cdot\vec{b} = |\vec{a}||\vec{b}|\cos\theta$

दो सदिश का अन्योन्य गुणनफल निम्न द्वारा ज्ञात किया गया है: $\vec{a} \times \vec{b} = |\vec{a}||\vec{b}|\sin\theta \hat{n}$, जहाँ $\hat{n}$ इकाई सदिश है।

दिया है: $|\vec{a} \times \vec{b}| = |\vec{a} . \vec{b}|$

ज्ञात करना है: $\vec{a}$ और $\vec{b}$ के बीच का कोण

$\Rightarrow |\vec{a} \times \vec{b}| = |\vec{a} . \vec{b}|$

$\Rightarrow |\vec{a}||\vec{b}|\sin\theta|\hat{n}| = |\vec{a}||\vec{b}|\cos\theta$

$\Rightarrow \sin\theta = \cos\theta \qquad [\because |\hat{n}| = 1]$

$\Rightarrow \tan\theta = 1$

$\therefore \theta = 45°$

अत: विकल्प (D) सही है।

50. किसी भी दो सदिश $\vec{a}$ और $\vec{b}$ के लिए हमारे पास $\cos\theta = \dfrac{\vec{a}.\vec{b}}{|\vec{a}| \times |\vec{b}|}$

यहाँ हमारे पास दो सदिश $\vec{a} = \hat{i} - 2\hat{j} + 3\hat{k}$ और $\vec{b} = 3\hat{i} - 2\hat{j} + \hat{k}$

$\Rightarrow |\vec{a}| = \sqrt{1^2 + (-2)^2 + 3^2} = \sqrt{14}$ और $|\vec{b}| = \sqrt{3^2 + (-2)^2 + (1)^2} = \sqrt{14}$

$\Rightarrow \vec{a}.\vec{b} = (\hat{i} - 2\hat{j} + 3\hat{k}) \cdot (3\hat{i} - 2\hat{j} + \hat{k}) = 3 + 4 + 3 = 10$

$|\vec{a}|, |\vec{b}|$ और $\vec{a}.\vec{b}$ के मान $\cos\theta = \dfrac{\vec{a}.\vec{b}}{|\vec{a}| \times |\vec{b}|}$ में प्रतिस्थापित करके हमें मिलता है,

$\Rightarrow \cos\theta = \dfrac{10}{\sqrt{14} \times \sqrt{14}} = \dfrac{5}{7}$

$\Rightarrow \theta = \cos^{-1}\left(\dfrac{5}{7}\right)$

अत: विकल्प (B) सही है।

51. मान लीजिए x सामान A की मात्रा है और और y सामान B की मात्रा है।

उद्देश्य फलन:

अधिकतम लाभ, $P = 40x$

बाधाओं के अधीन:

	चांदी (ग्राम में)	सोना (ग्राम में)
टाइप A	3	1
टाइप B	1	2
	≤ 9	≤ 8

$3x + y \leq 9$

$x + 2y \leq 8$

$x, y \geq 0$

पहले हम असमिकाओं को समीकरणों में इस प्रकार बदलेंगे:

$3x + y = 9, x + 2y = 8, x = 0$ and $y = 0$

$3x + y \leq 9$ द्वारा दर्शाया गया क्षेत्र:

रेखा $3x + y = 9$ निर्देशांक अक्षों को क्रमशः $A_1(3,0)$ और $B_1(0,9)$ पर मिलती है। इन बिन्दुओं को मिलाने पर हमें एक रेखा $3x + y = 9$ प्राप्त होती है। स्पष्ट रूप से $(0,0)$ $3x + y = 9$ को संतुष्ट करता है। तो, वह क्षेत्र जिसमें मूल है, असमिका $3x + y \leq 9$ के समाधान सेट का प्रतिनिधित्व करता है।

$x \geq 0$ और $y \geq 0$ द्वारा दर्शाया गया क्षेत्र:

रेखा $x + 2y = 8$ निर्देशांक अक्षों को क्रमशः $C_1(8,0)$ और $D_1(0,4)$ पर मिलती है। इन बिंदुओं को मिलाने पर हमें रेखा $x + 2y = 8$ प्राप्त होती है। स्पष्ट रूप से $(0,0)$ असमानता $x + 2y \leq 8$ को संतुष्ट करता है। अत:, वह क्षेत्र जिसमें मूल है, असमिका $x + 2y \leq 8$ समुच्चय का प्रतिनिधित्व करता है।

$x \geq 0$ और $y \geq 0$ द्वारा दर्शाया गया क्षेत्र: :

चूँकि, प्रथम चतुर्थांश का प्रत्येक बिंदु इन असमिकाओं को संतुष्ट करता है। तो, पहला चतुर्थांश वह क्षेत्र है जो असमानताओं $x \geq 0$, और $y \geq 0$ द्वारा दर्शाया गया है।

बाधाओं की प्रणाली द्वारा निर्धारित व्यवहार्य क्षेत्र $3x + y \leq 9, x + 2y \leq 8, x \geq 0$, और $y \geq 0$ इस प्रकार हैं,

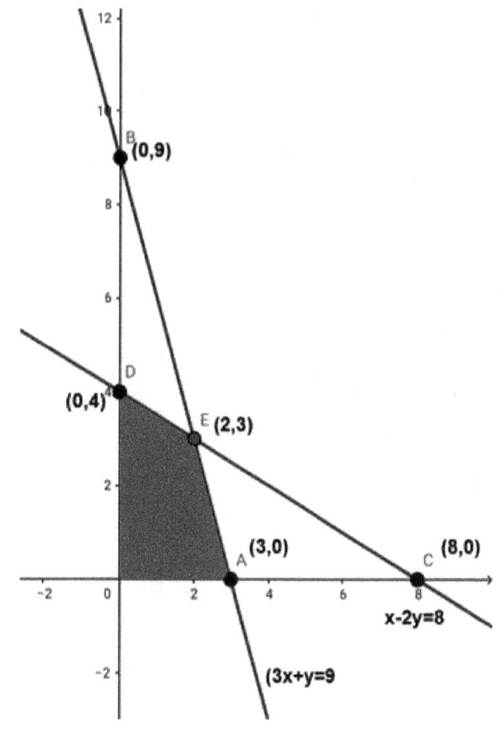

कॉर्नर बिंदु $O(0,0), D(0,4), E(2,3), A(3,0)$ हैं।

इन कॉर्नर बिंदुओं पर Z के मान इस प्रकार हैं:

कॉर्नर बिंदु	$Z = 40x + 50y$

O	0
D	200
E	230
A	120

Z का अधिकतम मान 230 है जो $E(2,3)$ पर प्राप्त होता है।

अतः विकल्प (A) सही है।

52. एक रैखिक प्रोग्रामिंग समस्या की बाधाओं के सेट का समाधान एक उत्तल (खुला या बंद) है जिसे व्यवहार्य क्षेत्र कहा जाता है। एक व्यवहार्य क्षेत्र या समाधान स्थान सभी संभावित बिंदुओं की समस्या का समूह है जो संभावित रूप से असमानताओं, समानताएं और पूर्णांक प्रतिबंधों सहित समस्या की प्रतिबंधों को पूरा करता है।

अतः विकल्प (A) सही है।

53. माना पहले प्रकार के केक की संख्या X है और दूसरे प्रकार के केक की संख्या Y है।

तो, कुल आटा आवश्यक $= 200X + 100Y$ ग्राम

चूंकि, अधिकतम आटा उपलब्ध है 5 किग्रा $= 5000$ g

$\therefore 200X + 100Y \leq 5000$

$\Rightarrow 2X + Y \leq 50 ..... (1)$

साथ ही, अधिकतम उपलब्ध वसा 1 किग्रा $= 1000$ ग्राम है

$\therefore 25X + 50Y \leq 1000$

$\Rightarrow X + 2Y \leq 40 .... (2)$

चूंकि, केक की मात्रा ऋणात्मक नहीं हो सकती है।

$\therefore X \geq 0, Y \geq 0 ..... (3)$

तो, वस्तुनिष्ठ फलन है $Z = X + Y$

समीकरण (1), (2) और (3) द्वारा दिए गए सभी अवरोधों को आलेखित करने के बाद, हमें चित्र में दर्शाए अनुसार व्यवहार्य क्षेत्र प्राप्त हुआ।

कोनीय बिंदु $A(0,20)$

$Z = 0 + 20 = 20$ का मान

कोनीय बिंदु $B(20,10)$,

$Z = 20 + 10 = 30$ का मान

कोनीय बिंदु $C(25,0)$,

$Z = 25 + 0 = 25$ का मान

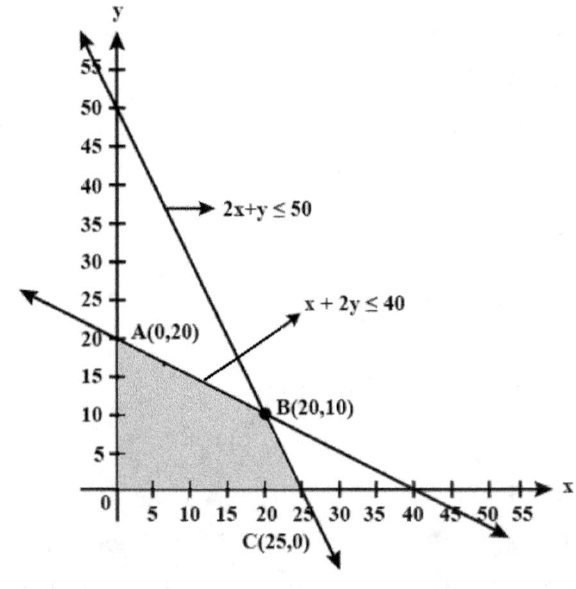

तो, अधिकतम केक जो बनाया जा सकता है वह 30 है, जहां पहले प्रकार का केक 20 होगा और दूसरे प्रकार का केक 10 होगा।

अतः विकल्प (A) सही है।

54. यदि व्यवहार्य सेट में बिंदु की कमी है, तो रैखिक प्रोग्रामिंग मॉडल का कोई व्यवहार्य समाधान नहीं है।

रैखिक प्रोग्रामिंग में, समाधान सेट के लिए बिंदुओं की कमी को कोई व्यवहार्य समाधान नहीं कहा जाता है।

अतः विकल्प (A) सही है।

55. दिया हुआ है,

N = {1, 2, 3, ..., 100}

D = {y | y = x + 2, x ∈ N}

अतएव 1 ∈ N के लिए y = 1 + 2 = 3

2 ∈ N के लिए y = 2 + 2 = 4 इत्यादि

अतः, B = {3, 4, 5, 6, ... , 100}

अतः विकल्प (A) सही है।

56. जैसा कि दिया गया है,

$[(A - B) \cup B]^C$

$(A - B) \cup B = (A \cap B^C) \cup B$

डी मॉर्गन प्रमेय द्वारा, यदि A और B कोई दो समुच्चय हैं, तो

$A - B = A \cap B^C$

$= (A \cup B) \cap (B^C \cup B)$

$= (A \cup B) \cap (U)$

$= A \cup B$

अतः, $[(A - B) \cup B]^C = (A \cup B)^C = A^C \cap B^C$

अतः विकल्प (A) सही है।

57. दिया गया:

$f: R \to R$ $f(x) = [x-1]\cos\left(\frac{2x-1}{2}\right)\pi$ द्वारा परिभाषित एक फलन है।

$x = n, n \in Z$ के लिए,

बायां पक्ष $= \lim_{x \to n^-} f(x) = \lim_{x \to n^-} [x-1]\cos\left(\frac{2x-1}{2}\right)\pi = 0$

दायां पक्ष $= \lim_{x \to n^+} f(x) = \lim_{x \to n^+} [x-1]\cos\left(\frac{2x-1}{2}\right)\pi = 0$

$f(n) = 0$

$\Rightarrow$ बायां पक्ष = दायां पक्ष $= f(n)$

$\Rightarrow f(x)$ प्रत्येक वास्तविक x के लिए सतत है।

अत: विकल्प (C) सही है।

58. दिया गया है:

$$f(g(x)) = 2g(x) - 1 = 2\left(\frac{2x-1}{2(x-1)}\right) - 1$$

$$= \frac{x}{x-1} = 1 + \frac{1}{x-1}$$

परिसर $f(g(x) = R - \{1\}$

$f(g(x))$ का परिसर आच्छादक नहीं है और $f(g(x))$ एकैकी है।

तो, $f(g(x))$ एकैकी है परन्तु आच्छादक नहीं है।

अत: विकल्प (C) सही है।

59. दिया हुआ:

फ़ंक्शन, $f(x) = \begin{cases} \tan^{-1}x, & |x| \leq 1 \\ \frac{1}{2}(|x| - 1), & |x| > 1 \end{cases}$

हमें फ़ंक्शन का डोमेन ढूंढना है।

मापांक फ़ंक्शन की परिभाषा का उपयोग करके, हमारे पास है

$$f(x) = \begin{cases} \frac{1}{2}(-x - 1), & x < -1 \\ \tan^{-1}x, & -1 \leq x \leq 1 \quad ...(i) \\ \frac{1}{2}(x - 1), & x > 1 \end{cases}$$

समीकरण (i) से स्पष्ट है कि $f(x)$ $x = 1$ और -1 पर असंतत है।

$\Rightarrow f(x)$ $x = -1, 1$ पर अवकलन नहीं होता है

[∵ सतत नहीं $\Rightarrow$ अवकलित नहीं]

$\Rightarrow f(x)$, $x \in R$ पर 1 और -1 को छोड़कर सभी में अवकलित है

इसलिए, $f(x)$ में डोमेन $R - \{-1, 1\}$

अत: विकल्प (D) सही है।

60. दिया हुआ:

$$f(x) = [\sin x]\cos\left(\frac{\pi}{[x-1]}\right)$$

हमें $f(x)$ का डोमेन खोजना होगा।

साइन फंक्शन, कोसाइन फंक्शन और सबसे बड़े पूर्णांक फंक्शन की परिभाषा का उपयोग करना हमारे पास है

$[\sin x]$ को हमेशा $\forall x \in R$ में परिभाषित किया जाता है

$\cos\left(\frac{\pi}{|x-1|}\right)$ को हमेशा हर उस जगह पर परिभाषित किया जाता है, जब उसे छोड़कर

$[x - 1] = 0$ [क्योंकि $\frac{\pi}{0}$ मौजूद नहीं है]

$\Rightarrow 0 \leq x - 1 < 1$

$\Rightarrow 1 \leq x < 2$

$\therefore f(x) = R - [1,2] = (-\infty, 1) \cup [2, \infty]$ का डोमेन है

अत: विकल्प (B) सही है।

61. $f(x) = x^3 + e^{\frac{x}{2}}$

$f'(x) = 3x^2 + \frac{1}{2}e^{\frac{x}{2}}$

दिए गए f का व्युत्क्रम g है

$\Rightarrow g(f(x)) = x$

x के सापेक्ष दोनों पक्षों का आकलन करने पर

$g'(f(x)) \cdot f'(x) = 1$

$\Rightarrow g'(f(x)) = \frac{1}{f'(x)}$

स्पष्ट रूप से $f'(0) = \frac{1}{2}$

$\therefore g'(1) = g'(f(0)) = \frac{1}{f'(0)} = 2$

अत: विकल्प (A) सही है।

62. समुच्चय {1, 2, 3} पर R को R = {(1, 2)} द्वारा परिभाषित किया गया है

यह स्पष्ट है कि R सममित है।

यदि एक समुच्चय X पर एक सजातीय संबंध R संक्रमणीय है यदि X में सभी तत्वों a, b, c के लिए, जब भी R, b से b और b से c से संबंधित है, तो R भी a से c से संबंधित है।

अत: विकल्प (B) सही है।

63. $(\sqrt{3} + i)$ का मापांक आयाम रूप:

$z = r(\cos\theta + i\sin\theta)$

$\Rightarrow r\cos\theta = \sqrt{3}, r\sin\theta = 1$

$\Rightarrow r^2(\cos^2\theta + \sin^2\theta) = 4$

$\Rightarrow r^2 = 4$

$\Rightarrow r = 2$

$2\cos\theta = \sqrt{3}$ और $2\sin\theta = 1$

$\Rightarrow \cos\theta = \frac{\sqrt{3}}{2}$ और $\sin\theta = \frac{1}{2}$

$\Rightarrow \theta = \frac{\pi}{6}$ और $\theta = \frac{\pi}{6}$

$\therefore z = 2\left(\cos\frac{\pi}{6} + i\sin\frac{\pi}{6}\right)$

अत: विकल्प (B) सही है।

64. $i^{1000} + i^{1001} + i^{1002} + i^{1003}$

$= i^{1000} + i^{1000} \cdot i + i^{1002} + i^{1002} \cdot i$

$= (i^2)^{500} + (i^2)^{500} \cdot i + (i^2)^{501} + (i^2)^{501} \cdot i$

$= (-1)^{500} + (-1)^{500} \cdot i + (-1)^{501} + (-1)^{501} \cdot i$

$= 1 + i - 1 - i$

$= 0$

अत: विकल्प (A) सही है।

65. दिया गया है:

$|\beta| = 1$

हम जानते हैं कि $|z|^2 = z\bar{z}$

$\left|\dfrac{\beta-\alpha}{1-\bar{\alpha}\beta}\right|^2 = \left(\dfrac{\beta-\alpha}{1-\bar{\alpha}\beta}\right)\left(\dfrac{\overline{\beta-\alpha}}{1-\bar{\alpha}\beta}\right)$

$= \left(\dfrac{\beta-\alpha}{1-\bar{\alpha}\beta}\right)\left(\dfrac{\overline{\beta-\alpha}}{\overline{1-\bar{\alpha}\beta}}\right)$

$= \left(\dfrac{\beta-\alpha}{1-\bar{\alpha}\beta}\right)\left(\dfrac{\bar{\beta}-\bar{\alpha}}{\overline{1-\bar{\alpha}\beta}}\right)$

$= \left(\dfrac{\beta-\alpha}{1-\bar{\alpha}\beta}\right)\left(\dfrac{\bar{\beta}-\bar{\alpha}}{1-\alpha\bar{\beta}}\right)$

$= \dfrac{\beta\bar{\beta}-\beta\bar{\alpha}-\alpha\bar{\beta}+\alpha\bar{\alpha}}{1-\alpha\bar{\beta}-\bar{\alpha}\beta+\alpha\bar{\alpha}\beta\bar{\beta}}$

$= \dfrac{|\beta|^2-\beta\bar{\alpha}-\bar{\beta}\alpha+|\alpha|^2}{1-\alpha\bar{\beta}-\bar{\alpha}\beta+|\alpha|^2|\beta|^2} \quad [\because |z|^2 = z\bar{z}]$

$= \dfrac{(1-\beta\bar{\alpha}-\bar{\beta}\alpha+|\alpha|^2)}{(1-\alpha\bar{\beta}-\bar{\alpha}\beta+|\alpha|^2)} \quad [\because \text{Given } |\beta| = 1]$

इसलिए, $\left|\dfrac{\beta-\alpha}{1-\bar{\alpha}\beta}\right|^2 = 1$

$\Rightarrow \left|\dfrac{\beta-\alpha}{1-\bar{\alpha}\beta}\right| = \sqrt{1}$

$= 1$

अत: विकल्प (C) सही है।

66. दिया गया है, $|1 - 2i|^x = 5^x$

हमें x का मान ज्ञात करना होगा जिसके लिए पूर्णांक शून्य नहीं होना चाहिए

पहले $|1 - 2i|$ का मान ज्ञात करते हैं,

$|1 - 2i| = \sqrt{(1)^2 + (2)^2} = \sqrt{5}$

$\Rightarrow \left[\because z = x + iy \Rightarrow |z| = \sqrt{x^2 + y^2}\right]$

इसलिये,

$|1 - 2i|^x = 5^x$

$\Rightarrow \left(\sqrt{5}\right)^x = 5^x$

$\Rightarrow \left(\sqrt{5}\right)^x = \left(\sqrt{5}\right)^{2x}$

घातों की तुलना करने पर,

$\Rightarrow x = 2x$

$\Rightarrow x - 2x = 0$

$\Rightarrow -x = 0$

$\Rightarrow x = 0$

अत: विकल्प (A) सही है।

67. दिया हुआ है, $Z = -1 - i$

$Z = r(\cos\theta + i\sin\theta)$

यहाँ, r मापांक है और θ तर्क है।

$r\cos\theta = -1$ तथा $r\sin\theta = -1$

$\Rightarrow r^2 = 2$

$\Rightarrow r = \sqrt{2}$

$\therefore \sqrt{2}\cos\theta = -1$

$\Rightarrow \cos\theta = \dfrac{-1}{\sqrt{2}}$

$\sqrt{2}\sin\theta = -1$

$\Rightarrow \sin\theta = \dfrac{-1}{\sqrt{2}}$

यहाँ दोनों $\cos\theta$ तथा $\sin\theta$ नकारात्मक हैं।

इसलिये θ तीसरे चतुष्कोण में निहित है

तर्क $= \dfrac{-3\pi}{4}$

अत: विकल्प (C) सही है।

68. दिया गया है,

$a_n = n(n + 2)$

जैसा कि हम जानते हैं कि,

$S_n = \sum a_n$

$\Rightarrow S_n = \sum_{k=1}^{n} a_k = \sum_{k=1}^{n} [k \cdot (k + 2)]$

$\Rightarrow S_n = 2\sum_{k=1}^{n} k + \sum_{k=1}^{n} k^2$

जैसा कि हम जानते हैं,

प्रथम n प्राकृत संख्याओं का योग है,

$S = \dfrac{n(n+1)}{2}$

प्रथम n^2 प्राकृत संख्याओं का योग है,

$S = \dfrac{n(n+1)(2n+1)}{6}$

तब, हम लिख सकते हैं

$\Rightarrow S_n = \dfrac{2n(n+1)}{2} + \dfrac{n(n+1)(2n+1)}{2}$

$\Rightarrow S_n = \dfrac{n \cdot (n+1) \cdot (2n+7)}{6}$

अत: विकल्प (C) सही है।

69. हमें श्रृंखला 2 + 6 + 18 + 54 +....+ 4374 का योग ज्ञात करना है।

यहाँ,

a = 2

r = 3

माना कि, a_n = 4374

चूँकि हम जानते हैं कि, एक गुणोत्तर श्रेणी के सामान्य पद को निम्न द्वारा ज्ञात किया गया है:

$a_n = ar^{n-1}$

$\Rightarrow 4374 = (2) \cdot (3)^{n-1}$

$\Rightarrow 3^{n-1} = 2187$

$\Rightarrow 3^{n-1} = 3^7$

$\therefore n - 1 = 7$

n = 8

चूँकि हम जानते हैं कि, गुणोत्तर श्रेणी के n पदों का योग,

$$S_n = \frac{a(r^n - 1)}{r - 1}$$

जहाँ $r > 1$

$$\therefore S_n = \frac{2(3^8 - 1)}{3 - 1}$$

$$= 3^8 - 1$$

$$= 6560$$

अतः विकल्प (B) सही है।

70. हमें श्रेणी 3 + 9 + 27 + 81 + ... + 6561 का योग ज्ञात करना है।

यहाँ,

a = 3

r = 3

माना कि, $a_n = 6561$

चूँकि हम जानते हैं कि, एक गुणोत्तर श्रेणी के सामान्य पद को निम्न द्वारा ज्ञात किया गया है:

$a_n = ar^{n-1}$

$\Rightarrow 6561 = (3) \cdot (3)^{n-1}$

$\Rightarrow 3^n = 3^8$

$\therefore n = 8$

चूँकि हम जानते हैं,

गुणोत्तर श्रेणी के n पदों का योग,

$$S_n = \frac{a(r^n - 1)}{r - 1};$$

जहाँ, $r > 1$

$$\therefore S_n = \frac{3(3^8 - 1)}{3 - 1}$$

$$= \frac{3(3^8 - 1)}{2}$$

अतः विकल्प (B) सही है।

71. दिया गया है,

श्रृंखला का नवाँ पद, $T_n = 3n + 2$

यहाँ, हमें $S_n = \sum_{k=1}^{n} T_k =?$ का मान ज्ञात करना है।

श्रृंखला का योग $= S_n = \sum(3n + 2) = \sum 3n + \sum 2$

जैसा कि हम जानते हैं कि,

$$1 + 2 + 3 + 4 + \cdots + n = \sum n = \frac{n(n+1)}{2}$$

$$\Rightarrow S_n = 3\sum n + \sum 2$$

$$\Rightarrow S_n = \frac{3n(n+1)}{2} + 2n = \frac{n(3n+7)}{2}$$

अतः विकल्प (C) सही है।

72. तीन अंकों की संख्याएं 9 से विभाज्य हैं:

108, 117, 126 999

समान्तर श्रेणी:

108, 117, 126 999

T_n = 999

a = 108

d = 117 - 108 = 9

जैसा कि हम जानते हैं कि,

T_n = a + (n - 1) d

⇒ 999 = 108 + (n - 1) 9

⇒ 891 = (n - 1) 9

⇒ 99 = n - 1

⇒ n = 100

अतः विकल्प (C) सही है।

73. दी गयी श्रृंखला में पहले 20 पदों के योग को निम्न रूप में लिखा जा सकता है:

$$\sqrt{5} + \sqrt{20} + \sqrt{45} + \sqrt{80} + \cdots$$

$$= \sqrt{5} + 2\sqrt{5} + 3\sqrt{5} + 4\sqrt{5} + \cdots + 20\sqrt{5}$$

$$= \sqrt{5}(1 + 2 + \cdots + 20)$$

1 से n तक के क्रमागत संख्याओं का योग:

$$1 + 2 + 3 + \cdots + n = \frac{n(n+1)}{2}$$

$$= \sqrt{5} \times \frac{20 \times 21}{2}$$

$$= 210\sqrt{5}$$

अतः विकल्प (C) सही है।

74. दिया गया है,

दो समांतर श्रेणियों के nवें पद 3n + 8 और 7n + 15 हैं।

इसलिए पहली समांतर श्रेणी में 12वां पद:

$$a_n = 3n + 8$$

n= 12 के लिए,

a_{12} = 3 × 12 + 8

= 36 + 8 = 44

उसी प्रकार दूसरी समांतर श्रेणी का 12वां पद:

$$a_n = 7n + 15$$

n= 12 के लिए,

a₁₂ = 7 × 12 + 15

= 84 + 15 = 99

$\therefore$ आवश्यक अनुपात $= \dfrac{44}{99}$

$= \dfrac{4}{9} = 4:9$

अतः विकल्प (A) सही है।

75. दिया है:

विवर्णित समूह का माध्य = 22

बहुलक और माध्यिका का अनुपात = 1 : 3

सूत्र:

बहुलक = 3(माध्यिका) - 2(माध्य)

गणना:

मान लें कि बहुलक और माध्यिका का अनुपात 1x : 3x है

x = 3 × (3x) - (2 × 22)

⇒ 8x = 44

⇒ x $= \dfrac{44}{8}$

⇒ x = 5.5

चूंकि बहुलक x है, इसलिए, विवरण का बहुलक 5.5 है

माध्यिका = 3x = 3 × 5.5

माध्यिका = 16.5

माध्य – 22

बहुलक = 5.5

$\therefore$ सही संबंध माध्य > माध्यिका > बहुलक है।

अत: विकल्प (A) सही है।

76. दिया है: कुछ अवलोकनों के लिए हमारे पास क्रमशः 1.2 और 25.6 के रूप में मानक विचलन और भिन्नता का गुणांक है।

यहाँ, हमें उन्हीं अवलोकनों के लिए माध्य ज्ञात करना है।

माना कि माध्य x है।

जैसा कि हम जानते हैं, विचलन के सह-गुणांक $=$ मानक विचलन / माध्य $\times 100$

⇒ विचलन के सह-गुणांक $= \dfrac{1.2}{x} \times 100 = 25.6$

⇒ $x = \dfrac{1.2}{25.6} \times 100$

⇒ $x = 4.69$ (लगभग)

अत: विकल्प (B) सही है।

77. दिया है:

मात्रा के दो नमूने $n_1 = 30$ और $n_2 = 20$ का मतलब 55 और 60 है और प्रसरण क्रमशः $S_1^2 = 16$ और $S_2^2 = 25$ हैं।

मात्रा 50 के संयुक्त नमूने का S. D. ज्ञात करने के लिए

$x = \sqrt{\dfrac{n_1 S_1^2 + n_2 S_2^2}{n_1 + n_2}}$

$= \sqrt{\dfrac{30 \times 16 + 20 \times 25}{30 + 20}}$

$= \dfrac{\sqrt{480 + 500}}{50}$

$= \sqrt{\dfrac{980}{50}}$

$= \sqrt{19.6}$

$= 4.43$

अत: विकल्प (D) सही है।

78. समांतर माध्य $=$ पदों का योग / पदों की संख्या

दिया है: $f(x + y, x - y) = xy$

माना $a = x + y, b = x - y$

⇒ $\dfrac{a+b}{2} = x, \dfrac{a-b}{2} = y$

$\therefore f(a, b) = f(x + y, x - y)$

$= xy = \left(\dfrac{a+b}{2}\right)\left(\dfrac{a-b}{2}\right)$

इस प्रकार, $f(b, a) = \left(\dfrac{b+a}{2}\right)\left(\dfrac{b-a}{2}\right)$

अब, $f(a, b)$ और $f(b, a)$ का समांतर माध्य।

$= \dfrac{\left(\frac{a+b}{2}\right)\left(\frac{a-b}{2}\right) + \left(\frac{b+a}{2}\right)\left(\frac{b-a}{2}\right)}{2}$

$= \dfrac{1}{8}[(a^2 - b^2) + (b^2 - a^2)] = 0$

⇒ $f(x, y)$ और $f(y, x) = 0$ का समांतर माध्य।

अत: विकल्प (C) सही है।

79. माना कि छह संख्याएँ a, b, c, d, e, f हैं।

इसलिए, माध्य $= \dfrac{a+b+c+d+e+f}{6} = 47$

⇒ a+b+c+d+e+f = 282 ....(i)

माना कि निकाली गयी संख्या a है।

इसलिए शेष पांच संख्याओं का माध्य $= \dfrac{b+c+d+e+f}{5} = 41$

⇒ b+c+d+e+f = 205 ....(ii)

$\therefore$ a + 205 = 282 [(i) और (ii) से]

⇒ a = 77

अत: विकल्प (A) सही है।

80. मान लीजिए, नीली गेंदों की संख्या, x नीली गेंदें हैं।

गेंदों की कुल संख्या, $5 + x$ गेंदें।

अब, यह भी कहा जाता है कि नीली गेंद के निकलने की प्रायिकता लाल गेंद की प्रायिकता से दोगुनी है।

2(नीली गेंद मिलने की प्रायिकता) = लाल गेंद मिलने की प्रायिकता

$\Rightarrow$ 2 (नीली गेंदों की संख्या) /(कुल गेंद) =(लाल गेंदों की संख्या) /(कुल गेंद)

मान रखने पर,

$$2\left(\frac{5}{5+x}\right) = \frac{x}{5+x}$$

$$\Rightarrow x = 10$$

इस प्रकार, नीली गेंदों की संख्या $x = 10$ है।

अतः विकल्प (D) सही है।

81. राजा के रूप में पहला कार्ड मिलने की प्रायिकता $= \frac{4}{52}$

रानी के रूप में दूसरा कार्ड प्राप्त करने की प्रायिकता $= \frac{4}{51}$

इक्का के रूप में तीसरा कार्ड मिलने की प्रायिकता $= \frac{4}{50}$

तो, कुल प्रायिकता $= 3! \times \frac{4}{52} \times \frac{4}{51} \times \frac{4}{50}$

$$= 6 \times \frac{4}{52} \times \frac{4}{51} \times \frac{4}{50}$$

$$= \frac{384}{132600}$$

$$= \frac{48}{16575}$$

$$= \frac{16}{5525}$$

अतः विकल्प (A) सही है।

82. दिया है:

एक सिक्के को 3 बार उछाला जाता है।

एक घटना के घटित होने की प्रायिकता ऐसा होने के तरीकों की संख्या/परिणामों की कुल संख्या

प्रतिदर्श समष्टि निम्न हैं,

S = {(H,H,H), (H,H,T), (H,T,H), (H,T,T), (T,H,H), (T,H,T), (T,T,H), (T,T,T)}

$\therefore$ परिणामों की कुल संख्या = 8

निम्न को ज्ञात करने के लिए: वह प्रायिकता कि वे दो चित और एक पट दर्शाएंगे।

दो चित और एक पट लेने पर,

इसलिए, अनुकूल परिणाम निम्न हैं = {(H,H,T), (H,T,H), (T,H,H)} = 3

इसलिए, वह प्रायिकता कि वे दो चित और एक पट दर्शाएंगे $= \frac{3}{8}$

अतः विकल्प (D) सही है।

83. दिया है,

सही उत्तर का अनुमान लगाने की प्रायिकता $= \frac{x}{12}$

सही उत्तर का अनुमान न लगाने की प्रायिकता $= \frac{2}{3}$

हम जानते हैं कि,

किसी घटना के घटित होने की प्रायिकता $= 1 -$ उसी घटना के घटित न होने की प्रायिकता

$$\Rightarrow \frac{x}{12} = 1 - \frac{2}{3} = \frac{1}{3}$$

$$\Rightarrow x = \frac{12}{3} = 4$$

$$\therefore x = 4$$

अतः विकल्प (C) सही है।

84. दिया गया है $-2 < 2x - 1 < 2$

$$\Rightarrow -2 + 1 < 2x < 2 + 1$$

$$\Rightarrow -1 < 2x < 3$$

$$\Rightarrow \frac{-1}{2} < x < \frac{3}{2}$$

$$\Rightarrow x \in \left(\frac{-1}{2}, \frac{3}{2}\right)$$

अतः विकल्प (B) सही है।

85. दिए गए दीर्घवृत्त के शीर्ष हैं $(\pm 5, 0)$

$$\Rightarrow a = \pm 5$$

फिर से, यह दिया कि नाभियां है $(\pm 4, 0)$

$$\Rightarrow ae = \pm 4$$

$$e = \pm \frac{4}{5}$$

अब, हम जानते हैं कि,

$$b^2 = a^2(1 - e^2)$$

$$b^2 = 25\left(1 - \frac{16}{25}\right)$$

$$= 25 \times \frac{9}{25}$$

$$b = \pm 3$$

यहाँ, $a > 6$

$\therefore$ दीर्घवृत्त का समीकरण है

$$\frac{x^2}{a^2} + \frac{y^2}{b^2} = 1$$

$$\frac{x^2}{25} + \frac{y^2}{9} = 1$$

अतः विकल्प (A) सही है।

86. हम तीन आयामों के समन्वित ज्यामिति से जानते हैं कि तीन असरेख बिंदुओं (x_1, y_1, z_1), (x_2, y_2, z_2), (x_3, y_3, z_3) से गुजरने वाले समतल का समीकरण-

$$\begin{vmatrix} x - x_1 & y - y_1 & z - z_1 \\ x_2 - x_1 & y_2 - y_1 & z_2 - z_1 \\ x_3 - x_1 & y_3 - y_1 & z_3 - z_1 \end{vmatrix} = 0$$

इसलिए, समतल (-2,6, -6), (- 3,10, -9) और (-5,0, -6) से गुजर रहा है

$$\begin{vmatrix} x+2 & y-6 & z+6 \\ -1 & 4 & -3 \\ -3 & -6 & 0 \end{vmatrix} = 0$$

$\Rightarrow (x+2)\,(-18) - (y-6)\,(-9) + (z+6)\,(6+12) = 10$

$\Rightarrow -18x - 36 + 9y - 54 + 18z + 18 = 0$

$\Rightarrow 2x - y - 2z - 2 = 0$

$\Rightarrow 2x - y - 2z = 2$

अतः विकल्प (A) सही है।

87.

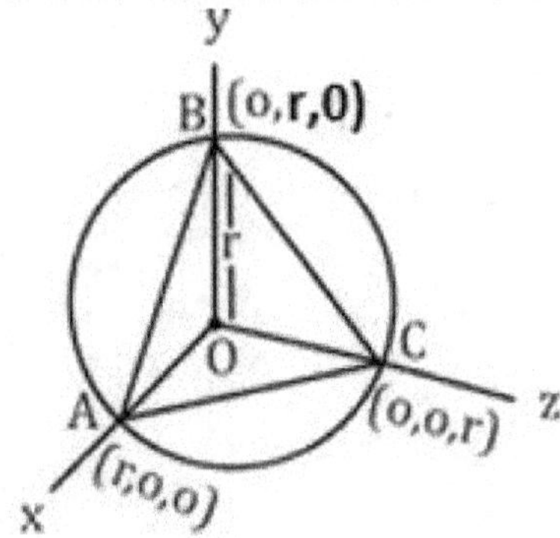

जैसा कि O त्रिभुज ABC का केन्द्रक है

$\therefore$ O का केंद्र $= \left(\dfrac{r}{3}, \dfrac{r}{3}, \dfrac{r}{3}\right)$

$OB = r = \sqrt{\left(r - \dfrac{r}{3}\right)^2}$

$= \sqrt{\left(\dfrac{2r}{3}\right)^2}$

$= \dfrac{2\pi}{3}$

गोले का समीकरण है $x^2+y^2+z^2 = r^2$

$\Rightarrow x^2+y^2+z^2 = \dfrac{4r^2}{9}$

$\Rightarrow 9(x^2+y^2+z^2) = 4r^2$

अतः विकल्प (C) सही है।

88. दिया गया है:

yz तल बिंदुओं $(3,1,5)$ और $(-2,-1,4)$ को मिलाने वाली रेखा को $\dfrac{p}{q}$ के अनुपात में विभाजित करता है।

हम जानते हैं कि जब रेखाखंड को आंतरिक रूप से $m:n$ के अनुपात में विभाजित किया जाता है, तो हम सूत्र का उपयोग करते हैं:

$(x,y,z) = \left(\dfrac{mx_2+nx_1}{m+n}, \dfrac{my_2+ny_1}{m+n}, \dfrac{mz_2+nz_1}{m+n}\right)$

$\Rightarrow x = \dfrac{3p+(-2q)}{p+q}$

लेकिन, yz तल में, x के निर्देशांक शून्य होते है।

$x = \dfrac{3p-2q}{p+q}$

$\Rightarrow \dfrac{3p-2q}{p+q} = 0$

$\Rightarrow 3p - 2q = 0$

$\Rightarrow \dfrac{p}{q} = \dfrac{2}{3}$

इसलिए, yz समतल दी गई रेखा को $(2:3)$ के अनुपात में विभाजित करता है।

$p + q = 2 + 3 = 5$

अतः विकल्प (C) सही है।

89. दिया हुआ:

$\cos\left(\dfrac{dx}{dy}\right) - a = 0$

$\Rightarrow \cos\left(\dfrac{dx}{dy}\right) = a$

$\Rightarrow \dfrac{dx}{dy} = \cos^{-1}a$

$\Rightarrow dx = \cos^{-1}a\,dy$

दोनों पक्षों को समाकलित करने पर हम प्राप्त करते हैं

$\Rightarrow \int dx = \int \cos^{-1}a\,dy$

$\Rightarrow x = \cos^{-1}a \times y + c$

$\Rightarrow x = y\cos^{-1}a + c$

अतः विकल्प (C) सही है।

90. जैसा कि हम जानते हैं,

रैखिक अवकल समीकरण का रूप:

$\dfrac{dy}{dx} + Py = Q$, जहां P और Q, x के फलन हैं

समाकलन कारक $= e^{\int P\,dx}$

सामान्य समाधान इसके द्वारा दिया गया है:

$y \times e^{\int P\,dx} = \int Q \times e^{\int P\,dx}\,dx + C$

दिया गया है:

अवकल समीकरण $(1 - x^2)\dfrac{dy}{dx} - xy = 1$ है

दोनों पक्षों को $(1 - x^2)$ से विभाजित करें, हम प्राप्त करते हैं

$\Rightarrow \dfrac{dy}{dx} - \dfrac{xy}{(1-x^2)} = \dfrac{1}{(1-x^2)}$

अब, उपरोक्त समीकरण की तुलना $\dfrac{dy}{dx} + Py = Q$ से करके

इसलिए, $P = -\dfrac{x}{(1-x^2)}$

अभी,

समाकलन कारक $= e^{\int P\,dx}$

$= e^{\int \frac{-x}{(1-x^2)}dx}$

$$= e^{\frac{1}{2}\int \frac{-2x}{(1-x^2)}dx}$$

माना कि $1 - x^2 = t$

x, के संबंध में अवकलन करके हमें मिलता है

$$\Rightarrow (0 - 2x)dx = dt$$

$$\Rightarrow -2xdx = dt$$

समाकलन कारक $= e^{\frac{1}{2}\int \frac{dt}{t}}$

$$= e^{\frac{1}{2}\log t}$$

$$= e^{\log t^{\frac{1}{2}}}$$

$$= t^{\frac{1}{2}}$$

$$= (1 - x^2)^{\frac{1}{2}}$$

$$= \sqrt{1 - x^2}$$

अतः विकल्प (C) सही है।

91. दिया गया है:

$$\log\left(\frac{dy}{dx}\right) = ax + by$$

$$\Rightarrow \frac{dy}{dx} = e^{ax+by}$$

$$\Rightarrow \frac{dy}{dx} = e^{ax} \cdot e^{by}$$

$$\Rightarrow e^{-by}dy = e^{ax}dx$$

दोनों पक्षों को समाकलित करने पर,

$$\Rightarrow \int e^{-by}dy = \int e^{ax}dx$$

$$\frac{e^{-by}}{-b} = \frac{e^{ax}}{a} + C$$

अतः विकल्प (B) सही है।

92. दिया गया अवकल समीकरण

$$\frac{dy}{dx} = \frac{y}{1+x^2}$$

$$\frac{dy}{y} = \frac{dx}{1+x^2}$$

दोनों पक्षों का समाकलन करने पर

$$\int \frac{dy}{y} = \int \frac{dx}{1+x^2}$$

$$\ln y = \tan^{-1}x + c$$

दिया गया है $y(0) = 1$

$$\ln 1 = \tan^{-1}0 + c$$

$$c = 0$$

$$\ln y = \tan^{-1}x$$

$y(1)$ पर

$$\ln y = \tan^{-1}(1)$$

$$\ln y = \frac{\pi}{4}$$

$$y = e^{\frac{\pi}{4}}$$

अतः विकल्प (C) सही है।

93. चूँकि सममिति का अक्ष x अक्ष पर स्थित है

$\Rightarrow$ शीर्ष x अक्ष पर स्थित है, माना, $(k, 0)$

इसलिए, परवलय का समीकरण $\Rightarrow (y - 0)^2 = 4a(x - k)$

$$\Rightarrow y^2 = 4a(x - k) \dots\dots(i)$$

इसलिए, दो गुना अवकलन करने पर अवकल समीकरण प्राप्त होगा।,

x के संबंध में समीकरण (i) को अवकलित करने पर,

$$\Rightarrow 2y\frac{dy}{dx} = 4a$$

$$\Rightarrow y\frac{dy}{dx} = 2a \dots\dots(ii)$$

पुनः समीकरण (ii) को अवकलित करने पर,

$$\Rightarrow \frac{dy}{dx} \cdot \frac{dy}{dx} + y \cdot \frac{d^2y}{dx^2} = 0$$

$$\Rightarrow y\frac{d^2y}{dx^2} + \left(\frac{dy}{dx}\right)^2 = 0$$

अतः विकल्प (A) सही है।

94. दिया गया अवकल समीकरण निम्न है

$$\frac{xdy + ydx}{y} = 0$$

$$\Rightarrow \frac{dy}{dx} + \frac{y}{x} = 0$$

$\therefore$ यह प्रथम कोटि वाला रैखिक समीकरण है।

$$\text{IF} = e^{\int \frac{1}{x}dx}$$

$$\Rightarrow \text{IF} = e^{\ln x}$$

$$\Rightarrow \text{IF} = x$$

अब, $y \times (IF) = \int Q(\text{IF})dx$

$$\Rightarrow y \times x = \int 0 \times xdx$$

$$\Rightarrow xy = C$$

$\Rightarrow xy - c = 0$ (जहाँ c समाकलन स्थिरांक है।)

अतः विकल्प (A) सही है।

95. दिया गया है,

$$\sec^{-1}\left[\frac{x^2+1}{x^2-1}\right]$$

$x = \tan\theta$ रखने पर

$= \sec^{-1}\left[\frac{\tan^2\theta+1}{\tan^2\theta-1}\right]$

$= \sec^{-1}\left[\frac{\frac{ate^2\theta+cas^2\theta}{\cos^2\theta}}{\frac{\sin^2\theta-\cos^2\theta}{\cos^2\theta}}\right]$

$= \sec^{-1}\left[\frac{\sin^2\theta+\cos^2\theta}{\sin^2\theta-\cos^2\theta}\right]$

$= \sec^{-1}\left[\frac{1}{-(\cos^2\theta-\sin^2\theta)}\right]$ $(\because \sin^2\theta+\cos^2\theta=1)$

$= \sec^{-1}\left[\frac{1}{-\cos2\theta}\right]$ $(\because \cos^2\theta-\sin^2\theta=\cos2\theta)$

$= \sec^{-1}[-\sec2\theta]$ $\left(\because \frac{1}{\cos\theta}=\sec\theta\right)$

$= \pi - \sec^{-1}[\sec2\theta]$ $(\because \sec^{-1}(-\theta)=\pi-\sec^{-1}\theta)$

$= \pi - 2\theta$ $(\because \sec^{-1}(\sec\theta)=\theta)$

θ को x_1 के संदर्भ में बदलने पर

$x = \tan\theta \Rightarrow \theta = \tan^{-1}x$

$= \pi - 2\tan^{-1}x$

$= \pi - 2\left(\frac{\pi}{2}-\cot^{-1}x\right)\left(\because \tan^{-1}x+\cot^{-1}x=\frac{\pi}{2}\right)$

$= \pi - \pi + 2\cot^{-1}x$

$= 2\cot^{-1}x$

अतः विकल्प (C) सही है।

96. दिया गया है:

$\sin^{-1}\sin\left(\frac{33\pi}{5}\right)$

$\sin^{-1}\sin\left(\frac{33\pi}{5}\right) = \sin^{-1}\sin\left(6\pi+\frac{3\pi}{5}\right)$

$= \sin^{-1}\sin\left(\frac{3\pi}{5}\right)$ $(:\sin(2n\pi+\theta)=\sin\theta)$

$= \sin^{-1}\sin\left(\pi-\frac{2\pi}{5}\right)$

$= \sin^{-1}\sin\left(\frac{2\pi}{5}\right)$ $(\because \sin(\pi-\theta)=\sin\theta)$

यहाँ $\frac{2\pi}{5}$, $\frac{-\pi}{2}$ से $\frac{\pi}{2}$ के बीच स्थित है

$\therefore \sin^{-1}\sin\left(\frac{2\pi}{5}\right) = \frac{2\pi}{5}$

अतः विकल्प (B) सही है।

97. दिया गया है:

$I = \int_{\sin x}^{\cos x} \log t^2\, dt$

न्यूटन-लेबेनिट्ज़ सूत्र का उपयोग करने पर

$\frac{d}{dx}\left[\int_{\sin x}^{\cos x} \log t^2\, dt\right] = \frac{dI}{dt}$

$\Rightarrow \frac{d(I)}{dx} = [\log(\cos x)^2]\frac{d}{dx}\cos x - \left[\log(\sin x)^2 \frac{d}{dx}\sin x\right]$

$\Rightarrow \frac{d(I)}{dx} = [\log\cos^2 x](-\sin x) - [\log\sin^2 x]\cos x$

$\Rightarrow \frac{dI}{dt} = -2\sin x\log\cos x - 2\cos x\log\sin x$

$\Rightarrow \frac{dI}{d\frac{x}{4}}\left(x=\frac{\pi}{4}\right) = -2\sin\frac{\pi}{4}\log\cos\frac{\pi}{4} - 2\cos\frac{\pi}{4}\log\sin\frac{\pi}{4}$

$\Rightarrow \frac{dI}{dx}\left(x=\frac{\pi}{4}\right) = -\frac{2}{\sqrt{2}}\log\frac{1}{\sqrt{2}} - \frac{2}{\sqrt{2}}\log\frac{1}{\sqrt{2}}$

$\Rightarrow \frac{dI}{dx}\left(x=\frac{\pi}{4}\right) = -\sqrt{2}\left(\log\left(\frac{1}{\sqrt{2}}\times\frac{1}{\sqrt{2}}\right)\right)(\because \log m + \log n = \log mn)$

$\Rightarrow \frac{dI}{dt}$ पर $\frac{\pi}{4} = -\sqrt{2}\log\frac{1}{2}$

$\Rightarrow \frac{dI}{dt}$ पर $\frac{\pi}{4} = \sqrt{2}\log2$

अतः विकल्प (A) सही है।

98. दिया गया है:

$f(x) = f(a-x)\ \&\ g(x) + g(a-x) = 2$

$I = \int_0^a f(x)g(x)dx \ldots\ldots(1)$

समाकल गुण का प्रयोग करने पर, $\int_a^b f(x)dx = \int_a^b f(a+b-x)dx$

$\Rightarrow I = \int_0^a f(a-x)g(a-x)dx$

दिए गए का प्रयोग करने पर, $f(x) = f(a-x)$

$\rightarrow I - \int_0^a f(x)g(a-x)dx \ldots\ldots(2)$

समीकरण (1) और (2) को जोड़ने पर

$2I = \int_0^a f(x)g(x)dx + \int_0^a f(x)g(a-x)dx$

$\Rightarrow 2I = \int_0^a f(x)\{g(x)+g(a-x)\}dx$

दिए गए, $g(x)+g(a-x) = 2$ का प्रयोग करने पर,

$\Rightarrow 2I = \int_0^a f(x)\times 2dx$

$\Rightarrow I = \int_0^a f(x)dx$

अतः विकल्प (B) सही है।

99. दिया गया है:

$y = x^4(x^3+2x^2+5)$

$y = x^4(x^3+2x^2+5)$

$y = x^7 + 2x^6 + 5x^4$

जैसा कि हम जानते हैं,

यदि $f(x) = x^n$, तब

$$\frac{d(x^n)}{dx} = n \cdot x^{n-1}$$

इसलिए,

$$y' = 7x^6 + 12x^5 + 20x^3$$

$$y' = x^3(7x^3 + 12x^2 + 20)$$

अतः विकल्प (A) सही है।

100. दिया गया है:

$$f(x) = \sqrt[4]{-3x^4 - 2}$$

$$= (-3x^4 - 2)^{\frac{1}{4}}$$

जैसा कि हम जानते हैं,

$$\frac{d}{dx}(x^n) = nx^{n-1}$$

इसलिए,

$$f'(x) = \frac{1}{4}(-3x^4 - 2)^{\frac{1}{4}-1} \frac{d}{dx}(-3x^4 - 2)$$

$$= \frac{1}{4}(-3x^4 - 2)^{-\frac{3}{4}}\left(-3(4x^3)\right)$$

$$= -3x^3(-3x^4 - 2)^{-\frac{3}{4}}$$

$$f'(x) = -\frac{3x^3}{(-3x^4-2)^{\frac{3}{4}}}$$

अतः विकल्प (D) सही है।

Q.1 कितने भिन्न तरीकों से 'RUMOUR' शब्द के अक्षरों को व्यवस्थित किया जा सकता है?

[Haryana Police Constable Commando Wing, 2021]

A. 260 **B.** 121 **C.** 160 **D.** 180

Q.2 शतरंज के बोर्ड पर आपको जितने आयत मिल सकते हैं, वे हैं:

A. 1376 **B.** 1236 **C.** 1296 **D.** 372

Q.3 9 पुरुषों और 7 महिलाओं के समूह में से 8 सदस्यों का चयन किया जाना है। अधिकतम 3 महिलाओं और कम से कम 4 पुरुषों वाले सदस्यों को कितने तरीकों से चुना जाएगा?

A. 6472 तरीके **B.** 6286 तरीके
C. 6435 तरीके **D.** 6225 तरीके

Q.4 एक प्लेन में 20 बिंदु हैं, इन बिंदु से कितने त्रिकोण बन सकते हैं यदि 5 बिंदु समरेख हैं?

A. 1130 **B.** 550 **C.** 1129 **D.** 1140

Q.5 यदि अंकों की पुनरावृत्ति की अनुमति नहीं है, तो अंकों 1, 2, 3, 4, 5 का उपयोग करके कितने 5-अंकों की अभाज्य संख्याएँ बनाई जा सकती हैं?

[UPSC NDA, 2021]

A. 5 **B.** 4 **C.** 3 **D.** 0

Q.6 $\left(2x^2 - \dfrac{1}{3x^2}\right)^{10}$ के प्रमेय में छठा पद क्या है?

A. $^{10}C_5\left(\dfrac{2}{3}\right)^5$ **B.** $-^{10}C_5\left(\dfrac{2}{3}\right)^5$

C. $-^{10}C_6\left(\dfrac{2}{3}\right)^6$ **D.** इनमें से कोई नहीं

Q.7 $\left(2^{\frac{1}{3}} + \dfrac{1}{2(3)^{\frac{1}{3}}}\right)^{10}$ के द्विपद विस्तार में प्रारंभ से पांचवे पद और अंत से पांचवे पद का अनुपात क्या है?

[JEE Main Advanced, 2019]

A. $1:2(6)^{\frac{1}{3}}$ **B.** $1:4(16)^3$
C. $4(36)^{\frac{1}{3}}:1$ **D.** $2(36)^{\frac{1}{3}}:1$

Q.8 $\left(\dfrac{3x}{2} - \dfrac{8}{7x}\right)^9$ के विस्तार के 7 वे पद में x का घातांक है :

A. -5 **B.** 3 **C.** 5 **D.** -3

Q.9 y का मान ज्ञात कीजिए जैसे कि बिंदुओं $(5, y)$ और $(2,3)$ के माध्यम से रेखा बिंदुओं $(9, -2)$ और $(6, -5)$ के माध्यम से रेखा के समानांतर है।

A. 6 **B.** 5 **C.** 3 **D.** 2

Q.10 $(2,3)$ और $(-6,5)$ को मिलाने वाली रेखा का मध्य बिंदु ज्ञात करें।

A. $(2,4)$ **B.** $(-2,4)$
C. $(4,2)$ **D.** $(-4,-2)$

Q.11 y - अक्ष के ऋणात्मक दिशा से 2 अंतःखंड काटने वाली और x - अक्ष के धनात्मक दिशा के साथ $30°$ पर झुके एक सीधी रेखा का समीकरण क्या है?

A. $x - 2\sqrt{3}y - 3\sqrt{2} = 0$

B. $x + 2\sqrt{3}y - 3\sqrt{2} = 0$
C. $x + \sqrt{3}y - 2\sqrt{3} = 0$
D. $x - \sqrt{3}y - 2\sqrt{3} = 0$

Q.12 दीर्घवृत्त $4x^2 + 8y^2 = 24$ की उत्केंद्रता का पता लगाएं।

A. $\dfrac{2}{\sqrt{3}}$ **B.** $\dfrac{1}{\sqrt{5}}$ **C.** $\dfrac{1}{\sqrt{2}}$ **D.** $\dfrac{1}{\sqrt{3}}$

Q.13 एक स्पशरिखा परवलय $y^2 = -8x$ को बिंदु $(-2, 4)$ पर स्पर्श करती है, तो स्पशरिखा का ढलान है:

A. -2 **B.** 2 **C.** -1 **D.** -1

Q.14 अतिपरवलय के स्पर्शोन्मुख का पता लगाएं $9x^2 - 16y^2 = 144$.

A. $y = \pm\dfrac{3}{4}x$ **B.** $y = \pm\dfrac{5}{4}x$
C. $y = \pm\dfrac{7}{4}x$ **D.** इनमें से कोई नहीं

Q.15 माना $f(2) = 2$ और $f'(2) = 2$ है। तो $\lim\limits_{x \to 2} \dfrac{xf(2) - 2f(x)}{x-2}$ का मान ज्ञात कीजिए।

A. -4 **B.** 2 **C.** -2 **D.** 4

Q.16 यदि $G(x) = \sqrt{25 - x^2}$ तो $\lim\limits_{x \to 1} \dfrac{G(x) - G(1)}{x-1} = ?$

A. $-\dfrac{1}{2}$ **B.** $-\dfrac{1}{2\sqrt{6}}$ **C.** $-\dfrac{1}{\sqrt{6}}$ **D.** $\dfrac{1}{2\sqrt{6}}$

Q.17 यदि आंकड़ों का विभिन्नता का गुणांक और माध्य क्रमशः 20 और 45 है, तो आंकड़ों का मानक विचलन ज्ञात कीजिये।

A. 3 **B.** 9 **C.** 81 **D.** 30

Q.18 डेटा सेट 4, 5, 0, 10, 8 और 3 का अंकगणित माध्य क्या है?

A. 4 **B.** 5 **C.** 6 **D.** 7

Q.19 पहले नौ अभाज्य संख्याओं की माध्यिका ज्ञात कीजिए।

A. 5 **B.** 7 **C.** 11 **D.** 13

Q.20 निर्देश: निम्नलिखित आँकड़ों से 250 और 300 के बीच प्रेक्षणों की संख्या ज्ञात कीजिए:

मान	200 से अधिक	250 से अधिक	300 से अधिक	350 से अधिक
टिप्पणियों की संख्या	56	38	15	0

[UPSESSB TGT Mathematics, 2016]

A. 56 **B.** 23 **C.** 15 **D.** 8

Q.21 एक सामान्य पासा एक बार फेंका जाता है। एक अभाज्य या भाज्य संख्या प्राप्त करने की प्रायिकता है:

A. $\dfrac{1}{3}$ **B.** $\dfrac{5}{6}$ **C.** $\dfrac{1}{2}$ **D.** $\dfrac{1}{6}$

Q.22 एक बैग में 6 काली और 8 सफेद गेंदें हैं। एक गेंद यादृच्छिक निकाली जाती है। खींची गई गेंद के सफेद होने की प्रायिकता क्या है?

A. $\dfrac{3}{4}$ **B.** $\dfrac{4}{7}$ **C.** $\dfrac{1}{8}$ **D.** $\dfrac{3}{7}$

Q.23 एक पासे को एक बार फेंकने पर, 3 का गुणज प्राप्त करने की प्रायिकता _______ है।

A. $\frac{1}{2}$ **B.** $\frac{1}{6}$ **C.** $\frac{2}{3}$ **D.** $\frac{1}{3}$

Q.24 यदि $\tan^{-1}\left(\frac{1}{2}\right) + \tan^{-1}\left(\frac{x}{3}\right) = \frac{\pi}{4}$, है, जहाँ $0 < x < 6$ है, तो x किसके बराबर है?

[UPSC NDA, 2022]

A. 1 **B.** 2 **C.** 3 **D.** 5

Q.25 यदि $3\sin^{-1}x + \cos^{-1}x = \pi$ है तो x किसके बराबर है?

[UPSC NDA, 2022]

A. 0 **B.** $\frac{1}{2}$ **C.** $\frac{1}{\sqrt{2}}$ **D.** $\frac{1}{\sqrt{3}}$

Q.26 यदि $\sin\left(\tan^{-1}\frac{1}{10} + \cot^{-1}x\right) = 1$ हो तो x का मान ज्ञात कीजिए।

A. $\frac{1}{5}$ **B.** $\frac{1}{10}$ **C.** 10 **D.** $\frac{1}{9}$

Q.27 दि $3A + 4B' = \begin{bmatrix} 7 & -10 & 17 \\ 0 & 6 & 31 \end{bmatrix}$ और $2B - 3A' = \begin{bmatrix} -1 & 18 \\ 4 & 0 \\ -5 & -7 \end{bmatrix}$ है, तो B का मान क्या है?

A. $\begin{bmatrix} 1 & 3 \\ -1 & 1 \\ 2 & 4 \end{bmatrix}$ **B.** $\begin{bmatrix} 1 & -3 \\ -1 & 1 \\ 2 & 4 \end{bmatrix}$

C. $\begin{bmatrix} -1 & -18 \\ 4 & -16 \\ -5 & -7 \end{bmatrix}$ **D.** $\begin{bmatrix} 1 & 3 \\ -1 & 1 \\ 2 & -4 \end{bmatrix}$

Q.28 यदि $m[-3 \quad 4] + n[4 \quad -3] = [10 \quad -11]$, तो m और n का मान ज्ञात करें।

A. $m = -2, n = 1$ **B.** $m = 2, n = -1$
C. $m = -2, n = -1$ **D.** $m = 2, n = 1$

Q.29 यदि $B = \begin{bmatrix} 3 & 2 & 0 \\ 2 & 4 & 0 \\ 1 & 1 & 0 \end{bmatrix}$ है,तो B का सहखंडज आव्यूह किसके बराबर है?

[UPSC NDA, 2019]

A. $\begin{bmatrix} 0 & 0 & 0 \\ 0 & 0 & 0 \\ -2 & -1 & 8 \end{bmatrix}$ **B.** $\begin{bmatrix} 0 & 0 & -2 \\ 0 & 0 & -1 \\ 0 & 0 & 8 \end{bmatrix}$

C. $\begin{bmatrix} 0 & 0 & 2 \\ 0 & 0 & 1 \\ 0 & 0 & 0 \end{bmatrix}$ **D.** इसका अस्तित्व नहीं है

Q.30 निम्नलिखित में से कौन सा कारक सारणिक $\begin{vmatrix} x & y & 3 \\ x^2 & 5y^3 & 9 \\ x^3 & 10y^3 & 27 \end{vmatrix}$ का विस्तार करता है?

A. $x - 3$ **B.** $x - y$ **C.** $y - 3$ **D.** $x - 3y$

Q.31 3 पंक्तियों और 3 कॉलम का एक सारणिक (Δ) (R_1, R_2, R_3) (C_1, C_2, C_3) का मान $\Delta = 15$ है। यदि सारणिक (Δ) के दो कॉलम C_2 और C_3 को आपस में बदल दिया जाए, तो सारणिक का मान होगा:

A. 15 **B.** -15 **C.** 45 **D.** -45

Q.32 $\det \begin{bmatrix} 18 & 40 & 89 \\ 40 & 89 & 198 \\ 89 & 198 & 440 \end{bmatrix}$ का मान ज्ञात करें।

A. -8 **B.** -6 **C.** -1 **D.** 0

Q.33 यदि $f(x) = \begin{cases} \frac{\sin 3x}{e^{2x}-1}, & x \neq 0 \\ k - 2, & x = 0 \end{cases}$, $x = 0$ में सतत है, तो $k = ?$

A. $\frac{3}{2}$ **B.** $\frac{9}{5}$ **C.** $\frac{1}{2}$ **D.** $\frac{7}{2}$

Q.34 x का वह मान जिसके लिए फलन $f(x) = \frac{x^2-5x-6}{x^2+5x-6}$ सतत नहीं है ?

A. 6 और -1 **B.** 6 और 1
C. -6 और 1 **D.** -6 और -1

Q.35 फलन $f(x) = 1 + |\sin x|$ है:

A. सतत और अवकलनीय कहीं नहीं
B. हर जगह सतत और अवकलनीय
C. केवल $x = 0$ पर अवकलनीय नहीं है
D. अनंत अंक पर अवकलनीय नहीं है

Q.36 एक फलन $f(x)$ को निम्नानुसार परिभाषित किया गया है:

$$f(x) = \begin{cases} 3(x^2 + 2) & x \leq 0 \\ 4x + 6 & x > 0 \end{cases}$$

तब $f(x)$ _______ है।

A. $x = 0$ पर न तो सतत और न ही अवकलन
B. $x = 0$ पर सतत है लेकिन अवकलन नहीं है
C. $x = 0$ पर सतत नहीं है लेकिन अवकलन है
D. $x = 0$ पर सतत और अवकलन दोनों है

Q.37 फ़ंक्शन $f(x)$ को इस प्रकार परिभाषित किया गया है:

$$f(x) = \begin{cases} bx^2 - a & ,x < -1 \\ ax^2 - bx - 2, & x \geq -1 \end{cases}$$

यदि $f'(x)$ हर जगह अवकलनीय है, तो वह समीकरण जिसके मूल a और b हैं:

A. $x^2 + 3x - 2 = 0$ **B.** $x^2 - 3x + 2 = 0$
C. $x^2 + 3x + 2 = 0$ **D.** $x^2 - 5x + 6 = 0$

Q.38 x का मान ज्ञात कीजिए जिसके लिए $y = [x(x - 2)]^2$ एक बढ़ता हुआ फलन है।

A. $0 < x < 1$ **B.** $x > 2$
C. A और B दोनों **D.** A और B दोनों नहीं

Q.39 उस अंतराल को ज्ञात कीजिए जिसमें फलन $f(x) = 2x^2 - 3x$ निरंतर वर्धमान फलन है?

A. $\left(\frac{3}{4}, \infty\right)$ **B.** $\left[\frac{-3}{4}, \infty\right)$
C. $\left(-\infty, \frac{3}{4}\right]$ **D.** $\left[\frac{3}{4}, 1\right)$

Q.40 वक्र $y = x^2 - 4x + 3$ के लिए x - अक्ष के समांतर कितनी स्पर्श रेखाएं हैं?

A. 1
B. 2
C. 3
D. कोई स्पर्श रेखा x - अक्ष के समानांतर नहीं है।

Q.41 $\int \left(\frac{1}{\cos^2 x} - \frac{1}{\sin^2 x} \right) dx$ किसके बराबर है? (जहाँ c समाकलन का स्थिरांक है)

A. $2\cosec 2x + c$

B. $-2\cot 2x + c$

C. $2\sec 2x + c$

D. $-2\tan 2x + c$

Q.42 $\int (x^2 + 1)^{\frac{5}{2}} x\, dx$ किसके बराबर है? (जहाँ c समाकलन का एक स्थिरांक है)

A. $(x^2 + 1)^{\frac{7}{2}} + c$

B. $\frac{2}{7}(x^2 + 1)^{\frac{7}{2}} + c$

C. $\frac{1}{7}(x^2 + 1)^{\frac{7}{2}} + c$

D. उपरोक्त में से कोई नहीं

Q.43 $\int_0^1 \frac{\tan^{-1} x}{1 + x^2} dx$ किसके बराबर है?

A. $\frac{\pi}{4}$

B. $\frac{\pi}{8}$

C. $\frac{\pi^2}{8}$

D. $\frac{\pi^2}{32}$

Q.44 $\int_0^a \frac{f(a-x)}{f(x)+f(a-x)} dx$ किसके बराबर है?

[UPSC NDA, 2021]

A. a

B. $2a$

C. 0

D. $\frac{a}{2}$

Q.45 यदि $x\hat{i} - 2\hat{j} + 3\hat{k}$ और $2\hat{i} - 4\hat{j} + y\hat{k}$ समानांतर सदिश हैं, तो x किसके बराबर है?

A. 3

B. 2

C. -1

D. 1

Q.46 2 सदिश $\vec{a} = \hat{i} + 2\hat{j} + \hat{k}$ और $\vec{b} = -\hat{i} + \hat{j} - 3\hat{k}$ हैं। तो $\vec{b}$ पर $\vec{a}$ का प्रक्षेपण ज्ञात कीजिए।

A. $\frac{-2}{\sqrt{11}}$

B. $\frac{2}{\sqrt{11}}$

C. $\frac{-2}{\sqrt{6}}$

D. $\frac{2}{\sqrt{6}}$

Q.47 सदिश $\hat{i} - 2\hat{j} + \hat{k}$ सदिश $4\hat{i} - 4\hat{j} + 7\hat{k}$ का प्रक्षेपण पर है:

[UPSESSB TGT Mathematics, 2016]

A. $\frac{5\sqrt{5}}{19}$

B. $2\frac{1}{9}$

C. $\frac{9}{19}$

D. $\frac{\sqrt{6}}{19}$

Q.48 सदिश $\lambda\hat{i} + \hat{j} + 2\hat{k},\ \hat{i} + \lambda\hat{j} - \hat{k}$ और $2\hat{i} - \hat{j} + \lambda\hat{k}$ समतलीय हैं यदि $\lambda =$?

[UPSESSB TGT Mathematics, 2016]

A. -2

B. 0

C. 1

D. -1

Q.49 एक पूर्णांक प्रोग्रामिंग समस्या को एक रैखिक प्रोग्रामिंग समस्या (सिंप्लेक्स का उपयोग करके) के रूप में हल करके प्राप्त उत्तरों को गोल करके हल करना, हम पाते हैं कि:

A. पूर्णांकन द्वारा प्राप्त निर्णय चर के मान हमेशा इष्टतम मूल्यों के बहुत करीब होते हैं।

B. अधिकतमकरण समस्या के लिए उद्देश्य फलन का मान सिंप्लेक्स समाधान के लिए उससे कम होने की संभावना है।

C. न्यूनीकरण समस्या के लिए उद्देश्य फलन का मान सिंप्लेक्स समाधान की तुलना में कम होने की संभावना है।

D. उपरोक्त सभी

Q.50 एक व्यापारी दो प्रकार के पर्सनल कंप्यूटर बेचने की योजना बना रहा है, एक डेस्कटॉप मॉडल और एक पोर्टेबल मॉडल जिसकी कीमत क्रमशः 25000 रुपये और 40000 रुपये होगी। उनका अनुमान है कि कंप्यूटर की कुल मासिक मांग 250 यूनिट से अधिक नहीं होगी। यदि व्यापारी 70 लाख रुपये से अधिक का निवेश नहीं करना चाहता है और यदि डेस्कटॉप मॉडल पर उसका लाभ 4500 रुपये और पोर्टेबल मॉडल पर 5000 रुपये है, तो प्रत्येक प्रकार के कंप्यूटरों की इकाइयों की संख्या निर्धारित करें, जिसे व्यापारी अधिकतम लाभ प्राप्त करने के लिए स्टॉक करेगा।

A. व्यापारी को अधिकतम 1250000 रुपये का लाभ प्राप्त करने के लिए 200 डेस्कटॉप मॉडल और 50 पोर्टेबल मॉडल का स्टॉक करना चाहिए।

B. व्यापारी को 1150000 रुपये का अधिकतम लाभ प्राप्त करने के लिए 200 डेस्कटॉप मॉडल और 100 पोर्टेबल मॉडल का स्टॉक करना चाहिए।

C. व्यापारी को अधिकतम 1150000 रुपये का लाभ प्राप्त करने के लिए 100 डेस्कटॉप मॉडल और 50 पोर्टेबल मॉडल का स्टॉक करना चाहिए।

D. 1150000 रुपये का अधिकतम लाभ प्राप्त करने के लिए व्यापारी को 200 डेस्कटॉप मॉडल और 50 पोर्टेबल मॉडल का स्टॉक करना चाहिए।

Q.51 एक निर्माता नट और बोल्ट का उत्पादन करता है। नट्स का एक पैकेज तैयार करने में मशीन A पर 1 घंटे और मशीन B पर 3 घंटे का काम लगता है। मशीन A पर 3 घंटे और मशीन B पर 1 घंटे बोल्ट का एक पैकेज तैयार करने में लगता है। वह नट्स पर प्रति पैकेज 17.50 और बोल्ट के प्रति पैकेज 7 रुपये का लाभ कमाता है। यदि वह दिन में अधिक से अधिक 12 घंटे अपनी मशीनों का संचालन करता है, तो प्रत्येक के कितने पैकेज प्रत्येक दिन उत्पादित किए जाने चाहिए ताकि अपने लाभ को अधिकतम किया जा सके?

A. 1

B. 2

C. 3

D. 4

Q.52 प्रतिबंधों $-x_1 + x_2 \leq 1, -x_1 + 3x_2 \leq 9$ और $x_1, x_2 \geq 0$ परिभाषित करती हैं:

A. परिबद्ध संभव स्थान

B. असीमित संभव स्थान

C. असंबद्ध और परिबद्ध दोनों संभव स्थान

D. इनमें से कोई नहीं

Q.53 क्रम 28 के एक परिमित चक्रीय समूह के जनित्र की संख्या है:

[UPSESSB TGT Mathematics, 2016]

A. 10

B. 8

C. 12

D. 14

Q.54 यदि A = {1, 2, 5, 7} और B = {2, 4, 6} तो A Δ B के उपयुक्त उपसमुच्चय की संख्या ज्ञात कीजिए?

A. 32

B. 64

C. 31

D. 36

Q.55 यदि सभी पूर्णांकों का समूह $(z,*)$ है, जहाँ $a * b = a + b + 1$ सभी $a, b \in z$ के लिए, -2 का व्युत्क्रम है:

[UPSESSB TGT Mathematics, 2016]

A. -2

B. 0

C. -4

D. 2

Q.56 माना $g(x) = 1 + x - [x]$

$$f(x) = \begin{cases} -1, & x < 0 \\ 0, & x = 0 \\ 1, & x > 0 \end{cases}$$ तब $f(g(x))$ का मान:

A. $\begin{cases} 2 + x, & 0 \leq x \leq 1 \\ 2 - x, & 1 < x \leq 2 \\ 4 - x, & 2 < x \leq 3 \end{cases}$

B. $\begin{cases} 2 - x, & 0 < x < 1 \\ 2 + x, & 1 < x \leq 2 \\ 4 + x, & 2 < x \leq 3 \end{cases}$

C. $\begin{cases} 2 - x, & 0 \leq x \leq 1 \\ 2 + x, & 1 < x \leq 2 \\ 4 + x, & 2 < x \leq 3 \end{cases}$

D. इनमें से कोई नहीं

Q.57 माना $f(x) = ax^2 + bx + c$ जहाँ a, b, c परिमेय हैं, और $f : Z \to Z$ जहाँ Z पूर्णांक का समच्चय है। फिर a + b है

A. एक नकारात्मक पूर्णांक

B. एक पूर्णांक

C. गैर अभिन्न परिमेय संख्या

D. इनमें से कोई नहीं

Q.58 फ़ंक्शन $f(x) \begin{cases} 2x + 3, & -3 \leq x < -2 \\ x + 1, & -2 \leq x < 0 \\ x + 2, & 0 \leq x \leq 1 \end{cases}$

A. $x = 0$ पर सतत

B. $x = 3$ पर सतत

C. $= [-3,1]$ अंतराल में सतत

D. इनमें से कोई नहीं

Q.59 यदि $R = \{(x,y): x, y \in Z, x^2 + 3y^2 \leq 8\}$, पूर्णांकों के समुच्चय Z में एक संबंध है, तो R^{-1} का प्रान्त है:

[JEE Main Advanced, 2020]

A. $\{-1,0,1\}$ **B.** $\{-2,-1,1,2\}$

C. $\{0,1\}$ **D.** $\{-2,-1,0,1,2\}$

Q.60 फलन $f(x) = \sin^{-1}\left(\frac{|x|+5}{x^2+1}\right)$ का प्रांत $(-\infty, -a] \cup [a, \infty)$ है। तो a का मान है:

[JEE Main Advanced, 2020]

A. $\frac{1+\sqrt{17}}{2}$ **B.** $\frac{\sqrt{17}-1}{2}$ **C.** $\frac{\sqrt{17}}{2}$ **D.** $\frac{\sqrt{17}}{2}+1$

Q.61 तीन बिंदु $(\alpha, \beta), (5,0), (0,5)$, $\alpha + \beta$ के किस मान के लिए संरेख होंगे?

A. 5   **B.** -25   **C.** 0   **D.** 25

Q.62 बिंदु $(2,3,4)$ की दूरी तल $3x - 6y + 2z + 11 = 0$ से क्या होगी?

A. 9   **B.** 7

C. 10   **D.** इनमें से कोई नहीं

Q.63 समतल $2x + y + z = 7$ और $x - y + 2z = 9$ के बीच का कोण क्या है?

A. 60°   **B.** 120°   **C.** 90°   **D.** 30°

Q.64 उस रेखा के कार्टेशियन समीकरण का पता लगाएं जो स्थिति सदिश $\hat{i} + 2\hat{j} + \hat{k}$ के साथ बिंदु से गुजरती है और सदिश $\hat{i} - 2\hat{j} + 3\hat{k}$ की दिशा में है।

A. $\frac{x-1}{1} = \frac{y-2}{-2} = \frac{z-1}{3}$ **B.** $\frac{x-1}{1} = \frac{y-2}{2} = \frac{z-1}{3}$

C. $\frac{x-1}{1} = \frac{y+2}{2} = \frac{z-1}{1}$ **D.** $\frac{x-1}{1} = \frac{y+2}{2} = \frac{z-3}{1}$

Q.65 रेखा $\frac{x+2}{-3} = \frac{y-2}{4} = \frac{z+2}{1}$ से बिंदु $(2,3,5)$ की दूरी क्या है?

A. $2\sqrt{71}$ **B.** $\sqrt{71}$ **C.** $\frac{\sqrt{71}}{2}$ **D.** $\sqrt{\frac{71}{2}}$

Q.66 z-अक्ष के दिशा कोसाइन का योग क्या है?

A. 0   **B.** $\frac{1}{3}$ **C.** 1   **D.** 3

Q.67 यदि एक रेखा क्रमशः x - अक्ष, y - अक्ष के साथ $45°, 60°$ कोण बनाती है, तो z - अक्ष के साथ उस रेखा द्वारा बनाया गया कोण ज्ञात कीजिए।

A. 75°   **B.** 45°   **C.** 60°   **D.** 30°

Q.68 तल $x + 2y - 4z = 8$ द्वारा विच्छेदित अंतःखंड ज्ञात कीजिए।

A. $(1,2,4)$ **B.** $(1,2,-4)$

C. $(8,4,2)$ **D.** $(8,4,-2)$

Q.69 यदि $\log_{10} 2, \log_{10}(2^x - 1)$ और $\log_{10}(2^x + 3)$ एक समान्तर श्रेणी (AP) के तीन क्रमागत पद हैं तो x का मान क्या है?

A. 1   **B.** $\log_5 2$ **C.** $\log_2 5$ **D.** $\log_{10} 5$

Q.70 श्रेणी 5 + 9 + 13 + ... + 49 का योग क्या है?

A. 351   **B.** 535   **C.** 324   **D.** 435

Q.71 किसी समान्तर श्रेणी में पच्चीसवाँ पद पन्द्रहवें पद से 70 अधिक है। तो सार्व अंतर ज्ञात कीजिए।

A. 6   **B.** 8   **C.** 7   **D.** 5

Q.72 $7^{\frac{1}{7}} \times 7^{\frac{1}{7^2}} \times 7^{\frac{1}{7^3}} \times ... \infty$ का मान क्या है?

A. $7^{\frac{1}{3}}$ **B.** $7^{\frac{5}{6}}$

C. $7^{\frac{1}{6}}$ **D.** इनमें से कोई नहीं

Q.73 यदि एक समान्तर श्रेणी के n पदों का योग 300 है, पहला पद 10 है और अंतिम पद 50 है, तो n किसके बराबर है?

A. 6   **B.** 8   **C.** 9   **D.** 10

Q.74 एक गुणोत्तर श्रेणी में तीसरा पद 24 है और छठा पद 192 है। तो बारहवां पद ज्ञात कीजिए।

A. 12298   **B.** 12289   **C.** 13388   **D.** 12288

Q.75 समान्तर श्रेणी में यदि pवां पद q है और qवां पद p है जहाँ p ≠ q तो mवां पद ज्ञात कीजिए।

A. p - q - m   **B.** p + q + m

C. p + q - m   **D.** p - q + m

Q.76 $\left(\frac{\cos\theta + i\sin\theta}{i\cos\theta + \sin\theta}\right)^4$ का मान है:

[UPSESSB TGT Mathematics, 2013]

A. $\cos 4\theta + i\sin 4\theta$ **B.** $\cos 8\theta + i\sin 8\theta$

C. $\cos 8\theta - i\sin 8\theta$ **D.** $\cos 4\theta - i\sin 4\theta$

Q.77 यदि $iz^3 + z^2 - z + i = 0$, तो $|z|$ का मान है:

[UPSESSB TGT Mathematics, 2013]

A. 1   **B.** -1   **C.** 2   **D.** 3

Q.78 यदि $2 + i$ समीकरण $x^2 - ax + 1 = 0$ का मूल है, तो a का मान होगा:

[UPSESSB TGT Mathematics, 2013]

A. 2   **B.** 4   **C.** 1   **D.** 0

Q.79 सम्मिश्र संख्याओं $3 + 4i, 8 - 6i$ और $13 + 9i$ का प्रतिनिधित्व करने वाले बिंदुओं द्वारा गठित त्रिभुज की प्रकृति है:

[UPSESSB TGT Mathematics, 2013]

A. समबाहु त्रिभुज   **B.** समकोण त्रिभुज

C. न्यूनकोण त्रिभुज   **D.** अधिक कोण त्रिभुज

Q.80 यदि $z = e^{i\theta}$, तो $\frac{z^2-1}{z^2+1}$ का मान है:

[UPSESSB TGT Mathematics, 2013]

A. $i\tan\theta$ **B.** $\tan\theta$ **C.** $\cot\theta$ **D.** $i\sec^2\theta$

Q.81 यदि रेखीय समीकरणों का निकाय,

$$2x + 2y + 3z = a$$
$$3x - y + 5z = b$$
$$x - 3y + 2z = c$$

जहाँ a, b, c शून्येतर वास्तविक संख्याएँ हैं, उनके एक से अधिक हल हैं तो:

A. $b - c + a = 0$
B. $b - c - a = 0$
C. $a + b + c = 0$
D. $b + c - a = 0$

Q.82 यदि α और β दो ऐसी वास्तविक संख्याएँ हैं कि $\alpha + \beta = -\frac{q}{p}$ और $\alpha\beta = \frac{r}{p}$ है, जहाँ $1 < p < q < r$ है, तो निम्नलिखित में से कौन-सा महत्तम है?

[Indian Military Academy (IMA), 2018]

A. $\frac{1}{\alpha+\beta}$
B. $\frac{1}{\alpha} + \frac{1}{\beta}$
C. $-\frac{1}{\alpha\beta}$
D. $\frac{\alpha\beta}{\alpha+\beta}$

Q.83 असमिकाओं $5x - 4y + 12 < 0, x + y < 2, x < 0$ और $y > 0$ पर विचार कीजिए। निम्नलिखित में से कौन-सा बिन्दु सर्वनिष्ठ क्षेत्र में है?

[UPSC NDA, 2022]

A. $(0,0)$
B. $(-2,4)$
C. $(-1,4)$
D. $(-1,2)$

Q.84 असमानता $\frac{1}{5}\left(\frac{3x}{5} + 4\right) \geq \frac{1}{3}(x - 6)$ का हल लिखिए।

A. $x \leq \frac{105}{8}$
B. $x \geq \frac{105}{8}$
C. $x \geq 120$
D. $x \leq 120$

Q.85 $\sin137°\sin43° + \cos43°\sin47°$ का मान क्या है?

A. $\frac{1}{\sqrt{2}}$
B. $\frac{\sqrt{3}}{2}$
C. 0
D. 1

Q.86 यदि $3\cos\theta = 4\sin\theta$, तो $\tan(45° + \theta)$ का मान क्या है?

[UPSC NDA, 2021]

A. 10
B. 7
C. $\frac{7}{2}$
D. $\frac{7}{4}$

Q.87 $(1 + \cot\theta - cosec\theta)(1 + \tan\theta + \sec\theta)$ किसके बराबर है?

[UPSC NDA, 2021], [Indian Military Academy (IMA), 2021]

A. 1
B. 2
C. 3
D. 4

Q.88 $\cos18° - \sin18°$ का मान क्या है?

A. $\sqrt{2}\sin27°$
B. $\frac{1}{\sqrt{2}}\sin27°$
C. $\sqrt{2}\cos27°$
D. $\frac{1}{\sqrt{2}}\cos27°$

Q.89 यदि $\cos x + \cos y = \frac{1}{\sqrt{2}}$ और $\sin x - \sin y = \frac{\sqrt{3}}{2}$, तो $\tan\left(\frac{x-y}{2}\right)$ का मान क्या है?

A. $\sqrt{\frac{3}{2}}$
B. $\frac{1}{\sqrt{2}}$
C. $\frac{\sqrt{3}}{2}$
D. $\frac{3}{2\sqrt{2}}$

Q.90 $y = \sqrt{16 - x^2}, y \geq 0$ और x और x-अक्ष से घिरा क्षेत्र क्या है?

A. 16π वर्ग इकाइयाँ
B. 8π वर्ग इकाइयाँ
C. 4π वर्ग इकाइयाँ
D. 2π वर्ग इकाइयाँ

Q.91 वक्र $y = \sin x$ और रेखाओं $x = -\frac{\pi}{3}$ से $x = \frac{\pi}{3}$ के बीच का क्षेत्रफल ज्ञात कीजिए।

A. $\frac{1}{2}$
B. 1
C. $\frac{3}{2}$
D. 2

Q.92 अंतराल $0 < x < \frac{\pi}{2}$ में $y = \sin x + \cos x$ के बीच वक्र द्वारा परिबद्ध क्षेत्रफल ज्ञात कीजिए।

A. 1
B. 2
C. 3
D. 4

Q.93 वक्र $f(x) = 1 - \frac{x^2}{4}, x \in [-2,2]$ और x -अक्ष से घिरे क्षेत्र का क्षेत्रफल क्या है?

A. $\frac{8}{3}$ वर्ग इकाई
B. $\frac{4}{3}$ वर्ग इकाई
C. $\frac{2}{3}$ वर्ग इकाई
D. $\frac{1}{3}$ वर्ग इकाई

Q.94 अवकल समीकरण $dy = (1 + y^2)dx$ का हल क्या है?

[UPSC NDA, 2020]

A. y = tan + c
B. y = tan(x + c)
C. tan⁻¹ (y + c) = x
D. tan⁻¹ (y + c) = 2x

Q.95 अवकल समीकरण $\cos x\, dy = y(\sin x - y)dx, 0 < x < \frac{\pi}{2}$ का हल ___ है।

A. sec x = (tan x + c)y
B. y sec x = tan x + c
C. y tan x = sec x + c
D. tan x = (sec x + c).y

Q.96 अवकल समीकरण $\frac{dy}{dx} = e^{x+y} + x^2 e^y$ का हल ज्ञात करें।

A. $e^x - e^y + \frac{y^3}{3} = c$
B. $e^x + e^y + \frac{x^3}{3} = c$
C. $e^x + e^{-y} + \frac{x^3}{3} = c$
D. $e^x + e^{-y} + \frac{y^3}{3} = c$

Q.97 अवकल समीकरण $y = x\left(\frac{dy}{dx}\right)^2 + \left(\frac{dx}{dy}\right)$ की घात क्या है?

A. 1
B. 2
C. 3
D. 4

Q.98 अवकल समीकरण $\frac{d^3y}{dx^3} + \cos\left(\frac{d^2y}{dx^2}\right) = 0$ की कोटि और डिग्री क्रमशः क्या हैं?

A. कोटि = 3, डिग्री = 1
B. कोटि = 3, डिग्री = 2
C. कोटि = 3, डिग्री = परिभाषित नहीं
D. कोटि = परिभाषित नहीं, डिग्री = 3

Q.99 अवकल समीकरण $dy = (1 + y^2)dx$ का हल क्या है?

A. y = tan x + c
B. y = tan (x + c)
C. tan⁻¹ (y + c) = x
D. tan⁻¹ (y + c) = 2x

Q.100 $\int e^x\{1 + \ln x + x\ln x\}dx$ किसके बराबर है ?

A. $xe^x\ln x + c$
B. $x^2 e^x\ln x + c$
C. $x + e^x\ln x + c$
D. $xe^x + \ln x + c$

// स्मार्ट उत्तर पुस्तिका //

सही उत्तर — उन छात्रों का प्रतिशत जिन्होंने प्रश्नों का सही उत्तर दिया था।

छोड़ दिया — उन छात्रों का प्रतिशत जिन्होंने प्रश्नों को छोड़ दिया था।

प्रश्न संख्या	उत्तर	सही उत्तर	छोड़ दिया	प्रश्न संख्या	उत्तर	सही उत्तर	छोड़ दिया	प्रश्न संख्या	उत्तर	सही उत्तर	छोड़ दिया	प्रश्न संख्या	उत्तर	सही उत्तर	छोड़ दिया	प्रश्न संख्या	उत्तर	सही उत्तर	छोड़ दिया	प्रश्न संख्या	उत्तर	सही उत्तर	छोड़ दिया
1	D	81.65 %	0.0 %	18	B	87.85 %	0.0 %	35	D	76.72 %	0.0 %	52	B	65.35 %	1.44 %	69	C	65.36 %	1.15 %	86	B	64.67 %	1.52 %
2	B	77.92 %	0.0 %	19	C	86.18 %	0.0 %	36	B	21.53 %	4.45 %	53	C	51.47 %	1.55 %	70	C	59.76 %	1.92 %	87	B	57.79 %	1.22 %
3	C	65.21 %	1.5 %	20	B	68.26 %	1.7 %	37	B	17.01 %	4.73 %	54	C	66.24 %	1.39 %	71	C	63.08 %	1.62 %	88	A	43.62 %	1.78 %
4	A	44.67 %	1.5 %	21	B	46.65 %	1.26 %	38	C	14.46 %	3.01 %	55	B	45.93 %	1.73 %	72	C	47.4 %	1.96 %	89	A	65.69 %	1.28 %
5	D	60.75 %	1.91 %	22	B	58.72 %	1.33 %	39	A	62.05 %	1.08 %	56	D	85.2 %	0.0 %	73	D	68.92 %	1.87 %	90	B	55.79 %	1.79 %
6	B	65.03 %	1.99 %	23	D	40.54 %	1.39 %	40	A	41.01 %	1.8 %	57	B	87.19 %	0.0 %	74	D	51.49 %	1.46 %	91	B	46.91 %	1.41 %
7	C	29.42 %	3.48 %	24	A	61.11 %	1.44 %	41	A	62.64 %	1.89 %	58	D	54.92 %	1.28 %	75	C	67.68 %	1.23 %	92	B	69.66 %	1.94 %
8	D	10.8 %	4.65 %	25	C	86.69 %	0.0 %	42	C	53.62 %	1.5 %	59	A	61.68 %	1.21 %	76	B	67.71 %	1.32 %	93	A	53.44 %	1.95 %
9	A	50.24 %	1.7 %	26	B	84.24 %	0.0 %	43	D	76.61 %	0.0 %	60	A	63.53 %	1.71 %	77	A	54.42 %	1.31 %	94	B	62.9 %	1.59 %
10	B	78.72 %	0.0 %	27	A	19.56 %	3.61 %	44	D	47.06 %	1.01 %	61	A	56.53 %	1.07 %	78	B	81.55 %	0.0 %	95	A	43.37 %	1.08 %
11	D	18.16 %	3.69 %	28	A	58.68 %	1.51 %	45	D	86.39 %	0.0 %	62	D	64.86 %	1.3 %	79	B	61.56 %	1.05 %	96	C	53.75 %	1.59 %
12	C	78.62 %	0.0 %	29	A	16.34 %	4.37 %	46	A	14.18 %	3.07 %	63	A	52.73 %	1.09 %	80	A	18.71 %	3.49 %	97	C	44.51 %	1.16 %
13	C	51.08 %	1.39 %	30	A	48.83 %	1.52 %	47	B	79.14 %	0.0 %	64	A	51.41 %	1.01 %	81	B	46.46 %	1.36 %	98	C	61.06 %	1.17 %
14	A	47.86 %	1.51 %	31	B	49.79 %	1.68 %	48	A	52.37 %	1.64 %	65	B	68.52 %	1.38 %	82	C	55.18 %	1.35 %	99	B	83.53 %	0.0 %
15	C	25.29 %	4.97 %	32	C	45.06 %	1.25 %	49	B	28.86 %	4.25 %	66	C	85.15 %	0.0 %	83	D	26.45 %	4.93 %	100	A	68.73 %	1.15 %
16	B	41.48 %	1.96 %	33	D	18.71 %	4.41 %	50	D	16.32 %	3.99 %	67	C	77.31 %	0.0 %	84	A	85.13 %	0.0 %				
17	B	85.98 %	0.0 %	34	C	42.73 %	1.84 %	51	C	18.66 %	4.84 %	68	D	77.95 %	0.0 %	85	D	46.67 %	1.47 %				

//संकेत और समाधान//

1. शब्द "RUMOUR" में दोहराव वाले R और U हैं।

इसलिए, व्यवस्थाओं की संख्या $= \dfrac{6!}{2! \times 2!}$

$= \dfrac{6 \times 5 \times 4 \times 3 \times 2 \times 1}{2 \times 1 \times 2 \times 1}$

$= 180$

अतः विकल्प (D) सही है।

2. शतरंज बोर्ड में क्षैतिज रेखाओं की संख्या $= 9$

शतरंज की बोर्ड में लंबवत रेखाओं की संख्या $= 9$

1 आयताकार डिब्बे के लिए 2 क्षैतिज रेखाएँ और 2 लंबवत रेखाएँ होंगी।

आयत की संख्या $= {}^9C_2 \times {}^9C_2$

$\Rightarrow 36 \times 36 = 1296$

अतः विकल्प (B) सही है।

3. दिया गया है,

9 पुरुषों और 7 महिलाओं के समूह में से 8 सदस्यों का चयन किया जाना है।

केस I: 5 पुरुषों और 3 महिलाओं का चयन किया जा सकता है।

चयन के तरीकों की संख्या $= {}^9C_5 \times {}^7C_3$

$= \left(\dfrac{9!}{(9-5)!5!} \times \dfrac{7!}{(7-3)!3!} \right)$

$= \left(\dfrac{9!}{(4)!5!} \times \dfrac{7!}{(4)!3!} \right)$

$= 126 \times 35$

$= 410$

केस II: 6 पुरुषों और 2 महिलाओं का चयन किया जा सकता है।

चयन के तरीकों की संख्या $= {}^9C_6 \times {}^7C_2$

$= \left(\dfrac{9!}{(9-6)!6!} \times \dfrac{7!}{(7-2)!2!} \right)$

$= \left(\dfrac{9!}{(3)!6!} \times \dfrac{7!}{(5)!2!} \right)$

$= 84 \times 21$

$= 1764$

केस III: 7 पुरुषों और 1 महिला का चयन किया जा सकता है।

चयन के तरीकों की संख्या $= {}^9C_7 \times {}^7C_1$

$= \left(\dfrac{9!}{(9-7)!7!} \times \dfrac{7!}{(7-1)!1!} \right)$

$= \left(\dfrac{9!}{(2)!7!} \times \dfrac{7!}{(6)!1!} \right)$

$= 36 \times 7$

$= 252$

केस IV: 8 पुरुषों का चयन किया जा सकता है।

चयन के तरीकों की संख्या $= {}^9C_8 = 9$

तो, सदस्यों को चुनने के तरीकों की कुल संख्या $= 4410 + 1764 + 252 + 9 = 6435$ तरीके

अतः विकल्प (C) सही है।

4. दिया हुआ:

समतल में बिंदुओं की संख्या n = 20.

समरेख बिंदुओं की संख्या m = 5.

n के 3 बिंदुओं में शामिल होने से त्रिकोणों की संख्या जिनमें m समरेख है $= {}^nC_3 - {}^mC_3$

इसलिए त्रिकोणों की संख्या $= {}^{20}C_3 - {}^5C_3$

$= \dfrac{20!}{(20-3)!.3!} - \dfrac{5!}{(5-3)!.3!}$

$= 1140 - 10$

$= 1130$

अतः विकल्प (A) सही है।

5. अभाज्य संख्या: अभाज्य संख्या वे हैं जो स्वयं और 1 से विभाज्य हैं।

अंकों (1, 2, 3, 4, 5) (पुनरावृत्ति के बिना) का उपयोग करके एक भी पांच अंकों की अभाज्य संख्या नहीं बनाई जा सकती है।

ऐसा इसलिए है क्योंकि यदि कोई अंक जोड़ता है, तो प्राप्त परिणाम = 1 + 2 + 3 + 4 + 5 = 15 होगा जो कि 3 से विभाज्य है।

इसलिए, इन 5 अंकों के क्रमसंचय के रूप में प्राप्त कोई भी संख्या कम से कम 3 से विभाज्य होगी और एक अभाज्य संख्या नहीं हो सकती है।

अतः विकल्प (D) सही है।

6. चूंकि हम जानते हैं कि $(a+b)^n$ के प्रमेय के लिए

$T_{r+1} = {}^nC_r a^{n-r} b^r$

यहाँ $a = 2x^2$

$b = \dfrac{-1}{3} x^2$

$r = 5$

$T_6 = {}^{10}C_5 (2x^2)^{10-5} \left(-\dfrac{1}{3x^2} \right)^5$

$= -{}^{10}C_5 \left(\dfrac{2}{3} \right)^5 x^{10} \cdot \dfrac{1}{x^{10}}$

$= -{}^{10}C_5 \left(\dfrac{2}{3} \right)^5$

अतः विकल्प (B) सही है।

7. दिया है: $\left(2^{\frac{1}{3}} + \dfrac{1}{2(3)^{\frac{1}{3}}} \right)^{10}$

यहाँ, $n = 10$, $a = 2^{\frac{1}{3}}$ और $b = \dfrac{1}{2(3)^{\frac{1}{3}}}$

जैसा कि हम जानते हैं कि $(a + b)^n$ के द्विपद विस्तार में अंत से rवां पद प्रारंभ से $(n - r + 2)$वां पद है।

$\Rightarrow \left(2^{\frac{1}{3}} + \dfrac{1}{2(3)^{\frac{1}{3}}}\right)^{10}$ के द्विपद विस्तार में अंत से 5वां पद प्रारंभ से $(10 - 5 + 2 = 7$वां पद है।

$\Rightarrow$ हमें $T_5 : T_7$ खोजने की जरूरत है।

जैसा कि हम जानते हैं कि $(a + b)^n$ के द्विपद विस्तार में सामान्य पद निम्न द्वारा दिया जाता है: $T_{r+1} = {}^nC_r \times a^{n-r} \times b^r$

$$\Rightarrow \frac{T_5}{T_7} = \frac{{}^{10}C_4 \times \left(2^{\frac{1}{3}}\right)^6 \times \left(\frac{1}{2(3)^{\frac{1}{3}}}\right)^4}{{}^{10}C_6 \times \left(2^{\frac{1}{3}}\right)^4 \times \left(\frac{1}{2(3)^{\frac{1}{3}}}\right)^6}$$

जैसा कि हम जानते हैं कि, ${}^nC_r = {}^nC_{n-r}$

$\Rightarrow {}^{10}C_6 = {}^{10}C_4$

$$\Rightarrow \frac{T_5}{T_7} = \frac{2^{\frac{6}{3}} \times \left(2(3)^{\frac{1}{3}}\right)^6}{2^{\frac{4}{3}} \times \left(2(3)^{\frac{1}{3}}\right)^4} = 4 \times (36)^{\frac{1}{3}}$$

अत: विकल्प (C) सही है।

8. हमारे पास $(x + a)^n$ का सामान्य पद है

$$T_{r+1} = {}^nC_r (x)^{n-r} a^r$$

अब, माना $\left(\dfrac{3x}{2} - \dfrac{8}{7x}\right)^9$

यहाँ $n = 9$ तथा $r + 1 = 7$

$\Rightarrow r = 6$

साथ ही, $x = \dfrac{3x}{2}$ तथा $a = -\dfrac{8}{7x}$

$$\therefore T_7 = T_{6+1} = {}^9C_6 \left(\frac{3x}{2}\right)^3 \left(\frac{-8}{7x}\right)^6$$

$$= {}^9C_6 \left(\frac{3}{2}\right)^3 \left(\frac{-8}{7}\right)^6 x^{-3}$$

इसलिए, $x = -3$ का घातांक है

अत: विकल्प (D) सही है।

9. एक रेखा की ढलान को $\tan\alpha$ द्वारा दिया जाता है और इसे m द्वारा निरूपित किया जाता है।

यानी $m = \tan a$, जहां $a \neq \dfrac{\pi}{2}$ और यह उस कोण का प्रतिनिधित्व करता है जो एक दी गई रेखा धनात्मक दिशा में X- अक्ष के संबंध में बनाती है।

X-अक्ष या X - अक्ष के समानांतर एक रेखा की ढलान है: $m = \tan 0° = 0$

Y - अक्ष या Y - अक्ष के समानांतर एक रेखा की ढलान है: $m = \tan \dfrac{\pi}{2} = \infty$

बिंदु (x_1, y_1) और (x_2, y_2) को मिलाने वाली रेखा की ढलान है:

$$m = \frac{y_2 - y_1}{x_2 - x_1}$$

यदि दो रेखाएँ समानांतर हैं तो उनकी ढलान समान है।

यहां, हमें y का मान ज्ञात करना है जैसे कि बिंदुओं $(5, y)$ और $(2, 3)$ के माध्यम से रेखा बिंदुओं $(9, -2)$ और $(6, -5)$ के माध्यम से रेखा के समानांतर है।

बिंदुओं $(9, -2)$ और $(6, -5)$ के माध्यम से रेखा की ढलान का पता लगाएं।

जैसा कि हम जानते हैं कि, बिंदु (x_1, y_1) और (x_2, y_2) को मिलाने वाली रेखा की ढलान है: $m = \dfrac{y_2 - y_1}{x_2 - x_1}$

यहाँ $x_1 = 9, y_1 = -2, x_2 = 6, y_2 = -5$

$\Rightarrow m = \dfrac{-5 - (-2)}{6 - 9} = 1$

$\because$ बिंदुओं $(5, y)$ और $(2, 3)$ के माध्यम से रेखा बिंदुओं $(9, -2)$ और $(6, -5)$ के माध्यम से रेखा के समानांतर है

तो, बिंदुओं $(5, y)$ और $(2, 3)$ के माध्यम से रेखा की ढलान भी 1 है।

तो, $x_1 = 5, y_1 = y, x_2 = 2, y_2 = 3$ और $m = 1$ पता है।

$\Rightarrow 1 = \dfrac{3 - y}{2 - 5}$

$\Rightarrow -3 = 3 - y$

$\Rightarrow y = 6$

अतः विकल्प (A) सही है।

10. अनुभाग सूत्र का उपयोग करने पर, यदि एक बिंदु (x, y) बिंदुओं को मिलाने वाली रेखा (x_1, y_1) और (x_2, y_2) अनुपात में $m : n$ तो,

$$(x, y) = \left(\frac{mx_2 + nx_1}{m + n}, \frac{my_2 + ny_1}{m + n}\right)$$

जहां, $m = 1$ और $n = 1$

दिए गए बिंदु $(2, 3)$ और $(-6, 5)$ हैं।

मध्यबिंदु $\left(\dfrac{x_1 + x_2}{2}, \dfrac{y_1 + y_2}{2}\right)$ के रूप में दिया गया है।

$$= \left(\frac{2 - 6}{2}, \frac{3 + 5}{2}\right)$$

$$= (-2, 4)$$

अतः विकल्प (B) सही है।

11. रेखा का ढलान रूप:

$y = mx + c$, जहाँ m ढलान है और c, y का अंतःखंड है।

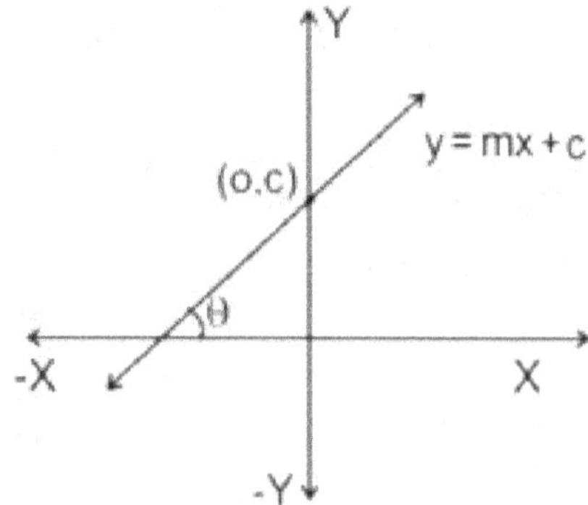

दिया गया है:

अंतःखंड = $c = -2$

ढलान $= m = \tan\theta$

$\Rightarrow m = \tan 30°$

$\Rightarrow m = \frac{1}{\sqrt{3}}$

एक रेखा का अंतःखंड रूप निम्न दिया गया है:

$$y = mx + c$$

जहाँ m ढलान है और c, y का अंतःखंड है।

$\Rightarrow y = \left(\frac{1}{\sqrt{3}}\right)x - 2$

$\Rightarrow \sqrt{3}y = x - 2\sqrt{3}$

$\Rightarrow x - \sqrt{3}y - 2\sqrt{3} = 0$

अतः विकल्प (D) सही है।

12. दीर्घवृत्त का दिया गया समीकरण $4x^2 + 8y^2 = 24$ है।

अब, मानक रूप में समीकरण परिवर्तित करें।

$$\frac{x^2}{6} + \frac{y^2}{3} = 1$$

इसलिए, $a^2 = 6$ और $b^2 = 31$

अब किसी भी दीर्घवृत्त के लिए संबंध का उपयोग करते हुए हम लिख सकते हैं

$$3 = 6(1 - e^2)$$

$\Rightarrow e^2 = \frac{1}{2}$

$\Rightarrow e = \frac{1}{\sqrt{2}}$

अतः विकल्प (C) सही है।

13. स्पशरेखा का समीकरण में

(x_1, y_1) भी हो सकते हैं।

प्रतिस्थापित करके प्राप्त किया गया

x^2 by xx_1, y^2 by yy_1, x by $\frac{(x+x_1)}{2}$, y by $\frac{(y+y_1)}{2}$ and xy

by $\frac{(xy_1+x_1y)}{2}$ और वक्र के समीकरण में स्थिरांक को बदले बिना।

दिया गया,

परवलय का समीकरण है $y^2 = -8x$.

बिंदु पर परवलय का समीकरण

$$(x_1, y_1), yy_1 = \frac{-8(x+x_1)}{2}$$

बिंदु पर परवलय का समीकरण

$$(-2,4), 4y = \frac{-(x)+(-2)}{2}$$

$\therefore 4y = -4(x-2)$

$\Rightarrow y = -(x-2)$

$\Rightarrow y = -x + 2$

इसकी तुलना $y = mx + c$, we get

$ccc = m = -1$

अतः विकल्प (C) सही है।

14. दिया गया,

अतिपरवलय का समीकरण है

$$9x^2 - 16y^2 = 144.$$

हाइपरबोला के दिए गए समीकरण को फिर से लिखा जा सकता है,

$$\frac{x^2}{16} - \frac{y^2}{9} = 1$$

उपरोक्त समीकरण की तुलना से करने पर $\frac{x^2}{a^2} - \frac{y^2}{b^2} = 1$, we get $a = 4$ and $b = 3$

जैसा कि हम जानते हैं कि

अतिपरवलय के स्पर्शोन्मुख

$\frac{x^2}{a^2} - \frac{y^2}{b^2} = 1$ are given by, $y = \pm\frac{b}{a}x$

तो, आवश्यक स्पर्शोन्मुख द्वारा दिया जाता है,

$$y = \pm\frac{3}{4}x$$

अतः विकल्प (A) सही है।

15. दिया गया है,

$f(2) = 2$ और $f'(2) = 2$

$x = 2$ रखकर रूप की जाँच करने पर,

$$\lim_{x \to 2} \frac{xf(2) - 2f(x)}{x-2} = \frac{2(2)-2(2)}{2-2} = \frac{0}{0}$$

L' हॉस्पिटल नियम लागू करने पर,

$$\lim_{x \to 2} \frac{xf(2) - 2f(x)}{x-2} = \lim_{x \to 2} \frac{\frac{d}{dx}(xf(2)-2f(x))}{\frac{d}{dx}(x-2)} =$$

$$\lim_{x \to 2} \frac{f(2) - 2f'(x)}{1}$$

अंश और हर का अवकलन करने पर, हमें प्राप्त होता है

अब, $x = 2$ पर सीमा लेने पर

$$\lim_{x \to 2} = f(2) - 2f'(2)$$

$$= 2 - 2(2) = -2$$

$$= -2$$

$$\therefore \lim_{x \to 2} \frac{xf(2) - 2f(x)}{x - 2} = -2$$

अत: विकल्प (C) सही है।

16. दिया हुआ:

$$G(x) = \sqrt{25 - x^2}$$

जैसा कि हम जानते हैं कि एक फलन $f: I \to R, c$ पर विभेदनीय कहा जाता है यदि और केवल यदि

$$\lim_{h \to 0} \left[\frac{f(c+h) - f(c)}{h} \right] = f'(c)$$

$$\Rightarrow \lim_{x \to 1} \frac{G(x) - G(1)}{x - 1} = G'(1)$$

$$\because G(x) = \sqrt{25 - x^2}$$

$$\Rightarrow G'(x) = \frac{1}{2} \times \frac{1}{\sqrt{25-x^2}} \times (-2x) = \frac{-x}{\sqrt{25-x^2}}$$

$$\Rightarrow G'(1) = \frac{-x}{\sqrt{25-x^2}} = -\frac{1}{2\sqrt{6}}$$

अत: विकल्प (B) सही है।

17. दिया है:

विभिन्नता का गुणांक $= 20$

माध्य $= 45$

सूत्र:

मानक विचलन = (विभिन्नता का गुणांक $\times$ माध्य)/100

सूत्र का उपयोग करते हैं,

मानक विचलन $= \frac{(20 \times 45)}{100}$

$$= \frac{900}{100}$$

$$= 9$$

$\therefore$ आंकड़ों का मानक विचलन 9 है।

अत: विकल्प (B) सही है।

18. डेटा सेट का अंकगणितीय माध्य: 4, 5, 0, 10, 8 और 3

यहां, कुल संख्या 6 हैं।

इसलिए, माध्य ज्ञात करने का सूत्र = सभी संख्याओं का योग/मानों की कुल संख्या

A.M. $= \frac{4+5+0+10+8+3}{6}$

$$= \frac{30}{6}$$

$$= 5$$

अत: विकल्प (B) सही है।

19. जैसा कि हम जानते हैं,

अभाज्य संख्याएँ वे संख्याएँ होती हैं जिनके केवल 2 कारक होते हैं 1 और स्वयं।

पहले नौ अभाज्य संख्याएँ 2, 3, 5, 7, 11, 13, 17, 19 और 23 हैं।

कुल संख्या, n = 9 (विषम संख्या)

माध्यिका $= \left[\frac{(n+1)}{2} \right]^{th} = \left[\frac{(9+1)}{2} \right] = 5$वीं संख्या

यहां, 5वीं संख्या 11 है।

$\therefore$ पहले नौ अभाज्य संख्याओं की माध्यिका 11 है।

अत: विकल्प (C) सही है।

20. 250 और 300 के बीच कई प्रेक्षण ज्ञात करते है।

सबसे पहले, हमें इस आँकड़े से एक बारंबारता बंटन तालिका बनानी होगी।

वर्ग-अन्तराल	अवलोकन की संख्या (CF)	आवृत्ति (F)
200-250	56	18
250-300	38	23
300-350	15	15
350-400	0	0
कुल		56

$\therefore$ 250 से 300 के बीच प्रेक्षणों की संख्या = 38 - 15 = 23

अत: विकल्प (B) सही है।

21. पासे पर अभाज्य संख्याएँ हैं $2, 3, 5$

पासे पर भाज्य संख्याएँ हैं $4, 6$

पासे पर अभाज्य और समग्र संख्याएँ $= 2, 3, 4, 5, 6$

संभावित परिणामों की संख्या $n(A) = 5$

कुल परिणामों की संख्या $n(A) = 6$

आवश्यक प्रायिकता $= \frac{n(A)}{n(S)} = \frac{5}{6}$

अत: विकल्प (B) सही है।

22. गेंदों की कुल संख्या $n(S) = (6 + 8) = 14$

सफेद गेंदों की संख्या $n(A) = 8$

$P($ सफेद गेंद निकालने की प्रायिकता $)$ = सफेद गेंदों की संख्या/गेंदों की कुल संख्या

$$= \frac{n(A)}{n(S)} = \frac{8}{14} = \frac{4}{7}$$

अत: विकल्प (B) सही है।

23. एक पासे को फेंका जाता है, घटनाओं की संभावित संख्या $n(S) = 6$

अब 3 के गुणज $3, 6$ हैं जो 2 हैं

$$\therefore n(E) = 2$$

$\therefore$ प्रायिकता $P(E) = \frac{n(E)}{n(S)}$

$$= \frac{2}{6}$$

$$= \frac{1}{3}$$

इसलिए एक पासे की एक बार फेंकने पर, 3 का गुणज प्राप्त करने की प्रायेकता $\frac{1}{3}$ है।

अत: सही विकल्प (D) है।

24. जैसा की हम जानते है कि,

$$\tan^{-1}x + \tan^{-1}y = \tan^{-1}\left(\frac{x+y}{1-xy}\right),\ \text{यदि}\ xy < 1$$

इसलिए,

यहाँ,

$$\frac{1}{2} \times \frac{x}{3} < 1\ \text{क्योंकि}\ 0 < x < 6$$

$$\Rightarrow \tan^{-1}\left(\frac{1}{2}\right) + \tan^{-1}\left(\frac{x}{3}\right) = \frac{\pi}{4}$$

$$\Rightarrow \tan^{-1}\left(\frac{\frac{1}{2}+\frac{x}{3}}{1-\frac{1}{2}\times\frac{x}{3}}\right) = \frac{\pi}{4}\quad [\ \tan^{-1}a + \tan^{-1}b =$$

$$\tan^{-1}\left(\frac{a+b}{1-a\times b}\right)\text{का उपयोग करने पर}]$$

$$\Rightarrow \left(\frac{\frac{3+2x}{6}}{\frac{6-x}{6}}\right) = \tan\left(\frac{\pi}{4}\right)\quad (\because \tan^{-1}x = \theta \Rightarrow x = \tan\theta)$$

$$\Rightarrow \frac{3+2x}{6-x} = 1\quad \left(\because \tan\frac{\pi}{4} = 1\right)$$

$$\Rightarrow 3 + 2x = 6 - x$$

$$\Rightarrow 3x = 3$$

$$\therefore x = 1$$

अत: विकल्प (A) सही है।

25. दिया है,

$$3\sin^{-1}x + \cos^{-1}x = \pi$$

$$\Rightarrow 3\sin^{-1}x + \cos^{-1}x = 2\sin^{-1}x + \left[\sin^{-1}x + \cos^{-1}x\right] = \pi$$

जैसा की हम जानते है कि,

$$\sin^{-1}x + \cos^{-1}x = \frac{\pi}{2}, x \in [-1,1]$$

$$\Rightarrow 2\sin^{-1}x + \left[\frac{\pi}{2}\right] = \pi$$

$$\Rightarrow 2\sin^{-1}x = \pi - \frac{\pi}{2}$$

$$\Rightarrow 2\sin^{-1}x = \frac{\pi}{2}$$

$$\Rightarrow \sin^{-1}x = \frac{\pi}{4}$$

$$\therefore x = \sin\frac{\pi}{4} = \frac{1}{\sqrt{2}}$$

अत: विकल्प (C) सही है।

26. दिया है:

$$\sin\left(\tan^{-1}\frac{1}{10} + \cot^{-1}x\right) = 1$$

$$\sin x = y\ \text{हो तो}\ x = \sin^{-1}y$$

$$\tan^{-1}x + \cot^{-1}x = \frac{\pi}{2}$$

$$\Rightarrow \tan^{-1}\frac{1}{10} + \cot^{-1}x = \sin^{-1}1 \quad \text{... (1)}$$

$$\left(\because \sin^{-1}(1) = \sin^{-1}\left(\sin\left(\frac{\pi}{2}\right)\right) = \frac{\pi}{2}\right)$$

$$\Rightarrow \tan^{-1}\frac{1}{10} + \cot^{-1}x = \frac{\pi}{2}$$

यहाँ, $\tan^{-1}x + \cot^{-1}x = \frac{\pi}{2}$

तो $x = \frac{1}{10}$

अत: विकल्प (B) सही है।

27. एक आव्यूह के पक्षांतर का गुण:

एक आव्यूह का पक्षांतर स्वयं आव्यूह होता है: $(A')' = A$.

बराबर आव्यूहों के पक्षांतर भी बराबर होते हैं: $A = B \Rightarrow A' = B'$

दो आव्यूहों के योग/अंतर का पक्षांतर उनके पक्षांतरों के योग/अंतर के समकक्ष होता है: $(A \pm B)' = A' \pm B'$

दो आव्यूह के गुणनफल का पक्षांतर विपरीत क्रम में उनके पक्षांतरों के गुणनफल के समकक्ष होता है:

$$(AB)' = B'A'$$

एक आव्यूह के पक्षांतर के गुणों का प्रयोग करने पर:

$$3A + 4B' = \begin{bmatrix} 7 & -10 & 17 \\ 0 & 6 & 31 \end{bmatrix}$$

$$\Rightarrow (3A + 4B')' = \begin{bmatrix} 7 & -10 & 17 \\ 0 & 6 & 31 \end{bmatrix}'$$

$$\Rightarrow 3A' + 4(B')' = \begin{bmatrix} 7 & -10 & 17 \\ 0 & 6 & 31 \end{bmatrix}'$$

$$\Rightarrow 3A' + 4B = \begin{bmatrix} 7 & 0 \\ -10 & 6 \\ 17 & 31 \end{bmatrix}\quad \text{......(1)}$$

साथ ही,

$$2B - 3A' = \begin{bmatrix} -1 & 18 \\ 4 & 0 \\ -5 & -7 \end{bmatrix}\quad \text{......(2)}$$

समीकरण (1) और (2) को जोड़ने पर, हमें निम्न प्राप्त होता है,

$$(3A' + 4B) + (2B - 3A') = \begin{bmatrix} 7 & 0 \\ -10 & 6 \\ 17 & 31 \end{bmatrix} + \begin{bmatrix} -1 & 18 \\ 4 & 0 \\ -5 & -7 \end{bmatrix}$$

$$\Rightarrow 6B + 0 = \begin{bmatrix} 7-1 & 0+18 \\ -10+4 & 6+0 \\ 17-5 & 31-7 \end{bmatrix}$$

$$\Rightarrow 6B = \begin{bmatrix} 6 & 18 \\ -6 & 6 \\ 12 & 24 \end{bmatrix}$$

$$\Rightarrow \mathbf{B} = \begin{bmatrix} 1 & 3 \\ -1 & 1 \\ 2 & 4 \end{bmatrix}$$

अतः विकल्प (A) सही है।

28. दिया हुआ,

$$m[-3 \quad 4] + n[4 \quad -3] = [10 \quad -11]$$
$$\Rightarrow [-3m + 4n \quad 4m - 3n] = [10 \quad -11]$$

उपरोक्त मैट्रिसेस की बराबरी करके हम प्राप्त करते हैं,

$$-3m + 4n = 10 \Rightarrow 12m - 16n = -40 \text{.......(i)}$$
$$4m - 3n = -11 \Rightarrow 12m - 9n = -33 \text{.......(ii)}$$

समीकरण (i) और (ii) को हल करते हुए, हम प्राप्त करते हैं,

$$-7n = -7$$
$$\therefore n = 1 \text{ और } m = -2$$

अतः विकल्प (A) सही है।

29. दिया हुआ:

$$B = \begin{bmatrix} 3 & 2 & 0 \\ 2 & 4 & 0 \\ 1 & 1 & 0 \end{bmatrix}$$

B का सहखंडज $= [B$ का सहकारक $]^T$

B का सहखंडज $A_{11} = (-1)^2(0) = 0$

$A_{12} = (-1)^3(0) = 0$

$A_{13} = (-1)^4(-2) = -2$

इस प्रकार,

$A_{21} = (-1)^3(0) = 0$

$A_{22} = (-1)^4(0) = 0$

$A_{23} = (-1)^5(1) = -1$

$A_{31} = (-1)^4(0) = 0$

$A_{32} = (-1)^5(0) = 0$

$A_{33} = (-1)^6(8) = 8$

$$B \text{ का सहखंडज} = \begin{bmatrix} 0 & 0 & -2 \\ 0 & 0 & -1 \\ 0 & 0 & 8 \end{bmatrix}$$

$$= \begin{bmatrix} 0 & 0 & 0 \\ 0 & 0 & 0 \\ -2 & -1 & 8 \end{bmatrix}$$

अतः विकल्प (A) सही है।

30. जैसा कि हम जानते हैं,

प्राथमिक पंक्ति या स्तंभ रूपांतरण आव्यूह के सारणिक के मान को नहीं बदलते हैं।

दिया गया है,

$$\begin{vmatrix} x & y & 3 \\ x^2 & 5y^3 & 9 \\ x^3 & 10y^3 & 27 \end{vmatrix}$$

$C_1 \to C_1 - C_3$ लागू करने पर

$$= \begin{vmatrix} x - 3 & y & 3 \\ x^2 - 9 & 5y^3 & 9 \\ x^3 - 27 & 10y^3 & 27 \end{vmatrix}$$

$$= \begin{vmatrix} x - 3 & y & 3 \\ (x-3)(x+3) & 5y^3 & 9 \\ (x-3)(x^2 + 9 + 3x) & 10y^3 & 27 \end{vmatrix}$$

$$= (x - 3) \begin{vmatrix} 1 & y & 3 \\ (x+3) & 5y^3 & 9 \\ (x^2 + 9 + 3x) & 10y^3 & 27 \end{vmatrix}$$

$\therefore (x - 3)$ सारणिक के विस्तार का एक कारक है।

अतः विकल्प (A) सही है।

31. दिया गया है,

सारणिक $(\Delta) = 15$

सारणिक (Δ) के दो कॉलम C_2 और C_3 आपस में जुड़े हुए हैं।

सारणिक के गुणों से:

यदि किसी सारणिक की किन्हीं दो पंक्तियों (या कॉलम) को आपस में बदल दिया जाए, तो सारणिक परिवर्तन का संकेत होता है।

तो, सारणिक का मान $\Delta = -15$ होगा।

अतः विकल्प (B) सही है।

32. दिया गया है,

$$\det \begin{bmatrix} 18 & 40 & 89 \\ 40 & 89 & 198 \\ 89 & 198 & 440 \end{bmatrix}$$

$$= \begin{vmatrix} 18 & 40 & 89 \\ 40 & 89 & 198 \\ 89 & 198 & 440 \end{vmatrix}$$

$$= 18(89 \times 440 - 189 \times 198) - 40(40 \times 440 - 89 \times 198) + 89(40 \times 198 - 89 \times 89)$$

$$= 18 \times 89 \times 440 - 18 \times 198 \times 198 - (40)^2 \times 440 + 40 \times 89 \times 198 + 89 \times 40 \times 198 - (89)^3$$

$$= -1$$

अतः विकल्प (C) सही है।

33. चूँकि $f(x)$ को $x = 0$ पर सतत होने के लिए दिया गया है,

$$\lim_{x \to 0} f(x) = f(0)$$

साथ ही, $\lim_{x \to a^+} f(x) = \lim_{x \to a^-} f(x)$ क्योंकि $f(x)$, $x > 0$ और $x < 0$ के लिए समान है।

$$\therefore \lim_{x \to 0} f(x) = f(0)$$

हम जानते हैं कि,

$$\lim_{x \to 0} \frac{\sin x}{x} = 1$$

$$\lim_{x \to 0} \frac{e^x - 1}{x} = 1$$

इसलिए,

$$\lim_{x \to 0} \frac{\sin 3x}{e^{2x} - 1} = k - 2$$

अंश में $3x$ और हर में $2x$ से गुणा और भाग करके,

हमें मिला,

$$\lim_{x \to 0} \frac{\frac{\sin 3x}{3x} \times 3x}{\frac{e^{2x} - 1}{2x} \times 2x} = k - 2$$

$$\Rightarrow \frac{3}{2} = k - 2$$

$$\Rightarrow k = \frac{7}{2}$$

अतः विकल्प (D) सही है।

34. $f(x) = \frac{x^2 - 5x - 6}{x^2 + 5x - 6}$

यहाँ, हमें x का मान ज्ञात करना है जिसके लिए $f(x)$ सतत नहीं है।

अतः, यदि कोई फलन $x = a$ पर सतत नहीं है तो $\lim_{x \to a} f(x) = l \neq f(a)$

तो, फलन $f(x)$ के लिए यदि हर = 0, x = a के लिए है तो हम कह सकते हैं कि $f(a)$ अनंत है और सीमा मौजूद नहीं हो सकती।

आइए x का मान ज्ञात करें जिसके लिए $f(x)$ का हर 0 है।

$$x^2 + 5x - 6 = 0$$

$$\Rightarrow (x + 6)(x - 1) = 0$$

$$\Rightarrow x = -6, 1$$

अतः विकल्प (C) सही है।

35. फलन $f(x) = 1 + |\sin x|$ अनंत बिंदुओं पर अवकलनीय नहीं है।

$Sin x$:

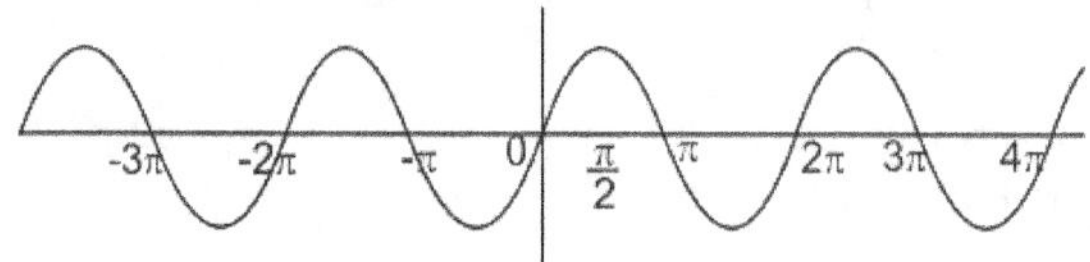

$|\sin x|$:

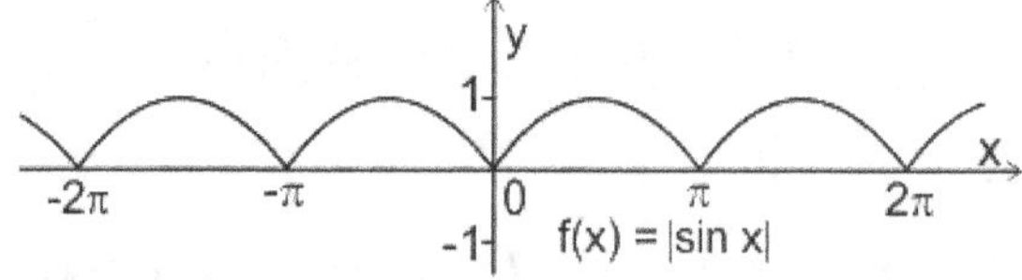

$f(x) = 1 + |\sin x|$ का ग्राफ चित्र में दिखाया गया है:

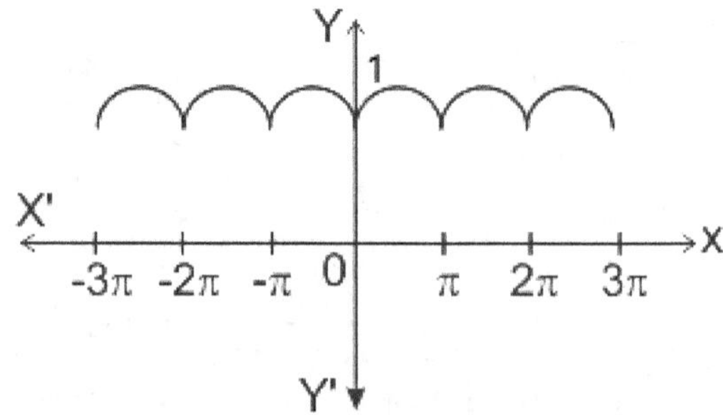

ग्राफ से, यह स्पष्ट है कि फलन हर जगह सतत है लेकिन π के समाकलित गुणकों में अवकलनीय नहीं है। ($\because$ इन बिंदुओं पर वक्र में तीव्र मोड़ होते हैं)। अतः विकल्प (D) सही है।

36. सतत की जांच करने के लिए,

$$\text{LHL} = \lim_{x \to 0} f(x) = \lim_{x \to 0^-} 3(x^2 + 2) = 6$$

$$\text{RHL} = \lim_{x \to 0} f(x) = \lim_{x \to 0^+} 4x + 6 = 6$$

$\therefore$ फलन निरंतर $x = 0$ है

इसलिए, फलन अवकलन नहीं हो सकता है।

अवकलन की जाँच करने के लिए:

$$\text{LHD} = \lim_{h \to 0} \frac{f(0 - h) - f(0)}{(0 - h)}$$

$$= \lim_{h \to 0} \frac{3(h^2 + 2) - 6}{-h}$$

$$= \lim_{h \to 0} \frac{3h^2 + 6 - 6}{-h}$$

$$= 0$$

$$\text{RHD} = \lim_{h \to 0} \frac{f(0 + h) - f(0)}{(0 + h)}$$

$$= \lim_{h \to 0} \frac{4h + 6 - 6}{h}$$

$$= 4$$

$\therefore \text{LHD} \neq \text{RHD}$

अतः विकल्प (B) सही है।

37. चूँकि दिया गया फलन अवकलन है, इसलिए हम लिख सकते हैं:

$$\lim_{x \to -1^-} f'(x) = \lim_{x \to -1^+} f'(x)$$

$$\Rightarrow \lim_{x \to -1^-} (2bx) = \lim_{x \to -1^+} (2ax - b)$$

$$\Rightarrow -2b = -2a - b$$

$$\Rightarrow -b = -2a$$

$$\Rightarrow 2a = b \quad \dots(i)$$

चूँकि $f(x)$ भी सतत होगा, हम लिख सकते हैं:

$$\lim_{x \to -1^-} (bx^2 - a) = \lim_{x \to -1^+} (ax^2 - bx - 2)$$

$\Rightarrow b - a = a + b - 2$

$\Rightarrow 2a = 2$

$\Rightarrow a = 1$

समीकरण (i) का उपयोग करने पर:

$2a = b$

$\Rightarrow 2 \times 1 = b$

$\Rightarrow b = 2$

ये समीकरण की मूल हैं:

$x^2 - 3x + 2 = 0$

अतः विकल्प (B) सही है।

38. दिया हुआ:

$y = [x(x-2)]^2 = [x^2 - 2x]^2$

Diff. w.rt. to x

$\frac{dy}{dx} = y = 2(x^2 - 2x)(2x - 2) = 4x(x-2)(x-1)$

$\frac{dy}{dx} = 0$

$x = 0, x = 2$ और $x = 1$

अंक $x = 0, x = 1$ और $x = 2$ वास्तविक रेखा को चार असमान अंतराल यानी $(-\infty, 0), (0,1), (1,2)(2, \infty)$ में विभाजित करते हैं, अंतराल में $(-\infty, 0)$ और $(1,2)$ $\frac{dy}{dx} < 0 : y$ अंतरालों में सख्ती से कम हो रहा है $(-\infty, 0)$ और $(1,2)$ हालांकि, अंतराल में $(0,1)$ और $(2, \infty), \frac{dy}{dx} > 0$

$\therefore y$ सख्ती से अंतराल में बढ़ रहा है $(0,1)$ और $(2, \infty)$

$\therefore y$ सख्ती से बढ़ते अंतराल है $0,2$ है।

अत: विकल्प (C) सही है।

39. संकल्पना:

यदि प्रत्येक बिंदु पर f'(x) > 0 एक अंतराल में है तो फलन को निरंतर वर्धमान फलन कहा जाता है।

गणना:

दिया गया है कि, $f(x) = 2x^2 - 3x$

अवकलन करने पर, हमें निम्न प्राप्त होता है

$f'(x) = 4x - 3$

$f(x)$ निरंतर वर्धमान फलन है

$\therefore f'(x) > 0$

$\Rightarrow 4x - 3 > 0$

$\Rightarrow 4x > 3$

$\Rightarrow x > \frac{3}{4}$

$\therefore x \in \left(\frac{3}{4}, \infty\right)$

अत: विकल्प (A) सही है।

40. संकल्पना:

बिंदु p पर दिए गए वक्र y = f(x) के लिए स्पर्श रेखा का ढलान f'(x) दिया गया है।

गणना:

दिया गया वक्र: $y = x^2 - 4x + 3$

x के संबंध में अवकलन करने पर, हमें निम्न प्राप्त होता है

$\frac{dy}{dx} = 2x - 4$

दिया गया है: स्पर्श रेखाएं x - अक्ष के समानांतर हैं।

इसलिए, $\frac{dy}{dx} = 0$

$\Rightarrow 2x - 4 = 0$

$\therefore x = 2$

x = 2 केवल वह बिंदु है जहाँ ढलान x - अक्ष के समानांतर है।

इसलिए केवल 1 स्पर्श रेखा मौजूद है।

अत: विकल्प (A) सही है।

41. माना कि $I = \int \left(\frac{1}{\cos^2 x} - \frac{1}{\sin^2 x}\right) dx$

$= \int \sec^2 x\, dx - \int cosec^2 x\, dx$

$= \tan x - (-\cot x) + c$

$= \frac{\sin x}{\cos x} + \frac{\cos x}{\sin x} + c$

$= \frac{\sin^2 x + \cos^2 x}{\sin x \cos x} + c$

$= \frac{1}{\sin x \cos x} + c$

$= \frac{2}{2\sin x \cos x} + c \quad (\because 2\sin x \cos x = \sin 2x)$

$= \frac{2}{\sin 2x} + c$

$= 2cosec2x + c$

अत: विकल्प (A) सही है।

42. माना कि $I = \int (x^2 + 1)^{\frac{5}{2}} x\, dx$

$x^2 + 1 = t$ रखने पर,

$2x\, dx = dt$

$x\, dx = \frac{dt}{2}$

$I = \int t^{5/2} \frac{dt}{2}$

$= \frac{1}{2} \frac{t^{7/2}}{\frac{7}{2}} + c$

$= \frac{1}{7}(x^2 + 1)^{\frac{7}{2}} + c$

अत: विकल्प (C) सही है।

43. माना कि $\tan^{-1} x = t$ है।

$$\Rightarrow \frac{dx}{1+x^2} = dt$$

अब,

$$\int_0^1 \frac{\tan^{-1}x}{1+x^2}dx = \int_0^{\frac{\pi}{4}} t\, dt$$

$$= \left[\frac{t^2}{2}\right]_0^{\frac{\pi}{4}}$$

$$= \frac{\pi^2}{32}$$

अतः विकल्प (D) सही है।

44. जैसा कि हम जानते है, $\int_a^b f(x)dx = \int_a^b f(a+b-x)dx$

$$I = \int_0^a \frac{f(a-x)}{f(x)+f(a-x)}dx \text{........(1)}$$

तो, हम निचली सीमा $a = 0$, ऊपरी सीमा $b = a$

$$\Rightarrow I = \int_0^a \frac{f[(0+a)-(a-x)]}{f[(a+0)-x]+f[(a+0)-(a-x)]}dx$$

$$\Rightarrow I = \int_0^a \frac{f(x)}{f(a-x)+f(x)}dx \text{.........(2)}$$

अब समीकरण (1) और समीकरण (2) जोड़ना,

$$\Rightarrow 2I = \int_0^a \frac{f(a-x)}{f(x)+f(a-x)}dx + \int_0^a \frac{f(x)}{f(a-x)+f(x)}dx$$

$$\Rightarrow 2I = \int_0^a 1\, dx$$

$$\Rightarrow 2I = a$$

$$\therefore I = \frac{a}{2}$$

अतः विकल्प (D) सही है।

45. दिया गया है:

$x\hat{i} - 2\hat{j} + 3\hat{k}$ और $2\hat{i} - 4\hat{j} + y\hat{k}$ समानांतर सदिश हैं

इसलिए, $x\hat{i} - 2\hat{j} + 3\hat{k} = \lambda(2\hat{i} - 4\hat{j} + y\hat{k})$

$\hat{i}, \hat{j}$ तथा $\hat{k}$ के गुणांक को बराबर करने पर

$$\Rightarrow x = 2\lambda \quad \text{.... (1)}$$

$$\Rightarrow -2 = -4\lambda$$

$$\therefore \lambda = \frac{1}{2}$$

समीकरण (1) में λ का मान रखने पर, हमें निम्न प्राप्त होता है

$$x = 2 \times \left(\frac{1}{2}\right)$$

इसलिए $x = 1$

अतः विकल्प (D) सही है।

46. सदिश $\vec{y}$ पर किसी सदिश $\vec{x}$ का प्रक्षेपण निम्न है:

$$P = \vec{x}.\hat{y}$$

जहाँ $\hat{y}$ सदिश $\vec{y}$ की दिशा में इकाई सदिश है।

$$\hat{y} = \frac{\vec{y}}{|\vec{y}|}$$

दिया है:

$$\vec{a} = i + 2j + k \text{ और } \vec{b} = -\hat{i} + \hat{j} - 3\hat{k} = -i + j - 3k$$

$\vec{b}$ पर (माना कि P है।) $\vec{a}$ का प्रक्षेपण $= \vec{a}.\hat{b}$

अब, सदिश $\vec{b}$ की दिशा में इकाई सदिश $\hat{b} = \frac{\vec{b}}{|\vec{b}|}$ है।

$$\hat{b} = \frac{-\hat{i}+\hat{j}-3\hat{k}}{\sqrt{(-1)^2+1^2+(-3)^2}}$$

$$\hat{b} = \frac{1}{\sqrt{11}}\left(-\hat{i}+\hat{j}-3\hat{k}\right)$$

अब, $P = \left(\hat{i}+2\hat{j}+\hat{k}\right) \cdot \frac{1}{\sqrt{11}}\left(-\hat{i}+\hat{j}-3\hat{k}\right)$

$$P = \frac{1}{\sqrt{11}}(-1+2-3)$$

$$P = \frac{-2}{\sqrt{11}}$$

अतः विकल्प (A) सही है।

47. सदिश $'v'$ का सदिश $'u'$ पर प्रक्षेपण $= \frac{\vec{v}\cdot\vec{u}}{|\vec{u}|}$

$$\vec{v} = \hat{i} - 2\hat{j} + \hat{k}$$

$$\vec{u} = 4\hat{i} - 4\hat{j} + 7\hat{k}$$

$$\vec{v}.\vec{u} = \left(\hat{i} - 2\hat{j} + \hat{k}\right) \cdot \left(4\hat{i} - 4\hat{j} + 7\hat{k}\right)$$

$$\Rightarrow \vec{v} \cdot \vec{u} = 4 + 8 + 7$$

$$|\vec{u}| = \sqrt{4^2 + (-4)^2 + 7^2} = \sqrt{81} = 9$$

सदिश $\hat{i} - 2\hat{j} + \hat{k}$ का सदिश पर प्रक्षेपण $4\hat{i} - 4\hat{j} + 7\hat{k} = \frac{19}{9} = 2\frac{1}{9}$

अतः विकल्प (B) सही है।

48. $a, b,$ और c सदिश समतलीय होते हैं, जब $[\vec{a},\vec{b},\vec{c}] = 0$

$$\begin{vmatrix} \lambda & b_1 & c_1 \\ a_2 & \lambda & c_2 \\ a_3 & b_3 & \lambda \end{vmatrix} = 0$$

$$\begin{vmatrix} \lambda & 1 & 2 \\ 1 & \lambda & -1 \\ 2 & -1 & \lambda \end{vmatrix} = 0$$

$$\Rightarrow \lambda(\lambda^2 - 1) - 1(\lambda + 2) + 2(-1 - 2\lambda) = 0$$

$$\Rightarrow \lambda^3 - \lambda - \lambda - 2 - 2 - 4\lambda = 0$$

$$\Rightarrow \lambda^3 - 6\lambda - 4 = 0$$

$$\Rightarrow (\lambda + 2)(\lambda^2 - 2\lambda - 2) = 0$$

$$\Rightarrow \lambda = -2 \text{ या } \lambda = \frac{2\pm\sqrt{12}}{2}$$

$$\therefore \lambda = -2$$

अत: विकल्प (A) सही है।

49. एक पूर्णांक प्रोग्रामिंग समस्या को एक रैखिक प्रोग्रामिंग समस्या के रूप में हल करके प्राप्त उत्तरों को गोल करके हल करना, हम पाते हैं कि अधिकतम समस्या के लिए वस्तुनिष्ठ फलन का मान सिम्प्लेक्स समाधान के मुकाबले कम होगा।

जैसा कि हम जानते हैं कि वस्तुनिष्ठ फलन का अधिकतम या न्यूनतम मान ज्ञात करना है जिसका उपयोग हमने इसे सरल विधि द्वारा प्रारंभिक बुनियादी व्यवहार्य समाधान के लिए किया था। इसके लिए, इसलिए हम समस्या को मानक रूप में परिवर्तित करेंगे जिसमें x और y के संदर्भ में वस्तुनिष्ठ कार्य और बाधा समीकरण शामिल हैं जिनके मूल्यों को हम प्रारंभिक बुनियादी व्यवहार्य समाधान से निर्धारित करेंगे और जब हम अनुकूलन समस्या प्राप्त करेंगे तो इसका उपयोग करके हम करेंगे देखें कि अधिकतमीकरण समस्या के लिए वस्तुनिष्ठ फलन का मान सिम्प्लेक्स समाधान के लिए उससे कम होने की संभावना है।

अतः विकल्प (B) सही है।

50. माना कि मर्चेंट स्टॉक x डेस्कटॉप मॉडल और y पोर्टेबल मॉडल हैं। इसलिए,

$$x \geq 0 \text{ और } y \geq 0$$

एक डेस्कटॉप मॉडल की कीमत 25000 रुपये और पोर्टेबल मॉडल की 4000 रुपये है। हालांकि, व्यापारी अधिकतम 70 लाख रुपये का निवेश कर सकता है।

$$\therefore 25000x + 40000y \leq 7000000$$

$$5x + 8y \leq 1400$$

कंप्यूटर की मासिक मांग 250 यूनिट से अधिक नहीं होगी।

$$\therefore x + y \leq 250$$

एक डेस्कटॉप मॉडल पर लाभ 4500 रुपये है और लाभ मॉडल पर लाभ 5000 रुपये है।

कुल लाभ, $Z = 4500x + 5000y$

इस प्रकार, दी गई समस्या का गणितीय सूत्रीकरण है,

अधिकतम $Z = 4500x + 5000y$ ....(1)

प्रतिबंधों के अधीन,

$$5x + 5y \leq 1400 \ldots\ldots (2)$$

$$x + y \leq 250 \ldots\ldots (3)$$

$$x, y \geq 0 \ldots\ldots\ldots (4)$$

प्रतिबंधों की प्रणाली द्वारा निर्धारित व्यवहार्य क्षेत्र को दिखाया गया है।

कोनीय बिंदु $A(250,0)$, $B(200,50)$ और $C(0,175)$ हैं

इन कोनीय बिंदु पर Z के मान इस प्रकार हैं

कोनीय बिंदु A(250,0),

$$Z = 4500x + 5000y = 1125000$$

कोनीय बिंदु A(200,50),

$$Z = 4500x + 5000y = 1150000$$

कोनीय बिंदु A(0,175),

$$Z = 4500x + 5000y = 875000$$

Z का अधिकतम मान 1150000 (200,50) पर है।

इस प्रकार, व्यापारी को 1150000 रुपये का अधिकतम लाभ प्राप्त करने के लिए 200 डेस्कटॉप मॉडल और 50 पोर्टेबल मॉडल का स्टॉक करना चाहिए।

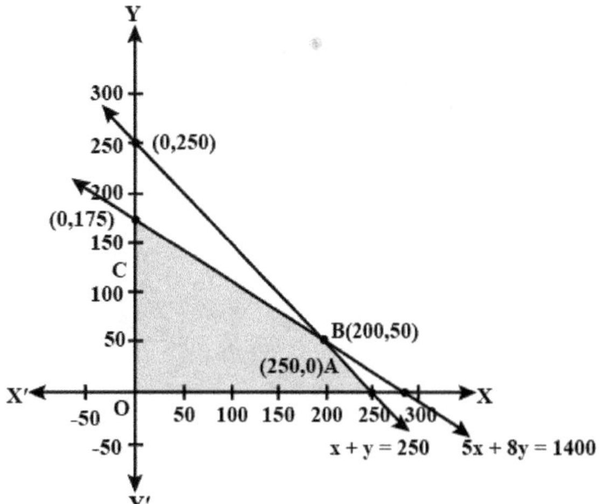

अतः विकल्प (D) सही है।

51. मान लीजिए x पैकेज नट और y पैकेज बोल्ट बनते हैं।

माना z लाभ फलन है, जिसे हमें अधिकतम करना है।

यहाँ, $z = 17.50x + 7y$ ....(1) वस्तुनिष्ठ फलन है।

यहाँ, $z = 17.50x + 7y$ ....(1) वस्तुनिष्ठ फलन है।

और प्रतिबंध हैं,

$$x + 3y \leq 12 \ldots (2)$$

$$3x + y \leq 12 \ldots (3)$$

$$x \geq 0 \ldots (4)$$

$$y \geq 0 \ldots (5)$$

उपरोक्त प्रतिबंधों या असमानताओं (2),(3),(4) और (5) के ग्राफ को प्लॉट करने पर हमें कोने बिंदु A, O, B और C वाले संभव क्षेत्र के रूप में छायांकित क्षेत्र मिलता है।

'C' दो समीकरणों के निर्देशांक के लिए,

$$x + 3y = 12 \ldots (6)$$

$$3x + y = 12 \ldots (7)$$

हल करने पर हमें प्राप्त होता है, $x = 3$ और $y = 3$

तो C के निर्देशांक $(3,3)$ हैं

अब z के मान का मूल्यांकन कोनीय बिंदु पर किया जाता है जैसा कि ग्राफ में दिखाया गया है।

बिंदु 'O' (0, 0) पर,

$$z \text{ का मान } = 17.50 \times 0 + 7 \times 0 = 0$$

बिंदु 'A' (0, 4) पर,

$$z \text{ का मान } = 17.50 \times 0 + 7 \times 4 = 28$$

बिंदु 'B' (4, 0) पर,

z का मान $= 17.50 \times 4 + 7 \times 0 = 70$

बिंदु 'C' (3, 3) पर,

z का मान $= 17.50 \times 3 + 7 \times 3 = 73.5$

z, C पर अधिकतम है। इसलिए $x = 3, y = 3$

इसलिए, अधिकतम लाभ 73.5 रुपये है जब 3 पैकेज नट और 3 पैकेज बोल्ट का उत्पादन किया जाता है।

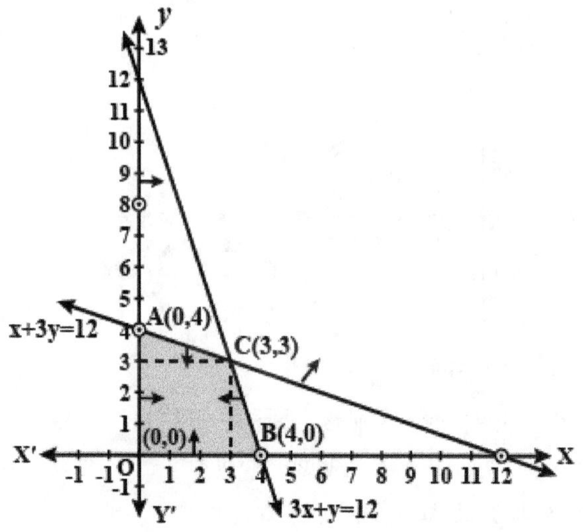

अतः विकल्प (C) सही है।

52. दिया गया है

प्रतिबंध $-x_1 + x_2 \leq 1, -x_1 + 3x_2 \leq 9$ और $x_1, x_2 \geq 0$

इन समीकरणों को खींचकर, हम प्राप्त करते हैं

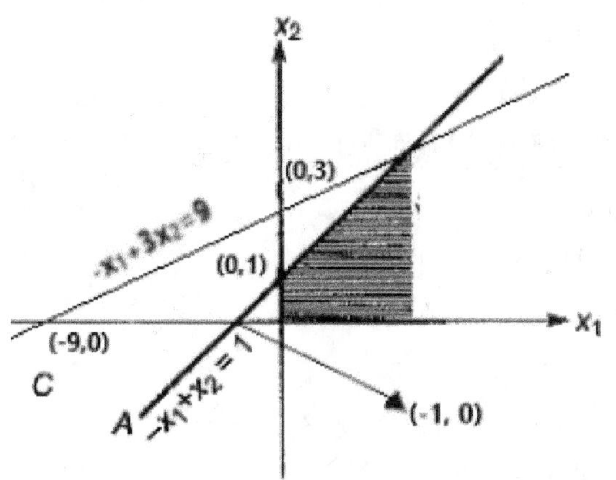

इस प्रकार हम कह सकते हैं कि प्रतिबंध $-x_1 + x_2 \leq 1, -x_1 + 3x_2 \leq 9$ और $x_1, x_2 \geq 0$ असंबद्ध संभव स्थान पर परिभाषित करते हैं क्योंकि ग्राफ में छायांकित क्षेत्र इन दी गई रेखाओं से घिरा नहीं है।

अतः विकल्प (B) सही है।

53. मान लीजिए कि एक तत्व a द्वारा उत्पन्न क्रम 28 का चक्रीय समूह G है, तो

$o(a) = o(G) = 28$

स्पष्ट रूप से G के जनित्र की संख्या निर्धारित करने के लिए,

$G = \{a, a^2, a^3, \ldots \ldots, a^{28} = e\}$

एक तत्व $a^m \in G$ भी G का जनरेटर है जो m का म.स.व. 28 और 1 है।

$(1, 28)$ का म.स.प. 1 समान रूप से है,
$(3, 28)(5, 28), (9, 28)(11, 28), (13, 28), (15, 28), (17, 28), (19, 28), (23, 28), (25, 28), (27, 28)$

इसलिए
$a, a^3, a^5, a^9, a^{11}, a^{13}, a^{15}, a^{17}, a^{19}, a^{23}, a^{25}, a^{27}$, G के जनित्र हैं।

इसलिए, G के 12 जनित्र हैं।

अतः विकल्प (C) सही है।

54. समुच्चय का सममितीय अंतर :

माना कि A और B दो समुच्चय हैं। सेट A और B का सममितीय अंतर समुच्चय (A - B) ∪ (B - A) है और इसे A ∆ B के रूप में दर्शाया जाता है अर्थात A ∆ B = (A - B) ∪ (B - A)

यदि A एक अरिक्त समुच्चय इस प्रकार है जिससे n(A) = m है, तो A के उपयुक्त उपसमुच्चय की संख्या को 2^m - 1 द्वारा ज्ञात किया गया है।

दिया है:

A = {1, 2, 5, 7} और B = {2, 4, 6}

सबसे पहले A - B और B - A का पता लगाएं

⇒ A - B = {1, 5, 7} और B - A = {4, 6}

जैसा कि हम जानते हैं कि, A ∆ B = (A - B) ∪ (B – A)

⇒ A ∆ B = {1, 5, 7} ∪ {4, 6} = {1, 4, 5, 6, 7}

जैसा कि हम देख सकते हैं कि संख्या यदि तत्व A ∆ B = 5 में मौजूद है अर्थात n(A ∆ B) = 5

जैसा कि हम जानते हैं कि, यदि A एक अरिक्त समुच्चय इस प्रकार है जिससे n(A) - m है, तो A के उपयुक्त उपसमुच्चय की संख्या को 2^m - 1 द्वारा ज्ञात किया गया है।

तो, A ∆ B के उपयुक्त उपसमुच्चय की संख्या = 2^5 - 1 = 31

अतः विकल्प (C) सही है।

55. दिया है: $a * b = a + b + 1$

$a * b = a + b + 1$

किसी भी तत्व के लिए b का समरूपता तत्व $a, b \in z$

$a * b = a$

$a + b + 1 = a$

$b = -1$

इसलिए समरूपता तत्व -1 है।

इसलिये $e = -1$

अब प्रतिलोम के लिए,

$a * a^{-1} = a + a^{-1} + 1 = e$

$a + a^{-1} + 1 = -1$

$a^{-1} = -2 - a$

जब $a = -2, a^{-1} = 0$

अत: विकल्प (B) सही है।

56. दिया हुआ:

मान लीजिये की $g(x) = 1 + x - [x]$ ....(i)

$$f(x) = \begin{cases} -1, & x < 0 \\ 0, & x = 0 \\ 1, & x > 0 \end{cases} \quad \text{......(ii)}$$

हमें $f\big(g(x)\big)$ का मान ज्ञात करना होगा।

अब,

$g(x) = 1 + x - [x]$

या $g(x) = 1 + \{x\}$

चूंकि $0 < \{x\} < 1 \Rightarrow g(x)$, सभी के लिए $x \in R$ से अधिक है।

तो, $f\big(g(x)\big) = 1$ [(ii) का उपयोग करके]

अत: विकल्प (D) सही है।

57. दिया हुआ:

$f: Z \to Z$ ऐसा कि

$f(x) = ax^2 + bx + c$, जहाँ $a, b, c \in Q$

हमें $a + b$ का मान ज्ञात करना होगा।

अब,

$x = 0$, के लिए $f(0) = c = $ पूर्णांक $[\because f(0) \in Z$ चूँकि $f: Z \to Z]$

$\Rightarrow c$ एक पूर्णांक है।

$x = 1$ के लिए, $f(1) = a + b + c = k$ [जहाँ $f(1) = k \in Z]$

$\Rightarrow a + b = k - c$

चूँकि $k \in Z, c \in Z \Rightarrow k - c \in Z$

$\Rightarrow a + b \in Z$

$\Rightarrow a + b$ एक पूर्णांक है।

अत: विकल्प (B) सही है।

58. दिया हुआ:

फ़ंक्शन $f(x) \begin{cases} 2x + 3, & -3 \le x < -2 \\ x + 1, & -2 \le x < 0 \\ x + 2, & 0 \le x \le 1 \end{cases}$

हमें दिए गए फ़ंक्शन f (x) की सततता के बिंदुओं की जांच करनी होगी।

$x = -2$ पर

LHL :

$\lim\limits_{x \to 2^-} f(x) = \lim\limits_{x \to 2}(2x + 3) = 2(-2) + 3 = -1$

RHL

$\lim\limits_{x \to 2^+} f(x) = \lim\limits_{x \to -2}(x + 1) = -2 + 1 = -1$

$f(-2) = -2 + 1 = -1$

चूंकि, $\lim\limits_{x \to 2^-} f(x) = \lim\limits_{x \to -2^+} f(x) = f(-2)$

इसलिए, $f(x)$ $x = -2$ पर सतत है

$x = 0$ पर

LHL:

$\lim\limits_{x \to 0^-} f(x) = \lim\limits_{x \to 0}(x + 1) = 0 + 1 = 1$

RHL:

$\lim\limits_{x \to 0^+} f(x) = \lim\limits_{x \to 0}(x + 2) = 0 + 1 = 1$

चूंकि, $\lim\limits_{x \to 0^-} f(x) \ne \lim\limits_{x \to 0^+} f(x$

इसलिए, $f(x)$ $x = 0$ पर असतत है

$x = 3$ पर, $f(x)$ को परिभाषित नहीं किया गया है और इसलिए यह निरंतर नहीं है।

इसलिए, $f(x)$ $[-3, 1]$ अंतराल में निरंतर नहीं है

अत: विकल्प (D) सही है।

59. दिया है:

संबंध R समुच्चय Z पर परिभाषित है।

$R = \{(x, y): x, y \in Z, x^2 + y^2 \le 4\}$

$x^2 + 3y^2 \le 8$

$\Rightarrow \dfrac{x^2}{8} + \dfrac{y^2}{\frac{8}{3}} \le 1$

$\dfrac{x^2}{a^3} + \dfrac{y^2}{y^3} \le 1$ दीर्घवृत्त का समीकरण है।

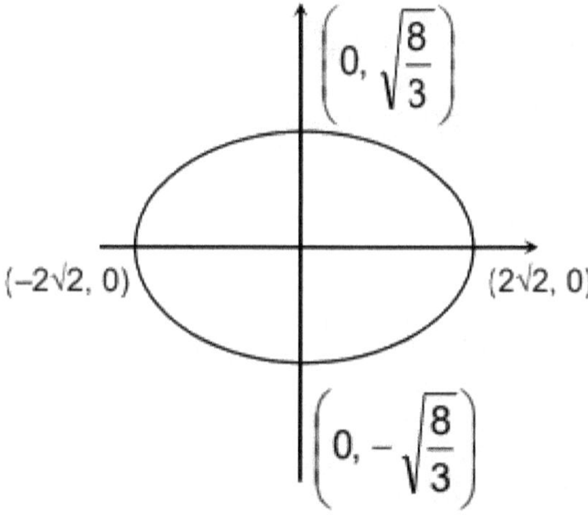

इसलिए,

$= \{(-2, 0), (-1, 0), (0, 0), (1, 0), (2, 0), (0, -2), (0, -1), (0, 1), (0, 2), (1, 1), (-1, -1), (1, -1), (-1, 1)\}$

अब हम जानते हैं,

डोमेन वह समुच्चय है जिसमें R के संबंध में क्रमित युग्मों के सभी प्रथम अवयव होते हैं।

इसलिए,

डोमेन $(R) = \{-2, -1, 0, 1, 2\}$

$R^{-1} \equiv$ का डोमेन $R \equiv$ की प्रान्त $y \equiv \{-1, 0, 1\}$ का मान

अत: विकल्प (A) सही है।

60. दिया है:

$f(x) = \sin^{-1}\left(\dfrac{|x| + 5}{x^2 + 1}\right)$

$\left|\dfrac{|x| + 5}{x^2 + 1}\right| \le 1$

$|x| + 5 \le x^2 + 1$

$x^2 - |x| - 4 \ge 0$

माना, $|x| = t$

$\Rightarrow t^2 - t - 4 \geq 0$

$\left(|x| + \frac{\sqrt{17}-1}{2}\right)\left(|x| - \frac{\sqrt{17}+1}{2}\right) \geq 0$

$x \in \left(-\infty, -\frac{\sqrt{17}+1}{2}\right] \cup \left[\frac{\sqrt{17}+1}{2}, \infty\right)$

$a = \frac{1+\sqrt{17}}{2}$

अत: विकल्प (A) सही है।

61. बिंदुओं के माध्यम से गुजरनेवाले त्रिकोण का क्षेत्र $(x, y), (x_2, y_2)$ और (x_3, y_3) को इसके द्वारा दिया गया है:

$A = \frac{1}{2}[x, (y_2 - y_3) + x_2(y_3 - y_1) + x_3(y_1 - y_2)]$

$(x_1, y_1 = \alpha, \beta); (x_2, y_2 = 5,0); (x_3, y_3 = 0,5)$

$\therefore A = \frac{1}{2}[\alpha(-5) + 5(5 - \beta) + 0]$

$-5\alpha + 25 - 5\beta = 0$

$\alpha + \beta = 5$

अतः विकल्प (A) सही है।

62. दिया गया,

$3x - 6y + 2z + 11 = 0$

अब,

हम जानते है कि,

बिंदु (x_1, y_1, z_1) से तल $ax + by + cz + d = 0$ की दूरी को निम्न द्वारा ज्ञात किया गया है:

$\text{दूरी} = \frac{|ax_1 + by_1 + cz_1 + d|}{\sqrt{a^2 + b^2 + c^2}}$

तल के समीकरण $3x - 6y + 2z + 11 = 0$ की तुलना सामान्य समीकरण $ax + by + cz + d = 0$ के साथ करने पर,

$a = 3, b = -6, c = 2$ और $d = 11$

$\therefore$ दूरी के लिए सूत्र का प्रयोग करने पर:

$\text{दूरी} = \frac{|3 \times 2 - 6 \times 3 + 2 \times 4 + 11|}{\sqrt{3^2 + (-6)^2 + 2^2}}$

$= \frac{|6 - 18 + 8 + 11|}{\sqrt{9 + 36 + 4}}$

$= \frac{7}{\sqrt{49}}$

$= \frac{7}{7}$

$= 1$

अतः विकल्प (D) सही है।

63. दिया गया,

$2x + y + z = 7$ and $x - y + 2z = 9.$

अर्थात,

$a_1 = 2, b_1 = 1, c_1 = 1$ और $a_2 = 1, b_2 = -1, c_2 = 2$

अब,

हम जानते है कि,

दो समतलों $a_1 x + b_1 y + c_1 z = d_1$ और $a_2 x + b_2 y + c_2 z = d_2$ के बीच न्यून कोण θ निम्न सूत्र द्वारा दिया गया है:

$\cos\theta = \frac{a_1 a_2 + b_1 b_2 + c_1 c_2}{\sqrt{(a_1^2 + b_1^2 + c_1^2)(a_2^2 + b_2^2 + c_2^2)}}$

कोण θ के लिए उपरोक्त सूत्र का उपयोग करके:

$\cos\theta = \frac{2 \times 1 + 1 \times (-1) + 1 \times 2}{\sqrt{(2^2 + 1^2 + 1^2)(1^2 + (-1)^2 + 2^2)}}$

$\Rightarrow \cos\theta = \frac{3}{\sqrt{6 \times 6}}$

$\Rightarrow \cos\theta = \frac{3}{6}$

$\Rightarrow \cos\theta = \frac{1}{2}$

$\Rightarrow \theta = 60°$

अतः विकल्प (A) सही है।

64. दिया गया,

आवश्यक रेखा स्थिति सदिश $\hat{\imath} + 2\hat{\jmath} + \hat{k}$ के साथ बिंदु से गुजरती है

$x_1 = 1, y_1 = 2, z_1 = 1$

आवश्यक रेखा सदिश $\hat{\imath} - 2\hat{\jmath} + 3\hat{k}$ की दिशा में है अर्थात आवश्यक रेखा सदिश $\hat{\imath} - 2\hat{\jmath} + 3\hat{k}$ के समानांतर है,

$a = 1, b = -2, c = 3$

अब,

हम जानते है कि,

एक बिंदु (x_1, y_1, z_1) के माध्यम से गुजरनेवाली और दिशा अनुपात a, b, c होने वाली रेखा का कार्टेशियन समीकरण इसके द्वारा दिया जाता है:

$\frac{x - x_1}{a} = \frac{y - y_1}{b} = \frac{z - z_1}{c}.$

$\therefore$ आवश्यक रेखा का कार्टेशियन समीकरण है: $\frac{x-1}{1} = \frac{y-2}{-2} = \frac{z-1}{3}$

अत: विकल्प (A) सही है।

65. रेखा का समीकरण इस प्रकार दिया जाता है, $\frac{x+2}{-3} = \frac{y-2}{4} = \frac{z+2}{1} = \lambda$

दी गई रेखा पर बिंदु B का निर्देशांक (x, y, z) है,

$B(-3\lambda - 2, 4\lambda + 2, \lambda - 2)$

और बिंदु A का दिया गया निर्देशांक $(2,3,7)$ है।

$\overrightarrow{AB} = (-3\lambda - 4)\hat{\imath} + (4\lambda - 1)\hat{\jmath} + (\lambda + 5)\hat{k}$

AB रेखा के लंबवत है, $\frac{x+2}{-3} = \frac{y-2}{4} = \frac{z+2}{1}$,

हम जानते हैं कि, यदि दो रेखाएं लंबवत हैं, तो $a_1a_2 + b_1b_2 + c_1c_2 = 0$,

$$\Rightarrow (-3\lambda - 4) \times (-3) + (4\lambda - 1) \times 4 + (\lambda + 5) \times 1 = 0$$

$$\Rightarrow 26\lambda + 13 = 0$$

$$\Rightarrow \lambda = -\frac{1}{2}$$

$$\vec{AB} = -\frac{5}{2}\hat{\imath} - 3\hat{\jmath} + \frac{9}{2}\hat{k}$$

$$\therefore \left|\vec{AB}\right| = \sqrt{\left(\frac{5}{2}\right)^2 + 3^2 + \left(\frac{9}{2}\right)^2}$$

$$\Rightarrow \left|\vec{AB}\right| = \sqrt{71}$$

अतः विकल्प (B) सही है।

66. सदिश का दिशा कोसाइन कोणों का वह कोसाइन होता है जो निर्देशांक अक्षों के साथ सदिश रूप बनाता है।

Z-अक्ष X-अक्ष के साथ एक कोण 90°, Y-अक्ष के साथ 90°, और Z-अक्ष के साथ 0° बनाता है।

$\therefore$ Z - अक्ष का दिशा कोसाइन: cos 90, cos 90, cos 0

अर्थात् 0, 0, 1

अब z-अक्ष के दिशा कोसाइन का योग = 0 + 0 + 1 = 1

अतः विकल्प (C) सही है।

67. दिया हुआ,

एक रेखा x- अक्ष, y - अक्ष के साथ $45°, 60°$ बनाती है।
इसलिए, $\alpha = 45°$ और $\beta = 60°$
माना γ, z- अक्ष के साथ रेखा द्वारा बनाया गया कोण है।
जैसा कि हम जानते हैं,

$$\cos^2\alpha + \cos^2\beta + \cos^2\gamma = 1$$
$$\Rightarrow \cos^2 45° + \cos^2 60° + \cos^2\gamma = 1$$
$$\Rightarrow \left(\frac{1}{\sqrt{2}}\right)^2 + \left(\frac{1}{2}\right)^2 + \cos^2\gamma = 1$$
$$\Rightarrow \frac{1}{2} + \frac{1}{4} + \cos^2\gamma = 1$$
$$\Rightarrow \cos^2\gamma = 1 - \frac{3}{4} = \frac{1}{4}$$
$$\Rightarrow \cos\gamma = \pm\left(\frac{1}{2}\right)$$
$$\therefore \gamma = 60° \text{ या } 120°$$

अतः विकल्प (C) सही है।

68. जैसा कि हम जानते हैं,
तल का अंतःखंड रूप दिया गया है
$$\frac{x}{a} + \frac{y}{b} + \frac{z}{c} = 1$$
जहाँ a, x - अंतःखंड है और b, y अंतःखंड है और x, z अंतःखंड है।
दिया हुआ,
$$x + 2y - 4z = 8$$
$$\Rightarrow \frac{x}{8} + \frac{2y}{8} - \frac{4z}{8} = 1$$
$$\Rightarrow \frac{x}{8} + \frac{y}{4} + \frac{z}{-2} = 1$$
जैसा कि हम जानते हैं,
तल का अंतःखंड रूप दिया गया है,

$$\frac{x}{a} + \frac{y}{b} + \frac{z}{c} = 1$$

दिए गए तल द्वारा विच्छेदित अंतःखंड $(a, b, c) = (8, 4, -2)$ हैं।
अतः विकल्प (D) सही है।

69. दिया गया है:

$\log_{10} 2, \log_{10}(2^x - 1)$ और $\log_{10}(2^x + 3)$ एक समान्तर श्रेणी के तीन क्रमागत पद हैं।

हम जानते हैं कि यदि a, b, c समान्तर श्रेणी में हैं, तो $2b = a + c$ है।

$$\Rightarrow 2 \times \log_{10}(2^x - 1) = \log_{10} 2 + \log_{10}(2^x + 3)$$
$$\Rightarrow \log_{10}(2^x - 1)^2 = \log_{10}\left(2 \times (2^x + 3)\right)$$
$$\Rightarrow (2^x - 1)^2 = 2 \times (2^x + 3)$$

माना कि $2^x = t$

$$\Rightarrow (t - 1)^2 = 2 \times (t + 3)$$
$$\Rightarrow t^2 - 2t + 1 = 2t + 6$$
$$\Rightarrow t^2 - 4t - 5 = 0$$
$$\Rightarrow t^2 - 5t + t - 5 = 0$$
$$\Rightarrow t(t - 5) + 1(t - 5) = 0$$
$$\Rightarrow (t - 5)(t + 1) = 0$$
$$\therefore t = 5, -1$$
$$\Rightarrow 2^x \neq -1 \qquad (\because 2^x > 0)$$

अब,

$$\Rightarrow 2^x = 5$$
$$\therefore x = \log_2 5$$

अतः विकल्प (C) सही है।

70. दी गयी श्रेणी:

5 + 9 + 13 + ... + 49

पहला पद, a = 5

सार्व अंतर, d = 4

दी गयी श्रेणी एक समांतर श्रेणी है।

माना कि अंतिम पद 49, n वां पद है।

$$\therefore a + (n - 1)d = 49$$
$$\Rightarrow 5 + 4(n - 1) = 49$$
$$\Rightarrow 4n = 48$$
$$\Rightarrow n = 12$$

और, इस समांतर श्रेणी का योग है:

$$S_{12} = \left(\frac{\text{First Term} + \text{Last Term}}{2}\right) \times 12$$
$$= \left(\frac{5 + 49}{2}\right) \times 12 = 54 \times 6 = 324$$

अतः विकल्प (C) सही है।

71. माना कि समांतर श्रेणी का पहला तत्व 'a' है और सार्व अंतर 'd' है।

$T_{25} = T_{15} + 70$

प्रश्नानुसार,

$T_{25} = T_{15} + 70$

जैसा कि हम जानते हैं,

$$a_n = a + (n-1)d$$

⇒ a + (25 – 1)d = a + (15 – 1)d + 70

⇒ 24d – 14d = 70

⇒ 10d = 70

⇒ d = 7

अतः विकल्प (C) सही है।

72. a, ar, ar², ... एक अनंत गुणोत्तर श्रेणी है तो अनंत गुणोत्तर श्रेणी का योग निम्न द्वारा दिया जाता है:

$$S_\infty = \frac{a}{1-r}, |r| < 1$$

$$7^{\frac{1}{7}} \times 7^{\frac{1}{7^2}} \times 7^{\frac{1}{7^3}} \times \ldots \infty = 7^{\frac{1}{7}+\frac{1}{72}+\frac{1}{7^3}+\cdots+\infty}$$

हम जानते हैं कि,

श्रृंखला $\frac{1}{7} + \frac{1}{7^2} + \frac{1}{7^3} + \cdots + \infty$ का पहला पद $a = \frac{1}{7}$ और सामान्य अनुपात $r = \frac{1}{7}$ के साथ एक अनंत गुणोत्तर श्रेणी है।

$$\Rightarrow \frac{1}{7} + \frac{1}{7^2} + \frac{1}{7^3} + \cdots + \infty = \frac{\frac{1}{7}}{1-\frac{1}{7}} = \frac{1}{6}$$

$$\Rightarrow 7^{\frac{1}{7}} \times 7^{\frac{1}{7^2}} \times 7^{\frac{1}{7^3}} \times \ldots \infty = 7^{\frac{1}{6}} \text{ तक}$$

अतः विकल्प (C) सही है।

73. दिया गया है,

समांतर श्रेणी का पहला पद = a = 10

समांतर श्रेणी का अंतिम पद = l = 50

समांतर श्रेणी के n पदों का योग = 300

चूँकि हम जानते हैं,

एक समांतर श्रेणी के n पदों का योग $= S_n = \frac{n}{2} \times [a + l]$

$$\Rightarrow 300 = \frac{n}{2}(10 + 50)$$

$$\Rightarrow 300 = \frac{n}{2} \times 60$$

$$\Rightarrow 5 = \frac{n}{2}$$

$$\therefore n = 10$$

अतः विकल्प (D) सही है।

74. दिया गया है,

तीसरा पद 24 है और छठा पद 192 है।

$T_3 = ar^2 = 24 \ldots\ldots(1)$

$T_6 = ar^5 = 192 \ldots\ldots(2)$

समीकरण (2) को (1) से विभाजित करने पर, हमें प्राप्त होता है

$r^3 = 8$

⇒ r = 2

समीकरण (1) का प्रयोग करने पर, हमें प्राप्त होता है

$$a = \frac{24}{2^2} = 6$$

बारहवां पद $= T_{12} = 6 \times 2^{11} = 12288$

अतः विकल्प (D) सही है।

75. दिया गया है,

समान्तर श्रेणी का pवां पद T_p है

$$T_p = a + (p-1)d = q \ldots(1)$$

समान्तर श्रेणी का qवां पद T_q है

$$T_q = a + (q-1)d = p \ldots(2)$$

समीकरण (1) और (2) को हल करने पर, हम प्राप्त करते हैं

$$(p-q)d = (q-p) \text{ or } d = -1$$

समीकरण (1) में d का मान रखने पर, हम प्राप्त करते हैं

$$a + (p-1)(-1) = q$$

$$a = q + p - 1$$

समान्तर श्रेणी का mवां पद T_m है

$$T_m = a + (m-1)d \ldots(3)$$

समीकरण (3) में a और d के मानों को रखने पर, हम प्राप्त करते हैं

$$T_m = p + q - 1 + (m-1)(-1)$$

$$\Rightarrow T_m = p + q - 1 - m + 1$$

$$\Rightarrow T_m = p + q - m$$

अतः विकल्प (C) सही है।

76. $\cos\theta + i\sin\theta = e^{i\theta} \qquad \ldots(1)$

$\cos\theta - i\sin\theta = e^{-i\theta} \qquad \ldots(2)$

हम जानते हैं कि:

$$\cos\theta + i\sin\theta = e^{i\theta}$$

$$(i\cos\theta + \sin\theta)^4 = (\cos\theta - i\sin\theta)^4 \qquad \ldots(A)$$

$$\left(\frac{\cos\theta+i\sin\theta}{i\cos\theta+\sin\theta}\right)^4 = \left(\frac{e^{i\theta}}{e^{-i\theta}}\right)^4 \text{ लेने पर,}$$

समीकरण (1), (2) और (A) से,

$$= \left(e^{2i\theta}\right)^4$$

$$\Rightarrow e^{8i\theta} = \cos8\theta + i\sin8\theta$$

अतः सही विकल्प (B) है।

77. दिया है: $iz^3 + z^2 - z + i = 0$

$\Rightarrow iz^3 + z^2 + (i^2)z + i = 0 \quad (i^2 = -1)$

$\Rightarrow iz^3 + i^2z + z^2 + i = 0$

$\Rightarrow iz(z^2 + i) + 1(z^2 + i) = 0$

$(z^2 + i)(iz + 1) = 0$

$(z^2 + i)i(z - i) = 0 \quad (-i^2 = 1)$

$z^2 = -i$ या $z = i$

यदि $z = i$ तब $|z| = |i| = 1$

यदि $z^2 = -i$ तब $|z^2| = |-i| = 1$

$\Rightarrow |z^2| = 1$

$\Rightarrow |z| = 1$

इसलिए, यदि $iz^3 + z^2 - z + i = 0$, तो $|z|$ का मान 1 है।

अत: विकल्प (A) सही है।

78. यदि $ax^2 + bx + c = 0$ द्विघात समीकरण है, तो ....(1)

मूलों का योग $(\alpha + \beta) = \dfrac{-b}{a}$

और मूलों का गुणनफल $(\alpha \times \beta) = \dfrac{c}{a}$

दिया हुआ समीकरण $x^2 - ax + 1 = 0$, समीकरण (1) से तुलना करने पर हमें $a = 1, b = (-a)$ और $c = 1$ मिलता है।

माना $\alpha = (2 + i)$ तब $\beta = (2 - i)$

तब मूलों का योग $(\alpha + \beta) = \dfrac{-b}{a}$

$\Rightarrow (2 + i) + (2 - i) = a$

$\Rightarrow 4 = a$

$\Rightarrow a = 4$

अत: विकल्प (B) सही है।

79. हमे तीन सम्मिश्र संख्याएँ $3 + 4i, 8 - 6i$ और $13 + 9i$ दी गई हैं।

माना A, B, C सम्मिश्र संख्या $3 + 4i, 8 - 6i$ और $13 + 9i$ को निरूपित करता है।

$AB = |(3 + 4i) - (8 - 6i)|$

$AB = |3 + 4i - 8 + 6i|$

$AB = |-5 + 10i| = \sqrt{(-5)^2 + (10)^2}$

$AB = \sqrt{25 + 100} = \sqrt{125}$

$BC = |(8 - 6i) - (13 + 9i)|$

$BC = |8 - 6i - 13 - 9i| = |-5 - 15i|$

$BC = \sqrt{(-5)^2 + (-15)^2}$

$BC = \sqrt{25 + 225} = \sqrt{250}$

$CA = |(13 + 9i) - (3 + 4i)|$

$CA = |13 + 9i - 3 - 4i| = |10 + 5i|$

$CA = \sqrt{(10)^2 + (5)^2}$

$CA = \sqrt{100 + 25} = \sqrt{125}$

$\Rightarrow BC^2 = AB^2 + CA^2$

$\Rightarrow$ इनमें से एक कोण $90°$ है

इस प्रकार, सम्मिश्र संख्या $3 + 4i, 8 - 6i$ और $13 + 9i$ का प्रतिनिधित्व करने वाले बिंदुओं द्वारा गठित त्रिभुज की प्रकृति समकोण त्रिभुज है।

अत: विकल्प (B) सही है।

80. हम जानते हैं कि, $z = e^{i\theta}$ $\quad$ ....(1)

और $e^{i\theta} = \cos\theta + i\sin\theta$ $\quad$ ....(2)

दिया है, $z = e^{i\theta}$

लेने पर,

$\Rightarrow \dfrac{z^2 - 1}{z^2 + 1} = \dfrac{e^{2i\theta} - 1}{e^{2i\theta} + 1}$

$= \dfrac{\cos 2\theta + i\sin 2\theta - 1}{\cos 2\theta + i\sin 2\theta + 1}$

$= \dfrac{-1(1 - \cos 2\theta) + 2i\sin\theta\cos\theta}{(1 + \cos 2\theta) + 2i\sin\theta\cos\theta}$

$= \dfrac{-(1 - 1 + 2\sin^2\theta) + 2i\sin\theta\cos\theta}{(1 + 2\cos^2\theta - 1) + 2i\sin\theta\cos\theta}$

$= \dfrac{(-2\sin^2\theta) + 2i\sin\theta\cos\theta}{2\cos^2\theta + 2i\sin\theta\cos\theta}$

$= \dfrac{-2\sin\theta(\sin\theta - i\cos\theta)}{2\cos\theta(\cos\theta + i\sin\theta)}$

$= -\tan\theta \times -i\left(\dfrac{\cos\theta + i\sin\theta}{\cos\theta + i\sin\theta}\right)$

$= -\tan\theta \times -i$

$\Rightarrow \dfrac{z^2 - 1}{z^2 + 1} = i\tan\theta$

अत: विकल्प (A) सही है।

81. यदि समीकरण प्रणाली के एक से अधिक हल हैं, तो $D = 0$ और $D_1 = D_2 = D_3 = 0$। समीकरण के दिए गए सेट से हम बनाते हैं,

$D_1 = 0$

$\Rightarrow \begin{vmatrix} a & 2 & 3 \\ b & -1 & 5 \\ c & -3 & 2 \end{vmatrix} = 0$

अब,

$\Rightarrow a(-2 + 15) - 2(2b - 5c) + 3(-3b + c) = 0$

$\Rightarrow 13a - 4b + 10c - 9b + 3c = 0$

$\Rightarrow 13a - 13b + 13c = 0$

$\Rightarrow a - b + c = 0$

$\therefore b - a - c = 0$

अतः विकल्प (B) सही है।

82. दिया गया है,

$(\alpha + \beta) = -\dfrac{q}{p}$ और $\alpha\beta = \dfrac{r}{p}$

विकल्प (A):

$\dfrac{1}{(\alpha+\beta)} = \dfrac{1}{\left(-\frac{q}{p}\right)} = -\dfrac{p}{q}$

विकल्प (B):

$\dfrac{1}{\alpha} + \dfrac{1}{\beta} = \dfrac{(\alpha+\beta)}{\alpha\beta} = \dfrac{\left(-\frac{q}{p}\right)}{\left(\frac{r}{p}\right)} = -\dfrac{q}{r}$

विकल्प (C):

$-\dfrac{1}{\alpha\beta} = -\dfrac{1}{\left(\frac{r}{p}\right)} = -\dfrac{p}{r}$

विकल्प (D):

$\dfrac{\alpha\beta}{(\alpha+\beta)} = \dfrac{\left(\frac{r}{p}\right)}{\left(-\frac{q}{p}\right)} = -\dfrac{r}{q}$

अब,

$\because p < r$

विकल्प (A) > विकल्प (D)

$\because q < r$

विकल्प (C) > विकल्प (A)

$\because p < q$

विकल्प (C) > विकल्प (B)

$\therefore$ विकल्प (C) अर्थात $-\dfrac{1}{\alpha\beta}$ उच्चतम है।

अतः विकल्प (C) सही है।

83. असमिकाओं को समीकरणों में बदलने पर, हम प्राप्त करते हैं:

$5x - 4y + 12 = 0, x + y = 2, x = 0, y = 0$

$5x - 4y + 12 = 0$ के लिए

$x = 0$ रखने पर, $0 - 4y = -12 \Rightarrow y = 3$

$y = 0$ रखने पर, $5x - 0 = -12 \Rightarrow x = -2.4$

यह रेखा x-अक्ष को $(-2.4, 0)$ पर और y-अक्ष को $(0, 3)$ पर मिलाती है। इन बिंदुओं के माध्यम से एक रेखा खींचें।

हम देखते हैं कि मूल बिंदु $(0,0)$ असमिका $5x - 4y + 12 < 0$ को संतुष्ट नहीं करती है

इसलिए, जिस क्षेत्र में मूल नहीं है वह असमता $5x - 4y + 12 < 0$ का समाधान है

$x + y = 2$ के लिए

$x = 0, y = 2$ रखने पर

$y = 0, x = 2$ रखने पर

यह रेखा x-अक्ष को $(2,0)$ पर और y-अक्ष को $(0,2)$ पर मिलाती है। इन बिंदुओं के माध्यम से एक रेखा खींचें।

हम देखते हैं कि मूल बिंदु $(0,0)$ असमिका $x + y < 2$ को संतुष्ट करती है

इसलिए, इस क्षेत्र में मूल है जो असमता $x + y < 2$ का समाधान है

असमताओं का समाधान $5x - 4y + 12 < 0, x + y < 2, x < 0$ और $y > 0$ का प्रतिच्छेदन है। इस प्रकार, छायांकित क्षेत्र असमताओं के दिए गए समुच्चय के समाधान सेट का प्रतिनिधित्व करता है।

अब $5x - 4y + 12 = 0$ और $x + y = 2$ को हल करने पर हमें बिंदु $P(-0.444, 2.444)$ प्राप्त होता है।

अब, $(-1,2)$ को $5x - 4y + 12 < 0$ में रखने पर,

$-5 - 8 + 12 < 0 \Rightarrow -1 < 0$ जो सत्य है।

पुनः $(-1,2)$ को $x + y < 2$ में रखने पर,

$-1 + 2 < 2 \Rightarrow 1 < 2$ जो सत्य है।

$\Rightarrow$ बिंदु $(-1,2)$, $5x - 4y + 12 < 0$ और $x + y < 2$ को संतुष्ट करता है

$\therefore (-1,2)$ उभयनिष्ठ क्षेत्र में स्थित है।

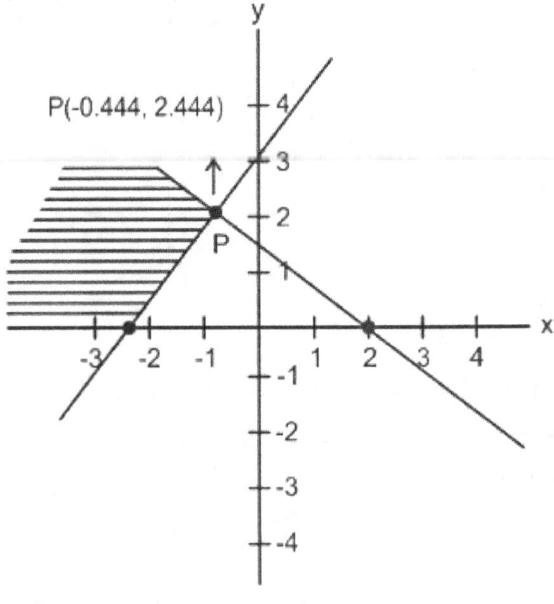

अतः विकल्प (D) सही है।

84. दिया गया है,

$\dfrac{1}{5}\left(\dfrac{3x}{5} + 4\right) \geq \dfrac{1}{3}(x - 6)$

$\Rightarrow 3\left(\dfrac{3x}{5} + 4\right) \geq 5(x - 6)$

$\Rightarrow \left(\dfrac{9x}{5} + 12\right) \geq 5x - 30$

$\Rightarrow (30 + 12) \geq -\dfrac{9x}{5} + 5x$

$\Rightarrow 42 \geq \frac{-9x+25x}{5}$

$\Rightarrow 42 \geq \frac{16x}{5}$

$\Rightarrow \frac{42 \times 5}{16} \geq x$

$\therefore x \leq \frac{105}{8}$

अत: विकल्प (A) सही है।

85. दिया हुआ:

$\sin137°\sin43° + \cos43°\sin47°$

$\sin137° = \sin(180° - 43°) = \sin43°$

$\sin43° = \sin(90° - 47°) = \cos47°$

$\sin43°\cos47° + \cos43°\sin47$

$\sin(A + B) = SinACosB + \cos A\sin B$ का उपयोग करके

$\Rightarrow \sin43°\cos47° + \cos43°\sin47° = \sin(43° + 47°)$

$= \sin90°$

$= 1$

$\therefore \sin43°\cos47° + \cos43°\sin47° = 1$

अतः विकल्प (D) सही है।

86. $\tan(A + B) = \frac{\tan A + \tan B}{1 - \tan A \times \tan B}$

$\frac{\sin\theta}{\cos\theta} = \tan\theta$

$3\cos\theta = 4\sin\theta$

$\frac{3}{4} = \frac{\sin\theta}{\cos\theta}$

$\frac{3}{4} = \tan\theta$

$\tan(45° + \theta) = \frac{\tan45° + \tan\theta}{1 - \tan45° \times \tan\theta}$

$= \frac{1 + \frac{3}{4}}{1 - 1 \times \frac{3}{4}}$

$= \frac{1 + \frac{3}{4}}{1 - \frac{3}{4}}$

$= \frac{\frac{7}{4}}{\frac{1}{4}}$

$= 7$

अतः विकल्प (B) सही है।

87. ज्ञात करना है: $(1 + \cot\theta - cosec\theta)(1 + \tan\theta + \sec\theta)$ का मान

$= \left(1 + \frac{\cos\theta}{\sin\theta} - \frac{1}{\sin\theta}\right)\left(1 + \frac{\sin\theta}{\cos\theta} + \frac{1}{\cos\theta}\right)$

$= \frac{(\sin\theta + \cos\theta - 1)(\sin\theta + \cos\theta + 1)}{\sin\theta\cos\theta}$

$= \frac{(\sin\theta + \cos\theta)^2 - 1}{\sin\theta\cos\theta}$

$= \frac{\sin^2\theta + \cos^2\theta + 2\sin\theta\cos\theta - 1}{\sin\theta\cos\theta}$

$= \frac{1 + 2\sin\theta\cos\theta - 1}{\sin\theta\cos\theta}$

$= \frac{2\sin\theta\cos\theta}{\sin\theta\cos\theta}$

$= 2$

अत: विकल्प (B) सही है।

88. दिया हुआ,

$\cos18° - \sin18°$

$= \cos(90° - 72°) - \sin18°$

$= \sin72° - \sin18°$

$= 2\cos\frac{(72° + 18°)}{2} \times \sin\frac{(72° - 18°)}{2}$

$= 2\cos45°\sin27°$

$= 2 \times \frac{1}{\sqrt{2}} \times \sin27°$

$= \sqrt{2}\sin27°$

अत: विकल्प (A) सही है।

89. दिया गया है,

$\cos x + \cos y = \frac{1}{\sqrt{2}}$ और $\sin x - \sin y = \frac{\sqrt{3}}{2}$

हम जानते हैं कि,

$\sin A - \sin B = 2\cos\left(\frac{A+B}{2}\right)\sin\left(\frac{A-B}{2}\right)$

$\cos A + \cos B = 2\cos\left(\frac{A+B}{2}\right)\cos\left(\frac{A-B}{2}\right)$

$\therefore \cos x + \cos y = \frac{1}{\sqrt{2}}$

$\Rightarrow 2\cos\left(\frac{x+y}{2}\right)\cos\left(\frac{x-y}{2}\right) = \frac{1}{\sqrt{2}}$ ... (i)

और $\sin x - \sin y = \frac{\sqrt{3}}{2}$

$\Rightarrow 2\cos\left(\frac{x+y}{2}\right)\sin\left(\frac{x-y}{2}\right) = \frac{\sqrt{3}}{2}$ ... (ii)

(ii) को (i) से विभाजित करने पर, हमें निम्न प्राप्त होता है

$\tan\left(\frac{x-y}{2}\right) = \sqrt{\frac{3}{2}}$

अत: विकल्प (A) सही है।

90. पहले उन बिंदुओं को खोजें जहां वक्र x-अक्ष (y = 0) से मिलता है।

$\Rightarrow y = \sqrt{16 - x^2} = 0$

$\Rightarrow x = \pm 4$

अब, चूंकि वक्र $y = \sqrt{16 - x^2}$ पूरी तरह से दिए गए परास $x = -4$ से $x = 4$, तक $x-$ अक्ष के एक पक्ष पर है, हमारे पास है:

आवश्यक क्षेत्र $= \int_{-4}^{4} \sqrt{4^2 - x^2}\, dx$

$= \left[\frac{x}{2}\sqrt{4^2 - x^2} + \frac{4^2}{2}\sin^{-1}\frac{x}{4} \right]_{-4}^{4}$

$= \left[\frac{4}{2}\sqrt{4^2 - 4^2} + \frac{4^2}{2}\sin^{-1}\frac{4}{4} \right] -$
$\left[\frac{-4}{2}\sqrt{4^2 - (-4)^2} + \frac{4^2}{2}\sin^{-1}\frac{-4}{4} \right]$

$= 8\frac{\pi}{2} + 8\frac{\pi}{2}$

$= 8\pi$ वर्ग इकाई

अतः विकल्प (B) सही है।

91. वक्र 1: $y = \sin x = f(x)$ (मान लीजिए)

वक्र 2: रेखाएँ $x = -\frac{\pi}{3}$ और $x = \frac{\pi}{3}$

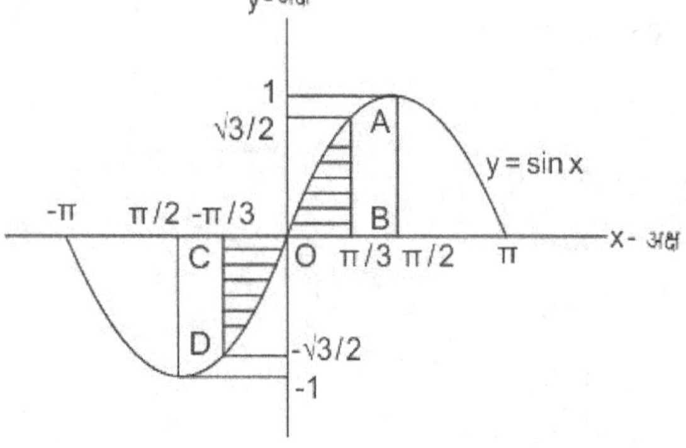

चित्र के अनुसार क्षेत्र वक्र OAB और वक्र OCD का योग यहाँ OAB और OCD बराबर हैं और 0 से $\frac{\pi}{3}$ तक सीमित हैं

इसलिए, क्षेत्रफल $= 2 \times$ OAB का क्षेत्रफल

अब अभीष्ट क्षेत्रफल (A) है

OAB का क्षेत्र $= \left| \int_{x_1}^{x_2} f(x)\, dx \right|$

$= \left| \int_{0}^{\frac{\pi}{3}} \sin\, dx \right|$

$= \left| [-\cos x]_{0}^{\frac{\pi}{3}} \right|$

$= \left| -\cos\frac{\pi}{3} + \cos 0° \right|$

$= \left| 1 - \frac{1}{2} \right| = \frac{1}{2}$

$\therefore$ छायांकित क्षेत्र $= 2 \times \frac{1}{2} = 1$

अतः विकल्प (B) सही है।

92. दिया गया:

$y = \sin x + \cos x$ अंतराल में $0 < x < \frac{\pi}{2}$ माना अभीष्ट क्षेत्रफल A है।

वक्र के अंतर्गत क्षेत्रफल के सूत्र का प्रयोग करने पर,

$A = \left| \int_{a}^{b} f(x) + g(x)dx \right| = \left| \int_{a}^{b} f(x)dx \right| + \left| \int_{a}^{b} g(x)dx \right|$

$\Rightarrow A = \int_{0}^{\frac{\pi}{2}}(\sin x + \cos x)dx = \int_{0}^{\frac{\pi}{2}}(\sin x)dx + \int_{0}^{\frac{\pi}{2}}(\cos x)dx = [-\cos x]_{0}^{\frac{\pi}{2}}$

$\cos 0 = 1, \sin 0 = 0, \cos\frac{\pi}{2} = 0$ और $\sin\frac{\pi}{2} = 1$ के मान का करने पर

$\Rightarrow A = -\cos\frac{\pi}{2} + \cos 0 + \sin\frac{\pi}{2} + \sin 0 = |0 + 1| + |1 - 0| = 1 + 1 = 2$

अतः विकल्प (B) सही है।

93. हम जानते हैं कि वक्र $f(x), x \in [-a, a]$ और x-अक्ष से घिरे क्षेत्र का क्षेत्रफल इस प्रकार दिया गया है:

$A = \int_{-a}^{a} f(x)dx$

वक्र से घिरे क्षेत्र का क्षेत्रफल $f(x) = 1 - \frac{x^2}{4}, x \in [-2,2]$ और x-अक्ष:

$A = \int_{-2}^{2}\left(1 - \frac{x^2}{4}\right)dx$

$\Rightarrow A = \left[x - \frac{x^3}{12} \right]_{-2}^{2}$

$\Rightarrow A = [2 - (-2)] - \left[\frac{8}{12} - \frac{-8}{12} \right]$

$\Rightarrow A = 4 - \frac{4}{3}$

$\Rightarrow A = \frac{8}{3}$

इसलिए, वक्र से घिरे क्षेत्र का क्षेत्रफल

$f(x) = 1 - \frac{x^2}{4}, x \in [-2,2]$ और x-अक्ष $\frac{8}{3}$ वर्ग इकाई है।

अतः विकल्प (A) सही है।

94. $dy = (1 + y^2)dx$

$\Rightarrow \frac{dy}{1+y^2} = dx$

दोनों पक्षों का समाकलन करने पर हमें प्राप्त होता है,

$\Rightarrow \tan^{-1}y = x + c$

$\Rightarrow y = \tan(x + c)$

$\therefore$ अवकल समीकरण $dy = (1 + y^2)dx$ का हल $y = \tan(x + c)$ है।

अतः विकल्प (B) सही है।

95. $\cos x\, dy = y(\sin x - y)dx$

$$\Rightarrow \cos x \, dy = y \frac{\sin x}{\cos x} - y^2 \, dx$$

$$\Rightarrow \frac{dy}{dx} = y\tan x - y^2 \sec x$$

$$\Rightarrow \frac{1}{y^2}\frac{dy}{dx} - \frac{1}{y}\tan x = -\sec x$$

अब, माना $y = \frac{1}{t}$

इसलिए $\frac{1}{y^2}\frac{dy}{dx} = -\frac{dt}{dx}$

इन मानों को रखने पर हमें प्राप्त होता है

$$-\frac{dt}{dx} - t\tan x = -\sec x$$

$$\frac{dt}{dx} + t\tan x = \sec x$$

अब,

$$I.F = e^{\int \tan x \, dx} = e^{\log \sec x} = \sec x$$

$$\Rightarrow t(I.F) = \int (I.F)\sec x \, dx + c$$

$$\Rightarrow t(\sec x) = \int (I.F)\sec x \, dx + c$$

$$\Rightarrow t\sec x = \int \sec^2 x + c$$

$$\Rightarrow \sec x = (\tan x + c)y$$

$\therefore$ समीकरण का हल sec x = (tan x + c)y है।

अतः विकल्प (A) सही है।

96. $\frac{dy}{dx} = e^{x+y} + x^2 e^y$

$$\Rightarrow \frac{dy}{dx} = e^x \cdot e^y + x^2 e^y$$

$$\Rightarrow \frac{dy}{dx} = e^y(e^x + x^2)$$

$$\Rightarrow \int \frac{dy}{e^y} = \int (e^x + x^2)dx$$

$$\Rightarrow \int e^{-y} dy = \int (e^x + x^2)dx$$

$$\Rightarrow -e^{-y} = e^x + \frac{x^3}{3} + C$$

$$\Rightarrow e^x + e^{-y} + \frac{x^3}{3} = c$$

अतः विकल्प (C) सही है।

97. दिया गया है:

$$y = x\left(\frac{dy}{dx}\right)^2 + \left(\frac{dx}{dy}\right)$$

$$y = x\left(\frac{dy}{dx}\right)^2 + \frac{1}{\left(\frac{dy}{dx}\right)}$$

$$\Rightarrow y\left(\frac{dy}{dx}\right) = x\left(\frac{dy}{dx}\right)^3 + 1$$

दिए गए अवकल समीकरण के लिए उच्चतम कोटि का अवकलज 1 है।

अब, उच्चतम कोटि के अवकलज की घात 3 है।

हम जानते हैं कि, एक अवकल समीकरण की घात उच्चतम अवकलज की घात है।

अतः अवकल समीकरण की घात 3 है।

अतः विकल्प (C) सही है।

98. अवकल समीकरण को निम्न रूप में ज्ञात किया गया है: $\frac{d^3y}{dx^3} + \cos\left(\frac{d^2y}{dx^2}\right) = 0$

अवकल समीकरण में मौजूद उच्चतम कोटि वाला अवकलज $\frac{d^3y}{dx^3}$ है।

अतः इसकी कोटि तीन है।

यहाँ दिया गया अवकल समीकरण एक बहुपदीय समीकरण नहीं है, अतः इसकी डिग्री परिभाषित नहीं है।

अतः विकल्प (C) सही है।

99. दिया गया है: dy = (1 + y2) dx

दोनों पक्षों का समाकलन करने पर, हमें निम्न प्राप्त होता है

$$\Rightarrow \int \frac{dy}{1+y^2} = \int dx \Rightarrow \tan^{-1} y = x + c$$

$$\Rightarrow y = \tan(x + c)$$

$\therefore$ दिए गए अवकल समीकरण का हल $y = \tan(x + c)$ है।

अतः विकल्प (B) सही है।

100. दिया गया है, $I = \int e^x\{1 + \ln x + x\ln x\}dx$

$$\Rightarrow I = \int e^x dx + \int e^x \ln x \, dx + \int e^x x\ln x \, dx$$

$$\Rightarrow I = e^x + \int e^x \ln x \, dx + \int e^x x\ln x \, dx$$

$f(x) = x\ln x$ और $g(x) = e^x$ लेकर अंतिम समाकलन $\int e^x x\ln x \, dx$ की गणना करने पर

$$\Rightarrow I = e^x + \int e^x \ln x \, dx + \left[x\ln x \int e^x dx - \int (x\ln x)^1 \int e^x dx \, dx\right]$$

$$\Rightarrow I = e^x + \int e^x \ln x \, dx + x\ln x e^x - \int (1 + \ln x)e^x dx$$

$$\Rightarrow I = e^x + \int e^x \ln x \, dx + x\ln x e^x - \int e^x dx - \int e^x \ln x \, dx$$

$$\Rightarrow I = e^x + x\ln x e^x - e^x$$

$$\Rightarrow I = x\ln x e^x + c$$

अतः विकल्प (A) सही है।

Q.1 यदि A = {a, b} तो A का घात समुच्चय निम्न में से कौन सा है?

A. {φ, {a}, {b}}

B. {φ, {a}, {b}, {a, b}}

C. {φ, {a}, {b}, {a, b}

D. इनमें से कोई नहीं

Q.2 निम्नलिखित में से कौन सा/से कथन सही है/हैं?

I. यदि A समुच्चय है तो φ, A का उपसमुच्चय है।

II. यदि B = {x ∈ N: x < 1} है तो B एक रिक्त समुच्चय है।

A. केवल I

B. केवल II

C. I और II दोनों

D. न तो I और न ही II

Q.3 यदि A, B का उपसमुच्चय है और B, C का उपसमुच्चय है तो A ∪ B ∪ C की प्रधानता किसके बराबर है?

A. C की प्रधानता

B. B की प्रधानता

C. A की प्रधानता

D. इनमें से कोई भी नहीं

Q.4 $\sin^{-1} 3x$ का डोमेन ज्ञात कीजिए।

A. [-1, 1] **B.** $\left[\frac{-1}{2}, \frac{1}{2}\right]$ **C.** $\left[\frac{-1}{3}, \frac{1}{3}\right]$ **D.** $\left[0, \frac{1}{3}\right]$

Q.5 एक विद्यालय में 600 छात्रों के सर्वेक्षण में, 150 छात्र चाय ले रहे थे और 225 कॉफी ले रहे थे, 100 चाय और कॉफी दोनों ले रहे थे। ज्ञात करें कि कितने छात्र न तो चाय ले रहे थे और न ही कॉफी?

A. 325 **B.** 350 **C.** 375 **D.** 400

Q.6 100 लोगों के समूह के लिए एक डिनर पार्टी तय की जानी है। इस पार्टी में, 50 व्यक्ति मछली पसंद नहीं करते हैं, 60 चिकन पसंद करते हैं और 10 चिकन या मछली पसंद नहीं करते हैं। मछली और चिकन दोनों को पसंद करने वाले व्यक्तियों की संख्या _____ है।

A. 20 **B.** 22

C. 25 **D.** इनमें से कोई नहीं

Q.7 यदि aN = {ax : x Î N} और bN Ç cN = dN, जहां b, c Î N अपेक्षाकृत प्रमुख हैं, तो:

A. d = bc **B.** c = bd

C. b = cd **D.** इनमें से कोई नहीं

Q.8 यदि a, b, c तीन क्रमागत धनातक पूर्णांक है, तो $(1 + ca)$ का मान क्या है?

A. $\log b$ **B.** $\log \frac{b}{2}$ **C.** $\log 2b$ **D.** $2\log b$

Q.9 वास्तविक-मूल्यवान फलन $f(x) = \sqrt{9 - x^2}$ का परिसर है:

[UPSESSB TGT Mathematics, 2013]

A. [0,3] **B.** [−3,3] **C.** [−3,0] **D.** [0,9]

Q.10 $A = \{2,6\}$ से $B = \{1,3,5,7\}$ तक के संबंधों की संख्या जो कि A से B तक के फलन नहीं है:

A. 240 **B.** 16 **C.** 128 **D.** 200

Q.11 वास्तविक संख्या k जिसके लिए समीकरण, $2x^3 + 3x + k = 0$ में दो अलग वास्तविक मान हैं [0,1]

A. 1और 2 के बीच **B.** 2 और 3 के बीच

C. −1 और 0 के बीच **D.** अस्तित्व में नहीं है

Q.12 यदि $ax^2 + bx + c = 0$ और $cx^2 + bx + a = 0$ $(a, b, c \in R)$ एक सामान काल्पनिक मान है , तब

A. $-2|a| < |b| < 2|a|$ **B.** $-2|c| < |b| < 2|c|$

C. $a = c$ **D.** सभी सही है

Q.13 यदि $\log_{10}(x^2 - 6x + 45) = 2$ है, तो x का मान है:

[UPSESSB TGT Mathematics, 2016]

A. 6, 9 **B.** 9, -5 **C.** 10, 5 **D.** 11, -5

Q.14 समीकरण $x^2 + px + q = 0$ के मूल 1 और 2 हैं। समीकरण $qx^2 - px + 1 = 0$ के मूल होंगे:

[UPSESSB TGT Mathematics, 2016]

A. $1, \frac{1}{2}$ **B.** $-\frac{1}{2}, -1$ **C.** $-\frac{1}{2}, 1$ **D.** $-1, \frac{1}{2}$

Q.15 $\left(\sqrt{-6} \times \sqrt{-6}\right)$ का मान है:

[UPSESSB TGT Mathematics, 2016]

A. 6 **B.** -6 **C.** 6i **D.** -6i

Q.16 दया के बैग में इतिहास की 3 किताबें, विज्ञान की 4 किताबें और गणित की 2 किताबें हैं। दया किताबों को कितने तरीकों से व्यवस्थित कर सकती है कि एक ही विषय की सभी किताबें एक साथ हों?

A. 9000 **B.** 6000 **C.** 8640 **D.** 1728

Q.17 यदि $^nC_r = {}^nC_{r-1}$ और $^nP_r = {}^nP_{r+1}$ है, तो r का मान क्या है?

A. 3 **B.** 4 **C.** 2 **D.** 5

Q.18 उन तरीकों की संख्या क्या है जिसमें 5 पुरुष और 3 महिलाओं को एक गोल मेज के चारों ओर इस प्रकार बैठाया जाना है जिससे कोई भी दो महिलाएं एकसाथ नहीं बैठे?

A. $5! \times {}^5P_3$ **B.** $4! \times {}^5P_3$

C. $4! \times {}^6P_3$ **D.** इनमें से कोई नहीं

Q.19 "PARAGLIDING" शब्द के अक्षरों को कितने तरीकों से व्यवस्थित किया जा सकता है, कि सभी स्वर एक साथ हों?

A. 88322 तरीके **B.** 120960 तरीके

C. 740 तरीके **D.** 144868 तरीके

Q.20 एक पंक्ति में छह समान सिक्कों को व्यवस्थित किया गया है। उन तरीकों की संख्या ज्ञात करें जिसमें पट्ट की संख्या चित की संख्या के बराबर है :

A. 20 **B.** 9 **C.** 120 **D.** 40

Q.21 x in $\left(x^2 - \frac{1}{x^3}\right)^{10}$ में x का स्वतंत्र पद क्या है?

A. $^{10}C_5$ **B.** $^{10}C_4$ **C.** $^{10}C_3$ **D.** $^{10}C_2$

Q.22 $\frac{1}{(1-x)(3-x)}$ के विस्तार में x^n का गुणांक है:

[UPSESSB TGT Mathematics, 2016]

A. $\frac{3^{n+1}-1}{2.3^{n+1}}$ **B.** $\frac{3^{n+1}-1}{3^{n+1}}$

C. $2\left(\frac{3^{n+1}-1}{3^{n+1}}\right)$ **D.** इनमें से कोई नहीं

Q.23 ढलान 3 और रेखा पर बिंदु (3, 2) वाले एक रेखा का समीकरण ज्ञात कीजिए।

A. 3y - x - 3 = 0   B. y - 3x + 7 = 0
C. y + 3x - 11 = 0   D. 3y + x - 9 = 0

Q.24 ढलान 2 के साथ बिंदु (2, 3) से गुजरने वाली रेखा का समीकरण है:

A. 2x + y - 1 = 0   B. 2x - y + 1 = 0
C. 2x - y - 1 = 0   D. 2x + y + 1 = 0

Q.25 x अक्ष की धनात्मक दिशा के साथ $30°$ का झुकाव बनाने वाली रेखा की ढलान का पता लगाएं।

A. 1   B. $\sqrt{3}$ C. $\frac{1}{\sqrt{3}}$ D. 0

Q.26 निम्न श्रेणी 25, -125, 625, -3125, ... का nवां पद है:

A. $(-5)^{2n-1}$ B. $(-1)^{2n}5^{n+1}$
C. $(-1)^{2n-1}5^{n+1}$ D. $(-1)^{n-1}5^{n+1}$

Q.27 उस श्रेणी का योग ज्ञात कीजिए जिसका nवाँ पद है:
n(n+1)(n+4)

A. $\frac{(n+1)}{2}(3n^2 + 23n + 36)$

B. $\frac{n(n+1)}{2}\left[\frac{3n^2+23n+34}{6}\right]$

C. $\frac{n(n+1)}{2}(n^2 + 23n + 34)$

D. $\frac{n(n+1)}{2}(3n^2 + n + 34)$

Q.28 एक गुणोत्तर श्रेणी का पहला पद 27 है और इसका आठवां पद $\frac{1}{81}$ है। तो इसके पहले 10 पदों का योग ज्ञात कीजिए।

A. $\frac{27}{2}\cdot\left(1-\frac{1}{3^{10}}\right)$ B. $\frac{81}{2}\cdot\left(1-\frac{1}{3^{10}}\right)$
C. $\frac{81}{2}\cdot\left(1-\frac{1}{3^9}\right)$ D. $\frac{27}{2}\cdot\left(1-\frac{1}{3^9}\right)$

Q.29 यदि C(28, 2r) = C(28, 2r - 4) है, तो r किसके बराबर है?

A. 7   B. 8   C. 12   D. 16

Q.30 यदि $\left(\sqrt{x}+\frac{1}{x}\right)^n$ के विस्तार में चौथा पद x से स्वतंत्र है, तो n किसके बराबर है?

A. 6   B. 9   C. 8   D. 12

Q.31 श्रेणी का योग ज्ञात कीजिए:
0.5+ 0.55 + 0.555+...

A. $\frac{5}{9}$ B. $\frac{1}{9}$ C. $\frac{7}{9}$ D. $\frac{5}{11}$

Q.32 एक AP के (p + q)वें और (p – q)वें पदों का योग किसके बराबर है?
[UPSC NDA, 2019]

A. (2p)वां पद   B. (2q)वां पद
C. pवें पद के दोगुना   D. qवें पद के दोगुना

Q.33 एक दीर्घवृत्त में OB अर्ध-लघु अक्ष के रूप में होता है, F और F' इसका नाभ होता है और कोण FBF' एक समकोण होता है। तब दीर्घवृत्त की उत्केन्द्रता क्या होगी?

A. $\frac{1}{\sqrt{2}}$ B. $\frac{1}{2}$ C. $\frac{1}{4}$ D. $\frac{1}{\sqrt{3}}$

Q.34 यदि दीर्घवृत्त $\frac{x^2}{18}+\frac{y^2}{32}=1$ पर $-\frac{4}{3}$ की ढलान वाली स्पर्शरेखा दीर्घ और लघु अक्षों को क्रमशः बिंदु A और B पर काटती है, तो $\triangle OAB$ का क्षेत्रफल _______ के बराबर होता है।

A. 40   B. 24   C. 28   D. 33

Q.35 किसी भी बिंदु पर परवलय $y^2 = 4ax$ की असामान्य लंबाई MN के बराबर होती है। MN की लंबाई ज्ञात कीजिए।

A. $2a$ B. $8a$ C. $7a$ D. $9a$

Q.36 रेखा $\frac{x+2}{-3}=\frac{y-2}{4}=\frac{z+2}{1}$ से बिंदु (2, 3, 5) की दूरी ज्ञात कीजिए।

A. $2\sqrt{71}$ B. $\sqrt{71}$ C. $\frac{\sqrt{71}}{2}$ D. $\sqrt{\frac{71}{2}}$

Q.37 $2x + 3y - z + 1 = 0$ और $x + y - 2z + 3 = 0$, और सतह के लंबवत $3x - y - 2z - 4 = 0$ समतल के प्रतिच्छेदन की रेखा से गुजरने वाले समतल का समीकरण ज्ञात कीजिए।

A. $7x + 13y + 4z - 9 = 0$

B. $7x + 13y + 3z - 10 = 0$

C. $7x + 3y + 4z - 5 = 0$

D. इनमें से कोई नहीं

Q.38 एक पंक्ति की दिशा कोज्या का पता लगाएं जो समन्वित अक्षों के साथ समान कोण बनाती है।

A. $\pm\frac{1}{\sqrt{3}},\pm\frac{1}{\sqrt{3}},\pm\frac{1}{\sqrt{3}}$ B. $\pm\frac{1}{\sqrt{2}},\pm\frac{1}{\sqrt{2}},\pm\frac{1}{\sqrt{2}}$
C. $+\frac{1}{\sqrt{3}},+\frac{1}{\sqrt{3}},+\frac{1}{\sqrt{3}}$ D. $\pm1,\pm1,\pm1$

Q.39 तल $(2,3,4)$ से बिंदु $3x - 6y + 2z + 11 = 0$ की दूरी ज्ञात कीजिए

A. 9   B. 7
C. 10   D. इनमें से कोई नहीं

Q.40

वर्ग	0 – 5	6 – 11	12 – 17	18 – 23	24 – 29
बारंबारता	13	10	15	8	11

मध्य वर्ग की ऊपरी सीमा है:

A. 17   B. 17.5   C. 18   D. 18.5

Q.41 यदि आरोही क्रम में व्यवस्थित अवलोकनों 21, 22, 25, 26, x, x + 4, 35, 38, 39, और 40 की माध्यिका 30 है, तो 6ठा अवलोकन है:

A. 33   B. 28   C. 32   D. 29

Q.42 निम्नलिखित बारंबारता वितरण किस प्रकार का है?

वर्ग	बारंबारता
0-5	4
0-10	7
0-15	11
0-20	16
0-25	23

A. संचयी बारंबरता से कम

B. संचयी बारंबरता से अधिक

C. असतत बारंबरता वितरण

D. व्यक्तिगत श्रृंखला

Q.43 आँकड़े (3, 5, 7, 8, X) के लिए माध्य और माध्यक बराबर हैं। यदि X ≥ 8, तो X का मान क्या है?

A. 8   B. 10   C. 12   D. 14

Q.44 25, 25, 13, 19, 15, 15, 24, 10, 25 और 9 प्रेक्षणों का माध्य, माध्यिका और बहुलक क्रमशः a, b और c हैं। व्यंजक (a + b - c)² का मान ज्ञात कीजिए।

A. 100   B. 121   C. 144   D. 81

Q.45 एक बक्से में 1 से लेकर 49 तक क्रमांकित 49 कार्ड हैं। प्रत्येक कार्ड पर केवल 1 संख्या क्रमांकित है। एक कार्ड को चुनते समय ऐसे कार्ड को चुनने की संभावना क्या है, जिस पर अंकित संख्या 5 से भाज्य हो लेकिन 10 या 15 से नहीं?

A. $\frac{2}{49}$ B. $\frac{3}{49}$ C. $\frac{4}{49}$ D. $\frac{5}{49}$

Q.46 एक पत्ते को 52 पत्तों की एक अच्छी तरह से मिलायी हुई एक गड्डी से निकला जाता है। एक जुआरी यह दांव लगाता है कि यह या तो एक पान या एक इक्का है। तो इस दावें को उसके जीतने के प्रतिकूल संयोगानुपात क्या हैं?

A. 9:4   B. 4:9   C. 35:52   D. 1:3

Q.47 एक छह मुख वाला पासा एक पक्षपाती है। इसकी सम संख्या दिखाने की तुलना में विषम संख्या दिखाने की संभावना तीन गुना अधिक है। इसे दो बार फेंका जाता है। क्या प्रायिकता है कि दो बार फेंकने पर संख्याओं का योग सम होगा?

A. $\frac{4}{8}$ B. $\frac{5}{8}$ C. $\frac{6}{8}$ D. $\frac{7}{8}$

Q.48 एक बैग में संख्या 1 से 17 तक 17 टिकट होते हैं। एक टिकट यादृच्छिक रूप से खींचा जाता है फिर दूसरा टिकट पहले वाले से बदले बिना खींचा जाता है। दोनों टिकटों के सम संख्या प्रदर्शित करने की प्रायिकता क्या हैं?

A. $\frac{7}{34}$ B. $\frac{8}{17}$ C. $\frac{7}{16}$ D. $\frac{7}{17}$

Q.49 समीकरण $2\tan^{-1}(\cos x) = \tan^{-1}(2\,cosec\,x)$ के लिए x का मान ज्ञात कीजिए।

A. $\frac{\pi}{4}$
B. 0
C. (A) और (B) दोनों
D. इनमें से कोई नहीं

Q.50 समीकरण $\sin^{-1}x - \cos^{-1}x = \frac{\pi}{6}$ का/के:

[UPSC NDA, 2021]

A. कोई हल नहीं है।
B. एकमात्र हल है।
C. दो हल हैं।
D. असंख्य हल हैं।

Q.51 $\tan^{-1}x + \cot^{-1}x = \frac{\pi}{2}$ है, जब:

[UPSC NDA, 2021]

A. $x \in R$
B. केवल $x \in R - (-1,1)$
C. केवल $x \in R - \{0\}$
D. केवल $x \in R - [-1,1]$

Q.52 एक विकर्ण आव्यूह का प्रतिलोम क्या होता है?
A. सममित आव्यूह
B. विषम - सममित आव्यूह
C. विकर्ण आव्यूह
D. उपरोक्त में से कोई नहीं

Q.53 यदि $A = \begin{bmatrix} 0 & 1 \\ 1 & 0 \end{bmatrix}$, तो आव्यूह A एक है:
A. अव्युत्क्रमणीय आव्यूह
B. अनैच्छिक आव्यूह
C. शून्यभावी आव्यूह
D. वर्गसम आव्यूह

Q.54 आव्यूह $A = \begin{bmatrix} 3 & 1 & 2 \\ 4 & 2 & 1 \\ 2 & a & 1 \end{bmatrix}$ का व्युत्क्रम मौजूद नहीं है तो $'a'$ का मान ज्ञात करें।

A. $\frac{8}{7}$ B. $\frac{4}{5}$ C. $\frac{7}{9}$ D. $\frac{5}{7}$

Q.55 यदि मैट्रिक्स A इस प्रकार है कि $A = \begin{bmatrix} 2 \\ -4 \\ 7 \end{bmatrix} [1 \quad 9 \quad 5]$, तो A का सारणिक किसके बराबर होगा?

A. 0   B. 1   C. 2   D. 3

Q.56 मैट्रिक्स A का सारणिक 5 है और मैट्रिक्स B का सारणिक 40। तो मैट्रिक्स AB का सारणिक ______ है।

A. 200   B. 300   C. 400   D. 500

Q.57 $A = \begin{vmatrix} 2 & 0 & 1 & 2 \\ 1 & 0 & 2 & 1 \\ 1 & 2 & 0 & 1 \\ 3 & 0 & 2 & 2 \end{vmatrix}$ का मान है:

A. 62   B. 6   C. 0   D. -48

Q.58 $x \in R$ के लिए, $f(x) = |\log 2 - \sin x|$ और $g(x) = f(f(x))$, तब:
A. g, $x = 0$ पर अवकलनीय नहीं है।
B. $g'(0) = \cos(\log 2)$
C. $g'(0) = -\cos(\log 2)$
D. g, $x = 0$ पर अवकलनीय है और $g'(0) = -\sin(\log 2)$

Q.59 $f(x) = \sqrt{\cos x - 1}$ का डोमेन है:
A. $R - \{n\pi : n \in Z\}$ B. $\{n\pi : n \in Z\}$
C. $\{2n\pi : n \in Z\}$ D. $(-\infty, \infty)$

Q.60 दी गई श्रृंखला का योग ज्ञात कीजिए:
$$\frac{1}{2}x^2 + \frac{2}{3}x^3 + \frac{3}{4}x^4 + \cdots \ldots \infty:$$

A. $\frac{x}{1+x} - \log_e(1-x)$ B. $\frac{x}{1+x} + \log_e(1-x)$
C. $\frac{x}{1-x} - \log_e(1-x)$ D. $\frac{x}{1-x} + \log_e(1-x)$

Q.61 मूल्यांकन करें: $\lim f(t)_{t \to 2} \dfrac{t^2 - 4}{t^3 - 8}$:

A. $\frac{1}{4}$ B. 4   C. 3   D. $\frac{1}{3}$

Q.62 फलन $f(x) = \begin{cases} 2 + x, & x \geq 0 \\ 2 - x, & x < 0 \end{cases}$ के संबंध में निम्नलिखित पर विचार कीजिए:

1) $\lim\limits_{x \to 1} f(x)$ का अस्तित्व नहीं है।

2) $f(x), x = 0$ पर अवकलनीय है।

3) $f(x), x = 0$ पर सतत है।

उपर्युक्त कथनों में से कौन-सा/से सही है/हैं?
A. केवल 1   B. केवल 3
C. केवल 2 और 3   D. केवल 1 और 3

Q.63 फलन का स्थानीय अधिकतम और न्यूनतम के सभी बिंदुओं का पता लगाएं $f(x) = (x-1)^3(x+1)^2$:
A. $1, -1, \frac{-1}{5}$ B. $1, -1$
C. $1, \frac{-1}{5}$ D. $-1, \frac{-1}{5}$

Q.64 वक्र $y = x^2$ पर उन बिंदुओं को ज्ञात कीजिए जिसपर स्पर्श रेखा का ढलान बिंदु के y-निर्देशांक के बराबर है?
A. (0, 0) और (2, 3)   B. (0, 0) और (3, 4)
C. (0, 0) और (2, 4)   D. (0, 1) और (2, 4)

Q.65 $\sin x \cdot \cos x$ का अधिकतम मान क्या है?

A. 1   **B.** $\frac{1}{\sqrt{2}}$ **C.** 0   **D.** $\frac{1}{2}$

A. 6 इकाइयाँ   **B.** 5 इकाइयाँ   **C.** 3 इकाइयाँ   **D.** 2 इकाइयाँ

Q.66 फलन $f(x) = |x - 4|$ का न्यूनतम मान कितने पर मौजूद है?

A. $x = 0$ **B.** $x = 2$ **C.** $x = 4$ **D.** $x = -4$

Q.67 फलन e^{2x+3} का समाकलन समाकलन कीजिए :

A. $\frac{e^{2x+4}}{3} + C$ **B.** $\frac{e^{2x+3}}{4} + C$

C. $\frac{e^{2x+3}}{2} + C$ **D.** $\frac{e^{3x+3}}{5} + C$

Q.68 फलन $\int \frac{3x^2}{x^6+1} dx$ का समाकलन ज्ञात कीजिए।

A. $\tan^{-1}(x^3) + C$ **B.** $\cos^{-1}(x^3) + C$

C. $\cot^{-1}(x^3) + C$ **D.** $\sin^{-1}(x^3) + C$

Q.69 $\int \sqrt{4 - x^2} \cdot dx$ ज्ञात कीजिये।

A. $\frac{5}{2}\sqrt{5 - x^2} + 3\sin^{-1}\frac{x}{2} + C$

B. $\frac{3}{2}\sqrt{5 - x^2} + 3\sin^{-1}\frac{x}{2} + C$

C. $\frac{x}{2}\sqrt{4 - x^2} + 2\sin^{-1}\frac{x}{2} + C$

D. $\frac{y}{2}\sqrt{4 - x^2} + 2\sin^{-1}\frac{x}{2} + C$

Q.70 मूल्यांकन करें: $\int \sqrt{1 - 4x - x^2} \cdot dx$

A. $\frac{5}{2}\sin^{-1}\left(\frac{y+2}{\sqrt{5}}\right) + \frac{(y+2)}{2}\sqrt{2 - x^2 - 4x} + C$

B. $\frac{3}{2}\sin^{-1}\left(\frac{x+2}{\sqrt{5}}\right) + \frac{(y+2)}{2}\sqrt{2 - x^2 - 4x} + C$

C. $\frac{3}{2}\sin^{-1}\left(\frac{x+2}{\sqrt{5}}\right) + \frac{(x+2)}{2}\sqrt{1 - x^2 - 4x} + C$

D. $\frac{5}{2}\sin^{-1}\left(\frac{x+2}{\sqrt{5}}\right) + \frac{(x+2)}{2}\sqrt{1 - x^2 - 4x} + C$

Q.71 $\vec{a} \times \vec{a}$ का मान ज्ञात कीजिए।

A. 1   **B.** 0   **C.** $|\vec{a}|$ **D.** $|\vec{a}|^2$

Q.72 यदि $|a| = 10$ और $|b| = 2$ और $a \cdot b = 12$ है तो $|a \times b| =$?

A. 14   **B.** 10   **C.** 16   **D.** 13

Q.73 यदि $\vec{a} = 2\hat{i} - 2\hat{j} + \hat{k}$ और $\vec{b} = 4\hat{i} - 2\hat{j} + 3\hat{k}$ है। तो $\vec{a}$ on $\vec{b}$ का अदिश प्रक्षेपण ज्ञात कीजिए।

A. $\frac{13}{9}$ **B.** $\frac{17}{9}$ **C.** $\frac{15}{\sqrt{29}}$ **D.** $\frac{7}{9}$

Q.74 यदि एक ही समतल में तीन या तीन से अधिक सदिश स्थित हैं तो उन्हें क्या कहा जाता है?

A. समतलीय सदिश   **B.** संरेखीय सदिश

C. सहप्रारंभिक सदिश   **D.** इनमें से कोई नहीं

Q.75 x का मान क्या होगा यदि $x(\hat{i} + \hat{j} + \hat{k})$ एक इकाई सदिश है?

A. $\pm\frac{1}{3}$ **B.** ± 3 **C.** $\pm\sqrt{3}$ **D.** $\pm\frac{1}{\sqrt{3}}$

Q.76 गोले के व्यास की लंबाई क्या है जिसका केंद्र (1, -2, 3) पर है और जो समतल 6x - 3y + 2z - 4 = 0 को स्पर्श करता है?

[UPSC NDA, 2020]

A. 1 इकाई   **B.** 2 इकाइयाँ   **C.** 3 इकाइयाँ   **D.** 4 इकाइयाँ

Q.77 बिंदु (2,3,4) से रेखा $\frac{x-0}{1} = \frac{y-0}{0} = \frac{z-0}{0}$ तक लंबवत दूरी क्या है?

[UPSC NDA, 2020]

Ques (78-79): ABCD एक समलम्ब चतुर्भुज इस प्रकार है जिससे AB और CD एक-दूसरे के समानांतर है और BC उनके लंबवत है। मान लीजिए $\angle ADB = \theta, \angle ABD = \alpha, BC = p$ और $CD = q$ है।

Q.78 निम्नलिखित पर विचार कीजिए:

1. $AD\sin\theta = AB\sin\alpha$

2. $BD\sin\theta = AB\sin(\theta + \alpha)$

उपरोक्त में से कौन-सा/कौन-से सही है/हैं?

[UPSC NDA, 2020]

A. केवल 1   **B.** केवल 2

C. 1 और 2 दोनों   **D.** ना तो 1 और ना ही 2

Q.79 AB किसके बराबर है?

[UPSC NDA, 2020]

A. $\frac{(p^2+q^2)\sin\theta}{p\cos\theta+q\sin\theta}$ **B.** $\frac{(p^2-q^2)\cos\theta}{p\cos\theta+q\sin\theta}$

C. $\frac{(p^2+q^2)\sin\theta}{q\cos\theta+p\sin\theta}$ **D.** $\frac{(p^2-q^2)\cos\theta}{q\cos\theta+p\sin\theta}$

Q.80 एक एलपीपी का सुसंगत क्षेत्र चित्र में दिखाया गया है। यदि $z = 3x + 9y$, तो z का न्यूनतम मान निम्न पर होता है:

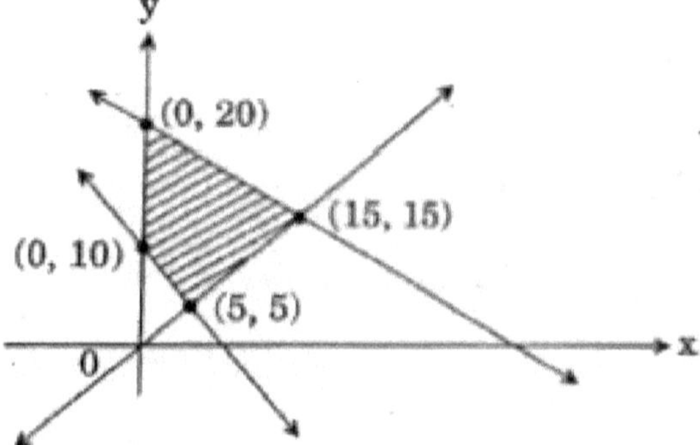

A. (5,5)   **B.** (0,10)   **C.** (0,20)   **D.** (15,15)

Q.81 $3x + 8y \leq 24, y \leq 2, x \geq 0$ और $y \geq 0$ की शर्तों के साथ $4x + 7y$ का अधिकतम मान ज्ञात कीजिए।

A. 32   **B.** 42   **C.** 39   **D.** 30

Q.82 यदि दिए गए अवरोध $5x + 4y \geq 2, x \leq 6, y \leq 7$ हैं तो फलन $z = x + 2y$ का अधिकतम मान है:

A. 13   **B.** 14   **C.** 15   **D.** 20

Q.83 असंबद्धता आमतौर पर एक संकेत है कि एलपी समस्या _______ है।

A. सीमित कई समाधान हैं

B. पतित है

C. में बहुत अधिक अनावश्यक बाधाएं हैं

D. अनुचित तरीके से तैयार किया गया है

Q.84 यदि $(2 + \sin x)\frac{dy}{dx} + (y + 1)\cos x = 0$ तथा $y(0) = 1$ है, तो $y\left(\frac{\pi}{2}\right)$ बराबर है:

[JEE Main Advanced, 2017]

A. $-\frac{2}{3}$ **B.** $-\frac{1}{3}$ **C.** $\frac{4}{3}$ **D.** $\frac{1}{3}$

Q.85 वक्र $y(x) = ax^3 + bx^2 + cx + 5$ बिंदु $p(-2,0)$ पर (x)-अक्ष को छूता है और बिंदु Q पर y-अक्ष को काटता है, जहाँ y' 3 के बराबर है। तो $y(x)$ का स्थानीय अधिकतम मान है:

[JEE Main Advanced, 2022]

A. $\frac{27}{4}$ B. $\frac{29}{4}$ C. $\frac{37}{4}$ D. $\frac{9}{2}$

Q.86 अवकल समीकरण $x^3 \frac{dy}{dx} = y^3 + y^2\sqrt{y^2 - x^2}$ का हल है:

A. $y + \sqrt{y^2 - x^2} = cxy$

B. $y - \sqrt{y^2 - x^2} = cxy$

C. $y\sqrt{y^2 - x^2} = cx + y$

D. $x\sqrt{y^2 - x^2} = cx + y$

Q.87 वक्रों का वह परिवार जिसकी स्पर्शरेखाएँ अतिपरवलय $xy = C$ के साथ $\frac{\pi}{4}$ का कोण बनाती हैं, क्या हैं?

A. $y^2 - xy - 2x^2 = C$ B. $y^2 - xy - x^2 = C$

C. $y^2 - 2xy - x^2 = C$ D. $y^2 + 2xy - x^2 = C$

Q.88 परवलय $x^2 = y$, रेखा $y = x + 2$ और x-अक्ष से घिरे क्षेत्र का क्षेत्रफल ज्ञात कीजिए।

A. $\frac{4}{9}$ इकाई   B. $\frac{25}{6}$ इकाई   C. $\frac{5}{6}$ इकाई   D. $\frac{7}{6}$ इकाई

Q.89 परवलय $y^2 = x$ का कितना क्षेत्रफल उसके लेटस रेक्टम से घिरा है?

A. $\frac{1}{12}$ वर्ग इकाई   B. $\frac{1}{6}$ वर्ग इकाई

C. $\frac{1}{3}$ वर्ग इकाई   D. इनमें से कोई नहीं

Q.90 वक्र $y = x^4$ और रेखा $x = 1, x = 5$ और x-अक्ष के अंतर्गत क्षेत्रफल है:

A. $\frac{3124}{3}$ वर्ग इकाई   B. $\frac{3124}{7}$ वर्ग इकाई

C. $\frac{3124}{5}$ वर्ग इकाई   D. $\frac{3124}{9}$ वर्ग इकाई

Q.91 परवलय $x^2 = y$ का कितना क्षेत्रफल रेखा $y = 1$ से घिरा है?

A. $\frac{1}{3}$ वर्ग इकाई   B. $\frac{2}{3}$ वर्ग इकाई

C. $\frac{4}{3}$ वर्ग इकाई   D. 2 वर्ग इकाई

Q.92 रैखिक असमानताओं की प्रणाली के समाधान सेट में कौन सा निर्देशांक है:

$3x + 5y \leq 9$

$x - 6y \leq 3$

A. (0,2.5)   B. (0,2)   C. (1,0)   D. (3.5,0)

Q.93 असमानता $49^x + 7^{x+1} - 98 < 0$ का समाधान सेट है:

A. $\left(-\infty, \frac{1}{2}\right)$ B. $(-1, \infty)$

C. $(-\infty, 1)$ D. $\left(-1, \frac{1}{2}\right)$

Q.94 असमानताओं की निम्नलिखित प्रणाली को हल करें: $\frac{2x+1}{7x-1} > 5$

A. $\left(\frac{1}{7}, \frac{2}{11}\right)$ B. $\left(\frac{2}{7}, \frac{2}{11}\right)$ C. $\left(\frac{1}{7}, \frac{1}{11}\right)$ D. $\left(\frac{1}{9}, \frac{2}{11}\right)$

Q.95 $y \leq -15x + 3000$

$y \leq 5x$

xy-प्लेन में, यदि निर्देशांक (a,b) वाला एक बिंदु उपरोक्त असमानताओं की प्रणाली के समाधान सेट में स्थित है, तो b का अधिकतम संभव मान क्या है?

A. 750   B. 600   C. 900   D. 150

Q.96 यदि फलन $f(x) = \frac{(1-x)}{2}\tan\frac{\pi x}{2}$ $x = 1$, पर सतत है, तो $f(1)$ इसके बराबर है:

A. $\frac{1}{\pi}$ B. $\frac{\pi}{2}$ C. 0   D. π

Q.97 x का मान ज्ञात कीजिए जिसके लिए फलन $f(x) = \frac{x^2 - 5x - 6}{x^2 + 5x - 6}$ सतत नहीं हैं।

A. 6 और -1 B. 6 और 1

C. -6 और 1   D. -6 और -1

Q.98 मूल्यांकन करें: $\lim\limits_{x \to 3} \frac{2x^2 - 9x + 9}{3x^2 + x - 30}$

A. $\frac{3}{17}$ B. $\frac{3}{19}$ C. 1   D. $\frac{5}{9}$

Q.99 बिंदुओं का समूह ज्ञात कीजिए जहां फ़ंक्शन $f(x) = x|x|$ अवकलनीय है।

A. $(-\infty, \infty)$ B. $(-\infty, 0) \cup (0, \infty)$

C. $(0, \infty)$ D. $(0, \infty)$

Q.100 माना $A = \begin{bmatrix} 2 & -3 \\ 0 & 1 \end{bmatrix}$ और $B = \begin{bmatrix} 1 & 2 \\ 3 & 0 \end{bmatrix}$ है, तो $(B^{-1}A^{-1})^{-1}$ किसके बराबर है?

A. $\begin{bmatrix} 7 & 4 \\ 3 & 0 \end{bmatrix}$ B. $\begin{bmatrix} -7 & 4 \\ 3 & 0 \end{bmatrix}$

C. $\begin{bmatrix} -7 & 4 \\ 0 & 5 \end{bmatrix}$ D. $\begin{bmatrix} 4 & -7 \\ 3 & 0 \end{bmatrix}$

// स्मार्ट उत्तर पुस्तिका //

सही उत्तर — उन छात्रों का प्रतिशत जिन्होंने प्रश्नों का सही उत्तर दिया था। **छोड़ दिया** — उन छात्रों का प्रतिशत जिन्होंने प्रश्नों को छोड़ दिया था।

प्रश्न संख्या	उत्तर	सही उत्तर / छोड़ दिया	प्रश्न संख्या	उत्तर	सही उत्तर / छोड़ दिया	प्रश्न संख्या	उत्तर	सही उत्तर / छोड़ दिया	प्रश्न संख्या	उत्तर	सही उत्तर / छोड़ दिया	प्रश्न संख्या	उत्तर	सही उत्तर / छोड़ दिया	प्रश्न संख्या	उत्तर	सही उत्तर / छोड़ दिया
1	B	63.71 % / 1.16 %	18	B	13.3 % / 4.51 %	35	A	40.67 % / 1.76 %	52	C	62.25 % / 1.99 %	69	C	57.06 % / 1.44 %	86	A	45.79 % / 1.72 %
2	C	63.4 % / 1.68 %	19	B	26.86 % / 4.38 %	36	B	45.97 % / 1.84 %	53	B	32.41 % / 4.69 %	70	D	21.62 % / 3.11 %	87	C	65.33 % / 1.27 %
3	A	53.23 % / 1.48 %	20	A	82.71 % / 0.0 %	37	A	67.98 % / 1.55 %	54	B	80.24 % / 0.0 %	71	B	63.05 % / 1.49 %	88	C	64.22 % / 1.36 %
4	C	81.19 % / 0.0 %	21	B	23.16 % / 3.4 %	38	A	31.36 % / 4.83 %	55	A	63.99 % / 1.21 %	72	C	44.26 % / 1.53 %	89	B	21.94 % / 4.95 %
5	A	48.06 % / 1.68 %	22	A	29.19 % / 4.24 %	39	D	41.41 % / 1.41 %	56	A	89.78 % / 0.0 %	73	C	53.75 % / 1.65 %	90	C	44.97 % / 1.48 %
6	A	18.78 % / 3.89 %	23	B	46.64 % / 1.11 %	40	B	62.6 % / 1.11 %	57	B	48.32 % / 1.61 %	74	A	51.69 % / 1.61 %	91	C	44.41 % / 1.2 %
7	A	61.9 % / 1.83 %	24	C	60.05 % / 1.48 %	41	C	84.13 % / 0.0 %	58	B	68.36 % / 1.19 %	75	D	62.79 % / 1.38 %	92	C	56.62 % / 1.45 %
8	D	45.32 % / 1.71 %	25	C	67.96 % / 1.78 %	42	A	62.63 % / 1.79 %	59	C	76.06 % / 0.0 %	76	D	68.61 % / 1.19 %	93	C	55.08 % / 1.42 %
9	A	43.95 % / 1.68 %	26	D	65.14 % / 1.64 %	43	C	68.57 % / 1.9 %	60	D	81.82 % / 0.0 %	77	B	56.95 % / 1.52 %	94	A	19.99 % / 3.01 %
10	A	60.94 % / 1.7 %	27	B	61.79 % / 1.11 %	44	A	53.41 % / 1.04 %	61	D	23.0 % / 3.03 %	78	C	21.63 % / 4.64 %	95	A	41.26 % / 1.98 %
11	D	82.57 % / 0.0 %	28	B	41.22 % / 1.9 %	45	B	51.27 % / 1.44 %	62	D	62.66 % / 1.51 %	79	A	28.27 % / 3.11 %	96	A	65.09 % / 1.17 %
12	D	62.77 % / 1.62 %	29	B	62.94 % / 1.99 %	46	A	23.26 % / 4.43 %	63	A	58.53 % / 1.82 %	80	A	89.53 % / 0.0 %	97	C	61.79 % / 1.98 %
13	D	86.83 % / 0.0 %	30	B	67.25 % / 1.88 %	47	B	57.88 % / 1.36 %	64	C	66.47 % / 1.02 %	81	A	49.76 % / 1.15 %	98	B	51.07 % / 1.43 %
14	B	44.75 % / 1.34 %	31	A	54.25 % / 1.82 %	48	A	46.7 % / 1.0 %	65	D	66.59 % / 1.72 %	82	D	54.93 % / 1.42 %	99	A	54.18 % / 1.94 %
15	B	88.21 % / 0.0 %	32	C	66.92 % / 1.94 %	49	A	41.08 % / 1.46 %	66	C	88.42 % / 0.0 %	83	D	87.11 % / 0.0 %	100	B	50.93 % / 1.08 %
16	D	81.99 % / 0.0 %	33	A	47.97 % / 1.77 %	50	B	40.67 % / 1.29 %	67	C	89.44 % / 0.0 %	84	D	22.06 % / 3.15 %			
17	C	27.72 % / 3.22 %	34	B	68.3 % / 1.11 %	51	B	69.22 % / 1.34 %	68	A	88.38 % / 0.0 %	85	A	66.83 % / 1.06 %			

//संकेत और समाधान//

1. घात समुच्चय: माना कि A समुच्चय है, तो A के सभी संभव उपसमुच्चयों का समुच्चय A का घात समुच्चय कहलाता है और इसे P(A) द्वारा दर्शाया गया है।

दिया है:

A = {a, b}

जैसा कि हम जानते हैं कि यदि A एक समुच्चय है तो A के सभी संभव उपसमुच्चयों का समुच्चय A का घात समुच्चय कहलाता है और इसे P(A) द्वारा दर्शाया गया है।

सबसे पहले A = {a, b} के उपसमुच्चयों का पता लगाएं

तो, A के उपसमुच्चय हैं: φ, {a}, {b}, {a, b}

⇒ P(A) = {φ, {a}, {b}, {a, b}}

अतः विकल्प (B) सही है।

2. शून्य समुच्चय: एक समुच्चय जिसमें कोई तत्व नहीं होता है उसे शून्य समुच्चय कहा जाता है। इसे φ या {} द्वारा दर्शाया गया है।

φ हमेशा किसी भी समुच्चय का एक उपसमुच्चय होता है।

कथन I: यदि A समुच्चय है तो φ, A का उपसमुच्चय है।

जैसा कि हम जानते हैं कि φ हमेशा किसी भी समुच्चय का एक उपसमुच्चय होता है।

इसलिए, कथन I. सत्य है।

कथन II: यदि B = {x ∈ N : x < 1} है तो B एक रिक्त समुच्चय है।

जैसा कि हम जानते हैं कि यदि x ∈ N है तो x कभी भी 1 से कम नहीं हो सकता है।

⇒ B = φ

इसलिए, कथन II भी सत्य है।

अतः विकल्प (C) सही है।

3. हम जानते हैं:

एक समुच्चय A की प्रधानता समुच्चय के "तत्वों की संख्या" है। इसे n(A) द्वारा निरूपित किया जाता है।

उदाहरण के लिए 3 तत्वों वाले समुच्चय में 3 की प्रधानता होती है।

इसलिए,

यदि A ⊂ B, तो A ∪ B = B

चूंकि, A ⊂ B और B ⊂ C, इसलिए A ∪ B ∪ C = C

⇒ n(A ∪ B ∪ C) = n(C)

A ∪ B ∪ C की प्रधानता (तत्वों की संख्या) C की प्रधानता (तत्वों की संख्या) के बराबर है।

अतः विकल्प (A) सही है।

4. माना कि f(x) = sin⁻¹ 3x है।

चूँकि हम जानते हैं sin⁻¹ x का डोमेन x ∈ [-1, 1] है।

इसलिए,

-1 ≤ 3x ≤ 1

$$\Rightarrow \frac{-1}{3} \le x \le \frac{1}{3}$$

इसलिए sin⁻¹ 3x का डोमेन $\left[\frac{-1}{3}, \frac{1}{3}\right]$ है।

अतः विकल्प (C) सही है।

5. माना कि U उन सभी छात्रों का समुच्चय है, जिन्होंने सर्वेक्षण में हिस्सा लिया था।

माना कि T चाय लेने वाले छात्रों का समुच्चय है।

माना C, कॉफी लेने वाले छात्रों का समुच्चय है।

दिया है:

छात्रों की संख्या $= n(U) = 600$

चाय लेने वाले छात्रों की संख्या $= n(T) = 150$

कॉफ़ी लेने वाले छात्रों की संख्या $= n(C) = 225$

ज्ञात करना है: न तो चाय और न ही कॉफी लेने वाले छात्रो की संख्या, यानी हमें $n(T' \cap C')$ ज्ञात करना होगा।

$$n(T' \cap C') = n(T \cup C)'$$
$$n(T' \cap C') = n(U) - n(T \cup C)$$
$$= n(U) - [n(T) + n(C) - n(T \cap C)]$$
$$= 600 - [150 + 225 - 100]$$
$$= 600 - 275$$
$$= 325$$

अतः विकल्प (A) सही है।

6. व्यक्तियों की कुल संख्या $= a + b + c + n = 100$

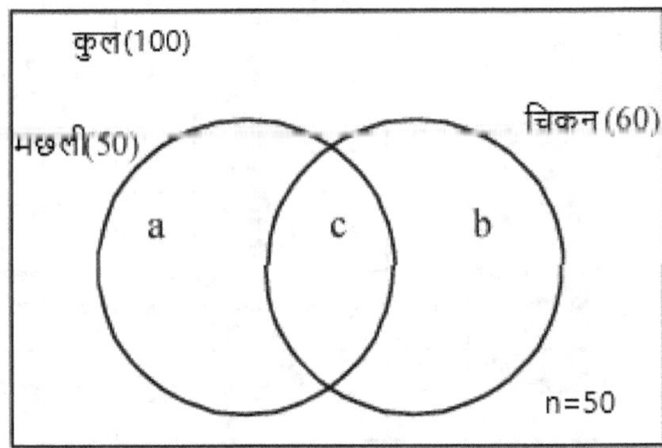

मछली पसंद नहीं करते $b + n = 50$

60 चिकन पसंद करते हैं इसलिए $b + c = 60$

मछली और चिकन पसंद नहीं है $n = 10$

इन समीकरणों को हल करने पर हमें प्राप्त होगा $a = 30,\ b = 40, c = 20$

मछली और चिकन दोनों को पसंद करने वाले व्यक्तियों की संख्या है $= c = 20$

अतः विकल्प (A) सही है।

7. $bN = \{bx : x \in N\}; cN = \{cx : x \in N\}$

$\therefore bN \cap cN = \{x : x\ b$ और c दोनों का गुणज है $\}$

$= \{x : x$ के I.c.m का गुणज है b और $c\}$

$= \{x : x \ bc$ का गुणक है $\}$

[दिए गए b और c अपेक्षाकृत अभाज्य हैं $\therefore$ 1 cm का b और $c = bc$]

$\therefore bN \cap cN = \{bcx : x \in N\} = dN$ (दिया है)

$\therefore d = bc$

अतः विकल्प (A) सही है।

8. $\because a, b$ और c क्रमागत पूर्णांक हैं और a को पहला पद लीजिए। हम अन्य धनात्मक पूर्णांक को निम्न रूप में व्यक्त कर सकते हैं: $b = a + 1$ और $c = a + 2$

$\Rightarrow \log(1 + ca) = \log(1 + (a + 2)a)$ (a के संदर्भ में c का मान रखने पर),

$\Rightarrow \log(1 + ca) = \log(1 + a^2 + 2a)$

$\Rightarrow \log(1 + ca) = \log\left[(a + 1)^2\right]$

$(\because (a + 1)^2 = a^2 + 1 + 2a)$

$\Rightarrow \log(1 + ca) = 2 \times \log(a + 1)$

$(\because \log(x^2) = 2 \times \log(x))$

$\Rightarrow \log(1 + ca) = 2\log b (\because b = a + 1)$

अतः विकल्प (D) सही है।

9. दिया है: $f(x) = \sqrt{9 - x^2}$

माना, $y^2 = 9 - x^2$

$\Rightarrow x^2 = 9 - y^2$

$x = \sqrt{9 - y^2} \qquad ...(1)$

हम जानते हैं कि किसी भी फलन के लिए, $f(x) = \sqrt{9 - x^2}, y \geq 0 \quad .... (A)$

समीकरण (1) से,

$9 - y^2 \geq 0$

$y^2 - 9 \leq 0$

$\Rightarrow (y + 3)(y - 3) \leq 0$

$\Rightarrow -3 \leq y \leq 3$

परन्तु समीकरण (A) से y धनात्मक होगा, तब, $y = [0,3]$

परिसर y का मान $= [0,3]$

अतः विकल्प (A) सही है।

10. यदि दोनों समुच्चय A और B में क्रमशः m और n अवयव हैं, तो समुच्चय A से समुच्चय B तक के संबंधों की संख्या $= 2^{mn} = 2^{2\times4} = 2^8 = 256$

समुच्चय A से समुच्चय B तक फलनों की संख्या $= n^m = 4^2 = 16$

$\therefore$ संबंधों की संख्या जो समुच्चय A से समुच्चय B तक फलन नहीं हैं $= 256 - 16 = 240$

अतः विकल्प (A) सही है।

11. वक्र के लंब का समीकरण ज्ञात कीजिए

$x = 0$ में $y = (1 + x)^y + \sin^{-1}(\sin^2 x)$

दिया हुआ:

समीकरण $2x^3 + 3x + k = 0$.

हमें वास्तविक संख्या k ढूंढनी होगी जिसके लिए दिए गए समीकरण में दो अलग वास्तविक मान हैं $[0,1]$

विचार करें,

$f(x) = 2x^3 + 3x + k$

x के सापेक्ष दोनों पच्छो का अवकलन करने पर

[मानक अवकलक-1 का उपयोग करने पर]

$f(x) = 6x^2 + 3 > 0 \forall x \in R$

$\Rightarrow f(x)$ बढ़ता हुआ फलांन है

$\Rightarrow f(x)$ का ग्राफ केवल एक बार x-एक्सिस काट देगा।

$\Rightarrow f(x) = 0$ केवल एक वास्तविक मान है।

इसलिए, दो मान संभव नहीं हैं।

अतः विकल्प (D) सही है।

12. दिया हुआ:

द्विघात समीकरण, $ax^2 + bx + c = 0$ ....(i)

और $cx^2 + bx + a = 0$ ......(ii)

हमें उस स्थिति को खोजना होगा जिसके लिए दो द्विघात समीकरणों के ऊपर एक सामान्य गैर-वास्तविक जड़ है।

द्विघात समीकरण (i), $D_1 = b^2 - 4ac < 0$ के रूप में मान गैर-वास्तविक हैं]

द्विघात समीकरण (ii) $D_2 = b^2 - 4ac < 0$

अब हम जानते हैं कि, दोनों समीकरणों की जटिल मान हैं और जटिल मान संयुग्म युग्म में मौजूद हैं।

यदि एक जड़ सामान्य है, तो संयुग्म जड़ों की प्रकृति के कारण अन्य मान भी सामान्य होंगी।

द्विघात समीकरणों के लिए सामान्य दोनों जड़ों की स्थिति को लागू करते हुए, हम प्राप्त करते हैं

$\dfrac{a}{c} = \dfrac{b}{b} = \dfrac{c}{a}$

$\Rightarrow \dfrac{a}{c} = 1 = \dfrac{c}{a}$

$\Rightarrow c = a$ .....(iii)

अब, $b^2 - 4ac < 0$

$\Rightarrow b^2 - 4a^2 < 0$ या $b^2 - 4c^2 < 0$ [प्रमेय (iii)]

$\Rightarrow -2|a| < |b| < 2|a|$ or $-2|c| < |b| < 2|c|$

अतः विकल्प (D) सही है।

13. यदि $\log_{10}(x) = a$

तब, $x = 10^a$

$\log_{10}(x^2 - 6x + 45) = 2$

$\Rightarrow (x^2 - 6x + 45) = 10^2$

$\Rightarrow x^2 - 6x + 45 - 100 = 0$

$\Rightarrow x^2 - 6x - 55 = 0$

$\Rightarrow x^2 - 11x + 5x - 55 = 0$

$\Rightarrow x(x - 11) + 5(x - 11) = 0$

$\Rightarrow (x + 5)(x - 11) = 0$

$\Rightarrow x = -5$ और $x = 11$

$\therefore x$ का मान 11 और -5 है।

अत: विकल्प (D) सही है।

14. द्विघात समीकरण $ax^2 + bx + c = 0$ है।

मूलों का योग $= -\frac{b}{a}$ और मूलों का गुणनफल $= \frac{c}{a}$

समीकरण $x^2 + px + q = 0$ के मूल 1 और 2 हैं।

समीकरण $x^2 + px + q = 0$ पर विचार करने पर,

मूलों का योग $= -p = 1 + 2 = 3$

मूलों का उत्पाद $= q = 1 \times 2 = 2$

अब, समीकरण $qx^2 - px + 1 = 0$

उपरोक्त समीकरण में p और q का मान रखने पर,

$2x^2 + 3x + 1 = 0 \quad (-p = 3 \text{ or } p = -3)$

$\Rightarrow 2x^2 + x + 2x + 1 = 0$

$\Rightarrow x(2x + 1) + 1(2x + 1) = 0$

$\Rightarrow (x + 1)(2x + 1) = 0$

$x = -1 \text{ and } x = -\frac{1}{2}$

समीकरण $qx^2 - px + 1 = 0$ के मूल -1 और $-\frac{1}{2}$ है।

अत: विकल्प (B) सही है।

15. माना;
$x = \left(\sqrt{-6} \times \sqrt{-6}\right)$
हम जानते हैं कि:
$i = \sqrt{(-1)}$
$i^2 = -1$
$x = \left(\sqrt{6} \times i \times \sqrt{6} \times i\right)$
$x = 6i^2$
$x = -6$
अत: विकल्प (B) सही है।

16. दिया गया है,

इतिहास की किताबों की संख्या $= 3$

विज्ञान की पुस्तकों की संख्या $= 4$

गणित की किताबों की संख्या $= 2$

प्रश्न के अनुसार,

इतिहास की किताबों को व्यवस्थित करने की कुल संख्या $= 3! = 3 \times 2 \times 1 = 6$

विज्ञान की किताबों को व्यवस्थित करने की कुल संख्या $= 4! = 4 \times 3 \times 2 \times 1 = 24$

गणित की किताबों को व्यवस्थित करने की कुल संख्या $= 2! = 2$

तीनों पुस्तकों को व्यवस्थित करने की कुल संख्या $= 3! = 3 \times 2 \times 1 = 6$

$\therefore$ तरीकों की कुल संख्या $= 6 \times 6 \times 24 \times 2 = 1728$

अत: विकल्प (D) सही है।

17. n वस्तुओं में से r वस्तु के संयोजन के एक सूत्र को निम्न द्वारा ज्ञात किया गया है:

$$^nC_r = \frac{n!}{r!(n-r)!}$$

n वस्तुओं में से r वस्तु के संयोजन के एक सूत्र को निम्न द्वारा ज्ञात किया गया है:

$$^nP_r = \frac{n!}{(n-r)!}$$

यह दिया गया है कि $^nC_r = {^nC_{r-1}}$ है, इसलिए समुच्चय सूत्र का प्रयोग करके, हम निम्न लिख सकते हैं:

$$^nC_r = {^nC_{r-1}}$$

$$\Rightarrow \frac{n!}{(n-r)!r!} = \frac{n!}{[n-(r-1)]!(r-1)!}$$

$$\Rightarrow \frac{[n-(r-1)]!(r-1)!}{(n-r)!r!} = 1$$

$$\Rightarrow \frac{(n-r+1)(n-r)!(r-1)!}{(r-1)(n-r))!(!r)} = 1$$

$$\Rightarrow \frac{n-r+1}{r} = 1$$

$$\Rightarrow n = 2r - 1$$

उसी प्रकार, हम जानते हैं कि, $^nP_r = {^nP_{r+1}}$ है, इसलिए, क्रमचय सूत्र का प्रयोग करने पर:

$$^nP_r = {^nP_{r+1}}$$

$$\Rightarrow \frac{n!}{(n-r)!} = \frac{n!}{(n-(r+1))!}$$

$$\Rightarrow \frac{(n-r-1)!}{(n-r)!} = 1$$

$$\Rightarrow \frac{(n-r-1)!}{(n-r-1)!(n-r)} = 1$$

$$\Rightarrow n - r = 1$$

अब उपरोक्त समीकरण में $n = 2r - 1$ रखने पर

$$n - r = 1$$

$$\Rightarrow (2r - 1) - r = 1$$

$$\Rightarrow r = 2$$

इसलिए r का मान = 2 है।

अत: विकल्प (C) सही है।

18. संकल्पना:

n अलग-अलग वस्तुओं की व्यवस्थाएं एक वृत्त के चारों ओर है, तो व्यवस्थाओं की संख्या $(n-1)!$ है।

गणना:

सर्वप्रथम, 5 पुरुषों को गोल मेज पर $(5-1)!$ तरीकों में व्यवस्थित किया जाता है $= 4!$

अब, महिलाएं पुरुषों के बीच बने 5 स्थानों पर बैठती है।

यह $^5P_3$ तरीकों में किया जा सकता है।

इसलिए, कुल तरीकों की संख्या $= 4! \times {}^5P_3$

अतः विकल्प (B) सही है।

19. "PARAGLIDING" शब्द में, 11 अक्षर हैं, जिनमें 4 स्वर हैं (अर्थात, 2A और 2I) और 7 व्यंजन (अर्थात, 2G और P, R, L, D, N)।

स्वर को एक अक्षर मानकर, अक्षरों की संख्या 8 हो जाती है, जिसे व्यवस्थित किया जा सकता है,

$$\Rightarrow \frac{8!}{2!} = \frac{40320}{2} = 20160$$

कुल स्वर = 4

स्वर A और I दो बार आते हैं, इसलिए स्वरों को व्यवस्थित किया जा सकता है,

$$\Rightarrow \frac{4!}{(2! \times 2!)} = \frac{24}{4} = 6$$

इसलिए आवश्यक तरीके जिसमें शब्द "PARAGLADING" के अक्षरों को व्यवस्थित किया जा सकता है, कि सभी स्वर एक साथ हों $=$

$20160 \times 6 = 120960$

अतः विकल्प (B) सही है।

20. एक पंक्ति में छह समान सिक्कों को व्यवस्थित किया गया है।

पट्रों की संख्या चित की संख्या के बराबर है, अर्थात हमें 3 पट्ट और 3 चित्त को व्यवस्थित करना होगा।

यदि हम 6 स्थानों में 3 चित्त रखने के लिए जगहों का चयन करते हैं, तो पट्ट को शेष तीन स्थानों में रखना होगा।

तरीकों की संख्या जिनमें हम 3 चित के लिए स्थान का चयन कर सकते हैं $=$ 6_{C_3}

हम जानते हैं कि,

$$n_{C_r} = \frac{n!}{r!(n-r)!}$$

तरीकों की आवश्यक संख्या $= 6_{C_3} = \frac{6!}{3!3!} = \frac{720}{6 \times 6} = 20$

अतः विकल्प (A) सही है।

21. हमारे पास

$(x + y)^n = {}^nC_0 x^n + {}^nC_1 x^{n-1} \cdot y + {}^nC_2 x^{n-2} \cdot y^2 + \cdots + {}^nC_n y^n$ है।

सामान्य पद: $(x + y)^n$ के विस्तार में सामान्य पद निम्न द्वारा ज्ञात किया गया है:

$$T_{(r+1)} = {}^nC_r \times x^{n-r} \times y^r$$

हमें $\left(x^2 - \frac{1}{x^3}\right)^{10}$ में x का स्वतंत्र पद ज्ञात करना है।

हम जानते हैं कि,

$$T_{(r+1)} = {}^nC_r \times x^{n-r} \times y^r$$

$$\Rightarrow T_{(r+1)} = {}^{10}C_r \times (x^2)^{10-r} \times \left(\frac{-1}{x^3}\right)^r$$

$$= (-1)^r \times {}^{10}C_r \times (x)^{20-2r} \times (x^3)^{-r}$$

$$= (-1)^r \times {}^{10}C_r \times (x)^{20-2r} \times (x)^{-3r}$$

$$= (-1)^r \times {}^{10}C_r \times (x)^{20-5r}$$

x के स्वतंत्र पद के लिए, x का घात शून्य होना चाहिए।

इसलिए, $20 - 5r = 0$

$$\Rightarrow r = 4$$

$$T_{(4+1)} = (-1)^4 \times {}^{10}C_4 = {}^{10}C_4$$

अतः विकल्प (B) सही है।

22. द्विपद विस्तार:

इस प्रकार एक व्यंजक के विस्तार की विधि जिसे किसी भी अनंत घात तक बढ़ा दिया गया है।

द्विपद प्रमेय का सूत्र है:

$$(x + y)^n = \sum_{k=0}^{n} n c_k a^{n-k} b^k$$

$h \times r$ का द्विपद व्यंजक कुछ मानक मान है:

$$(1 + x)^{-1} = 1 - x + x^2 - x^3 + \cdots + (-1)^r x^r + \cdots \infty$$

$$(1 - x)^{-1} = 1 + x + x^2 + x^3 + \cdots + x^2 + \text{to } \infty$$

$$(1 + x)^{-2} = 1 - 2x + 3x^2 \ldots + (-1)^r (r + 1) x^r + \cdots \infty$$

$$(1 - x)^{-2} = 1 + 2x + 3x^2 + \cdots + (r + 1) x^r + \cdots \infty$$

$$(1 + x)^{-3} = 1 - 3x + 6x^2 - 10x^3 + \ldots + (-1)^r \frac{(r+1)(r+2)}{2!} x^r + \ldots$$

$$(1 - x)^{-3} = 1 + 3x + 6x^2 + 10x^3 + \ldots + \frac{(r+1)(r+2)}{2!} x^r + \ldots$$

दिया गया व्यंजक है:

$$\frac{1}{(1-x)(3-x)}$$

दिए गए फलन के लिए आंशिक भिन्न लेने पर,

$$f(x) = \frac{A}{1-x} + \frac{B}{3-x}$$

$$A = \frac{1}{3-x}\bigg|_{x=1} \text{ और } B = \frac{1}{1-x}\bigg|_{x=3}$$

$$A = \frac{1}{3-1} = \frac{1}{2} \text{ और } B = \frac{1}{1-3} = \frac{1}{-2}$$

$$f(x) = \frac{1}{2}\left[\frac{1}{1-x} - \frac{1}{3-x}\right]$$

$$= \frac{1}{2}\left[(1-x)^{-1} - (3-x)^{-1}\right]$$

$$= \frac{1}{2}\left[(1-x)^{-1} - (3)^{-1}\left(1 - \frac{x}{3}\right)^{-1}\right]$$

$$(1-x)^{-1} = 1 + x + x^2 + \cdots + x^n + \cdots \infty \ldots\ldots(1)$$

$$\left(1 - \frac{x}{3}\right)^{-1} = 1 + \left(\frac{x}{3}\right) + \left(\frac{x}{3}\right)^2 + \cdots + \left(\frac{x}{3}\right)^n + \cdots \infty \ldots\ldots(2)$$

$(1 - x)^{-1}$ में x^n का गुणांक 1 है।

x^n का गुणांक दिए गए व्यंजक का प्रसार है:

$$= \frac{1}{2}\left[1 - \frac{1}{3} \cdot \left(\frac{1}{3}\right)^n\right]$$

$$= \frac{1}{2}\left[1 - \frac{1}{3^{n+1}}\right]$$

$$= \frac{1}{2}\left[\frac{3^{n+1}-1}{3^{n+1}}\right]$$

$$= \frac{3^{n+1}-1}{2 \cdot 3^{n+1}}$$

अतः विकल्प (A) सही है।

23. जैसा कि हम जानते हैं,

ढलान m और (x_1, y_1) से होकर गुजरने वाले रेखा का समीकरण $(y - y_1) = m(x - x_1)$ है।

दिया हुआ,

दी गयी रेखा में ढलान 3 है और यह (3, 2) से होकर गुजरता है।

∴ रेखा का समीकरण = $(y - y_1) = m(x - x_1)$

⇒ y - 2 = 3 (x - 3)

⇒ y - 3x + 7 = 0

अतः विकल्प (B) सही है।

24. दिया, बिंदु (2, 3) और रेखा का ढलान 2 है

द्वारा, ढलान-अवरोधन सूत्र,

y - 3 = 2 (x - 2)

⇒ y - 3 = 2x - 4

⇒ 2x - 4 - y + 3 = 0

⇒ 2x - y - 1 = 0

अतः विकल्प (C) सही है।

25. यदि θ रेखा। का झुकाव है तो

एक रेखा की ढलान को $m = \tan\theta, \theta \neq 90°$ से दर्शाया जाता है

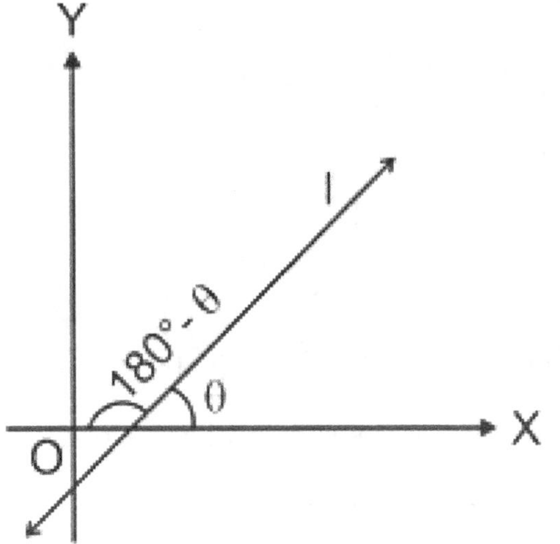

दिया गया: रेखा एक धनात्मक दिशा में x-अक्ष के संबंध में $30°$ बनाती है

∵ रेखा का झुकाव $30°$ है यानी $\theta = 30°$

जैसा कि हम जानते हैं कि एक रेखा की ढलान को $m = \tan\theta$ द्वारा दिया जाता है

तो, दी गई रेखा की ढलान $m = \tan 30° = \frac{1}{\sqrt{3}}$

अतः विकल्प (C) सही है।

26. दिया गया है,

25, -125, 625, -3125, ...

यहाँ,

पहला पद, a = 25

सार्व अनुपात, $r = \frac{-125}{25} = -5$

जैसा कि हम जानते हैं कि, यदि $a_1, a_2, ..., a_n$ एक गुणोत्तर श्रेणी है, तो सामान्य पद निम्न द्वारा दिया जाता है:

$a_n = a \times r^{n-1}$

जहाँ a पहला पद है और r सार्व अनुपात है।

सामान्य पद है:

$$a_n = 25 \times (-5)^{n-1}$$

$$= (-1)^{n-1} 5^{n+1}$$

अतः विकल्प (D) सही है।

27. दिया गया है,

$$T_n = n(n + 1)(n + 4)$$

$$T_n = n^3 + 5n^2 + 4n$$

फिर, श्रेणी का योग,

$$S_n = \sum n^3 + 5\sum n^2 + 4\sum n$$

$$= \left[\frac{n(n+1)}{2}\right]^2 + \frac{5n(n+1)(2n+1)}{8} + \frac{4n(n+1)}{2}$$

$$= \frac{n(n+1)}{2}\left[\frac{n^2+n}{2} + \frac{5}{3}(2n + 1) + 4\right]$$

$$= \frac{n(n+1)}{2}\left[\frac{3n^2+23n+34}{6}\right]$$

अतः विकल्प (B) सही है।

28. दिया गया है,

एक गुणोत्तर श्रेणी का पहला पद 27 है और इसका आठवां पद $\frac{1}{81}$ है।

a दिए गए गुणोत्तर श्रेणी का पहला पद है और r सार्व अंतर है।

अर्थात् a = 27

चूँकि हम जानते हैं कि, एक गुणोत्तर श्रेणी का सामान्य पद निम्न द्वारा ज्ञात किया गया है:

$$a_n = ar^{n-1}$$

$$\Rightarrow a_8 = a \cdot r^7 = 27 \cdot r^7 = \frac{1}{81}$$

$\Rightarrow r = \frac{1}{3}$

चूँकि हम जानते हैं कि,

$|r| < 1$ के लिये,

$$S_n = a\left(\frac{1-r^n}{1-r}\right)$$

और, $|r| > 1$ के लिये,

$$S_n = a\left(\frac{r^n-1}{r-1}\right)$$

$$\Rightarrow S_{10} = 27 \cdot \left(\frac{1-\frac{1}{3^{10}}}{1-\frac{1}{3}}\right)$$

$$= \frac{81}{2} \cdot \left(1 - \frac{1}{3^{10}}\right)$$

अतः विकल्प (B) सही है।

29. दिया गया है,

C(28, 2r) = C(28, 2r - 4)

$$\Rightarrow {}^{28}C_{2r} = {}^{28}C_{2r-4}$$

संयोजन का गुण:

$${}^nC_r = {}^nC_{n-r}$$

चूँकि हम जानते हैं, यदि ${}^nC_x = {}^nC_y$ है, तो $n = x + y$ है।

यहाँ n = 28, x = 2r और y = 2r - 4 है।

$\Rightarrow$ 28 = 2r + 2r - 4

$\Rightarrow$ 32 = 4r

$\therefore$ r = 8

अतः विकल्प (B) सही है।

30. हमें $\left(\sqrt{x} + \frac{1}{x}\right)^n$ के विस्तार में चौथा पद ज्ञात करना हैं।

हम जानते हैं कि,

$$T_{(r+1)} = {}^nC_r \times x^{n-r} \times y^r$$

$$\Rightarrow T_4 = T_{(3+1)} = {}^nC_3 \times \left(\sqrt{x}\right)^{n-3} \times \left(\frac{1}{x}\right)^3$$

$$= {}^nC_3 \times (x)^{\frac{n-3}{2}} \times (x)^{-3}$$

$$= {}^nC_3 \times (x)^{\left(\frac{n-3}{2}-3\right)}$$

$$= {}^nC_3 \times (x)^{\left(\frac{n-3-6}{2}\right)}$$

$$= {}^nC_3 \times (x)^{\left(\frac{n-9}{2}\right)}$$

$\left(\sqrt{x} + \frac{1}{x}\right)^n$ के विस्तार में चौथा पद x से स्वतंत्र है,

इसलिए, $\frac{n-9}{2} = 0$

$\therefore$ n = 9

अतः विकल्प (B) सही है।

31. दिया गया है:

0.5+ 0.55 + 0.555+...

हम लिख सकते हैं,

श्रेणी 0.1,0.01,0.01 गुणोत्तर श्रेणी में है।

पहला पद, a=0.1

सामान्य अनुपात, $r = \frac{0.01}{0.1} = 0.1$

हम जानते हैं कि अनंत श्रेणी का योग $= \frac{a}{1-r}$

$$\Rightarrow S = 5\left(\frac{0.1}{1-0.1}\right)$$

$$\Rightarrow S = 5\left(\frac{0.1}{0.9}\right)$$

$$\Rightarrow S = \frac{5}{9}$$

अतः विकल्प (A) सही है।

32. जैसा कि हम जानते हैं कि, समान्तर श्रेणी का nवां पद निम्न द्वारा दिया गया है:

$$T_n = a + (n - 1) \times d$$

जहाँ a = पहला पद और d = सार्व अंतर

$$\Rightarrow a_{p+q} = a + (p + q - 1) \times d$$

$$\Rightarrow a_{p-q} = a + (p - q - 1) \times d$$

समीकरण (1) और (2) को जोड़कर, हम प्राप्त करते हैं

$$\Rightarrow a_{p+q} + a_{p-q} = 2a + 2(p-1)d$$

$$= 2 \times [a + (p - 1)d] = 2 \times a_p$$

अतः विकल्प (C) सही है।

33.

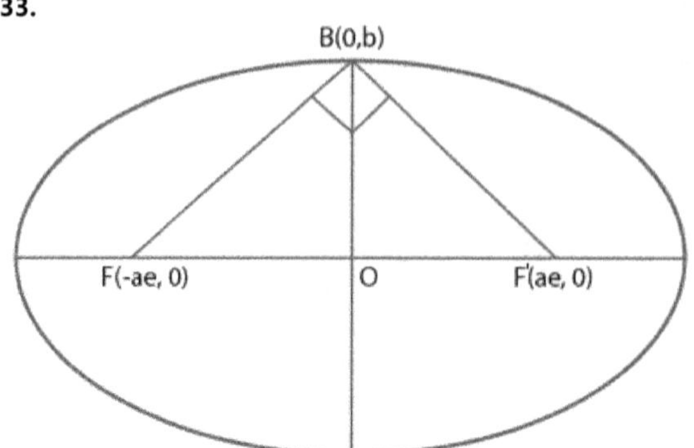

कोण FBF' एक समकोण है।

इसलिए,

$$\left(\sqrt{(a^2e^2 + b^2)^2}\right) + \left(\sqrt{(a^2e^2 + b^2)^2}\right) = (2ae)^2$$

$$\Rightarrow 2(a^2e^2 + b^2) = 4a^2e^2$$

$$\Rightarrow e^2 = \frac{b^2}{a^2}$$

हम जानते है, $e^2 = 1 - \frac{b^2}{a^2} = 1 - e^2$

$\Rightarrow 2e^2 = 1$

या, $e = \frac{1}{\sqrt{2}}$

अतः विकल्प (A) सही है।

34. मान लीजिए $P(x_1, y_1)$ दीर्घवृत्त पर एक बिंदु है $\frac{x^2}{18} + \frac{y^2}{32} = 1$

$\Rightarrow \frac{x_1^2}{18} + \frac{y_1^2}{32} = 1$ .....(i)

(x_1, y_1) पर स्पर्श रेखा का समीकरण है $\frac{xx_1}{18} + \frac{yy_1}{32} = 1$

यह अक्ष $A\left(\frac{18}{x_1}, 0\right)$ और $B\left(0, \frac{32}{y_1}\right)$ पर मिलती है

यह दिया गया है कि (x_1, y_1) पर स्पर्श रेखा का ढलान है $-\frac{3}{4}$

इसलिये $-\frac{x_1}{18} \times \frac{32}{y_1} = -\frac{4}{3}$

$\Rightarrow \frac{x_1}{y_1} = \frac{3}{4}$

$\Rightarrow \frac{x_1}{3} = \frac{y_1}{4} = k$

$\therefore x_1 = 3k, y_1 = 4k$

x_1, y_1 को (i), में रखने पर हमें $k^2 = 1$ प्राप्त होता है।

अब $\triangle OAB$ का क्षेत्रफल $= \frac{1}{2} \times OA \times OB = \frac{1}{2} \times \frac{18}{x_1} \times \frac{32}{y_1}$

$= \frac{1}{2} \times \frac{(18) \times (32)}{(x_1 \times y_1)} = \frac{1}{2} \times \frac{(18) \times (32)}{(3k) \times (4k)} = \frac{24}{k^2} = 24$ वर्ग इकाई,

$(\because k^2 = 1)$

अतः विकल्प (B) सही है।

35. मान लीजिए P के निर्देशांक हैं $(am^2, -2am)$

$\therefore$ बिंदु P पर अभिलंब का समीकरण है $y = mx - 2am - am^3$

यह सामान्य x-अक्ष को N पर काटता है

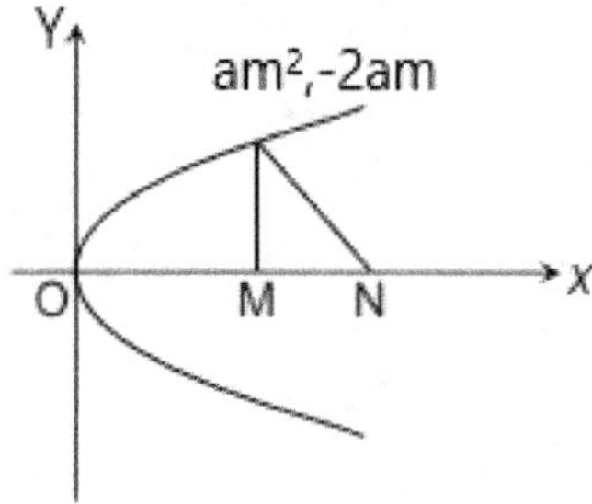

$y = 0$ रखने पर; हम पाते हैं,

$0 = mx - 2am - am^3$

या, $mx = am + am^3$

या, $x = \frac{m(2a + am^2)}{m}$

या, $x = 2a + am^2$

इसलिए, $ON = 2a + am^2$ और $OM = am^2$

असामान्य लंबाई $= MN$

$\therefore MN = ON - OM = 2a + am^2 - am^2 = 2a$

अतः विकल्प (A) सही है।

36. रेखा का समीकरण इस प्रकार दिया जाता है, $\frac{x+2}{-3} = \frac{y-2}{4} = \frac{z+2}{1} = \lambda$

दी गई रेखा पर बिंदु B का निर्देशांक है,

B $(-3\lambda - 2, 4\lambda + 2, \lambda - 2)$

और बिंदु A का दिया गया निर्देशांक (2, 3, 7) है।

$$\vec{AB} = (-3\lambda - 4)\hat{i} + (4\lambda - 1)\hat{j} + (\lambda + 5)\hat{k}$$

AB रेखा के लंबवत है, $\frac{x+2}{-3} = \frac{y-2}{4} = \frac{z+2}{1}$,

हम जानते हैं कि, यदि दो रेखाएं लंबवत हैं, तो $a_1a_2 + b_1b_2 + c_1c_2 = 0$,

$\Rightarrow (-3\lambda - 4) \times (-3) + (4\lambda - 1) \times 4 + (\lambda + 5) \times 1 = 0$

$\Rightarrow 26\lambda + 13 = 0$

$\Rightarrow \lambda = -\frac{1}{2}$

$$\vec{AB} = -\frac{5}{2}\hat{i} - 3\hat{j} + \frac{9}{2}\hat{k}$$

$\therefore \left|\vec{AB}\right| = \sqrt{\left(\frac{5}{2}\right)^2 + 3^2 + \left(\frac{9}{2}\right)^2}$

$\Rightarrow \left|\vec{AB}\right| = \sqrt{71}$

अतः विकल्प (B) सही है।

37. दिए गए समतल के समीकरण $2x + 3y - z + 6 = 0$ और $x + y - 2z + 3 = 0$ है

जैसा कि हम जानते हैं कि

$a_1x + b_1y + c_1z + d_1 = 0$ और $a_2x + b_2y + c_2z + d_2 = 0$ समतल के प्रतिच्छेदन की रेखा से गुजरने वाले समतल का समीकरण $a_1x + b_1y + c_1z + d_1 + \lambda(a_2x + b_2y + c_2z + d_2) = 0$ है।

तो, समतल का समीकरण है

$2x + 3y - z + 1 + \lambda(x + y - 2z + 3) = 0$

$\Rightarrow (2 + \lambda)x + (3 + \lambda)y + (-1 - 2\lambda)z + 1 + 3\lambda = 0$ $\cdots(i)$

यह सतह $3x - y - 2z - 4 = 0$ के लम्बवत है।

$3(2 + \lambda) - (3 + \lambda) - 2(1 - 2\lambda) = 0$
$(\because a_1a_2 + b_1b_2 + c_1c_2 = 0)$

$\Rightarrow \lambda = -\frac{5}{6}$

λ का मान समीकरण (i) में रखने पर,

$\left(2 - \frac{5}{6}\right)x + \left(3 - \frac{5}{6}\right)y + \left(-1 - 2\left(\frac{-5}{6}\right)\right)z + 1 + 3\left(\frac{-5}{6}\right) = 0$

$\Rightarrow 7x + 13y + 4z - 9 = 0$

$\therefore$ समतल का समीकरण $7x + 13y + 4z - 9 = 0$ है।

अतः विकल्प (A) सही है।

38. दिया है, रेखा समन्वित अक्षों के साथ समान कोण बनाती है।

माना α, β और γ समन्वित अक्षों के साथ रेखा द्वारा बनाए गए कोण होंगे।

तो, $\alpha = \beta = \gamma$, $cos\alpha = cos\beta = cos\gamma$

या $\quad l = m = n \quad ......(i)$

$$[\because l = cos\alpha, m = cos\beta, n = cos\gamma]$$

हम जानते है,

$l^2 + m^2 + n^2 = 1$

$\therefore l^2 + l^2 + l^2 = 1$ [समीकरण (i) से]

या $3l^2 = 1$ या $l^2 = \frac{1}{3}$

या $l = \pm \frac{1}{\sqrt{3}}$

समीकरण (i) , एक रेखा की दिशा कोज्या होती हैं।

$\left(\frac{1}{\sqrt{3}}, \frac{1}{\sqrt{3}}, \frac{1}{\sqrt{3}}\right)$ या $\left(\frac{-1}{\sqrt{3}}, \frac{-1}{\sqrt{3}}, \frac{-1}{\sqrt{3}}\right)$

अतः विकल्प (A) सही है।

39. दिया गया,

$3x - 6y + 2z + 11 = 0$

अब,

हम जानते है कि,

तल (x_1, y_1, z_1) से बिंदु $ax + by + cz + d = 0$ की दूरी को निम्न द्वारा ज्ञात किया गया है:

दूरी $= \frac{|ax_1 + by_1 + cz_1 + d|}{\sqrt{a^2 + b^2 + c^2}}$

तल के समीकरण $3x - 6y + 2z + 11 = 0$ की तुलना सामान्य समीकरण $ax + by + cz + d = 0$ के साथ करने पर,

$a = 3, b = -6, c = 2$ और $d = 11$

$\therefore$ दूरी के लिए सूत्र का प्रयोग करने पर:

दूरी $= \frac{|3 \times 2 - 6 \times 3 + 2 \times 4 + 11|}{\sqrt{3^2 + (-6)^2 + 2^2}}$

$= \frac{|6 - 18 + 8 + 11|}{\sqrt{9 + 36 + 4}}$

$= \frac{7}{\sqrt{49}}$

$= \frac{7}{7}$

$= 1$

अतः विकल्प (D) सही है।

40. आइए, दिए गए बारंबारता बंटन के लिए सतत वर्ग लिखें।

वर्ग	0 – 5	6 – 11	12 – 17	18 – 23	24 – 29
बारंबारता	13	10	15	8	11
संचयी बारंबारता	13	23	38	46	57

$\frac{N}{2} = \frac{57}{2} = 28.5$

28.5 अंतराल $11.5 - 17.5$ के बीच में स्थित है।

इस प्रकार, माध्यिका वर्ग $11.5 - 17.5$ है।

इसलिए, माध्यिका वर्ग की ऊपरी सीमा 17.5 है।

अतः विकल्प (B) सही है।

41. दिया है:

दिए गए आंकड़े 21, 22, 25, 26, x, (x + 4), 35, 38, 39, और 40,

माध्यिका = 30

सूत्र:

यदि n = सम संख्याएं, तो

माध्यिका = [(n/2)वां + (n/2 + 1)वां]/2

गणना:

n = 10 (सम संख्या)

प्रश्न के अनुसार,

30 = [(10/2)वां + (10/2 + 1)वां]/2

$\Rightarrow$ 30 = [5वां + 6वां]/2

$\Rightarrow 30 = \frac{x + x + 4}{2}$

$\Rightarrow$ 30 × 2 = 2x + 4

$\Rightarrow$ 2x = 60 – 4

$\Rightarrow x = \frac{56}{2}$

$\Rightarrow$ x = 28

$\therefore$ 6ठा पद = x + 4 = 28 + 4 = 32

अतः विकल्प (C) सही है।

42. दिया है:

बारंबरता	4	7	11	16	23
वर्ग अन्तराल	0 - 5	0 - 10	0 - 15	0 - 20	0 - 25

गणना:

वर्ग अन्तराल	बारंबरता	संचयी बारंबरता
0 - 5	4	4
0 - 10	7	11
0 - 15	11	22
0 - 20	16	38
0 - 25	23	61

यहाँ, कुल बारंबरता = 23

संचयी बारंबरता = 61

∴ बारंबारता वितरण, संचयी आवृत्ति से कम होता है।

अतः विकल्प (A) सही है।

43. दिए गए आँकड़े (3, 5, 7, 8, X) के लिए अवलोकनों की संख्या n = 5 है।

चूँकि X ≥ 8 है, इसलिए दिए गए अवलोकन पहले से ही आरोही क्रम में हैं।

चूँकि n = 5 विषम है, तो माध्यक $\left(\frac{5+1}{2}\right)$ = तीसरे स्थान पर अवलोकन का मान होगा।

∴ माध्यक = 7

साथ ही, माध्य $= \frac{3+5+7+8+X}{5}$

⇒ माध्य $= \frac{23+X}{5}$

प्रश्नानुसार:

माध्यक = माध्य

$\Rightarrow 7 = \frac{23+X}{5}$

$\Rightarrow 35 = 23 + X$

$\Rightarrow X = 12$

अतः विकल्प (C) सही है।

44. दिया गया प्रेक्षण: 25, 25, 13, 19, 15, 15, 24, 10, 25 और 9

सूत्र:

माध्य:

माध्य = सभी 'n' प्रेक्षणों का योग ÷ 'n'

माध्यिका:

मध्यिका $= \left(\frac{n}{2}\right)$वें अवलोकन और $\left(\frac{n}{2}+1\right)$वें अवलोकन का माध्य, जहाँ 'n' प्रेक्षणों की सम संख्या है।

यदि आँकड़ों के समुच्चय में पदों की संख्या 'n' विषम है,

इसलिए, मध्यिका $\frac{n+1}{2}$ पद का मान है।

मोड:

मोड वह मान है जो डेटा मानों के सेट में अधिकतम बार प्रकट होता है।

गणना:

डेटा: 25, 25, 13, 19, 15, 15, 24, 10, 25 और 9

आँकड़ों को आरोही क्रम में व्यवस्थित करें:

9, 10, 13, 15, 15, 19, 24, 25, 25 और 25

सभी डेटा का योग = 9 + 10 + 13 + 15 + 15 + 19 + 24 + 25 + 25 + 25 = 180

प्रेक्षणों की संख्या = 10

माध्य का मान, $a = \frac{180}{10} = 18$

मध्यिका $= \left(\frac{10}{2}\right)$वें अवलोकन और $\left(\frac{10}{2}+1\right)$वें अवलोकन का माध्य,

माध्यिका = 5वें प्रेक्षण और 6वें प्रेक्षण का माध्य

माध्यिका $= \frac{15+19}{2}$

डेटा का माध्य मान, b = 17

मोड वह मान है जो डेटा मानों के सेट में अधिकतम बार प्रकट होता है।

इसलिए,

दिए गए डेटा के लिए मोड, c = 25

पुनः प्रश्न के अनुसार,

⇒ $(a + b - c)^2 = (18 + 17 - 25)^2$

⇒ $(a + b - c)^2 = (10)^2$

⇒ $(a + b - c)^2 = 100$

∴ व्यंजक का आवश्यक मान 100 है।

अतः विकल्प (A) सही है।

45. दिया है,

एक बॉक्स में नंबर 1 से 49 तक के 49 कार्ड हैं।

प्रश्नानुसार,

5 से भाज्य होने वाले कार्डों की संख्या 5,10,15,20,25,30,35,40,45 हैं।

10 या 15 से भाज्य होने वाले कार्डों की संख्या 10,15,20,30,40,45 हैं।

बाद वाले को पहले वाले से निकालने पर,

तो, हमारे पास केवल कार्ड संख्या शेष बची है वह 5,25,35 है।

∴ कार्ड को चुनने की संभावना $\frac{3}{49}$ होगी, जिस पर अंकित संख्या 5 से भाज्य हो लेकिन 10 और 15 से नहीं।

अतः विकल्प (B) सही है।

46. माना कि S एक प्रतिदर्श समष्टि है और E एक ऐसी घटना है जिससे $n(S) = n, n(E) = m$ है और प्रत्येक परिणाम के समान रूप से होने की संभावना है।

तो $P(E) = \frac{n(E)}{n(S)} = \frac{m}{n}$ = E के अनुकूल परिणामों की संख्या/संभावित परिणामों की कुल संख्या

यदि A और B एक यादृच्छिक प्रयोग के साथ संबंधित दो घटनाएं हैं, तो $P(A \cup B) = P(A) + P(B) - P(A \cap B)$ है।

माना कि A: पान के पत्ते को पत्तों की एक गड्डी से निकाला जाता है।

माना कि B: एक इक्के को पत्तों की एक गड्डी से निकाला जाता है।

चूँकि हम जानते हैं कि, एक घटना की प्रायिकता को निम्न द्वारा ज्ञात किया गया है: $P(E) = \frac{n(E)}{n(S)}$

इसलिए, दावें को जीतने की प्रायिकता $P(A$ या $B)$ अर्थात् $P(A \cup B)$ दी गयी है।

$\Rightarrow P(A) = \frac{13}{52}, P(B) = \frac{4}{52}$ और $P(A \cap B) = \frac{1}{52}$

चूँकि हम जानते हैं कि, $P(A \cup B) = P(A) + P(B) - P(A \cap B)$

$\Rightarrow P(A$ या $B) = P(A \cup B) = \dfrac{13}{52} + \dfrac{4}{52} - \dfrac{1}{52} = \dfrac{4}{13}$

$\therefore$ दावें को हारने की प्रायिकता $= 1 - \dfrac{4}{13} = \dfrac{9}{13}$

$\therefore$ दावें को जीतने के प्रतिकूल संयोगानुपात $\dfrac{9}{13} : \dfrac{4}{13} = \dfrac{9}{4}$ है।

अत: विकल्प (A) सही है।

47. दिया है: पासे की सम संख्या की तुलना में विषम संख्या दिखाने की संभावना तीन गुना है।

माना कि विषम संख्या की घटना A और सम संख्या की घटना B है।

P(A) = 3 P(B)

माना P(B) = p $\Rightarrow$ P(A) = 3p

अब p + 3p = 1

p = $\dfrac{1}{4}$

जब दो बार फेंका जाता है, तो दो संख्याओं का योग सम होता है जब दोनों विषम होते हैं या दोनों सम होते हैं, अर्थात्

संभावित संभावनाएं निम्न हैं:

1) पहली बार फेंकने पर सम और दूसरी बार फेंकने पर सम = $\dfrac{1}{4} \times \dfrac{1}{4} = \dfrac{1}{16}$

2) पहली बार फेंकने पर विषम और दूसरी बार फेंकने पर विषम = $\dfrac{3}{4} \times \dfrac{3}{4} = \dfrac{9}{16}$

$\therefore$ कुल प्रायिकता होगी:

$P = \dfrac{1}{16} + \dfrac{9}{16}$

$P = \dfrac{1}{16} + \dfrac{9}{16} = \dfrac{5}{8}$

अत: विकल्प (B) सही है।

48. दोनों टिकटों के सम संख्या प्रदर्शित करने की प्रायिकता = P(A). P(B)

जहाँ, A: घटना है कि सम संख्या के साथ टिकट खींची जाती है।

B: घटना है कि एक अन्य सम संख्या टिकट पहले वाली की जगह लिए बिना खींची जाती है।

दिया गया है, A बैग में संख्या 1 से 17 तक 17 टिकट शामिल हैं।

1 से 17 में सम संख्या = 2, 4, 6, 8, 10, 12, 14, 16

यहां तक कि सम संख्या के साथ 8 टिकट हैं।

A: घटना है कि सम संख्या के साथ टिकट खींची जाती है।

$P(A) = \dfrac{8}{17}$

अब टिकटों की 7 सम संख्या के साथ 16 टिकट हैं।

B: घटना है कि एक अन्य सम संख्या टिकट पहले वाली की जगह लिए बिना खींची जाती है।

$P(B) = \dfrac{7}{16}$

दोनों टिकटों के सम संख्या प्रदर्शित करने की प्रायिकता = P(A). P(B)

$= \dfrac{8}{17} \cdot \dfrac{7}{16}$

$= \dfrac{7}{34}$

इसलिए, एक बैग में संख्या 1 से 17 तक 17 टिकट होते हैं। एक टिकट यादृच्छिक रूप से खींचा जाता है फिर दूसरा टिकट पहले वाले से बदले बिना खींचा जाता है। दोनों टिकटों के सम संख्या प्रदर्शित करने $\dfrac{7}{34}$ है।

अतः विकल्प (A) सही है।

49. दिया गया है,

$2\tan^{-1}(\cos x) = \tan^{-1}(2\cosec x)$

जैसा कि हम जानते हैं कि, $2\tan^{-1}x = \tan^{-1}\left(\dfrac{2x}{1-x^2}\right), -1 \leq x \leq 1$

$2\tan^{-1}(\cos x) = \tan^{-1}\left(\dfrac{2\cos x}{1-\cos^2 x}\right)$

जैसा कि हम जानते हैं कि, $\sin^2 x + \cos^2 x = 1$

$\Rightarrow 2\tan^{-1}(\cos x) = \tan^{-1}\left(\dfrac{2\cos x}{\sin^2 x}\right)$

$\Rightarrow \tan^{-1}\left(\dfrac{2\cos x}{\sin^2 x}\right) = \tan^{-1}(2\cosec x) = \tan^{-1}\left(\dfrac{2}{\sin x}\right)$

$\Rightarrow \dfrac{2\cos x}{\sin^2 x} = \dfrac{2}{\sin x}$

$\Rightarrow \cos x \sin x - \sin^2 x = 0$

$\Rightarrow \sin x(\cos x - \sin x) = 0$

$\Rightarrow \sin x = 0$ या $\cos x - \sin x = 0$

$\Rightarrow x = 0$ या $\dfrac{\pi}{4}$

जैसा कि हम देख सकते हैं कि $x = 0$ के लिए दिया गया समीकरण मौजूद नहीं है इस प्रकार $x = \dfrac{\pi}{4}$ दिए गए समीकरण का एकमात्र हल है।

अतः विकल्प (A) सही है।

50. दिया है:

$\Rightarrow \sin^{-1}x - \cos^{-1}x = \dfrac{\pi}{6}$

$\cos^{-1}x$ को जोड़ने और घटाने पर

$\Rightarrow \sin^{-1}x + \cos^{-1}x - 2\cos^{-1}x = \dfrac{\pi}{6}$

$\Rightarrow \dfrac{\pi}{2} - 2\cos^{-1}x = \dfrac{\pi}{6}$ $\quad \left[\because \sin^{-1}x - \cos^{-1}x = \dfrac{\pi}{2}\right]$

$\Rightarrow 2\cos^{-1}x = \dfrac{\pi}{2} - \dfrac{\pi}{6}$

$\Rightarrow \cos^{-1}x = \dfrac{\pi}{6}$

$\Rightarrow x = \cos\dfrac{\pi}{6}$

$\Rightarrow x = \cos 30°$

$$\Rightarrow x = \frac{\sqrt{3}}{2} \quad \left[\because \cos 30° = \frac{\sqrt{3}}{2}\right]$$

$\therefore$ समीकरण का एकमात्र हल है।

अत: विकल्प (B) सही है।

51. दिया है,

$$\tan^{-1} x + \cot^{-1} x = \frac{\pi}{2}$$

$$\Rightarrow \tan^{-1}(x) + \tan^{-1}\left(\frac{1}{x}\right) = \frac{\pi}{2}$$

$$\Rightarrow \tan^{-1}(x) + \tan^{-1}\left(\frac{1}{x}\right) = \frac{\pi}{2}$$

$$\Rightarrow \tan^{-1}\frac{x+\frac{1}{x}}{1-x\times\frac{1}{x}} = \frac{\pi}{2}$$

$$\Rightarrow \tan^{-1}\frac{x+\frac{1}{x}}{0} = \frac{\pi}{2}$$

$$\Rightarrow \tan^{-1}\frac{x+\frac{1}{x}}{0} = \frac{\pi}{2}$$

$$\Rightarrow \tan^{-1}(\infty) = \frac{\pi}{2}$$

यह सभी $x \in R - (-1,1)$ के लिए सत्य है।

अत: विकल्प (B) सही है।

52. हम जानते हैं कि, एक वर्ग आव्यूह जिसमें प्रमुख विकर्ण तत्व को छोड़कर प्रत्येक तत्व शून्य होता है, उसे विकर्ण आव्यूह कहा जाता है।

एक विकर्ण आव्यूह का प्रतिलोम इसके व्युत्क्रम के साथ विकर्ण में प्रत्येक तत्व को प्रतिस्थापित करके प्राप्त होता है जो विकर्ण आव्यूह व सममित आव्यूह भी होते हैं।

माना कि विकर्ण आव्यूह

$$D = \begin{bmatrix} 1 & 0 & 0 \\ 0 & 2 & 0 \\ 0 & 0 & 3 \end{bmatrix}$$

इसका प्रतिलोम इसके व्युत्क्रम के साथ विकर्ण में प्रत्येक तत्व को प्रतिस्थापित करके प्राप्त होता है।

$$\Rightarrow D^{-1} = \begin{bmatrix} \frac{1}{1} & 0 & 0 \\ 0 & \frac{1}{2} & 0 \\ 0 & 0 & \frac{1}{3} \end{bmatrix}$$

जो विकर्ण आव्यूह व सममित आव्यूह भी होते हैं।

अत: विकल्प (C) सही है।

53. अव्युत्क्रमणीय आव्यूह: कोटि n के किसी भी वर्ग आव्यूह को अव्युत्क्रमणीय कहा जाता है यदि |A| = 0 है।

अनैच्छिक आव्यूह: कोटि n के किसी भी वर्ग आव्यूह को अनैच्छिक आव्यूह कहा जाता है यदि A² = I, जहां I कोटि n का तत्समक आव्यूह है।

शून्यभावी आव्यूह: कोटि n के किसी भी वर्ग आव्यूह को शून्यभावी आव्यूह कहा जाता है अगर वहां न्यूनतम धनात्मक पूर्णांक m मौजूद हो जैसे कि Aᵐ = O, जहां O कोटि n का शून्य आव्यूह है।

वर्गसम आव्यूह: कोटि n के किसी भी वर्ग आव्यूह को वर्गसम कहा जाता है यदि A² = A है।

दिया है: $A = \begin{bmatrix} 0 & 1 \\ 1 & 0 \end{bmatrix}$,

$$\Rightarrow A^2 = \begin{bmatrix} 0 & 1 \\ 1 & 0 \end{bmatrix} \times \begin{bmatrix} 0 & 1 \\ 1 & 0 \end{bmatrix}$$

$$= \begin{bmatrix} 1 & 0 \\ 0 & 1 \end{bmatrix} = I$$

इसलिए A एक अनैच्छिक आव्यूह आव्यूह है क्योंकि $A^2 = I$ है।

अत: विकल्प (B) सही है।

54. दिया हुआ,

$$A = \begin{bmatrix} 3 & 1 & 2 \\ 4 & 2 & 1 \\ 2 & a & 1 \end{bmatrix}$$

A^{-1} मौजूद नहीं है, तो $|A| = 0$,

$$|A| = \begin{vmatrix} 3 & 1 & 2 \\ 4 & 2 & 1 \\ 2 & a & 1 \end{vmatrix} = 0$$

$$\Rightarrow |A| = 3(2 - a) - 1(4 - 2) + 2(4a - 4)$$
$$\Rightarrow |A| = 6 - 3a - 2 + 8a - 8$$
$$\Rightarrow |A| = 5a - 4$$
$$\Rightarrow |A| = 0$$
$$\Rightarrow 5a - 4 = 0$$
$$\therefore a = \frac{4}{5}$$

अत: विकल्प (B) सही है।

55. दिया गया है,

$$A = \begin{bmatrix} 2 \\ -4 \\ 7 \end{bmatrix} \begin{bmatrix} 1 & 9 & 5 \end{bmatrix}$$

अवधारणा.

मैट्रिक्स M का निर्धारक $= \begin{bmatrix} a \\ b \\ \vdots \\ d \end{bmatrix}_{n\times 1} \begin{bmatrix} p & q & \dots & s \end{bmatrix}_{1\times n}$ is 0.

गणना:

$$A = \begin{bmatrix} 2 \\ -4 \\ 7 \end{bmatrix}_{3\times 1} \begin{bmatrix} 1 & 9 & 5 \end{bmatrix}_{1\times 3}$$

$$A = \begin{bmatrix} 2 & 18 & 10 \\ -4 & -36 & -20 \\ 7 & 63 & 35 \end{bmatrix}_{3\times 3}$$

$$|A| = \begin{vmatrix} 2 & 18 & 10 \\ -4 & -36 & -20 \\ 7 & 63 & 35 \end{vmatrix}$$

$$|A| = 2 \times (-4) \times 7 \begin{vmatrix} 1 & 9 & 5 \\ 1 & 9 & 5 \\ 1 & 9 & 5 \end{vmatrix}$$

चूँकि 2 पंक्तियाँ (रो) समरूप हैं तो सारणिक $|A|$, 0 होगा।

$$|A| = 2 \times (-4) \times 7 \times 0 = 0$$

A का सारणिक 0 के बराबर है।

अत: विकल्प (A) सही है।

56. यदि A क्रम 'n' का एक वर्ग मैट्रिक्स है और B क्रम 'n' का एक अन्य मैट्रिक्स है, तो:

$$\det(AB) = \det(A) \cdot \det(B)$$

दिया गया है,

$$\det(A) = 5$$

$$\det(B) = 40$$

$$\det(AB) = \det(A) \cdot \det(B) = 5 \times 40$$

$$\det(AB) = 200$$

अत: विकल्प (A) सही है।

57. दिया गया मैट्रिक्स,

$$A = \begin{vmatrix} 2 & 0 & 1 & 2 \\ 1 & 0 & 2 & 1 \\ 1 & 2 & 0 & 1 \\ 3 & 0 & 2 & 2 \end{vmatrix}$$

$$|A| = 2(-1)^{1+1}\begin{vmatrix} 0 & 2 & 1 \\ 2 & 0 & 1 \\ 0 & 2 & 2 \end{vmatrix} + 0(-1)^{1+2}\begin{vmatrix} 1 & 2 & 1 \\ 1 & 0 & 1 \\ 3 & 2 & 2 \end{vmatrix} +$$

$$1(-1)^{1+3}\begin{vmatrix} 1 & 0 & 1 \\ 1 & 2 & 1 \\ 3 & 0 & 2 \end{vmatrix} + 2(-1)^{1+4}\begin{vmatrix} 1 & 0 & 2 \\ 1 & 2 & 0 \\ 3 & 0 & 2 \end{vmatrix}$$

$$|A| = 2 \times [0(0 - 2) - 2(4 - 0) + 1(4 - 0)] + 0 + 1 \times [1(4 - 0) - 0 + 1(0 - 6)] - 2 \times$$

$$[1(4 - 0) - 0 + 2(0 - 6)]$$

$$|A| = 2(-8 + 4) + 1(4 - 6) - 2(4 - 12)$$

$$|A| = -8 - 2 + 16$$

$$|A| = 6$$

अत: विकल्प (B) सही है।

58. दिया गया है:

f(x) = |log 2 – sinx|

g(x) = f(f(x))

g′(x) = f′(f(x))f′(x)

इसलिए, g′(0) = f′(f(0))f′(0)

जब x, 0 की ओर प्रवृत्त होता है, log 2 > sinx

इस प्रकार, f(x) = log 2 -sinx

f′(x) = -cos x

f′(0) = – cos 0 = -1

f′(log 2) = – cos (log 2)

⇒g′(0) = (-cos(log 2)) (-1) = cos (log 2)

अत: विकल्प (B) सही है।

59. f को परिभाषित करने के लिए वर्ग मूल शून्य से अधिक होना चाहिए।

$$\Rightarrow \cos x - 1 \geq 0$$

$$\Rightarrow \cos x \geq 1$$

केवल तभी संभव होगा यदि $\cos x = 1$

$$\Rightarrow x = 2n\pi \; \forall \; n \in Z$$

अत: विकल्प (C) सही है।

60. $S = \frac{1}{2}x^2 + \frac{2}{3}x^3 + \frac{3}{4}x^4 + \cdots \ldots \infty$

$S = \left(1 - \frac{1}{2}\right)x^2 + \left(1 - \frac{1}{3}\right)x^3 + \left(1 - \frac{1}{4}\right)x^4 + \cdots$

$\ldots\ldots + \left(1 - \frac{1}{n+1}\right)x^{n+1} + \ldots\ldots\ldots \infty$

$S = \left\{x^2 + x^3 + x^4 + \ldots\ldots\ldots\right\} - \left\{\frac{x^2}{2} + \frac{x^3}{3} + \ldots\ldots\ldots\right\}$

$S = \frac{x^2}{1-x} - \{-\log_e(1 - x) - x\}$

$S = \frac{x}{1-x} + \log_e(1 - x)$

अत: विकल्प (D) सही है।

61. $\lim\limits_{t\to 2}\frac{t^2-4}{t^3-8} = \lim\limits_{t\to 2}\frac{t^2-2^2}{t^3-2^3}$

$\lim\limits_{t\to 2}\frac{t^2-4}{t^3-8} = \lim\limits_{t\to 2}\frac{(t+2)(t-2)}{(t-2)(t^2+2t+4)}$

$\lim\limits_{t\to 2}\frac{t^2-4}{t^3-8} = \lim\limits_{t\to 2}\frac{(t+2)}{(t^2+2t+4)}$

$\lim\limits_{t\to 2}\frac{t^2-4}{t^3-8} = \frac{2+2}{4+4+4}$

$\lim\limits_{t\to 2}\frac{t^2-4}{t^3-8} = \frac{4}{12}$

$\lim\limits_{t\to 2}\frac{t^2-4}{t^3-8} = \frac{1}{3}$

अत: विकल्प (D) सही है।

62. $x = 0^+$ के लिये

$= \lim\limits_{x\to 1}f(x) = \lim\limits_{x\to 1}2 + x = 2 + 1 = 3$

$x = 0^-$ के लिये

$= \lim\limits_{x\to 1}f(x) = \lim\limits_{x\to 1}2 - x = 2 - 1 = 1$

तो, $x = 1$ पर सीमा मौजूद नहीं है

$x = 0$ में,

$x = 0^+$ के लिए,

$= \lim\limits_{x\to 0}f(x) = \lim\limits_{x\to 1}2 + 0 = 2$

$x = 0^-$ के लिए,

$= \lim\limits_{x\to 0}f(x) = \lim\limits_{x\to 1}2 - 0 = 2$

$F(x)$, $x = 0$ पर सतत है,

अवकलनीयता:

$= \lim\limits_{h\to 0^-}\frac{f(0-h)-f(0)}{-h} = \lim\limits_{h\to 0^-}\frac{2+h-2}{-h} = -\frac{h}{h} = -1$

$$= \lim_{h \to 0^+} \frac{f(0+h)-f(0)}{h} = \lim_{h \to 0^+} \frac{2+h-2}{h} = 1$$

$$LHD \neq RHD$$

तो, $f(x)$, $x = 0$ पर अवकलनीय है।

अतः विकल्प (D) सही है।

63. दिया हुआ:

माना $y = f(x) = (x-1)^3(x+1)^2$. फिर,

$$\frac{dy}{dx} = 3(x-1)^2(x+1)^2 + 2(x+1)(x-1)^3$$

$$\Rightarrow \frac{dy}{dx} = (x-1)^2(x+1)\{3(x+1) + 2(x-1)\}$$

$$\Rightarrow \frac{dy}{dx} = (x-1)^2(x+1)(5x+1)$$

स्थानीय अधिकतम या स्थानीय न्यूनतम के लिए, हमारे पास है,

$$\frac{dy}{dx} = 0 \Rightarrow (x-1)^2(x+1)(5x+1) = 0$$

$$\Rightarrow x = 1 \text{ or, } x = -1 \text{ or,}$$

$$x = -\frac{1}{5}$$

अतः विकल्प (A) सही है।

64. संकल्पना:

वक्र का ढलान $= \dfrac{dy}{dx}$

गणना:

दिया गया है: वक्र का समीकरण $\quad y = x^2 \quad$ ....(1)

माना कि वक्र (x, y) पर किसी बिंदु के स्पर्श रेखा का ढलान ज्ञात करते हैं।

$$y = x^2$$

x के संबंध में अवकलन करने पर, हमें निम्न प्राप्त होता है

$$\Rightarrow \frac{dy}{dx} = 2x$$

प्रश्नानुसार, स्पर्श रेखा का ढलान = बिंदु का y - निर्देशांक

$$\Rightarrow 2x = y$$

$$\Rightarrow 2x = x^2$$

$$\Rightarrow x^2 - 2x = 0$$

$$\Rightarrow x(x-2) = 0$$

$$\therefore x = 0 \text{ या } 2$$

समीकरण 1 में x का मान रखने पर, हमें निम्न प्राप्त होता है

$$y = 0 \text{ या } 4$$

इसलिए, आवश्यक बिंदु (0, 0) और (2, 4) हैं।

अतः विकल्प (C) सही है।

65. संकल्पना:

अवकलज का उपयोग करके उच्चिष्ठ और निम्निष्ठ को खोजने के लिए निम्नलिखित चरण।

फलन के अवकलज का पता लगाने पर।

अवकलज को 0 के बराबर सेट करें और हल करें। यह अधिकतम और न्यूनतम बिन्दुओं के मूल्यों को देता है।

अब हमें दूसरा अवकलज पाना हैं।

- f`(x) 0 से कम है तो दिए गए फलन को उच्चिष्ठ कहा जाता है
- f`(x) तो 0 से अधिक है तो फलन को निम्निष्ठ कहा जाता है

sin 2x = 2 sinx .cosx

गणना:

माना कि f(x) = sinx .cos x

$$= \frac{1}{2} \times \sin 2x \quad (\because \sin 2x = 2\sin x \cdot \cos x)$$

$$f'(x) = \frac{1}{2} \times (2\cos 2x)$$

$$= \cos 2x$$

अब, $f'(x) = 0 \Rightarrow \cos 2x = 0$

हम जानते हैं, $\cos\left(\dfrac{\pi}{2}\right) = 0$

$$\therefore \cos 2x = \cos\left(\frac{\pi}{2}\right)$$

$$\Rightarrow 2x = \pi/2$$

$$\Rightarrow x = \pi/4$$

साथ ही, $f''(x) = -(4\sin 2x)$

$$\Rightarrow f''\left(\frac{\pi}{4}\right) = -4 < 0$$

$x = \dfrac{\pi}{4}$ पर, $f(x)$ अधिकतम है।

$$\therefore f\left(\frac{\pi}{4}\right) = \frac{1}{2} \times \sin\left(\frac{\pi}{2}\right)$$

$$= \frac{1}{2}$$

अतः विकल्प (D) सही है।

66. इस फ़ंक्शन के लिए कोई अधिकतम मान नहीं है, क्योंकि यदि हम x=4 के बाएँ या दाएँ जाएँ तो मान बढ़ता रहता है।

हम x=4 से जितना दूर जाते हैं, फलन का मान उतना ही अधिक होता है।

दिए गए विकल्पों में से अधिकतम मान x=4 पर है

अतः विकल्प (C) सही है।

67. माना, $2x + 3 = t$

दोनों पक्षों का x के सापेक्ष अवकलन करने पर

$$2 + 0 = \frac{dt}{dx}$$

$$2 = \frac{dt}{dx}$$

$$dx = \frac{dt}{2}$$

फलन का समाकलन करने पर

$$\int e^{2x+3} \cdot dx$$

$2x + 3 = t$ और $dx = \frac{dt}{2}$ रखने पर

$$= \int e^t \cdot \frac{dt}{2}$$

$$= \frac{1}{2} \int e^t \cdot dt$$

$$= \frac{1}{2} e^t + C$$

$$[\because \int e^x \cdot dx = e^x]$$

$$= \frac{e^{2x+3}}{2} + C \quad (t = 2x + 3)$$

अतः विकल्प (C) सही है।

68. दिया है,

हमें ज्ञात करना है $\int \frac{3x^2}{x^6+1} dx$

माना $x^3 = t$

दोनों पक्षों को x के सापेक्ष अवकलन करने पर

$$3x^2 = \frac{dt}{dx}$$

$$dx = \frac{dt}{3x^2}$$

इस प्रकार, हमारा समीकरण बन जाता है

$$\int \frac{3x^2}{x^6+1} dx = \int \frac{3x^2}{(x^3)^2+1} dx$$

$x^3 = t$ और $dx = \frac{dt}{3x^2}$ रखने पर

$$= \int \frac{3x^2}{t^2+1} \cdot \frac{dt}{3x^2}$$

$$= \int \frac{dt}{t^2+1}$$

$$= \int \frac{dt}{t^2+(1)^2}$$

यह रूप है,

$$\int \frac{dt}{x^2+a^2} = \frac{1}{a} \tan^{-1} \frac{x}{a} + C$$

$\therefore x = t$ और $a = 1$, की जगह रखने पर, हमें प्राप्त होगा

$$= \frac{1}{1} \tan^{-1} \frac{t}{1} + C$$

$$= \tan^{-1}(t) + C$$

$$= \tan^{-1}(x^3) + C \quad [\because t = x^3]$$

अतः विकल्प (A) सही है।

69. दिया है,

$$\int \sqrt{4 - x^2} \cdot dx$$

$$= \int \sqrt{(2)^2 - x^2} \cdot dx$$

$\because$ यह रूप का है,

$$\int \sqrt{a^2 - x^2} \cdot dx$$

$$= \frac{1}{2} x\sqrt{a^2 - x^2} + \frac{a^2}{2} \sin^{-1} \frac{x}{a} + C$$

$$= \frac{1}{2} x\sqrt{(2)^2 - x^2} + \frac{(2)^2}{2} \sin^{-1} \frac{x}{2} + C$$

$$= \frac{x}{2}\sqrt{4 - x^2} + 2\sin^{-1} \frac{x}{2} + C$$

अतः विकल्प (C) सही है।

70. दिया है,

$$\int \sqrt{1 - 4x - x^2} \cdot dx$$

$$= \int \sqrt{1 - (4x + x^2)} \cdot dx$$

$$= \int \sqrt{1 - (x^2 + 4x)} \cdot dx$$

$$= \int \sqrt{1 - (x^2 + 2 \cdot 2 \cdot x)} dx$$

$$= \int \sqrt{1 - [x^2 + 2 \cdot 2 \cdot x + (2)^2 - (2)^2]} dx$$

2^2 जोड़ने और घटने पर,

$$= \int \sqrt{1 - [(x + 2)^2 - 4]} \cdot dx$$

$$= \int \sqrt{1 - (x + 2)^2 + 4} \, dx$$

$$= \int \sqrt{5 - (x + 2)^2} \, dx$$

$$= \int \sqrt{\left(\sqrt{5}\right)^2 - (x + 2)^2} \, dx$$

$\because$ यह रूप का है,

$$\int \sqrt{a^2 - x^2} dx$$

$$= \frac{1}{2} x\sqrt{a^2 - x^2} + \frac{a^2}{x} \sin^{-1} \frac{x}{a} + C$$

$\therefore x$ को $(x + 2)$ और a को $\sqrt{5}$, प्रतिस्थापित करने पर हमें प्राप्त होगा

$$= \frac{(x+2)}{2}\sqrt{\left(\sqrt{5}\right)^2 - (x + 2)^2} + \frac{\left(\sqrt{5}\right)^2}{2} \sin^{-1} \left(\frac{x+2}{\sqrt{5}}\right) + C$$

$$= \frac{(x+2)}{2}\sqrt{5 - (x^2 + 4x + 4)} + \frac{5}{2} \sin^{-1} \left(\frac{x+2}{\sqrt{5}}\right) + C$$

$$= \frac{(x+2)}{2}\sqrt{5 - x^2 - 4x - 4} + \frac{5}{2} \sin^{-1} \left(\frac{x+2}{\sqrt{5}}\right) + C$$

$$= \frac{5}{2} \sin^{-1} \left(\frac{x+2}{\sqrt{5}}\right) + \frac{(x+2)}{2}\sqrt{1 - x^2 - 4x} + C$$

अतः विकल्प (D) सही है।

71. दो सदिशों के बिंदु गुणनफल को इस प्रकार परिभाषित किया गया है:

$$\vec{A} \cdot \vec{B} = |A| \times |B| \times \cos\theta$$

दो सदिशों के अन्योन्य/सदिश गुणनफल को इस प्रकार परिभाषित किया गया है:

$$\vec{A} \times \vec{B} = |A| \times |B| \times \sin\theta \times \hat{n}$$

जहां θ, $\vec{A}$ और $\vec{B}$ बीच का कोण है

ज्ञात करना है: $\vec{a} \times \vec{a}$ का मान

यहाँ उनके बीच का कोण $0°$ है

$$\vec{a} \times \vec{a}$$

$$= |a| \times |a| \times \sin 0 \times \hat{n} = 0$$

अतः विकल्प (B) सही है।

72. $|a| = 10, |b| = 2$

$$\Rightarrow a \cdot b = 12$$

$$\Rightarrow a \cdot b = |a| \cdot |b| \cdot \cos\theta$$

$$\Rightarrow \cos\theta = \frac{12}{10 \times 2} = \frac{3}{5}$$

$$\Rightarrow \sin\theta = \sqrt{1 - \cos^2\theta}$$

$$\Rightarrow \sin\theta = \frac{4}{5}$$

$$\Rightarrow |a \times b| = |a||b|\sin\theta$$

$$= (10)(2)\left(\frac{4}{5}\right)$$

$$= 16$$

अतः विकल्प (C) सही है।

73. दिया हुआ:

यदि $\vec{a} = 2\hat{i} - 2\hat{j} + \hat{k}$ और $\vec{b} = 4\hat{i} - 2\hat{j} + 3\hat{k}$

$$\Rightarrow \vec{a} \cdot \vec{b} = (2\hat{i} - 2\hat{j} + \hat{k}) \cdot (4\hat{i} - 2\hat{j} + 3\hat{k}) = 8 + 4 + 3 = 15$$

$$\Rightarrow |\vec{b}| = \sqrt{4^2 + (-2)^2 + 3^2} = \sqrt{29}$$

$\therefore$ The scalar projection of vector $\vec{a}$ on $\vec{b} = \dfrac{\vec{a} \cdot \vec{b}}{|b|}$

$$= \frac{15}{\sqrt{29}}$$

$\therefore$ सदिश का अदिश प्रक्षेपण $\vec{a}$ on $\vec{b} = \dfrac{\vec{a} \cdot \vec{b}}{|\vec{b}|} = \dfrac{15}{\sqrt{29}}$

अतः विकल्प (C) सही है।

74. एक ही प्रारंभिक बिंदु वाले सदिशों को सह प्रारंभिक सदिश कहा जाता है। सदिश जो एक ही सीधी रेखा के समानांतर होते हैं, उन्हें संरेखीय सदिश कहा जाता है तीन या अधिक सदिशों को एक ही समतल के समानांतर होने पर समतलीय कहा जाता है अन्यथा उन्हें गैर-समतलीय सदिश कहा जाता है।

जैसा कि हम जानते हैं कि, एक ही समतल में तीन या तीन से अधिक सदिश स्थित हैं तो उन्हें तो उन्हें समतलीय सदिश कहा जाता है।

अतः विकल्प (A) सही है।

75. माना $\vec{A} = x(\hat{i} + \hat{j} + \hat{k})$

$$\vec{A} = x\hat{i} + x\hat{j} + x\hat{k}$$

दिया हुआ: $x(\hat{i} + \hat{j} + \hat{k})$ एक इकाई सदिश है

इसलिए, $|\vec{A}| = 1$

$$\sqrt{x^2 + x^2 + x^2} = 1$$

$$\sqrt{3x^2} = 1$$

$$|x|\sqrt{3} = 1$$

$$|x| = \frac{1}{\sqrt{3}}$$

$$x = \pm\frac{1}{\sqrt{3}}$$

अतः विकल्प (D) सही है।

76. यहाँ, गोले का केंद्र (1, -2, 3) पर है और समतल का समीकरण $6x - 3y + 2z - 4 = 0$ है

तो बिंदु (1, -2, 3) से $6x - 3y + 2z - 4 = 0$ की दूरी

$$r = \left|\frac{(1\times6)+(-2\times(-3))+(3\times2)-4}{\sqrt{6^2+(-3)^2+2^2}}\right|$$

$$r = \left|\frac{6+6+6-4}{\sqrt{49}}\right| = \frac{14}{7}$$

$$= 2$$

व्यास की लंबाई $= 2(2) = 4$ इकाइयाँ

अतः विकल्प (D) सही है।

77. माना कि M बिंदु P (2, 3, 4) से खींचे हुए लंब का पाद है

माना कि, $\dfrac{x-0}{1} = \dfrac{y-0}{0} = \dfrac{z-0}{0} = k$

$x = k, y = 0, z = 0$

तो M = (k, 0, 0)

अब PM के दिशा अनुपात = (2 - k, 3 - 0, 4 - 0) = (2- k, 3, 4) और दी गई रेखा के दिशा अनुपात 1, 0, 0 हैं।

PM दी गई रेखा के लंबवत है,

(2 - k) (1) + 3(0) + 4 (0) = 0

$\therefore$ k = 2

M = (2, 0, 0)

लम्बवत दूरी PM =

$$\sqrt{(2 - 2)^2 + (0 - 3)^2 + (0 - 4)^2}$$

$$= \sqrt{9 + 16}$$

$$= 5$$

अतः विकल्प (B) सही है।

78.

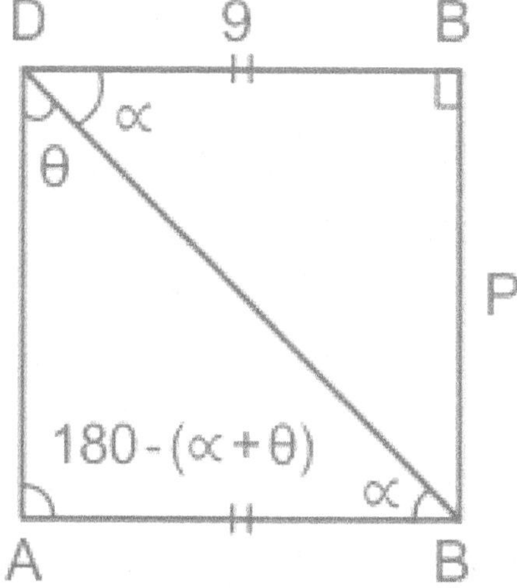

उपरोक्त आरेख से हम यह निष्कर्ष निकाल सकते हैं कि,

1. त्रिभुज ABD में, sine नियम का प्रयोग करने पर

$$\frac{\sin\theta}{AB} = \frac{\sin\alpha}{AD}$$

$$\Rightarrow AD\sin\theta = AB\sin\alpha$$

इसलिए, यह सही कथन कथन है।

2. त्रिभुज ABD में, sine नियम का प्रयोग करने पर

$$\frac{\sin\theta}{AB} = \frac{\sin(180-(\theta+\alpha))}{BD}$$

$$\Rightarrow BD\sin\theta = AB\sin(\alpha + \theta)$$

इसलिए, यह भी सही कथन है।

अतः विकल्प (C) सही है।

79.

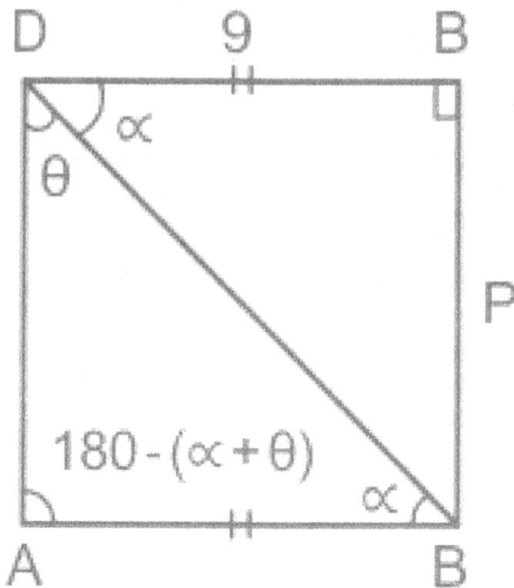

$\triangle BCD$ में

$$BD^2 = BC^2 + CD^2$$

$$BD^2 = P^2 + q^2$$

$$BD = \sqrt{P^2 + q^2}$$

त्रिभुज ABD में, sine नियम का प्रयोग करने पर,

$$\frac{AB}{\sin\theta} = \frac{BD}{\sin(180-(\theta+\alpha))}$$

$$\Rightarrow \frac{AB}{\sin\theta} = \frac{BD}{\sin(\theta+\alpha)}$$

$$\Rightarrow AB = \frac{BD\sin\theta}{\sin(\theta+\alpha)}$$

$$= \frac{BD^2\sin\theta}{BD(\sin(\theta+\alpha))}$$

$$= \frac{BD^2\sin\theta}{BD(\sin\theta\cos\alpha+\cos\theta\sin\alpha)}$$

$$= \frac{(p^2+q^2)\sin\theta}{\sqrt{p^2+q^2}\left(\sin\theta\frac{q}{\sqrt{p^2+q^2}}+\cos\theta\frac{p}{\sqrt{p^2+q^2}}\right)}$$

$$= \frac{(p^2+q^2)\sin\theta}{p\cos\theta+q\sin\theta}$$

अतः विकल्प (A) सही है।

80. दिया गया है,

वस्तुनिष्ठ फलन है,

$$z = 3x + 9y$$

$(5,5)$ पर,

$$z = 3 \times 5 + 9 \times 5 = 60$$

$(0,20)$ पर,

$$z = 3 \times 0 + 9 \times 20 = 180$$

$(15,15)$ पर,

$$z = 3 \times 15 + 9 \times 15 = 180$$

$(0,10)$ पर,

$$z = 3 \times 0 + 9 \times 10 = 90$$

z का न्यूनतम मान $(5,5)$ पर होता है।

अतः विकल्प (A) सही है।

81. दी गई शर्त है,

$$3x + 8y \leq 24$$

$$y \leq 2, x \geq 0, y \geq 0$$

सुसंगत क्षेत्र के शीर्ष हैं,

$$(0,0), (8,0), \left(\frac{8}{3}, 0\right) \text{ and } (0,2)$$

सभी बिंदुओं पर Z का मान ज्ञात करने पर,

O (0, 0) पर, $Z = 4 \times 0 + 7 \times 0 = 0$

A (8, 0) पर, $Z = 4 \times 8 + 7 \times 0 = 32$

B $\left(\frac{8}{3}, 0\right)$ पर, $Z = 4 \times \frac{8}{3} + 7 \times 2 = \frac{74}{3}$

C $(0, 2)$ पर, $Z = 4 \times 0 + 7 \times 2 = 14$

वस्तुनिष्ठ फलन का अधिकतम मान $(8,0)$ पर प्राप्त होता है।

$$f = 4x + 7y$$

अधिकतम मान $= 4 \times 8 + 7 \times 0 = 32.$

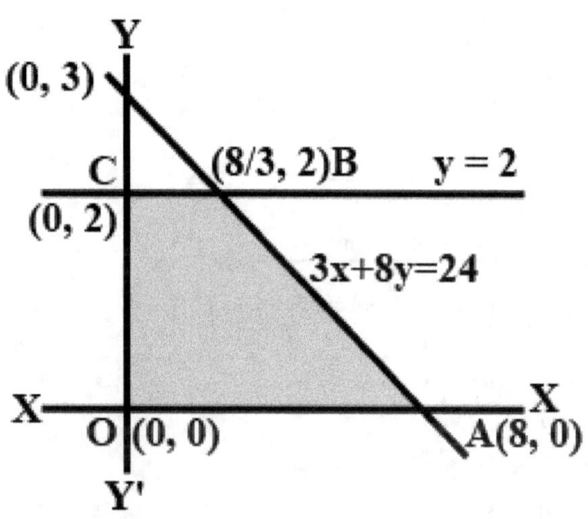

अतः विकल्प (A) सही है।

82. दिया गया है,

वस्तुनिष्ठ फलन है,

$$5x + 4y \geq 2, x \leq 6, y \leq 7$$

$$\Rightarrow \frac{x}{\frac{2}{5}} + \frac{y}{\frac{1}{2}} = 1$$

बिंदु $A\left(\frac{2}{5}, 0\right)$ पर, $z = \frac{2}{5} + 0 = \frac{2}{5}$

बिंदु $B(6,0)$ पर, $z = 6 + 0 = 6$

बिंदु $C(6,7)$ पर, $z = 6 + 14 = 20$

बिंदु $D(0,7)$ पर, $z = 0 + 2(7) = 14$

बिंदु $E\left(0, \frac{1}{2}\right)$ पर, $z = 0 + 2\left(\frac{1}{2}\right) = 1$

$\therefore z$ का अधिकतम मान 20 है।

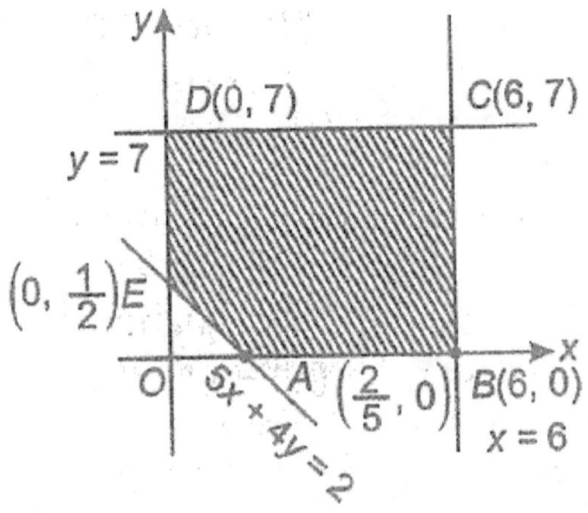

अतः विकल्प (D) सही है।

83. एक रैखिक प्रोग्रामिंग समस्या को असीमित समाधान कहा जाता है यदि इसमें अनंत संख्या में समाधान होते हैं। यानी, समस्या को गलत तरीके से तैयार किया गया है। एक रैखिक प्रोग्रामिंग समस्या का एक असीमित समाधान एक ऐसी स्थिति है जहां उद्देश्य फलन अनंत है। एक रैखिक प्रोग्रामिंग समस्या को असीमित समाधान कहा जाता है यदि इसका समाधान समस्या में किसी भी बाधा का उल्लंघन किए बिना असीम रूप से बड़ा किया जा सकता है।

अतः विकल्प (D) सही है।

84. दिए गए समीकरण से,

$$(2 + \sin x)\frac{dy}{dx} + (y + 1)\cos x = 0 \, (i)$$

$$(2 + \sin x)dy = -(y + 1)\cos x \, dx$$

$$\frac{1}{y+1} dy = -\frac{\cos x}{2+\sin x} dx \, (ii)$$

दोनों पक्षों पर समाकलन लागू करने पर हमें प्राप्त होता है,

$$\int \frac{1}{y+1} dy = -\int \frac{\cos x}{2+\sin x} dx$$

$$\log(y + 1) = -\log(2 + \sin x) + \log c$$

$$\log(y + 1) + \log(2 + \sin x) = \log c$$

$$(y + 1)(2 + \sin x) = c \, (iii)$$

जहाँ c समाकलन का स्थिरांक है।

यह दिया गया है कि $y(0)$ का मान 1 है।

इसलिए, x के मान को 0 और y को 1 के रूप में प्रतिस्थापित करने पर, हमें c का मान इस प्रकार प्राप्त होता है:

$$(1 + 1)(2 + \sin 0) = c$$

$$c = 2 \times 2$$

$$c = 4$$

अब $y\left(\frac{\pi}{2}\right)$ के मान की गणना करें:

x का मान $\frac{\pi}{2}$ के रूप में समीकरण (iii) में रखने पर, हम पाते हैं

$$(y + 1)\left(2 + \sin\left(\frac{\pi}{2}\right)\right) = 4$$

$(y + 1)(2 + 1) = 4$

$(y + 1) = \frac{4}{3}$

$y = \frac{1}{3}$

इसलिए $y\left(\frac{\pi}{2}\right)$ का मान $\frac{1}{3}$ निकला।

अतः विकल्प (D) सही है।

85. $f(x) = y = ax^3 + bx^2 + cx + 5 \quad …(i)$

$\frac{dy}{dx} = 3ax^2 + 2bx + c \quad …(ii)$

स्पर्श करता है x-अक्ष पर $P(-2,0)$

$\Rightarrow y|_{x=-2} = 0 \Rightarrow -8a + 4b - 2c + 5 = 0 \quad …(iii)$

स्पर्श x-अक्ष पर $P(-2,0)$ का भी अर्थ है

$\frac{dy}{dx}\Big|_{x=-2} = 0 \Rightarrow 12a - 4b + c = 0 \quad …(iv)$

$y = f(x)$ कटौती y-अक्ष पर $(0,5)$

दिया गया, $\frac{dy}{dx}\Big|_{x=0} = c = 3 \quad …(v)$

(iii), (iv) और (v) से

$a = -\frac{1}{2}, b = -\frac{3}{4}, c = 3$

$\Rightarrow f(x) = \frac{-x^2}{2} - \frac{3}{4}x^2 + 3x + 5$

$f'(x) = \frac{-3}{2}x^2 - \frac{3}{2}x + 3$

$= \frac{-3}{2}(x + 2)(x - 1)$

$f(x) = 0$ पर $x = -2$ और $x = 1$

स्थानीय अधिकतम के बिंदु में प्रथम व्युत्पन्न परीक्षण $x = 1$ द्वारा

इसलिए $f(x)$ का स्थानीय अधिकतम मान $f(1)$ है

यानी, $\frac{27}{4}$

अतः विकल्प (A) सही है।

86. Put $y = x\sec\theta$

$\therefore \frac{dy}{dx} = x\sec\theta\tan\theta\frac{d\theta}{dx} + \sec\theta$

दिए गए समीकरण से,

$x^3\left(x\sec\theta\tan\theta\frac{d\theta}{dx} + \sec\theta\right)$

$= x^3\sec^3\theta + x^3\sec^2\theta\tan\theta$

दोनों पक्षों को $x^3\sec\theta$ से भाग देने पर, हम पाते हैं

$x\tan\theta\frac{d\theta}{dx} + 1 = \sec^2\theta + \sec\theta\tan\theta$

$x\frac{d\theta}{dx} = (\tan\theta + \sec\theta)$

या $(\sec\theta - \tan\theta)d\theta = \frac{dx}{x}$

एकीकृत हम प्राप्त करते हैं,

$\ln(\sec\theta + \tan\theta) - \ln\sec\theta = \ln x + \ln c$

or $1 + \frac{\sqrt{y^2 - x^2}}{y} = cx$

$\Rightarrow y + \sqrt{y^2 - x^2} = cxy$

अतः विकल्प (A) सही है।

87. $xy = C$ का अवकलन करने पर, हमें $y + xp = 0$ प्राप्त होता है जहाँ $p = \frac{dy}{dx}$.

p को $\frac{p + \tan\pi/4}{1 - p\tan\pi/4} = \frac{p+1}{1-p}$ से बदलने पर,

हमारे पास $y + \frac{p+1}{1-p}x = 0$ है

$\Rightarrow \frac{dy}{dx} = \frac{\frac{y}{x+1}}{\frac{y}{x-1}}$

$\frac{y}{x} = v$ रखने पर, अंतिम समीकरण कम हो जाता है

$x\frac{dv}{dx} = \frac{v+1}{v-1} - v = -\frac{v^2 - 2v - 1}{v-1}$

$\Rightarrow 2\frac{dx}{x} = -\frac{2(v-1)}{v^2 - 2v - 1}dv$

$\Rightarrow 2\ln x = -\ln(v^2 - 2v - 1) + \ln C$

$\Rightarrow \ln x^2\left(\frac{y^2}{x^2} - \frac{2y}{x} - 1\right) = \ln C$

$\Rightarrow y^2 - 2xy - x^2 = C$, जो सीधी रेखाओं की एक जोड़ी का प्रतिनिधित्व नहीं करता है यदि $C \neq 0$

अतः विकल्प (C) सही है।

88.

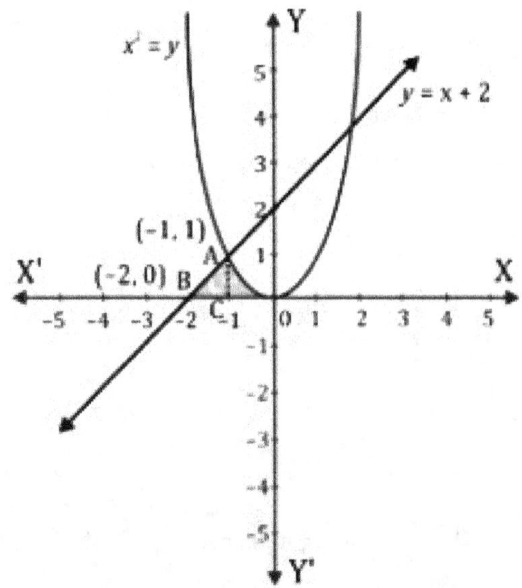

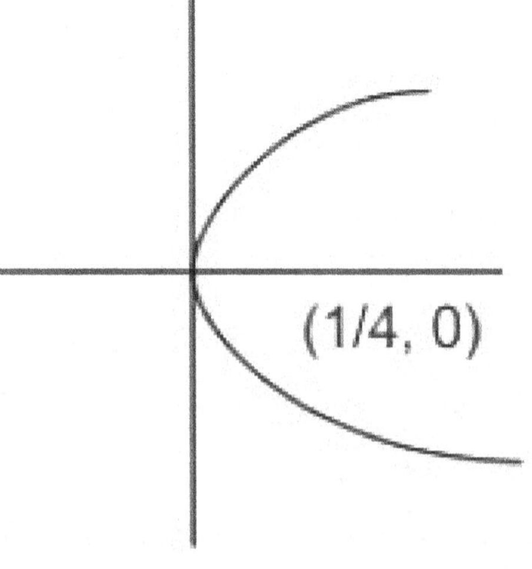

परवलय $x^2 = y$, रेखा $y = x + 2$ और x-अक्ष से घिरे क्षेत्र, छायांकित क्षेत्र $OABCO$ द्वारा दर्शाया गया है।

परवलय, $x^2 = y$, और रेखा, का $y = x + 2$, प्रतिच्छेदन बिंदु, $A(-1, 1)$ है।

क्षेत्रफल $OABCO = $ क्षेत्रफल (BCA) + क्षेत्रफल ($COAC$)

$$= \int_{-2}^{-1} (x + 2)\, dx + \int_{-1}^{0} x^2\, dx$$

$$= \left[\frac{x^2}{2} + 2x\right]_{-2}^{-1} + \left[\frac{x^3}{3}\right]_{-1}^{0}$$

$$- \left[\frac{(-1)^2}{2} + 2(-1) - \frac{(-2)^2}{2} - 2(-2)\right] + \left[0 - \frac{(-1)^3}{3}\right]$$

$$= \left[\frac{1}{2} - 2 - 2 + 4 + \frac{1}{3}\right] = \frac{5}{6} \text{ इकाई}$$

अतः विकल्प (C) सही है।

89. यहाँ, परवलय $y^2 = x = 4\left(\frac{1}{4}\right)x$

इसलिए $a = \frac{1}{4}$,

अब केंद्र $= (a, 0)$

$$y^2 = x$$

$$y = \sqrt{x}$$

$$x\ 0 \text{ से } \frac{1}{4}$$

$$\therefore \text{ क्षेत्रफल } 2\int_0^{\frac{1}{4}} y\, dx$$

$$= 2\int_0^{\frac{1}{4}} \sqrt{x}\, dx$$

$$= 2\left[\frac{2}{3} x^{\frac{3}{2}}\right]_0^{\frac{1}{4}}$$

$$= 2\left[\frac{2}{3}\left(\frac{1}{4}\right)^{\frac{3}{2}}\right]$$

$$= \frac{4}{3}\left(\frac{1}{4}\right)\left(\frac{1}{2}\right)$$

$$= \frac{1}{6} \text{ वर्ग इकाई}$$

अत: विकल्प (B) सही है।

90. संकल्पना:

फलन $y = f(x)$ के अंतर्गत $x = a$ से $x = b$ तक का क्षेत्र और x-अक्ष निश्चित समाकलन द्वारा दिया जाता है

$$\left|\int_a^b f(x)dx\right|$$

यह उन कर्व्स के लिए है जो दिए गए रेंज में पूरी तरह से x-अक्ष के एक ही तरफ हैं।

यदि वक्र x-अक्ष के दोनों ओर हैं, तो हम दोनों पक्षों के क्षेत्रफलों की अलग-अलग गणना करते हैं और उन्हें जोड़ते हैं।

निश्चित समाकलन: यदि $\int f(x)dx = g(x) + c$, तो

$$\int_a^b f(x)dx = [g(x)]_a^b = g(b) - g(a)$$

$$\int x^n dx = \frac{x^{n+1}}{n+1} + C$$

गणना:

$$\int x^4 dx = \frac{x^5}{5} + C$$

वक्र के क्षेत्रफल के लिए उपरोक्त अवधारणा का उपयोग करते हुए, हम कह सकते हैं कि अभीष्ट क्षेत्रफल है:

$$I = \int_1^5 x^4 \, dx$$

$$= \left[\frac{x^5}{5}\right]_1^5$$

$$= \frac{5^5}{5} - \frac{1^5}{5}$$

$$= \frac{3125 - 1}{5}$$

$$= \frac{3124}{5}$$

अतः विकल्प (C) सही है।

91. यहां,

$x^2 = y$ और रेखा $y = 1$ परवलय को काटती है

$\therefore x^2 = 1$

$\Rightarrow x = 1$ और -1

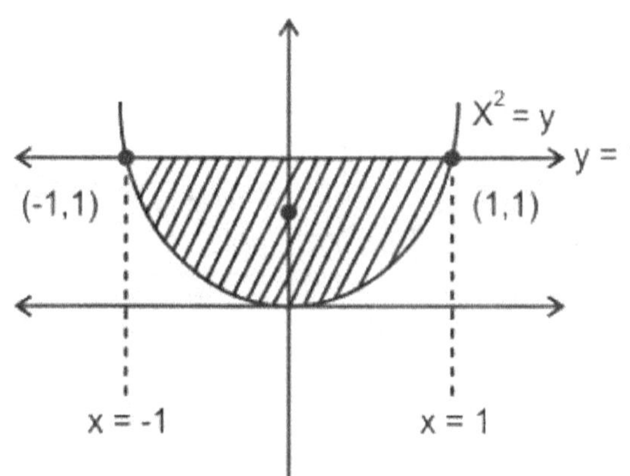

और $= \int_{-1}^1 y \, dx$

यहां, y-अक्ष के बारे में क्षेत्रफल सममित है, हम एक तरफ के क्षेत्रफल को ज्ञात करके फिर इसे 2 से गुणा कर सकते हैं, हमें क्षेत्रफल प्राप्त होता है,

क्षेत्रफल $_1 = \int_0^1 y \, dx$

क्षेत्रफल $_1 = \int_0^1 x^2 \, dx$

$$= \left[\frac{x^3}{3}\right]_0^1 = \frac{1}{3}$$

यह क्षेत्रफल $y = x^2$ और धनात्मक x-अक्ष के बीच है।

छायांकित क्षेत्र का क्षेत्रफल ज्ञात करने के लिए, हमें इस क्षेत्रफल को वर्ग के क्षेत्रफल से घटाना होगा अर्थात

$$(1 \times 1) - \frac{1}{3} = \frac{2}{3}$$

कुल क्षेत्रफल $= 2 \times \frac{2}{3} = \frac{4}{3}$ वर्ग इकाई

अतः विकल्प (C) सही है।

92. विकल्प सत्यापन द्वारा,

अर्थात दिए गए समीकरण में विकल्पों को प्रतिस्थापित करने और सत्यापित करने पर,

दिया है, $3x + 5y \leq 9$ and $x - 6y \leq 3$

विकल्प (A) को प्रतिस्थापित करने पर अर्थात, $(x, y) = (0, 2.5)$

$3x + 5y \leq 9 \Rightarrow 3 \times 0 + 5 \times 2.5 \leq 9 \Rightarrow 12.5 \leq 9$ गलत

विकल्प (B) को प्रतिस्थापित करने पर अर्थात $(x, y) = (0, 2)$

$3x + 5y \leq 9 \Rightarrow 3 \times 0 + 5 \times 2 \leq 9 \Rightarrow 10 \leq 9$ गलत

विकल्प (C) को प्रतिस्थापित करने पर अर्थात, $(x, y) = (1, 0)$

$3x + 5y \leq 9 \Rightarrow 3 \times 1 + 5 \times 0 \leq 9 \Rightarrow 3 \leq 9$ सही

$x - 6y \leq 3 \Rightarrow 1 - 6 \times 0 \leq 3 \Rightarrow 1 \leq 3$ सही

विकल्प (D) को प्रतिस्थापित करने पर अर्थात, $(x, y) = (3.5, 0)$

$3x + 5y \leq 9 \Rightarrow 3 \times 3.5 + 5 \times 0 \leq 9 \Rightarrow 17.5 \leq 9$ गलत

इसलिए, $(x, y) = (1, 0)$, $3x + 5y \leq 9$ और $x - 6y \leq 3$ का समाधान सेट है।

अतः विकल्प (C) सही है।

93. दिया गया है,

$$49^x + 7^{x+1} - 98 < 0$$

$$7^{2x} + 7.7^x - 98 < 0$$

$$7^{2x} + 14.7^x - 7.7^x - 98 < 0$$

$$(7^x + 14)(7^x - 7) < 0$$

$$\Rightarrow 7^x < 7 \text{ and } 7^x < -14$$

परंतु 7^x हमेशा धनात्मक होता है

इसलिए $7^x < 7$

$x \log 7 < \log 7$

अर्थात, $x < 1$

$x \in (-\infty, 1)$

अतः विकल्प (C) सही है।

94. $\frac{2x+1}{7x-1} > 5$

$$\frac{2x+1}{7x-1} - 5 > 0$$

$$\frac{2x+1-35x+5}{7x-1} > 0$$

$$\frac{6-33x}{7x-1} > 0$$

$$\frac{2-11x}{7x-1} > 0$$

केस 1: $2 - 11x > 0$ और $7x - 1 > 0$

$$\therefore x \in \left(\frac{1}{7}, \frac{2}{11}\right)$$

केस 2: $2 - 11x < 0$ और $7x - 1 < 0$

जो संभव नहीं है इसलिए x के मानों का केवल सेट है

$$\therefore x \in \left(\frac{1}{7}, \frac{2}{11}\right)$$

अतः विकल्प (A) सही है।

95. समानता लेने पर b का अधिकतम मान होता है।

$\Rightarrow -15x + 3000 = 5x$

$\Rightarrow -20x = -3000$

$\Rightarrow -20x = -3000$

$\Rightarrow x = 150$

इसलिए, $y = 5 \times 150 = 750$

इसलिए, b का अधिकतम संभव मान $= 750$

अतः विकल्प (A) सही है।

96. जैसा कि दिया गया है, फलन $f(x) = \frac{(1-x)}{2} \tan \frac{\pi x}{2}$ $x = 1$ पर सतत है।

$$f(1) = \lim_{x \to 1} f(x) = \lim_{x \to 1} \left(\frac{1-x}{2}\right) \tan \left(\frac{\pi x}{2}\right)$$

$x = 1 + h$ रखने पर

$$= \lim_{h \to 0} \frac{(1-(1+h))}{2} \tan \left(\frac{\pi}{2}(1 + h)\right)$$

$$= \lim_{h \to 0} \frac{(-h)}{2} \tan \left(\frac{\pi}{2} + \frac{\pi h}{2}\right)$$

$$= \lim_{h \to 0} \frac{(-h)}{2} \left(-\cot \frac{\pi h}{2}\right)$$

$$= \lim_{h \to 0} \frac{\frac{\pi}{2} \cdot h}{\tan \left(\frac{\pi h}{2}\right)} \cdot \frac{1}{\pi} = \frac{1}{\pi}$$

अतः विकल्प (A) सही है।

97. दिया गया है: $f(x) = \frac{x^2 - 5x - 6}{x^2 + 5x - 6}$

यहाँ, हमें x का मान ज्ञात करना है जिसके लिए $f(x)$ सतत नहीं है।

इसलिए, यदि कोई फलन $x = a$ पर निरंतर नहीं है तो $\lim_{x \to a} f(x) = l \neq f(a)$

इसलिए, फ़ंक्शन $f(x)$ के लिए यदि हर $x = a$ पर 0 है तो हम कह सकते हैं कि $f(a)$ अनंत है और सीमा मौजूद नहीं हो सकती।

x का मान ज्ञात करने पर, जिसके लिए $f(x)$ का हर 0 है।

$\Rightarrow x^2 + 5x - 6 = 0$

$\Rightarrow (x + 6)(x - 1) = 0$

$\Rightarrow x = -6, 1$

अतः विकल्प (C) सही है।

98. $\lim_{x \to a} \frac{f(x)}{g(x)} = \lim_{x \to a} \frac{f'(x)}{g'(x)}$

$\Rightarrow \lim_{x \to 3} \frac{2x^2 - 9x + 9}{3x^2 + x - 30} = \frac{0}{0}$

इसलिए, एल-हास्पिटल के नियम का उपयोग करके अर्थात x के संबंध में अंश और हर में अंतर करना।

$\Rightarrow \lim_{x \to 3} \frac{2x^2 - 9x + 9}{3x^2 + x - 30}$

$= \lim_{x \to 3} \frac{4x - 9}{6x + 1}$

$= \frac{4 \times 3 - 9}{6 \times 3 + 1}$

$= \frac{3}{19}$

अतः विकल्प (B) सही है।

99. हमारे पास है, $f(x) = \begin{cases} x^2, & x \geq 0 \\ -x^2 & x < 0 \end{cases}$

स्पष्ट रूप से, $f(x)$ सभी $x > 0$ और सभी \\({x<0}\\) के लिए अवकलनीय है, इसलिए, हम अवकलनीयता की जांच $x = 0$

अब, $x = a)$ पर $(RHD,$

$= \left(\frac{d}{dx}(x^2)\right)_{x=0} = (2x)_{x=0} = 0$

$\therefore (LHD$ at $x = 0) = \left(\frac{d}{dx}(-x^2)\right)_{x=0} = (-2x)_{x=0} = 0$

(x=0) पर LHD = (x=0) पर RHD

इसलिए, $f(x)$ सभी x के लिए अवकलनीय है, अर्थात, सभी बिंदुओं का समुच्चय जहाँ $f(x)$ अवकलनीय है $(-\infty, \infty)$ अर्थात R

अतः विकल्प (A) सही है।

100. दिया गया है,

$A = \begin{bmatrix} 2 & -3 \\ 0 & 1 \end{bmatrix}$ और $B = \begin{bmatrix} 1 & 2 \\ 3 & 0 \end{bmatrix}$

$\Rightarrow (B^{-1} A^{-1})^{-1} = (A^{-1})^{-1} (B^{-1})^{-1}$
$(\because (AB)^{-1} = B^{-1} A^{-1})$

$= AB \ (\because (A^{-1})^{-1} = A)$

$= \begin{bmatrix} 2 & -3 \\ 0 & 1 \end{bmatrix} \times \begin{bmatrix} 1 & 2 \\ 3 & 0 \end{bmatrix}$

$$= \begin{bmatrix} (2 \times 1) + (-3 \times 3) & (2 \times 2) + (-3 \times 0) \\ (0 \times 1) + (1 \times 3) & (0 \times 2) + (1 \times 0) \end{bmatrix}$$

$$= \begin{bmatrix} -7 & 4 \\ 3 & 0 \end{bmatrix}$$

अत: विकल्प (B) सही है।

Q.1 17 छात्र एक कक्षा में उपस्थित होते हैं। कितने तरीकों से उन्हें 8 और 9 छात्रों के 2 गोलों में खड़े होने के लिए बनाया जा सकता है?

A. $^{17}C_9 \times 9! \times 8!$ **B.** $^{17}C_9 \times 8! \times 7!$

C. $8! \times 7!$ **D.** $^{17}C_8 \times 8! \times 9!$

Q.2 यदि $^9P_5 + 5 \cdot {}^9P_4 = {}^{10}P_r$, तो r का मान ज्ञात कीजिए।

A. 4   **B.** 2   **C.** 3   **D.** 5

Q.3 4 लड़कों और 3 लड़कियों को कितने तरीकों से एक पंक्ति में बैठाया जा सकता है ताकि वे एकांतर हों?

A. 144   **B.** 288   **C.** 12   **D.** 256

Q.4 उन तरीकों की संख्या क्या है जिसमें 4 लड़के और 3 लड़कियां इस प्रकार एक पंक्ति में बैठ सकते हैं जिससे लड़के और लड़कियों एक-के-बाद-एक बैठे हैं?

A. 12   **B.** 72   **C.** 120   **D.** 144

Q.5 पुनरावृत्ति के बिना अंक 1, 2, 3, 4, 5, 6, 7 का प्रयोग करके बनायी जाने वाली 4 अंकों की संख्याओं की संख्या क्या है जिसमें प्रत्येक संख्या में दो विषम अंक और दो सम अंक है?

A. 432   **B.** 436   **C.** 450   **D.** 454

Q.6 $\left(1 + \frac{2}{x}\right)^9 \left(1 - \frac{2}{x}\right)^9$ के प्रसार में कितने पद हैं?

[UPSC NDA, 2022]

A. 9   **B.** 10   **C.** 19   **D.** 20

Q.7 $(x + y)^{10}$ के प्रसरण के संबंध में निम्नलिखित कथनों पर विचार कीजिए।

1. पदों के सभी गुणांकों में से 6वें पद के गुणांक का मान अधिकतम है
2. तीसरे पद का गुणांक, 9वें पद के गुणांक के बराबर है

उपरोक्त में से कौन-सा/कौन-से कथन सही है/हैं ?

[UPSC NDA, 2022]

A. केवल 1   **B.** केवल 2

C. 1 और 2 दोनों   **D.** न तो 1 और न ही 2

Q.8 $\left(x + \frac{1}{x}\right)^{2n}$ के प्रसरण में अंत्य पद से $(n+1)$वाँ पद क्या होगा? (जब यह x के अवरोही घातों में व्यवस्थित है)

[UPSC NDA, 2022]

A. $C(2n, n)x$ **B.** $C(2n, n-1)x$

C. $C(2n, n)$ **D.** $C(2n, n-1)$

Q.9 y-अक्ष पर बिंदु, जो बिंदु A $(6,5)$ और B $(-4,3)$ से समान दूरी पर है:

[NCERT National Talent Search Exam, 2019]

A. $(9,0)$ **B.** $(0,9)$ **C.** $(0,4)$ **D.** $(0,3)$

Q.10 यदि अंक $(a, 0), (0, b)$ और $(1,1)$ संरेख हैं, तो $\left(\frac{1}{a} + \frac{1}{b}\right)$ का मान है:

[NCERT National Talent Search Exam, 2019]

A. 1   **B.** 2   **C.** 0   **D.** -1

Q.11 निर्देशांक A(1, 2), B(3, 4), और C(5, 6) द्वारा निर्मित ज्यामितीय आकृति का नाम बताइए:

A. त्रिभुज   **B.** सीधी रेखा   **C.** वर्ग   **D.** वृत्त

Q.12 हाइपरबोला $4x^2 - y^2 = 36$ पर P और Q बिंदुओं पर स्पर्श रेखा खींची जाती हैं। यदि ये स्पर्श रेखाएँ बिंदु $T(0,3)$ पर प्रतिच्छेद करती हैं, तो $\triangle PTQ$ का क्षेत्रफल ज्ञात कीजिए।

A. $45\sqrt{5}$ **B.** $47\sqrt{6}$ **C.** $49\sqrt{7}$ **D.** $50\sqrt{5}$

Q.13 c के मानों की संख्या इस प्रकार है कि सीधी रेखा $y = 4x + c$ वक्र $\frac{x^2}{4} + y^2 = 1$ को स्पर्श करती है :

A. $\pm\sqrt{65}$ **B.** $\pm\sqrt{\frac{65}{67}}$

C. $\pm\sqrt{\frac{48}{61}}$ **D.** इनमें से कोई नहीं

Q.14 फोकस (2, 0) और डायरेक्ट्रिक्स के साथ परवलय का समीकरण x + 2 = 0 is:

A. $x^2 = -8y$ **B.** $x^2 = 8y$

C. $y^2 = -8x$ **D.** $y^2 = 8x$

Q.15 माना $f(x) = \log x^3 + 2x^2 - 3x + 100$ है, फिर $f'(3)$ ज्ञात कीजिए।

A. 12   **B.** 9   **C.** 15   **D.** 10

Q.16 $\lim\limits_{x \to 0} \frac{e^x + e^{-x} - 2}{\sin x}$ किसके बराबर है?

A. -1 **B.** 1

C. 0   **D.** सीमा मौजूद नहीं है

Q.17 दिए गए आँकड़ों {a, b, a, a, b, a, b, c, a, b, a, c, a, b, a} का माध्य ज्ञात कीजिए, जहाँ a, b से कम है और b, c से कम है।

A. $\frac{(3a+2b+4c)}{9}$ **B.** $\frac{(8a+4b+2c)}{15}$

C. $\frac{(8a+5b+2c)}{15}$ **D.** $\frac{(8a+5b+c)}{15}$

Q.18 निम्नलिखित संख्याओं की माध्यिका है:

$$31, 37, 43, 42, 25, 46, 45, 39, 32$$

[UPSESSB TGT Mathematics, 2013]

A. 25   **B.** 42   **C.** 46   **D.** 39

Q.19 दो वितरण के भिन्नता का गुणांक 60 और 70 हैं, और मानक विचलन क्रमशः 21 और 16 हैं, तो उनका माध्य क्या है?

A. 22.85   **B.** 28.93   **C.** 23   **D.** 35

Q.20 8 अवलोकनों 4.8, 4.2, 5.1, 3.8, 4.4, 4.7, 4.1 और 4.5 का मानक विचलन क्या है?

A. 0.39   **B.** 0.41   **C.** 0.37   **D.** 0.32

Q.21 प्रथम 10 प्राकृत संख्याओं में से दो पूर्णांक चुने गये। यदि इनका योग सम है तो दोनों संख्याओं के विषम होने की प्रायिकता ज्ञात कीजिये।

A. $\frac{1}{2}$ **B.** $\frac{3}{5}$ **C.** $\frac{2}{5}$ **D.** $\frac{1}{5}$

Q.22 मोहन कम से कम एक लड़के के साथ 3 बच्चों का पिता है। उसके 2 लड़के और 1 लड़की होने की प्रायिकता ज्ञात कीजिए।

A. $\frac{1}{2}$ **B.** $\frac{1}{3}$ **C.** $\frac{1}{4}$ **D.** $\frac{2}{3}$

Q.23 5 पुरुषों और 5 महिलाओं में से 8 व्यक्तियों का चयन किया जाना है। इस टीम में पुरुषों और महिलाओं के समान संख्या में होने की प्रायिकता ज्ञात कीजिये?

A. $\frac{1}{3}$ **B.** $\frac{4}{9}$ **C.** $\frac{5}{9}$ **D.** $\frac{2}{3}$

Q.24 यदि $x \in \left(0, \frac{1}{4}\right)$ के लिए $\tan^{-1}\left(\frac{6x\sqrt{x}}{1-9x^3}\right)$ का अवकलन $\sqrt{x} \cdot g(x)$ है, तो $g(x)$ बराबर है:

A. $\frac{3x\sqrt{x}}{1-9x^3}$ **B.** $\frac{3x}{1-9x^3}$ **C.** $\frac{3}{1+9x^3}$ **D.** $\frac{9}{1+9x^3}$

Q.25 $\cos^2 x + \cos^2 y - 2\cos x \times \cos y \times \cos(x+y)$ का मान है?

A. $\sin(x+y)$ **B.** $\sin^2(x+y)$
C. $\sin^3(x+y)$ **D.** $\sin^4(x+y)$

Q.26 अगर $\cos^{-1} x - \cos^{-1}\frac{y}{2} = \alpha$, जहां $-1 \leq x \leq 1, -2 \leq y \leq 2, x \leq \frac{y}{2}$, तो सभी के लिए $x, y, 4x^2 - 4xy \cos a + y^2$ के बराबर है :

A. $4\sin^2\alpha$ **B.** $2\sin^2\alpha$
C. $4\sin^2\alpha - 2x^2 y^2$ **D.** $4\cos^2\alpha + 2x^2 y^2$

Q.27 यदि $\begin{bmatrix} 4x & 5 \\ 7 & y \end{bmatrix} = \begin{bmatrix} 8 & 5 \\ 7 & -2 \end{bmatrix}$ है, तो x + y का मान ज्ञात कीजिए।

A. 4 **B.** 0 **C.** -3 **D.** 6

Q.28 यदि $A = \begin{bmatrix} \cos 2\theta & -\sin 2\theta \\ \sin 2\theta & \cos 2\theta \end{bmatrix}$ और $A + A^T = 1$ जहाँ I, 2 × 2 का इकाई आव्यूह है और AT, A का परिवर्त है, तो θ का मान ___ के बराबर है।

A. $\frac{3\pi}{2}$ **B.** π **C.** $\frac{\pi}{3}$ **D.** $\frac{\pi}{6}$

Q.29 $\begin{vmatrix} 2 & 4 \\ 5 & 1 \end{vmatrix} = \begin{vmatrix} 2x & 4 \\ 6 & x \end{vmatrix}$ के लिए x का मान ज्ञात कीजिए।

A. $x = \pm\sqrt{3}$ **B.** $x = \pm\sqrt{2}$
C. $x = \pm\sqrt{4}$ **D.** $x = \pm\sqrt{5}$

Q.30 सारणिक $\begin{vmatrix} i & i^2 & i^3 \\ i^4 & i^6 & i^8 \\ i^9 & i^{12} & i^{15} \end{vmatrix}$ का मान क्या है, जहाँ $i = \sqrt{-1}$ है?

A. 0 **B.** -2 **C.** $4i$ **D.** $-4i$

Q.31 यदि $A = \begin{vmatrix} 2 & 0 & 0 \\ 0 & 2 & 0 \\ 0 & 0 & 2 \end{vmatrix}$ और $B = \begin{vmatrix} 1 & 2 & 3 \\ 0 & 1 & 3 \\ 0 & 0 & 2 \end{vmatrix}$, तो सारणिक AB का मान है:

A. 4 **B.** 8 **C.** 16 **D.** 32

Q.32 परम्परागत कार्तीय (x, y) समन्वय प्रणाली के संदर्भ में, त्रिभुज के शीर्षों में निम्नलिखित निर्देशांक होते हैं: $(x_1, y_1) = (1,0); (x_2, y_2) = (2,2);$ और $(x_3, y_3) = (4,3)$, तो त्रिभुज का क्षेत्रफल बराबर है:

A. $\frac{3}{2}$ **B.** $\frac{3}{4}$ **C.** $\frac{4}{5}$ **D.** $\frac{5}{2}$

Q.33 यदि $\lim_{x \to 2}(3x^2 + 5x - 1) = k$ है, तो k का मान ज्ञात कीजिए।

A. 21 **B.** 18 **C.** 32 **D.** -6

Q.34 यदि $\lim_{x \to 7} g(x) = k$ है, जहाँ $g(x) = \sqrt{8x - 7}$ है, तो k मान ज्ञात कीजिए।

A. 3 **B.** 6 **C.** 7 **D.** 8

Q.35 यदि $f: R \to R$ को $f(x) = x - [x] - \frac{1}{2} \forall x \in R$ द्वारा परिभाषित किया जाता है, जहां $[x]$ सबसे बड़े पूर्णांक फलन को दर्शाता है तो $\left\{x \in R: f(x) = \frac{1}{2}\right\}$ है:

A. Z, सभी पूर्णांकों का समुच्चय
B. N, सभी प्राकृतिक संख्याओं का समुच्चय
C. ϕ, रिक्त समुच्चय
D. R, सभी वास्तविक संख्याओं का समुच्चय

Q.36 यदि $x = a(\theta - \sin\theta)$ और $y = a(1 + \cos\theta)$, है तो $\frac{d^2 y}{dx^2}$ का मान ज्ञात करें।

A. $\frac{1}{4a}\csc^4\frac{\theta}{2}$ **B.** $\frac{1}{4a}\cos^4\frac{\theta}{2}$
C. $\frac{1}{2a}\csc^4\frac{\theta}{2}$ **D.** $\frac{1}{4a}\sin^4\frac{\theta}{2}$

Q.37 उस बिंदु पर अभिलम्ब का समीकरण ज्ञात कीजिए जो वक्र $x^2 = 4y$ पर बिंदु $(1,2)$ से गुजरता है।

A. $y = x - 1$ **B.** $2x + y = 4$
C. $x - y = 3$ **D.** $x + y = 3$

Q.38 यदि वक्र की स्पर्शरेखा $y = \frac{x}{x^2 - 3}, x \in R, (x \neq \pm\sqrt{3})$, एक बिंदु $(alpha, \beta) \neq (0,0)$ रेखा $2x + 6y - 11 = 0$ के समानांतर है, तो:

A. $|6\alpha + 2\beta| = 19$ **B.** $|6\alpha + 2\beta| = 9$
C. $|2\alpha + 6\beta| = 19$ **D.** $|2\alpha + 6\beta| = 11$

Q.39 यदि रेखा ax $+ y = c$, $x^2 + y^2 = 1$ और $y^2 = 4\sqrt{2}x$ दोनों वक्रों को छूती है, तो $|c|$ इसके बराबर है:

A. 2 **B.** $\frac{1}{\sqrt{2}}$ **C.** $\frac{1}{2}$ **D.** $\sqrt{2}$

Q.40 10 सेमी त्रिज्या की एक गोलाकार लोहे की गेंद पर समान मोटाई की बर्फ की परत चढ़ाई जाती है जो 50 सेमी³ / मिनट की दर से पिघलती है। जब बर्फ की मोटाई 5 सेमी होती है, तो बर्फ की मोटाई सेमी / मिनट घटने की दर है:

A. $\frac{1}{18\pi}$ **B.** $\frac{1}{36\pi}$ **C.** $\frac{5}{6\pi}$ **D.** $\frac{1}{9\pi}$

Q.41 यदि $\int_0^a [f(x) + f(-x)]dx = \int_{-a}^a g(x)dx$ है, तो $g(x)$ किसके बराबर है?

[UPSC NDA, 2021]

A. $f(x)$ **B.** $f(-x) + f(x)$
C. $-f(x)$ **D.** इनमें से कोई भी नहीं

Q.42 $\int \frac{dx}{\sec x + \tan x}$ किसके बराबर है?

[UPSC NDA, 2021]

A. $\ln(\sec x) + \ln|\sec x + \tan x| + c$
B. $\ln(\sec x) - \ln|\sec x + \tan x| + c$

C. $\sec x \tan x - \ln|\sec x - \tan x| + c$

D. $\ln|\sec x + \tan x| - \ln|\sec x| + c$

Q.43 $\int \frac{1}{16+25x^2}\,dx$ किसके बराबर है?

A. $\frac{1}{20}\tan^{-1}\left(\frac{5x}{4}\right) + c$ **B.** $\frac{1}{4}\tan^{-1}\left(\frac{5x}{4}\right) + c$

C. $\frac{1}{20}\tan^{-1}\left(\frac{x}{4}\right) + c$ **D.** $\frac{1}{5}\tan^{-1}\left(\frac{5x}{4}\right) + c$

Q.44 $\int \left(\sqrt{x} - \frac{1}{\sqrt{x}}\right)^2 dx$

A. $\frac{x^2}{2} + \log|x| - 2x + C$

B. $\frac{y^2}{2} + \log|x| - 3x + C$

C. $\frac{y^2}{2} + \log|y| - 2x + C$

D. $\frac{x^2}{2} + \log|y| - 2x + C$

Q.45 $[\vec{ab} + \vec{ca} + \vec{b} + \vec{c}]$ का मान है:

[UPSESSB TGT Mathematics, 2013]

A. 0 **B.** $[\vec{abc}]$ **C.** $2[\vec{abc}]$ **D.** $3[\vec{abc}]$

Q.46 यदि $\vec{a} = 6\hat{\imath} + 4\hat{\jmath} + 4\hat{k}$ और $\vec{b} = 2\hat{\imath} + 4\hat{\jmath} + 3\hat{k}$ है, तो $\vec{b} \times \vec{a}$ का मान है:

[UPSESSB TGT Mathematics, 2013]

A. $4\hat{\imath} + 10\hat{\jmath} - 16\hat{k}$ **B.** $4\hat{\imath} + 10\hat{\jmath} + 16\hat{k}$

C. $4\hat{\imath} + 10\hat{\jmath} - 12\hat{k}$ **D.** $4\hat{\imath} + 10\hat{\jmath} + 3\hat{k}$

Q.47 $\vec{a} = 2\hat{\imath} + \hat{\jmath} + 3\hat{k}$ और $\vec{b} = 3\hat{\imath} - 2\hat{\jmath} + \hat{k}$ दो सदिश हैं। उनके बीच का कोण है:

[UPSESSB TGT Mathematics, 2013]

A. $30°$ **B.** $45°$ **C.** $90°$ **D.** $60°$

Q.48 दो बल $4\hat{\imath} + \hat{\jmath} - 3\hat{k}$ और $3\hat{\imath} + \hat{\jmath} - \hat{k}$ एक कण पर कार्य कर रहे हैं और इसलिए कण बिंदु $\hat{\imath} + 2\hat{\jmath} + 3\hat{k}$ से बिंदु $5\hat{\imath} + 4\hat{\jmath} + \hat{k}$ पर विस्थापित हो गया है। बलों द्वारा किया गया कुल कार्य बराबर है:

[UPSESSB TGT Mathematics, 2013]

A. 20 इकाई   **B.** 30 इकाई   **C.** 40 इकाई   **D.** 50 इकाई

Q.49 $z = 10x + 25y$, $0 \leq x \leq 3$ और $0 \leq y \leq 3$, $x + y \leq 5$ के अधीन है तो z का अधिकतम मान है:

A. 80   **B.** 95   **C.** 30   **D.** 75

Q.50 वह बिंदु जो LPP के व्यवहार्य क्षेत्र से संबंधित नहीं है:

न्यूनतम: $Z = 60x + 10y$

$3x + y \geq 8$ के अधीन

$2x + 2y \geq 12$

$x + 2y \geq 10$

$x, y \geq 0$ है:

A. $(0,8)$ **B.** $(4,2)$ **C.** $(6,2)$ **D.** $(10,0)$

Q.51 निम्नलिखित रैखिक प्रोग्रामन समस्या पर विचार कीजिए:

$z = 6x + 10y$ का अधिकतमीकरण कीजिए, जहाँ व्यवरोध निम्नलिखित है:

$x \leq 4$

$y \leq 6$

$3x + 2y \leq 18$

$x \geq 0, y \geq 0$

उद्देश्य फलन का अधिकतम मान है:

A. 70   **B.** 72

C. 74   **D.** इनमें से कोई नहीं

Q.52 निम्नलिखित में से कौन सभी रैखिक प्रोग्रामिंग समस्याओं का गुण है?

A. चुनने के लिए कार्रवाई के वैकल्पिक पाठ्यक्रम

B. कुछ उद्देश्य का न्यूनीकरण

C. एक कंप्यूटर प्रोग्राम

D. समाधान में रेखांकन का उपयोग

Q.53 मान लीजिए कि $f(x) = \frac{4x}{3x+4}$ द्वारा परिभाषित एक फलन $f: \mathbf{R} - \left\{-\frac{4}{3}\right\} \to R$ है। f का प्रतिलोम, अर्थात प्रतिचित्र g: परिसर $f \to R - \left\{-\frac{4}{3}\right\}$, निम्नलिखित में से किसके द्वारा प्राप्त होगा:

A. $g(y) = \frac{3y}{3-4y}$ **B.** $g(y) = \frac{4y}{4-3y}$

C. $g(y) = \frac{4y}{3-4y}$ **D.** $g(y) = \frac{3y}{4-3y}$

Q.54 $a*b = a^3 + b^3$ प्रकार से परिभाषित N में एक द्विआधारी संक्रिया $*$ पर विचार कीजिए। अब निम्नलिखित में से सही उत्तर का चयन कीजिए:

A. $*$ साहचर्य तथा क्रमविनियम दोनों हे

B. $*$ क्रमविनियम है किन्तु साहचर्य नहीं हे

C. $*$ साहचर्य है किन्तु क्रमविनियम नहीं है

D. $*$ न तो क्रमविनियम है और न साहचर्य है

Q.55 यदि $n \in N$ तो $121^n - 25^n + 1900^n - (-4)^n$ का विभाज्य निम्नलिखित में से कौन सा है?

A. 1904   **B.** 2000   **C.** 2002   **D.** 2006

Q.56 दिया है कि, $E = \{2, 4, 6, 8, 10\}$, यदि n, E के किसी सदस्य (अवयव) को निरूपित करता है, तो $(n + 1)$ द्वारा निरूपित सभी संख्याओं वाले समुच्चय लिखिए:

A. $\{5, 7, 9, 11, 12\}$ **B.** $\{3, 5, 7, 9, 11\}$

C. $\{3, 5, 9, 11, 12\}$ **D.** $\{3, 5, 7, 9, 15\}$

Q.57 एक समूह $(G, *)$ का एक उपसमुच्चय H एक समूह है यदि:

[UPSESSB TGT Mathematics, 2016]

A. $a, b \in H \Rightarrow a * b \in H$

B. $a \in H \Rightarrow a^{-1} \in H$

C. $a, b \in H \Rightarrow a * b^{-1} \in H$

D. H में समरूपता तत्व शामिल है

Q.58 फलन $f(x) = \sqrt{\cos(\sin x)} + \sin^{-1}\left(\frac{1+x^2}{2x}\right)$ के लिए परिभाषित किया गया है:

[UPSESSB TGT Mathematics, 2016]

A. $x \in \{-1, 1\}$ **B.** $x \in [-1, 1]$

C. $x \in R$ **D.** $x \in (-1, 1)$

Q.59 यदि $f: R \to R$ और $g: R \to R$ दो मानचित्रण हैं जिन्हें $f(x) = 2x$ और $g(x) = x^2 + 2$ के रूप में परिभाषित किया गया है, तो $(f + g)(2)$ का मान है:

[UPSESSB TGT Mathematics, 2013]

A. 8   B. 10   C. 12   D. 24

Q.60 यदि P और Q दो समुच्चय हैं, तो $(P - Q) \cup (Q - P) \cup (P \cap Q)$ होगा:

[UPSESSB TGT Mathematics, 2013]

A. P B. Q C. $P \cap Q$ D. $P \cup Q$

Q.61 यदि रेखा $x - 1 = 2(y + 3) = 1 - z$ के दिशा कोसाइन l, m, n हैं, तो $l^4 + m^4 + n^4$ किसके बराबर है?

[UPSC NDA, 2021]

A. 1   B. $\frac{11}{27}$ C. $\frac{13}{27}$ D. 4

Q.62 मूलबिन्दु से समतल $x + y + z = 3$ पर खींचे गए लंब का पाद है:

[UPSC NDA, 2021]

A. $(0,1,2)$ B. $(0,0,3)$
C. $(1,1,1)$ D. $(-1,1,3)$

Q.63 बिंदुओं $(4,8,10)$ और $(6,10,-8)$ को मिलाने वाले रेखा खंड, YZ-तल द्वारा जिस अनुपात में विभक्त होता है, उसे ज्ञात कीजिए।

A. $1:4$ B. $2:7$ C. $2:3$ D. $2:5$

Q.64 समतल $2x - y + 4z = 5$ और $5x - 2.5y + 10z = 6$ हैं:

A. परस्पर लंब
B. समांतर
C. y - अक्ष पर प्रतिच्छेदन करते हैं।
D. बिंदु $\left(0,0,\frac{5}{4}\right)$ से गुजरते हैं।

Q.65 अक्षों पर समतल $2x + 3y - z = 6$ द्वारा काटे गए अंतःखंडों को ज्ञात करें।

A. $(3,-2,-6)$ B. $(3,2,6)$
C. $(3,2,-6)$ D. इनमें से कोई नहीं

Q.66 केंद्र से तल $2x - 3y + 6z - 42 = 0$ तक खींचे गए लंब की लम्बाई क्या है?

A. 3   B. 4   C. 5   D. 6

Q.67 रेखाओं $\frac{x+1}{7} = \frac{y+1}{-6} = \frac{z+1}{1}$ और $\frac{x-3}{1} = \frac{y-5}{-2} = \frac{z-7}{1}$ के बीच की लघुत्तम दूरी होगी:

A. $-\sqrt{29}$ B. $\sqrt{29}$ C. $2\sqrt{29}$ D. $\sqrt{29}$

Q.68 एक बिंदु R जिसका x निर्देशांक 4 है,बिंदु $P(2, -3,4)$ और $Q(8,0,10)$ को मिलाने वाले रेखाखण्ड पर स्थित है। बिंदु R के निर्देशांक ज्ञात करें।

A. $(4,-2,6)$ B. $(2,-4,6)$
C. $(3,-4,2)$ D. $(1,-3,4)$

Q.69 श्रृंखला $1 + 4 + 9 + 16 + 25 + 36 + ... + 121$ का योग ज्ञात कीजिये।

A. 506   B. 523   C. 525   D. 530

Q.70 एक समांतर श्रेणी के पहले पांच पदों का योग और पहले दस पदों का योग समान है। तो निम्नलिखित में से कौन-सा सही कथन है?

A. पहला पद ऋणात्मक होना चाहिए।
B. सार्व अंतर ऋणात्मक होना चाहिए।
C. या तो पहला पद या सार्व अंतर ऋणात्मक है लेकिन दोनों ऋणात्मक नहीं हैं।

D. पहला पद और सार्व अंतर दोनों ऋणात्मक हैं।

Q.71 अनुक्रम $3, \sqrt{3}, 1, \frac{1}{\sqrt{3}}, ...$ अनंत तक द्वारा निर्मित श्रृंखला का योग क्या है?

A. $\frac{3\sqrt{3}(\sqrt{3}+1)}{2}$ B. $\frac{3\sqrt{3}(\sqrt{3}-1)}{2}$
C. $\frac{3\sqrt{3}+1}{2}$ D. $\frac{3\sqrt{3}-1}{2}$

Q.72 $1 + \frac{1}{2} + \frac{1}{4} + \frac{1}{8} + \frac{1}{16} + \cdots + \infty$ का मान क्या है?

A. $\frac{1}{2}$ B. ∞ C. 2   D. 1

Q.73 यदि एक समांतर श्रेणी का छठा पद शून्य है, तो $\frac{t_{18}}{t_9}$ का मान क्या है? जहाँ t_n, समांतर श्रेणी के n वें पद को दर्शाता है।

A. 3   B. 4   C. 5   D. 6

Q.74 गुणोत्तर श्रेणी का तीसरा पद 3 है। दूसरे, तीसरे और चौथे पदों का गुणनफल क्या है?

A. 216   B. 226   C. 27   D. 260

Q.75 यदि $\frac{1}{4}, \frac{1}{x}$ और $\frac{1}{10}$ HP में हैं तो x का मान ज्ञात कीजिए।

A. 5   B. 6   C. 7   D. 8

Q.76 a का मान, जिसके लिए समीकरण $a = \frac{x^2-3}{x-2}$ के मूलों के घनों के योगफल का दोगुना अपना न्यूनतम मान प्राप्त करता है, है: (जहाँ, $a \in [0,\pi]$)

A. 4 से अधिक   B. 2 से कम
C. $\frac{7}{4}$ से अधिक   D. 1 से कम

Q.77 यदि α समीकरण $4x^2 + 2x - 1 = 0$ का एक मूल है और $f(x) = 4x^3 - 3x + 1$ है, तब $2\big(f(\alpha) + (\alpha)\big)$ बराबर है:

A. -1 B. 0   C. 1   D. 2

Q.78 $100x^2 - 20x + 1 = 0$ का मूल है:

A. $\frac{1}{20}$ और $\frac{1}{30}$ B. $\frac{1}{10}$ और $\frac{1}{20}$
C. $\frac{1}{10}$ और $\frac{1}{10}$ D. इनमें से कोई नहीं

Q.79 $i^n + i^{n+1} + i^{n+2} + i^{n+3}$ का सरलीकृत रूप क्या है?

A. i B. -1 C. 1   D. 0

Q.80 यदि $x^2 - px + 5 = 0$ के मूलों का अंतर 4, है तो $p =$?

A. ± 2 B. ± 6 C. 2   D. 6

Q.81 यदि $\frac{e^{3x}+e^x}{e^{4x}-e^{2x}+1}$ का अवकलज है यदि $f(e^x - e^{-x}) + C$ है, तो $f(x)$ ______ के बराबर है।

A. $\tan^{-1}x$ B. $\tan x$ C. $\cos^{-1}x$ D. $\sin x$

Q.82 यदि $y = \sqrt{x + \sqrt{x + \sqrt{x + \cdots \infty}}}$, तो $\frac{dy}{dx} =$?

A. $\frac{1}{y^2-1}$ B. $\frac{1}{2y+1}$ C. $\frac{2y}{y^2-1}$ D. $\frac{1}{2y-1}$

Q.83 सदिश विधि से दो तलों $2x + y - 2z = 3$ और $3x - 6y - 2z = 9$ के बीच का कोण ज्ञात कीजिए?

A. $\cos^{-1}\left(\frac{16}{21}\right)$ B. $\cos^{-1}\left(\frac{4}{21}\right)$

C. $\cos^{-1}\left(\frac{4}{7}\right)$ **D.** $\cos^{-1}\left(\frac{8}{21}\right)$

Q.84 यदि समतल $2x - y - 3z - 7 = 0$ और $4x - 2y + 5kz + 9 = 0$ समानांतर हैं तो $5k + 7$ क्या है?

A. 4   **B.** 5   **C.** 3   **D.** 1

Q.85 एक रेखा x, y और z अक्षों के साथ कोण α, β, γ बनाती है। तो $\sin^2\alpha + \sin^2\beta + \sin^2\gamma$ क्या है?

A. 1   **B.** 0

C. 2   **D.** इनमें से कोई भी नहीं

Q.86 मूल बिंदु से समतल पर खींचे गए लंब के पाद के निर्देशांक ज्ञात कीजिए $4x - 2y + 3z - 6 = 0$

A. $\frac{12}{\sqrt{45}}, -\frac{18}{\sqrt{45}}, \frac{24}{\sqrt{45}}$ **B.** $\frac{24}{45}, -\frac{18}{45}, \frac{12}{45}$

C. $\frac{24}{29}, -\frac{12}{29}, \frac{18}{29}$ **D.** $\frac{18}{\sqrt{29}}, -\frac{12}{\sqrt{29}}, \frac{24}{\sqrt{29}}$

Q.87 समीकरण $y^2 + (x - b)^2 = c$ का अवकलन रूप:

A. $y\frac{d^2y}{dx^2} + \left(\frac{dy}{dx}\right)^2 - 1 = 0$

B. $y\frac{d^2y}{dx^2} + \frac{dy}{dx} + 1 = 0$

C. $y\frac{d^2y}{dx^2} + \left(\frac{dy}{dx}\right)^2 + 1 = 0$

D. $\frac{d^2y}{dx^2} + \left(\frac{dy}{dx}\right)^2 - 1 = 0$

Q.88 $x^2\frac{dy}{dx} = x^2 + xy + y^2$ का हल होगा:

A. $\log x = \tan^{-1}\frac{y}{x} + c$

B. $\log x = \tan^{-1}\frac{x}{y} + c$

C. $\log y = \tan^{-1}\frac{x}{y} + c$

D. $\log y = \tan^{-1}\frac{y}{x} + c$

Q.89 अवकलन समीकरण का हल $\frac{dy}{dx} = \sec\left(\frac{y}{x}\right) + \frac{y}{x}$ है:

A. $\cos\left(\frac{y}{x}\right) = \log(cx)$ **B.** $\sin\left(\frac{x}{y}\right) = \log(cx)$

C. $\sin\left(\frac{y}{x}\right) = \log(cx)$ **D.** इनमें से कोई नहीं

Q.90 अवकलन समीकरण हल करें:

$$xdy - 2ydx = 0$$

A. $y^2x = c$ **B.** $xy = c$ **C.** $y = x^2c$ **D.** $yx^2 = c$

Q.91 अवकलन समीकरण का हल $dy = \sqrt{1 - y^2}dx$ है:

A. $y = \sin x + c$ **B.** $y = \sin(x + c)$

C. $\sin^{-1}(y + x) = c$ **D.** $\sin^{-1}(y + c) = x$

Q.92 अवकलन समीकरण $y = x\left(\frac{dy}{dx}\right)^2 + \left(\frac{dx}{dy}\right)$ की घात क्या है?

A. 1   **B.** 2   **C.** 3   **D.** 4

Q.93 माना कि p, q और r तीन अलग-अलग धनात्मक वास्तविक संख्याएँ हैं। यदि $D = \begin{vmatrix} p & q & r \\ q & r & p \\ r & p & q \end{vmatrix}$ है, तो निम्नलिखित में से कौन-सा सही है?

A. $D < 0$ **B.** $D \leq 0$ **C.** $D > 0$ **D.** $D \geq 0$

Q.94 x के किस मान के लिए आव्यूह $A = \begin{bmatrix} 3 - 2x & x + 1 \\ 2 & 4 \end{bmatrix}$ अव्युत्क्रमणीय है?

A. 1   **B.** 5   **C.** 3   **D.** 7

Q.95 लंबवत ऊपर की ओर फेंका गया एक पत्थर समीकरण $s = 64t - 16t^2$, को संतुष्ट करता है, जहाँ s मीटर में है और t सेकंड में है। पत्थर द्वारा अधिकतम ऊंचाई तक पहुंचने में कितना समय लगता है?

A. $1\,s$ **B.** $2\,s$ **C.** $3\,s$ **D.** $4\,s$

Q.96 यदि $\int \frac{1}{\sqrt{9 - 16x^2}} dx = \alpha\sin^{-1}(\beta x) + c$ है, तो $\alpha + \frac{1}{\beta} =$ क्या है?

A. 1   **B.** $\frac{7}{12}$ **C.** $\frac{19}{12}$ **D.** $\frac{9}{12}$

Q.97 $\int e^x\left(\frac{1}{x} - \frac{1}{x^2}\right)dx$ का मान ज्ञात कीजिए।

A. $e^x\ln x + c$ **B.** $xe^x + c$

C. $\frac{e^x}{x} + c$ **D.** $e^x\ln x - \frac{e^x}{x} + c$

Q.98 यदि θ किन्हीं दो सदिशों $\vec{a}$ और $\vec{b}$ के बीच का कोण है, तो $\left|\vec{a} \cdot \vec{b}\right| = \left|\vec{a} \times \vec{b}\right|$ जब θ के बराबर है:

A. 0   **B.** $\frac{\pi}{4}$ **C.** $\frac{\pi}{2}$ **D.** π

Q.99 दिया गया डाटा समूह 1, 0, 2, 3, 1, 1, 15, 1, 3 है। दिए गए डाटा समूह के लिए प्रसरण और मानक माध्य विचलन का मान ज्ञात कीजिए?

A. $\frac{\sqrt{170}}{3}, \frac{170}{9}$ **B.** $\frac{\sqrt{170}}{4}, \frac{170}{9}$

C. $\frac{170}{9}, \frac{170}{3}$ **D.** $\frac{170}{3}, \frac{170}{9}$

Q.100 एक टोकरी में 6 नीली, 2 लाल, 4 हरी और 3 पीली गेंदें हैं। यदि 5 गेंदों को यादृच्छिक रूप से उठाया जाता है, तो कम से कम एक के नीले होने की क्या प्रायिकता है?

A. $\frac{18}{455}$ **B.** $\frac{9}{91}$ **C.** $\frac{137}{143}$ **D.** $\frac{2}{5}$

// स्मार्ट उत्तर पुस्तिका //

सही उत्तर — उन छात्रों का प्रतिशत जिन्होंने प्रश्नों का सही उत्तर दिया था। **छोड़ दिया** — उन छात्रों का प्रतिशत जिन्होंने प्रश्नों को छोड़ दिया था।

प्रश्न संख्या	उत्तर	सही उत्तर / छोड़ दिया	प्रश्न संख्या	उत्तर	सही उत्तर / छोड़ दिया	प्रश्न संख्या	उत्तर	सही उत्तर / छोड़ दिया	प्रश्न संख्या	उत्तर	सही उत्तर / छोड़ दिया	प्रश्न संख्या	उत्तर	सही उत्तर / छोड़ दिया	प्रश्न संख्या	उत्तर	सही उत्तर / छोड़ दिया
1	B	45.15% / 1.15%	18	D	79.13% / 0.0%	35	C	87.69% / 0.0%	52	A	51.99% / 1.69%	69	A	44.23% / 1.11%	86	C	60.25% / 1.19%
2	D	22.72% / 3.83%	19	B	55.61% / 1.16%	36	A	28.23% / 4.19%	53	B	32.41% / 3.37%	70	C	45.2% / 1.3%	87	C	47.23% / 2.0%
3	A	48.73% / 1.52%	20	A	48.44% / 1.71%	37	D	78.55% / 0.0%	54	B	67.29% / 1.97%	71	A	49.87% / 1.11%	88	A	65.4% / 1.15%
4	D	67.02% / 1.58%	21	A	66.67% / 1.12%	38	A	16.85% / 3.41%	55	B	48.97% / 1.09%	72	C	40.44% / 1.8%	89	C	21.17% / 4.94%
5	A	29.57% / 4.31%	22	B	88.28% / 0.0%	39	D	57.85% / 1.81%	56	B	59.86% / 1.38%	73	B	60.45% / 1.97%	90	C	45.15% / 1.83%
6	B	55.34% / 1.9%	23	C	10.92% / 4.21%	40	A	32.71% / 3.51%	57	A	76.03% / 0.0%	74	C	55.94% / 1.4%	91	B	83.78% / 0.0%
7	C	19.08% / 3.79%	24	D	57.61% / 1.68%	41	B	78.66% / 0.0%	58	A	54.12% / 1.02%	75	C	63.55% / 1.94%	92	C	61.54% / 1.62%
8	C	40.18% / 1.58%	25	B	40.83% / 1.09%	42	D	67.35% / 1.51%	59	B	83.18% / 0.0%	76	C	57.25% / 1.29%	93	B	25.62% / 4.15%
9	B	86.35% / 0.0%	26	A	23.14% / 3.82%	43	A	49.53% / 1.81%	60	D	76.34% / 0.0%	77	C	62.33% / 1.44%	94	A	61.86% / 1.94%
10	A	83.14% / 0.0%	27	B	82.87% / 0.0%	44	A	49.66% / 1.92%	61	B	87.3% / 0.0%	78	C	79.07% / 0.0%	95	B	25.72% / 3.36%
11	B	62.42% / 1.72%	28	D	43.41% / 1.23%	45	A	85.29% / 0.0%	62	C	60.08% / 1.38%	79	D	56.03% / 1.39%	96	A	17.91% / 3.0%
12	A	23.57% / 4.55%	29	A	86.34% / 0.0%	46	A	69.18% / 1.27%	63	C	84.66% / 0.0%	80	B	60.48% / 1.68%	97	C	54.46% / 1.15%
13	A	54.19% / 1.17%	30	D	76.85% / 0.0%	47	D	44.91% / 1.11%	64	B	87.91% / 0.0%	81	A	14.42% / 4.97%	98	B	56.21% / 1.74%
14	D	60.53% / 1.93%	31	C	40.1% / 1.4%	48	C	12.68% / 4.67%	65	C	32.8% / 3.57%	82	D	53.89% / 1.45%	99	A	46.22% / 1.5%
15	D	48.35% / 1.87%	32	A	60.15% / 1.1%	49	B	55.8% / 1.37%	66	D	49.11% / 1.42%	83	B	47.89% / 1.5%	100	C	48.53% / 1.83%
16	C	88.78% / 0.0%	33	A	42.91% / 1.74%	50	B	43.23% / 1.1%	67	C	57.63% / 1.1%	84	D	83.01% / 0.0%			
17	C	48.25% / 1.41%	34	C	67.87% / 1.96%	51	B	27.56% / 3.31%	68	A	68.63% / 1.8%	85	C	24.77% / 4.14%			

//संकेत और समाधान//

1. यहां, हमें पहले 9 छात्रों में से 17 छात्रों का चयन करना होगा

तरीका:

$$\text{चयन} = \text{संयोजन} = {}^nC_r = \frac{n!}{r!(n-r)!}$$

$$\text{चयन और संयोजन} = \text{परिवर्तन} = {}^nP_r = \frac{n!}{(n-r)!}$$

एक गोले में 9 छात्रों को व्यवस्थित करें $= 9 - 1 = 8!$ तरीके $17 - 9 = 8$ छात्र रहते हैं।

शेष 8 छात्रों को दूसरे गोले में व्यवस्थित करें $= 8 - 1 = 7!$ तरीके से

$\therefore$ 2 गोले में 17 छात्रों को व्यवस्थित करने के कुल तरीके
$= {}^{17}C_9 \times 8! \times 7!$

अतः विकल्प (B) सही है।

2. दिया है:

$${}^9P_5 + 5 \cdot {}^9P_4 = {}^{10}P_r$$

जैसा कि हम जानते हैं,

$$= {}^nP_r + r \times {}^nP_{r-1}$$

$$= \frac{n!}{(n-r)!} + r \times \frac{n!}{(n-r+1)!}$$

$$= \frac{n!}{(n-r)!} + r \times \frac{n!}{(n-r+1)\times(n-r)!}$$

$$= \frac{n!}{(n-r)!}\left(1 + \frac{r}{(n-r+1)}\right)$$

$$= \frac{n!}{(n-r)!}\left(\frac{n-r+1+r}{(n-r+1)}\right)$$

$$= \frac{(n+1)n!}{(n-r+1)(n-r)!} = \frac{(n+1)!}{(n-r+1)!} = n + {}^1P_r$$

$$\therefore {}^nP_r + r \times {}^nP_{r-1} = {}^{n+1}P_r$$

अब, ${}^9P_5 + 5 \cdot {}^9P_4 = {}^{10}P_r$

उपरोक्त परिणामों के साथ तुलना करने पर, हम प्राप्त करते हैं

$$n = 9 \text{ और } r = 5$$

अतः विकल्प (D) सही है।

3. माना व्यवस्था,

B G B G B G B

4 लड़कों को 4! तरीकों से बैठाया जा सकता है

लड़की को 3! तरीकों से बैठाया जा सकता है

अभीष्ट तरीके,

$= 4! \times 3!$

$= 144$

अतः विकल्प (A) सही है।

4. n वस्तुओं को व्यवस्थित करने के तरीकों की संख्या = n!

दिया गया है: 4 लड़के और 3 लड़कियां इस प्रकार एक पंक्ति में बैठ सकते हैं जिससे लड़के और लड़कियों एक-के-बाद-एक बैठे हैं।

केवल एक स्वरुप जिसमें वे दी गयी स्थिति के अनुसार बैठ सकते हैं, निम्न है

B G B G B G B

4 लड़के 4! तरीकों में बैठ सकते हैं।

लड़कियां 3! तरीकों में बैठ सकती है।

आवश्यक तरीकों की संख्या,

$= 4! \times 3!$

$= 144$

अतः विकल्प (D) सही है।

5. गुणनफल नियम:

यदि हम वस्तु A का चयन m तरीकों और वस्तु B का चयन का n तरीकों में कर सकते हैं, तो हम वस्तु A और B का चयन mn तरीकों में कर सकते हैं।

हमें 4 अंकों वाली संख्याओं का निर्माण इस प्रकार करना है जिससे हम इसे 4 ! तरीकों में कर सकते हैं।

4 विषम संख्याएँ हैं और हमें उन संख्याओं में से 2 विषम संख्याओं का चयन करना हैं जो ${}^4C_2$ तरीकों में किया जा सकता है।

हम इसकी गणना निम्न रूप में करेंगे:

$${}^4C_2 = 6$$

उसीप्रकार, 3 सम संख्याएँ हैं और हमें उन संख्याओं में से 2 संख्या का चयन करना हैं जो ${}^3C_2$ तरीकों में किया जा सकता है।

जो निम्न के समान है:

$${}^3C_2 = 3$$

इसलिए, गुणनफल नियम का प्रयोग करने पर हम निर्माण के आवश्यक संख्याओं की संख्या निम्न रूप में कर सकते हैं:

$${}^4C_2 \times {}^3C_2 \times 4! = 6 \times 3 \times 24$$

$$= 432$$

पुनरावृत्ति के बिना अंक 1, 2, 3, 4, 5, 6, 7 का प्रयोग करके बनायी जाने वाली 4 अंकों की संख्याओं की संख्या 432 है जिसमें प्रत्येक संख्या में दो विषम अंक और दो सम अंक है।

अतः विकल्प (A) सही है।

6. हम जानते हैं कि,

$(a + b)^n$ के द्विपद प्रसार में पदों की कुल संख्या $n + 1$ है, अर्थात घातांक n से एक अधिक

अब,

$$\left(1 + \frac{2}{x}\right)^9 \left(1 - \frac{2}{x}\right)^9 \text{ के रूप में लिखा जा सकता है}$$

$$\Rightarrow \left[\left(1 + \frac{2}{x}\right)\left(1 - \frac{2}{x}\right)\right]^9$$

हम जानते हैं कि, $(a + b)(a - b) = a^2 - b^2$

$$\left[1 - \left(\frac{2}{x}\right)^2\right]^9$$

इसलिए, पदों की कुल संख्या $= 9 + 1 = 10$

$\therefore$ यहाँ $\left(1 + \frac{2}{x}\right)^9 \left(1 - \frac{2}{x}\right)^9$ के प्रसार में 10 पद हैं।

अत: विकल्प (B) सही है।

7. दिया गया प्रसरण $(x + y)^{10}$ है।

कथन I: वस्तुओं के सभी गुणांकों में से छठे पद के गुणांक में उच्चतम मान है।

n का मान 10 है जो सम है। इसलिए उच्चतम गुणांक वाला पद $\frac{n+2}{2} = \frac{10+2}{2} = 6$ है।

$\therefore$ छठे पद के गुणांक में उच्चतम मान है।

कथन II: तीसरे पद का गुणांक नौवें पद के गुणांक के बराबर है।

हम जानते हैं कि, $^nC_r = \frac{n!}{r!(n-r)!}$

तीसरे पद का गुणांक, $T_3 = {}^{10}C_2 = \frac{10!}{8!.2!}$

नौवें पद का गुणांक, $T_9 = {}^{10}C_8 = \frac{10!}{8!.2!}$

$\therefore$ तीसरे पद का गुणक = नौवें पद का गुणांक।

$\therefore$ कथन I और II दोनों सही हैं।

अत: विकल्प (C) सही है।

8. प्रसरण $\left(x + \frac{1}{x}\right)^{2n}$ में,

अंत से $(n + 1)$वाँ पद $= (2n - n - 1 + 2) =$ प्रारंभ से $(n + 1)$वाँ पद।

हम जानते हैं कि,

$T_r = {}^nC_{r-1} x^{n-r-1} y^{r-1}$

अब,

t_{n+1} पद दिया गया है

$\Rightarrow T_{n+1} = {}^{2n}C_n (x)^{2n-n} \left(\frac{1}{x}\right)^n$

$\Rightarrow T_{n+1} = {}^{2n}C_n (x)^{2n-n-n}$

$\Rightarrow T_{n+1} = {}^{2n}C_n$

$\therefore T_{n+1} = {}^{2n}C_n$ or $C(2n, n)$

अत: विकल्प (C) सही है।

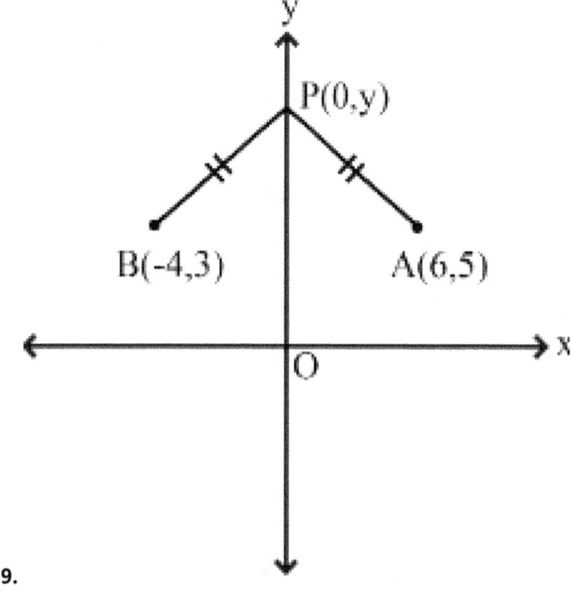

9.

माना लीजिए कि y-अक्ष पर स्थित बिंदु $(0, y)$ है।

PA रेखा के लिए:

$x_1 = -4;\ x_2 = 0$

$y_1 = 3;\ y_2 = y$

PB रेखा के लिए:

$x_1 = 6;\ x_2 = 0$

$y_1 = 5;\ y_2 = y$

दी गई दूरी समान दूरी है, इसलिए:

दूरी सूत्र से हमारे पास है:

दो बिंदुओं के बीच की दूरी $= \sqrt{(x_2 - x_1)^2 + (y_2 - y_1)^2}$

दूरीPB=दूरीPA

$(0 - (-4))^2 + (y - 3)^2 = (0 - 6)^2 + (y - 5)^2$

$\Rightarrow 4^2 + (y - 3)^2 = 6^2 + (y - 5)^2$

$\Rightarrow 16 + y^2 - 6y + 19 = 36 + y^2 - 10y + 25$

$\Rightarrow 4y = 36$

$\Rightarrow y = 9$

$\therefore P = (0, 9)$

अत: विकल्प (B) सही है।

10.

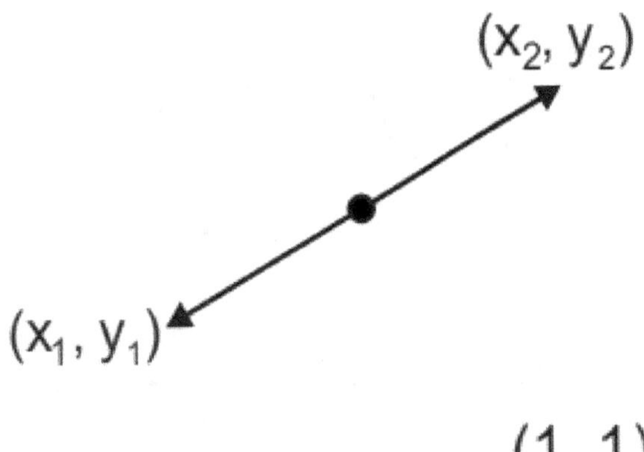

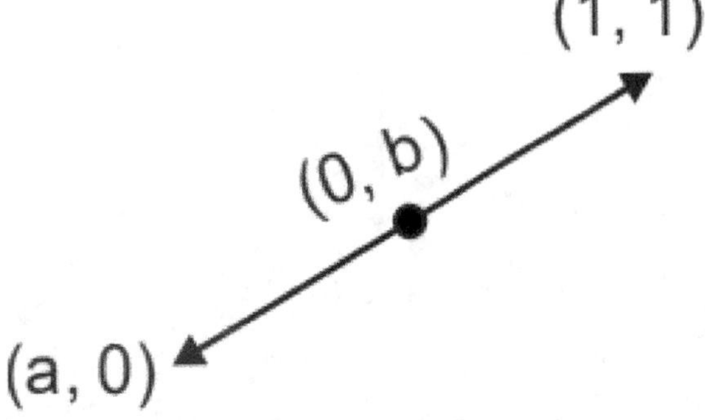

रेखाओं का ढाल समान होता है, क्योंकि दिए गए बिंदु सरेखी होते हैं, इसलिए रेखा के पहले आधे भाग का ढाल = रेखा के दूसरे भाग का ढाल

ढाल का समीकरण $= \dfrac{y_2 - y_1}{x_2 - x_1}$

$\left(\dfrac{y_2 - y_1}{x_2 - x_1}\right)$ रेखा के पहले आधे भाग $= \left(\dfrac{y_2 - y_1}{x_2 - x_1}\right)$ रेखा के दूसरे भाग

$\dfrac{b - 0}{0 - a} = \dfrac{1 - b}{1}$

$b = ab - a$

$a + b = ab$

$\dfrac{a}{ab} + \dfrac{b}{ab} = 1, \dfrac{1}{b} + \dfrac{1}{a} = 1$

अत: विकल्प (A) सही है।

11. दिया गया है:

निर्देशांक $A(1,2), B(3,4),$ और $C(5,6)$

प्रयुक्त सूत्र:

(1) त्रिभुज का क्षेत्रफल $= \dfrac{1}{2} \times |x_1(y_2 - y_3) + x_2(y_3 - y_1) + x_3(y_1 - y_2)|$

जहाँ,

निर्देशांक हैं: $A(x_1, y_1), B(x_2, y_2),$ और $C(x_3, y_3)$

(1.1) यदि क्षेत्रफल $= 0$

तो $A(x_1, y_1), B(x_2, y_2),$ और $C(x_3, y_3)$ सरेख होना चाहिए।

गणना:

निर्देशांक हैं:

$A(x_1, y_1) = A(1,2)$

$B(x_2, y_2) = B(3,4)$

$C(x_3, y_3) = C(5,6)$

अब,

$\Rightarrow$ त्रिभुज का क्षेत्रफल $= \dfrac{1}{2} \times |1(4 - 6) + 3(6 - 2) + 5(2 - 4)|$

$\Rightarrow$ त्रिभुज का क्षेत्रफल $= \dfrac{1}{2} \times |1(-2) + 3(4) + 5(-2)|$

$\Rightarrow$ त्रिभुज का क्षेत्रफल $= \dfrac{1}{2} \times |-2 + 12 - 10| = 0$

चूँकि क्षेत्रफल 0 है,

इसलिए, निर्देशांक को एक सीधी रेखा बनानी चाहिए।

दिए गए बिंदु A, B और C सरेखी प्रकृति के हैं।

$\therefore$ अभीष्ट उत्तर सीधी रेखा है।

अत: विकल्प (B) सही है।

12. हाइपरबोला के समीकरण को $\dfrac{4x^2}{36} - \dfrac{y^2}{36} = 1$ या $\dfrac{x^2}{9} - \dfrac{y^2}{36} = 1$ के रूप में लिखा जा सकता है।

मान लीजिए किसी बिंदु पर स्पर्श रेखा का समीकरण $P(x_1, y_1)$ है $\dfrac{xx^2}{a^2} - \dfrac{yy^2}{b^2} = 1$

जैसे स्पर्शरेखा बिंदु से गुज़र रही है $(0,3)$

इसलिए, $\dfrac{0}{a^2} - \dfrac{3y}{36} = 1$

$\Rightarrow y = -12$ और

फिर से, $4x^2 - y^2 = 36$

y, के मान का उपयोग करते हुए, $x = \pm 3\sqrt{5}$ है

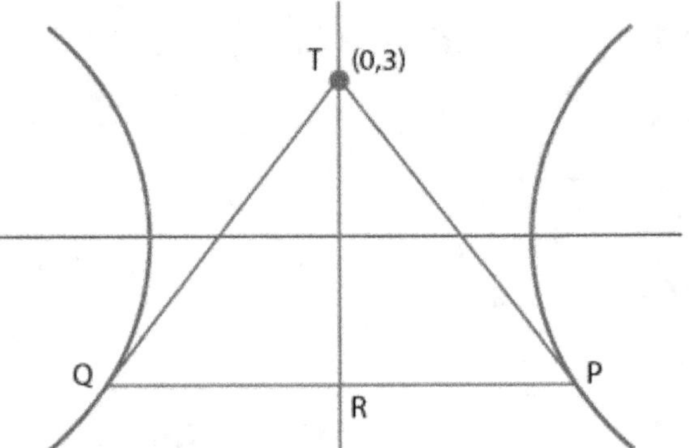

$\dfrac{x^2}{9} - \dfrac{y^2}{36} = 1$

इसलिए, P और Q के निर्देशांक क्रमशः $(3\sqrt{5}, -12)$ और $(-3\sqrt{5}, -12)$ हैं।

अब, त्रिभुज का क्षेत्रफल $TPQ,$

$$A = \frac{1}{2}\begin{vmatrix} 3\sqrt{5} & -12 & 1 \\ -3\sqrt{5} & -12 & 1 \\ 0 & 3 & 1 \end{vmatrix}$$

$$= \frac{1}{2}|3\sqrt{5}(-12-3) + 12(-3\sqrt{5}-0) + 1(-9\sqrt{5}-0)|$$

$$= \frac{1}{2}\left|-45\sqrt{5} - 36\sqrt{5} - 9\sqrt{5}\right|$$

$$= \frac{1}{2}\left|90\sqrt{5}\right|$$

$$= 45\sqrt{5}$$

अतः विकल्प (A) सही है।

13. चूँकि रेखा $y = 4x + c$ दीर्घवृत्त को स्पर्श करती है $\frac{x^2}{4} + y^2 = 1$, हम y को दीर्घवृत्त में $4x + c$ के रूप में प्रतिस्थापित करते हैं।

हम पाते हैं $\frac{x^2}{4} + 16x^2 + 8cx + c^2 = 1$

$$\Rightarrow x^2 + 64x^2 + 32cx + 4c^2 - 4 = 0$$

इस द्विघात का विभेदक शून्य होना चाहिए क्योंकि हमारे पास x का केवल एक मान है।

$$\Rightarrow (32c)^2 = 4 \times 65 \times (4c^2 - 4)$$

$$\Rightarrow 1024c^2 = 16 \times 65 \times (c^2 - 1)$$

$$\Rightarrow 64c^2 = 65 \times (c^2 - 1)$$

$$\Rightarrow 64c^2 = 65c^2 - 65$$

$$\Rightarrow c^2 = 65$$

$$c = \pm\sqrt{65}$$

इस प्रकार, हमारे पास c के दो मान हैं।

अतः विकल्प (A) सही है।

14. मान लीजिए कि एक बिंदु (x, y) परवलय पर स्थित है, तो इसकी फोकस से दूरी हमेशा डायरेक्ट्रिक्स से इसकी दूरी के बराबर होती है।

यानी, (x, y) और फोकस $((2,0) =$ के बीच की दूरी (x, y) और डायरेक्ट्रिक्स के बीच की दूरी यानी, $x + 2 = 0$

$$\therefore \sqrt{(x-2)^2 + (y-0)^2} = \frac{x+2}{\sqrt{1^2 + 0^2}}$$

$$\Rightarrow \sqrt{(x-2)^2 + y^2} = \frac{x+2}{\sqrt{1}}$$

दोनों पक्षों का वर्ग करने पर हमें प्राप्त होता है

$$, x - 2)^2 + y^2 = \frac{(x+2)^2}{1}$$

$$\Rightarrow (x-2)^2 + y^2 = (x+2)^2$$

$$\Rightarrow x^2 - 4x + 4 + y^2 = x^2 + 4x + 4$$

$$\Rightarrow -4x + y^2 = 4x$$

$$\Rightarrow y^2 = 8x$$

अतः विकल्प (D) सही है।

15. दिया गया,

$$f(x) = \log x^3 + 2x^2 - 3x + 100$$

हम जानते हैं कि,

अगर, $f(x) = x^n$ है, तो $f'(x) = nx^{n-1}$

$f(x) = \log x$, फिर $f'(x) = \frac{1}{x}$

$f(x) =$ स्थिर, फिर $f'(x) = 0$

$$\log m^n = n\log m$$

अब,

$$f(x) = \log x^3 + 2x^2 - 3x + 100$$

$$\Rightarrow f(x) = 3\log x + 2x^2 - 3x$$

$$\Rightarrow f'(x) = 3\frac{d}{dx}\log x + \frac{d}{dx}2x^2 - \frac{d}{dx}3x$$

$$\Rightarrow f'(x) = \frac{3}{x} + 4x - 3$$

ऊपर में $x = 3$ रखने पर, हम प्राप्त करते हैं,

$$f'(3) = \frac{3}{3} + 4(3) - 3$$

$$\Rightarrow f'(3) = 10$$

अतः विकल्प (D) सही है।

16. संकल्पना:

$$\lim_{x \to a}[f(x) + g(x)] = \lim_{x \to a}f(x) + \lim_{x \to a}g(x)$$

$$\lim_{x \to 0}\frac{(e^x - 1)}{x} = \log e = 1$$

$$\log m^n = n\log m$$

गणना:-

$$\lim_{x \to 0}\frac{e^x + e^{-x} - 2}{\sin x} \text{ is } \left(\frac{0}{0}\right) \text{ form}$$

L हॉस्पिटल नियम लागू करें, x के संबंध में अंश और भाजक को अलग करें।

$$= \lim_{x \to 0}\frac{e^x - e^{-x} + 0}{\cos x}$$

उपरोक्त समीकरण में x की सीमा रखें।

$$= \frac{e^0 - e^{-0} + 0}{\cos 0} = \frac{1-1}{1}$$

अतः विकल्प (C) सही है।

17. अवधारणा:

माध्य = सभी मानों का कुल योग/ मानों की संख्या

गणना:

दिए गए आँकड़ों का योग $= a + b + a + a + b + a + b + c + a + b + a + c + a + b + a$

$$\Rightarrow 8a + 5b + 2c$$

मानों की संख्या $= 15$

माध्य $= \frac{(8a+5b+2c)}{15}$

अतः विकल्प (C) सही है।

18. माध्यिका एक डेटा सेट में मध्य संख्या होती है जब संख्याओं को आरोही या अवरोही क्रम में सूचीबद्ध किया जाता है।

यदि प्रेक्षणों की कुल संख्या (n) विषम है, तो माध्यिका $= \frac{(n+1)^{th}}{2}$ प्रेक्षण

दिया गया डेटा है:

$31, 37, 43, 42, 25, 46, 45, 39, 32$

अब, दिया गया डेटा आरोही क्रम में है:
$25, 31, 32, 37, 39, 42, 43, 45, 46$

इस डेटा की माध्यिका इस डेटा की सबसे बीच वाली संख्या है (क्योंकि डेटा की कुल संख्या विषम है)।

$= \left[\frac{9+1}{2}\right]^{th} = \left[\frac{10}{2}\right]^{th} = 5^{th}$ संख्या

तो, अभीष्ट माध्यिका 39 है।

अतः विकल्प (D) सही है।

19. दिया गया है: दो वितरण के भिन्नता का गुणांक 60 और 70 हैं, और मानक विचलन क्रमशः 21 और 16 हैं।

पहले आकड़े के लिए माध्य ज्ञात करने पर।

CV = (मानक विचलन/माध्य)$\times 100$

$60 = (21/$माध्य$) \times 100$

माध्य $= \frac{21}{60} \times 100$

$= 35$

दूसरे आकड़े के लिए माध्य ज्ञात करने पर।

CV = (मानक विचलन/माध्य)$\times 100$

$70 = (16/$माध्य$) \times 100$

माध्य $= \frac{16}{70} \times 100$

≈ 22.86

परिणामी माध्य $= \frac{35+22.86}{2} = \frac{57.86}{2}$

$= 28.93$

अतः विकल्प (B) सही है।

20. यहाँ n = 8, हम पहले विचलनों की गणना कर सकते हैं और फिर मानक विचलन की गणना करने के लिए विचलनों के वर्गों के योग की गणना कर सकते हैं।

अवलोकन (x_i)	विचलन $(x_i - \bar{x})$	विचलन^2 $(x_i - \bar{x})^2$
4.8	4.8 - 4.45 = 0.35	0.1225
4.2	4.2 - 4.45 = - 0.25	0.0625
5.1	5.1 - 4.45 = 0.65	0.4225
3.8	3.8 - 4.45 = - 0.65	0.4225
4.4	4.4 - 4.45 = - 0.05	0.0025
4.7	4.7 - 4.45 = 0.25	0.0625
4.1	4.1 - 4.45 = - 0.35	0.1225
4.5	4.5 - 4.45 = 0.05	0.0025
योग = 35.6	**योग** = 0	**योग** = 1.22

माध्य: $\bar{x} = \frac{35.6}{8} = 4.45$

मानक विचलन: $\sigma = \sqrt{\frac{1.22}{8}} = 0.3905$

अतः विकल्प (A) सही है।

21. माना कि A दोनों संख्याओं के विषम होने की स्थिति है।

माना कि B योग के सम होने की स्थिति है।

तब,

विषम $+$ विषम $=$ सम

विषम $+$ सम $=$ विषम

सम $+$ सम $=$ सम

$P\left(\frac{A}{B}\right) = \frac{P(A \cap B)}{P(B)}$ का उपयोग करने पर

$P(A \cap B) = \frac{^5C_2}{^{10}C_2}$

$= \frac{\frac{5!}{2!3!}}{\frac{10!}{2!8!}}$

$= \frac{\frac{5\times4\times3\times2\times1}{2\times1\times3\times2\times1}}{\frac{10\times9\times8\times7\times6\times5\times4\times3\times2\times1}{2\times1\times8\times7\times6\times5\times4\times3\times2\times1}}$

$= \frac{2}{9}$

$P(B) = \frac{(^5C_2 + ^5C_2)}{^{10}C_2}$

$= \frac{^5C_2}{^{10}C_2} + \frac{^5C_2}{^{10}C_2}$

$= \frac{2}{9} + \frac{2}{9}$

$= \frac{4}{9}$

$\therefore P\left(\frac{A}{B}\right) = \frac{\frac{2}{9}}{\frac{4}{9}}$

$= \frac{1}{2}$

अतः विकल्प (A) सही है।

22. पिता के कम से कम एक लड़के से तीन बच्चे हैं।

3 में से कम से कम एक का मतलब है कि लड़कों की संख्या कम से कम एक होनी चाहिए और यह 3 तक हो सकती है।

लड़के को B के साथ और लड़की को G के साथ निरूपित करते है।

फिर संभावित परिणाम BBB, BBG, BGG हैं।

और, अनुकूल परिणाम यानी 2 लड़के और 1 लड़की BBG हैं।

$P(E)$ = अनुकूल परिणामों की संख्या/कुल संभावित परिणामों की संख्या

$\Rightarrow P(E) = \frac{1}{3}$

$\therefore$ उसके 2 लड़के और 1 लड़की होने की प्रायिकता $\frac{1}{3}$ है।

अत: विकल्प (B) सही है।

23. दिया है:

5 पुरुषों और 5 महिलाओं में से 8 व्यक्तियों का चयन किया जाना है।

प्रायिकता=अनुकूल परिणाम/कुल परिणाम

हम जानते हैं कि,

$^nC_r = \frac{n!}{(n-r)!r!}$

प्रश्नानुसार,

5 पुरुषों और 5 महिलाओं से 8 व्यक्तियों को चयन के तरीकों की संख्या $= {}^{10}C_8 = 45$

8 व्यक्तियों के चयन के तरीकों की संख्या जिससे उसमें 4 पुरुष और 4 महिलाएँ रहें $= {}^5C_4 \times {}^5C_4 = 25$

प्रायिकता $= \frac{25}{45} = \frac{5}{9}$

अतः विकल्प (C) सही है।

24. माना, $y = \tan^{-1}\left(\frac{6x\sqrt{x}}{1-9x^3}\right)$

दिए गए फलन का x के सापेक्ष अवकलन कीजिए

$\frac{dy}{dx} = \frac{1}{1+\frac{36x^2 \cdot x}{(1-9x^3)^2}} \cdot \frac{(1-9x^3)\left(6\times\frac{3}{2}x^{\frac{1}{2}}\right)\left(6x^{\frac{3}{2}}27x^2\right)}{(1-9x^3)^2}$

$\left[\because \frac{d}{dx}\left(\tan^{-1}x\right) = \frac{1}{1+x^2}\right]$

$= \frac{(1-9x^3)^2}{(1-9x^3)^2+36x^3} \cdot \frac{(1-9x^3)\left(9x^{\frac{1}{2}}\right)6\sqrt{x}\cdot x\left(27x^2\right)}{(1-9x^3)^2}$

$\left[\because x^{\frac{1}{2}} = \sqrt{x^2}x^{\frac{1}{2}} = x\sqrt{x}\right]$

$= \frac{\sqrt{x}\left(9(1-9x^3)+6x(27x^2)\right)}{(1-9x^3)^2+36x^3}$

$= \frac{\sqrt{x}\left(9-81x^3+162x^3\right)}{(1+81x^6-18x^3)+36x^3}$

$= \frac{\sqrt{x}\left(9+81x^3\right)}{1+81x^6+18x^3}$

व्युत्पन्न के बराबर $\sqrt{x}\cdot g(x)$

$\therefore g(x) \times \sqrt{x} = \frac{\sqrt{x}\left(9+81x^3\right)}{1+81x^6+18x^3}$

$\Rightarrow \quad g(x) = \frac{9\left(1+9x^3\right)}{(1+9x^3)^2}$

$\Rightarrow \quad g(x) = \frac{9}{(1+9x^3)}$

अत: विकल्प (D) सही है।

25. $\cos^2 x + \cos^2 y - 2\cos x \times \cos y \times \cos(x+y)$

$\cos(x+y) = \cos x \times \cos y - \sin x \times \sin y$

$= \cos^2 x + \cos^2 y - 2\cos x \times \cos y \times (\cos x \times \cos y - \sin x \times \sin y)$

$= \cos^2 x + \cos^2 y - 2\cos^2 x \times \cos^2 y + 2\cos x \times \cos y \times \sin x \times \sin y$

$= \cos^2 x + \cos^2 y - \cos^2 x \times \cos^2 y - \cos^2 x \times \cos^2 y + 2\cos x \times \cos y \times \sin x \times \sin y$

$= \left(\cos^2 x - \cos^2 x \times \cos^2 y\right) + \left(\cos^2 y - \cos^2 x \times \cos^2 y\right) + 2\cos x \times \cos y \times \sin x \times \sin y$

$= \cos^2 x\left(1-\cos^2 y\right) + \cos^2 y\left(1-\cos^2 x\right) + 2\cos x \times \cos y \times \sin x \times \sin y$

$= \sin^2 y \times \cos^2 x + \sin^2 x \times \cos^2 y + 2\cos x \times \cos y \times \sin x \times \sin y$ (since $\sin^2 x + \cos^2 x = 1$)

$= \sin^2 x \times \cos^2 y + \sin^2 y \times \cos^2 x + 2\cos x \times \cos y \times \sin x \times \sin y$

$= (\sin x \times \cos y)^2 + (\sin y \times \cos x)^2 + 2\cos x \times \cos y \times \sin x \times \sin y$

$= (\sin x \times \cos y + \sin y \times \cos x)^2$

$= \{\sin(x+y)\}^2$

$= \sin^2(x+y)$

अतः विकल्प (B) सही है।

26. दिया गया,

$\cos^{-1}x - \cos^{-1}\frac{y}{2} = \alpha$

$\Rightarrow \cos^{-1}\left(\frac{xy}{2} + \sqrt{1-x^2}\cdot\sqrt{1-\frac{y^2}{4}}\right) = \alpha$

$\Rightarrow \frac{xy}{2} + \frac{\sqrt{1-x^2}\sqrt{4-y^2}}{2} = \cos\alpha$

$\Rightarrow xy + \sqrt{1-x^2}\sqrt{4-y^2} = 2\cos\alpha$

$\Rightarrow (xy - 2\cos\alpha)^2 = (1-x^2)(4-y^2)$

$\Rightarrow x^2y^2 + 4\cos^2\alpha - 4xy\cos\alpha = 4 - y^2 - 4x^2 + x^2y^2$

$\Rightarrow x^2y^2 - x^2y^2 + 4x^2 - 4xy\cos\alpha + y^2 = 4 - 4\cos^2\alpha$

$\Rightarrow 4x^2 - 4xy\cos\alpha + y^2 = 4(1-\cos^2\alpha)$

$\Rightarrow 4x^2 - 4xy\cos\alpha + y^2 = 4\sin^2\alpha$

अतः विकल्प (A) सही है।

27. दिया गया है:

$\begin{bmatrix} 4x & 5 \\ 7 & y \end{bmatrix} = \begin{bmatrix} 8 & 5 \\ 7 & -2 \end{bmatrix}$

चूँकि हम जानते हैं कि यदि दो आव्यूह A और B बराबर हैं तो उनके संबंधित तत्व भी समान हैं।

$\Rightarrow 4x = 8$

$\therefore x = 2$

अब,

$\Rightarrow y = -2$

हमें $x + y$ का मान ज्ञात करना है।

इसलिए, $x + y = 2 - 2 = 0$

अत: विकल्प (B) सही है।

28. गणना:

दिए गया है कि $A = \begin{bmatrix} \cos2\theta & -\sin2\theta \\ \sin2\theta & \cos2\theta \end{bmatrix}$ और $A + A^{\mathsf{T}} = 1$

$A^{\mathsf{T}} = \begin{bmatrix} \cos2\theta & \sin2\theta \\ -\sin2\theta & \cos2\theta \end{bmatrix}$

$A + A^{\mathsf{T}} = \begin{bmatrix} \cos2\theta & -\sin2\theta \\ \sin2\theta & \cos2\theta \end{bmatrix} + \begin{bmatrix} \cos2\theta & \sin2\theta \\ -\sin2\theta & \cos2\theta \end{bmatrix}$
$= 1$

$\begin{bmatrix} 2\cos2\theta & 0 \\ 0 & 2\cos2\theta \end{bmatrix} = \begin{bmatrix} 1 & 0 \\ 0 & 1 \end{bmatrix}$

$\therefore 2\cos2\theta = 1$

$\cos2\theta = \frac{1}{2}$

$2\theta = \frac{\pi}{3}$

$\theta = \frac{\pi}{6}$

अत: विकल्प (D) सही है।

29. माना $A = \begin{bmatrix} a_{11} & a_{12} \\ a_{21} & a_{22} \end{bmatrix}$ है, तो A की सारणिक निम्न दी गयी है,

$|A| = a_{11} \times a_{22} - a_{12} \times a_2$

दिया गया है,

$\begin{vmatrix} 2 & 4 \\ 5 & 1 \end{vmatrix} = \begin{vmatrix} 2x & 4 \\ 6 & x \end{vmatrix}$

$\Rightarrow (2 - 20) = (2x^2 - 24)$

$\Rightarrow -18 + 24 = 2x^2$

$\Rightarrow 2x^2 = 6$

$\Rightarrow x^2 = 3$

$\Rightarrow x = \pm\sqrt{3}$

अत: विकल्प (A) सही है।

30. दिया गया है,

सारणिक $\begin{vmatrix} i & i^2 & i^3 \\ i^4 & i^6 & i^8 \\ i^9 & i^{12} & i^{15} \end{vmatrix}$ है।

चूँकि हमारे पास है,

$i = \sqrt{-1}$

$\therefore i^2 = -1, i^3 = -i, i^4 = 1, i^6 = -1, i^8 = 1, i^9 = i, i^{12} = 1,$
और $i^{15} = -i$

$= \begin{vmatrix} i & -1 & -i \\ 1 & -1 & 1 \\ i & 1 & -i \end{vmatrix}$

$= i(i - 1) + 1(-i - i) - i(1 + i)$

$= i^2 - i - 2i - i - i^2$

$= -4i$

अत: विकल्प (D) सही है।

31. दिया गया है,

$A = \begin{vmatrix} 2 & 0 & 0 \\ 0 & 2 & 0 \\ 0 & 0 & 2 \end{vmatrix} = 2\begin{vmatrix} 1 & 0 & 0 \\ 0 & 1 & 0 \\ 0 & 0 & 1 \end{vmatrix} = 2I$ और B एक वर्ग

आव्यूह है जिसे इस प्रकार दिया गया है,

$B = \begin{vmatrix} 1 & 2 & 3 \\ 0 & 1 & 3 \\ 0 & 0 & 2 \end{vmatrix}$

इसलिए, पहली अवधारणा को लागू करने पर, हम प्राप्त करते हैं,

$A.B = 2I.B$

B के प्रत्येक पद को 2 से गुणा करने पर,

$\therefore A.B = \begin{vmatrix} 2 & 4 & 6 \\ 0 & 2 & 6 \\ 0 & 0 & 4 \end{vmatrix}$

अब $A.B$ ऊपरी त्रिभुजाकार आव्यूह है। तो, दूसरी अवधारणा को लागू करने से हम प्राप्त करते हैं

$\det\{A.B\} = A.B$ के विकर्ण पदों का गुणनफल $= 2 \times 2 \times 4 = 16$

अत: विकल्प (C) सही है।

32. दिए गए निर्देशांकों को कार्तीय प्रणाली पर आलेखित करें जैसा कि दिखाया गया है:

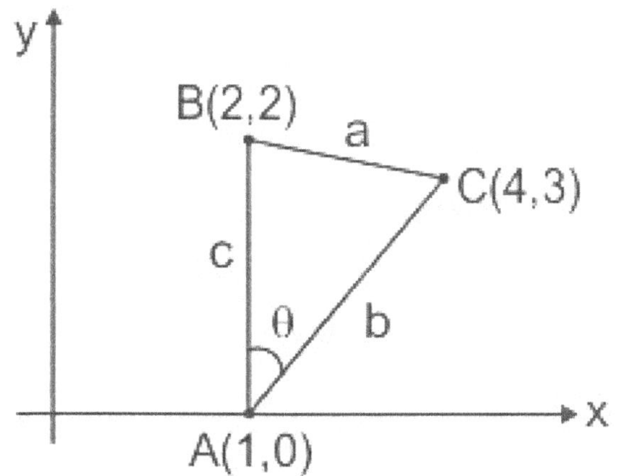

जैसा कि हम जानते हैं,

दो बिंदुओं के बीच की दूरी $= \sqrt{(x_2 - x_1)^2 + (y_2 - y_1)^2}$

$a = \sqrt{(4-2)^2 + (3-2)^2}$

$= \sqrt{4+1}$

$= \sqrt{5}$

$b = \sqrt{(4-1)^2 + (3-0)^2}$

$= \sqrt{9+9}$

$= \sqrt{18}$

$c = \sqrt{(2-1)^2 + (2-0)^2}$

$= \sqrt{1+4}$

$= \sqrt{5}$

त्रिभुज का क्षेत्रफल, $ABC = \frac{1}{2} \times$ (किन्हीं दो आसन्न भुजाओं का गुणनफल) $\times$ (उनके बीच के कोण की ज्या)

माना कि भुजाएँ AB और AC दो भुजाएँ है और उनके बीच का कोण 'θ' है।

कोसाइन नियम के अनुसार, $\cos\theta = \frac{b^2 + c^2 - a^2}{2bc}$

$= \frac{18 + 5 - 5}{2 \times \sqrt{18} \times \sqrt{5}}$

$= \sqrt{\frac{9}{10}}$

$\sin\theta = \sqrt{1 - \cos^2\theta}$

$= \sqrt{1 - \frac{9}{10}}$

$= \sqrt{\frac{1}{10}}$

क्षेत्रफल $= \frac{1}{2} \times AB \times AC \times \sin\theta$

$= \frac{1}{2} \times \sqrt{5} \times \sqrt{8} \times \frac{1}{\sqrt{10}}$

$= \frac{3}{2}$

अत: विकल्प (A) सही है।

33. दिया गया है.

$$\lim_{x \to 2} (3x^2 + 5x - 1) = k$$

चूँकि हम जानते हैं कि, यदि $\lim_{x \to a} f(x)$ का परिणाम अनिश्चित रूप में नहीं आता है, तो हम सीमा ज्ञात करने के क्रम में प्रत्यक्ष प्रतिस्थापन का प्रयोग करते हैं।

यहाँ, साथ ही हम देख सकते हैं कि, $\lim_{x \to 2} (3x^2 + 5x - 1)$ का परिणाम किसी अनिश्चित रूप में नहीं आता है।

इसलिए, हम k का मान ज्ञात करने के क्रम में समीकरण $3x^2 + 5x - 1$ में $x = 2$ रख सकते हैं।

$\lim_{x \to 2} (3x^2 + 5x - 1) = 3 \times 2^2 + 5 \times 2 - 1 = 21$
$= k$

अत: विकल्प (A) सही है।

34. दिया गया है,

$$\lim_{x \to 7} g(x) = k \text{ जहाँ } g(x) = \sqrt{8x - 7}$$

चूँकि हम जानते हैं कि, यदि $\lim_{x \to a} f(x)$ का परिणाम अनिश्चित रूप में नहीं आता है, तो हम सीमा ज्ञात करने के क्रम में प्रत्यक्ष प्रतिस्थापन का प्रयोग करते हैं।

यहाँ, साथ ही हम देख सकते हैं कि, $\lim_{x \to 7} g(x)$ का परिणाम किसी अनिश्चित रूप में नहीं आता है।

इसलिए, हम k का मान ज्ञात करने के क्रम में समीकरण $g(x) = \sqrt{8x - 7}$ में $x = 7$ रख सकते हैं।

$\lim_{x \to 7} \sqrt{8x - 7} = 7 = k$

अत: विकल्प (C) सही है।

35. समुच्चय $\left\{ x \in R : f(x) = \frac{1}{2} \right\}$ में कोई तत्व नहीं है, क्योंकि

$f(x) = \frac{1}{2}$ दिया है, $x - [x] - \frac{1}{2} = \frac{1}{2}$

$\Rightarrow x - [x] = 1$ जो कि सही नहीं है क्योंकि $x - [x] \in [0,1)$, दिया गया समुच्चय रिक्त समुच्चय है।

अत: विकल्प (C) सही है।

36. $x = a(\theta - \sin\theta), y = a(1 + \cos\theta)$

θ, के सापेक्ष में दोनों पक्षों का अवकलन करने पर,

$\frac{dx}{d\theta} = a(1 - \cos\theta)$ और $\frac{dy}{d\theta} = -a\sin\theta$

$\therefore \frac{dy}{dx} = \frac{\left(\frac{dy}{d\theta}\right)}{\left(\frac{dx}{d\theta}\right)} = \frac{-a\sin\theta}{a(1-\cos\theta)} = \frac{-\sin\theta}{1-\cos\theta}$

या $\dfrac{dy}{dx} = \dfrac{-2\sin\frac{\theta}{2}\cos\frac{\theta}{2}}{2\sin^2\frac{\theta}{2}} = -\cot\dfrac{\theta}{2}$ $\quad\left[\because \sin\theta = \right.$

$\left. 2\sin\dfrac{\theta}{2}\cos\dfrac{\theta}{2} \text{ और } 1-\cos\theta = 2\sin^2\dfrac{\theta}{2}\right]$

x के सापेक्ष में दोनों पक्षों का फिर से अवकलन करने पर,

$\dfrac{d^2y}{dx^2} = \dfrac{d}{dx}\left(\dfrac{dy}{dx}\right) = \dfrac{d}{dx}\left(-\cot\dfrac{\theta}{2}\right)$

$= \dfrac{d}{d\theta}\left(-\cot\dfrac{\theta}{2}\right) \times \dfrac{d\theta}{dx}$ $\quad\left[\because \dfrac{d}{dx}[f(\theta)] = \right.$

$\left. \dfrac{d}{d\theta}f(\theta) \times \dfrac{d\theta}{dx}\right]$

$= \dfrac{1}{2}cosec^2\dfrac{\theta}{2} \times \dfrac{1}{a(1-\cos\theta)}$ $\quad\left[\because \dfrac{d}{d\theta}(\cot\theta) = \right.$

$\left. -cosec^2\theta\right]$

$= \dfrac{1}{2a}cosec^2\dfrac{\theta}{2} \times \dfrac{1}{2\sin^2\frac{\theta}{2}}$

$= \dfrac{1}{4a}cosec^4\dfrac{\theta}{2}$

अत: विकल्प (A) सही है।

37. दिए गए वक्र का समीकरण $x^2 = 4y$ है।

x के सापेक्ष अवकलन करने पर हमें मिला,

$\dfrac{dy}{dx} = \dfrac{x}{2}$

माना (h, k) निर्देशांक के लिए सामान्य के संपर्क के बिंदु के सह-समन्वयक $x^2 = 4y$ है।

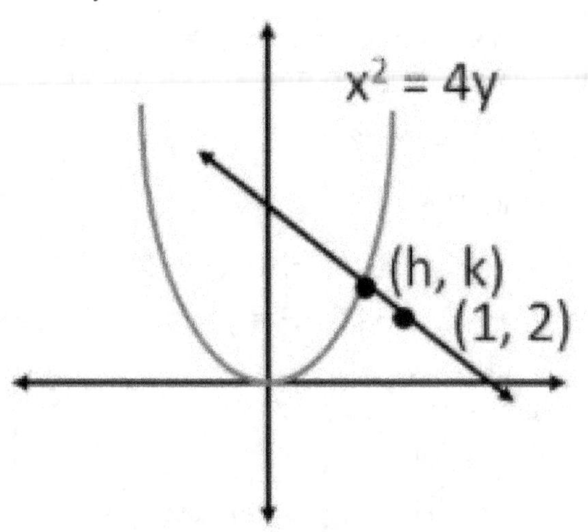

अब, स्पर्शरेखा का वक्र (h, k) द्वारा दिया जाता है,

$\left|\dfrac{dy}{dx}\right|_{(h,k)} = \dfrac{h}{2}$

तो, $(h, k) = \dfrac{-2}{h}$ पर सामान्य वक्र है।

इसलिए, सामान्य समीकरण (h, k) से,

$y - k = \dfrac{-2}{h}(x - h) \quad …(1)$

चूंकि यह बिंदु $(1,2)$ से गुजरता है, तो

$2 - k = \dfrac{-2}{h}(1 - h)$

या $k = 2 + \dfrac{2}{h}(1 - h) \quad …(2)$

अब, (h, k) वक्र पर स्थित है $x^2 = 4y$, तो हमें मिला:

$h^2 = 4k \quad ….(3)$

(2) और (3) हल करने पर, हमें मिला

$h = 2$ और $k = 1$

समीकरण (i) से, अभिलम्ब के लिए आवश्यक समीकरण है:

$y - 1 = \dfrac{-2}{2}(x - 2)$

या $x + y = 3$

अत: विकल्प (D) सही है।

38. दिया गया वक्र है,

$y = \dfrac{x}{x^2 - 3}$

$\Rightarrow \dfrac{dy}{dx} = \dfrac{(x^2-3) - x(2x)}{(x^2-3)^2}$

$= \dfrac{(x^2-3) - 2x^2}{(x^2-3)^2} = \dfrac{-x^2-3}{(x^2-3)^2}$

$\left.\dfrac{dy}{dx}\right|_{(\alpha,\beta)} = \dfrac{-\alpha^2-3}{(\alpha^2-3)^2}$

रेखा $2x + 6y - 11 = 0$ का ढाल $-\dfrac{1}{3}$ है

$\Rightarrow \dfrac{-(\alpha^2+3)}{(\alpha^2-3)^2} = -\dfrac{1}{3}$

$\Rightarrow 3(\alpha^2 + 3) = (\alpha^2 - 3)^2$

$\Rightarrow 3a^2 + 9 = \alpha^4 - 6a^2 + 9$

$\Rightarrow 3a^2 + 9 + 6a^2 - 9 = \alpha^4$

$\Rightarrow \alpha^4 = 9a^2$

$\Rightarrow a^2 = 9$

$\Rightarrow \alpha = \pm 3$

और $\beta = \dfrac{\alpha}{\alpha^2 - 3}$

$\Rightarrow \beta = \dfrac{\pm 3}{9 - 3} = \pm\dfrac{3}{6} = \pm\dfrac{1}{2}$

$\Rightarrow a = \pm 3, \beta = \pm\dfrac{1}{2}$

$|6\alpha + 2\beta| = \left|6 \times 3 + 2 \times \dfrac{1}{2}\right| = 18 + 1 = 19$

इस प्रकार α और β के ये मान $|6\alpha + 2\beta| = 19$ को संतुष्ट करते हैं।

अतः विकल्प (A) सही है।

39. पैराबोला के लिए ढलान m की स्पशरिखा $y^2 = 4bx$ is $y = mx + \dfrac{b}{m}$ ....(1).

दिया गया:

परवलय$= y^2 = 4\sqrt{2x}$, इसकी तुलना परवलय के मानक समीकरण यानी $y^2 = 4bx$ से करने पर हमें $b = \sqrt{2}$ मिलेगा)

$y = -ax + c$,समीकरण में स्पशरिखा समीकरण के साथ इसकी तुलना करने पर $1 : y = mx + \dfrac{b}{m}$

हमें रेखा का ढलान मिलता है $m = -a$ and $c = \left(\dfrac{b}{m}\right)$

$m = -a$ और $b = \sqrt{2}$ का मान रखने पर, हमें $c = \left(\dfrac{\sqrt{2}}{-a}\right)$ मिलता है

इसलिए स्पशरिखा $y = -ax + c$ बन जाती है $y = -ax - \dfrac{\sqrt{2}}{a}$ ....(2)

अब, यह दिया गया है कि दी गई रेखा दिए गए वृत्त को भी स्पर्श करती है: $x^2 + y^2 = 1$.

हम पहले से ही जानते हैं कि एक रेखा $px + qy + s = 0$ वृत्त $x^2 + y^2 = r^2$ को छूती है, अगर

$$\dfrac{|s|}{\left(\sqrt{p^2 + q^2}\right)} = r \text{ ....(3)}$$

हमारे पास रेखा का समीकरण है $y = -ax - \dfrac{\sqrt{2}}{a}$ समीकरण 2 से, रेखा $px + qy + s = 0$ के मानक समीकरण से तुलना करने पर, हमें मिलता है

p=-a, q=1, $s = \dfrac{-\sqrt{2}}{a}$, r=1, हमें दिए गए वृत्त से $r = 1$ का मान मिला है: $x^2 + y^2 = 1$

इन मानों को समीकरण 3 में रखने पर, हम प्राप्त करेंगे:

$$\Rightarrow \dfrac{|s|}{\left(\sqrt{p^2 + q^2}\right)} = r$$

$$\Rightarrow \dfrac{\left|-\dfrac{\sqrt{2}}{a}\right|}{\left(\sqrt{(-a)^2 + (1)^2}\right)} = 1$$

$$\Rightarrow \dfrac{\left|-\dfrac{\sqrt{2}}{a}\right|}{\left(\sqrt{1 + a^2}\right)} = 1$$

$$\Rightarrow \sqrt{1 + a^2} = \left|-\dfrac{\sqrt{2}}{a}\right|$$

अब हम दोनों पक्षों का वर्ग करेंगे और प्राप्त करेंगे,

$$\Rightarrow 1 + a^2 = \dfrac{2}{a^2}$$

$$\Rightarrow a^2(1 + a^2) = 2$$

$$\Rightarrow a^4 + a^2 - 2 = 0$$

अब हम इसे द्विघात रूप में बदलेंगे पहले a^2 को u से प्रतिस्थापित करते हैं, इसलिए $a^4 + a^2 - 2 = 0$ बन जाएगा: $u^2 + u - 2 = 0$.

$$\Rightarrow u^2 + u - 2 = 0$$

$$\Rightarrow u^2 + 2u - u - 2 = 0$$

$$\Rightarrow u(u + 2) - 1(u + 2) = 0$$

हम (u+2) निकालेंगे क्योंकि यह सामान्य है:

$$\Rightarrow u(u + 2) - 1(u + 2) = 0$$

$$\Rightarrow (u + 2)(u - 1) = 0$$

$$\Rightarrow u = -2, 1$$

इसलिए, $a^2 = 1 \Rightarrow a = \pm 1$

$c = \left(\dfrac{\sqrt{2}}{-a}\right)$, अब हम a का मान इस समीकरण में रखेंगे:

$$\therefore |c| = \left(\dfrac{\sqrt{2}}{|a|}\right) \Rightarrow \left(\dfrac{\sqrt{2}}{|\pm 1|}\right) = \sqrt{2}$$

अतः विकल्प (D) सही है।

40. दिया गया:

बर्फ $50 \ cm^3 / min$ की दर से पिघलती है,

इसलिए: $\dfrac{dV}{dt} = 50 \ cm^3 / min$ ....(1)

माना शुरू में बर्फ की मोटाई होगी: x.

इसलिए हमें $\dfrac{dx}{dt}$ ज्ञात करना है जो कि समय के साथ मोटाई में परिवर्तन की दर है

गोलाकार लोहे की गेंद की त्रिज्या $10 \ cm$ है, माना $r = 10$, और यह दिया गया है कि वहाँ है

गेंद पर बर्फ की एक समान परत, हमने शुरुआत में बर्फ की मोटाई मानी है: x

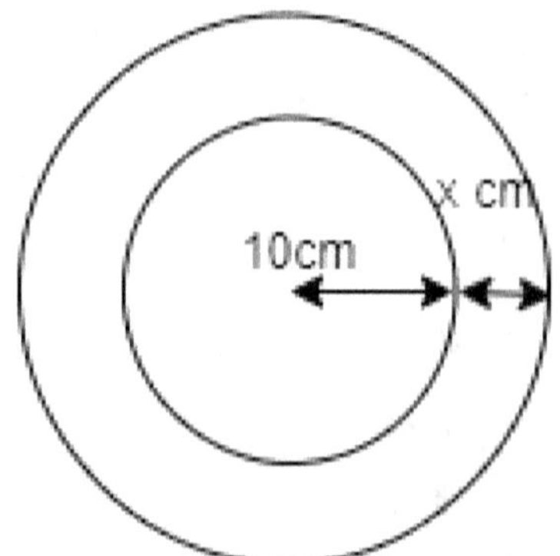

तो गेंद की कुल त्रिज्या बन जाती है: $R = r + x \Rightarrow 10 + x$ ....(2)

एक गोले का आयतन है: $V = \dfrac{4}{3}\pi R^3$,समीकरण 2 में कुल त्रिज्या का प्रयोग करके:

$$\therefore V = \dfrac{4}{3}\pi(10 + x)^3$$

हम इस समीकरण को समय t के संदर्भ में अवकलित करना प्रारंभ करेंगे।

$$\dfrac{d(V)}{dt} = \dfrac{d\left(\frac{4}{3}\pi(10+x)^3\right)}{dt}$$

$$\Rightarrow \dfrac{dV}{dt} = \dfrac{4}{3}\pi \dfrac{d((10+x)^3)}{dt}$$

हम घातांक नियम लागू करके दाहिने हाथ की ओर अवकलन करेंगे जो है:

$$f(x) = x^n \Rightarrow f'(x) = nx^{(n-1)}$$

यह नियम किसी भी चर के संबंध में लागू किया जा सकता है, अब हमारे पास है:

$$\frac{dV}{dt} = \frac{4}{3}\pi \frac{d((10+x)^3)}{dt},$$

$$\Rightarrow \frac{dV}{dt} = \frac{4}{3}\pi \frac{d((10+x)^3)}{dt}$$

$$\Rightarrow \frac{dV}{dt} = \frac{4}{3}\pi \times (3) \times (10+x)^2 \frac{dx}{dt}$$

$$\Rightarrow \frac{dV}{dt} = 4\pi(10+x)^2 \frac{dx}{dt} \quad ....(3)$$

समीकरण 1 से हम $\frac{dV}{dt} = 50$ को समीकरण 3 में रखेंगे, इसलिए समीकरण 3 बन जाएगा:

$$\Rightarrow \frac{dV}{dt} = 4\pi(10+x)^2 \frac{dx}{dt} \Rightarrow 50 = 4\pi(10+x)^2 \frac{dx}{dt}$$

$$\Rightarrow \frac{dx}{dt} = \frac{50}{4\pi(10+x)^2} \quad ....(4)$$

$x = 5$ को समीकरण 4 में रखें:

$$\frac{dx}{dt} = \frac{50}{4\pi(10+x)^2} \Rightarrow \frac{dx}{dt} = \frac{50}{4\pi(10+5)^2} \Rightarrow \frac{dx}{dt} = \frac{50}{4\pi(15)^2}$$

$$\Rightarrow \frac{dx}{dt} = \frac{25}{2\pi \times 225} \Rightarrow \frac{dx}{dt} = \frac{1}{2\pi \times 9}$$

$$\Rightarrow \frac{dx}{dt} = \frac{1}{18\pi}$$

इसलिए बर्फ की मोटाई में परिवर्तन की दर $\frac{1}{18\pi} \, cm/min$ है

अतः विकल्प (A) सही है।

41. हम जानते हैं कि एक सम फलन के लिए,

$$f(-x) = f(x) \text{ और } \int_{-a}^{a} f(x)dx = 2\int_{0}^{a} f(x)dx$$

दी गई स्थिति के लिए,

$$\int_{0}^{a}[f(x) + f(-x)]dx = \int_{-a}^{a} g(x)dx \text{ सत्य होना चाहिए,}$$

$f(x)$ और $g(x)$ दोनों सम फलन होने चाहिए,

यानी $f(x) = f(-x)$ और $g(x) = f(x) + f(-x)$

अतः विकल्प (B) सही है।

42. जैसा कि हम जानते हैं,

- $1 + \tan^2 x = \sec^2 x$
- $\int \tan x \, dx = \ln|\sec x| + c$
- $\int \sec x \, dx = \ln|\sec x + \tan x| + c$

माना $I = \int \frac{dx}{\sec x + \tan x}$

समाकल्य के हर का परिमेयीकरण करने से हम प्राप्त करते हैं:

$$\Rightarrow I = \int \frac{(\sec x - \tan x)}{(\sec x + \tan x) \cdot (\sec x - \tan x)}dx$$

$$\Rightarrow I = \int \frac{(\sec x - \tan x)}{(\sec^2 x - \tan^2 x)}dx$$

जैसा कि हम जानते हैं कि, $\sec^2 x - \tan^2 x = 1$, इसलिए:

$$\Rightarrow I = \int (\sec x - \tan x)dx$$

$$\Rightarrow I = \int \sec x \, dx - \int \tan x \, dx$$

$$\therefore I = \ln|\sec x + \tan x| - \ln|\sec x| + c$$

अतः विकल्प (D) सही है।

43.

जैसा कि हम जानते हैं,

$$\int \frac{1}{a^2 + x^2}dx = \frac{1}{a}\tan^{-1}\left(\frac{x}{a}\right) + c$$

अब

$$I = \int \frac{1}{16 + 25x^2}dx$$

$$= \int \frac{1}{16 + (5x)^2}dx$$

माना कि $5x = t$ है।

x के संबंध में अवकलन करने पर, हमें निम्न प्राप्त होता है

$$\Rightarrow 5dx = dt$$

$$\Rightarrow dx = \frac{dt}{5}$$

अब,

$$I = \frac{1}{5}\int \frac{1}{4^2 + t^2}dt$$

$$= \frac{1}{5} \times \frac{1}{4}\tan^{-1}\left(\frac{t}{4}\right) + c$$

$$= \frac{1}{20}\tan^{-1}\left(\frac{5x}{4}\right) + c$$

अतः विकल्प (A) सही है।

44. दिया है,

$$\int \left(\sqrt{x} - \frac{1}{\sqrt{x}}\right)^2 dx$$

$$= \int \left((\sqrt{x})^2 + \left(\frac{1}{\sqrt{x}}\right)^2 - 2(\sqrt{x})\left(\frac{1}{\sqrt{x}}\right)\right)dx$$

$$= \int \left(x + \frac{1}{x} - 2\right)dx$$

$$= \int \left(x + \frac{1}{x} - 2x^0\right)dx$$

$$= \int x \, dx + \int \frac{1}{x}dx - 2\int x^0 dx$$

जैसा की ,

$$\left[\because \quad \begin{matrix} \int x^n dx = \frac{x^{n+1}}{n+1} + C \\ \int \frac{1}{x}dx = \log|x| + C \end{matrix} \right]$$

$$= \frac{x^{1+1}}{1+1} + \log|x| - \frac{2x^{0+1}}{0+1} + C$$

$$= \frac{x^2}{2} + \log|x| - 2x + C$$

अतः विकल्प (A) सही है।

45. यदि $\vec{a}, \vec{b}, \vec{c}$ कोई शून्येतर सदिश हैं तो,

$$[\vec{a}\,\vec{b}\,\vec{c}] = \vec{a}.\left(\vec{b} \times \vec{c}\right) \qquad ...(1)$$

दिया है, $[\vec{a}\,\vec{b} + \vec{c}\,\vec{a} + \vec{b} + \vec{c}]$

$$= \vec{a}.[\left(\vec{b} + \vec{c}\right) \times \left(\vec{a} + \vec{b} + \vec{c}\right)]$$

$$= \vec{a}.[\vec{b} \times \vec{a} + \vec{b} \times \vec{b} + \vec{b} \times \vec{c} + \vec{c} \times \vec{a} + \vec{c} \times \vec{b} + \vec{c} \times \vec{c}]$$

$$= \vec{a}.[\vec{b} \times \vec{a} + \vec{b} \times \vec{c} + \vec{c} \times \vec{a} + \vec{c} \times \vec{b}]$$

$$= [\vec{a}\,\vec{b}\,\vec{a}] + [\vec{a}\,\vec{b}\,\vec{c}] + [\vec{a}\,\vec{c}\,\vec{a}] + [\vec{a}\,\vec{c}\,\vec{b}] \qquad \text{(चूँकि}$$

$$[\vec{a}\,\vec{b}\,\vec{a}] = 0)$$

$$= [\vec{a}\,\vec{b}\,\vec{c}] - [\vec{a}\,\vec{b}\,\vec{c}]$$

$$= 0$$

अत: विकल्प (A) सही है।

46. $\vec{a} = a_1\hat{i} + b_1\hat{j} + c_1\hat{k}$ और $\vec{b} = a_2\hat{i} + b_2\hat{j} + c_2\hat{k}$ $\qquad$ .....(1)

तब,

$$\vec{b} \times \vec{a} = \begin{vmatrix} \hat{i} & \hat{j} & \hat{k} \\ a_2 & b_2 & c_2 \\ a_1 & b_1 & c_1 \end{vmatrix} \qquad ....(2)$$

$$\vec{b} \times \vec{a} = \hat{i}\,(b_2c_1 - c_2b_1) - \hat{j}\,(a_2c_1 - c_2a_1) + \hat{k}\,(a_2b_1 - a_1b_2)$$

दिया है,

$$\vec{a} = 6\hat{i} + 4\hat{j} + 4\hat{k} \text{ और } \vec{b} = 2\hat{i} + 4\hat{j} + 3\hat{k}$$

समीकरण (1) से तुलना करने पर हमें प्राप्त होता है,

$$a_1 = 6,\ b_1 = 4, c_1 = 4$$

$$a_2 = 2, b_2 = 4, c_2 = 3$$

समीकरण (2) से,

$$\vec{b} \times \vec{a} = \begin{vmatrix} \hat{i} & \hat{j} & \hat{k} \\ 2 & 4 & 3 \\ 6 & 4 & 4 \end{vmatrix}$$

$$= \hat{i}(16 - 12) - \hat{j}(8 - 18) + \hat{k}(8 - 24)$$

$$= 4\hat{i} + 10\hat{j} - 16\hat{k}$$

अत: विकल्प (A) सही है।

47. यदि $\vec{a}$ और $\vec{b}$ दो शून्येतर सदिश हैं तो अदिश गुणनफल होगा:

$$\vec{a} \cdot \vec{b} = |\vec{a}|\,|\vec{b}|\cos\theta \qquad ...(1)$$

जहां, θ, $\vec{a}$ और $\vec{b}$ के बीच का कोण है।

$$|\vec{a}| = \sqrt{a_1^2 + b_1^2 + c_1^2} \text{ और } |\vec{b}| = \sqrt{a_2^2 + b_2^2 + c_2^2} \qquad ...(2)$$

दिया है,

$$\vec{a} = 2\hat{i} + \hat{j} + 3\hat{k}$$

$$\vec{b} = 3\hat{i} - 2\hat{j} + \hat{k}$$

फिर,

$$\vec{a} \cdot \vec{b} = |\vec{a}|\,|\vec{b}|\cos\theta$$

$$\Rightarrow \cos\theta = \frac{\vec{a} \cdot \vec{b}}{|\vec{a}|\,|\vec{b}|}$$

$$\Rightarrow \cos\theta = \frac{(2\hat{i}+\hat{j}+3\hat{k}) \cdot (3\hat{i}-2\hat{j}+\hat{k})}{\sqrt{2^2+1^2+3^2} \cdot \sqrt{3^2+(-2)^2+1^2}}$$

$$\Rightarrow \cos\theta = \frac{6-2+3}{\sqrt{14}\sqrt{14}}$$

$$\Rightarrow \cos\theta = \frac{7}{14} = \frac{1}{2}$$

$$\Rightarrow \cos\theta = \cos 60°$$

$$\Rightarrow \theta = 60°$$

अतः सही विकल्प (D) है।

48. यदि O मूल है और $\vec{A}$ और $\vec{B}$ कोई शून्येतर सदिश हैं। तब,

$$\vec{AB} = \vec{B} \text{ की स्थिति सदिश - } \vec{A} \text{ की स्थिति सदिश}$$

$$\vec{AB} = \vec{OB} - \vec{OA} \,...(1)$$

और बलों द्वारा किया गया कुल कार्य $W = \left(\vec{F_1} + \vec{F_2}\right) \cdot \vec{AB}$ .... (2)

गणना:

दिया गया: $\vec{OA} = \hat{i} + 2\hat{j} + 3\hat{k}, \vec{OB} = 5\hat{i} + 4\hat{j} + \hat{k}$

तब समीकरण (1) से, $\vec{AB} = \vec{OB} - \vec{OA}$

$$\vec{AB} = \left(5\hat{i} + 4\hat{j} + \hat{k}\right) - \left(\hat{i} + 2\hat{j} + 3\hat{k}\right)$$

$$\vec{AB} = 4\hat{i} + 2\hat{j} - 2\hat{k}$$

और दिया गया, $\vec{F_1} = 4\hat{i} + \hat{j} - 3\hat{k}$ और $\vec{F_2} = 3\hat{i} + \hat{j} - \hat{k}$

$$\vec{F_1} + \vec{F_2} = 7\hat{i} + 2\hat{j} - 4\hat{k}$$

समीकरण (2) का उपयोग करके।

किया गया कुल कार्य $W = \left(\vec{F_1} + \vec{F_2}\right) \cdot \vec{AB}$

$\Rightarrow W = \left(7\hat{i} + 2\hat{j} - 4\hat{k}\right) \cdot \left(4\hat{i} + 2\hat{j} - 2\hat{k}\right)$

$\Rightarrow W = 28 + 8 + 8 = 40$ इकाई

अतः विकल्प (C) सही है।

49. दिया गया है,

वस्तुनिष्ठ फलन है,

$z = 10x + 25y$, $0 \leq x \leq 3$ और $0 \leq y \leq 3, x + y \leq 5$ के अधीन है

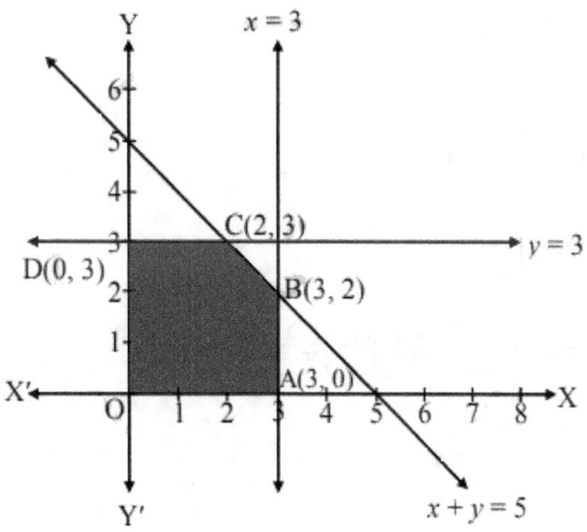

हम इन बिंदुओं पर z के मान की जांच करते हैं।

$z = 0 + 75 = 75$ पर,

$(3, 0)$ पर,

$z = 30 + 0 = 30$

$(0, 0)$ पर,

$z = 0$

$(3, 2)$ पर,

$z = 30 + 50 = 80$

$(2, 3)$ पर,

$z = 20 + 75 = 95$

इसलिए, z का अधिकतम मान 95 है।

अतः विकल्प (B) सही है।

50. दिया गया है,

न्यूनतमः $Z = 60x + 10y$

$3x + y \geq 18$ के अधीन

$2x + 2y \geq 12$

$x + 2y \geq 10$

$x, y \geq 0$

हम जाँचते हैं कि असमानताएँ संतुष्ट हैं या नहीं $(0, 8), 3(0) + 8 \geq 8$ सत्य है।

$2(0) + 2(8) = 16 \geq 12$ सत्य है। $0 + 2(8) = 16 \geq 10$ सत्य है।

$\therefore (0, 8)$ व्यवहार्य क्षेत्र में है।

$(4, 2), 3(4) + 2 = 14 \geq 8$

$2(4) + 2(2) = 16 \geq 12$

$4 + 2(2) = 8 \geq 10$ सत्य नहीं है

$\therefore (4, 2)$ व्यवहार्य क्षेत्र में एक बिंदु नहीं है

अतः विकल्प (B) सही है।

51. यहाँ, इस रैखिक प्रोग्रामन समस्या को हल करने के लिए सभी असमिकयों व्यवरोधों को समिकयों व्यवरोधों में परिवर्तित किया गया है।

$x = 4$

$y = 6$

$3x + 2y = 18$

अब, इन्हें आलेख पर बनाने पर,

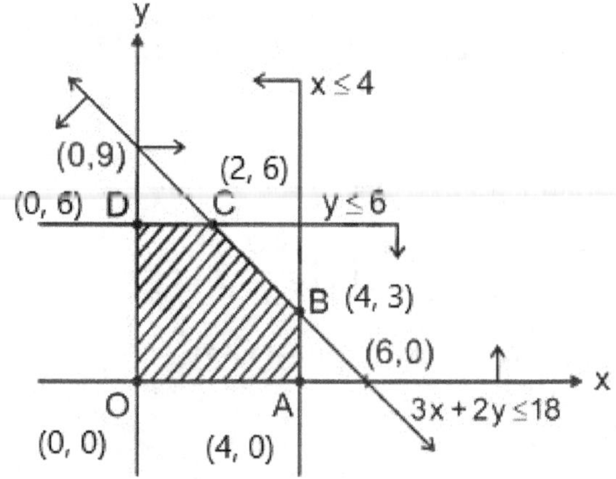

चित्र से हम देख सकते हैं,

बिंदु 'O' मूल बिंदु है अर्थात् $(0, 0)$

बिंदु A के निर्देशांक $= (4, 0)$

बिंदु 'B' $x = 4$ और $3x + 2y = 18$ का प्रतिच्छेदन बिंदु है, फिर

$x = 4$ समीकरण (3) में रखने पर, हम प्राप्त करते हैं

$3 \times 4 + 2y = 18$

$y = 3$

बिंदु B के निर्देशांक $= (4, 3)$

बिंदु 'C' $y = 6$ और $3x + 2y = 18$ का प्रतिच्छेदन बिंदु है, फिर

$y = 6$ समीकरण (3) में रखने पर, हम प्राप्त करते हैं

$$3x + 2 \times 6 = 18$$

$$x = 2$$

बिंदु C के निर्देशांक $= (2,6)$

बिंदु D के निर्देशांक $= (0,6)$

छायांकित भाग इष्टतम भाग होगा।

अब, सभी बिंदुओं पर वस्तुनिष्ठ फलन का मान ज्ञात करने के लिए

$$Z(O) = 0 + 0 = 0$$

$$Z(A) = Z(4,0) = 6 \times 4 + 0 = 24$$

$$Z(B) = Z(4,3) = 6 \times 4 + 10 \times 3 = 54$$

$$Z(C) = Z(2,6) = 2 \times 6 + 6 \times 10 = 72$$

$$Z(D) = Z(0,6) = 0 + 6 \times 10 = 60$$

इसलिये, उद्देश्य फलन का अधिकतम मान 72 है।

अत: विकल्प (B) सही है।

52. रॉबिन्स के अनुसार, संसाधन (पूंजी, भूमि, श्रम, सामग्री, ...) हमेशा सीमित होते हैं। प्रत्येक संसाधन के अनेक उपयोग होते हैं।

किसी भी संगठन या प्रबंधक के सामने सबसे अच्छा विकल्प चुनने की समस्या होती है जो लाभ को अधिकतम कर सकता है या उत्पादन की लागत को कम कर सकता है। रैखिक प्रोग्रामिंग वह विधि है जिसका उपयोग सभी विकल्पों में से सर्वोत्तम संभव विकल्पों का चयन करने के लिए किया जाता है।

विलियम एम. फॉक्स के अनुसार, "रैखिक प्रोग्रामिंग एक नियोजन तकनीक है जो कुछ वस्तुनिष्ठ कार्यों को दिए गए स्थितिजन्य प्रतिबंधों के ढांचे के भीतर अधिकतम या न्यूनतम करने की अनुमति देती है"

इसलिए, रैखिक प्रोग्रामिंग विभिन्न विकल्पों में से चुनने के लिए कार्रवाई के सर्वोत्तम पाठ्यक्रमों का चयन करने की प्रक्रिया है।

अतः विकल्प (A) सही है।

53. दिया है: फलन $f(x) = \frac{4x}{3x+4}$ जो $f : R - \left\{-\frac{4}{3}\right\} \to R$ द्वारा परिभाषित है।

माना y, f के परिसर में कोई अवयव है।

तब, $x \in R - \left\{-\frac{4}{3}\right\}$ कोई अवयव इस प्रकार है कि $y = f(x)$ है।

$$\Rightarrow y = \frac{4x}{3x+4}$$

$$\Rightarrow 3xy + 4y = 4x$$

$$\Rightarrow x(4 - 3y) = 4y$$

$$\Rightarrow x = \frac{4y}{4-3y}$$

यहाँ, माना फलन $g(y) = \frac{4y}{4-3y}$ जो $f : R \to R - \left\{-\frac{4}{3}\right\}$ द्वारा परिभाषित है।

$$gof(x) = g(f(x)) = g\left(\frac{4x}{3x+4}\right) = \frac{4\left(\frac{4x}{3x+4}\right)}{4-3\left(\frac{4x}{3x+4}\right)} =$$

अब, $\frac{16x}{12x+16-12x} = \frac{16x}{16} = x$

$$fog(y) = f(g(y)) = f\left(\frac{4y}{4-3y}\right) = \frac{4\left(\frac{4y}{4-3y}\right)}{3\left(\frac{4y}{4-3y}\right)+4} =$$

और $\frac{16y}{12y+16-12y} = \frac{16y}{16} = y$

$$\therefore gof = I_{R-\left\{-\frac{4}{3}\right\}} \text{ और } fog = I_f \text{ का परिसर}$$

इस प्रकार, f का प्रतिलोम g है अर्थात $f^{-1} = g$ है।

इस प्रकार, f का प्रतिलोम, अर्थात प्रतिचित्र g: परिसर $f \to R - \left\{-\frac{4}{3}\right\}$

जहाँ $g(y) = \frac{4y}{4-3y}$ है।

अतः विकल्प (B) सही है।

54. N, पर, सिद्धांत $*$ $a*b = a^3 + b^3$ के रूप में परिभाषित किया गया है।

हमारे पास $a, b, \in N$, के लिये,

$$a*b = a^3 + b^3 = b^3 + a^3 = b*a \quad \text{[प्राकृत संख्याओं का योग क्रमविनिमय होता है]}$$

तो सक्रिया $*$ क्रमविनिमय है।

यह देखा जा सकता है कि:

$$(1*2)*3 = \left(1^3 + 2^3\right)*3 = (1 + 8)*3 = 9*3 = 9^3 + 3^3$$
$$= 729 + 27 = 756 \qquad \text{और}$$

$$1*(2*3) = 1*\left(2^3 + 3^3\right) = 1*(8 + 27) = 1*35 = 1^3 + 35^3 = 1 + 42875 = 42876$$

$$\therefore (1*2)*3 \neq 1*(2*3), \text{ जहाँ } 1,2,3 \in N$$

इसलिए, सक्रिया $*$ साहचर्य नहीं है।

तो सक्रिया $*$ क्रमविनियम है किन्तु साहचर्य नहीं है।

अतः विकल्प (B) सही है।

55. $(121)^n - 25^n + 1900^n - (-4)^n$

$n = 1$ के लिये

$$121 - 25 + 1900 - (-4)$$
$$= 121 - 25 + 1900 + 4$$
$$= 2025 - 25$$
$$= 2000$$

अत: विकल्प (B) सही है।

56. दिया है,

E = {2, 4, 6, 8, 10}

मान लीजिए कि, A = {x | x = n + 1, n ∈ E}

इस प्रकार 2 ∈ E के लिए x = 3

4 ∈ E के लिए x = 5 इत्यादि

इसलिए A = {3, 5, 7, 9, 11}

अतः विकल्प (B) सही है।

57. एक समूह $(G, *)$ का एक गैर-रिक्त उपसमुच्चय H, G iff का एक समूह है,

$$\Rightarrow a, b \in H$$

$\Rightarrow a * b \in H$

$\Rightarrow a \in H$

$\Rightarrow \frac{1}{a} \in H$

$\Rightarrow a^{-1} = \frac{1}{a}$

अत: विकल्प (A) सही है।

58. दिया गया फलन है: $\sqrt{cos(sinx)} + sin^{-1} \le ft\left(\frac{1+x^2}{2x}\right)$

$sinx$ की सीमा $[-1,1]$ है, इसलिए, $cos(-ve)$ भी धनात्मक मान है।

$\Rightarrow$ सभी वास्तविक संख्या के लिए परिभाषित .....(1)

$sin^{-1}(x)$ को $-1 \le x \le 1$ के लिए परिभाषित किया गया है।

$-1 \le \frac{1+x^2}{2x} \le 1$

स्थिति (1) $x^2 + 1 \ge -2x$

$(x + 1)^2 \ge 0$

सदैव धनात्मक और यह शून्य के बराबर होता है जब $x = -1$

स्थिति (2) $1 + x^2 \le 2x$

$(x - 1)^2 \le 0$

यह शून्य के बराबर होता है जब $x = 1$

फलन डोमेन (1) और (2) का प्रतिच्छेदन करता है।

फलन के लिए (2) $x \in \{-1,1\}$

इसका अंतिम उत्तर $x \in \{-1,1\}$ है।

अत: विकल्प (A) सही है।

59. दिया है, $f(x) = 2x, g(x) = x^2 + 2$

तब, $(f + g)(2) = f(2) + g(2)$

$= (2 \times 2) + (2^2 + 2)$

$= 4 + 6$

$= 10$

अत: विकल्प (B) सही है।

60. P - Q = तत्वों का समुच्चय जो P से संबंधित है लेकिन Q से नहीं।

P ∪ Q = वह समुच्चय जिसमें P के सभी अवयव और Q के सभी अवयव होते हैं, उभयनिष्ठ अवयव केवल एक बार लिए जाते हैं।

P ∩ Q = सभी तत्वों का समुच्चय जो P और Q दोनों में उभयनिष्ठ है।

मान लीजिए P = {1, 2, 3, 4} और Q = {3, 4, 5, 6}

$\Rightarrow$ P - Q = {1, 2}

$\Rightarrow$ Q - P = {5, 6}

$\Rightarrow$ P ∪ Q = {1, 2, 3, 4, 5, 6}

$\Rightarrow$ P ∩ Q = {3, 4}

$\Rightarrow$ (P - Q) ∪ (Q - P) ∪ (P ∩ Q) = {1, 2} ∪ {5, 6} ∪ {3, 4} = {1, 2, 3, 4, 5, 6} = P ∪ Q

अत: विकल्प (D) सही है।

61. दिया गया है: l, m, n रेखा $x - 1 = 2(y + 3) = 1 - z$ की दिशा कोसाइन हैं

दिए गए रेखाओं के समीकरण को इस प्रकार लिखा जा सकता है:

$\frac{x-1}{1} = \frac{y+3}{\frac{1}{2}} = \frac{z-1}{-1}$

इसलिए, समीकरण $\frac{x-1}{1} = \frac{y+3}{\frac{1}{2}} = \frac{z-1}{-1}$ की $\frac{x-x_1}{a} = \frac{y-y_1}{b} = \frac{z-z_1}{c}$ के साथ तुलना करने पर, हमें प्राप्त होता है,

$\Rightarrow a = 1, b = \frac{1}{2}$ और $c = -1$

जैसा कि हम जानते हैं कि, यदि a, b, c एक रेखा के दिशा अनुपात हैं तो रेखा की दिशा कोसाइन निम्न द्वारा दी जाती है: $l = \frac{a}{\sqrt{a^2+b^2+c^2}}, m = \frac{b}{\sqrt{a^2+b^2+c^2}}, n = \frac{c}{\sqrt{a^2+b^2+c^2}}$

दी गई रेखा की दिशा कोसाइन निम्न है:

$\Rightarrow l = \frac{2}{3}, m = \frac{1}{3}, n = \frac{-2}{3}$

$= l^4 + m^4 + n^4$

$= \frac{16}{81} + \frac{1}{81} + \frac{16}{81}$

$= \frac{33}{81}$

$= \frac{11}{27}$

अत: विकल्प (B) सही है।

62. माना $A(x, y, z)$ मूल बिंदु से समतल $x + y + z = 3$ पर खींचे गए लंब का पाद है।

जैसा कि हम जानते हैं कि,

एक बिंदु $P(x_1, y_1, z_1)$ से समतल $ax + by + cz + d = 0$ की लंब दूरी निम्न द्वारा दी जाती है: $d = \left|\frac{ax_1+by_1+cz_1+d}{\sqrt{a^2+b^2+c^2}}\right|$

तो, मूल और समतल $x + y + z - 3 = 0$ के बीच की दूरी निम्न द्वारा दी गई है:

$d = \left|\frac{0+0+0-3}{\sqrt{1^2+1^2+1^2}}\right|$

$= \frac{3}{\sqrt{3}}$

$= \sqrt{3}$

तो, मूल बिंदु को मिलाने वाली रेखा की लंबाई और $A, 3$ है।

जैसा कि हम देख सकते हैं कि दिए गए विकल्पों में से, यदि $A = (1,1,1)$ है, तो मूल बिंदु और A के बीच की दूरी $\sqrt{3}$ है।

अत: विकल्प (C) सही है।

63. माना $A = (4,8,10), B = (6,10,-8)$

माना की A और B को जोड़ने वाली रेखा YZ — समतल से, P बिंदु पर $\lambda:1$ के अनुपात में विभाजित होती है।

हम जानते हैं कि:

$$P = \left(\frac{kx_2+x_1}{k+1}, \frac{ky_2+y_1}{k+1}, \frac{kz_2+z_1}{k+1}\right)$$

$$\therefore P = \left(\frac{6\lambda+4}{\lambda+1}, \frac{10\lambda+8}{\lambda+1}, \frac{-8\lambda+10}{\lambda+1}\right)$$

चूंकि P, YZ-समतल पर स्थित है, इसलिए P का x-निर्देशांक शून्य होगा।

$$\therefore \frac{6\lambda+4}{\lambda+1} = 0$$

$$\Rightarrow 6\lambda + 4 = 0$$

$$\Rightarrow 6\lambda = -4$$

$$\therefore \lambda = \frac{-2}{3}$$

इस प्रकार, YZ-समतल AB को 2: 3 के अनुपात में विभाजित करता है।
अतः विकल्प (C) सही है।

64. दो समतल के बीच का कोण $A_1x + B_1y + C_1z = d_1$ और $A_2x + B_2y + C_2z = d_2$ द्वारा दिया गया है,

$$\cos\theta = \frac{A_1A_2+B_1B_2+C_1C_2}{\sqrt{A_1^2+B_1^2+C_1^2}\sqrt{A_2^2+B_2^2+C_2^2}}$$

दो समतल दिए गए हैं:

$$2x - 1y + 4z = 5$$

$A_1x + B_1y + C_1z = d_1$ के साथ तुलना करने पर,

$$A_1 = 2, B_1 = -1, C_1 = 4, d_1 = 5$$

$$5x - 2.5y + 10z = 6$$

दोनों तरफ से 2 से गुणा करने पर,

$$10x - 5y + 20z = 12$$

$A_2x + B_2y + C_2z = d_2$ के साथ तुलना करने पर,

$$A_2 = 10, B_2 = -5, C_2 = 20, d_2 = 12$$

तो, $\cos\theta = \left|\frac{(2\times10)+(-1\times-5)+(4\times20)}{\sqrt{2^2+(-1)^2+4^2}\sqrt{10^2+(-5)^2+20^2}}\right|$

$$= \left|\frac{20+5+80}{\sqrt{4+1+16}\sqrt{100+25+400}}\right|$$

$$= \left|\frac{105}{\sqrt{21}\sqrt{525}}\right|$$

$$= \left|\frac{105}{\sqrt{21}\times\sqrt{25\times21}}\right|$$

$$= \left|\frac{105}{\sqrt{21}\times5\sqrt{21}}\right|$$

$$= \left|\frac{105}{21\times5}\right|$$

$$= \left|\frac{105}{\sqrt{21}\times5\sqrt{21}}\right|$$

$$= \left|\frac{105}{21\times5}\right|$$

$$= 1$$

इसलिए, $\cos\theta = 1$

$$\therefore \theta = 0°$$

चूंकि समतल के बीच का कोण $0°$ है।

इसलिए, समतल समानांतर हैं।
अतः विकल्प (B) सही है।

65. माना कि समतल x, y और z अक्षों पर क्रमशः अंतःखंड a, b, c बनाते हैं।

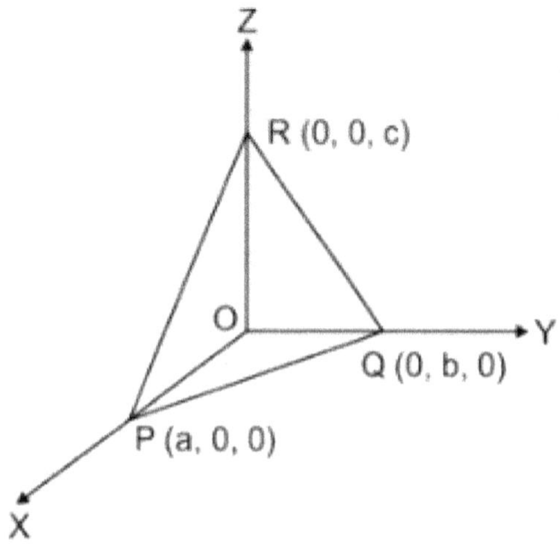

हम जानते हैं:

अंतःखंड रूप में समतल का समीकरण इस प्रकार दिया गया है:

$$\frac{x}{a} + \frac{y}{b} + \frac{z}{c} = 1$$

दिया हुआ है:

समतल का समीकरण $2x + 3y - z = 6$ है।

दिए गए समीकरण को अंतःखंड रूप में इस प्रकार लिखा जा सकता है:

$$\frac{x}{3} + \frac{y}{2} + \frac{z}{-6} = 1$$

तब, समीकरण $\frac{x}{3} + \frac{y}{2} + \frac{z}{-6} = 1$ की $\frac{x}{a} + \frac{y}{b} + \frac{z}{c} = 1$ के साथ तुलना करने पर, हमें प्राप्त होता है,

$$\Rightarrow a = 3, \ b = 2 \text{ और } c = -6$$

तो, दिए गए समतल द्वारा अक्षों पर किए गए अंतःखंड $(3, 2, -6)$ है।

अतः विकल्प (C) सही है।

66. दिया गया है:

तल का समीकरण:

$$2x - 3y + 6z - 42 = 0$$

हम जानते हैं:

तल $ax + by + cz + d = 0$ से बिंदु (p, q, r) की दूरी

$$D = \left|\frac{ap+bq+cr+d}{\sqrt{a^2+b^2+c^2}}\right| \text{ है।}$$

तब, केंद्र (0, 0, 0) से तल की दूरी:

$$D = \left| \frac{2\times 0 - 3\times 0 + 6\times 0 - 42}{\sqrt{2^2 + (-3)^2 + 6^2}} \right|$$

$$D = \left| \frac{-42}{\sqrt{4+9+36}} \right|$$

$$D = \left| \frac{-42}{7} \right|$$

$$D = 6$$

अत: विकल्प (D) सही है।

67. दिया है:

$$\frac{x+1}{7} = \frac{y+1}{-6} = \frac{z+1}{1} \text{ और } \frac{x-3}{1} = \frac{y-5}{-2} = \frac{z-7}{1}$$

यह ज्ञात है कि दो रेखाओं के बीच की सबसे लघुत्तम दूरी

$\frac{x-x_1}{a} = \frac{y-y_1}{b} = \frac{z-z_1}{c}$ और $\frac{x-x_2}{a} = \frac{y-y_2}{b} = \frac{z-z_2}{c}$ द्वारा दिया गया है,

$$d = \frac{\begin{vmatrix} x_2-x_1 & y_2-y_1 & z_2-z_1 \\ a_1 & b_1 & c_1 \\ a_2 & b_2 & c_2 \end{vmatrix}}{\sqrt{(b_1 c_2 - b_2 c_1)^2 + (c_1 a_2 - c_2 a_1)^2 + (a_1 b_2 - a_2 b_1)^2}} \quad \ldots(1)$$

दिए गए समीकरणों की तुलना करते हुए, हम प्राप्त करते हैं

$$x_1 = -1, y_1 = -1, z_1 = -1$$

$$a_1 = 7, b_1 = -6, c_1 = 1$$

$$x_2 = 3, y_2 = 5, z_2 = 7$$

$$a_2 = 1, b_2 = -2, c_2 = 1$$

$$\text{तो,} \begin{vmatrix} x_2 - x_1 & y_2 - y_1 & z_2 - z_1 \\ a_1 & b_1 & c_1 \\ a_2 & b_2 & c_2 \end{vmatrix} = \begin{vmatrix} 4 & 6 & 8 \\ 7 & -6 & 1 \\ 1 & -2 & 1 \end{vmatrix}$$

$$= 4(-6+2) - 6(7-1) + 8(-14+6)$$

$$= -16 - 36 - 64 = -116$$

अब

$$\sqrt{(b_1 a_2 - b_2 c_1)^2 + (c_1 a_2 - c_2 a_1)^2 + (a_1 b_2 - a_2 b_1)^2}$$

$$= \sqrt{(-6+2)^2 + (1+7)^2 + (-14+6)^2}$$

$$= \sqrt{16 + 36 + 64}$$

$$= \sqrt{116}$$

$$= 2\sqrt{29}$$

समीकरण (1) में सभी मानों को प्रतिस्थापित करते हुए, हम प्राप्त करते हैं:

$$d = \frac{116}{2\sqrt{29}}$$

$$= \frac{-58}{\sqrt{29}}$$

$$= \frac{-2\times 29}{\sqrt{29}}$$

$$= -2\sqrt{29}$$

चूँकि दूरी हमेशा गैर-ऋणात्मक होती है, इसलिए दी गई रेखाओं के बीच की दूरी $2\sqrt{29}$ इकाई है।

अत: विकल्प (C) सही है।

68. दिया है:

बिंदु R रेखा खंड PQ पर स्थित है।

और x - R का समन्वय 4 है।

माना बिंदु R $(4, b, c)$ है।

माना R के खंड PR को अनुपात $k:1$ में विभाजित करने पर,

हम जानते हैं कि

बिंदु के निर्देशांक जो अनुपात $m:n$ में रेखा को विभाजित करता है

$$\left(\frac{mx_2 + nx_1}{m+n}, \frac{my_2 + ny_1}{m+n}, \frac{mz_2 + nz_1}{m+n} \right)$$

यहाँ,

$$m = k, n = 1$$

$$x_1 = 2, y_1 = -3, z_1 = 4$$

$$x_2 = 8, y_2 = 0, z_2 = 10$$

मान रखने पर,

$$R = \left(\frac{k(0)+1(2)}{k+1}, \frac{k(0)+1(-3)}{k+1}, \frac{k(10)+1(4)}{k+1} \right)$$

$$(4, b, c) = \left(\frac{8k+2}{k+1}, \frac{0-3}{k+1}, \frac{10k+4}{k+1} \right)$$

$$(4, b, c) = \left(\frac{8k+2}{k+1}, \frac{-3}{k+1}, \frac{10k+4}{k+1} \right)$$

x - निर्देशांक

$$4 = \frac{8k+2}{k+1}$$

$$4(k+1) = 8k+2$$

$$4k+4 = 8k+2$$

$$4k-8k = 2-4$$

$$-4k = -2$$

$$k = \frac{-2}{-4}$$

$$k = \frac{1}{2}$$

y - निर्देशांक

$$b = \frac{-3}{k+1}$$

$b(k + 1) = -3$

$k = \frac{1}{2}$ रखने पर,

$b\left(\frac{1}{2} + 1\right) = -3$

$b\left(\frac{1+2}{2}\right) = -3$

$b\left(\frac{3}{2}\right) = -3$

$b = \frac{-3 \times 2}{3}$

$b = -2$

z - निर्देशांक

$C = \frac{10k+4}{k+1}$

$c(k + 1) = 10k + 4$

$k = \frac{1}{2}$ रखने पर,

$c\left(\frac{1}{2} + 1\right) = 10\left(\frac{1}{2}\right) + 4$

$c\left(\frac{1+2}{2}\right) = 5 + 4$

$c\left(\frac{3}{2}\right) = 9$

$c = \frac{9 \times 2}{3}$

$c = 6$

इस प्रकार, $a = 4, b = -2, c = 6$

तो, बिंदु $R = (a, b, c) = (4, -2, 6)$ के निर्देशांक हैं।
अतः विकल्प (A) सही है।

69. दिया गया है,

$1 + 4 + 9 + 16 + 25 + 36 + \ldots + 121$

दी गई श्रृंखला को फिर से इसप्रकार लिखा जा सकता है,

$1^2 + 2^2 + 3^2 + \cdots \ldots + 11^2$

जैसा कि हम जानते हैं कि,

$1^2 + 2^2 + 3^2 + \cdots \ldots + n^2 = \frac{n(n+1)(2n+1)}{6}$

यहाँ, n = 11

$1^2 + 2^2 + 3^2 + \cdots \ldots + 11^2$

$= \frac{11 \times 12 \times 23}{6}$

$= 506$

अतः विकल्प (A) सही है।

70. दिया गया है:

एक समांतर श्रेणी के पहले पांच पदों का योग और पहले दस पदों का योग समान हैं।

माना कि पहला पद 'a' और सार्व अंतर 'd' है।

$S_5 = S_{10}$

$\Rightarrow \frac{5}{2}[2a + (5 - 1) \times d] = \frac{10}{2}[2a + (10 - 1) \times d]$

$\Rightarrow \frac{5}{2}[2a + 4d] = 5 \times (2a + 9d)$

$\Rightarrow a + 2d = 2a + 9d$

$\Rightarrow -7d = a$

$\therefore d = \frac{-a}{7}$

इस प्रकार या तो पहला पद या सार्व अंतर ऋणात्मक है लेकिन दोनों ऋणात्मक नहीं हैं।

अतः विकल्प (C) सही है।

71. दिया गया है कि:

$3, \sqrt{3}, 1, \frac{1}{\sqrt{3}}, \ldots$ अनंत तक

पहला पद (a) = 3

सार्व अनुपात (r) = $\frac{1}{\sqrt{3}}$

श्रृंखला का योग = $\frac{a}{1-r}$

$= \frac{3}{1 - \frac{1}{\sqrt{3}}}$

$= \frac{3\sqrt{3}}{\sqrt{3}-1} \times \frac{\sqrt{3}+1}{\sqrt{3}+1}$

$= \frac{3\sqrt{3}(\sqrt{3}+1)}{2}$

अतः विकल्प (A) सही है।

72. दिया गया है:

$1 + \frac{1}{2} + \frac{1}{4} + \frac{1}{8} + \frac{1}{16} + \cdots + \infty$

सार्व अनुपात $(r) = \frac{\frac{1}{2}}{1} = \frac{1}{2}, \frac{\frac{1}{4}}{\frac{1}{2}} = \frac{1}{2}, \frac{\frac{1}{16}}{\frac{1}{8}} = \frac{1}{2}$

यहाँ, सार्व अनुपात समान है इसलिए यह गुणोत्तर श्रेणी का एक उदाहरण है।

श्रेणी में $1 + \frac{1}{2} + \frac{1}{4} + \frac{1}{8} + \frac{1}{16} + \cdots + \infty$

a = पहला पद = 1, और r = $\frac{1}{2}$

अब, हम गुणोत्तर श्रेणी के अनंत पदों का योग जानते हैं।

$S_\infty = \frac{a}{1-r}$

$= \frac{1}{1 - \frac{1}{2}}$

$= \frac{1}{\frac{1}{2}}$

$= 2$

अतः विकल्प (C) सही है।

73. दिया गया है:

एक समांतर श्रेणी का छठा पद शून्य है।

माना कि समांतर श्रेणी का पहला पद 'a' है और सार्व अंतर 'd' है।

$$\Rightarrow a_6 = 0$$

$$\Rightarrow a + (6-1) \times d = 0$$

$$\Rightarrow a + 5d = 0$$

$$\therefore a = -5d$$

ज्ञात करना है: $\dfrac{t_{18}}{t_9}$

$$\Rightarrow \frac{t_{18}}{t_9} = \frac{a + 17d}{a + 8d}$$

$$= \frac{-5d + 17d}{-5d + 8d}$$

$$= \frac{12d}{3d} = 4$$

अतः विकल्प (B) सही है।

74. दिया गया है:

GP का तीसरा पद 3 होता है।

मान लीजिए 'a' पहला पद है और 'r' सार्व अनुपात है।

$$\therefore T_3 = ar^2 = 3$$

हम वह जानते हैं,

$$T_n = ar^{n-1}$$

इसलिए,

$$T_1 = a$$

$$T_2 = ar$$

$$T_3 = ar^2$$

$$T_4 = ar^3$$

$$T_5 = ar^4$$

अब, दूसरे, तीसरे और चौथे पदों का गुणनफल $= ar \times ar^2 \times ar^3 = a^3 r^6$

$$= (ar^2)^3$$

$$= 3^3$$

$$= 27$$

अतः विकल्प (C) सही है।

75. दिया गया है,

$\dfrac{1}{4}, \dfrac{1}{x}$ और $\dfrac{1}{10}$ हरात्मक श्रेणी में है।

$4, x$ और 10 हरात्मक श्रेणी में हैं।

$$\Rightarrow x - 4 = 10 - x$$

$$\Rightarrow x = 7$$

अतः विकल्प (C) सही है।

76. दिया गया समीकरण $x^2 - ax + (2a - 3) = 0$ है। माना α, β मूल हैं। तब,

$$2[\alpha^3 + \beta^3] = 2[(\alpha + \beta)^3 - 3\alpha\beta(\alpha + \beta)]$$

यहाँ $(\alpha + \beta) = a$

$$\alpha\beta = (2a - 3)$$

$$\Rightarrow 2[a^3 - 3(2a - 3)(a)]$$

$$\Rightarrow 2[a^3 - 6a^2 + 9a]$$

$$\Rightarrow 2E(\text{ माना })$$

$$\therefore \frac{dE}{da} = 3a^2 - 12a + 9$$

$$\Rightarrow \frac{dE}{da} = 3(a - 1)(a - 3)$$

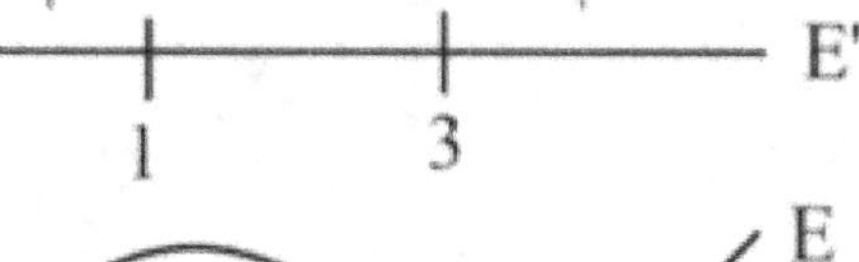

इस प्रकार, E, $a = 3$ पर अपना न्यूनतम मान प्राप्त करता है।

अतः विकल्प (C) सही है।

77. जैसा कि दिया गया है, α समीकरण $4x^2 + 2x - 1 = 0$ का एक मूल है।

तो दिए गए समीकरण में $x = \alpha$ रखने पर

$$4\alpha^2 + 2\alpha - 1 = 0$$

$$2(f(\alpha) + (\alpha)) = 2(4\alpha^3 - 3\alpha + 1 + \alpha)$$

$$\Rightarrow 2(\alpha(4\alpha^2) + (1 - 2\alpha))$$

$$\Rightarrow 2(\alpha(1 - 2\alpha) + (1 - 2\alpha))$$

$$\Rightarrow 2(\alpha - 2\alpha^2 + 1 - 2\alpha)$$

$$\Rightarrow 2(-2\alpha^2 - \alpha + 1)$$

$$\Rightarrow -4\alpha^2 - 2\alpha + 2$$

$$\Rightarrow -1 + 2 = 1$$

अतः विकल्प (C) सही है।

78. दिया गया,

$$100x^2 - 20x + 1 = 0$$

$$100x^2 - 10x - 10x + 1 = 0$$

$$10x(10x - 1) - 1(10x - 1) = 0$$

$(10x - 1)^2 = 0$

$\therefore (10x - 1) = 0$ या $(10x - 1) = 0$

$= \frac{1}{10}$ और $\frac{1}{10}$

अतः विकल्प (C) सही है।

79. सम्मिश्र संख्या में सिद्धांत i, 'काल्पनिक इकाई' को दर्शाता है और समीकरण, $i^2 = -1$

दिए गए समीकरण से i^n का गुणनखंड और सरलीकरण करने पर

$i^n + i^{n+1} + i^{n+2} + i^{n+3}$

$= i^n[1 + i + i^2 + i^3]$

$= i^n[1 + i - 1 - i]$

$= i^n \times 0$

$= 0$

अतः विकल्प (D) सही है।

80. यदि α और β द्विघात समीकरण $ax^2 + bx + c = 0$ के मूल हैं तो $\alpha + \beta = \frac{-b}{a}, \alpha\beta = \frac{c}{a}$

दी गई द्विघात समीकरण $x^2 - px + 5 = 0$ है

माना α और β समीकरण $x^2 - px + 5 = 0$ के मूल हैं

जैसा कि हम जानते हैं कि यदि द्विघात समीकरण $ax^2 + bx + c = 0$ के मूल α और β हैं तो $\alpha + \beta = \frac{-b}{a}, \alpha\beta = \frac{c}{a}$

$\Rightarrow \alpha + \beta = -p, \alpha\beta = 5$

यह दिया गया है कि $|\alpha - \beta| = 4$.

$(\alpha + \beta)^2 = (\alpha - \beta)^2 + 4\alpha\beta$

$\Rightarrow (-p)^2 = (4)^2 + 4 \cdot 5 = 16 + 20$

$\Rightarrow p^2 = 36 \Rightarrow p = \pm 6$

अतः विकल्प (B) सही है।

81. $\int \frac{e^{3x} + e^x}{e^{4x} - e^{2x} + 1} dx$

$-e^{2x} = -3e^{2x} + 2e^{3x}$ प्रतिस्थापित करने पर,

$\Rightarrow \int \frac{e^x(e^{2x} + 1)}{(e^{4x} + 2e^{2x} + 1) - 3e^{2x}} dx$

$\Rightarrow \int \frac{e^x(e^{2x} + 1)}{(e^{2x} + 1)^2 - \left(\sqrt{3}e^x\right)^2} dx$

$[\because (a + b)^2 = a^2 + b^2 + 2ab]$

माना $e^x = t$

$\therefore e^x dx = dt$

$\Rightarrow \int \frac{(t^2 + 1)dt}{(t^2 + 1) - \left(\sqrt{3}t\right)^2}$

$\Rightarrow \int \frac{(t^2 + 1)dt}{(t^2 + 1 + \sqrt{3}t)(t^2 + 1 - \sqrt{3}t)}$

$[\because a^2 - b^2 = (a - b)(a + b)]$

2 से गुणा करने और विभाजित करने पर, हमें प्राप्त होता है,

$\Rightarrow \frac{1}{2} \int \frac{2(t^2 + 1)dt}{(t^2 + 1 + \sqrt{3}t)(t^2 + 1 - \sqrt{3}t)}$

$\Rightarrow \frac{1}{2} \int \frac{[(t^2 + 1 - \sqrt{3}t) + (t^2 + 1 - \sqrt{3}t)]dt}{(t^2 + 1 + \sqrt{3}t)(t^2 + 1 - \sqrt{3}t)}$

$\Rightarrow \frac{1}{2}\left[\int \frac{dt}{\left(t + \frac{\sqrt{3}}{2}\right)^2 + \left(\frac{1}{2}\right)^2} + \int \frac{dt}{\left(t - \frac{\sqrt{3}}{2}\right)^2 + \left(\frac{1}{2}\right)^2}\right]$

$\because \int \frac{dx}{x^2 + a^2} = \frac{1}{a}\tan^{-1}\frac{x}{a} + C$

$\Rightarrow \tan^{-1}\left(2t + \sqrt{3}\right) + \tan^{-1}\left(2t - \sqrt{3}\right)$

$\because \tan^{-1}x + \tan^{-1}y = \tan^{-1}\frac{x+y}{1-xy}$

$\Rightarrow \tan^{-1}\frac{2t + \sqrt{3} + 2t - \sqrt{3}}{1 - (2t + \sqrt{3})(2t - \sqrt{3})}$

$\Rightarrow \tan^{-1}\frac{t}{1 - t^2}$

$\Rightarrow \tan^{-1}\frac{e^x}{1 - e^{2x}}$

चूँकि $\tan^{-1}\left(\frac{1}{x}\right) = \cot^{-1}x$

$\Rightarrow \cot^{-1}\frac{1 - e^{2x}}{e^x}$

$\Rightarrow \cot^{-1}(e^{-x} - e^x)$

$\Rightarrow \pi - \cot^{-1}(e^x - e^{-x})$
$\left(\because \cot^{-1}(-x) = \pi - \cot^{-1}x\right)$

$\Rightarrow \pi - \left[\frac{\pi}{2} - \tan^{-1}(e^x - e^{-x})\right]$
$\left(\because \cot^{-1}x = \frac{\pi}{2} - \tan^{-1}x\right)$

$\Rightarrow \frac{\pi}{2} + \tan^{-1}(e^x - e^{-x})$

$\Rightarrow \tan^{-1}(e^x - e^{-x}) + C$

प्रश्न की दी गई स्थिति से इसकी तुलना करने पर, हम प्राप्त करते हैं,

$f(x) = \tan^{-1}x$

अतः विकल्प (A) सही है।

82. दिया हुआ,

$y = \sqrt{x + \sqrt{x + \sqrt{x + \cdots \infty}}}$

$\Rightarrow y = \sqrt{x + y}$

ऊपर के दोनों पक्षों का वर्ग करने पर, हम पाते हैं:

$y^2 = x + y$

उपरोक्त दोनों पक्षों को x के संबंध में अवकलित करने पर, हम प्राप्त करते हैं:

$$2y\frac{dy}{dx} = 1 + \frac{dy}{dx}$$

$$\Rightarrow (2y-1)\frac{dy}{dx} = 1$$

$$\Rightarrow \frac{dy}{dx} = \frac{1}{2y-1}$$

इसलिए, यदि $y = \sqrt{x + \sqrt{x + \sqrt{x + \cdots \infty}}}$,

फिर,

$$\frac{dy}{dx} = \frac{1}{2y-1}$$

अतः विकल्प (D) सही है।

83. दिया गया है:

दो समतलों के समीकरण $2x + y - 2z = 3$ and $3x - 6y - 2z = 9$ हैं

संकल्पना:

दो तलों $\vec{r} \cdot \vec{n_1} = d_1$ और $\vec{r} \cdot \vec{n_2} = d_2$ के बीच का कोण $\cos\theta = \left|\frac{\vec{n_1} \cdot \vec{n_2}}{|\vec{n_1}||\vec{n_2}|}\right|$ द्वारा दिया जाता है

गणना:

समतल का समीकरण: $2x + y - 2z = 3$

$A_1 x + B_1 y + C_1 z = d_1$ से तुलना करने पर

तल का दिशा अनुपात $= 2, 1, -2$

$$\Rightarrow \vec{n_1} = 2\hat{i} + \hat{j} - 2\hat{k}$$

$\vec{n_1} = \sqrt{2^2 + 1^2 + (-2)^2}$ का परिमाण

$$\Rightarrow |\vec{n_1}| = \sqrt{4 + 1 + 4} = \sqrt{9} = 3$$

समतल का समीकरण: $3x - 6y - 2z = 9$

$A_2 x + B_2 y + C_2 z = d_2$ के साथ तुलना करने पर

तल का दिशा अनुपात $= 3, -6, -2$

$$\Rightarrow |\vec{n_2}| = 3\hat{i} - 6\hat{j} - 2\hat{k}$$

$\vec{n_2} = \sqrt{3^2 + (-6)^2 + (-2)^2}$ का परिमाण

$$\Rightarrow |\vec{n_2}| = \sqrt{9 + 36 + 4} = \sqrt{49} = 7$$

इसलिए, $\cos\theta = \left|\frac{(2\hat{i}+\hat{j}-2\hat{k})\cdot(3\hat{i}-6\hat{j}-2\hat{k})}{3\times 7}\right|$

$$\Rightarrow \cos\theta = \left|\frac{(2\times 3)+(1\times -6)+(-2\times -2)}{21}\right|$$

$$\Rightarrow \cos\theta = \left|\frac{6-6+4}{21}\right|$$

$$\Rightarrow \cos\theta = \frac{4}{21}$$

$$\Rightarrow \theta = \cos^{-1}\left(\frac{4}{21}\right)$$

$\therefore$ समतलों के बीच का कोण $\cos^{-1}\left(\frac{4}{21}\right)$ है।

अतः विकल्प (B) सही है।

84. दिया हुआ,

समतल $2x - y - 3z - 7 = 0$ और $4x - 2y + 5kz + 9 = 0$ समानांतर हैं

हम जानते हैं कि,

यदि $a_1 x + b_1 y + c_1 z + d_1 = 0$ और $a_2 x + b_2 y + c_2 z + d_2 = 0$ समानांतर हैं अर्थात

$$\frac{a_1}{a_2} = \frac{b_1}{b_2} = \frac{c_1}{c_2} \neq \frac{d_1}{d_2}$$

इसलिए,

हम जानते हैं कि यदि समतल समानांतर हैं तो x, y और z के गुणांक के अनुपात बराबर हैं।

$$\frac{2}{4} = \frac{-1}{-2} = \frac{-3}{5k}$$

$$\Rightarrow \frac{1}{2} = \frac{-3}{5k}$$

$$\Rightarrow 5k = -6$$

इसलिए, $k = \frac{-6}{5}$

अब,

$$5k + 7$$

$$= 5 \times \left(\frac{-6}{5}\right) + 7$$

$$= (-6) + 7$$

$$= 1$$

अतः विकल्प (D) सही है।

85. दिया गया,

$$\sin^2\alpha + \sin^2\beta + \sin^2\gamma$$

हम जानते है कि,

एक रेखा की दिक्-कोज्या के वर्गों का योग एकता के बराबर होता है।

तो,

$$\cos^2\alpha + \cos^2\beta + \cos^2\gamma = 1$$

$$\Rightarrow 1 - \sin^2\alpha + 1 - \sin^2\beta + 1 - \sin^2\gamma = 1$$
$$(\because \sin^2\theta + \cos^2\theta = 1)$$

$$\Rightarrow 3 - (\sin^2\alpha + \sin^2\beta + \sin^2\gamma) = 1$$

$$\Rightarrow 3 - 1 = \sin^2\alpha + \sin^2\beta + \sin^2\gamma$$

$$\therefore \sin^2\alpha + \sin^2\beta + \sin^2\gamma = 2$$

अतः विकल्प (C) सही है।

86. दिया गया:

समतल: $4x - 2y + 3z - 6 = 0$

संकल्पना:

समीकरण $ax + by + cz = d(a, b, c)$ वाले समतल के लिए समतल के सामान्य के दिशा अनुपात हैं।

(x_1, y_1, z_1) से गुजरने वाली रेखा का समीकरण और कार्तीय रूप में दिशा अनुपात a, b, c है:

$$\frac{x - x_1}{a} = \frac{y - y_1}{b} = \frac{z - z_1}{c}$$

गणना:

समतल के लम्बवत दिशा अनुपात $4, -2,$ और 3 हैं।

मूल $(0,0,0)$ से गुजरने वाली और दिशा अनुपात $4, -2,3$ वाली रेखा का समीकरण है:

$$\frac{x - 0}{4} = \frac{y - 0}{-2} = \frac{z - 0}{3} = \lambda$$

$$\Rightarrow x = 4\lambda, y = -2\lambda \text{ and } z = 3\lambda$$

उपरोक्त निर्देशांकों के साथ समतल का सन्तोषजनक समीकरण:

$$\Rightarrow 4(4\lambda) - 2(-2\lambda) + 3(3\lambda) - 6 = 0$$

$$\Rightarrow \lambda = \frac{6}{29}$$

$\therefore$ लंब का पद,

$$\Rightarrow x = \frac{24}{29}, y = \frac{-12}{29} \text{ and } z = \frac{18}{29}$$

अतः विकल्प (C) सही है।

87. दिया गया,

$$y^2 + (x - b)^2 = c$$

दो स्थिरांक हैं b और c इसलिए दो बार अवकलन करें

x के सापेक्ष अवकलन करने पर,

हम पाते हैं,

$$2y \frac{dy}{dx} + 2(x - b) = 0$$

$$\Rightarrow y \frac{dy}{dx} = b - x$$

फिर से x के सापेक्ष अवकलन करने पर,

हम पाते हैं,

$$\left(\frac{dy}{dx}\right)^2 + y \frac{d^2y}{dx^2} = -1$$

$$\Rightarrow y \frac{d^2y}{dx^2} + \left(\frac{dy}{dx}\right)^2 + 1 = 0$$

अतः विकल्प (C) सही है।

88. दिया गया,

$$x^2 \frac{dy}{dx} = x^2 + xy + y^2$$

$$\Rightarrow \frac{dy}{dx} = 1 + \frac{y}{x} + \left(\frac{y}{x}\right)^2 \dots (i)$$

प्रतिस्थापन, $\frac{y}{x} = v$

$$\Rightarrow y = vx$$

फिर,

x के सापेक्ष अवकलन करने पर, हम पाते हैं,

$$\frac{dy}{dx} = v \times x \frac{dv}{dx} + x \times v \frac{dv}{dx}$$

$$\Rightarrow \frac{dy}{dx} = v + x \frac{dv}{dx}$$

अब, इन मानों को समीकरण (i) में रखने पर, हम पाते हैं,

$$v + x \frac{dv}{dx} = 1 + v + v^2$$

$$\Rightarrow x \frac{dv}{dx} = 1 + v^2$$

$$\Rightarrow \frac{dx}{x} = \frac{dv}{1 + v^2}$$

दोनों पक्षों का समाकलन करने पर हमें प्राप्त हुआ,

$$\int \frac{dx}{x} = \int \frac{dv}{1 + v^2}$$

$$\Rightarrow \log x = \tan^{-1} v + c, c = \text{समाकलन की सततता}$$

v का मान रखने पर, हम पाते हैं,

$$\therefore \log x = \tan^{-1} \frac{y}{x} + c$$

अतः विकल्प (A) सही है।

89. दिया गया,

$$\frac{dy}{dx} = \sec\left(\frac{y}{x}\right) + \frac{y}{x} \dots \dots (1)$$

माना कि,

$$\frac{y}{x} = t \Rightarrow y = xt$$

x के संबंध में अवकलन करने पर, हम प्राप्त करते हैं,

$$\frac{dy}{dx} = x \times \frac{dt}{dx} + t \times \frac{d}{dx} x$$

हम जानते हैं कि:

$$\frac{d}{dx} xy = y \times \frac{d}{dx} x + x \times \frac{d}{dx} y$$

तो,

$$\frac{dy}{dx} = x \times \frac{dt}{dx} + t$$

अब, इन मानों को समीकरण (1) में रखने पर, हमें प्राप्त हुआ

$$x \frac{dt}{dx} + t = \sec t + t$$

$$\Rightarrow x \frac{dt}{dx} = \sec t$$

$$\Rightarrow \frac{dt}{\sec t} = \frac{dx}{x}$$

दोनों पक्षों को समाकलन करने पर, हम प्राप्त करते हैं,

$$\int \frac{dt}{\sec t} = \int \frac{dx}{x}$$

$$\Rightarrow \int \cos t\, dt = \int \frac{dx}{x}$$

$$\Rightarrow \sin t = \log x + \log c$$

$$\Rightarrow \sin t = \log(cx) \quad (\because \log m + \log n = \log(mn))$$

$$\therefore \sin\left(\frac{y}{x}\right) = \log(cx)$$

अतः विकल्प (C) सही है।

90. दिया गया,

$$xdy - 2ydx = 0$$

$$xdy = 2ydx$$

चर को अलग करने पर,

$$\frac{dy}{y} = 2\frac{dx}{x}$$

दोनों पक्षों को समाकलन करने पर हमें प्राप्त होता है,

$$\int \frac{dy}{y} = 2\int \frac{dx}{x}$$

$$\Rightarrow \log y = 2\log x + \log c \;\left[\because \int \frac{1}{x}dx = \log x\right]$$

$$\Rightarrow \log y = \log x^2 + \log c \;\left[\because m \log n = \log n^m\right]$$

$$\Rightarrow \log y - \log x^2 = \log c$$

$$\Rightarrow \log \frac{y}{x^2} = \log c \;\left[\because \log n - \log m = \log \frac{m}{x}\right]$$

$$\therefore y = x^2 c$$

अतः विकल्प (C) सही है।

91. दिया गया,

$$dy = \sqrt{1-y^2}\,dx$$

$$\Rightarrow \frac{dy}{\sqrt{1^2-y^2}} = dx$$

अब,

हम जानते हैं कि,

$$\int \frac{dx}{\sqrt{a^2-x^2}} = \sin^{-1}\frac{x}{a}$$

दोनों पक्षों को समाकलन करने पर, हम प्राप्त करते हैं

$$\int \frac{dy}{\sqrt{1^2-y^2}} = \int dx$$

$$\Rightarrow \sin^{-1}(y) = x + c$$

$$\Rightarrow y = \sin(x + c)$$

अतः विकल्प (B) सही है।

92. दिया गया,

$$y = x\left(\frac{dy}{dx}\right)^2 + \left(\frac{dx}{dy}\right)$$

अब,

$$y = x\left(\frac{dy}{dx}\right)^2 + \frac{1}{\left(\frac{dy}{dx}\right)}$$

$$\Rightarrow y\left(\frac{dy}{dx}\right) = x\left(\frac{dy}{dx}\right)^3 + 1$$

दिए गए अवकलन समीकरण के लिए उच्चतम कोटि का अवकलज 1 है।

अब, उच्चतम क्रम अवकलन की घात 3 है।

हम जानते हैं कि अवकलन समीकरण की घात उच्चतम अवकलज की घात होती है, इसलिए अवकलन समीकरण की घात 3 होती है।

अतः विकल्प (C) सही है।

93. दिया गया है,

$$D = \begin{vmatrix} p & q & r \\ q & r & p \\ r & p & q \end{vmatrix}$$

$$= p(qr - p^2) - q(q^2 - pr) + r(pq - r^2)$$

$$= pqr - p^3 - q^3 + pqr + pqr - r^3$$

$$= 3pqr - (p^3 + q^3 + r^3)$$

जैसा कि हम जानते हैं,

समांतर माध्य $\geq$ ज्यामितीय माध्य

अब, p^3, q^3 और r^3 का समांतर माध्य $= \frac{p^3+q^3+r^3}{3}$

अब, p^3, q^3 और r^3 का समांतर माध्य $= (p^3 \times q^3 \times r^3)^{\frac{1}{3}} = pq$

इसलिए,

$$\frac{p^3+q^3+r^3}{3} \geq pqr$$

$$\Rightarrow p^3 + q^3 + r^3 \geq 3pqr$$

$$\Rightarrow 3pqr - (p^3 + q^3 + r^3) \leq 0$$

$$\therefore D \leq 0$$

अत: विकल्प (B) सही है।

94. दिया गया है: $A = \begin{bmatrix} 3 - 2x & x + 1 \\ 2 & 4 \end{bmatrix}$ एक अव्युक्रमणीय आव्यूह है।

चूँकि हम जानते हैं कि, यदि $A = \begin{bmatrix} a_{11} & a_{12} \\ a_{21} & a_{22} \end{bmatrix}$ कोटि 2 वाली एक वर्ग आव्यूह है, तो A की सारणिक को $|A| = (a_{11} \times a_{22}) - (a_{12} \times a_{21})$ द्वारा ज्ञात किया जाता है।

$$\Rightarrow |A| = 4(3 - 2x) - 2(x + 1)$$

$$\Rightarrow |A| = 12 - 8x - 2x - 2$$

$\Rightarrow |A| = -10x + 10$

$\because A$ एक अव्युत्क्रमणीय आव्यूह है, इसलिए $|A| = 0$ है।

$\Rightarrow |A| = -10x + 10 = 0$

$\Rightarrow x = 1$

अतः विकल्प (A) सही है।

95. संकल्पना:

एक फलन f(x) एक बिंदु पर अधिकतम होता है, जहाँ,

f ' (x) = 0 और f " (x) < 0

गणना:

दिया गया है, s = 64t - 16t2,

अतः फलन s(t) अधिकतम होता है, जब,

s'(t) = 0 और s"(t) < 0

$\Rightarrow$ s'(t) = 64 - 16(2t) = 0

$\Rightarrow$ 64 = 32 t

$\Rightarrow$ t = 2

और t = 2 पर, s"(t) = -32 < 0

अतः s(t) t = 2 पर अधिकतम है।

तो, पत्थर द्वारा अधिकतम ऊंचाई तक पहुंचने के लिए आवश्यक समय 2s है।

अतः विकल्प (B) सही है।

96. $\int \frac{1}{\sqrt{a^2 - x^2}} dx = \sin^{-1}\left(\frac{x}{a}\right) + c$

माना कि। $= \int \frac{1}{\sqrt{9 - 16x^2}} \ dx$ है।

$= \int \frac{1}{4\sqrt{\frac{9}{16} - x^2}} dx$

$= \frac{1}{4} \int \frac{1}{\sqrt{\left(\frac{3}{4}\right)^2 - x^2}} dx$

$= \frac{1}{4} \sin^{-1}\left[\frac{x}{\left(\frac{3}{4}\right)}\right] + c$

$= \frac{1}{4} \sin^{-1}\left(\frac{4x}{3}\right) + c$

अब, $| = \frac{1}{4}\sin^{-1}\left(\frac{4x}{3}\right) + c = \alpha\sin^{-1}(\beta x) + c$ इसलिए,

$\alpha = \frac{1}{4}$ and $\beta = \frac{4}{3}$

निम्न का मान ज्ञात करने के लिए:

$\alpha + \frac{1}{\beta} = \frac{1}{4} + \frac{3}{4}$

$= \frac{4}{4}$

$= 1$

अतः विकल्प (A) सही है।

97. $I = \int e^x \left(\frac{1}{x} - \frac{1}{x^2}\right) dx$

माना $I' = \int e^x(f(x) + f'(x))dx = \int e^x f(x)dx + \int e^x f$ पहले पद के भागों द्वारा एकीकरण:

$\int f(x)g(x)dx = f(x)\int g(x)dx - \int [f'(x)\int g(x)dx]$

जहाँ f पहला फंक्शन है और g दूसरा फंक्शन है।

वरीयता क्रम आम तौर पर पहले फंक्शन के चयन के लिए अपनाया जाता है: ILATE (उल्टा, लघुगणक, बीजगणितीय, त्रिकोणीयमिति, घातांक)

$f = f(x); g = ex$

$I' = \left\{ f(x) \int e^x dx - \int f'(x) \left[\int e^x dx\right] dx \right\} + \int e^x f'(x)dx$

$I' = \{e^x f(x) - \int e^x f'(x)dx\} + \int e^x f'(x)dx = e^x f(x)$

$\therefore \int e^x(f(x) + f'(x))dx = e^x f(x) + c$

यहाँ $f(x) = \frac{1}{x}; f'(x) = -\frac{1}{x^2}$

$I = \int e^x \left(\frac{1}{x} - \frac{1}{x^2}\right) dx = \frac{e^x}{x} + c$

अतः विकल्प (C) सही है।

98. दिया है:

$\left|\vec{a} \cdot \vec{b}\right|$

$\vec{a} \cdot \vec{b} = \left|\vec{a}\right| \left|\vec{b}\right| \cos\theta$

$\left|\vec{a} \cdot \vec{b}\right| = |\ \left|\vec{a}\right| \ \left|\vec{b}\right| \cos\theta|$

$= \left|\vec{a}\right| \left|\vec{b}\right| |\cos\theta|$

$\left|\vec{a} \times \vec{b}\right|$

$\vec{a} \times \vec{b} = \left|\vec{a}\right| \left|\vec{b}\right| \sin\theta \hat{n}$

$\left|\vec{a} \times \vec{b}\right| = |\ \left|\vec{a}\right| \ \left|\vec{b}\right| \sin\theta \hat{n}|$

$= \left|\vec{a}\right| \left|\vec{b}\right| |\sin\theta||\hat{n}|$

चूंकि $\hat{n}$ इकाई सदिश है,

$|\hat{n}| = 1$

$= \left|\vec{a}\right| \left|\vec{b}\right| |\sin\theta|$

दिया है,

$$\left|\vec{a} \cdot \vec{b}\right| = \left|\vec{a} \times \vec{b}\right|$$

मान रखने पर,

$$\left|\vec{a}\right| \left|\vec{b}\right| |\cos\theta| = \left|\vec{a}\right| \left|\vec{b}\right| |\sin\theta|$$

$$|\cos\theta| = |\sin\theta|$$

यह केवल $\theta = \dfrac{\pi}{4}$ के लिए ही संभव है।

इसलिए, सदिशों $\vec{a}$ और $\vec{b}$ के बीच का कोण $\dfrac{\pi}{4}$ है।

अतः विकल्प (B) सही है।

99. माध्य $= \dfrac{(1+0+2+3+1+1+15+1+3)}{9} = \dfrac{27}{9} = 3$

माध्य का माध्य विचलन (एमडी) होगा = प्रत्येक दिए गए डाटा समूह मान से माध्य को घटाइए

उदाहरण, 0 – 3 = 3 (यहां चिन्ह पर विचार न कीजिए, केवल मानों पर ध्यान दीजिए)

$\Rightarrow$ 1 – 3 = 2, 2 – 3 = 1, 3 – 3 = 0, 15 – 3 = 12

$\Rightarrow$ एमडी (माध्य) $= \dfrac{(3+2+2+2+2+1+0+12)}{9} = \dfrac{24}{9} = \dfrac{8}{3}$

जैसा कि हमने ऊपर गणना की है, माध्य विचलन का मान(एमडी) = 3, 2, 2, 2, 2, 1, 12

प्रसरण का मान $= \dfrac{(3^2+2^2+2^2+2^2+2^2+1^2+12^2)}{9} = \dfrac{\sqrt{170}}{\sqrt{9}} = \dfrac{\sqrt{170}}{3}$

$\therefore$ मानक विचलन (एसजी) $= \left(\dfrac{\sqrt{170}}{3}\right)^2 = \dfrac{170}{9}$

अतः विकल्प (A) सही है।

100. दिया है,

गेंदों की कुल संख्या $= (6 + 2 + 4 + 3) = 15$

एक बार में लिए गए r चीजों के सभी n संयोजनों की संख्या $^nC_r = \dfrac{n!}{(r)!(n-r)!}$ द्वारा दी जाती है।

मान लीजिए 9 गैर-नीली गेंदों में से 5 गेंदों को निकालने की घटना E है।

$\therefore n(E) = {}^9C_5$

$= {}^9C_{(9-5)}$

$= {}^9C_4$

$= \dfrac{9!}{(4)!(5)!}$

$= \dfrac{9\times8\times7\times6}{4\times3\times2\times1}$

$= 126$

और,

$n(S) = {}^{15}C_5$

$= \dfrac{15!}{(5)!(10)!}$

$= \dfrac{15\times14\times13\times12\times11}{5\times4\times3\times2\times1}$

$= 3003$

$\therefore P(E) = \dfrac{n(E)}{n(S)}$

$= \dfrac{126}{3003}$

$= \dfrac{6}{143}$

$\therefore$ अपेक्षित प्रायिकता $= \left(1 - \dfrac{6}{143}\right)$

$= \dfrac{137}{143}$

अतः विकल्प (C) सही है।

Q.1 $(1 + x)^{2n}$ के प्रसार में, प्रथम और अंतिम पदों के गुणांकों का योगफल क्या है, जहाँ n एक धन पूर्णांक है?

[UPSC NDA, 2021]

A. 1 **B.** 2 **C.** n **D.** $2n$

Q.2 $\left(x - \dfrac{1}{x}\right)^{12}$ के विस्तार में अंत से 5वें पद को ज्ञात करें।

A. $-\dfrac{495}{x^4}$ **B.** $\dfrac{495}{x^4}$ **C.** $-\dfrac{495}{x^3}$ **D.** $\dfrac{495}{x^3}$

Q.3 एक रेखा अगर उसकी ढलान नकारात्मक है, तो इसके बारे में क्या कहा जा सकता है?

A. θ एक न्यून कोण है
B. θ एक अधिक कोण है
C. या तो लाइन x-एक्सिस है या यह x-एक्सिस के समानांतर है।
D. इनमें से कोई नहीं

Q.4 यदि सीधी रेखाएं $2x + 3y - 3 = 0$ और $x + ky + 7 = 0$ एक-दूसरे के लंबवत हैं, तो k का मान क्या है?

A. $\dfrac{-3}{2}$ **B.** $\dfrac{-2}{3}$ **C.** $\dfrac{3}{2}$ **D.** $\dfrac{-2}{3}$

Q.5 यदि $A(-4,2)$, $B(1,-3)$ और $C(-5,1)$ तीन बिंदु हैं, तो BA और BC के बीच कोण ज्ञात कीजिये।

A. $\theta = \tan^{-1}\left(\dfrac{4}{11}\right)$ **B.** $\theta = \tan^{-1}\left(\dfrac{(-1)}{5}\right)$
C. $\theta = \tan^{-1}\left(\dfrac{1}{11}\right)$ **D.** $\theta = \tan^{-1}\left(\dfrac{5}{11}\right)$

Q.6 अतिपरवलय के संयुग्म अक्ष की लंबाई ज्ञात कीजिए $\dfrac{y^2}{16} - \dfrac{x^2}{49} = 1$:

A. 8 **B.** 14 **C.** 12 **D.** 10

Q.7 $x^2 = 64y$ परवलय की नियता का समीकरण ज्ञात कीजिए :

A. y = 16 **B.** x = 16 **C.** y = - 16 **D.** x = -16

Q.8 मूल बिंदु पर शीर्ष के साथ परवलय के समीकरण का पता लगाएं, एक्स-अक्ष के साथ अक्ष और बिंदु से गुजरते हुए P(3, 4):

A. $y^2 = \dfrac{4}{3}x$ **B.** $y^2 = \dfrac{3}{16}x$
C. $y^2 = -\dfrac{9}{16}x$ **D.** $y^2 = \dfrac{16}{3}x$

Q.9 पहली 11 प्राकृतिक संख्याओं की प्रसरण क्या है?

A. 10 **B.** 11 **C.** 12 **D.** 13

Q.10 निम्नलिखित आँकड़ों के लिए माध्य के सापेक्ष माध्य विचलन ज्ञात कीजिए:

$12, 3, 18, 17, 4, 9, 17, 19, 20, 15, 8, 17, 2, 3, 16, 11, 3, 1, 0, 5$

A. 6.2 **B.** 6.3 **C.** 6.4 **D.** 6.5

Q.11 निम्नलिखित आँकड़ों के लिए माध्य के सापेक्ष माध्य विचलन ज्ञात कीजिए:

x_i	2	5	6	8	10	12
f_i	2	8	10	7	8	5

A. 2.1 **B.** 2.2 **C.** 2.3 **D.** 2.4

Q.12 निम्नलिखित बंटन के लिए माध्य, प्रसरण व मानक विचलन ज्ञात कीजिए:

वर्ग	30–40	40–50	50–60	60–70	70–80	80–90	90–100
बारंबारता	3	7	12	15	8	3	2

A. 62, 201, 14.18 **B.** 52, 201, 14.18
C. 62, 221, 14.18 **D.** 56, 201, 18.25

Q.13 हरप्रीत दो अलग-अलग सिक्कों को एक साथ उछालता है (मान लीजिए, एक ₹ 1 का है और दूसरा ₹ 2 का है)। इसकी क्या प्रायिकता है कि उसे कम से कम एक चित मिले?

A. $\dfrac{1}{3}$ **B.** $\dfrac{1}{3}$ **C.** $\dfrac{3}{4}$ **D.** $\dfrac{1}{2}$

Q.14 एक सामान्य पासा एक बार फेंका जाता है। एक अभाज्य संख्या प्राप्त करने की प्रायिकता है:

A. $\dfrac{1}{4}$ **B.** $\dfrac{1}{2}$ **C.** $\dfrac{1}{5}$ **D.** $\dfrac{1}{3}$

Q.15 एक डब्बे में 100 गोल डिस्क, 50 वर्ग डिस्क और 30 त्रिभुजाकार डिस्क हैं। सभी डिस्क लोहे के बने हैं और चुम्बक से खींचे जाने की समान प्रायिकता रखते हैं। यदि ऐसा चुम्बक जो एक बार में केवल एक डिस्क खींच सकता है उनके ऊपर दो बार फिराया जाता है। इसकी क्या प्रायिकता है कि दोनों बार त्रिभुजाकार डिस्क खींची जाती है? एक बार खींची जाने वाली डिस्क डब्बे में दोबारा नहीं गिरती हालाँकि प्रत्येक बार एक वर्ग डिस्क डब्बे में रख दी जाती है।

A. $\dfrac{29}{180}$ **B.** $\dfrac{29}{1074}$ **C.** $\dfrac{1}{36}$ **D.** $\dfrac{29}{1080}$

Q.16 एलपी समस्या और उसके दोहरे के बारे में निम्नलिखित में से कौन सा कथन गलत है?

A. यदि प्रारंभिक और द्वैत दोनों का इष्टतम समाधान है, तो दोनों समस्याओं के लिए उद्देश्य फलन मान इष्टतम पर समान हैं।
B. यदि प्रारंभिक में चर में से एक में अप्रतिबंधित चिह्न है, तो दोहरे में संबंधित बाधा समानता से संतुष्ट है।
C. यदि प्रारंभिक का इष्टतम समाधान है, तो दोहरी भी है।
D. दोहरी समस्या का एक इष्टतम समाधान हो सकता है, भले ही प्रारंभिक में कोई (बाध्य) इष्टतम न हो।

Q.17 एक व्यवहार्य समाधान समस्या की ____________ संतुष्ट करता है।

A. उद्देश्य कार्य **B.** कुछ दी गई बाधाएं
C. दी गई सभी बाधाओं **D.** इनमें से कोई नहीं

Q.18 निम्नलिखित रैखिक प्रोग्रामन समस्याओं को रेखांकन द्वारा हल करें:

$x + 2y \le 8, 3x + 2y \le 12, x \ge 0, y \ge 0$ अवरोधों के अंतर्गत $Z = -3x + 4y$ का न्यूनतमीकरण कीजिये।

A. -13 **B.** $+13$ **C.** -12 **D.** $+12$

Q.19 यदि A और B दो समुच्चय हैं तो $A \cap (B \cup A)^c$ किसके बराबर है?

A. B **B.** A **C.** ϕ **D.** $A \cup B$

Q.20 निर्देश: निम्नलिखित जानकारी पढ़िए और नीचे दिए गए प्रश्नों के उत्तर दीजिए:

A में 28 तत्व हैं, B में 32 तत्व हैं और $(A \cup B)$ में 40 तत्व हैं।

$A \cap B$ में कितने तत्व हैं?

[RRB (NTPC), 2017]

A. 12   **B.** 8   **C.** 10   **D.** 20

Q.21 मान लीजिए कि f : [2, ∞) → R, f(x) = x² – 4x + 5 द्वारा परिभाषित फलन है, तो f का परिसर है:

A. R   **B.** [1, ∞)   **C.** [4, ∞)   **D.** [5, ∞)

Q.22 माना $\psi_1 : [0, \infty) \to \mathbb{R}, \psi_2 : [0, \infty) \to \mathbb{R}, f : [0, \infty) \to \mathbb{R}$ तथा $g : [0, \infty) \to \mathbb{R}$ फलन है जो इस प्रकार हैं कि $f(0) = g(0) = 0 \ \psi_1(x) = e^{-x} + x, x \geq 0$

$$\psi_2(x) = x^2 - 2x - 2e^{-x} + 2, x \geq 0$$

$$f(x) = \int_{-x}^{x} (|t| - t^2) e^{-t^2} dt, x > 0$$

तथा $g(x) = \int_0^{x^2} \sqrt{t}\, e^{-t} dt, x > 0$

निम्न में से कौनसा कथन सत्य है?

[JEE Main Advanced, 2021]

A. $f(\sqrt{\ln 3}) + g(\sqrt{\ln 3}) = \frac{1}{3}$

B. प्रत्येक $x > 1$ के लिए, एक $\alpha \in (1, x)$ इस प्रकार विद्यमान है कि $\psi_1(x) = 1 + \alpha x$

C. प्रत्येक $x > 0$ के लिए एक $\beta \in (0, x)$ इस प्रकार विद्यमान है कि $\psi_2(x) = 2x(\psi_1(\beta) - 1)$

D. अन्तराल $\left[0, \frac{3}{2}\right]$ में f एक वर्धमान फलन है

Q.23 A और B दो घटनाएं हैं जैसे कि $P(A) = 0.3$ और $P(A \cup B) = 0.8$। अगर A और B स्वतंत्र हैं तो $P(B)$ है:

A. $\frac{2}{3}$ **B.** $\frac{3}{8}$
C. $\frac{2}{7}$ **D.** इनमें से कोई नहीं

Q.24 यदि $X = \{8^n - 7n - 1, n \in \mathbf{N}\}$ और $Y = 49(n-1), n \in \mathbf{N}$, तो: (दिया गया है $n > 1$)

A. $X \subset Y$ **B.** $Y \subseteq X$ **C.** $X = Y$ **D.** $X \nsubseteq Y$

Q.25 दिया गया फलन $f(x) = \left(\frac{e^{2z} - 1}{e^{2z} + 1}\right)$ है:

A. बढ़ता क्रम   **B.** घटता क्रम
C. सम   **D.** इनमें से कोई नहीं

Q.26 मान लीजिए कि समुच्चय $\{1,2,3,4\}$ में, $R = \{(1,2),(2,2),(1,1),(4,4),(1,3),(3,3),(3,2)\}$ द्वारा परिभाषित संबंध R है। निम्नलिखित में से सही उत्तर चुनिए।

A. R स्वतुल्य तथा सममित है किंतु संक्रामक नहीं है।
B. R स्वतुल्य तथा संक्रामक है किंतु सममित नहीं है।
C. R सममित तथा संक्रामक है किंतु स्वतुल्य नहीं है।
D. R एक तुल्यता संबंध है।

Q.27 रोस्टर फॉर्म में वर्णित बाईं ओर के प्रत्येक समुच्चय को सेट-बिल्डर फॉर्म में वर्णित दाईं ओर के समुच्चय के साथ मिलाएं।

(i) {P, R, I, N, C, A, L}	(a) { x: x एक धन पूर्णांक है तथा 18 का भाजक है}
(ii) {0}	(b) { x: x एक पूर्णांक है और $x^2 - 9 = 0$}
(iii) {1,2,3,6,9,18}	(c) { x: x एक पूर्णांक है और $x + 1 = 1$}
(iv) {3,-3}	(d) { x: x शब्द PRINCIPAL का एक अक्षर है}

A. (i)-(d); (ii)-(c); (iii)-(a); (iv)-(b)
B. (i)-(a); (ii)-(b); (iii)-(c); (iv)-(d)
C. (i)-(c); (ii)-(d); (iii)-(b); (iv)-(a)
D. (i)-(d); (ii)-(a); (iii)-(b); (iv)-(c)

Q.28 जब $\dfrac{x-2}{2k} = \dfrac{y-3}{3} = \dfrac{z+2}{-1}$ और $\dfrac{x-2}{8} = \dfrac{y-3}{6} = \dfrac{z+2}{-2}$ समानांतर हैं तब k का मान ज्ञात कीजिए।

A. -2   **B.** 2   **C.** $\frac{1}{2}$ **D.** 4

Q.29 उन दो रेखाओं के बीच का कोण क्या है, जिनके दिक्-अनुपात $(6,3,6)$ और $(3,3,0)$ है?

[UPSC NDA, 2021]

A. $\frac{\pi}{6}$ **B.** $\frac{\pi}{4}$ **C.** $\frac{\pi}{3}$ **D.** $\frac{\pi}{2}$

Q.30 y-अक्ष पर $A(1,7,-5)$ और $B(-3,4,-2)$ को जोड़ने वाले रेखाखंड का प्रक्षेप क्या है?

[UPSC NDA, 2021]

A. 5   **B.** 4   **C.** 3   **D.** 2

Q.31 k के ऐसे संभाव्य मानों की संख्या कितनी है, जिनके लिए $(k, 1, 3)$ और $(1, -2, k+1)$ बिन्दुओं को जोड़ने वाली रेखा $(15, 2, -4)$ बिन्दु से भी होकर गुज़रती है?

[UPSC NDA, 2021]

A. शून्य   **B.** एक   **C.** दो   **D.** अनंत

Q.32 x-अक्ष और सदिश $2\hat{\imath} + 2\hat{\jmath} + \hat{k}$ के बीच के कोण की कोज्या का मान है:

[UPSESSB TGT Mathematics, 2013]

A. $\frac{2}{3}$ **B.** $\frac{1}{3}$ **C.** $\frac{1}{2}$ **D.** $\frac{1}{\sqrt{2}}$

Q.33 यदि $[\vec{a}\,\vec{b}\,\vec{c}] = 1$ है, तो $\dfrac{\vec{a}\cdot\vec{b}\times\vec{c}}{\vec{c}\times\vec{a}\cdot\vec{b}} + \dfrac{\vec{b}\cdot\vec{c}\times\vec{a}}{\vec{a}\times\vec{b}\cdot\vec{c}} + \dfrac{\vec{c}\cdot\vec{a}\times\vec{b}}{\vec{b}\times\vec{c}\cdot\vec{a}}$ का मान है:

[UPSESSB TGT Mathematics, 2013]

A. 1   **B.** -1   **C.** 2   **D.** 3

Q.34 यदि सदिश $2\hat{\imath} + \hat{\jmath} + \hat{k}$ और $\hat{\imath} - 4\hat{\jmath} + \lambda\hat{k}$ परस्पर लंबवत हैं, तो λ का मान है:

[UPSESSB TGT Mathematics, 2013]

A. 1   **B.** 2   **C.** 3   **D.** 4

Q.35 $|\vec{a}| = 5, |\vec{a} - \vec{b}| = 8$ और $|\vec{a} + \vec{b}| = 10$, तो $|\vec{b}|$ का मान है:

[UPSESSB TGT Mathematics, 2013]

A. 1   **B.** $\sqrt{57}$ **C.** 3   **D.** $\sqrt{42}$

Q.36 दो सदिश $\vec{a} - \vec{b}$ और $\vec{a} + \vec{b}$ के क्रॉस उत्पाद $\left(\vec{a} - \vec{b}\right) \times \left(\vec{a} + \vec{b}\right)$ का मान है:

[UPSESSB TGT Mathematics, 2013]

A. $a^2 - b^2$ **B.** $2(\vec{a} \times \vec{b})$ **C.** $\vec{a} \times \vec{b}$ **D.** $\vec{b} \times \vec{a}$

Q.37 वह अंतराल ज्ञात कीजिए जिसमें फलन $f(x) = (x + 2)e^{-x}$ बढ़ रहा है?

A. $(-\infty, -1)$ B. $(-\infty, -1]$
C. $(-\infty, 1)$ D. $(-\infty, 1]$

Q.38 दो धनात्मक संख्याएँ x और y ज्ञात करें जैसे कि $x + y = 60$ और xy^3 अधिकतम है।

A. 40 और 20   B. 30 और 30
C. 15 और 45   D. इनमें से कोई नहीं

Q.39 (1, 1) पर वक्र y = x³ की स्पर्शरेखा का समीकरण क्या है?

A. x - 10y + 50 = 0   B. 3x - y - 2 = 0
C. x + 3y - 4 = 0   D. x + 2y - 7 = 0

Q.40 वह अंतराल ज्ञात कीजिए जिसमें फलन $f(x) = \log(1 + x) - \dfrac{x}{(1+x)}$ बढ़ता हुआ फलन है?

A. $(0, \infty)$ B. $(-1, \infty)$ C. $[-1, \infty)$ D. $[0, \infty)$

Q.41 यदि $f(x) = \dfrac{\sin(e^{x-2}-1)}{\log(x-1)}, x \neq 2$ और $f(x) = k$ है तब, k का वह मान जिसके लिए f, $x = 2$ पर संतत होगा:

A. -2 B. -1 C. 0 D. 1

Q.42 यदि $f(x) = \dfrac{x^2-9}{x^2-2x-3}, x \neq 3$, $x = 3$ पर सतत है, तो निम्नलिखित में से कौन सा सही है?

A. $f(3) = 0$ B. $f(3) = 1.5$
C. $f(3) = 2.5$ D. $f(3) = -1.5$

Q.43 मान लीजिए फलन $f(x) = x^n, n \neq 0$ सभी x के लिए अवकलनीय है। तब n अंतराल का कोई भी अवयव हो सकता है:

A. $[1, \infty]$ B. $(0, \infty)$
C. $\left(\frac{1}{2}, \infty\right)$ D. इनमें से कोई नहीं

Q.44 $\lim\limits_{x \to \infty} 2x\sin\left(\dfrac{4}{x}\right)$ का मान ज्ञात कीजिए।

A. 2   B. 4   C. 8   D. $\frac{1}{2}$

Q.45 माना α और β $ax^2 + bx + c = 0$ की अलग-अलग मूल हैं, तो $\lim\limits_{x \to \alpha} \dfrac{1-\cos(ax^2+bx+c)}{(x-\alpha)^2}$ का मान होगा:

A. 0 B. $\frac{a^2}{2}(\alpha - \beta)^2$
C. $\frac{1}{2}(\alpha - \beta)^2$ D. $\frac{-a^2}{2}(\alpha - \beta)^2$

Q.46 यदि $A = \begin{bmatrix} 1 & -1 \\ -1 & 1 \end{bmatrix}, B = \begin{bmatrix} 1 & 1 \\ 1 & 1 \end{bmatrix}$, तब AB है-

A. एक शून्य आव्यूह
B. एक तत्समक आव्यूह
C. एक अव्युत्क्रमणीय आव्यूह
D. इनमें से कोई नहीं

Q.47 यदि $A = \begin{bmatrix} 3 & 1 & 2 \\ 4 & 2 & 1 \\ 2 & a & 1 \end{bmatrix}$ एक अव्युत्क्रमणीय आव्यूह है तो a का मान है:

A. $\frac{8}{7}$ B. $\frac{4}{5}$ C. $\frac{7}{9}$ D. $\frac{5}{7}$

Q.48 यदि $A = \begin{bmatrix} 0 & 1 \\ 1 & 0 \end{bmatrix}$, तो A^4 का मान है:

A. $\begin{bmatrix} 1 & 0 \\ 0 & 1 \end{bmatrix}$ B. $\begin{bmatrix} 1 & 1 \\ 0 & 0 \end{bmatrix}$ C. $\begin{bmatrix} 0 & 0 \\ 1 & 1 \end{bmatrix}$ D. $\begin{bmatrix} 0 & 1 \\ 1 & 0 \end{bmatrix}$

Q.49 यदि $\begin{bmatrix} x & -5 & -1 \end{bmatrix} \begin{bmatrix} 1 & 0 & 2 \\ 0 & 2 & 1 \\ 2 & 0 & 3 \end{bmatrix} \begin{bmatrix} x \\ 4 \\ 1 \end{bmatrix} = 0$ है। x का मान ज्ञात करें।

A. $\pm\sqrt{48}$ B. $\pm\sqrt{49}$ C. $\pm\sqrt{50}$ D. $\pm\sqrt{51}$

Q.50 यदि α और β समीकरण $x^2 - 2x + 4 = 0$ के मूल हैं तो $\alpha^3 + \beta^3$ का मान क्या है?

A. 16   B. -16   C. 8   D. -8

Q.51 $\dfrac{4+2i}{1-2i}$ का मापांक क्या है, जहाँ $i = \sqrt{-1}$? है?

A. 5   B. 4   C. 3   D. 2

Q.52 प्रत्येक द्विघाती समीकरण $ax^2 + bx + c = 0$ में क्या होता है, जहाँ $a, b, c \in R, a \neq 0$ है?

A. पूर्ण रूप से एक वास्तविक मूल
B. कम से कम एक वास्तविक मूल
C. कम से कम दो वास्तविक मूल
D. अधिक से अधिक दो वास्तविक मूल

Q.53 $1, \omega, \omega^2$ एकल के घनमूल हैं, तो $(1 + \omega^6)(\omega + \omega^4)(1 + \omega^7)$ का मान क्या है?

A. 1   B. -2   C. -4   D. $-\omega$

Q.54 यदि $iz^3 + z^2 - z + i = 0$ है, तो $|z|$ किसके बराबर है?

A. 1   B. 2   C. 3   D. 4

Q.55 यदि $\sin\theta + \cos\theta = \sqrt{2}\cos\theta$ है, तो $(\cos\theta - \sin\theta)$ किसके बराबर है?

[UPSC NDA, 2019]

A. $-\sqrt{2}\cos\theta$ B. $-\sqrt{2}\sin\theta$
C. $\sqrt{2}\sin\theta$ D. $-2\sin\theta$

Q.56 $\dfrac{\sec^2\theta(2+\tan^2\theta+\cot^2\theta)\div(\sin^2\theta-\tan^2\theta)}{(\csc^2\theta+\sec^2\theta)(1+\cot^2\theta)^2}$ का मान है:

[SSC CGL, 2020]

A. 2   B. -2 C. -1 D. 1

Q.57 $\left(\dfrac{1}{\cos\theta} - \dfrac{1}{\sin\theta}\right) + \dfrac{1}{\csc\theta - \cot\theta} - \dfrac{1}{\sec\theta + \tan\theta} = ?$

[SSC CGL, 2020]

A. $\sin\theta\cos\theta$ B. $\sin\theta\tan\theta$
C. $\csc\theta\cot\theta$ D. $\sec\theta\csc\theta$

Q.58 यदि $\sin^4 x + 2\cos^4 x = \dfrac{2}{3}$ तो $\sec^2 x$ का मान क्या है?

A. 2   B. 3   C. 1   D. 4

Q.59 $\tan 54°$ को किस प्रकार अभिव्यक्त किया जा सकता है?

[UPSC NDA, 2019]

A. $\dfrac{\sin 9° + \cos 9°}{\sin 9° - \cos 9°}$ B. $\dfrac{\sin 9° - \cos 9°}{\sin 9° + \cos 9°}$
C. $\dfrac{\cos 9° + \sin 9°}{\cos 9° - \sin 9°}$ D. $\dfrac{\sin 36°}{\cos 36°}$

Q.60 $\dfrac{\cos^4\theta + \sin^4\theta + 2\sin^2\theta\cos^2\theta}{\csc\theta\sec\theta(\sin\theta+\cos\theta-1)(\sin\theta+\cos\theta+1)}$ का मान है:

[SSC CGL, 2020]

A. $\frac{1}{2}$ **B.** 1 **C.** 3 **D.** 2

Q.61 $\int \dfrac{2}{\sin 2x \cdot \log(\tan x)}$ का मान ज्ञात कीजिए।

A. $\log(\sin x) + c$ **B.** $\log(\cos x) + c$
C. $\log(\tan x) + c$ **D.** $\log[\log(\tan x)] + c$

Q.62 वक्र $\dfrac{y}{x^2} = 2, x = 2, x = 5,$ और $y = 0$ से घिरे भाग का क्षेत्रफल क्या है?

A. 78.0 वर्ग इकाई **B.** 60.5 वर्ग इकाई
C. 25.0 वर्ग इकाई **D.** 46.2 वर्ग इकाई

Q.63 $\int_{0}^{\frac{\pi}{2}} \dfrac{\sqrt{\cos x}}{\sqrt{(\sin x)} + \sqrt{(\cos x)}} dx$ का मान _______ है।

A. 0 **B.** $\frac{\pi}{2}$
C. $\frac{\pi}{4}$ **D.** इनमें से कोई नहीं

Q.64 यदि $\begin{vmatrix} a+b & b+c & c \\ b+c & c+a & a \\ c+a & a+b & b \end{vmatrix} = k \begin{vmatrix} a & b & c \\ b & c & a \\ c & a & b \end{vmatrix}$ है, तो k बराबर है:

A. 1 **B.** 2 **C.** 4 **D.** 6

Q.65 $\begin{vmatrix} \sec^2 x & \tan^2 x & 1 \\ 2 & 1 & 1 \\ 10 & 8 & 2 \end{vmatrix}$ का मान ज्ञात कीजिए।

A. $-2\sec^2 x - 6\tan^2 x$
B. $2\sec^2 x - 6\tan^2 x + 2$
C. 0
D. इनमें से कोई नहीं

Q.66 $\tan^{-1}\dfrac{1}{4} + \tan^{-1}\dfrac{2}{7}$ के बराबर है:

A. $\frac{1}{2}\tan^{-1}\frac{3}{5}$ **B.** $\frac{1}{2}\tan^{-1}\frac{1}{2}$
C. $\frac{1}{2}\cos^{-1}\frac{3}{5}$ **D.** $\frac{1}{2}\sin^{-1}\frac{3}{5}$

Q.67 यदि $\sin^{-1}x + \cos^{-1}y = \dfrac{2\pi}{5}$ तो $\cos^{-1}x + \sin^{-1}y$ के बराबर क्या है?

A. $\frac{2\pi}{5}$ **B.** $\frac{3\pi}{5}$ **C.** $\frac{4\pi}{5}$ **D.** $\frac{3\pi}{10}$

Q.68 $\cos^{-1}\left(\cos \dfrac{4\pi}{3}\right)$ का मान क्या है?

A. $\frac{\pi}{3}$ **B.** $\frac{4\pi}{3}$
C. $\frac{2\pi}{3}$ **D.** इनमें से कोई नहीं

Q.69 'a' के किस समीकरण $9a - a^2 \leq 17a + 15$ सही है।

A. -2 **B.** -5
C. -6 **D.** उपरोक्त सभी

Q.70 यदि $2x + 5 > 2 + 3x$ और $2x - 3 \leq 4x - 5$ है, तो निम्नलिखित में से X कौन सा मान ले सकता है?

A. -2 **B.** 2 **C.** 4 **D.** -4

Q.71 अंग्रेजी वर्णमाला में 5 स्वर और 21 व्यंजन हैं। वर्णमाला से दो भिन्न स्वरों और 2 भिन्न व्यंजन वाले कितने शब्द बन सकते हैं?

A. 50400 **B.** 50401 **C.** 60400 **D.** 50500

Q.72 2 शर्ट, 3 जींस, 3 मोजे और 2 स्कर्ट हैं। एक दुकानदार इन चीजों को कितने तरीकों से व्यवस्थित कर सकता है कि सभी मोजे एक साथ आ जाएं और सभी स्कर्ट एक साथ आ जाएं?

A. 60,720 **B.** 60,480 **C.** 60,540 **D.** 60,690

Q.73 WINDOW शब्द के अक्षरों को कितने अलग-अलग तरीकों से इस तरह व्यवस्थित किया जा सकता है कि स्वर कभी एक साथ न आएं?

A. 350 **B.** 250 **C.** 720 **D.** 240

Q.74 शेल्फ पर 8 अलग-अलग पुस्तकों को व्यवस्थित करने के तरीकों की संख्या कि 3 विशेष पुस्तकें एक साथ न हों:

A. $11! - 3!$ **B.** 361000
C. $8! \times 3! - 5!$ **D.** 36000

Q.75 यदि a, 4, b समांतर श्रेणी में हैं और a, 2, b गुणोतर श्रेणी में हैं, तो a, 1, b _______ में है।

A. समांतर श्रेणी **B.** गुणोतर श्रेणी
C. हरात्मक श्रेणी **D.** इनमें से कोई भी नहीं

Q.76 श्रेणी का योग ज्ञात कीजिए:

$$0.5 + 0.55 + 0.555 + \cdots$$

A. $\frac{5}{9}$ **B.** $\frac{1}{9}$ **C.** $\frac{7}{9}$ **D.** $\frac{5}{11}$

Q.77 यदि $\log_{10}2, \log_{10}(2^x - 1)$ और $\log_{10}(2^x + 3)$ समांतर श्रेणी के तीन क्रमागत पद हैं तो x का मान क्या है?

A. 1 **B.** $\log_5 2$ **C.** $\log_2 5$ **D.** $\log_1 05$

Q.78 एक AP के प्रथम और अंतिम पद 1 और 11 हैं। यदि इसके पदों का योग 36 है, तो पदों की संख्या ___ होगी।

A. 5 **B.** 7 **C.** 6 **D.** 8

Q.79 एक AP के $(p+q)$वें और $(p-q)$वें पदों का योग किसके बराबर है?

A. $(2p)$वां पद **B.** $(2q)$वां पद
C. pवें पद का दोगुना **D.** qवें पद का दोगुना

Q.80 यदि $\log_{\ell}x, \log_m x$ और $\log_n x$ समांतर श्रेणी में हैं तो n^2 का मान (जहाँ $x \neq 1$ है) क्या है?

A. $(mn)^{\log_e \ell}$ **B.** (ln) log lm
C. $(nm)^{\log_m n}$ **D.** इनमें से कोई नहीं

Q.81 एक व्यक्ति के 2 माता-पिता, 4 दादा-दादी, 8 परदादा - दादी और इसी तरह आगे भी है। तो उसके स्वयं के पिछले आठवीं पीढ़ी के दौरान पूर्वजों की कुल संख्या ज्ञात कीजिए।

A. 255 **B.** 450 **C.** 505 **D.** 510

Q.82 यदि एक गुणोत्तर श्रेणी में तीन पदों का गुणनफल 27 है। तो इसका मध्य पद ज्ञात कीजिए।

A. 3 **B.** 9 **C.** 27 **D.** 6

Q.83 $\dfrac{dx}{dt} = 3x + 8$ का हल क्या होगा?

A. $x = \frac{1}{3}e^{(t+c)} - \frac{3}{8}$ **B.** $x = \frac{1}{3}e^{3(t+c)} - \frac{8}{3}$
C. $x = \frac{1}{3}e^{(t+c)} + \frac{3}{8}$ **D.** इनमें से कोई नहीं

Q.84 अवकल समीकरण $(x + 2y^3)\dfrac{dy}{dx} = y$ का सामान्य हल है:

A. $x = cy + y^2$ **B.** $x = cy - y^2$
C. $x = cy + y^3$ **D.** $x = cy - y^3$

Q.85 $dy = \sqrt{1-y^2}\,dx$ अवकलन समीकरण का हल है:

A. $\sin x + c$ B. $\sin(x + c)$

C. $\sin^{-1}(y + x) = c$ D. $\sin^{-1}(y + c) = x$

Q.86 उस समांतर श्रेणी का पन्द्रहवां पद ज्ञात कीजिए जिसके सामान्य पद को $2n + 5$ द्वारा ज्ञात किया गया है?

A. 30   B. 35   C. −35   D. 25

Q.87 वक्रों $y = x^2 + 2, y = x, x = 0$ एवं $x = 3$ द्वारा परिबद्ध क्षेत्र का वर्ग इकाइयों में क्षेत्रफल है:

A. $\frac{21}{4}$ B. $\frac{21}{2}$ C. $\frac{39}{2}$ D. $\frac{39}{4}$

Q.88 $x = 0$ से π तक वक्र $y = 2a\sin x$ और धनात्मक x-अक्ष के बीच का क्षेत्रफल ज्ञात कीजिए।

A. $4a$ B. a C. $2a$ D. $3a$

Q.89 एक समांतर श्रेढ़ी के 40 पदों का योग, जिसका प्रथम पद 2 तथा सार्व अंतर 4 है, होगा-

A. 3200   B. 1600   C. 1800   D. 2000

Q.90 $\lim\limits_{x \to 0} \dfrac{(1-\cos 2x)^3}{x^6} =$ का मान क्या है?

A. 2   B. 4   C. 8   D. 16

Q.91 $\int_0^{\frac{\pi}{2}} \sin^2 x \cos x\,dx$ का मान ज्ञात कीजिए।

A. $-\frac{1}{3}$ B. $\frac{1}{3}$ C. $\frac{2}{3}$ D. $-\frac{2}{3}$

Q.92 मूल्यांकन कीजिए: $\int_0^{\frac{\pi}{2}} \sin^2 x\,dx$

A. π B. $\frac{pi}{2}$ C. $\frac{pi}{4}$ D. 0

Q.93 यदि 52 ताश के पत्तों के पैक से एक पत्ता निकाला जाता है तो चिड़ी की रानी या दिल का राजा मिलने की प्रायिकता क्या है?

A. $\frac{4}{13}$ B. $\frac{3}{13}$ C. $\frac{2}{13}$ D. $\frac{1}{26}$

Q.94 तीन संख्याएँ 5, p और 11 समांतर श्रेणी में हैं, तो p का मान क्या है?

A. 8   B. 10   C. 7   D. 8.5

Q.95 यदि $\sin^{-1} x + \sin^{-1} y = \frac{\pi}{2}$ तो $\cos^{-1} x + \cos^{-1} y$ का मान है:

A. $\frac{\pi}{2}$ B. π C. 0   D. $\frac{2\pi}{2}$

Q.96 $\left(2x^2 - \dfrac{3}{x}\right)^9$ के विस्तार में मध्य पद ____ है।

A. $-326592x^6$ B. $-489888x^3$

C. $489888x^3$ D. इनमें से कोई नहीं

Q.97 यदि k = x - y + 2z है जहाँ - 2 ≤ x ≤ 1, -1 ≤ y ≤ 2 और 3 ≤ z ≤ 6 है, तो निम्नलिखित में से कौन-सा सही है?

A. 0 ≤ k ≤ 9   B. 5 ≤ k ≤ 11

C. 2 ≤ k ≤ 14   D. 2 ≤ k ≤ 11

Q.98 एक रैखिक प्रोग्रामिंग समस्या में, निर्णय चर x और y पर बाधाएं x - 3y ≥ 0, y ≥ 0, 0 ≤ x ≤ 3 हैं। व्यवहार्य क्षेत्र:

A. प्रथम चतुर्थांश में नहीं है

B. पहले चतुर्थांश में बंधा हुआ है

C. प्रथम चतुर्थांश में असीमित है

D. मौजूद नहीं

Q.99 यदि A = {1, 2, 3, 4}, B = {2, 4, 6, 8} और U = {1, 2, 3, 4, 5, 6, 7, 8, 9} जहां U, A और B का सार्वभौमिक सेट है तो A' ∪ B' ज्ञात कीजिए।

A. {1, 2, 3, 4, 5, 6, 7, 8, 9}

B. {1, 2, 3, 5, 6, 7, 8, 9}

C. {1, 3, 4, 5, 6, 7, 8, 9}

D. {1, 3, 5, 6, 7, 8, 9}

Q.100 a और b के बीच संबंध खोजें ताकि फ़ंक्शन f द्वारा परिभाषित किया जा सके $f(x) = \begin{cases} ax + 1, & x \le 3 \\ bx + 3, & x > 3 \end{cases}$ $x = 3$ पर सतत है।

A. $a = b + \frac{2}{3}$ B. $a = b + \frac{3}{5}$

C. $a = 2b + \frac{13}{5}$ D. $4a = 3b + \frac{1}{5}$

// स्मार्ट उत्तर पुस्तिका //

सही उत्तर — उन छात्रों का प्रतिशत जिन्होंने प्रश्नों का सही उत्तर दिया था।　　**छोड़ दिया** — उन छात्रों का प्रतिशत जिन्होंने प्रश्नों को छोड़ दिया था।

प्रश्न संख्या	उत्तर	सही उत्तर / छोड़ दिया	प्रश्न संख्या	उत्तर	सही उत्तर / छोड़ दिया	प्रश्न संख्या	उत्तर	सही उत्तर / छोड़ दिया	प्रश्न संख्या	उत्तर	सही उत्तर / छोड़ दिया	प्रश्न संख्या	उत्तर	सही उत्तर / छोड़ दिया	प्रश्न संख्या	उत्तर	सही उत्तर / छोड़ दिया
1	B	51.08 % / 1.11 %	18	C	56.04 % / 1.21 %	35	B	54.5 % / 1.91 %	52	D	53.56 % / 1.19 %	69	D	58.62 % / 1.85 %	86	B	51.11 % / 1.93 %
2	B	17.33 % / 4.37 %	19	C	41.46 % / 1.06 %	36	B	80.43 % / 0.0 %	53	C	57.51 % / 1.95 %	70	B	42.22 % / 1.26 %	87	B	63.19 % / 1.69 %
3	B	55.23 % / 1.35 %	20	D	54.25 % / 1.53 %	37	B	61.36 % / 1.23 %	54	A	84.15 % / 0.0 %	71	A	67.35 % / 1.55 %	88	A	49.87 % / 1.55 %
4	B	58.31 % / 1.53 %	21	B	64.98 % / 1.7 %	38	C	57.22 % / 1.24 %	55	C	58.48 % / 1.89 %	72	B	66.27 % / 1.73 %	89	A	63.53 % / 1.83 %
5	B	21.07 % / 4.66 %	22	C	27.15 % / 4.17 %	39	C	58.15 % / 1.36 %	56	C	60.39 % / 1.58 %	73	D	69.91 % / 1.42 %	90	C	55.46 % / 1.14 %
6	B	79.26 % / 0.0 %	23	D	25.16 % / 3.68 %	40	D	66.29 % / 1.61 %	57	D	12.78 % / 3.67 %	74	D	44.25 % / 1.3 %	91	B	45.53 % / 1.21 %
7	C	58.26 % / 1.3 %	24	A	48.33 % / 1.76 %	41	D	47.55 % / 1.26 %	58	B	59.68 % / 1.17 %	75	C	47.83 % / 1.57 %	92	C	47.31 % / 1.85 %
8	D	43.71 % / 1.81 %	25	A	61.93 % / 1.56 %	42	B	78.62 % / 0.0 %	59	C	53.06 % / 1.16 %	76	A	60.63 % / 1.61 %	93	D	52.33 % / 1.04 %
9	A	11.23 % / 4.55 %	26	B	49.07 % / 1.56 %	43	A	89.33 % / 0.0 %	60	A	68.31 % / 1.95 %	77	C	54.22 % / 1.39 %	94	A	55.04 % / 1.38 %
10	A	86.77 % / 0.0 %	27	A	81.01 % / 0.0 %	44	C	40.99 % / 1.22 %	61	D	54.42 % / 1.69 %	78	C	55.93 % / 1.93 %	95	A	69.7 % / 1.37 %
11	C	86.08 % / 0.0 %	28	B	57.24 % / 1.67 %	45	B	28.82 % / 3.55 %	62	A	65.36 % / 1.01 %	79	C	54.12 % / 1.87 %	96	B	40.55 % / 1.57 %
12	A	62.86 % / 1.65 %	29	B	77.16 % / 0.0 %	46	A	63.49 % / 1.2 %	63	C	60.8 % / 1.22 %	80	B	65.93 % / 1.65 %	97	C	43.72 % / 1.56 %
13	C	49.03 % / 1.75 %	30	C	42.14 % / 1.57 %	47	B	32.82 % / 4.05 %	64	A	82.03 % / 0.0 %	81	D	56.41 % / 1.75 %	98	B	51.18 % / 1.18 %
14	B	89.23 % / 0.0 %	31	C	15.5 % / 3.97 %	48	A	82.73 % / 0.0 %	65	C	64.22 % / 1.34 %	82	A	52.02 % / 1.09 %	99	D	50.34 % / 1.58 %
15	D	31.22 % / 4.77 %	32	A	41.78 % / 1.82 %	49	A	62.3 % / 1.14 %	66	C	43.34 % / 1.07 %	83	B	52.12 % / 1.75 %	100	A	40.22 % / 1.46 %
16	D	30.85 % / 3.49 %	33	D	87.89 % / 0.0 %	50	B	49.07 % / 1.1 %	67	B	42.53 % / 1.98 %	84	C	61.8 % / 1.0 %			
17	C	80.13 % / 0.0 %	34	B	65.84 % / 1.47 %	51	D	80.97 % / 0.0 %	68	C	85.56 % / 0.0 %	85	B	66.82 % / 1.27 %			

//संकेत और समाधान//

1. जैसा कि हम जानते हैं,

$$^nC_r = \frac{n!}{(r(n-r)!)}$$

$(1+x)^n = {}^nC_0 \times 1^{(n-0)} \times x^0 + {}^nC_1 \times 1^{(n-1)} \times x^1 + {}^nC_2 \times 1^{(n-2)} \times x^2 + \dots + {}^nC_n \times 1^{(n-n)}$

दिया गया विस्तार $(1+x)^{2n}$ है

$= {}^{2n}C_0 \times 1^{(2n-0)} \times x^0 + {}^{2n}C_1 \times 1^{(2n-1)} \times x^1 + \dots + {}^{2n}C_{2n} \times 1^{(2n-2n)} \times x^{2n}$

पहला पद $= {}^{2n}C_0 \times 1 \times 1 = 1$

अंतिम पद $= {}^{2n}C_{2n} \times 1 \times x^{2n} = 1 \times x^{2n} = x^{2n}$

$\Rightarrow$ योग $= 1 + x^{2n}$

1 का गुणांक $= 1, x^{2n}$ का गुणांक $= 1$

$\therefore$ तो, गुणांकों का योग $= 1 + 1 = 2$

अतः विकल्प (B) सही है।

2. $(a+b)^n$ के विस्तार में सामान्य पद निम्न द्वारा दिया जाता है: $T_{r+1} = {}^nC_r . a^{n-r} . b^r$

दिया है: $\left(x - \frac{1}{x}\right)^{12}$

जैसा कि हम जानते हैं कि $(a+b)^n$ के विस्तार में अंत से rवां पद प्रारंभ से $[(n+1) - r + 1] = (n-r+2)$वां पद होता है।

यहाँ, $n = 12$ और $r = 5$

तो अंत से 5वां पद $= [(12+1) - 5 + 1] =$ प्रारंभ से 9वां पद

$T_9 = T_{(8+1)} = {}^{12}C_8 . (x)^4 . \left(\frac{-1}{x}\right)^8$

$\Rightarrow T_9 = T_{(8+1)} = (-1)^8 . {}^{12}C_8 . (x)^4 . \left(\frac{1}{x}\right)^8$

$= \frac{12!}{8!4!} \times x^4 \times \frac{1}{x^8}$

$= \frac{12 \times 11 \times 10 \times 9}{4 \times 3 \times 2} \times \frac{1}{x^4}$

$\Rightarrow T_9 = \frac{495}{x^4}$

अतः विकल्प (B) सही है।

3. माना θ एंटीक्लॉकवाइज दिशा में अक्ष x-की सकारात्मक दिशा के साथ दी गई रेखा के झुकाव का कोण हो।

फिर इसका ढलान $m = \tan\theta$ द्वारा दिया जाता है

दिया ढलान सकारात्मक है।

$\Rightarrow \tan\theta < 0$

$\Rightarrow \theta$, 0 और 180 डिग्री के बीच स्थित है।

$\Rightarrow \theta$ एक अधिक कोण है।

अतः विकल्प (B) सही है।

4. माना कि एक रेखा में ढलान m_1 है और दूसरा रेखा का ढलान m_2 है।

यदि दो सीधी रेखाएं एक-दूसरे के लंबवत हैं, तो उनके ढलानों का गुणन -1 अर्थात् $"m_1 m_2 = -1"$ होगा।

दिए गए दोनों समीकरण की तुलना मानक समीकरण $y = mx + c$ के साथ करने पर।

रेखा $2x + 3y - 3 = 0$ के लिए ढलान $m_1, -\frac{2}{3}$ है

रेखा $x + ky + 7 = 0$ के लिए ढलान $m_2, -\frac{1}{k}$ है

चूँकि दोनों समीकरण एक-दूसरे के लंबवत है, इसलिए $m_1 m_2 = -1$ है।

$\left(-\frac{2}{3}\right)\left(-\frac{1}{k}\right) = -1$

$\Rightarrow \frac{2}{3k} = -1$

$\Rightarrow k = -\frac{2}{3}$

अतः विकल्प (B) सही है।

5. दो रेखाओं के बीच का कोण ज्ञात करने के लिए हमें दिए गए बिंदुओं का ढलान ज्ञात करना है।

दो बिंदुओं का ढलान $= \frac{(y_2 - y_1)}{(x_2 - x_1)}$

$B(1, -3)\ A(-4, 2)$ का ढलान:

$m_1 = \frac{(2 - (-3))}{(-4 - 1)}$

$= \frac{(5)}{-5}$

$= -1$

$B(1, -3)\ C(-5, 1)$ का ढलान:

$m_2 = \frac{(1 - (-3))}{(-5 - 1)}$

$= \frac{(4)}{(-6)}$

$= -\frac{2}{3}$

दो रेखाओं के बीच कोण,

$\theta = \tan^{-1} \left| \frac{(m_1 - m_2)}{1 + m_1 m_2} \right|$

$= \tan^{-1} \left| \frac{\left(\frac{-1}{1} - \frac{-2}{3}\right)}{1 + \left(\frac{-1}{1}\right)\left(\frac{-2}{3}\right)} \right|$

$= \tan^{-1} \left| \frac{\frac{-1}{3}}{1 + \frac{2}{3}} \right|$

$= \tan^{-1} \left(-\frac{1}{5}\right)$

अतः विकल्प (B) सही है।

6. जैसा कि हम जानते हैं

ऊर्ध्वाधर अतिपरवलय का समीकरण $\frac{y^2}{a^2} - \frac{x^2}{b^2} = 1$.

हाइपरबोला के संयुग्म अक्ष की लंबाई $= 2b$

दिया गया अतिपरवलय का समीकरण है $\frac{y^2}{16} - \frac{x^2}{49} = 1$.

अत: अतिपरवलय के दिए गए समीकरण की से तुलना करके

$\frac{y^2}{a^2} - \frac{x^2}{b^2} = 1$ we get,

$a^2 = 16$ and $b^2 = 49$ अत: दिए गए अतिपरवलय के लिए संयुग्म अक्ष की लंबाई $= 2b = 2 \times 7 = 14$ units

अतः विकल्प (B) सही है।

7. दिया गया

$x^2 = 64y$

उपरोक्त समीकरण को इस प्रकार लिखा जा सकता है,

$x^2 = 4 \cdot 16 \cdot y$

परवलय के मानक समीकरण के साथ उपरोक्त समीकरण की तुलना करके $(x^2 = 4ay)$, हम प्राप्त करते हैं

$a = 16$

जैसा कि हम जानते हैं कि,

परवलय $x^2 = 4ay$ की नियता का समीकरण इस प्रकार दिया गया है,

$y = -a \Rightarrow y = -16$

अतः विकल्प (C) सही है।

8. जैसा कि हम जानते हैं,

मूल और साथ में एक शीर्ष वाले परवलय का समीकरण x-axis $y^2 = 4ax$

यह दिया गया है कि परवलय का शीर्ष मूल बिंदु पर है और इसकी धुरी के अनुदिश स्थित है x-अक्ष

तो, इसका समीकरण है

$y^2 = 4ax$ OR $y^2 = -4ax$

चूंकि यह बिंदु $P(3,4)$ से होकर गुजरता है, इसलिए यह पहले चतुर्थांश में स्थित है।

$\therefore$ इसका समीकरण है $y^2 = 4ax$

अब, $P(3,4)$ उस पर स्थित है, इसलिए

$4^2 = 4a(3)$

$\Rightarrow 16 = 12a$

$\Rightarrow a = \frac{4}{3}$

अतः अभीष्ट समीकरण है $y^2 = 4\left(\frac{4}{3}\right)x$

$\therefore y^2 = \frac{16}{3}x$

अतः विकल्प (D) सही है।

9. पहली 'n' प्राकृतिक संख्याओं का योग $= \frac{n(n+1)}{2}$

पहली n प्राकृतिक संख्या के वर्ग का योग $= \frac{n(n+1)(2n+1)}{6}$

$Var(X) = E(X^2) - (E(X))^2$

$E(X) =$ माध्य $=$ पदो का योग / पदो की संख्या

यहाँ, $n = 11$

$E(X^2)$

$= \frac{n(n+1)(2n+1)}{6n}$

$= \frac{(n+1)(2n+1)}{6}$

$= \frac{(11+1)2 \times 11)+1)}{6}$

$= 2 \times 23$

$= 46$

$(E(X))^2$

$= \left(\frac{n(n+1)}{2n}\right)^2$

$= \left(\frac{(n+1)}{2}\right)^2$

$= \left(\frac{11+1}{2}\right)^2$

$= 6^2$

$= 36$

$Var(X) = E(X^2) - (E(X))^2 = 46 - 36$

$= 10$

अतः विकल्प (A) सही है।

10. हमें दिए गए आँकड़ों का माध्य $(\overline{x})$ ज्ञात करना होगा।

$\overline{x} = \frac{1}{20}\sum_{i=1}^{20} x_i = \frac{200}{20} = 10$

माध्य से विचलनों के निरपेक्ष मान अर्थात् $|x_i - \overline{x}|$ इस प्रकार हैं:

$2,7,8,7,6,1,7,9,10,5,2,7,8,7,6,1,7,9,10,5$

इसलिए, $\sum_{i=1}^{20} |x_i - \overline{x}| = 124$

M.D. $(\overline{x}) = \frac{124}{20} = 6.2$

अतः विकल्प (A) सही है।

11. दिए गए आँकड़ों की सारणी बनाकर अन्य स्तंभ परिकलन का करते है।

x_i	f_i	$f_f x_i$	$|x_i - \overline{x}|$	$f_i|x_i - \overline{x}|$
2	2	4	5.5	11
5	8	40	2.5	20

6	10	60	1.5	15
8	7	56	0.5	3.5
10	8	80	2.5	20
12	5	60	4.5	22.5
	40	300		92

$N = \sum_{i=1}^{6} f_i = 40, \quad \sum_{i=1}^{6} f_i x_i = 300, \quad \sum_{i=1}^{6} f_i |x_i - \bar{x}| = 92$

इसलिए, $\bar{x} = \frac{1}{N} \sum_{i=1}^{6} f_i x_i = \frac{1}{40} \times 300 = 7.5$

M.D. $(\bar{x}) = \frac{1}{N} \sum_{i=1}^{6} f_i |x_i - \bar{x}| = \frac{1}{40} \times 92 = 2.3$

अतः विकल्प (C) सही है।

12. मान लें कल्पित माध्य $A = 65$ है।

यहाँ $h = 10$

दिए गए आँकड़ों से निम्नलिखित सारणी प्राप्त होती है।

वर्ग	बारंबारता	मध्य-बिंदु	$y_i = \dfrac{x_i - 65}{10}$	y_i^2	$f_i y_i$	$f_i y_i^2$
	f_i	x_i				
30-40	3	35	-3	9	-9	27
40-50	7	45	-2	4	-14	28
50-60	12	55	-1	1	-12	12
60-70	15	65	0	0	0	0
70-80	8	75	1	1	8	8
80-90	3	85	2	4	6	12
90-100	2	95	3	9	6	18
	$N=50$				-15	105

इसलिए, $\bar{x} = A + \frac{\sum f_i y_i}{50} \times h = 65 - \frac{15}{50} \times 10 = 62$

प्रसरण $\sigma^2 = \frac{h^2}{N^2} \left[N \Sigma f_i y_i^2 - (\Sigma f_i y_i)^2 \right]$

$= \frac{(10)^2}{(50)^2} \left[50 \times 105 - (-15)^2 \right]$

$= \frac{1}{25} [5250 - 225] = 201$

और मानक विचलन $\sigma = \sqrt{201} = 14.18$

अतः विकल्प (A) सही है।

13. हम 'चित' के लिए H और 'पट' के लिए T लिखते हैं। जब दो सिक्कों को एक साथ उछाला जाता है तो संभावित परिणाम $H, H), (H, T), (T, H), (T, T)$ होते हैं, जो सभी समान रूप से संभावित हैं।

यहाँ (H, H) का अर्थ है पहला सिक्का (जैसे ₹ 1 पर) चित होगा और दूसरा सिक्का (₹ 2) चित।

इसी तरह (H, T) का अर्थ है पहला सिक्का चित होगा और दूसरा सिक्का पट।

घटना के अनुकूल परिणाम E, 'कम से कम एक चित' हैं $(H, H), (H, T)$ और (T, H) है।

इसलिए E के अनुकूल परिणामों की संख्या 3 है।

इसलिए $P(E) = \frac{3}{4}$

यानी, हरप्रीत को कम से कम एक चित मिलने की प्रायिकता $\frac{3}{4}$ है।

$P(E)$ को इस प्रकार भी पा सकते हैं:

$(P(E) = 1 - P(\overline{E}) = 1 - \frac{1}{4} = \frac{3}{4}$ चूंकि $\left(P(\overline{E}) = P(\text{no head}) = \frac{1}{4} \right)$

अतः विकल्प (C) सही है।

14. एक पासे को फेंकने पर संभावित घटना: $1, 2, 3, 4, 5, 6$

$\therefore n(S) = 6$

एक अभाज्य संख्या प्राप्त करने की प्रायिकता: $2, 3, 5$

$n(A) = 3$

$\therefore P(A) = \frac{n(A)}{n(S)} = \frac{3}{6} = \frac{1}{2}$

अतः विकल्प (B) सही है।

15. दिया है:

एक बॉक्स में 100 गोल डिस्क, 50 वर्गाकार डिस्क और 30 त्रिभुजाकार डिस्क हैं।

प्रायिकता $=$ प्रेक्षणों की संख्या / अवलोकन की कुल संख्या

डिस्क की कुल संख्या $= 180$

त्रिभुजाकार डिस्क की कुल संख्या $= 30$

पहली बार में एक त्रिभुजाकार डिस्क खींची जाने की प्रायिकता $= \frac{30}{180}$

$= \frac{1}{6}$

पहली डिस्क अलग रख दी जाती है और एक वर्गाकार डिस्क अंदर रखी जाती है।

दूसरी बार में एक त्रिभुजाकार डिस्क खींची जाने की प्रायिकता $= \frac{29}{180}$

आवश्यक प्रायिकता $= \frac{1}{6} \times \frac{29}{180} = \frac{29}{1080}$

$\therefore$ आवश्यक प्रायिकता $\frac{29}{1080}$

अतः विकल्प (D) सही है।

16. 'दोहरी समस्या का एक इष्टतम समाधान हो सकता है, भले ही प्रारंभिक में कोई (बाध्य) इष्टतम न हो।' एक एलपी समस्या और उसके दोहरे के बारे में गलत है।

गणित में रैखिक प्रोग्रामिंग समस्याएँ किसी फ़ंक्शन में किसी भी चर का अधिकतम या न्यूनतम मान खोजने की एक प्रणाली प्रक्रिया है, इसे अनुकूलन समस्या के नाम से भी जाना जाता है। यदि प्रारंभिक और द्वैत दोनों का इष्टतम समाधान है, तो दोनों समस्याओं के लिए उद्देश्य फलन मान इष्टतम पर समान हैं। यदि प्रारंभिक में चर में से एक में अप्रतिबंधित चिह्न है, तो दोहरे में संबंधित बाधा समानता से संतुष्ट है। यदि प्रारंभिक का इष्टतम समाधान है, तो दोहरी भी है।

अतः विकल्प (D) सही है।

17. एक व्यवहार्य समाधान समस्या की सभी बाधाओं को संतुष्ट करता है। एक इष्टतम समाधान एक व्यवहार्य समाधान है जिसके परिणामस्वरूप अधिकतम संभव उद्देश्य फ़ंक्शन मान अधिकतम होता है (या न्यूनतम करते समय सबसे छोटा)।

अतः विकल्प (C) सही है।

18.

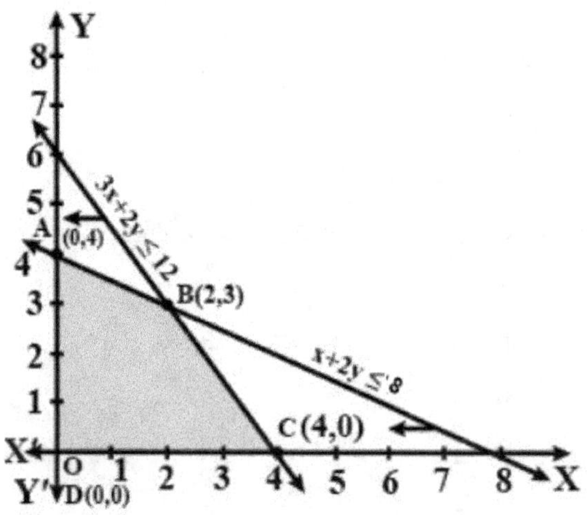

उद्देश्य फलन : $Z = -3x + 4y$

अवरोधों के अंतर्गत Z का न्यूनतमीकरण करने पर

$x + 2y \leq 8$

$3x + 2y \leq 12$

$x \geq 0, y \geq 0$

असमिकाओं को आलेखित करने के बाद हमें चित्र में दर्शाए अनुसार सुसंगत क्षेत्र प्राप्त हुआ।

अब, 3 कार्नर बिंदु $(0,4)$, $(2,3)$ और $(4,0)$ हैं।

बिंदु $(0,4)$ पर, Z का मान $= -3 \times 0 + 4 \times 4 = 16$

बिंदु $(2,3)$ पर, Z का मान $= -3 \times 2 + 4 \times 3 = 6$

बिंदु $(4,0)$ पर, Z का मान $= -3 \times 4 + 4 \times 0 = -12$

बिंदु $(0,0)$ पर, Z का मान $= -3 \times 0 + 4 \times 0 = 0$

इसलिए, Z का न्यूनतम मान -12 है।

अतः विकल्प (C) सही है।

19. दिया गया है,

A और B दो समुच्चय हैं।

निम्न को ज्ञात करने के लिए: $A \cap (B \cup A)^C$

चूँकि हम जानते हैं, $(A \cup B)^C = A^C \cap B^C$

इसलिए $(B \cup A)^C = B^C \cap A^C$

अब $A \cap (B \cup A)^C = A \cap (B^C \cap A^C)$

$= (A \cap B^C) \cap (A \cap A^C)$ (वितरक नियम प्रयोग करने पर)

$= (A \cap B^\circ) \cap \phi$ $(\because x \cap \phi = \phi)$

$= \phi$

अतः विकल्प (C) सही है।

20. दिया गया है,

$n(A) = 28$

$n(B) = 32$

$n(A \cup B) = 40$

जैसा कि हम जानते हैं,

$n(A \cup B) = n(A) + n(B) - n(A \cap B)$

$\therefore n(A \cap B) = 32 + 28 - 40$

$= 60 - 40$

$= 20$

इसलिए, $A \cap B$ में 20 तत्व हैं।

अतः विकल्प (D) सही है।

21. किसी फलन के सभी निर्गत के समुच्चय को फलन के परिसर के रूप में जाना जाता है।

हमें प्राप्त है, f(x) = x² - 4x + 5

= x² - 4x + 4 + 1

= (x -2)² + 1

अब (x - 2)² ≥ 0 ∀ x∈ [2,∞)

⇒ (x -2)² + 1 ≥ 1

⇒ f(x) ≥ 1

∴ f(x) का परिसर [1,∞) है।

अतः विकल्प (B) सही है।

22. $f'(x) = (|x| - x^2)e^{-x^2} + (|x| - x^2)e^{-x^2}, x \geq 0$

$f' = 2(x - x^2)e^{-x^2}$

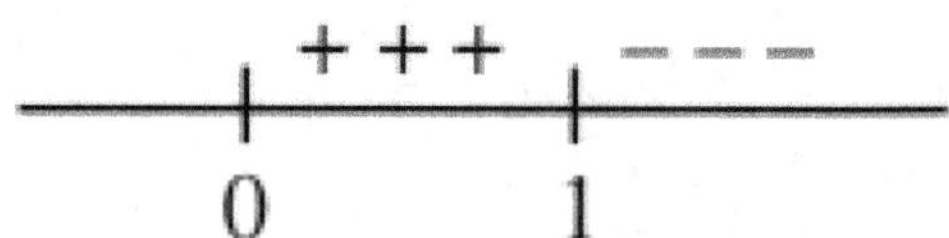

इस प्रकार, विकल्प (D) गलत है

$g'(x) = xe^{-x^2}2x$

$f'(x) + g'(x) = 2 \times e^{-x^2}$

$f(x) + g(x) = -e^{-x^2} + c$

$f(x) + g(x) = -e^{-x^2} + 1$

$F(\ell n3) + g(\sqrt{\ell n3}) = 1 - \frac{1}{3} = \frac{2}{3}$ (इस प्रकार, विकल्प (A) गलत है)

$H(x) = \psi_1(x) - 1 - \alpha x = e^{-x} + x - 1 - \alpha x,$ $x \geq 1 \& \alpha \in (1, x)$

$H(1) = e^{-1} + 1 - 1 - \alpha < 0$

$H'(x) = -e^{-x} + 1 - \alpha > 0$

$\Rightarrow H(x)$ is $\downarrow$

$\Rightarrow$ इस प्रकार, विकल्प (B) गलत है

(C) $\psi_2(x) = 2(\psi_1(\beta) - 1)$

L.M.V.T को $\psi_2(x)$ में $[0, x]$ पर लागू करने पर

$\psi_2'(\beta) = \dfrac{\psi_2(x) - \psi_2(0)}{x}$

$2\beta - 2 + 2e^{-\beta} = \dfrac{\psi_2(x) - 0}{x}$

$\Rightarrow \psi_2(x) = 2x(\psi_1(\beta - 1))$ इसका एक समाधान है

अतः विकल्प (C) सही हैं।

23. दिया गया है:

$P(A) = 0.3, P(A \cup B) = 0.8$

प्रयुक्त सूत्र:

A और B स्वतंत्र घटनाएँ हैं, $P(A \cap B) = P(A).P(B)$

$P(A \cup B) = P(A) + P(B) - P(A)P(B)$

$0.8 = 0.3 + P(B) - 0.3 \times P(B)$

$\Rightarrow 0.5 = 0.7P(B)$

$\Rightarrow P(B) = \dfrac{0.5}{0.7} = \dfrac{5}{7}$

A और B स्वतंत्र हैं तो $P(B)$ $\dfrac{5}{7}$ है।

अतः विकल्प (D) सही है।

24. दिया गया है, $X = 8^n - 7n - 1$

$= (1 + 7)^n - 7n - 1$

$= 1 + 7n + \dfrac{n(n-1)}{2}7^2 + \cdots + 7^n - 7n - 1$

$= \dfrac{n(n-1)}{2}7^2 + \cdots + 7^n$

$= 49\left[\dfrac{n(n-1)}{2} + \cdots + 7^{n-2}\right]$

तो, समुच्चय X के 49 के गुणक होंगे।

$\Rightarrow Y = 49(n - 1)$

इसलिए,सभी समुच्चय Y 49. के गुणक होंगे, इसलिए इसमें X के तत्व भी होंगे।

तो $X \subset Y$

अतः विकल्प (A) सही है।

25. $\Rightarrow f(x) = \dfrac{e^{2z} - 1}{e^{2z} + 1}$

$\Rightarrow f(-x) = \dfrac{e^{-2z} - 1}{e^{-2z} + 1} = \dfrac{1 - e^{2z}}{1 + e^{2z}}$

$\Rightarrow f(x) = -\dfrac{e^{2x} - 1}{e^{2x} + 1} = -f(x)$

$f(x)$ एक विषम फलन है।

फिर

$\Rightarrow f(x) = \dfrac{e^{2x} - 1}{e^{2x} + 1} \Rightarrow f'(x) = \dfrac{4e^{2x}}{(1 + e^{2x})^2} > 0 \; \forall \, n \in R$

$f(x)$ एक बढ़ता हुआ फलन है।

अतः विकल्प (A) सही है।

26. $R = \{(1,2), (2,2), (1,1), (4,4), (1,3), (3,3), (3,2)\}$, यहाँ $(a, a) \in R$, सभी अवयवों $a \in \{1,2,3,4\}$ के लिए।

$\therefore R$ स्वतुल्य है।

यहाँ $(1,2) \in R$ लेकिन $(2,1) \notin R$,

$\therefore R$ सममित नहीं है।

अब, यहाँ (a, b) और $(b, c) \in R$

$\Rightarrow (a, c) \in R$ सभी अवयवों $a, b, c \in \{1,2,3,4\}$

$\therefore R$ संक्रामक है।

R स्वतुल्य तथा संक्रामक है किंतु सममित नहीं है।

अतः विकल्प (B) सही है।

27. चूंकि (d) में, शब्द PRINCIPAL में 9 अक्षर हैं और दो अक्षर P और I की पुनरावृत्ति हुई है, अतः (i) का सही मिलान (d) से होता है।

इसी प्रकार (ii) का सही मिलान (c) से होता है, क्योंकि $x + 1 = 1$ का तात्पर्य है कि $x = 0$।

अब 1,2,3,6,9 और 18 में से प्रत्येक 18 का भाजक है, इसलिए (iii) का सही मिलान (a) से होता है।

अंत में, $x^2 - 9 = 0$ अर्थात् $x = 3, -3$ और इसलिए (iv) का सही मिलान (b) से होता है।

अतः विकल्प (A) सही है।

28. दी गई पंक्तियाँ निम्न हैं $\dfrac{x-2}{2k} = \dfrac{y-3}{3} = \dfrac{z+2}{-1}$ और $\dfrac{x-2}{8} = \dfrac{y-3}{6} = \dfrac{z+2}{-2}$

पहली पंक्ति का दिशा अनुपात (2k, 3, -1) है और दूसरी पंक्ति का दिशा अनुपात (8, 6, -2) है

लाइनें समानांतर हैं;

इसलिए, $\dfrac{2k}{8} = \dfrac{3}{6} = \dfrac{-1}{-2}$

$\Rightarrow \dfrac{k}{4} = \dfrac{1}{2} = \dfrac{1}{2}$

$\therefore k = 2$

अतः विकल्प (B) सही है।

29. यहां, हमें दिशा अनुपात $(6,3,6)$ और $(3,3,0)$ वाली दो रेखाओं के बीच का कोण ज्ञात करना है।

यहाँ, $a_1 = 6, b_1 = 3, c_1 = 6, a_2 = 3, b_2 = 3$ और $c_2 = 0$

जैसा कि हम जानते हैं कि, यदि θ दो रेखाओं के बीच का कोण है, जिनका दिशा अनुपात a_1, b_1, c_1 और a_2, b_2, c_2 के समानुपाती है इसे निम्न रूप से दिया जाए है: $\cos\theta = \left| \dfrac{a_1 a_2 + b_1 b_2 + c_1 c_2}{\sqrt{a_1^2 + b_1^2 + c_1^2}\sqrt{a_2^2 + b_2^2 + c_2^2}} \right|$

$\Rightarrow \cos\theta = \left| \dfrac{6 \cdot 3 + 3 \cdot 3 + 6 \cdot 0}{\sqrt{6^2 + 3^2 + 6^2}\sqrt{3^2 + 3^2 + 0^2}} \right|$

$\Rightarrow \cos\theta = \dfrac{1}{\sqrt{2}}$

$\Rightarrow \theta = \frac{\pi}{4}$

अत: विकल्प (B) सही है।

30. एक रेखा का प्रक्षेपण जो पियंट्स को जोड़ता है $P(x_1, y_1, z_1)$ और $Q(x_2, y_2, z_2)$ डायरेक्शन कोसाइन वाली लाइन पर l, m और n किसके द्वारा दिया जाता है:

$$P'Q' = l(x_2 - x_1) + m(y_2 - y_1) + nP_-$$

y-अक्ष पर $A(1,7,-5)$ का प्रक्षेपण $(0,7,0)$ है और y-अक्ष पर $B(-3,4,-2)$ का प्रक्षेपण $(0,4,0)$ है।

माना $C = (0,7,0), D = (0,4,0)$ और $O = (0,0,0)$ मूल है

$\Rightarrow OC = 7$ और $OD = 4$

माना रेखाखंड AB का प्रक्षेपण $m = OD - OC$ है।

$$m = OD - OC$$

$$m = 7 - 4$$

$$m = 3$$

अत: विकल्प (C) सही है।

31. दिया गया है: बिंदुओं $(k, 1, 3)$ और $(1, -2, k + 1)$ को मिलाने वाली रेखा भी बिंदु $(15, 2, -4)$ से होकर गुजरती है।

जैसा कि हम जानते हैं कि बिंदुओं (x_1, y_1, z_1) और (x_2, y_2, z_2) को मिलाने वाली रेखा का दिशा अनुपात निम्न द्वारा दिया जाता है:

$$a = x_2 - x_1, b = y_2 - y_1 \text{ और } c = z_2 - z_1$$

तो, बिंदुओं $(k, 1, 3)$ और $(1, -2, k + 1)$ को मिलाने वाली रेखा का दिशा अनुपात निम्न है: $a = 1 - k, b = -3$ और $c = k - 2$

जैसा कि हम जानते हैं कि, यदि a, b, c बिंदु (x_1, y_1, z_1) से गुजरने वाली रेखा के दिशा अनुपात हैं, तो रेखा का समीकरण निम्न द्वारा दिया जाता है:

$$\frac{x - x_1}{a} = \frac{y - y_1}{b} = \frac{z - z_1}{c}$$

तो, दिशा अनुपात a, b, c और बिंदु $(k, 1, 3)$ से गुजरने वाली रेखा का समीकरण निम्न द्वारा दिया जाता है:

$$\frac{x - k}{1 - k} = \frac{y - 1}{-3} = \frac{z - 3}{k - 2}$$

$\because$ यह दिया गया है, $\frac{x - k}{1 - k} = \frac{y - 1}{-3} = \frac{z - 3}{k - 2}$ भी बिंदु $(15, 2, -4)$ से होकर गुजरता है

$\frac{x - k}{1 - k} = \frac{y - 1}{-3} = \frac{z - 3}{k - 2} x = 15, y = 2$ और $z = -4$ को प्रतिस्थापित करें। $\frac{1}{-3} = \frac{-7}{k - 2}$

$\Rightarrow \frac{15 - k}{1 - k} = \frac{2 - 1}{-3} = \frac{-4 - 3}{k - 2}$

$\Rightarrow \frac{15 - k}{1 - k} = \frac{1}{-3}$

$\Rightarrow -45 + 3k = 1 - k$

$\Rightarrow k = \frac{23}{2}$

$\Rightarrow \frac{1}{-3} = \frac{-7}{k - 2}$

$\Rightarrow k - 2 = 21$

$\Rightarrow k = 23$

तो, k के दो संभावित मान हैं जैसा कि ऊपर दिखाया गया है।

अत: विकल्प (C) सही है।

32. x-अक्ष के अनुदिश इकाई सदिश $= \hat{\imath} + 0\hat{\jmath} + 0\hat{k} = \hat{\imath}$ .... (1)

y-अक्ष के अनुदिश इकाई सदिश $= \hat{\jmath}$

z-अक्ष के अनुदिश इकाई सदिश $= \hat{k}$

और दो सदिश $\vec{a}$ और $\vec{b}$ के बीच का कोण

$$\cos\theta = \frac{\vec{a}.\vec{b}}{|\vec{a}|.|\vec{b}|}$$

जहाँ

$$|\vec{a}| = \sqrt{a_1^2 + b_1^2 + c_1^2}$$

$$|\vec{b}| = \sqrt{a_2^2 + b_2^2 + c_2^2}$$

दिया है,

सदिश, $\vec{a} = 2\hat{\imath} + 2\hat{\jmath} + \hat{k}$

समीकरण (1) द्वारा, इकाई सदिश x-अक्ष के अनुदिश, $\vec{b} = \hat{\imath} + 0\hat{\jmath} + 0\hat{k}$

तब, कोज्या का मान,

$$\cos\theta = \frac{(2\hat{\imath} + 2\hat{\jmath} + \hat{k})\cdot(\hat{\imath} + 0\hat{\jmath} + 0\hat{k})}{\sqrt{2^2 + 2^2 + 1^2}\sqrt{1^2 + 0 + 0}}$$

$\Rightarrow \cos\theta = \frac{2}{\sqrt{9}\cdot\sqrt{1}}$

$\Rightarrow \cos\theta = \frac{2}{3}$

अत: विकल्प (A) सही है।

33. दिया है,

$$[\vec{a}\,\vec{b}\,\vec{c}] = 1$$

बाँया पक्ष $\frac{\vec{a}\cdot\vec{b}\times\vec{c}}{\vec{c}\times\vec{a}\cdot\vec{b}} + \frac{\vec{b}\cdot\vec{c}\times\vec{a}}{\vec{a}\times\vec{b}\cdot\vec{c}} + \frac{\vec{c}\cdot\vec{a}\times\vec{b}}{\vec{b}\times\vec{c}\cdot\vec{a}}$ लेने पर

$$= \frac{[\vec{a}\,\vec{b}\,\vec{c}]}{[\vec{c}\,\vec{a}\,\vec{b}]} + \frac{[\vec{b}\,\vec{c}\,\vec{a}]}{[\vec{a}\,\vec{b}\,\vec{c}]} + \frac{[\vec{c}\,\vec{a}\,\vec{b}]}{[\vec{b}\,\vec{c}\,\vec{a}]}$$

$$= 1 + 1 + 1$$

$$= 3$$

अत: विकल्प (D) सही है।

34. दो गैर-शून्य सदिश का अदिश उत्पाद (या डॉट उत्पाद) को $\vec{a} \cdot \vec{b}$ द्वारा निरूपित किया जाता है,

$$\vec{a} \cdot \vec{b} = \left|\vec{a}\right|\left|\vec{b}\right|\cos\theta = ab\cos\theta \qquad ....(1)$$

स्थिति: यदि दोनों सदिश लंबवत हैं, तो $\theta = 90°$

समीकरण (1) से, $\vec{a} \cdot \vec{b} = ab \cdot \cos 90°$

$$\vec{a} \cdot \vec{b} = ab \times 0 \Rightarrow \vec{a} \cdot \vec{b} = 0 \qquad ....(2)$$

दिया है, $\vec{a} = 2\hat{\imath} + \hat{\jmath} + \hat{k}$ और $\vec{b} = \hat{\imath} - 4\hat{\jmath} + \lambda\hat{k}$

परस्पर लंबवत हैं तो समीकरण (2) द्वारा,

$$\vec{a} \cdot \vec{b} = 0$$

$$\Rightarrow \left(2\hat{\imath} + \hat{\jmath} + \hat{k}\right) \cdot \left(\hat{\imath} - 4\hat{\jmath} + \lambda\hat{k}\right) = 0$$

$$\Rightarrow (2 \times 1 - 4 \times 1 + 1 \times \lambda) = 0$$

$$\Rightarrow 2 - 4 + \lambda = 0$$

$$\Rightarrow \lambda = 2$$

अत: विकल्प (B) सही है।

35. दिया है:

$$\left|\vec{a}\right| = 5$$

$$\left|\vec{a} - \vec{b}\right| = 8$$

दोनों पक्षों का वर्ग करने पर:

$$\left|\vec{a} - \vec{b}\right|^2 = 64$$

$$\left|\vec{a} + \vec{b}\right| = 10$$

दोनों पक्षों का वर्ग करने पर:

$$\left|\vec{a} + \vec{b}\right|^2 = 100$$

हम जानते हैं कि:

$$(a + b)^2 = a^2 + b^2 + 2ab$$

$$(a - b)^2 = a^2 + b^2 - 2ab$$

$$\Rightarrow |\vec{a} - \vec{b}|^2 + |\vec{a} + \vec{b}|^2 = |\vec{a}|^2 + |\vec{b}|^2 - 2\vec{a}\vec{b} + |\vec{a}|^2 + |\vec{b}|^2 + 2\vec{a}\vec{b}$$

$$\Rightarrow 64 + 100 = 25 + \left|\vec{b}\right|^2 + 25 + \left|\vec{b}\right|^2$$

$$\Rightarrow 164 - 25 - 25 = 2\left|\vec{b}\right|^2$$

$$\Rightarrow 164 - 50 = 2\left|\vec{b}\right|^2$$

$$\Rightarrow 114 = 2\left|\vec{b}\right|^2$$

$$\Rightarrow |\vec{b}|^2 = 57$$

$$\Rightarrow \left|\vec{b}\right| = \sqrt{57}$$

अत: विकल्प (B) सही है।

36. दिया है, $\left(\vec{a} - \vec{b}\right) \times \left(\vec{a} + \vec{b}\right)$

$$= \left(\vec{a} \times \vec{a}\right) + \left(\vec{a} \times \vec{b}\right) - \left(\vec{b} \times \vec{a}\right) - \left(\vec{b} \times \vec{b}\right)$$

हम जानते हैं कि $\vec{a} \times \vec{a} = 0, \vec{b} \times \vec{b} = 0$ and, $\vec{a} \times \vec{b} = -\left(\vec{b} \times \vec{a}\right)$

$$= \left(\vec{a} \times \vec{b}\right) - \left(\vec{b} \times \vec{a}\right)$$

$$= \left(\vec{a} \times \vec{b}\right) - \left[-\left(\vec{a} \times \vec{b}\right)\right]$$

$$= \left(\vec{a} \times \vec{b}\right) + \left(\vec{a} \times \vec{b}\right) = 2\left(\vec{a} \times \vec{b}\right)$$

अत: विकल्प (B) सही है।

37. अवधारणा:

मान लीजिए f(x) एक अंतराल (a, b) पर परिभाषित एक फलन है,

f(x) को एक बढ़ता हुआ फलन कहा जाता है:

यदि $x_1 < x_2$ हो तो $f(x_1) \leq f(x_2)$ $\forall$ $x_1, x_2 \in (a, b)$ और $f'(x) \geq 0$

f(x) को घटता हुआ फलन कहा जाता है:

यदि $x_1 < x_2$ हो तो $f(x_1) \geq f(x_2)$ $\forall$ $x_1, x_2 \in (a, b)$ और $f'(x) \leq 0$

घातांक फलन:

$f(x) = e^x$, जहां $e^x \in [0, \infty)$ अर्थात हमेशा धनात्मक होता है

प्रयुक्त सूत्र:

- $d(uv) = udv + vdu$
- $\frac{d}{dx}e^x = e^x$
- $\frac{d}{dx}x^n = nx^{n-1}$

गणना :

दिया गया है, $f(x) = (x + 2)e^{-x}$

यहां, हमारे पास दो अलग-अलग फलन $(x + 2) \& e^{-x}$ हैं।

उपयोग किए गए उपरोक्त सूत्र को लागू और x के संबंध में अवकलज करने पर,

$$f'(x) = e^{-x}d(x + 2) + (x + 2)de^{-x}$$

$$\Rightarrow f'(x) = e^{-x} + (x + 2)e^{-x}(-1)$$

$\Rightarrow f'(x) = e^{-x} - xe^{-x} - 2e^{-x}$

$\Rightarrow f'(x) = -(x+1)e^{-x}$

इसलिए, f(x) के बढ़ने के लिए, f'(x) ≥ 0

हम जानते हैं कि, e^{-x} धनात्मक फलन है, तो

$-(x+1) \geq 0$

$\Rightarrow x + 1 \leq 0$

$\Rightarrow x \leq -1$

$\therefore x \in (-\infty, -1]$

अतः विकल्प (B) सही है।

38. दिया हुआ: दो धनात्मक संख्याएं x और y हैं जैसे कि $x + y = 60$

यहां हमें संख्याओं x और y का निर्धारण करना है जैसे कि $x + y = 60$ और xy^3 अधिकतम हो।

$\because x + y = 60$

$\Rightarrow x = 60 - y$

अब $x = 60 - y$ को अभिव्यक्ति xy^3 में प्रतिस्थापित करके हम प्राप्त करते हैं

माना कि $f(y) = (60 - y) \times y^3 = 60y^3 - y^4$

अब हम f'(x) खोजें

$\Rightarrow f'(y) = 180y^2 - 4y^3$

अब समीकरण $f'(y) = 0$ के मूल खोजें

$\Rightarrow 180y^2 - 4y^3 = 0$

$\Rightarrow y = 0$ या 45

y = 0 की उपेक्षा करके ∵ हमें f (y) को अधिकतम करने की आवश्यकता है

इसलिए, $y = 45$

अब f'' (y) अर्थात $\frac{d^2 f(y)}{dy^2}$ को खोजते हैं

$\Rightarrow f''(y) = 360y - 12y^2$

अब y = 45 पर f'(y) के मान का मूल्यांकन करें, हमें मिलता है

$\Rightarrow f''(45) = (360 \times 45) - (12 \times 45^2) = -8100 < 0$

जैसा कि हम जानते हैं कि दूसरे अवकलज परीक्षण के अनुसार यदि $f''(c) < 0$ है तो $x = c$ स्थानीय उच्चिष्ठ का एक बिंदु है

तो y = 45, f (y) के लिए उच्चिष्ठ का एक बिंदु है

तो जब y = 45 तब x = 60 - y = 15

इसलिए, आवश्यक संख्याएं 15 और 45 हैं

अतः विकल्प (C) सही है।

39. संकल्पना:

क बिंदु (a, b) पर वक्र y = f(x) की स्पर्शरेखा का समीकरण (y - b) = m(x - a) द्वारा दिया जाता है, जहां m = y'(b) = f'(a) [बिंदु (a, b) पर अवकलज का मूल्य]।

y = f(x) = x³

$\Rightarrow$ y' = f'(x) = 3x²

m = f'(1) = 3 × 1² = 3

(1, 1) पर स्पर्शरेखा का समीकरण होगा:

(y - b) = m(x - a)

$\Rightarrow$ (y - 1) = 3(x - 1)

$\Rightarrow$ y - 1 = 3x - 3

$\Rightarrow$ 3x - y - 2 = 0

अतः विकल्प (B) सही है।

40. गणना:

दिया गया है: $f(x) = \log(1+x) - \frac{x}{(1+x)}$

यहाँ, हमें उस अंतराल को ज्ञात करना है जिसमें f(x) बढ़ता हुआ फलन है।

सर्वप्रथम हम f'(x) की गणना करते हैं

चूंकि हम जानते हैं कि, $\frac{d}{dx}\{f(x) \pm g(x)\} = \frac{d\{f(x)\}}{dx} \pm \frac{d\{g(x)\}}{dx}$, $\frac{d(\log x)}{dx} = \frac{1}{x}$, for $x > 0$ and $\frac{d}{dx}\left[\frac{f(x)}{g(x)}\right] = \frac{g(x) \cdot \frac{d(f(x))}{dx} - f(x) \cdot \frac{d(g(x))}{dx}}{[g(x)]^2}$

$\Rightarrow f'(x) = \left\{\frac{1}{1+x} - \frac{(1+x)\cdot 1 - x \cdot 1}{(1+x^2)}\right\} = \frac{x}{(1+x)^2}$

चूंकि हम जानते हैं कि एक बढ़ते हुए फलन अर्थात् $f(x)$ के लिए हमारे पास $f'(x) \geq 0$ है।

$\Rightarrow x \geq 0 \cdots (\because (1+x)^2 \geq 0)$

इसलिए दिया गया फलन अंतराल $[U, \infty)$ के लिए बढ़ता हुआ फलन है।

अतः विकल्प (D) सही है।

41. $\lim\limits_{x \to 2} \frac{\sin(e^{x-2}-1)}{\log(x-1)} \ldots \ldots (i)$

हम जानते हैं कि,

$\lim\limits_{x \to a^-} f(x) = \lim\limits_{x \to a^+} f(x) = l = \lim\limits_{x \to a} f(x)$

(i) में $h = x - 2$ प्रतिस्थापित करने पर,

हमको मिलता है,

$\lim\limits_{h \to 0} \frac{\sin(e^h - 1)}{\log(1+h)}$

इसे इस प्रकार पुनर्व्यवस्थित किया जा सकता है,

$= \lim\limits_{h \to 0} \frac{\sin(e^h - 1)}{e^h - 1} \cdot \frac{e^h - 1}{h} \cdot \frac{h}{\log(1+h)}$

$= 1 \cdot 1 \cdot 1$

$= 1$

और, $f(2) = k$

∴ फलन के सतत होने के लिए फलन $f(x)$ का $x = 2$ का मान 1 के सीमित मान के बराबर होना चाहिए, अर्थात $k = 1$

अतः विकल्प (D) सही है।

42. $\Rightarrow f(x) = \frac{x^2 - 9}{x^2 - 2x - 3}$

$\Rightarrow f(x) = \frac{(x-3)(x+3)}{x^2 - 3x + x - 3} \left[\because a^2 - b^2 = (a-b)(a+b)\right]$

$\Rightarrow f(x) = \frac{(x-3)(x+3)}{x(x-3) + 1(x-3)}$

$\Rightarrow f(x) = \frac{(x-3)(x+3)}{(x-3)(x+1)}$

$\Rightarrow f(x) = \frac{(x+3)}{x+1}$

दिया गया $f(x)$, $x = 3$ पर सतत है,

$\therefore f(3) = \lim_{x \to 3} f(x)$

$= \lim_{x \to 3} \frac{(x+3)}{x+1}$

$= \frac{(3+3)}{3+1}$

$= \frac{6}{4}$

$= 1.5$

अतः विकल्प (B) सही है।

43. $f(x) = x^n, n \neq 0$

$F'(x) = nx^{n-1}$

$f(x)$ के अवकलन होने के लिए, $n - 1 \geq 0$

$\Rightarrow n \geq 1 \Rightarrow n \in [1, \infty]$

अतः विकल्प (A) सही है।

44. संकल्पना

$\lim_{x \to \infty} 2x \sin\left(\frac{4}{x}\right)$

$= 2 \times \lim_{x \to \infty} \frac{\sin\left(\frac{4}{x}\right)}{\left(\frac{1}{x}\right)}$

$= 2 \times \lim_{x \to \infty} \frac{\sin\left(\frac{4}{x}\right)}{\left(\frac{4}{x}\right)} \times 4$

माना कि $\frac{4}{x} = t$ है।

यदि $x \to \infty$ है, तो $t \to 0$ है।

$= 8 \times \lim_{t \to 0} \frac{\sin t}{t}$

$= 8 \times 1$

$= 8$

अतः विकल्प (C) सही है।

45. चूँकि α, $ax^2 + bx + c = 0$ का मूल है।

$\therefore a\alpha^2 + b\alpha + c = 0$

अब,

$\lim_{x \to \alpha} \frac{1 - \cos(ax^2 + bx + c)}{(x - \alpha)^2}$

$= \lim_{x \to \alpha} \frac{2\sin^2\left(\frac{ax^2 + bx + c}{2}\right)}{(x - \alpha)^2}$

$= \lim_{x \to \alpha} \frac{2\sin^2\left[\frac{a(x-\alpha)(x-\beta)}{2}\right]}{a^2\left[\frac{(x-\alpha)^2(x-\beta)^2}{4}\right]} \times \frac{a^2(x-\beta)^2}{4}$

$= \lim_{x \to \alpha} \left[\frac{\sin\left(\frac{a(x-\alpha)(x-\beta)}{2}\right)}{\frac{a(x-\alpha)(x-\beta)}{2}}\right]^2 \times \frac{a^2(x-\beta)^2}{2}$

$= 1 \times \frac{a^2}{2}(\alpha - \beta)^2$

$\frac{a^2}{2}(\alpha - \beta)^2$

अतः विकल्प (B) सही है।

46. दिया है-

$A = \begin{bmatrix} 1 & -1 \\ -1 & 1 \end{bmatrix}, B = \begin{bmatrix} 1 & 1 \\ 1 & 1 \end{bmatrix}$

$\Rightarrow AB = \begin{bmatrix} 1 & -1 \\ -1 & 1 \end{bmatrix}\begin{bmatrix} 1 & 1 \\ 1 & 1 \end{bmatrix}$

$\Rightarrow AB = \begin{bmatrix} 1-1 & 1-1 \\ -1+1 & -1+1 \end{bmatrix}$

$\Rightarrow AB = \begin{bmatrix} 0 & 0 \\ 0 & 0 \end{bmatrix}$

AB एक शून्य आव्यूह है क्योंकि आव्यूह के सभी अवयव शून्य हैं।

अतः विकल्प (A) सही है।

47. दिया है,

$A = \begin{bmatrix} 3 & 1 & 2 \\ 4 & 2 & 1 \\ 2 & a & 1 \end{bmatrix}$ एक अव्युत्क्रमणीय आव्यूह है।

इसलिए, $|A| = 0$

$|A| = \begin{vmatrix} 3 & 1 & 2 \\ 4 & 2 & 1 \\ 2 & a & 1 \end{vmatrix} = 0$

$\Rightarrow |A| = 3(2 - a) - 1(4 - 2) + 2(4a - 4) = 0$

$\Rightarrow |A| = 6 - 3a - 2 + 8a - 8 = 0$

$\Rightarrow |A| = 5a - 4 = 0$

$\Rightarrow 5a - 4 = 0$

$\Rightarrow a = \frac{4}{5}$

अतः विकल्प (B) सही है।

48. दिया गया है,

$$\Rightarrow A = \begin{bmatrix} 0 & 1 \\ 1 & 0 \end{bmatrix}$$

जैसा कि हम जानते हैं,

$$A^2 = AA$$

$$= \begin{bmatrix} 0 & 1 \\ 1 & 0 \end{bmatrix}\begin{bmatrix} 0 & 1 \\ 1 & 0 \end{bmatrix}$$

$$= \begin{bmatrix} 0+1 & 0+0 \\ 0+0 & 1+0 \end{bmatrix}$$

$$= \begin{bmatrix} 1 & 0 \\ 0 & 1 \end{bmatrix}$$

अब,

$$A^4 = A^2 A^2$$

$$= \begin{bmatrix} 1 & 0 \\ 0 & 1 \end{bmatrix}\begin{bmatrix} 1 & 0 \\ 0 & 1 \end{bmatrix}$$

$$= \begin{bmatrix} 1 & 0 \\ 0 & 1 \end{bmatrix}$$

अतः विकल्प (A) सही है।

49. $\begin{bmatrix} x & -5 & -1 \end{bmatrix}\begin{bmatrix} x+2 \\ 8+1 \\ 2x+3 \end{bmatrix}$ [∵ आव्यूह का गुणनफल सहचर्य है।]

$$\begin{bmatrix} x & -5 & -1 \end{bmatrix} \times \begin{bmatrix} x+2 \\ 9 \\ 2x+3 \end{bmatrix} = 0$$

$$[x(x+2) + 9(-5) + (2x+3)(-1)] = 0$$

$$\Rightarrow x^2 + 2x - 45 - 2x - 3 = 0$$

$$\Rightarrow x^2 - 48 = 0$$

$$\Rightarrow x = \pm\sqrt{48}$$

अतः विकल्प (A) सही है।

50. माना कि α और β समीकरण $ax^2 + bx + c = 0$ के मूल हैं।

$\Rightarrow$ मूलों का योग $= \alpha + \beta = \dfrac{-b}{a}$ और मूलों का गुणनफल $= \alpha\beta = \dfrac{c}{a}$

दिया है, α और β समीकरण $x^2 - 2x + 4 = 0$ के मूल हैं।

$$\Rightarrow \alpha + \beta = 2 \text{ और } \alpha\beta = 4$$

माना कि, $\alpha^3 + \beta^3 = (\alpha + \beta)(\alpha^2 + \beta^2 - \alpha\beta)$

$$\Rightarrow a^3 + \beta^3 = (\alpha + \beta)(\alpha^2 + \beta^2 + 2\alpha\beta - 3\alpha\beta)$$

$$\Rightarrow \alpha^3 + \beta^3 = (\alpha + \beta)[(\alpha + \beta)^2 - 3\alpha\beta]$$

$$\Rightarrow \alpha^3 + \beta^3 = (2)[(2)^2 - 3(4)]$$

$$\Rightarrow \alpha^3 + \beta^3 = (2)(-8)$$

$$\Rightarrow \alpha^3 + \beta^3 = -16$$

अतः विकल्प (B) सही है।

51. संकल्पना:

माना कि $z = x + iy$ एक सम्मिश्र संख्या है, जहाँ x को सम्मिश्र संख्या या $Re(z)$ का वास्तविक भाग कहा जाता है और y को सम्मिश्र संख्या या $Im(z)$ का काल्पनिक भाग कहा जाता है।

z का मापांक $z = |z| = \sqrt{x^2 + y^2} = \sqrt{Re(z)^2 + Im(z)^2}$

माना कि $z = x + iy = \dfrac{4+2i}{1-2i}$

$$= \dfrac{4+2i}{1-2i} \times \dfrac{1+2i}{1+2i}$$

$$= \dfrac{4+10i+4i^2}{1-4i^2}$$

चूँकि हम जानते हैं $i^2 = -1$

$$= \dfrac{4+10i-4}{1+4}$$

$$x + iy = \dfrac{10i}{5} = 0 + 2i$$

चूँकि हम जानते हैं कि यदि $z = x + iy$ एक सम्मिश्र संख्या है, तो इसके मापांक को $|z| = \sqrt{x^2 + y^2}$ द्वारा ज्ञात किया गया है।

$$\therefore |z| = \sqrt{0^2 + 2^2} = 2$$

अतः विकल्प (D) सही है।

52. दिए गए द्विघाती समीकरण $ax^2 + bx + c = 0$ को लेते हैं जहाँ $a \neq 0$ तथा b और c वास्तविक संख्याएँ हैं।

मूलों की प्रकृति से हम कह सकते हैं कि, जब $\Delta \geq 0$, तो मूल वास्तविक होते हैं। इसलिए यदि यह शून्य से कम होता है, तो मूल वास्तविक नहीं हो सकता है। इसलिए इस स्थिति में 0 वास्तविक मूल होगा।

इसी प्रकार, $\Delta = 0$ के लिए मूल वास्तविक संख्याएँ और बराबर हैं जिसका अर्थ है कि यहाँ केवल एक वास्तविक मूल है।

$\Delta > 0$ के लिए मूल वास्तविक और असमान हैं जिसका अर्थ है कि इस स्थिति में दो वास्तविक मूल हैं।

इसलिए, दिए गए द्विघाती समीकरण में सारणिक की प्रकृति के आधार पर 0, 1, या 2 वास्तविक मूल हो सकते हैं।

इस प्रकार, दिए गए द्विघाती समीकरण में अधिकतम दो वास्तविक मूल हैं।

अतः विकल्प (D) सही है।

53. एकल के घनमूल का गुण:

$$1 + \omega + \omega^2 = 0$$

$$\omega^3 = 1$$

घातांक का नियम:

$$(a^m)^n = a^{mn}$$

$$a^{m+n} = a^m a^n$$

ज्ञात करना है: $(1 + \omega^6)(\omega + \omega^4)(1 + \omega^7)$

$\omega^6 = (\omega^3)^2 = 1,\ \omega^4 = \omega\omega^3 = \omega,$ और $\omega^7 = (\omega^3)^2\omega = \omega$

इसलिए, $(1 + \omega^6)(\omega + \omega^4)(1 + \omega^7)$

$$= (1+1)(\omega + \omega)(1 + \omega)$$

$$= 4\omega(-\omega^2) \qquad [\because 1 + \omega + \omega^2 = 0, \therefore 1 + \omega = -\omega^2]$$

$$= -4\omega^3$$

$$= -4(1) \qquad [\because \omega^3 = 1]$$

$$= -4$$

अत: विकल्प (C) सही है।

54. हमारे पास निम्न हैं,

$$iz^3 + z^2 - z + i = 0$$

i से विभाजित करने पर, हमें निम्न प्राप्त होता है,

$$\Rightarrow z^3 + \frac{z^2}{i} - \frac{z}{i} + 1 = 0$$

$$\Rightarrow z^3 - iz^2 + iz + 1 = 0 \qquad \left[\because \frac{1}{i} = -i\right]$$

$$\Rightarrow z^3 - iz^2 + iz - i^2 = 0 \qquad [\because i^2 = -1]$$

$$\Rightarrow z^2(z - i) + i(z - i) = 0$$

$$\Rightarrow (z^2 + i)(z - i) = 0$$

इसलिए, $z = i$ या $z^2 = -i$

अब, $z = i$

$$\Rightarrow |z| = |i|$$

$$\Rightarrow |z| = 1$$

और, $z^2 = -i$

$$\Rightarrow |z^2| = |-i| = 1$$

$$\Rightarrow |z| = 1$$

अत: विकल्प (A) सही है।

55. दिया गया है,

$$\sin\theta + \cos\theta = \sqrt{2}\cos\theta$$

$$\Rightarrow \sin\theta = \sqrt{2}\cos\theta - \cos\theta$$

$$\Rightarrow \sin\theta = (\sqrt{2} - 1)\cos\theta$$

दोनों पक्षों को $\sqrt{2} + 1$ से गुणा करें;

$$\Rightarrow (\sqrt{2} + 1)\sin\theta = (\sqrt{2} + 1)(\sqrt{2} - 1)\cos\theta$$

$$\Rightarrow \sqrt{2}\sin\theta + \sin\theta = (2 - 1)\cos\theta$$

$$\Rightarrow \sqrt{2}\sin\theta = \cos\theta - \sin\theta$$

$$\therefore \cos\theta - \sin\theta = \sqrt{2}\sin\theta$$

अत: विकल्प (C) सही है।

56. दिया गया है,

$$\frac{\sec^2\theta(2 + \tan^2\theta + \cot^2\theta) \div (\sin^2\theta - \tan^2\theta)}{(cosec^2\theta + \sec^2\theta)(1 + \cot^2\theta)^2}$$

चूँकि केवल एक कोण दिया गया है, इसलिए हम व्यंजक में कोई भी कोण रखकर उत्तर प्राप्त कर सकते हैं।

माना, $\theta = 45°$

$$\frac{\sec^2\theta(2 + \tan^2\theta + \cot^2\theta) \div (\sin^2\theta - \tan^2\theta)}{(cosec^2\theta + \sec^2\theta)(1 + \cot^2\theta)^2}$$

$$= \frac{\sec^2 45°(2 + \tan^2 45° + \cot^2 45°) \div (\sin^2 45° - \tan^2 45°)}{(cosec^2 45° + \sec^2 45°)(1 + \cot^2 45°)^2}$$

$$= \frac{2 \times 4 \div \left(\frac{1}{2} - 1\right)}{(2 + 2)(1 + 1)^2}$$

$$= \frac{2 \times 4 \times (-2)}{4 \times 2^2}$$

$$= \frac{-16}{16}$$

$$= -1$$

$\therefore$ मान -1 है।

अत: विकल्प (C) सही है।

57. दिया गया है,

$$\left(\frac{1}{\cos\theta} - \frac{1}{\sin\theta}\right) + \frac{1}{cosec\theta - \cot\theta} - \frac{1}{\sec\theta + \tan\theta} = ?$$

$$\left(\frac{1}{\cos\theta} - \frac{1}{\sin\theta}\right) + \frac{1}{cosec\theta - \cot\theta} - \frac{1}{\sec\theta + \tan\theta} = ?$$

$$= (\sec\theta - cosec\theta) + \frac{1}{cosec\theta - \cot\theta} \times \frac{cosec\theta + \cot\theta}{cosec\theta + \cot\theta} - \frac{1}{\sec\theta + \tan\theta} \times \frac{\sec\theta - \tan\theta}{\sec\theta - \tan\theta} = ?$$

$$= (\sec\theta - cosec^2\theta) + \frac{cosec\theta + \cot\theta}{cosec^2\theta - \cot^2\theta} - \frac{\sec\theta - \tan\theta}{\sec^2\theta - \tan^2\theta} = ?$$

$$\because (cosec^2\theta - \cot^2\theta = 1 \text{ and } \sec^2\theta - \tan^2\theta = 1)$$

$$= \sec\theta - cosec\theta + cosec\theta + \cot\theta - \sec\theta + \tan\theta = ?$$

$$= \cot\theta + \tan\theta = ?$$

$$= \frac{\cos\theta}{\sin\theta} + \frac{\sin\theta}{\cos\theta} = ?$$

$$= \frac{(\cos^2\theta + \sin^2\theta)}{(\sin\theta \times \cos\theta)} = ?$$

$$= \frac{1}{(\sin\theta \times \cos\theta)} = ?$$

$$? = \sec\theta \times cosec\theta$$

अत: विकल्प (D) सही है।

58. दिया है:

$$\sin^4 x + 2\cos^4 x = \frac{2}{3}$$

$$\Rightarrow \sin^4 x + \cos^4 x + \cos^4 x = \frac{2}{3}$$

$\Rightarrow 1 - 2\sin^2 x \cos^2 x + \cos^4 x = \dfrac{2}{3}$

$\Rightarrow 1 - 2(1 - \cos^2 x)\cos^2 x + \cos^4 x = \dfrac{2}{3}$

$\Rightarrow 1 - 2\cos^2 x + 2\cos^4 x + \cos^4 x = \dfrac{2}{3}$

$\Rightarrow 9\cos^4 x - 6\cos^2 x + 1 = 0$

$\Rightarrow (3\cos^2 x - 1)^2 = 0$

$\Rightarrow \cos^2 x = \dfrac{1}{3}$

$\Rightarrow \sec^2 x = 3$

अतः विकल्प (B) सही है।

59. दिया गया है,

$\tan 54°$

$\tan 54° = \tan(45° + 9°)$

जैसा कि हम जानते हैं कि, $\tan(A + B) = \dfrac{\tan A + \tan B}{1 - \tan A \tan B}$

$\Rightarrow \tan 54° = \tan(45° + 9°) = \dfrac{\tan 45° + \tan 9°}{1 - \tan 45° \tan 9°} = \dfrac{1 + \tan 9°}{1 - \tan 9°}$

$\Rightarrow \tan 54° = \dfrac{1 + \frac{\sin 9°}{\cos 9°}}{1 - \frac{\sin 9°}{\cos 9°}}$

$\Rightarrow \tan 54° = \dfrac{\cos 9° + \sin 9°}{\cos 9° - \sin 9°}$

अतः विकल्प (C) सही है।

60. दिया गया है,

$$\dfrac{\cos^4\theta + \sin^4\theta + 2\sin^2\theta\cos^2\theta}{cosec\theta \sec\theta (\sin\theta + \cos\theta - 1)(\sin\theta + \cos\theta + 1)}$$

दिए गए समीकरण पर विचार करने पर,

$$\dfrac{\cos^4\theta + \sin^4\theta + 2\sin^2\theta\cos^2\theta}{cosec\theta \sec\theta (\sin\theta + \cos\theta - 1)(\sin\theta + \cos\theta + 1)}$$

$\because (\sin^4\theta + \cos^4\theta = 1 - 2\sin^2\theta\cos^2\theta)$

$$= \dfrac{(1 - 2\sin^2\theta\cos^2\theta + 2\sin^2\theta\cos^2\theta)}{cosec\theta \sec\theta [(\sin\theta + \cos\theta)^2 - 1]}$$

$$= \dfrac{1}{cosec\theta \sec\theta [\sin^2\theta + \cos^2\theta + 2\sin\theta\cos\theta - 1]}$$

$$= \dfrac{(\sin\theta\cos\theta)}{(1 + 2\sin\theta\cos\theta - 1)}$$

$$= \dfrac{(\sin\theta\cos\theta)}{(2\sin\theta\cos\theta)} = \dfrac{1}{2}$$

$\therefore \dfrac{\cos^4\theta + \sin^4\theta + 2\sin^2\theta\cos^2\theta}{cosec\theta \sec\theta (\sin\theta + \cos\theta - 1)(\sin\theta + \cos\theta + 1)}$ का मान $\dfrac{1}{2}$ है।

अतः विकल्प (A) सही है।

61. माना कि $I = \int \dfrac{2}{\sin 2x \cdot \log(\tan x)}$

$\log(\tan x) = t$ लेने पर

$\dfrac{1}{\tan x}(\sec^2 x)dx = dt$

$\Rightarrow \dfrac{\cos x}{\sin x \cdot \cos^2 x}dx = dt$

$\Rightarrow \dfrac{1}{\sin x \cdot \cos x}dx = dt$

$\Rightarrow dx = \sin x \cdot \cos x\, dt$

समीकरण (i) में $\log(\tan x)$ और dx का मान रखने पर

अब, $1 = \int \dfrac{2}{2\sin x \cdot \cos x \cdot t}\sin x \cdot \cos x\, dt$

$= \int \dfrac{1}{t}dt$

$= \log t + c$

$= \log[\log(\tan x)] + c$

अतः विकल्प (D) सही है।

62. वक्र $\dfrac{y}{x^2} = 2$ के बीच का क्षेत्रफल और निर्देशांक $x = 2$ और $x = 5$ के बीच x अक्ष का आवश्यक क्षेत्रफल,

$A = \int_2^5 y\, dx = \int_2^5 2x^2 dx$

$= 2 \cdot \left[\dfrac{x^{2+1}}{2+1}\right]_2^5 = 2 \cdot \left[\dfrac{x^3}{3}\right]_2^5$

$= 2 \cdot \left(\dfrac{5^3 - 2^3}{3}\right) = 2\left(\dfrac{125 - 8}{3}\right) = \dfrac{234}{3} = 78.0$

इसलिए आवश्यक क्षेत्रफल 78.0 वर्ग इकाई है।

अतः विकल्प (A) सही है।

63. माना $I = \int_0^{\frac{\pi}{2}} \dfrac{\sqrt{\cos x}}{\sqrt{(\sin x)} + \sqrt{(\cos x)}}dx$ ...... (1)

$I = \int_0^{\frac{\pi}{2}} \dfrac{\sqrt{\cos\left(\frac{\pi}{2} - x\right)}}{\sqrt{\left(\sin\left(\frac{\pi}{2} - x\right)\right)} + \sqrt{\left(\cos\left(\frac{\pi}{2} - x\right)\right)}}dx$

$I = \int_0^{\frac{\pi}{2}} \dfrac{\sqrt{\sin x}}{\sqrt{(\cos x)} + \sqrt{(\sin x)}}dx$ ...... (2)

समीकरण (1) और (2) को जोड़ने पर हमें प्राप्त होता है,

$2I = \int_0^{\frac{\pi}{2}} \dfrac{\sqrt{\cos x} + \sqrt{\sin x}}{\sqrt{(\cos x)} + \sqrt{(\sin x)}}dx$

$\Rightarrow 2I = \int_0^{\frac{\pi}{2}} dx$

$\Rightarrow 2I = [x]_0^{\frac{\pi}{2}}$

$\Rightarrow I = \dfrac{\pi}{4}$

$\therefore \int_0^{\frac{\pi}{2}} \dfrac{\sqrt{\cos x}}{\sqrt{(\sin x)} + \sqrt{(\cos x)}}dx = \dfrac{\pi}{4}$

अतः विकल्प (C) सही है।

64. दिया गया है,

$$\begin{vmatrix} a+b & b+c & c \\ b+c & c+a & a \\ c+a & a+b & b \end{vmatrix} = k \begin{vmatrix} a & b & c \\ b & c & a \\ c & a & b \end{vmatrix}$$

माना $\Delta = \begin{vmatrix} a+b & b+c & c \\ b+c & c+a & a \\ c+a & a+b & b \end{vmatrix}$

$C_2 \to C_2 - C_3$ लागू करने, हमें निम्न प्राप्त होता है

$$= \begin{vmatrix} a & b & c \\ b & c & a \\ c & a & b \end{vmatrix}$$

$C_1 \to C_1 - C_2$ लागू करने, हमें निम्न प्राप्त होता है

$$= \begin{vmatrix} a & b & c \\ b & c & a \\ c & a & b \end{vmatrix}$$

अब,

$$\begin{vmatrix} a+b & b+c & c \\ b+c & c+a & a \\ c+a & a+b & b \end{vmatrix} = k \begin{vmatrix} a & b & c \\ b & c & a \\ c & a & b \end{vmatrix}$$

$$\Rightarrow \begin{vmatrix} a & b & c \\ b & c & a \\ c & a & b \end{vmatrix} = k \begin{vmatrix} a & b & c \\ b & c & a \\ c & a & b \end{vmatrix}$$

$\Rightarrow k = 1$

अतः विकल्प (A) सही है।

65. माना $\Delta = \begin{vmatrix} \sec^2 x & \tan^2 x & 1 \\ 2 & 1 & 1 \\ 10 & 8 & 2 \end{vmatrix}$

$C_1 \to C_1 - C_2$ को लागू करने पर

$$\Delta = \begin{vmatrix} \sec^2 x - \tan^2 x & \tan^2 x & 1 \\ 2-1 & 1 & 1 \\ 10-8 & 8 & 2 \end{vmatrix}$$

$$\Delta = \begin{vmatrix} 1 & \tan^2 x & 1 \\ 1 & 1 & 1 \\ 2 & 8 & 2 \end{vmatrix} \quad (\because \sec^2 x - \tan^2 x = 1)$$

जैसा कि हम जानते हैं,

यदि एक सारणिक की दो पंक्तियां या दो स्तंभ समरूप हैं, तो सारणिक का मान शून्य है।

यहाँ C_1 और C_3 समरूप हैं।

इसलिए, $\Delta = 0$

अतः विकल्प (C) सही है।

66. दिया गया है,

$$\tan^{-1}\left(\frac{1}{4}\right) + \tan^{-1}\left(\frac{2}{9}\right)$$

$$= \tan^{-1}\left(\frac{\frac{1}{4}+\frac{2}{9}}{1-\frac{12}{49}}\right)$$

$$= \tan^{-1}\left(\frac{1}{2}\right)$$

$$= \frac{1}{2}\left(2\tan^{-1}\left(\frac{1}{2}\right)\right)$$

$$\Rightarrow \frac{1}{2}\cos^{-1}\left(\frac{1-\left(\frac{1}{2}\right)^2}{1+\left(\frac{1}{2}\right)^2}\right) = \frac{1}{2}\cos^{-1}\left(\frac{3}{5}\right)$$

$$\left\{\because 2\tan^{-1}x = \cos^{-1}\frac{1-x^2}{1+x^2}\right\}$$

अतः विकल्प (C) सही है।

67. दिया गया है,

$$\sin^{-1}x + \cos^{-1}y = \frac{2\pi}{5}$$

हम जानते हैं कि, $\sin^{-1}x + \cos^{-1}x = \frac{\pi}{2}$

$$\sin^{-1}x = \frac{\pi}{2} - \cos^{-1}x$$

उसी प्रकार, $\sin^{-1}y + \cos^{-1}y = \frac{\pi}{2}$

$$\cos^{-1}y = \frac{\pi}{2} - \sin^{-1}y$$

दिया गया है,

$$\sin^{-1}x + \cos^{-1}y = \frac{2\pi}{5}$$

$$\Rightarrow \frac{\pi}{2} - \cos^{-1}x + \frac{\pi}{2} - \sin^{-1}y = \frac{2\pi}{5}$$

$$\Rightarrow \pi - \cos^{-1}x - \sin^{-1}y = \frac{2\pi}{5}$$

इसलिए, $\cos^{-1}x + \sin^{-1}y = \frac{3\pi}{5}$

अतः विकल्प (B) सही है।

68. दिया गया है,

$$\cos^{-1}\left(\cos\frac{4\pi}{3}\right)$$

$$= \cos^{-1}\cos\left(2\pi - \frac{2\pi}{3}\right)$$

$$= \cos^{-1}\cos\frac{2\pi}{3}$$

$$= \frac{2\pi}{3}$$

अतः विकल्प (C) सही है।

69. दिया गया है:

$9a - a^2 \leq 17a + 15$

पुनर्व्यवस्थित करने पर

$-a^2 + 9a \leq 17a + 15$

चिह्न का स्थानांतरण करने पर

$a^2 - 9a \geq -17a - 15$

$a^2 - 9a + 17a + 15 \geq 0$

$a^2 + 8a + 15 \geq 0$

$a^2 + 5a + 3a + 15 \geq 0$

$a(a+ 5) + 3(a + 5) \geq 0$

$(a + 3)(a + 5) \geq 0$

तो, -3 और -5 समीकरण की मूल हैं।

अब नीचे दिए गए चित्र को देखें,

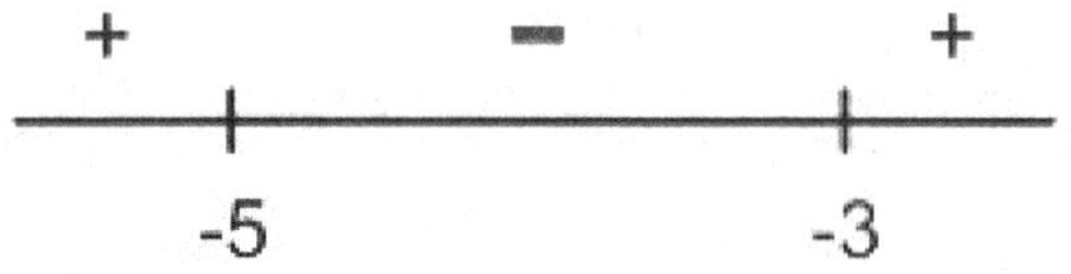

हम देखते हैं कि -5 से कम सभी संख्याएँ और -3 से अधिक सभी संख्याएँ हमें सकारात्मक परिणाम देंगी। जबकि -5 और -3 के बीच के अंक हमें नकारात्मक परिणाम देंगे

तो, उपरोक्त सभी मान समीकरण के लिए हैं।

अतः विकल्प (D) सही है।

70. दिया गया है,

$2x + 5 > 2 + 3x$

$5 - 2 > 3x - 2x$

$3 > x$ ....(1)

$2x - 3 \leq 4x - 5$

$5 - 3 \leq 4x - 2x$

$1 \leq x$ ....(2)

(1) और (2) से,

x = 1 या 2

अतः विकल्प (B) सही है।

71. जैसा कि दिया गया है, अंग्रेजी वर्णमाला में 5 स्वर और 21 व्यंजन हैं।

हमें 5 में से 2 स्वर और 21 में से 2 व्यंजन चुनने हैं।

5 में से 2 स्वरों को चुनने के तरीकों की संख्या $= {}^5C_2$

$= \frac{5!}{2!3!} = 10$

21 व्यंजन से 2 चुनने के तरीकों की संख्या $= {}^{21}C_2$

$= \frac{21!}{2!19!} = 210$

इन 4 अक्षरों को एक ही बार लेने के लिए क्रमचयों की संख्या $= {}^4P_4$

$4! = 24$

इस प्रकार, 2 भिन्न स्वरों और 2 भिन्न व्यंजनों के साथ शब्द बन सकते हैं

$= 10 \times 210 \times 24$

$= 50400$

अतः विकल्प (A) सही है।

72. जैसा कि दिया गया है,

2 शर्ट, 3 जींस, 3 मोजे और 2 स्कर्ट हैं।

सभी मोजे को 1 और सभी स्कर्ट को 1 मान लें।

कुल वस्तुएं हो जाती है = 7

कुल वस्तुओं को व्यवस्थित करने के तरीकों की संख्या = 7!

मोजों को व्यवस्थित करने के तरीकों की संख्या = 3!

शर्टो को व्यवस्थित करने के तरीकों की संख्या = 2!

कुल तरीके = 7! × 3! × 2! = 60,480

अतः विकल्प (B) सही है।

73. दिया गया शब्द: WINDOW

व्यंजन: W N D W

स्वर: I O

कुल तरीके $= \frac{6!}{2!} = 360$

ऐसे तरीके जब सभी स्वर हमेशा एक साथ आते हैं $= \frac{5! \times 2!}{2!} = 120$

ऐसे तरीके जब सभी स्वर एक साथ नहीं आते $= 360 - 120 = 240$

अतः विकल्प (D) सही है।

74. 8 पुस्तकों को व्यवस्थित करने के तरीकों की संख्या = 8!

तरीकों की संख्या जब तीन विशेष पुस्तकें एक साथ हों = 6! × 3!

इसलिए तरीकों की संख्या जब तीन विशेष पुस्तकें एक साथ नहीं होती हैं = 8! × 6! - 3!

$= 6!(7 \times 8 - 3 \times 2)$

$= 6! \times 50$

$= 720 \times 50 = 36000$

अतः विकल्प (D) सही है।

75. दिया है कि,

$a, 4, b$ समांतर श्रेणी में हैं,

$\Rightarrow \frac{a+b}{2} = 4$

$\Rightarrow (a + b) = 8$

और $a, 2, b$ गुणोतर श्रेणी में हैं,

$\Rightarrow 2 = \sqrt{ab}$

$\Rightarrow ab = 4$

समीकरण (i) को समीकरण (ii) से विभाजित करने पर, हमें प्राप्त होता है

$\frac{a+b}{ab} = \frac{8}{4}$

$\Rightarrow \frac{1}{a} + \frac{1}{b} = 2$

$\Rightarrow a, 1, b$ हरात्मक श्रेणी में हैं।

अतः विकल्प (C) सही है।

76. दिया गया है:

$0.5 + 0.55 + 0.555 + \cdots$

हम लिख सकते हैं,

$$5(0.1 + 0.01 + 0.001 + \cdots)$$

श्रेणी $0.1, 0.01, 0.01$ गुणोत्तर श्रेणी में है।

पहला पद, $a = 0.1$

सामान्य अनुपात, $r = \dfrac{0.01}{0.1} = 0.1$

हम जानते हैं कि अनंत श्रेणी का योग $= \dfrac{a}{1-r}$

$$\Rightarrow S = 5\left(\dfrac{0.1}{1 - 0.1}\right)$$

$$\Rightarrow S = 5\left(\dfrac{0.1}{0.9}\right)$$

$$\Rightarrow S = \dfrac{5}{9}$$

अतः विकल्प (A) सही है।

77. दिया गया है:

$\log_{10} 2, \log_{10}(2^x - 1)$ और $\log_{10}(2^x + 3)$ एक समान्तर श्रेणी के तीन क्रमागत पद हैं।

हम जानते हैं कि यदि a, b, c समान्तर श्रेणी में हैं, तो $2b = a + c$ है।

$$\Rightarrow 2 \times \log_{10}(2^x - 1) = \log_{10} 2 + \log_{10}(2^x + 3)$$

$$\Rightarrow \log_{10}(2^x - 1)^2 = \log_{10}\big(2 \times (2^x + 3)\big)$$

$$\Rightarrow (2^x - 1)^2 = 2 \times (2^x + 3)$$

माना कि $2^x = t$

$$\Rightarrow (t - 1)^2 = 2 \times (t + 3)$$

$$\Rightarrow t^2 - 2t + 1 = 2t + 6$$

$$\Rightarrow t^2 - 4t - 5 = 0$$

$$\Rightarrow t^2 - 5t + t - 5 = 0$$

$$\Rightarrow t(t - 5) + 1(t - 5) = 0$$

$$\Rightarrow (t - 5)(t + 1) = 0$$

$$\therefore t = 5, -1$$

$$\because 2^x > 0$$

$$\Rightarrow 2^x \neq -1$$

अब,

$$\Rightarrow 2^x = 5$$

$$\therefore x = \log_2 5$$

अतः विकल्प (C) सही है।

78. धारणा:

पहला पद a और सार्व अंतर d के साथ एक AP के n पदों का योग निम्न द्वारा दिया गया है:

$$S_n = \dfrac{n}{2} \times (a + l) \text{ या } S_n = \dfrac{n}{2} \times [2a + (n - l)]$$

दिया गया है:

AP का पहला पद $= a = 1$

AP का अंतिम पद $= l = 11$

AP के n पदों का योग $= 36$

$$\Rightarrow S_n = \dfrac{n}{2} \times (a + 1)$$

$$\Rightarrow 36 = \dfrac{n}{2} \times (1 + 11)$$

$$\Rightarrow 36 = 6n$$

$$\therefore n = 6$$

अतः विकल्प (C) सही है।

79. जैसा कि हम जानते हैं कि, समान्तर श्रेणी का nवां पद निम्न द्वारा दिया गया है:

$$T_n = a + (n - 1) \times d$$

जहाँ $a = $ पहला पद और $d = $ सार्व अंतर

$$\Rightarrow a_{p+q} = a + (p + q - 1) \times d$$

$$\Rightarrow a_{p-q} = a + (p - q - 1) \times d$$

समीकरण (1) और (2) को जोड़कर, हम प्राप्त करते हैं

$$\Rightarrow a_{p+q} + a_{p-q} = 2a + 2(p - 1)d$$

$$= 2 \times [a + (p - 1)d] = 2 \times a_p$$

अतः विकल्प (C) सही है।

80. यदि $\log_\ell x, \log_m x, \log_n x$ समांतर श्रेणी में है।

तब, $2\log_m x = \log_\ell x + \log_n x$

$$\Rightarrow 2\log n = \dfrac{\log m (\log \ell n)}{\log \ell}$$

$$\because \dfrac{\log + m}{\log_1} = \log_\ell m$$

$$\Rightarrow \log n^2 = \log_\ell m[\log \ell n]$$

$$\Rightarrow \log n^2 = \log(\ell n)^{\log_\ell m}$$

$$\Rightarrow n^2 = (\ell n)^{\log_\ell m}$$

अतः विकल्प (B) सही है।

81. पूर्वजों की आवयश्क संख्या

$$= 2 + 4 + 6 + 8 + \cdots 8 \text{ पदों तक}$$

जैसा कि हम जानते हैं कि गुणोत्तर श्रेणी का योग,

$$S = \dfrac{a(r^n - 1)}{r - 1}$$

जहां, $a = 2, r = 2$ और $n = 8$

पूर्वजों की आवश्यक संख्या $= \dfrac{2 \times (2^3 - 1)}{2 - 1}$

$$= 2 \times (2^8 - 1)$$

$= 510$

$\therefore$ पूर्वजों की आवश्यक संख्या 510 है।

अतः विकल्प (D) सही है।

82. दिया गया है,

गुणोत्तर श्रेणी में तीन पदों का गुणनफल 27 है।

जैसा कि हम जानते हैं,

मान लीजिए कि गुणोत्तर श्रेणी में तीन पद $\frac{a}{r}, a$ क्रमशः हैं, जहां a और r गुणोत्तर श्रेणी का प्रथम पद और सर्वानुपात हैं

फिर हम लिख सकते हैं,

$\frac{a}{r} \times a \times ar = 27$

$a^3 = 27$

$a = 3$

इसलिए गुणोत्तर श्रेणी का मध्य पद $= a = 3$

अतः विकल्प (A) सही है।

83. $\frac{dx}{dt} = 3x + 8$

उपरोक्त समीकरण को पुनःव्यवस्थित करने और समाकलन करने पर हमें निम्न प्राप्त होता है,

$\Rightarrow \int \frac{dx}{3x+8} = \int dt$

$\Rightarrow \frac{1}{3} \log(3x + 8) = t + c$ {जहाँ c समाकलन का स्थिरांक है}

$\Rightarrow \log(3x + 8) = 3(t + c)$

$\Rightarrow 3x + 8 = e^{3(t+c)}$

$\Rightarrow 3x = e^{3(t+c)} - 8$

$\therefore x = \frac{1}{3} e^{3(t+c)} - \frac{8}{3}$

अतः विकल्प (B) सही है।

84. गणना:

दिया गया है, $(x + 2y^3) \frac{dy}{dx} = y$

$\Rightarrow xdy + 2y^3 dy = ydx$

$\Rightarrow ydx - xdy = 2y^3 dy$

$\Rightarrow \frac{ydx - xdy}{y^2} = 2ydy$

$\Rightarrow d\left(\frac{x}{y}\right) = 2ydy$

दोनों पक्षों का समाकलन करने पर हमें प्राप्त होता है,

$\Rightarrow \frac{x}{y} = y^2 + c$

$\Rightarrow x = y^3 + cy$

$\therefore$ अवकल समीकरण का हल $x = cy + y^3$ है।

अतः विकल्प (C) सही है।

85. दिया गया है,

$dy = \sqrt{1 - y^2}dx$

$\Rightarrow \frac{dy}{\sqrt{1^2 - y^2}} = dx$

अब,

हम जानते हैं कि,

$\int \frac{dx}{\sqrt{a^2 - x^2}} = \sin^{-1}\frac{x}{a}$

दोनों पक्षों को समाकलन करने पर, हम प्राप्त करते हैं

$\int \frac{dy}{\sqrt{1^2 - y^2}} = \int dx$

$\Rightarrow \sin^{-1}(y) = x + c$

$\Rightarrow y = \sin(x + c)$

अतः विकल्प (B) सही है।

86. संकल्पना:

समांतर श्रेणी का nवां पद $a, a + d, a + 2d, \ldots, a + (n - 1)d$ हैं।

$T_n = a + (n - 1)d$

जहाँ $a =$ पहला पद और $d =$ सार्व अंतर।

गणना:

दिया गया है: सामान्य पद $2n + 5$ है।

इसलिए, $T_n = 2n + 5$

$n = 15$ रखने पर

इसलिए, पन्द्रहवां पद $= 2 \times 15 + 5 = 35$

अतः विकल्प (B) सही है।

87. दिया गया है:

वक्र $y = x^2 + 2, y = x, x = 0$ और $x = 3$

संकल्पना:

परवलय:- परवलय एक ऐसा वक्र होता है जहां कोई भी बिंदु एक निश्चित बिंदु (फोकस) और एक निश्चित सरल रेखा (दिशा) से समान दूरी पर होता है।

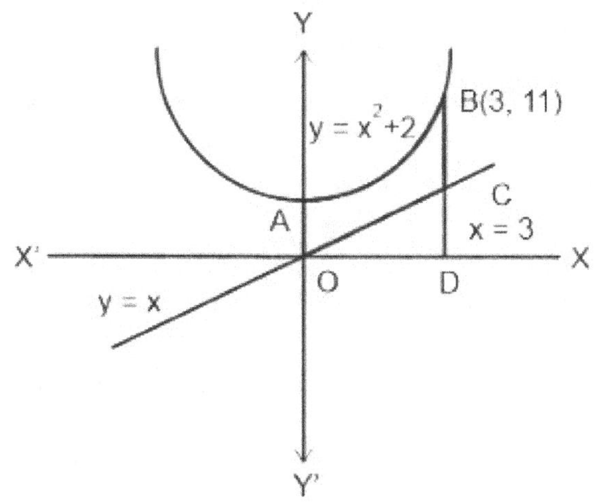

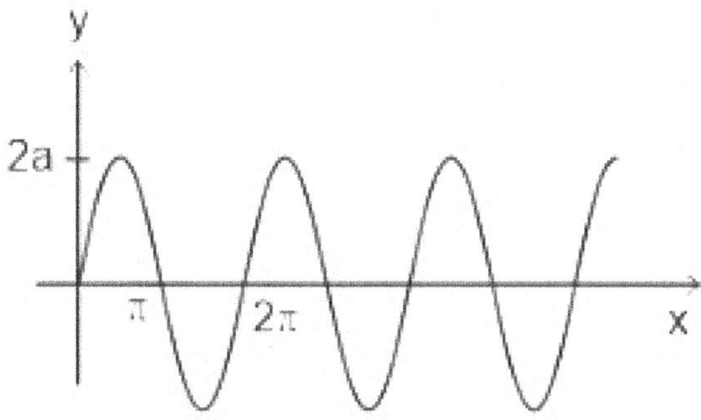

वक्र $y = x^2 + 2$ एक परवलय का प्रतिनिधित्व करता है जिसका शीर्ष $(0,2)$ है और यह Y-अक्ष के सममित है।

वक्र $y = x^2 + 2, y = x, x = 0$ और $x = 3$ से घिरा क्षेत्रफल छायांकित क्षेत्र द्वारा दर्शाया गया है।

अभीष्ट क्षेत्रफल = क्षेत्रफल(OABDO) - क्षेत्रफल(OCDO)

अभीष्ट क्षेत्रफल $= \int_0^3 (x^2 + 2)\, dx - \int_0^3 x\, dx$

$\Rightarrow \left[\dfrac{x^3}{3} + 2x\right]_0^3 - \left[\dfrac{x^2}{2}\right]_0^3$

$\Rightarrow \left[\dfrac{3^3}{3} + 6 - 0\right] - \left[\dfrac{3^2}{2} - 0\right]$

$\Rightarrow 9 + 6 - \dfrac{9}{2}$

$\Rightarrow \dfrac{21}{2}$ वर्ग इकाई

$\therefore$ वक्र $y = x^2 + 2, y = x, x = 0$ और $x = 3$ से घिरे क्षेत्र का क्षेत्रफल $\dfrac{21}{2}$ वर्ग इकाई है।

अतः विकल्प (B) सही है।

88. वक्र के तहत क्षेत्र:

- $x = a$ से $x = b$ तक और x - अक्ष वाले फलन $y = f(x)$ के तहत क्षेत्रफल को वक्रों के लिए निश्चित समाकल $\left|\int_a^b f(x)dx\right|$ द्वारा ज्ञात किया गया है जो पूर्ण रूप से दी गयी सीमा में x - अक्ष के समान पक्ष पर है।

- यदि वक्र x-अक्ष के दोनों पक्षों पर हैं तो हम दोनों पक्षों के क्षेत्रफलों की अलग-अलग गणना करते हैं और उन्हें जोड़ते हैं।

वक्र $y = 2a sinx$ का आलेख:

$\therefore$ आवश्यक क्षेत्र $= \left|\int_0^\pi 2\, a sinx\, dx\right| = 2a[-cosx]_0^\pi = 4a$

अतः विकल्प (A) सही है।

89. दिया गया है:

प्रथम पद (a) = 2

सार्व अंतर (d) = 4

पदों की संख्या (n) = 40

प्रयुक्त अवधारणा:

समानांतर श्रेढ़ी के n पदों का योग = n/2[2a + (n - 1)d]

गणना:

यहाँ,

प्रथम पद (a) = 2

सार्व अंतर (d) = 4

पदों की संख्या (n) = 40

Sn = 40/2 [2 × 2 + (40 -1)4] = 20 [4 + 156] = 3200

$\therefore$ समानांतर श्रेढ़ी के 40 पदों का योग 3200 है।

अतः विकल्प (A) सही है।

90. दिया गया है कि:

$\lim\limits_{x \to 0} \dfrac{(1 - cos2x)^3}{x^6} =$

हम जानते हैं कि, $cos2x = 1 - 2sin^2x \Rightarrow 1 - cos2x = 2sin^2x$

$\lim\limits_{x \to 0} \dfrac{(1 - cos2x)^3}{x^6}$

$= \lim\limits_{x \to 0} \dfrac{(2sin^2x)^3}{x^6}$

$= \lim\limits_{x \to 0} \dfrac{8sin^6x}{x^6}$

$= 8 \times \left(\lim\limits_{x \to 0} \dfrac{sinx}{x}\right)^6$

$= 8 \times 1^6 \quad \left(\because \lim\limits_{x \to 0} \dfrac{sinx}{x} = 1\right)$

$= 8$

अतः विकल्प (C) सही है।

91. $I = \int \sin^2 x \cos x\, dx$

माना कि $\sin x = t$ है।

$$dt = \cos x\, dx$$

$$\Rightarrow I = \int t^2 (dt)$$

$$\Rightarrow I = \frac{t^3}{3} + c$$

$$\Rightarrow I = \frac{\sin^3 x}{3} + c$$

माना कि $\sin x = t$ है।

$$\Rightarrow I = \left[\frac{\sin^3 x}{3} + c\right]_0^{\frac{x}{2}}$$

$$\Rightarrow I = \left[\frac{\sin^3 \frac{\pi}{2}}{3} + c\right] - \left[\frac{\sin^3 (0)}{3} + c\right]$$

$$\Rightarrow I = \frac{1}{3}$$

अतः विकल्प (B) सही है।

92. माना कि $I = \int_0^{\frac{\pi}{2}} \sin^2 x\, dx$

हम जानते हैं कि $2\sin^2 A = 1 - \cos 2A$ इसलिए हमें निम्न प्राप्त होता है,

$$= \int_0^{\frac{\pi}{2}} \frac{1 - \cos 2x}{2}\, dx$$

$$= \left[\frac{x}{2} - \frac{\sin 2x}{4}\right]_0^{\frac{\pi}{2}}$$

$$= \frac{\pi}{4} - 0$$

$$= \frac{\pi}{4}$$

अतः विकल्प (C) सही है।

93. अवधारणा:

किसी घटना के घटित होने की प्रायिकता $=$ यह कितने तरीकों से हो सकता है/परिणामों की कुल संख्या

52 पत्तों के पैक में 4 खंड हैं जिनमें से प्रत्येक में 13 पत्ते हैं। खंड हैं: काला सूट (हुकुम और चिड़ी), लाल सूट (दिल और ईंट)

प्रतिदर्श समष्टि $= n(S) = 52$ है

$\therefore$ परिणामों की कुल संख्या $= 52$

आवश्यक शर्त है $= n(E) = 1$ (चिड़ी की रानी वाले पत्तों की संख्या) $+1$ (दिल के राजा वाले पत्तों की संख्या)

$\therefore$ संभावित तरीकों की संख्या $= 1 + 1 = 2$

तो, एक अभाज्य संख्या प्राप्त करने की प्रायिकता $P(E) = \frac{n(E)}{n(S)} = \frac{2}{52} = \frac{1}{26}$

अतः विकल्प (D) सही है।

94. दिया गया है:

तीन संख्याएँ 5, p और 11 समांतर श्रेणी में

चूँकि हम जानते हैं कि, यदि तीन संख्याएँ x, y, और z समांतर श्रेणी में हैं, तो 2y = x + z है।

$\Rightarrow$ 2p = 5 + 11

$\Rightarrow$ 2p = 16

$\Rightarrow$ p = 8

अतः विकल्प (A) सही है।

95. यदि $\sin\theta = x \Rightarrow \theta = \sin^{-1} x$ $\theta \in \left[\frac{-\pi}{2}, \frac{\pi}{2}\right]$ के लिए,

$$\sin^{-1} x + \cos^{-1} x = \frac{\pi}{2}$$

हमारे पास है, $\sin^{-1} x + \sin^{-1} y = \frac{\pi}{2}$

$$\Rightarrow \left(\frac{\pi}{2} - \cos^{-1} x\right) + \left(\frac{\pi}{2} - \cos^{-1} y\right) = \frac{\pi}{2}$$

$$\Rightarrow \pi - \cos^{-1} x - \cos^{-1} y = \frac{\pi}{2}$$

$$\Rightarrow \cos^{-1} x + \cos^{-1} y = \pi - \frac{\pi}{2}$$

$$\Rightarrow \cos^{-1} x + \cos^{-1} y = \frac{\pi}{2}$$

अतः विकल्प (A) सही है।

96. द्विपद विस्तार:

$$(a + b)^n = C_0 a^n b^0 + C_1 a^{n-1} b^1 + C_2 a^{n-2} b^2 + \ldots + C_r a^{n-r} b^r + \ldots + C_{n-1} a^1 b_{n-1} + C_n a^0 b^n$$

, जहाँ $C_0, C_1, \ldots, C_n$ $C_r = \frac{n!}{r!(n-r)!}$ के रूप में परिभाषित द्विपद गुणांक हैं।

विस्तार में पदों की कुल संख्या $n + 1$ है।

विस्तार में $(r + 1)$वाँ पद $T_{r+1} = C_r a^{n-r} b^r$ है।

केंद्रीय पद $T_{\frac{n}{2}}$ है यदि n सम है, और $T_{\frac{n+1}{2}}$ और $T_{\frac{n+3}{2}}$ दोनों मध्य पद हैं यदि **n** विषम है।

दिए गए व्यंजक $\left(2x^2 - \frac{3}{x}\right)^9$ में, $n = 9$ (विषम)

$\therefore$ दो मध्य पद हैं: $\frac{9+1}{2} = 5$वा और $\frac{9+3}{2} = 6$वा पद

$$T^5 = C_4 (2x^2)^{9-4} \left(\frac{-3}{x}\right)^4 = 326592 x^6$$

$$T^6 = C_5 (2x^2)^{9-5} \left(\frac{-3}{x}\right)^5 = -489888 x^3$$

अतः विकल्प (B) सही है।

97. दिया गया है:

- 2 ≤ x ≤ 1, -1 ≤ y ≤ 2, 3 ≤ z ≤ 6

हमारे पास निम्न हैं,

- 2 ≤ x ≤ 1   -----(1)

- 1 ≤ y ≤ 2   -----(2)

$\Rightarrow 3 \le z \le 6$ -----(3)

इसलिए,

$(x - y + 2z)_{min} = -2 -(2) + 2 \times 3$

$\Rightarrow k_{min} = 2$

$(x - y + 2z)_{max} = 1 - (-1) + 2 \times 6$

$\Rightarrow k_{max} = 14$

इसलिए, $k \in [2, 14]$

∴ सही उत्तर $2 \le k \le 14$ है।

अतः विकल्प (C) सही है।

98. दिया गया है:

$x - 3y \ge 0,\ y \ge 0,\ 0 \le x \le 3$

निम्नलिखित असमानताओं के लिए ग्राफ नीचे दिया गया है:

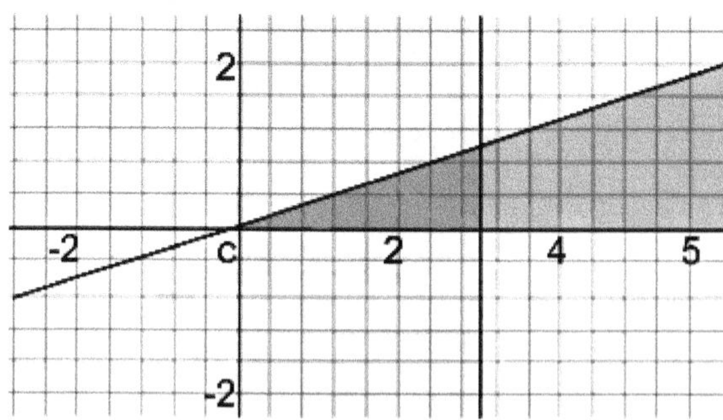

जैसा कि हम ग्राफ में देख सकते हैं, सुसंगत क्षेत्र प्रथम चतुर्थांश में परिबद्ध है।

अतः विकल्प (B) सही है।

99. दिया गया है,

A = {1, 2, 3, 4}, B = {2, 4, 6, 8} और U = {1, 2, 3, 4, 5, 6, 7, 8, 9} जहां U, A और B का सार्वभौमिक सेट है।

जैसा कि हम जानते हैं,

(A ∩ B)' = A' ∪ B'

$\Rightarrow$ A ∩ B = {1, 2, 3, 4} ∩ {2, 4, 6, 8} = {2, 4}

जैसा कि हम जानते हैं,

A' = U - A

$\Rightarrow$ (A ∩ B)' = U - (A ∩ B) = {1, 2, 3, 4, 5, 6, 7, 8, 9} - {2, 4} = {1, 3, 5, 6, 7, 8, 9}

अत: विकल्प (D) सही है।

100. दिया गया फलन है $f(x) = \begin{cases} ax + 1, x \le 3 \\ bx + 3, x > 3 \end{cases}$

फलन f, $x = 3$ पर सतत रहेगा यदि

$$\lim_{x \to 3} f(x) = \lim_{x \to 3} f(x) = f(3) \ldots\ldots \text{समीकरण (1)}$$

$$\lim_{x \to 3} f(x) = \lim_{x \to 3} f(ax + 1) = 3a + 1$$

$$\lim_{x \to 3^+} f(x) = \lim_{x \to 3^+} f(bx + 1) = 3b + 3 \ldots\ldots \text{समीकरण (2)}$$

और

$f(3) = 3a + 1$ ...... समीकरण (3)

इसलिए, समीकरण (1), (2), और (3) से प्राप्त होता है

$$\Rightarrow 3a + 1 = 3b + 3$$

$$\Rightarrow 3a = 3b + 2$$

$$\Rightarrow a = b + \frac{2}{3}$$

इसलिए, a और b के बीच संबंध $a = b + \frac{2}{3}$ है।

अतः विकल्प (A) सही है।

// टिप्पणियाँ //

// टिप्पणियाँ //